아두이노가 처음 소개된 이후 10년이 넘는 시간이 지나면서 마이크로컨트롤러의 생태계는 상전벽해(桑田碧海)라는 말이 무색할 정도로 변하였다. 아두이노 없이도 많은 사람이 수많은 신기하고 재미있는 것들을 만들었지만, 아두이노는 그 속도를 높이는 원동력 중 하나가 된 것은 아무도 부정하지는 못할 것이다. 특히나 교육 현장에서는 쉽고 빠르게 머릿속에 있는 것들을 현실로 만들 수 있도록 도와준다는 가치를 인정받아, 초·중·고등학교는 물론 대학에서도 교육용 도구로 자리 잡아가고 있다. 하지만 이 책은 아두이노 관련 내용을 설명하는 것이 아니라 마이크로컨트롤러의 레지스터를 이해하고 활용할 수 있도록 하려는, 어찌 보면 한물간 목적을 위해 준비하였다.

아두이노는 레지스터를 사용하는 방식과 비교했을 때 간단하고 직관적인 방법으로 원하는 바를 이룰 수 있도록 해주지만, 레지스터를 사용한다는 것은 C 언어를 사용하는 것과 많은 공통점 있어 보인다. C 언어는 복잡하고 어려운 것이 사실이다. 인터넷 보급에 힘입어 이미 Java에 사용 빈도 1위 언어의 자리를 내어준 것은 물론이고, 쉽고 빠르게 어플리케이션을 개발할 수 있도록 해주는 Python의 추격 또한 만만치 않다. 하지만 아직도 한물간 C 언어를 놓지 못하고 있고, 앞으로도 그러리라 생각되는 것은 혼자만의 생각일까?

마이크로컨트롤러 프로그래밍에서 레지스터를 이야기하지 않는 것은 C 언어라는 유용한 도구를 사용하지 않는 것과 같다. 아두이노로 해결할 수 없는 난제를 만났을 때 결국 기댈 곳은 한물간 레지스터뿐이다. 아두이노가 마이크로컨트롤러를 시작하고 즐기기에는 충분하지만, 용의 눈을 그리기에는 부족한 것이 사실이다. C 언어가 현대 프로그래밍 언어들의 모태가 된 것처럼 레지스터는 아두이노를 받치고 있는 든든한 버팀목이라 할 수 있다.

이 책은 세 가지 목적을 두고 준비하였다.

첫째, ATmega2560을 통해 마이크로컨트롤러의 깊은 곳을 이해하는 것이다.
이 목적이라면 마이크로컨트롤러의 종류는 중요하지 않다. 하지만 ATmega2560은 아두이노 우노에 사용된 ATmega328이나 교육 현장에서 많이 사용되고 있는 ATmega128과 같은 AVR 시리즈 마이크로컨트롤러 중 하나다. AVR 시리즈는 8비트 마이크로컨트롤러 중에서는 가장 최근에 발표된 것으로, 최신의 기술이 적용되어 간단하고 효율적인 구조로 되어 있어 교육 목적에 적합하다. 특히 ATmega2560은 AVR 시리즈 중에서 가장 많은 핀을 가지고 있고 확장성이 높아 다양한 응용 분야에서 사용이 증가하고 있다. 또한 아두이노에서 사용하고 있는 마이크로컨트롤러라는 점도 ATmega2560을 선택한 이유 중 하나다.

둘째, 마이크로컨트롤러의 깊은 곳을 이해함으로써 아두이노에 대한 깊은 이해는 물론 아두이노를 보다 효율적으로 활용할 수 있도록 하기 위함이다.
아두이노 역시 레지스터를 기반으로 하고 있으므로 아두이노의 깊은 곳을 들여다보자면 레지스터를 만날 수밖에 없다. 항상 레지스터가 필요한 것은 아니지만 필요에 따라 아두이노와 레지스터를 선택하여 사용할 수 있다면 아두이노를 사용하는 즐거움은 배가 될 것이다.

셋째, ATmega2560을 통해 다른 마이크로컨트롤러를 이해하는 발판을 마련하기 위해서다.
ATmega2560은 8비트 8MHz의 저사양 마이크로컨트롤러다. 이에 비해 ARM의 최신 설계를 사용한 마이크로컨트롤러 중에는 32비트 400MHz의 마이크로컨트롤러도 존재한다. 하지만 마이크로컨트롤러는 마이크로컨트롤러일 뿐이다. 32비트에 400MHz 동작 속도를 갖는 마이크로컨트롤러 역시 기본 구조와 동작은 ATmega2560과 크게 다르지 않다. ATmega2560을 이해한다면 어렵지 않게 ARM의 마이크로 컨트롤러 역시 이해할 수 있을 것이다.

사물인터넷과 4차 산업혁명을 이야기하지 않더라도 마이크로컨트롤러가 일상생활에서 차지하는 역할이 점점 커지고 있다는 것은 부정할 수 없다. 단적인 예로 가정에서는 약 30개의 마이크로컨트롤러가 전자제품에 포함되어 있다고 한다. ATmega2560을 이해한다는 것은 일상생활에서의 편리함을 이해하는 것이며, 나아가 하루하루가 즐거워지는 시작이 될 것이다. 이 책을 통해 마이크로컨트롤러를 더욱 깊이 이해하고, 아두이노를 뛰어넘어 흥미진진한 마이크로컨트롤러의 세계로 내딛는 한 걸음이 되기를 기대해 본다.

지은이 **허경용**

이 책은 크게 세 부분으로 구성되어 있다. 1~5장은 마이크로컨트롤러와 ATmega2560을 이해하기 위한 기본적인 내용을 다룬다. 6~12장은 마이크로컨트롤러의 기본 기능인 아날로그와 디지털 데이터 입출력 및 이를 바탕으로 하는 고급 기능들을 다룬다. 마지막 13~22장은 ATmega2560과 흔히 함께 사용되는 주변장치의 사용법과 주변장치와의 연결을 위해 필요한 통신 방법을 다룬다.

CHAPTER 01 마이크로컨트롤러

마이크로컨트롤러는 마이크로프로세서의 일종으로, 작고 기능이 단순하며, 저렴한 가격으로 간단한 제어 장치를 만드는 데 널리 사용되고 있다. 이 장에서는 마이크로컨트롤러의 구조와 동작 방식, 마이크로컨트롤러에 주변장치를 연결하여 데이터를 주고받는 방법 등 마이크로컨트롤러를 이해하는 데 필요한 기본적인 내용을 살펴본다.

CHAPTER 02 ATmega2560

ATmega2560은 마이크로칩에서 제작하는 AVR 시리즈 마이크로컨트롤러 중 하나로, 적은 전력 소모와 높은 성능을 특징으로 하는 8비트 마이크로컨트롤러다. 이 장에서는 주변장치와 연결하고 데이터를 교환하기 위한 마이크로컨트롤러의 외형적인 특징과 마이크로컨트롤러의 동작을 설명하기 위한 내부 구조 등 ATmega2560의 하드웨어 측면에서의 특징들을 알아본다.

CHAPTER 03 아두이노

아두이노는 비전공자들을 위한 오픈소스 기반 마이크로컨트롤러 프로젝트 중 하나로, 쉽고 간단한 사용 방법으로 다양한 사용자층을 끌어들여 독자적인 생태계를 구축했다. 그 결과, 아두이노는 마이크로컨트롤러 관련 프로젝트 중 가장 많은 관심을 받고 있다. 이 장에서는 아두이노 보드가 가지는 하드웨어적 측면의 특징과 아두이노 보드를 사용하여 쉽고 빠른 개발이 가능하도록 해주는 소프트웨어 개발환경에 대해 알아본다.

CHAPTER 04 개발환경 설정

ATmega2560을 위한 프로그램을 작성하기 위해서는, 소스코드를 편집하고 이를 컴파일하여 ATmega2560을 위한 기계어 파일을 생성할 수 있는 소프트웨어와, 만들어진 기계어 파일을 ATmega2560으로 옮겨 설치할 수 있는 하드웨어가 필요하다. 이 장에서는 아두이노 프로그램을 사용하여 ATmega2560을 위한 프로그램을 작성하고, 작성된 프로그램을 ATmega2560으로 옮겨 실행시키는 방법에 대해 알아본다.

CHAPTER 05 프로그램의 기본 구조

마이크로컨트롤러는 디지털 컴퓨터의 일종이므로, 디지털 데이터 입출력을 기본으로 한다. 아두이노에서는 디지털 데이터 입출력을 위해 pinMode, digitalWrite, digitalRead 함수를 제공하고 있다. 이 함수들은 디지털 데이터 입출력에 사용되는 DDR, PORT, PIN 레지스터의 조작을 직관적으로 수행할 수 있도록 해주는 추상화된 함수에 해당한다. 이 장에서는 아두이노의 기본 함수 3개와 ATmega2560의 기본 레지스터 3개를 통해 AVR 스타일 코드와 아두이노 스타일 코드를 비교해 본다.

CHAPTER 06 디지털 데이터 입출력

마이크로컨트롤러는 디지털 컴퓨터의 일종으로 디지털 데이터 처리를 기본으로 한다. 디지털 컴퓨터에서 데이터 입출력의 기본은 비트이며, 데이터 입출력은 마이크로컨트롤러의 데이터 핀을 통해 이루어진다. 이 장에서는 ATmega2560의 데이터 핀으로 1비트 데이터를 입출력하는 방법을 LED와 버튼을 사용하여 알아본다.

CHAPTER 07 UART 시리얼 통신

마이크로컨트롤러는 비트 단위의 디지털 데이터 입출력을 기본으로 하지만, 마이크로컨트롤러의 중앙 처리 장치(CPU)에서는 바이트 단위로 데이터가 처리된다. 따라서 CPU 내부의 바이트 단위 데이터와 CPU 외부의 비트 단위 데이터 사이에 변환 과정이 필요하다. 그 대표적인 예가 시리얼 통신이다. 이 장에서는 시리얼 통신 방법의 하나인 UART 시리얼 통신에 대해 알아본다.

CHAPTER 08 아날로그 디지털 변환

마이크로컨트롤러는 디지털 데이터 입출력을 기본으로 하지만, 아날로그-디지털 변환기(ADC)를 통해 아날로그 데이터를 입력받을 수 있다. ATmega2560에는 10비트 해상도를 갖는 16채널의 ADC가 포함되어 있으므로, 입력되는 아날로그 값을 0에서 1023 사이의 디지털 값으로 변환하여 읽어 들일 수 있다. 이 장에서는 아날로그 데이터를 디지털 데이터로 변환하여 입력하는 방법에 대해 알아본다.

CHAPTER 09 인터럽트

인터럽트는 프로그램의 순차적인 실행 과정 도중에 발생하는 비정상적인 사건을 가리킨다. 인터럽트 발생 여부는 마이크로컨트롤러에서 자동으로 검사되며, 인터럽트 발생이 허용된 경우, 자동으로 인터럽트 처리 루틴으로 이동하여 비정상적인 사건을 먼저 처리한다. ATmega2560에 정의된 인터럽트는 모두 57종류인데, 이 장에서는 이 중 외부 인터럽트와 핀 변화 인터럽트를 통해 인터럽트의 발생 및 처리 과정에 대해 알아본다.

CHAPTER 10 타이머/카운터

타이머/카운터는 펄스를 세는 '카운터'다. 만약 타이머/카운터에 일정한 주기를 가지는 펄스가 가해진다면, 펄스의 수로부터 시간 계산 역시 가능하므로 '타이머' 역할도 수행할 수 있다. ATmega2560에는 8비트 타이머/카운터와 16비트 타이머/카운터가 포함되어 있다. 일부 기능에 차이가 있기는 하지만, 그 기본적인 구성 및 동작 원리는 같다. 이 장에서는 8비트 타이머/카운터 사용 방법에 대해 알아본다.

CHAPTER 11 PWM

펄스 폭 변조(PWM) 신호는 구형파에서 HIGH인 부분과 LOW인 부분의 비율을 조절함으로써 아날로그 신호와 유사한 효과를 얻을 수 있도록 해주는 디지털 신호의 일종이다. PWM 신호는 타이머/카운터를 통해 하드웨어적으로 만들 수 있다. 이 장에서는 8비트 타이머/카운터를 이용하여 PWM 신호를 생성하는 방법과 생성된 PWM 신호를 사용하여 LED의 밝기를 제어하는 방법을 알아본다.

CHAPTER 12 주기적인 데이터 처리

마이크로컨트롤러가 장착된 간단한 제어 장치들이 일정한 시간 간격으로 반복적인 작업을 수행하는 경우를 흔히 볼 수 있다. 이 장에서는 일정한 시간 간격으로 주어진 작업을 수행하는 방법으로 시간 지연 함수인 _delay_ms를 사용하는 방법, 하드웨어 지원을 통한 인터럽트를 사용하는 방법, 프로그램의 실행 시간을 바탕으로 하는 millis2560 라이브러리 사용 방법 등을 비교해 본다.

CHAPTER 13 센서

센서는 자연환경에서 다양한 물리량을 감지하고 측정하는 도구로, 마이크로컨트롤러를 사용하여 제어 장치를 구성할 때, 주변의 환경을 인식하고 상호작용하기 위한 도구로 사용된다. 센서는 일반적으로 아날로그 신호를 출력하며, 아날로그 신호를 디지털 신호로 변환하여 출력하기 위한 변환장치를 포함하고 있는 센서도 있다. 이 장에서는 온도 센서와 조도 센서를 사용하여 자연환경의 물리량을 측정하는 방법에 대해 알아본다.

CHAPTER 14 7세그먼트 표시장치

7세그먼트 표시장치는 발광 다이오드(LED)를 사용하여 만든 출력 장치의 일종으로, 숫자나 기호 등의 표시에 흔히 사용된다. 하지만 여러 자리 숫자를 표시하기 위해서는 많은 수의 입출력 핀이 필요하다. 이 입출력 핀의 수를 줄이기 위해 다양한 방법이 사용되고 있다. 이 장에서는 1자리 7세그먼트 표시장치를 제어하는 방법과 잔상 효과를 이용하여 적은 수의 입출력 핀으로 4자리 7세그먼트 표시장치를 제어하는 방법에 대해 알아본다.

CHAPTER 15 텍스트 LCD

텍스트 LCD는 문자 단위로 정보를 표시하기 위해 사용할 수 있는 출력 장치의 일종으로, 간단한 정보 표시에 흔히 사용된다. 텍스트 LCD는 데이터 전달에 사용하는 연결선의 수에 따라 4비트 모드 또는 8비트 모드의 2가지 방법으로 제어할 수 있다. 이 장에서는 텍스트 LCD의 구조와 제어 방법, 그리고 텍스트 LCD에 문자를 출력하는 방법을 알아본다.

CHAPTER 16 LED 매트릭스

LED 매트릭스는 LED를 행렬 형태로 배치하여 문자, 기호, 숫자 등을 표시할 수 있도록 만든 출력 장치의 일종이다. LED 매트릭스는 7세그먼트 표시장치와 마찬가지로 잔상 효과를 이용함으로써 16개의 핀으로 64개의 LED를 동시에 제어하는 것과 같은 효과를 얻을 수 있다. 74595와 같은 직렬 입력 병렬 출력 레지스터 칩을 사용하면, 더 적은 수의 핀으로도 LED 매트릭스를 제어하는 게 가능하다. 이 장에서는 LED 매트릭스의 구조와 잔상 효과를 이용하여 이를 제어하는 방법, 그리고 74595 칩을 사용하여 3개의 핀으로 LED 매트릭스를 제어하는 방법에 대해 알아본다.

CHAPTER 17 모터 제어

모터는 전자기유도 현상을 통해 전기 에너지를 운동 에너지로 변환하는 장치로, 움직이는 장치를 만들 때 필수적인 부품 중 하나다. 모터는 그 제어 방식에 따라 다양한 종류가 있으며, 그 특성이 각기 달라 용도에 맞게 선택하여 사용해야 한다. 이 장에서는 마이크로컨트롤러와 함께 흔히 사용되는 DC 모터와 서보 모터의 동작 원리와 특성을 살펴보고, 각각의 모터를 제어하는 방법을 알아본다.

CHAPTER 18 SPI

SPI는 마이크로컨트롤러에서 사용할 수 있는 시리얼 통신 방법의 하나로, 마스터–슬레이브 구조를 통해 1:n 연결이 가능하며, 동기식 전송을 사용하여 고속의 데이터 전송이 가능한 점 등 UART 시리얼 통신보다 여러 가지 장점이 있다. 하지만 SPI에서는 1개의 슬레이브를 연결하는 데 4개의 연결선이 필요한 데다가, 연결하는 슬레이브 수에 비례하여 연결선 수가 증가한다는 점이 단점이다. 이 장에서는 SPI 시리얼 통신 방식의 원리와 SPI 통신을 사용하는 EEPROM의 사용 방법을 알아본다.

CHAPTER 19 EEPROM과 플래시 메모리

ATmega2560에는 세 종류의 메모리가 포함되어 있다. 이 중 EEPROM은 전원이 꺼져도 내용이 보존되는 비휘발성 메모리로, 작은 크기의 데이터 저장에 사용된다. 플래시 메모리는 프로그램 저장에 사용되지만, 읽기만 가능한 데이터의 저장에도 사용할 수 있다. 이 장에서는 ATmega2560에 포함된 4Kbyte 크기의 EEPROM과 256Kbyte 크기의 플래시 메모리를 사용하는 방법에 대해 알아본다.

CHAPTER 20 I2C

I2C는 저속의 시리얼 통신 방법으로, UART, SPI와 더불어 마이크로컨트롤러에서 사용되는 대표적인 시리얼 통신 방법의 하나다. I2C는 마스터-슬레이브 구조를 통해 1:n 연결을 지원하는 점에서 SPI와 같지만, 슬레이브의 개수에 상관없이 2개의 연결선만을 사용하므로 연결과 확장이 간편하다는 장점이 있다. 이 장에서는 I2C를 통한 시리얼 통신 방식을 알아보고, I2C 통신을 사용하는 RTC(Real Time Clock)의 사용 방법을 알아본다.

CHAPTER 21 블루투스

블루투스는 유선 통신인 RS-232C를 대체하기 위한 저전력의 무선 통신 표준 중 하나로 에릭슨에 의해 제안되었으며, 컴퓨터와 스마트폰 등 여러 전자 제품에 포함되어 널리 사용되고 있다. 마이크로컨트롤러에서 블루투스 통신을 사용하려면, UART 유선 통신을 블루투스 무선 통신으로 바꾸어주는 모듈을 사용하면 된다. 그러면 UART 통신과 거의 같은 방법으로 무선 통신을 사용할 수 있다. 이 장에서는 블루투스 모듈을 이용하여 스마트폰과 통신하는 방법에 대해 알아본다.

CHAPTER 22 아두이노 라이브러리 활용

아두이노 보드의 매력은 다양하지만, 가장 큰 장점은 공개된 많은 라이브러리를 사용하여 쉽고 간단하게 원하는 기능을 구현할 수 있다는 점이 아닐까 싶다. 아두이노 메가2560 보드는 ATmega2560 마이크로컨트롤러를 사용하여 만들어진 보드이므로, 아두이노 메가2560을 위한 스케치에서 사용할 수 있는 아두이노 라이브러리를 AVR 스타일 프로그램에서 사용할 수 있는 것은 당연하다. 이 장에서는 AVR 스타일 프로그램에서 아두이노 라이브러리를 사용하는 방법에 대해 알아본다.

이 책은 한 학기 교재로 사용할 것을 생각하고 마이크로컨트롤러와 ATmega2560의 기본적인 내용 위주로 구성하였지만, 한 학기에 모든 내용을 다루기에는 내용이 많은 것이 사실이다. 따라서 첫 번째 부분(1~5장)과 두 번째 부분(6~12장)을 위주로 하고 세 번째 부분(13~22장)은 선택하여 사용하는 것을 추천한다.

아래 제시하는 강의 계획표는 마이크로컨트롤러와 ATmega2560을 이해하는 데 꼭 필요하다고 생각되는 주제들을 중심으로 구성한 예다.

주	해당 장	주제
1	1장	마이크로컨트롤러
2	2장	ATmega2560
3	(3장), 4장, 5장	개발환경 및 개발방법
4	6장	디지털 데이터 입출력
5	7장	UART 시리얼 통신
6	8장	아날로그 디지털 변환
7	9장	인터럽트
8		중간고사
9	10장, 11장	타이머/카운터, PWM
10	14장 또는 16장	7세그먼트 표시장치 또는 LED 매트릭스
11	17장	모터 제어
12	18장	SPI 통신
13	20장	I2C 통신
14	21장, 22장	블루투스 통신, 아두이노
15		기말고사

강의 보조 자료

한빛아카데미 홈페이지에서 '교수회원'으로 가입하신 분은 인증 후 교수용 강의 보조 자료를 제공받을 수 있습니다. 한빛아카데미 홈페이지 상단의 〈교수전용공간〉 메뉴를 클릭하세요.

http://www.hanbit.co.kr/academy

연습문제 해답

본 도서는 대학 강의용 교재로 개발되었으므로 연습문제 해답은 제공하지 않습니다.

소스코드 파일

이 책에 수록된 소스코드 파일은 다음 경로에서 내려받을 수 있습니다.

> 한빛아카데미 홈페이지 접속 → [도서명] 검색 → 도서 상세 페이지의 [부록/예제소스]

ATMEGA2560 호환 Arduino 확장보드(학습보드) : DM-MSTYLE-EXT V1.0

DM-MSTYLE-EXT V1.0 보드는 Arduino.cc의 Arduino At Heart 제품군에 포함되는 제품으로, 모터, 센서, 디스플레이, 통신 등 확장 기능들을 한 보드에 구성하여 편리하게 테스트할 수 있으며, 각종 기능을 제어하며 학습할 수 있습니다.

판매처 : ㈜뉴티씨 (http://www.newtc.co.kr)

Contents

CHAPTER

01

칩 위의 컴퓨터

마이크로컨트롤러

마이크로컨트롤러는 마이크로프로세서의 일종으로, 작고 기능이 단순하며, 저렴한 가격으로 간단한 제어 장치를 만드는 데 널리 사용되고 있다. 이 장에서는 마이크로컨트롤러의 구조와 동작 방식, 마이크로컨트롤러에 주변장치를 연결하여 데이터를 주고받는 방법 등 마이크로컨트롤러를 이해하는 데 필요한 기본적인 내용을 살펴본다.

CONTENTS

LESSON 01

마이크로컨트롤러란?

이 책은 마이크로컨트롤러, 특히 그 중에서도 마이크로칩(Microchip)[1]에서 제작한 AVR 시리즈 마이크로컨트롤러 중 하나인 ATmega2560을 다룬다.

마이크로컨트롤러에 대한 이야기를 시작하기 전에 우선 마이크로컨트롤러가 무엇이라고 생각하는지 스스로에게 질문을 던져보자. 가장 먼저 무엇이 머리에 떠오르는가? 실험 시간에 사용하던 실습 보드가 생각날 수도 있고, 보드 위의 칩이 떠오를 수도 있다. 또는 최근 오픈소스 하드웨어로 주목받는 아두이노가 생각날지도 모르겠다.

(a) 마이크로컨트롤러 – ATmega2560

(b) 마이크로컨트롤러를 사용한 보드

(c) 아두이노 메가2560[2]

[그림 1] 마이크로컨트롤러

1 AVR 시리즈 마이크로컨트롤러는 아트멜(Atmel)이 설계하고 제작한 마이크로컨트롤러지만, 아트멜이 마이크로칩에 합병된 후에는 마이크로칩에서 생산되고 있다.

2 〈이미지 출처〉 http://arduino.cc/en/Main/ArduinoBoardMega2560

마이크로컨트롤러를 한마디로 표현하자면 '칩 위의 컴퓨터'라고 할 수 있다. [그림 1(a)]가 바로 마이크로컨트롤러다. [그림 1(b)]와 아두이노 메가2560 보드인 [그림 1(c)]는 마이크로컨트롤러를 이용하여 만든 보드로, 이 역시 마이크로컨트롤러라 불리기도 한다. 그러나 정확히 이야기하자면 이들은 마이크로컨트롤러가 아니라 '마이크로컨트롤러 보드'에 해당한다.

사람들이 마이크로컨트롤러를 어렵다고 생각하는 이유 중 하나는, 마이크로컨트롤러를 처음 접하는 사람들에게 주어지는, 부품이 빼곡하게 늘어서 있는 마이크로컨트롤러 보드 때문이다. 사람들은 곧잘 이 마이크로컨트롤러 보드를 마이크로컨트롤러 자체로 오해한다. 수십 개의 부품이 늘어서 있고, 수십 개의 연결 핀이 있는 마이크로컨트롤러 보드를 처음 접하면, 무엇부터 어떻게 시작해야 할지 모르는 건 당연하다. 하지만 실제 마이크로컨트롤러를 사용하는 데 필요한 부품은 그리 많지 않다. 사실 전원만 연결하면 마이크로컨트롤러는 동작한다. 예를 들어 ATmega2560의 경우, 5V 전원만 연결하면 마이크로컨트롤러에 설치된 프로그램이 실행된다. 간단하지 않은가?

마이크로컨트롤러는 '하나의 칩으로 구현된 컴퓨터'다. 그다지 컴퓨터와 닮아 보이지 않지만, 컴퓨터와 같은 구성으로 컴퓨터와 같은 동작을 한다. 먼저 어디서나 쉽게 찾아볼 수 있어서 우리에게 친숙한 컴퓨터부터 살펴보자. 컴퓨터는 사용자와 컴퓨터가 대화할 수 있도록 키보드, 마우스, 모니터 등에 연결되어 있고, 멋진 케이스로 덮여 있기 때문에 생소한 전자 부품들이 눈에 띄지 않아 시각적으로 편안함을 준다.

하지만 컴퓨터에서 키보드와 마우스, 그리고 모니터를 제거해 보자. 컴퓨터로 무엇을 할 수 있을까? 전원을 넣으면 컴퓨터가 켜진다는 것은 전원 LED로 알 수 있지만, 컴퓨터 내부에서 어떤 일이 벌어지고 있는지는 짐작하기 어렵다. 케이스도 벗겨 보자. 컴퓨터 내부에는 어떤 것들이 들어 있을까? 메인보드와 그 위에 장착된 CPU 및 메모리가 보일 것이다. 다만 CPU를 식히기 위한 큼지막한 팬을 제거하지 않으면 CPU 전체를 보기는 어렵다. 한쪽에는 하드디스크와 DVD 드라이버가 고정되어 있다. 이외에 전원 공급 장치, 비디오 카드 등이 눈에 들어온다. 어쩌면 이 모든 것들을 확인하기 위해서는 케이스 내부의 선들을 먼저 치워야 할지도 모른다.

한편 마이크로컨트롤러에는 케이스가 없다. 원한다면 멋진 케이스를 만들어 줄 수도 있겠지만, 마이크로컨트롤러는 대부분 다른 시스템 일부로 포함되기 때문에 (다른 시스템 일부로 포함되는 방식을 '임베디드(embedded)'라 한다) 별도로 케이스를 만드는 경우는 흔하지 않다.

마이크로컨트롤러에는 모니터도, 마우스도, 키보드도 없으므로, 내부에서 무슨 일이 벌어지고 있는지 알기 어렵다. 이를 알아내기 위해서는 (키보드, 마우스에 해당하는) 입력 장치와 (모니터에 해당하는) 출력 장치를 연결해 주어야 한다. 컴퓨터에는 이미 입출력 장치가 포함되어 있지만, 마이크로컨트롤러에는 직접 입출력 장치를 선택하여 연결해 주어야 하며, 필요에 따라서는 새로운 입출력 장치를 만들어야 할 수도 있다.

이처럼 입출력 장치와 마이크로컨트롤러를 연결하는 방식이 컴퓨터와 다르다는 것이 바로 마이크로컨트롤러가 어려워 보이는 이유 중 하나다. 컴퓨터의 입출력 장치는 완제품 형태로 판매되며, 같은 종류의 입출력 장치는 대부분 같은 인터페이스를 사용하므로, 컴퓨터에 연결만 잘하면 사용하는 데 큰 어려움이 없다. 대부분 키보드는 USB 포트에, 또 대부분 모니터는 HDMI 포트나 DVI 포트에 연결되는 것만으로 동작한다.

하지만 마이크로컨트롤러의 입출력 장치는 여러 가지 방법으로 연결될 수 있다. 간단한 정보를 표시할 수 있는 텍스트 LCD의 경우만 하더라도 다양한 인터페이스를 사용하므로, 컴퓨터에 모니터를 연결하는 것과 같이 커넥터를 연결하는 것만으로 간단하게 동작시킬 수는 없다. 다행히 마이크로컨트롤러에서 사용하는 입출력 방식의 종류가 그리 많지는 않으므로, 처음에는 어렵고 생소해 보이겠지만 익숙해지고 나면 그리 어렵지 않다. 더욱이 마이크로컨트롤러에서 사용하는 대부분의 주변장치들은 그 몇 개의 입출력 방식 중 하나를 사용하므로, 서로 다른 장치들을 같은 방식으로 제어할 수 있는 경우도 있다. 컴퓨터의 모니터와 키보드는 서로 다른 입출력 방식을 사용하지만, 마이크로컨트롤러의 (모니터에 해당하는) 출력 장치와 (키보드에 해당하는) 입력 장치는 서로 같은 인터페이스를 사용하여 데이터를 주고받을 수도 있다.

마이크로컨트롤러는 컴퓨터다. 컴퓨터와 비교하면 연결 방법이 복잡하고 귀찮아 보이기도 하지만, 입출력 장치를 연결함으로써 마이크로컨트롤러는 작은 컴퓨터로 기능할 수 있다.

LESSON 02

마이크로프로세서와 마이크로컨트롤러

마이크로컨트롤러는 주변장치를 제거하고 케이스를 벗겨낸 컴퓨터와 같으므로, 마이크로컨트롤러를 이해하기 위해서는 컴퓨터를 이해하는 것이 도움이 된다.

먼저 컴퓨터의 구조를 살펴보자. 컴퓨터는 연산의 핵심이 되는 연산 장치와 연산을 제어하는 제어 장치로 이루어진 중앙 처리 장치(Central Processing Unit, CPU), 데이터 입출력을 위한 입출력 장치, 데이터 저장을 위한 주기억 장치 및 보조 기억 장치 등으로 구성된다.

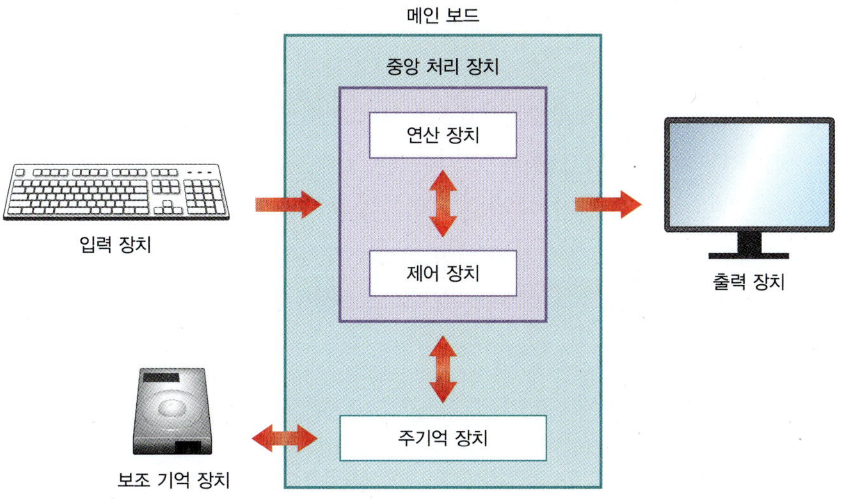

[그림 2] 컴퓨터의 구성 요소

집적회로 기술의 발달에 힘입어 컴퓨터의 소형화 및 경량화가 이루어졌고, 특히 중앙 처리 장치가 하나의 칩으로 구현 가능해졌다. 이처럼 컴퓨터의 중앙 처리 장치를 하나의 IC(Integrated Circuit) 칩으로 집적시켜 만든 반도체 소자를 마이크로프로세서(microprocessor)라고 부른다. 마이크로프로세서는 1969년 인텔(Intel)에서 발표한 4비트 마이크로프로세서인 4004에서부터 시작되어 이후 비약적인 성능 개선이 이루어졌다. 마이크로프로세서를 만드는 데 사용된 트랜지스터의 개수를 비교해 보면 이를 단적으로 알 수 있다. 4004에는 약 2,300개의 트랜지스터가 사용되었다면 인텔의 최신 마이크로프로세서는 약 22억 개의 트랜지스터가 사용되어 4004에 비해 약 100만 배 많은 트랜지스터가 사용되고 있다.

현재 사용되고 있는 컴퓨터의 중앙 처리 장치 대부분은 마이크로프로세서로 만들어진다. 하지만 마이크로프로세서는 중앙 처리 장치의 여러 형태 중 하나다. 즉, 모든 마이크로프로세서는 중앙 처리 장치이지만, 모든 중앙 처리 장치가 마이크로프로세서인 것은 아니다.

마이크로프로세서 중 하나의 칩에 중앙 처리 장치의 기능뿐만이 아니라 일정 용량의 메모리와 입출력 인터페이스까지 내장한 것을 마이크로프로세서와 구별하여 마이크로컨트롤러라고 부른다. 마이크로컨트롤러는 [그림 2]에서 메인 보드에 해당하는 기능과 일부 하드디스크의 기능을 하나의 칩으로 구현한 것으로 볼 수 있다. 마이크로컨트롤러는 컴퓨터가 가져야 할 기능 대부분을 하나의 칩 안에 포함하고 있으므로, '단일 칩 마이크로컴퓨터' 또는 '마이컴'이라고도 부른다.

그렇다면 마이크로컨트롤러가 컴퓨터로 동작하기 위해서 무엇이 더 필요할까? (키보드와 마우스 같은) 입력 장치와 (모니터와 같은) 출력 장치만 있다면 컴퓨터로 동작하기에 아무런 문제가 없다. 하지만 마이크로컨트롤러에 키보드나 모니터를 연결하여 사용하지는 않는다. 가능한데도 굳이 그렇게 쓰지 않는 이유는 마이크로컨트롤러가 컴퓨터와는 사용 목적이 다르기 때문이다. 키보드와 마우스, 모니터를 사용하고 싶다면 마이크로프로세서를 사용하면 된다.

그러면 마이크로컨트롤러의 사용 목적은 무엇일까? 이를 알아보기 위해 이 용어를 찬찬히 살펴보자. '마이크로컨트롤러'라는 단어는 '마이크로+컨트롤러'로 이루어져 있다. '마이크로'는 작다는 의미로, 마이크로컨트롤러가 하나의 칩으로 만들어져 있어 작고 가벼움을 의미한다. '컨트롤러'는 제어기를 뜻하는 말로, 마이크로컨트롤러가 제어 장치를 만들기 위한 핵심 부품으로 사용된다는 의미다. 즉 마이크로컨트롤러는 작고 간단한 제어 장치를 만들기 위한 목적으로 특화된 마이크로프로세서의 한 종류다.

LESSON 03

마이크로컨트롤러의 용도

컴퓨터로 무엇을 할 수 있을까? 웹 브라우저를 실행시켜 온라인 뉴스를 읽고, 음악을 듣고, 문서를 작성하고, 가끔은 게임도 한다. 마이크로컨트롤러는 컴퓨터의 한 종류이기는 하지만, 컴퓨터로 처리하는 작업을 대신하기에 마이크로컨트롤러는 너무 느리고 메모리도 충분하지 않다. 이 책에서 다룰 마이크로컨트롤러인 ATmega2560을 이 글을 쓰고 있는 컴퓨터와 비교해 보면, 메모리는 약 6만분의 1, 속도는 약 850분의 1에 지나지 않는다.

[표 1] ATmega2560과 컴퓨터 비교

항목	마이크로컨트롤러	데스크톱 컴퓨터
CPU	ATmega2560	Intel Core i7
비트	8	64
메모리	256Kbyte	16Gbyte
클록	16MHz (Single Core)	3.4GHz (Quad Core)

그러면 마이크로컨트롤러는 어디에 사용할 수 있을까? 마이크로컨트롤러는 일상생활에서 흔히 사용하는 환경이 아닌, 특수한 환경에서 사용할 목적으로 만들어진 작고 간단한 컴퓨터다. 마이크로컨트롤러를 컴퓨터와 비교했을 때 마이크로컨트롤러의 장점 중 하나는 저렴한 가격이다. 인텔의 최신 CPU와 비교했을 때 ATmega2560은 인텔 CPU의 약 100분의 1 가격이면 살 수 있다. 현관에 사람이 들어오면 자동으로 불이 켜지는 전등을 만드는 데 100만 원에 달하는 컴퓨터를 사용할 필요는 없지 않겠는가? 자동으로 현관에 불을 켜는 일은 작고 값싼 마이크로컨트롤러로도 충분하다.

마이크로컨트롤러의 성능이 낮다고 이야기하였지만, 이는 요즘 컴퓨터와 비교하였을 때의 이야기이지 결코 그 절대 성능이 나쁜 것은 아니다. ATmega2560은 16MHz의 클록 주파수를 주로 사용한다. 인텔의 최신 CPU와 비교한다면 느린 것이 사실이지만, 하드디스크가 대중화되기 시작한 시점에서 소개된, 흔히 '286 컴퓨터'라고 불리던 AT(Advanced Technology) 컴퓨터의 80286 CPU 클록 주파수가 6~25MHz임을 생각하면, ATmega2560의 16MHz 속도도 컴퓨터라고 불러도 손색이 없을 정도임을 짐작할 수 있다. 자동으로 불이 켜지는 전등을 만들기에는 ATmega2560으로도 충분하다. 오히려 자동 점등 전등을 원한다면 ATmega2560은 지나치게 성능이 좋은 편으로, 더 낮은 성능의 마이크로컨트롤러를 사용해도 가능하다.

마이크로컨트롤러는 컴퓨터다. 작고 간단하고 저렴한 컴퓨터이긴 하지만 몇천 원짜리 컴퓨터에 키보드와 모니터를 연결하여 슈팅 게임을 즐기고자 하는 사람은 없으리라 생각한다. 물론 마이크로컨트롤러 중에는 다양한 기능과 기가헤르츠(GHz)에 달하는 클록 주파수를 가진 마이크로컨트롤러도 존재한다. 이러한 고성능의 마이크로컨트롤러는 여전히 인텔의 최신 CPU보다는 저렴하지만 단 몇천 원에 살 수는 없다.

앞에서 마이크로컨트롤러에 케이스를 만들지 않는 이유를, 마이크로컨트롤러가 다른 시스템 일부로 포함되는 경우가 많기 때문이라고 이야기하였다. 자동 점등 조명 장치에 사용되는 마이크로컨트롤러 역시 조명 장치의 일부분으로 '포함되어' 있다. 이처럼 다른 시스템 일부로 포함되는 마이크로컨트롤러를 '임베디드(embedded)'되었다고 이야기하는데, 마이크로컨트롤러는 임베디드 시스템 영역에서 중요한 한 부분을 차지하고 있다.

임베디드 시스템에서 또 다른 한 부분을 차지하는 것은 마이크로프로세서로, 마이크로프로세서로 만들어지는 임베디드 시스템은 크기만 다를 뿐 컴퓨터와 완전히 같은 구조를 갖는 작은 컴퓨터에 해당한다. 물론 임베디드 시스템에 사용되는 마이크로프로세서는 컴퓨터에 사용되는 마이크로프로세서에 비해 성능이 낮은 것이 사실이다. 최근 라즈베리 파이(Raspberry Pi)[3]를 필두로 주목받고 있는 싱글 보드 컴퓨터 역시 마이크로프로세서를 사용한 보드로, 임베디드 시스템에서의 응용이 점차 늘어나는 추세다.

마이크로컨트롤러의 또 다른 장점 중 하나는 다양한 제품이 존재한다는 점이다. 마이크로컨트롤러 중에는 몇천 원이면 살 수 있는 제품이 있는가 하면, 그 수십 배 가격에 달하는 마이크로컨트롤러도 존재한다. 이처럼 다양한 제품군은 용도와 목적에 맞게 필요로 하는 기능과 성능을 선택할 수 있는 유연성을 제공해준다.

애초 서로 다른 목적으로 만들어진 만큼 마이크로컨트롤러를 마이크로프로세서(또는 컴퓨터)와 비교하는 것은 무의미하다. 하지만 마이크로컨트롤러와 마이크로프로세서가 차지하고 있는 위치를 이해하는 것은 필요하다. 마이크로컨트롤러는 마이크로프로세서와 비교할 때 다음과 같은 장점 또는 특징이 있다.

- **제품의 소형화 및 경량화 :** 마이크로컨트롤러는 마이크로프로세서를 사용하는 컴퓨터의 메인 보드에 포함된 기능 대부분을 하나의 칩으로 구현하고 있으므로, 작고 가벼운 제어 장치를 만드는 데 사용할 수 있다.
- **저렴한 가격 :** 마이크로컨트롤러는 낮은 집적도를 가지고 있기 때문에 설계가 간단하므로, 마이크로프로세서와 비교할 때 가격이 저렴하다. 또한, 마이크로컨트롤러는 제어 목적에 필요한 기능

3 http://www.raspberrypi.org

대부분을 포함하고 있으므로 제어 장치 설계 및 제작 과정이 단순해지고, 개발에 필요한 비용 및 시간을 줄일 수 있어 완성된 제품의 가격 경쟁력을 높일 수 있다.

- **신뢰성 향상 :** 마이크로컨트롤러는 제어 장치 구현에 필요한 기능 대부분을 내장하고 있어 시스템을 구성할 때 필요한 부품의 수가 적으므로, 고장이 적고 유지 보수가 쉽다.
- **융통성 :** 전통적으로 제어 장치에서 제어를 위해 필요한 기능들을 하드웨어로 구현해온 것과 달리 마이크로컨트롤러는 제어 기능의 일부를 소프트웨어로 구현하므로, 기능의 변경이나 확장에 유연하게 대응할 수 있다.

하지만 마이크로컨트롤러가 마이크로프로세서와 비교했을 때 가지는 단점도 분명 존재한다.

- **처리 능력 :** 마이크로컨트롤러는 단순화된 저사양의 마이크로프로세서에 주변장치를 통합한 형태로 만들어졌으므로, 처리 능력은 마이크로프로세서와 비교할 수 없는 것이 사실이다. 따라서 높은 처리 능력을 요구하는 작업에 마이크로컨트롤러는 적합하지 않다. 많은 데이터를 빨리 처리해야 한다면 마이크로프로세서를 사용하는 것이 바람직하다.
- **범용성 :** 마이크로프로세서는 일반적으로 운영체제를 통해 여러 개의 프로그램을 설치하고 실행시킬 수 있다. 하지만 마이크로컨트롤러는 특정 작업을 위한 하나의 프로그램만을 설치하고 실행시킬 수 있다.

마이크로컨트롤러는 전용의 간단한 제어 장치를 만드는 데 사용할 수 있다. 몇천 원짜리 마이크로컨트롤러에서 100만 원짜리 컴퓨터의 성능을 기대하지만 않는다면 마이크로컨트롤러를 사용할 수 있는 곳은 많으며, 실제 마이크로컨트롤러가 사용된 예를 어렵지 않게 찾아볼 수 있다. 다만, 앞에서도 이야기하였지만, 수많은 마이크로컨트롤러가 큰 시스템 일부로 '임베디드'되어 있어 우리 눈에 잘 띄지 않기 때문에 사용되고 있다는 사실을 알아차리지 못하는 경우가 많다. [표 2]는 마이크로컨트롤러가 실생활에서 사용되고 있는 예를 나타낸 것으로, 이보다 훨씬 많은 예를 어렵지 않게 찾아볼 수 있다.

[표 2] 마이크로컨트롤러 사용 예

분야	사용 예
의료	의료기 제어, 자동 심박계
교통	신호등 제어, 주차장 관리
감시	출입자/침입자 감시, 산불 감시
가전	에어컨, 세탁기, 전자레인지
음향	CD 플레이어, 전자 타이머
사무	복사기, 무선 전화기
자동차	엔진 제어, 충돌 방지
기타	게임기, 차고 개폐 장치

LESSON 04

마이크로컨트롤러를 위한 프로그램

마이크로컨트롤러는 하나의 칩일 뿐이다. 이 책에서 다루는 ATmega2560 마이크로컨트롤러는 100개의 핀을 가진 약 1.5cm × 1.5cm 크기의 칩에 불과하다. 사용의 편이를 위해 보드 위에 빼곡히 들여놓은 부품들에 지레 겁을 먹지만 않으면, 마이크로컨트롤러는 보기보다 쉽다.

[그림 3]은 이 책에서 주로 사용할 마이크로컨트롤러 보드인 아두이노 메가2560으로, ATmega2560 마이크로컨트롤러를 사용하여 만들어졌다.

[그림 3] ATmega2560 마이크로컨트롤러 보드 - 아두이노 메가2560

[그림 3]에서 중앙에 있는 가장 큰 칩이 ATmega2560에 해당하며, 그 왼쪽에 클록을 공급하기 위한 크리스털이 눈에 띈다. ATmega2560은 5V 전원을 주로 사용한다. 5V 전원을 준다고 가정했을 때, ATmega2560을 동작시키는 데 필요한 부품은 마이크로컨트롤러와 크리스털, 그리고 크리스털의 클록 생성을 도와주는 커패시터 2개가 전부다. [그림 3]의 부품 중에서 마이크로컨트롤러가 동작하는 데 필요한 핵심적인 부품만을 다시 구성하면 [그림 4]와 같이 나타낼 수 있다.

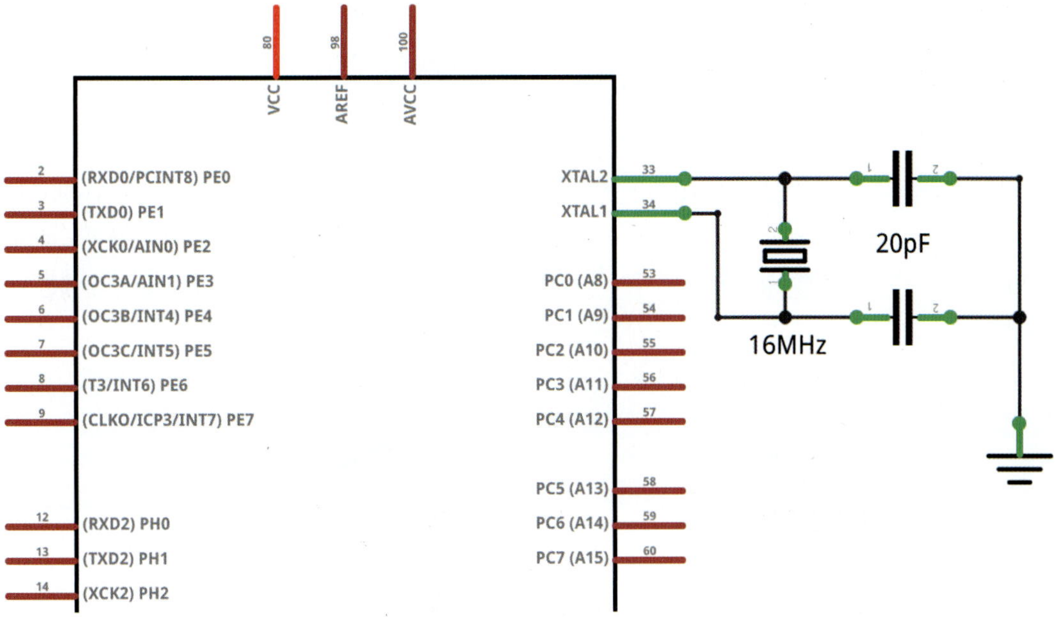

[그림 4] ATmega2560 마이크로컨트롤러 동작을 위한 최소 회로도

이 책에서는 ATmega2560을 16MHz 클록으로 동작시킨다. 8MHz의 속도로 동작시키고자 한다면 [그림 4]에서 크리스털과 커패시터도 필요하지 않다. 필요한 것은 오직 ATmega2560 마이크로컨트롤러뿐이다. 그렇다면 [그림 3]에서 나머지 부품들은 왜 필요할까? 마이크로컨트롤러는 컴퓨터다. 컴퓨터를 사용하기 위해서는 컴퓨터 본체뿐만이 아니라 여러 가지 입출력 장치들이 필요하며, 이들을 컴퓨터 본체에 연결하기 위해 다양한 커넥터들이 필요하다. 마찬가지로 마이크로컨트롤러를 사용할 때에도 컴퓨터에서 프로그램을 업로드하여 설치하고, 설치된 프로그램을 디버깅하고, 주변장치와 통신할 방법이 필요하다. 이를 위해 [그림 3]의 아두이노 메가2560에는 여러 가지 커넥터들이 추가되어 있다. 이 책에서 다루는 내용을 학습하기 위해서는 [그림 4]의 기본 회로에서 시작할 수 있다. 기본 회로를 바탕으로 필요한 입출력 장치를 하나씩 추가하면서 제어 장치를 구성해 본다면, 보기보다 마이크로컨트롤러가 어렵지 않다는 것을 알 수 있을 것이다.

마이크로컨트롤러를 사용하기 위해서는 컴퓨터에서 마이크로컨트롤러로 프로그램을 업로드하기 위한 장치가 필요하다. 앞에서 마이크로컨트롤러의 제어 기능 중 일부는 소프트웨어로 구현되어 제어 장치 구성의 융통성이 높다고 설명하였다. 마이크로컨트롤러를 위한 프로그램은 컴퓨터에서 만들어지지만, 만들어진 프로그램은 마이크로컨트롤러에서 실행된다. 따라서 만들어진 프로그램을 마이크로컨트롤러로 옮겨서 설치해야 한다.

ATmega2560에 프로그램을 업로드하기 위해서는 ISP 또는 시리얼 방식을 사용할 수 있다. ISP는 'In-System Programming'의 약어로, ATmega2560을 포함한 AVR 시리즈 마이크로컨트롤러에서 일반적으로 사용되는 방법이다. 시리얼 방식은 UART 시리얼 통신을 통해 프로그램을 업로드하는 방법으로, 부트로더(bootloader)라고 불리는 특별한 프로그램이 설치된 상태여야 한다. 시리얼 방식의 경우, 부트로더가 필요하다는 점은 단점일 수 있지만, 프로그램 업로드와 UART 시리얼 통신이 하나의 연결로 가능하므로, 아두이노에서는 시리얼 방식이 주로 사용되고 있다.

프로그램 업로드를 위한 커넥터에는 전용의 업로드 장치를 연결하여 사용해야 한다. ISP 방식과 시리얼 방식은 프로그램을 업로드하는 방식이 서로 다르므로 각각 다른 장치가 필요하다. 하지만 대부분의 장치는, 컴퓨터 쪽에는 USB로 연결하고, 마이크로컨트롤러 쪽에는 전용 커넥터에 연결하도록 구성되어 있다. [그림 5]는 ISP 방식 및 시리얼 방식 프로그램 업로드에 사용할 수 있는 장치의 예를 나타낸다.

(a) ISP 방식 - SPI 통신

(b) 시리얼 방식 - UART 통신

[그림 5] 업로드 장치

ATmega2560 칩과 크리스털로 구성된 [그림 4]의 회로도를 따라 구성된 보드와 [그림 5]의 장치만 준비되면, ATmega2560을 학습하기에 부족함이 없다. 하지만 [그림 4]의 회로도에 따라 구성된 보드는 커넥터가 없어 주변장치를 연결하기가 쉽지 않다.

이 책에서는 [그림 3]의 아두이노 메가2560을 주로 사용한다. 아두이노 메가2560은 [그림 5]와 같은 장치 없이 컴퓨터와 USB로 연결하는 것만으로 프로그램을 업로드할 수 있다. 어떻게 가능할까? 그 비밀은 [그림 3]의 'USB 시리얼 변환장치'[4]에 있다. 시리얼 방식의 업로드는 UART 시리얼 통신을 통해 이루어진다. 따라서 USB를 통해 컴퓨터와 마이크로컨트롤러를 연결한 경우, USB와 UART 사이의 데이터 변환이 필요한데, 이를 담당하는 장치가 바로 USB 시리얼 변환장치다. USB 시리얼 변환장치는 프로그램 업로드뿐만이 아니라 컴퓨터와의 시리얼 통신에도 사용될 수 있다. 즉, [그림 3]에서 USB 시리얼 변환장치로 표시된 칩은 [그림 5(b)]의 시리얼 방식의 장치와 같은 기능을 수행하므로, 아두이노 메가2560은 별도의 시리얼 방식의 업로드 장치 없이도 프로그램을 업로드할 수 있고, 컴퓨터와 시리얼 통신을 수행할 수 있다.

4 정확히 이야기하자면 'USB UART 변환장치'라고 하는 것이 맞지만, 아두이노에서는 UART 통신을 시리얼 통신이라고 이야기하므로, 여기서는 아두이노의 관례를 따랐다.

LESSON 05 주변장치와 데이터 교환 방법

마이크로컨트롤러는 입출력 장치가 제거되고 케이스가 벗겨진 컴퓨터와 같다. 이 상태로는 할 수 있는 일이 많지 않지만, 주변장치와 데이터를 주고받음으로써 작고 느리지만 완전한 컴퓨터로서 동작할 수 있다. 마이크로컨트롤러가 주변장치와 데이터를 주고받는 방식에 대해 알아보자.

마이크로컨트롤러는 디지털 컴퓨터의 일종이므로 디지털 데이터만을 처리할 수 있다. 디지털 데이터는 영(0)과 일(1)의 값만을 가지는데, 이는 주변장치와 데이터를 주고받을 때도 마찬가지다. 주변장치와의 데이터 교환은 마이크로컨트롤러의 핀을 통해 이루어진다. 핀 하나에서는 한 번에 1비트의 데이터 교환이 가능하다. ATmega2560의 경우, 100개의 핀 중 86개의 핀을 데이터 교환을 위해 사용할 수 있으므로, 동시에 최대 86비트의 데이터를 주변장치와 교환할 수 있다. 아두이노에서는 핀을 통한 비트 단위의 데이터 교환을 위해 pinMode(핀의 입출력 방향 설정), digitalWrite(핀을 통해 비트 단위 데이터 출력), digitalRead(핀을 통해 비트 단위 데이터 입력) 함수를 제공하고 있으며, 이들 3개 함수가 마이크로컨트롤러의 기본 기능인 디지털 데이터 입출력을 담당한다.

마이크로컨트롤러의 핀의 개수는 대부분 그리 많지 않으므로, 데이터 교환을 위한 핀의 개수가 제한되어 있다. ATmega2560의 86개 데이터 핀이 많아 보이지만, 작은 크기의 그래픽 LCD를 제어하는 데만 해도 13개의 핀이 필요하다. 여전히 86개가 많아 보인다면, 크리스마스트리 장식용 램프를 생각해 보자. 크리스마스트리 장식에는 많은 수의 LED가 사용되며, 크기에 따라서는 100개 이상의 LED가 필요할 수 있다. 그렇다면 크리스마스트리의 100개 LED를 ATmega2560의 86개 데이터 핀으로 제어할 수 없을까? 시리얼 통신을 사용하면 가능하다.

마이크로컨트롤러는 핀을 통해 비트 단위의 데이터를 전달하는 것을 기본으로 한다. 그 전형적인 예가 핀에 연결된 LED가 깜빡이도록 하는 것이다. 하지만 수많은 주변장치에서 8개 비트가 모인 바이트 단위 또는 그보다 많은 비트의 데이터를 사용하는 경우를 흔히 볼 수 있다. 전달해야 하는 데이터가 많아지면 더 많은 수의 핀이 필요하지만, 많은 수의 핀을 연결하는 것은 번거로울 뿐만 아니라 핀의 수가 제한된 마이크로컨트롤러에서는 물리적으로도 불가능할 수 있다. 따라서 마이크로컨트롤러에서는 바이트 이상의 크기를 갖는 데이터를 전달하는 데 여러 개의 핀을 동시에 사용하는 방식(병렬 방식)보다 하나의 핀을 통해 여러 번에 걸쳐 데이터를 교환하는 방식(직렬 또는 시리얼 방식)이 선호된다.

ATmega2560의 내부에서는 데이터를 고속으로 전달하기 위해 한 번에 8비트씩의 데이터를 병렬로 전달한다. 하지만 CPU를 벗어나면 데이터는 8번으로 나뉘어 직렬로 전달된다. 병렬 방식의 데이터 전달에서 주의해야 할 점은, 데이터 전송 과정에서 한 바이트만을 전송하는 경우는 드물다는 점이다. 여러 바이트의 데이터를 전달하기 위해 8개의 핀을 병렬로 사용한다고 하더라도, 이 역시 하나의 핀으로 여러 번 데이터가 전달되는 것이다. 따라서 데이터 전달을 위해서는 병렬이나 직렬 방식과 무관하게 연속적으로 전달되는 데이터 중 한 비트의 데이터를 구별하는 방법, 즉 비트 데이터의 시작점과 끝점을 표시하는 방법이 필요하다.

직렬로 데이터를 전달하는 방법은 크게 동기 방식과 비동기 방식으로 나눌 수 있다. 동기 방식에서는 데이터와는 별도로 동기화를 위한 클록을 사용한다. 동기화 클록의 목적은 수신된 데이터를 언제 읽어야 하는지를 알려주기 위함이다. 구형파의 클록이 주어지는 경우에 상승 에지에서 데이터를 읽는다고 가정하면, [그림 6]과 같이 간단하게 수신된 데이터를 읽는 시점을 결정할 수 있다. [그림 6]에서는 1초에 1비트의 데이터를 전달하는 것으로 가정하였다.

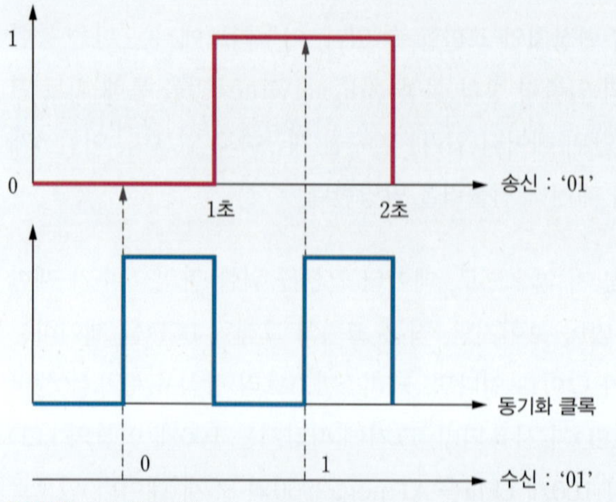

[그림 6] 동기 전송 방식

비동기 방식은 별도의 클록을 전송하지 않고 데이터만을 보내는 방법이다. 비동기 방식으로 데이터만을 전달하면, 데이터를 읽는 시간 간격에 따라 전혀 다른 데이터를 수신하는 경우가 발생할 수 있다. [그림 7]의 예를 살펴보자.

[그림 7]에서 송신 장치는 1초에 한 번 1비트의 데이터를 보낸다, 즉, 데이터 전송 속도가 1bps(bit per second)다. 수신 장치 역시 1초에 한 번 (1bps의 속도로) 데이터를 검사한다면, 수신 데이터는 '01'의 2비트가 된다. 그러나 1초에 두 번 (2bps의 속도로) 데이터를 검사한다면, 수신되는 데이터는 '0011'로 전혀 다른 데이터가 된다. 따라서 비동기 방식으로 주변장치와 정보를 교환하고자 한다면, 보내는 쪽과 받는 쪽의 속도를 먼저 일치시켜 주어야 한다. UART 통신에서 속도는 보율(baud rate)

로 나타낸다.[5] 속도 설정은 동기 방식에서의 동기화 클록과 같은 기능을 하는 것으로 볼 수 있다.

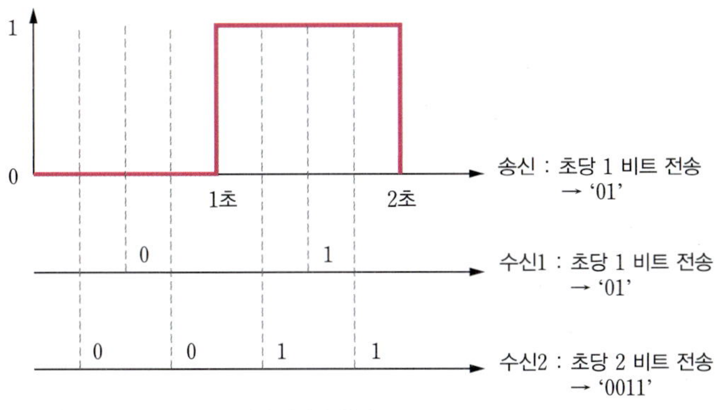

[그림 7] 비동기 전송 방식에서의 데이터 확인

직렬로 데이터를 전송하는 방식을 분류하는 또 다른 방법은 전이중(full duplex) 방식과 반이중(half duplex) 방식으로 나누는 것이다. 전이중과 반이중 방식은 데이터 전달에 사용하는 연결선의 개수로 구분한다. 전이중 방식은 2개, 반이중 방식은 1개의 데이터 선을 사용한다. 연결된 두 개의 장치는 서로 데이터를 보낼 수도 있고 받을 수도 있다. 한 개의 데이터 연결선만이 사용되는 반이중 방식에서는 동시에 데이터를 주고받는 것이 불가능하지만, 두 개의 데이터 연결선이 사용되는 전이중 방식에서는 동시에 데이터를 주고받는 것이 가능하다. 같은 속도로 데이터를 전달한다면 전이중 방식이 반이중 방식보다 같은 시간에 두 배의 데이터를 교환할 수 있지만, 데이터 연결선이 하나 더 필요하다는 점도 잊지 말아야 한다.

이처럼 시리얼 통신 방식은 동기/비동기 및 전이중/반이중 방식에 따라 4가지로 나눌 수 있다. [표 3]은 대표적인 시리얼 통신 방법을 나타낸 것이다.

[표 3] 시리얼 통신 방법

동기 클록 사용 / 데이터 선 개수	동기 방식	비동기 방식
전이중 방식	SPI	UART
반이중 방식	I2C (또는 2-Wire)	1-Wire

[표 3]의 4가지 통신 방법 중 ATmega2560에서 하드웨어로 지원되는 방법은 UART(Universal Asynchronous Receiver/Transmitter)와 SPI(Serial Peripheral Interface), I2C(Inter-Integrated Circuit)의 3가지이며, 1-와이어 통신 방법은 소프트웨어 지원을 통해 사용할 수 있다. UART는 컴퓨터와의 통신에도 사용되는 시리얼 통신 방식이다.

5 비동기 방식에서는 전송 속도 이외에도 데이터의 시작과 끝을 표시하는 특별한 방법이 필요하다. 이는 UART 통신 장에서 상세하게 다룬다.

UART 시리얼 통신은 송신 및 수신에 두 개 데이터 핀 연결을 사용하고, 송수신이 동시에 진행될 수 있는 전이중(full-duplex) 방식이며, 동기화를 위한 별도의 클록을 전송하지 않는 비동기 방식이므로 통신 이전에 송수신 속도를 동일하게 설정해야 한다. UART는 한 번에 하나의 장치만 연결이 가능한 1:1 통신 방식으로, 마이크로컨트롤러에 UART 방식의 주변장치를 2개 연결하고자 한다면 2개의 UART 포트가 필요하다. 따라서 UART 방식으로 여러 개의 주변장치를 연결하려면 많은 수의 데이터 핀이 필요하다는 점은 단점이지만, UART 방식이 간단하면서도 오랫동안 사용되어온 방식으로 많은 주변장치들이 지원한다는 점은 장점이다.

SPI는 짧은 거리에서 주변장치와 고속의 정보 교환을 위해 주로 사용되는 통신 방식으로, 데이터 전송을 위한 3개 핀과 제어를 위한 1개 핀의 총 4개의 핀을 사용한다. 3개의 연결 핀 중 2개는 UART와 마찬가지로 전이중 방식의 데이터 송수신에 사용되며, 나머지 하나는 동기화 클록에 사용된다. SPI가 UART와 또 다른 점은 하나의 SPI 연결 포트를 통해 여러 개의 장치를 연결하는 1:n 통신이 가능하다는 사실이다. 이때 '1'에 해당하는 장치가 마스터(master)로, 통신 과정을 책임지는 장치이고 'n'에 해당하는 다른 장치들은 슬레이브(slave)라고 한다. 같은 통신 포트를 통해 여러 개의 슬레이브가 연결되면, 여러 개의 슬레이브가 동시에 데이터를 수신하게 되므로, 여러 슬레이브 중 하나의 슬레이브를 선택하는 방법이 필요하다. 이를 위해 제어핀 연결이 사용된다. SPI는 고속의 데이터를 안정적으로 전달하고, 여러 장치가 포트를 공유할 수 있다는 장점은 있지만, 제어핀의 수가 연결된 장치의 수에 비례하여 증가하는 단점이 있다.

I2C는 짧은 거리에서 주변장치와 저속의 정보 교환을 위해 주로 사용되는 방식으로, 2개의 데이터 핀 연결만을 필요로 한다. I2C는 SPI와 마찬가지로 1:n의 마스트-슬레이브 구조를 지원하는 통신 방식이지만, SPI와 몇 가지 다른 점이 있다. I2C에서 사용하는 데이터 연결 핀 중 실제로 데이터 전송에 사용되는 핀은 하나이며, 다른 하나는 동기화 클록에 사용된다. 즉, I2C는 위의 두 가지 방법들과 다르게 송수신이 동시에 이루어질 수 없는 반이중 방식이다. 하지만 I2C 역시 SPI와 마찬가지로 동기화 방식에 속한다. 또 한 가지 I2C가 SPI와 다른 점은, 1:n 연결에서 장치 구별을 위해 소프트웨어적인 주소를 사용하므로 별도의 제어핀 연결은 필요하지 않다는 점이다. 따라서 SPI와 달리 연결된 장치의 수가 증가해도 I2C 통신에서 필요한 핀의 개수는 증가하지 않는다.

반이중 비동기 방식인 1-와이어 방식도 존재하지만, ATmega2560에서는 1-와이어 방식의 통신을 위한 전용의 하드웨어를 제공하지 않는다. [표 4]는 마이크로컨트롤러에서 흔히 사용되는 시리얼 통신 방법을 비교한 것이며, [그림 8]은 각 시리얼 통신을 이용하여 2개의 주변장치를 연결하는 방법을 비교한 것이다.

[표 4] 시리얼 통신 방식 비교

구분			UART	SPI	I2C	1-Wire
연결 방법			1:1	1:n	1:n	1:n
전송 방법			전이중	전이중	반이중	반이중
연결선	1개 슬레이브 연결	데이터	2개	2개	1개	1개
		동기 신호	–	1개	1개	–
		제어	–	1개	–	–
		총	2개	4개	2개	1개
	n개 슬레이브 연결		2n개	(3 + n)개	2개	1개

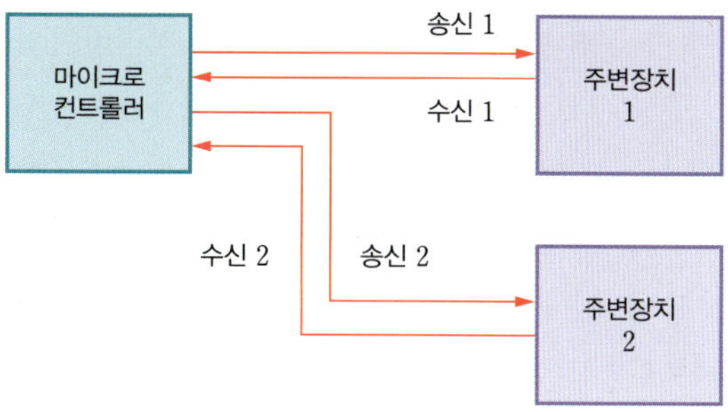

(a) UART

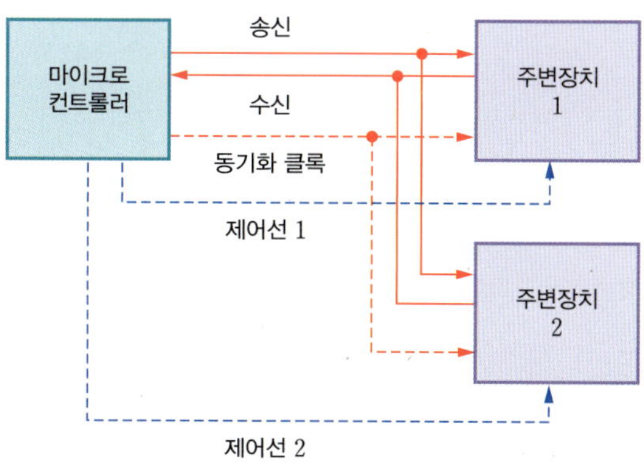

(b) SPI

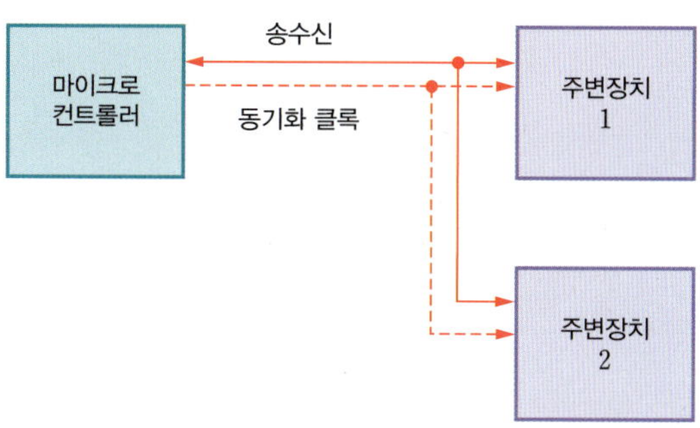

(c) I2C

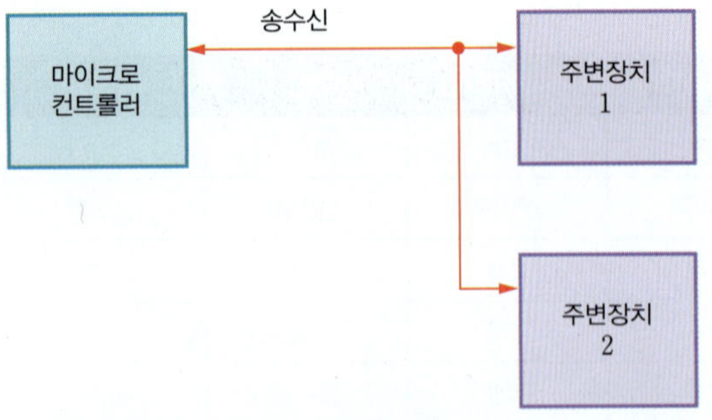

(d) 1-Wire

[그림 8] 시리얼 통신 방식

마이크로컨트롤러가 컴퓨터처럼 키보드나 모니터를 입출력 장치로 사용하는 경우는 거의 없다. 마이크로컨트롤러는 입력 장치로 여러 가지 센서를 사용하여 주변 데이터를 수집하고, 이를 처리하여 또 다른 주변장치 제어를 위한 신호를 출력하는 형태로 구성된다. 또는 수집된 데이터를 컴퓨터로 전달하여 컴퓨터에서 데이터를 처리하고 관리할 수 있도록 돕는 역할을 한다. 이때 입력 장치와 출력 장치를 연결하는 데 위에서 언급한 여러 가지 통신 방식이 사용되며, 다양한 주변장치와 데이터를 주고받음으로써 마이크로컨트롤러는 완전한 컴퓨터로 동작할 수 있다. 위에서 언급한 통신 방법들에 대한 자세한 내용은 해당 장에서 다시 다룬다. 다만 1-와이어 통신은 ATmega2560에서 하드웨어로 지원하지 않는 시리얼 통신이므로 이 책에서는 다루지 않는다.

LESSON 06

프로그램 작성 방법

컴퓨터에서 실행되는 프로그램을 작성하는 경우를 생각해 보자. 먼저 프로그램 작성을 위해 컴파일러를 설치해야 하며, 코드를 입력하고 컴파일하여 실행 파일을 만들어 내야 한다. 물론 코드 작성과 디버깅을 위해서는 모니터도 필요하다. 마이크로컨트롤러에는 연결된 키보드나 모니터가 없다는 것을 이미 알고 있다. 컴파일러의 경우는 어떤가?

ATmega2560에 프로그램을 저장할 수 있는 메모리는 256Kbyte에 불과하다. 윈도우에서 가장 간단한 프로그램 중 하나인 메모장만 하더라도 그 크기가 수백 킬로바이트에 달하므로, ATmega2560에서는 메모장조차도 실행할 수 없다. 하물며 C/C++ 프로그램 개발에 사용되는 비주얼 스튜디오의 경우에는 수백 메가바이트의 공간이 필요하다. 한 마디로 컴퓨터에서와 같은 방식으로 ATmega2560에서 프로그램을 개발하는 것은 불가능하다.

따라서 마이크로컨트롤러를 위한 프로그램은 컴퓨터에서 개발하고, 실행 파일만 마이크로컨트롤러로 업로드하여 설치한다. 이처럼 프로그램이 개발되는 환경(개발 시스템, 컴퓨터)과 프로그램이 실행되는 환경(목적 시스템, 마이크로컨트롤러)이 서로 다른 경우를 일컬어 교차 개발 환경(Cross Development Environment)이라고 한다.

[그림 9] 교차 개발 환경

교차 개발이 가능하기 위해서는 개발 시스템에서 동작하면서도 목적 시스템에서 실행 가능한 기계어 파일을 생성할 수 있는 교차 컴파일러(Cross Compiler)가 필요하며, 생성된 기계어 파일을 목적 시스템에 설치하는 방법도 필요하다. ATmega2560을 위한 교차 컴파일러에는 여러 가지가 있지만, 이 책에서는 아두이노 프로그램을 사용한다. 교차 컴파일러는 ATmega2560 마이크로컨트롤러에서 실행 가능한 파일, 즉, 기계어 파일을 생성해 준다. 윈도우에서 실행 가능한 기계어 파일은 EXE 또는 DLL의 확장자를 가지지만, 교차 컴파일러에서 생성되는 ATmega2560을 위한 기계어 파일은 HEX 확장자를 가진다.

기계어 파일이 생성되면 이를 마이크로컨트롤러에 설치하는 과정이 필요한데, 이는 시리얼 통신을 통해 개발 시스템에서 마이크로컨트롤러로 기계어 파일을 전송함으로써 이루어진다. 이처럼 기계어 파일을 개발 시스템에서 목적 시스템으로 전송하여 설치하는 과정을 '다운로드' 또는 '업로드'라 한다.

다운로드는 마이크로컨트롤러의 입장에서 개발 시스템으로부터 프로그램을 가져오는 것을 말하며, 업로드는 개발 시스템에서 마이크로컨트롤러로 프로그램을 보내는 것을 중심으로 이야기한다. 이처럼 다운로드와 업로드는 정반대의 의미이지만 같은 방향의 데이터 흐름을 가리키므로 함께 사용되고 있다. 프로그램 업로드는 SPI 시리얼 통신을 사용하는 ISP(In System Programming) 방식 또는 UART 시리얼 통신을 사용하는 시리얼 방식으로 가능하며, 프로그램 업로드를 위해서는 [그림 5]의 전용 장치를 사용해야 한다.

업로드된 프로그램은 마이크로컨트롤러의 메모리에 설치된다. 마이크로컨트롤러에는 일반적으로 하나의 프로그램만이 설치될 수 있다. 마이크로컨트롤러에 전원을 인가하면, 간단한 부팅 과정을 거친 후 현재 설치된 프로그램이 자동으로 실행된다. ATmega2560을 포함하는 AVR 시리즈 마이크로컨트롤러에서는 일반적으로 ISP 또는 ICSP(In Circuit Serial Programming) 방식을 사용하여 프로그램을 업로드하며, 아두이노에서는 시리얼 방식이 주로 사용된다.

교차 개발 환경은 스마트폰을 위한 어플리케이션 개발에서도 볼 수 있다. 스마트폰은 마이크로프로세서(또는 어플리케이션 프로세서)를 사용하지만, 스마트폰용 운영체제에서는 안드로이드 스튜디오(Android Studio)와 같은 개발 도구를 제공하지 않으므로, 컴퓨터에서 어플리케이션을 개발한 후, 개발 컴퓨터나 스토어에서 어플리케이션을 다운로드하여 스마트폰에 설치해야 한다. 마이크로컨트롤러의 경우와 같지 않은가? 물론 스마트폰은 마이크로프로세서를 사용하고, 운영체제로는 안드로이드나 iOS 등을 사용하므로, 여러 개의 프로그램을 설치하고 실행할 수 있다는 점에서 마이크로컨트롤러와는 차이가 있다.

LESSON 07

마이크로컨트롤러의 필요성

어두워지면 자동으로 불이 켜지는 전등을 만들고 싶다고 가정해 보자. 마이크로컨트롤러가 필요할까? 요구 사항에 따라 달라지겠지만, 단순히 어두워지면 불이 켜지는 동작은 마이크로컨트롤러 없이도 가능하다. 빛의 양에 따라 저항이 변하는 조도 센서를 이용하면, [그림 10]의 회로를 통해 어두워지면 자동으로 불이 켜지게 할 수 있다. 저항의 값을 조절하면 불이 켜지는 시점의 광량도 조절할 수 있다.

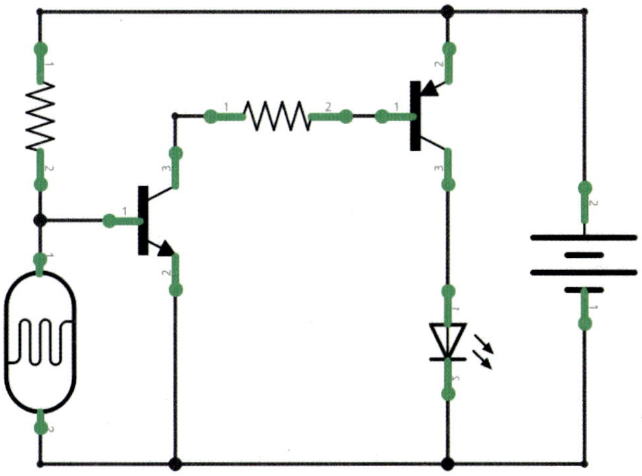

[그림 10] 스위칭 회로를 이용한 자동 점등 회로

마이크로컨트롤러를 이용해서도 같은 동작을 수행하도록 구성할 수 있다. [그림 11]은 ATmega328 마이크로컨트롤러를 이용하여 구성한 회로의 예다.

트랜지스터와 저항을 사용한 [그림 10]의 회로에 비해 [그림 11]의 회로는 마이크로컨트롤러를 사용하므로 가격도 비싸고, 배선도 복잡해 보인다. 게다가 프로그램을 작성해서 업로드해야 하는 등 마이크로컨트롤러를 사용하지 않을 때에 비해 아무런 장점이 없어 보인다. 실제로 광량에 따라 불이 켜지는 회로에서는 마이크로컨트롤러를 사용한다 해도 얻을 수 있는 장점은 거의 없다. 그렇다면 마이크로컨트롤러를 사용할 필요가 없지 않은가? 이런 단순한 동작에서는 우리에게 마이크로컨트롤러는 아무런 매력이 없다. 그러나 기능을 변경하거나 추가하는 상황이 되면 마이크로컨트롤러의 진가를 느낄 수 있다.

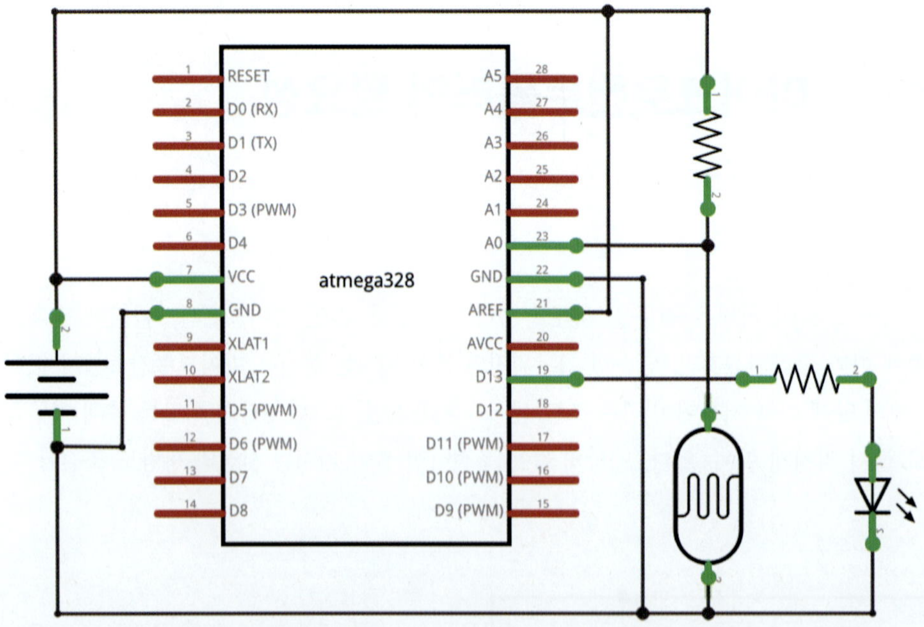

[그림 11] 마이크로컨트롤러를 이용한 자동 점등 회로

[그림 10]의 회로에서 불을 켜기 위한 기준 광량을 바꾸고 싶다면 어떻게 해야 할까? 회로에서 저항을 다른 크기의 저항으로 교체하면 된다. 이를 위해서는 저항을 떼어 내고 다른 크기의 저항으로 교체하는 등의 작업이 필요하다. 한편 마이크로컨트롤러를 사용한 경우에는 소스 코드에서 임계치를 조절하고 다시 업로드하면 된다. 마이크로컨트롤러를 사용하는 경우가 훨씬 간단하지 않은가? 아니면 별 차이가 없어 보이는가?

기능을 추가하는 경우라면 마이크로컨트롤러의 장점을 더욱 확실하게 알 수 있다. [그림 10]의 회로에서 한 번 불이 켜지면 최소 10초는 불이 켜져 있도록 하고 싶다면 어떻게 해야 할까? 불이 켜진 시간을 알아내기 위해서는 시간을 알려주는 부품이, 불이 켜진 시간을 저장하기 위해서는 메모리가, 그리고 현재 시각과 저장된 시각을 비교하기 위해서는 비교기가 필요하다. 이들 부품을 모두 [그림 10]의 회로에 추가하는 것이 가능하기는 하지만, 이 경우 회로를 완전히 다시 그려야 할지도 모르며, 완성된 회로는 [그림 11]보다 더 복잡할 수 있다.

이에 비해 마이크로컨트롤러를 사용한 회로의 경우, 최소 10초 동안 불이 켜져 있도록 하기 위해 회로를 변경할 필요가 없다. 불이 켜지는 기준 광량을 바꾸는 경우와 마찬가지로 프로그램 수정만으로 기능을 추가할 수 있기 때문이다. 바로 이것이 마이크로컨트롤러의 매력이다. 같은 입력(광센서)과 같은 출력(LED)을 가지는 회로에서 마이크로컨트롤러를 사용하는 경우, 프로그램 수정만으로 서로 다른 동작(① 광량에 따라 점멸하는 동작과 ② 광량에 따라 점멸하면서 불이 켜졌을 때 최소 10초 동안 켜져 있는 동작)을 구현하는 것이 가능한 것이다.

마이크로컨트롤러가 주목을 받는 이유 중에는 간단하게 기능을 수정하거나 추가할 수 있다는 점이 큰 몫을 하였다. 하지만 잊지 말아야 하는 점은 바로 마이크로컨트롤러를 저렴한 가격에 제작할 수 있도록 해준 하드웨어의 발전이다. 전통적으로 제어 장치는 [그림 10]과 같이 하드웨어를 사용하여 구성되었다. 이에 반해 마이크로컨트롤러는 하드웨어로 수행할 작업을 소프트웨어로 대체할 수 있도록 해준다. 물론 이는 마이크로컨트롤러에 이미 많은 기능이 포함되어 있어 가능한 일이며, 포함된 기능들을 모두 사용하지 않는다면 마이크로컨트롤러를 사용하는 것이 오히려 낭비로 느껴질 수 있다. 하지만 개발 과정에 요구된 시간과 비용, 그리고 만들어진 제어 장치의 신뢰성을 고려한다면, 마이크로컨트롤러를 사용함으로써 늘어나는 비용은 충분히 치를 가치가 있다. 간단한 마이크로컨트롤러의 경우라면 1,000원이면 충분하다. 1,000원으로 짧은 개발 시간과 비용 절감은 물론 신뢰성을 높일 수 있다면, 마이크로컨트롤러를 사용할 가치가 있지 않겠는가?

마이크로컨트롤러를 사용해야 하는 이유 한 가지를 더 들자면, 최근 스마트 가전제품과 같이 지능형 시스템에 대한 요구가 증가하고 있다는 점이다. 지능형 시스템에서의 모든 기능은 하드웨어만으로 구현하긴 어려우며 계산 능력을 갖춘 '두뇌'가 필요하다. 마이크로컨트롤러가 바로 두뇌 역할을 할 수 있는 부품 중 하나다. 마이크로컨트롤러의 가격은 더 낮아지면서도 그 성능은 더 높아지고 있으므로, 선택의 폭은 더 다양해질 것이며, 마이크로컨트롤러의 사용은 더욱 증가하리라 예상된다. 이 책에서 다루는 ATmega2560이 고성능의 마이크로컨트롤러는 아니지만, 마이크로컨트롤러를 시작하고 마이크로컨트롤러와 친해지기에는 부족함이 없으리라 생각된다.

LESSON 08

마이크로컨트롤러의 CPU와 컴퓨터의 CPU

마이크로컨트롤러는 제어 장치를 만드는 데 필요한 작고 느린 컴퓨터로, 컴퓨터의 메인 보드에 해당하는 기능들과 일부 하드디스크의 기능을 담당하는 부품이 포함되어 있다. 마이크로컨트롤러가 컴퓨터의 한 종류이기는 하지만, 일반적인 컴퓨터와는 사용 목적 자체가 달라 단순 비교는 무의미하다고 앞에서 이야기하였다. 하지만 친숙한 컴퓨터와의 비교를 통해 마이크로컨트롤러의 특징을 살펴보는 것은 마이크로컨트롤러에 대한 이해뿐만이 아니라 컴퓨터에 대한 이해 역시 높일 수 있다.

이 책에서는 ATmega2560 마이크로컨트롤러를 다룬다. ATmega2560에 포함된 8비트의 CPU는 변형된 RISC 구조와 하버드 구조를 사용하고 있다. 반면 컴퓨터에 사용되는 인텔의 최신 CPU는 64비트의 CISC 구조와 폰노이만 구조를 사용하고 있다. 이처럼 마이크로컨트롤러와 인텔 CPU는 비트 수를 제외하더라도 RISC와 CISC, 하버드와 폰노이만이라는 서로 다른 구조를 채택하고 있다. 이들의 차이점은 무엇일까?

CISC와 RISC

ATmega2560을 포함하여 마이크로컨트롤러의 CPU는 RISC(Reduced Instruction Set Computer) 구조를 사용하는 경우가 많은데, 컴퓨터에 흔히 사용되는 인텔의 CPU는 CISC(Complex Instruction Set Computer) 구조를 사용한다. 물론 모든 마이크로컨트롤러가 RISC 구조를 사용하는 것은 아니며, 모든 마이크로프로세서가 CISC 구조를 사용하는 것도 아니다. 또한 CISC와 RISC는 서로의 장점을 받아들여 성능을 개선하고 있으므로 명확하게 구분하는 것이 불가능할 수도 있다.

CISC와 RISC의 가장 큰 차이는 CPU에서 지원하는 명령어 개수에 있다. CPU에서 지원하는 명령어란 어셈블리어(assembly language) 수준의 명령어로, 전용 하드웨어로 처리되는 명령어를 말한다. 하드웨어로 처리되는 명령어에는 사칙연산, 논리 연산, 분기, 메모리 읽기와 쓰기 등의 명령이 포함된다. CPU의 발전과 더불어 CPU에서 처리할 수 있는 명령어의 개수는 점차 증가하였다. 명령어 개수의 증가는 명령어 처리를 위한 하드웨어의 추가로 이어졌고, 그 결과로 CPU는 점차 복잡해졌다. 게다가 명령어 추가 과정에서 하위 호환성을 유지하기 위해서는 이전의 명령어를 그대로 유지해야 하므로, 새롭게 추가되는 복잡한 명령어와 이전의 간단한 명령어를 처리하는 시간이 서로 다른 경우가 생기게 되었다.

이처럼 하드웨어가 복잡해짐에 따라 CPU의 기능을 개선하는 일이 점점 더 어려워지면서 이런 부분이

성능 향상에도 걸림돌로 작용하게 되었다. 이러한 문제점을 해결하고자 하는 시도 중 하나가 CPU에서 지원하는 명령어의 개수를 줄이는 것으로, CISC 구조에서 사용하는 명령어 중 자주 사용되는 간단한 명령어만으로 만들어진 것이 바로 RISC 구조다. RISC 구조는 IBM 연구소의 John Cocke가 CPU에서 지원하는 명령어 중 20% 정도가 프로그램에서 80% 이상의 일을 처리한다는 사실을 증명함으로써 1970년대부터 연구되기 시작했다.

한 가지 문제는, CISC 구조에서는 하나의 명령어로 가능한 작업을 RISC 구조에서는 여러 개의 명령어로 처리해야 하는 경우가 있으므로, 복잡한 명령을 간단한 명령의 조합으로 구성하는 작업이 필요하다는 점이다. RISC 구조에서는 이러한 명령어 분해 작업을 소프트웨어적으로, 기계어 파일을 만드는 컴파일러가 처리하도록 하고 있다. 즉, CISC 구조에서는 복잡한 명령의 처리를 하드웨어가 담당한다면, RISC 구조에서는 소프트웨어가 담당하도록 함으로써 소프트웨어의 비중을 보다 높인 것이다.

CISC 구조와 RISC 구조에서 연산 'X = (A + B) * (C + D)'를 수행하는 경우를 생각해 보자. CISC 구조를 사용하는 CPU를 위한 어셈블리 명령은 다음과 같이 표현될 수 있다. 어셈블리 코드에서 'M'은 메모리를, 'R'은 레지스터를 나타낸다.

```
ADD R1, A, B                    ; R1 ← M[A] + M[B]
ADD R2, C, D                    ; R2 ← M[C] + M[D]
MUL X, R1, R2                   ; M[X] ← R1 * R2
```

반면 같은 연산을 RISC 구조를 사용하는 CPU를 위한 어셈블리 명령으로 나타내면 다음과 같이 표현될 수 있다.

```
LOAD R1, A                      ; R1 ← M[A]
LOAD R2, B                      ; R2 ← M[B]
LOAD R3, C                      ; R3 ← M[C]
LOAD R4, D                      ; R4 ← M[D]
ADD R1, R2                      ; R1 ← R1 + R2
ADD R3, R4                      ; R3 ← R3 + R4
MUL R1, R3                      ; R1 ← R1 * R3
STORE X, R1                     ; M[X] ← R1
```

두 코드를 비교했을 때 눈에 띄는 차이점은, RISC 구조에서 더 많은 명령을 실행해야 CISC 구조와 같은 결과를 얻을 수 있다는 점이다. 그렇다면 CISC 구조가 더 좋은 게 아닐까? 이런 생각은 흔한 오해 중 하나이기도 하다. CISC 구조에서는 하나의 명령어로 복잡한 작업을 수행할 수 있으므로 특정 작업에 필요한 명령어의 개수는 줄어들지만, 하나의 명령어를 실행하는 데 많은 시간이 필요하다. 반면 RISC 구조에서는 하나의 명령어가 단순한 작업만을 수행할 수 있기 때문에 특정 작업에 필요한 명령어의 개수는 늘어나지만, 하나의 명령어를 실행하는 시간은 CISC 구조에 비해 짧다. 즉, 단순히 코드의 길이만으로 실행 속도 차이를 이야기할 수는 없으며, CISC와 RISC 구조의 실행 속도는 거의 같다고 보아도 무방하다.

CISC 구조에서는 메모리를 읽는 명령이 연산 명령에 포함되어 있다는 점도 RISC 구조와의 차이점이다. CISC 구조에서 더하기(ADD) 명령에는 메모리에서 데이터를 읽어오는(M[A]) 동작까지 포함되어 있다. 반면 RISC 구조에서는 메모리를 읽고(LOAD) 쓰는(STORE) 명령이 별도로 존재하며, 연산은 범용 레지스터(R)에서만 실행된다. 메모리는 CPU보다 상대적으로 속도가 느리다. 따라서 명령어 내에서 메모리를 읽거나 쓰는 횟수에 따라 명령어가 실행되는 속도가 달라지는데, 이것이 CISC 구조에서의 명령어들이 서로 다른 실행 시간을 가지는 이유 중 하나가 된다. 반면 RISC 구조에서의 명령어들은 메모리를 읽거나 쓰는 명령이 연산 명령과 분리되어 있으므로 같은 속도로 명령이 실행될 수 있다.

RISC 구조에서 모든 명령어가 실행되는 속도가 같다는 점은 파이프라인 구조를 가능하게 해준다. CPU에서 명령어를 실행하는 과정은 명령어를 읽고(fetch), 해석하고(decode), 연산을 수행한 후(execute), 결과를 쓰는(write-back) 4개 단계로 나누어 볼 수 있다. RISC 구조에서의 명령어는 같은 시간에 실행되므로, 명령어의 각 단계를 중첩하여 실행할 수 있어 명령어 처리 효율을 높일 수 있다. 즉, 첫 번째 명령을 읽어 해석하는 동안 두 번째 명령을 읽어 들이는 것이 가능하다. 하지만 CISC 구조의 명령어는 명령어들 사이에 실행 시간이 달라 파이프라인을 구성하기가 쉽지 않다.

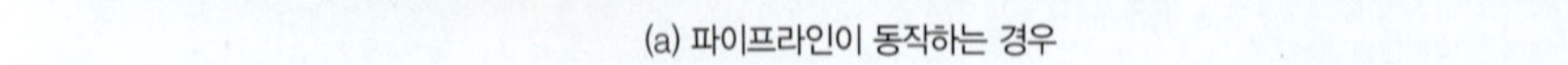

(a) 파이프라인이 동작하는 경우

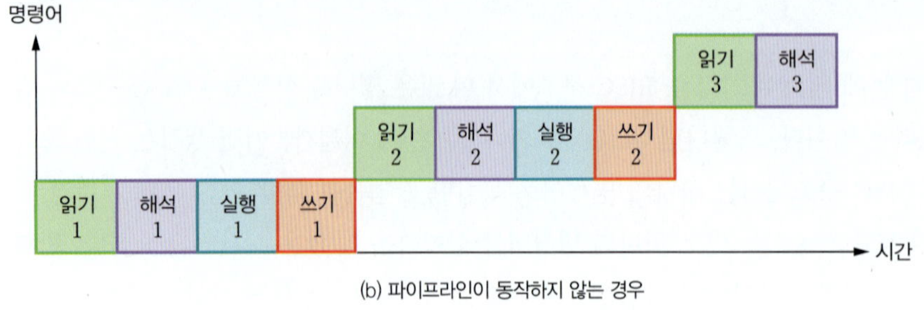

(b) 파이프라인이 동작하지 않는 경우

[그림 12] 명령어 처리

[그림 12]에서 명령어의 각 처리 단계에 한 클록이 필요하다고 가정하면, 파이프라인이 동작하지 않을 때는 하나의 명령어를 실행하는 데 4개의 클록이 필요하다. 반면, 파이프라인이 동작하는 경우에는 여러 명령을 연속적으로 실행시키면 하나의 클록마다 명령어 실행 결과를 얻을 수 있어 하나의 명령어가 한 클록에 실행되는 것처럼 보인다. RISC 구조라고 해서 모든 명령어를 파이프라인을 통해 처리할 수 있는 것은 아니다. 파이프라인이 동작하기 위해서는 다음번에 실행할 명령어가 무엇인지 알고 있어야 한다. 조건 분기 명령과 같이 실제로 프로그램이 실행된 후에야 다음번에 실행할 명령어를 알 수 있는 경우에는 이전 명령어의 실행 결과를 얻을 때까지 파이프라인을 동작시킬 수 없다.

[표 5]는 CISC와 RISC 구조의 특징을 비교한 것이다. 최근에 출시되는 CPU 중에는 순수하게 CISC 구조나 RISC 구조만을 사용하는 경우는 없으며, 둘의 장점을 함께 가진 경우가 많으므로, CISC 구조와 RISC 구조의 구분이 모호해지고 있다는 점도 잊지 말아야 한다.

[표 5] CISC 구조와 RISC 구조의 특징

구분	CISC	RISC
명령어 개수	많음	적음
프로그램 크기	작음	큼
하드웨어 복잡도	높음	낮음
소프트웨어(컴파일러) 복잡도	낮음	높음
명령어 당 클록 수	가변	고정
전력 소모	많음	적음
호환성	높음	낮음
대표적인 CPU 제조사	Intel	ARM

폰노이만 구조와 하버드 구조

마이크로컨트롤러와 마이크로프로세서의 또 다른 점은 대부분의 마이크로컨트롤러가 하버드 구조를 채택하고 있다면 대부분의 마이크로프로세서는 폰노이만 구조를 채택하고 있다는 점이다. 폰노이만 구조는 존 폰 노이만(John von Neumann)이 제창한 '내장 메모리 순차처리 방식'을 적용한 구조를 말한다. 폰노이만 구조는 [그림 2]와 같이 실제 연산을 수행하는 CPU와, CPU에서 처리할 명령어를 저장하는 메모리를 기본으로 한다. 컴퓨터에서 프로그램은 하드디스크에 설치된다. 설치된 프로그램은 먼저 컴퓨터의 메인 메모리에 저장된 후, CPU 내의 레지스터로 이동하여 산술논리 연산장치(Arithmetic Logic Unit, ALU)에서 실행된다. 이처럼 프로그램이 먼저 메모리에 저장된 후 실행되므로 '내장 메모리 방식'이며, 메모리에 저장된 프로그램은 한 번에 하나씩 메모리에 저장된 순서에 따라 CPU로 옮겨져 실행되므로 '순차처리 방식'이다. 이러한 순차처리 방식은 다음에 실행될 명령어의 위치가 현재 실행되는 명령어의 다음에 오도록 함으로써 파이프라인 처리가 가능하도록 해준다.

폰노이만 구조는 간단하다. 폰노이만 구조는 하나의 메모리를 가지며, 프로그램 실행에 필요한 모든 내용은 이 유일한 메모리에 저장된다. 프로그램 실행에 필요한 내용에는 명령어의 집합인 프로그램뿐만이 아니라, 프로그램이 실행되는 동안 만들어지고 사라지는 변수들도 포함된다.

두 정수의 합을 구하는 'int a = a + b;'라는 명령을 실행시킨다고 가정해 보자. 더하기 명령을 실행하는 명령(ADD)을 저장하기 위해서는 메모리가 필요하지만, 변수 a와 b의 값을 저장하기 위해서도 메모리가 필요하다. 명령이 저장되는 메모리와 변숫값이 저장되는 메모리에 어떤 차이가 있을까? 가장 큰 차이점은, 명령이 저장된 메모리의 내용은 프로그램 실행 중에 바뀌지 않지만, 변숫값이 저장된 메모리의 값은 바뀔 수 있다는 점이다. 이처럼 프로그램 실행에 필요한 내용에는 '명령어'와 '데이터'라는 서로 다른 특징을 가지는 두 종류의 내용이 존재하는데, 폰노이만 구조는 이들을 모두 메인 메모리라 불리는 하나의 메모리에 저장한다.

여기서 문제가 발생한다. 프로그램이 실행되는 동안 메모리의 내용을 참조해야 하는데, 메모리의 내용을 읽는 시간이 CPU 내에서 연산이 이루어지는 시간보다 더 길게 걸린다는 것이다. 명령어를 실행하는 과정에서 빈번하게 메모리 읽기 또는 쓰기가 필요하다면, CPU가 메모리와 정보를 교환하는 시간이 길어지게 되는데, 메모리와 정보를 교환하는 시간 동안 CPU는 연산을 수행하지 못하는 유휴(idle) 상태에 놓이게 된다. 이처럼 시스템의 성능이 상대적으로 느린 메모리 속도에 의해 제한되는 현상을 병목(bottleneck) 현상이라고 한다.

병목 현상을 개선하기 위해 제안된 방법의 하나가 프로그램 실행에 필요한 명령어와 데이터를 분리해서 저장하는 방법으로, 이를 하버드 구조라고 한다. 폰노이만 구조에서는 하나의 메모리에 명령어와 데이터를 함께 저장하므로 명령어를 실행하기 위해서는 여러 번에 걸쳐 메모리 읽기를 수행해야 하는데, 이는 하버드 구조도 같다. 하지만 하버드 구조에서는 명령어와 데이터가 서로 다른 메모리에 분리되어 저장되므로, 동시에 명령어와 데이터를 읽어올 수 있어 메모리를 읽는 시간을 줄일 수 있다. 물론 두 개의 메모리를 제어해야 하는 만큼 CPU의 구조는 복잡해진다. 하버드 구조에서 명령어가 저장되는 메모리는 프로그램 메모리(program memory) 또는 명령어 메모리(instruction memory)라고 하며, 데이터가 저장되는 메모리는 데이터 메모리(data memory)라고 한다.

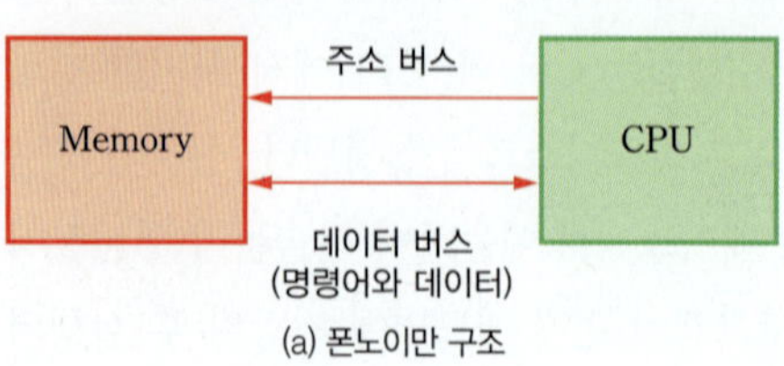

(a) 폰노이만 구조

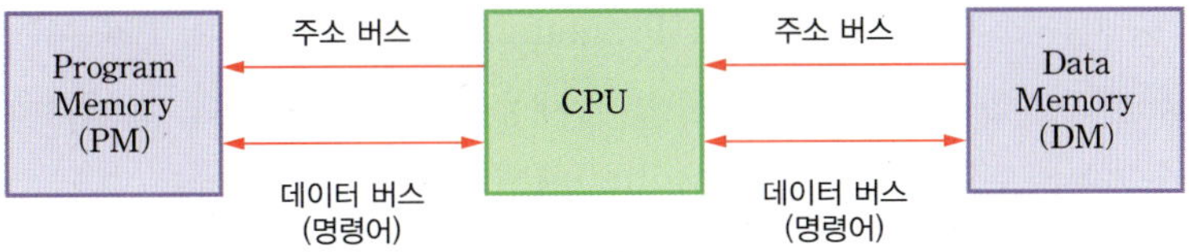

(b) 하버드 구조

[그림 13] 폰노이만 구조와 하버드 구조

메모리의 종류

폰노이만 구조에서는 한 종류의 메모리만이 필요하지만, 하버드 구조에서는 두 종류의 메모리가 필요하다. 이들 메모리는 물리적으로 분리된 메모리로, 메모리를 만드는 방법 역시 다를 수 있다. 컴퓨터에서 메모리라고 하면 메인 메모리를 가리키는데, 이는 DRAM(Dynamic RAM)으로 만들어진다. 반면 ATmega2560에서 프로그램 메모리는 플래시 메모리(flash memory)로 만들어지고, 데이터 메모리는 SRAM(Static RAM)으로 만들어진다. 이들 메모리의 차이는 무엇일까?

메모리는 크게 ROM과 RAM의 두 종류로 나눌 수 있다. ROM은 'Read Only Memory'로, 이미 기록된 내용을 읽기만 할 수 있고 쓰거나 지울 수는 없는 메모리를 말한다. 컴퓨터의 부팅 과정에서 사용되는 정보를 저장하고 있는 BIOS(Basic Input Output System) 칩이 ROM에 해당한다. 반면 RAM은 'Random Access Memory'로 자유롭게 읽고 쓸 수 있는 메모리를 말한다. 한 가지 의문점이 생기지 않는가? BIOS는 ROM으로 만들어져 있지만, ROM이라는 이름과는 다르게 부팅 과정에서 설정을 변경하여 저장할 수 있다. ROM은 정말 읽기만 가능할까?

초기에 ROM은 제조사에서 미리 내용을 기록하고 변경할 수 없도록 만들었는데, 이를 마스크 롬(Mask ROM)이라고 한다. ROM 제작에 사용된 데이터에 오류가 있다고 생각해 보자. 오류 수정을 위해서는 칩 자체를 교환해야 하므로 큰 비용이 소요된다. 이러한 단점으로 인해 마스크 롬은 더 이상 제조되지 않으며, 내용을 지우고 다시 쓸 수 있는 ROM으로 대체되었다. 내용을 지우고 다시 쓸 수 있다면 이는 ROM의 정의와는 다르다. 하지만 ROM에 기록된 내용은 전원이 주어지지 않아도 보존되는 특성, 즉 비휘발성을 가지기 때문에, 휘발성을 가지는 RAM과 구별하여 여전히 ROM으로 부르고 있다. 또한, ROM에 쓰기가 가능하기는 하지만 일정 횟수 이상의 쓰기를 수행한 후에는 더 이상 ROM을 사용할 수 없다는 점도 반영구적으로 사용할 수 있는 RAM과의 차이점이다.

[표 6] ROM과 RAM 비교

구분	(쓰기 가능한) ROM	RAM
읽기 속도	빠름	빠름
쓰기 속도	느림	빠름
휘발성	×	○
수명	제한된 수명	반영구적 수명

내용을 기록할 수 있는 ROM으로 처음 소개된 것은 PROM(Programmable ROM)이다. PROM은 내용이 기록되지 않은 상태로 생산되며, 전용 장치를 통해 한 번만 내용이 기록될 수 있다. PROM을 개선하여 여러 번 지우고 쓰기가 가능하도록 만들어진 ROM이 EPROM(Erasable PROM)이다. 하지만 EPROM의 내용을 쓰고 지우기 위해서는 전용의 장비가 필요하다. 이를 더욱 개선하여 전용 장치 없이 전기 신호로 쓰고 지우기가 가능하도록 만들어진 ROM이 EEPROM(Electrically EPROM)이다.

EEPROM은 쓰고 지우기가 가능하면서도 비휘발성 특징을 가지므로, EEPROM이 RAM을 대체할 수 있지 않을까? 그 답은 '대체할 수 없다'는 것이다. EEPROM에 데이터를 쓰는 데 RAM에 비해 많은 시간이 소요되기 때문이다. 하지만 EEPROM의 읽기 속도는 RAM과 비슷하므로, 데이터를 한 번 기록한 후에 잦은 읽기가 필요한 경우에는 EEPROM을 RAM처럼 사용할 수 있다. ATmega2560에도 참조용 데이터를 저장하기 위한 4Kbyte 크기의 EEPROM이 포함되어 있다. ATmega2560에 포함된 EEPROM은 하버드 구조에서의 프로그램 메모리나 데이터 메모리에 해당하지 않는 제3의 메모리로 컴퓨터의 하드디스크와 유사한 기능을 한다.

마이크로컨트롤러의 프로그램 메모리는 플래시 메모리로 만들어진다. 플래시 메모리는 EEPROM의 변형으로, 1984년에 도시바에서 처음 만들어졌다. EEPROM은 바이트 단위로 데이터를 읽거나 쓸 수 있지만, 쓰기 속도가 느려서 큰 프로그램을 기록하기에는 적합하지 않다. 플래시 메모리 역시 바이트 단위 읽기가 가능한 점에서는 EEPROM과 같지만, 블록 단위의 쓰기가 가능하도록 개선되어 큰 프로그램을 기록하기에 적합하도록 만들어졌다. 플래시 메모리는 블록 단위의 쓰기만 가능하다는 단점이 있기는 하지만, EEPROM보다 구조가 간단하므로 대용량 메모리를 만들기에 적합하다. 또한 플래시 메모리가 블록 전체를 쓰는 시간은 EEPROM에서 한 바이트의 데이터를 쓰는 시간과 유사할 정도로 쓰기 속도가 빠르다. 이러한 장점으로 인해 1988년 상업용 플래시 메모리가 처음 소개된 이후 USB 메모리를 포함하여 대부분의 휴대용 장치에서는 플래시 메모리가 사용되고 있다.

하지만 플래시 메모리는 블록 단위의 쓰기를 시행하므로, 불필요한 쓰기가 진행될 수 있어 EEPROM에 비해 쓰기 가능한 횟수가 적다. ATmega2560에 포함된 EEPROM은 100,000회 쓰기를 보장하지만, 플래시 메모리는 그 1/10인 10,000회 쓰기만을 보장하고 있다. ATmega2560에는 256Kbyte의 플래시 메모리가 포함되어 있는데, 이 플래시 메모리는 프로그램 저장을 위한 프로그램 메모리로 사용된다.

EEPROM과 플래시 메모리가 ROM이라면, 마이크로컨트롤러의 데이터 메모리인 SRAM과 컴퓨터의 메인 메모리인 DRAM은 RAM에 속한다. CPU가 연산을 수행하는 동안에는 잦은 메모리 쓰기를 피할 수 없으므로, 이를 위해 반영구적인 RAM이 사용된다. RAM은 크게 동적 RAM(Dynamic RAM, DRAM)과 정적 RAM(Static RAM, SRAM)의 두 가지로 나누어 볼 수 있다. 동적과 정적의 차이는 전원이 공급되고 있는 동안 기록된 데이터가 보존되는지의 여부에 있다. SRAM의 플립플롭을 바탕으로 만들어진 메모리에 한 번 기록된 데이터는 전원이 공급되는 동안 계속 남아있다. 반면 DRAM은 커패시터에 전하를 저장하는 방식으로 데이터를 기록하므로 일정 시간이 지나면 방전으로 인해 기록된 데이터가 사라진다. 따라서 DRAM은 일정 시간 간격으로 커패시터를 재충전해야 하며, 이를 리프레시(refresh)라고 한다.

SRAM은 DRAM보다 최대 20배 이상의 속도로 동작할 수 있지만, 집적도가 낮고 가격이 비싸 대용량의 메모리를 만들기에는 적합하지 않다. 따라서 SRAM은 CPU 내의 레지스터나 캐시 메모리 등 작은 크기의 고속 메모리에 주로 사용된다. 반면 DRAM은 구조가 간단하여 집적도를 높이기가 쉬우므로 대용량의 메인 메모리로 주로 사용된다. ATmega2560에 포함된 8Kbyte의 SRAM은 데이터 메모리로 사용된다. 한편 ATmega2560을 포함한 AVR 시리즈 마이크로컨트롤러에는 DRAM이 포함되어 있지 않다.

[표 7] SRAM과 DRAM

구분	SRAM	DRAM
읽기/쓰기 속도	빠름	느림
리프레시	×	○
집적도	낮음	높음
가격	비쌈	쌈

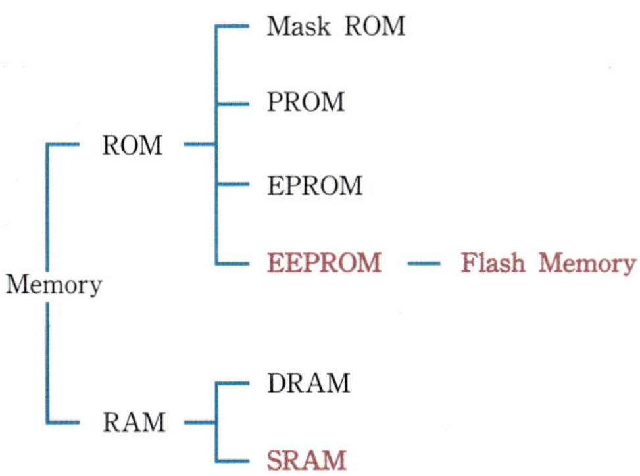

[그림 14] 메모리의 종류

CHAPTER

01 연습문제

1. 마이크로컨트롤러가 사용된 예는 [표 2]에서 나열한 경우 이외에도 많다. 일상생활에서 마이크로컨트롤러가 사용된 예를 찾아보자.

2. ATmega2560에 프로그램을 업로드 하기 위해서는 ISP 방식이나 시리얼 방식 이외에도 JTAG(Joint Test Action Group)을 사용할 수 있다. JTAG은 프로그램 업로드 이외에도 디버깅을 위해 사용할 수 있는 국제 표준이다. ISP 방식이나 시리얼 방식에 비해 JTAG 방식이 가지는 장단점을 비교해 보자.

3. 플래시 메모리는 내부 구조에 따라 NAND 형과 NOR 형으로 나눌 수 있으며 그 목적이 다르다. NAND 형과 NOR 형의 차이와 대부분의 플래시 메모리가 NAND 형으로 만들어지는 이유를 알아보자.

4. 이 책에서 다루는 ATmega2560은 8비트의 마이크로컨트롤러다. 최근 마이크로컨트롤러의 사용 범위가 넓어지면서 16비트 또는 32비트의 고성능 마이크로컨트롤러 사용 역시 증가하고 있다. ARM에서 설계한 Cortex M 시리즈가 대표적인 32비트 마이크로컨트롤러다. 8비트 마이크로컨트롤러와 32비트 마이크로컨트롤러의 장단점을 비교해 보자.

5. 싱글 칩 컴퓨터(single chip computer)라고 불리는 마이크로컨트롤러는 컴퓨터의 한 종류이기는 하지만, 낮은 성능과 작은 메모리만을 가지고 있어 애초 일반적인 컴퓨터와는 그 용도가 다르다. 컴퓨터에는 미치지 못하지만 마이크로컨트롤러보다 높은 성능을 가지며, 컴퓨터처럼 운영체제를 바탕으로 동작하는 또 다른 컴퓨터인 싱글 보드 컴퓨터(single board computer)가 최근 임베디드 시스템 영역에서 마이크로컨트롤러와 함께 주목을 받고 있다. 싱글 칩 컴퓨터의 대표적인 예 중 하나인 아두이노와 싱글 보드 컴퓨터 중 가장 많은 판매량을 보이는 라즈베리파이(raspberry pi)의 장단점을 비교해 보자.

CHAPTER

02

AVR 메가 시리즈 마이크컨트롤러

ATmega2560

ATmega2560은 마이크로칩에서 제작하는 AVR 시리즈 마이크로컨트롤러 중 하나로, 적은 전력 소모와 높은 성능을 특징으로 하는 8비트 마이크로컨트롤러다. 이 장에서는 주변장치와 연결하고 데이터를 교환하기 위한 마이크로컨트롤러의 외형적인 특징과 마이크로컨트롤러의 동작을 설명하기 위한 내부 구조 등 ATmega2560의 하드웨어 측면에서의 특징들을 알아본다.

CONTENTS

LESSON 01

AVR 시리즈 마이크로컨트롤러란?

AVR 시리즈 마이크로컨트롤러는 지금은 마이크로칩(Microchip)에 합병된 아트멜(Atmel)에서 설계한 마이크로컨트롤러다. 아트멜과의 합병을 통해 마이크로칩은 다양한 종류의 마이크로컨트롤러 라인업을 구성하고 있으며, 마이크로컨트롤러 이외에도 마이크로프로세서, 아날로그 칩, 전원 관리 칩, 네트워크 관련 칩 등 다양한 제품을 생산하고 있다. 마이크로칩에서 생산하는 마이크로컨트롤러는 크게 8비트, 16비트, 32비트의 3가지로 나눌 수 있는데, 이 책에서 사용하는 ATmega2560을 포함하는 AVR 시리즈 마이크로컨트롤러는 8비트 마이크로컨트롤러에 속한다. 이외에도 마이크로칩은 8비트 마이크로컨트롤러로 PIC 시리즈 마이크로컨트롤러를 생산하고 있다. PIC 시리즈 마이크로컨트롤러가 마이크로칩의 고유 아키텍처를 사용한다면, AVR 시리즈 마이크로컨트롤러는 아트멜의 고유 아키텍처를 사용하고 있다.

AVR은 변형된 하버드 구조를 사용하는 8비트 RISC 구조를 채택하고 있는데, 이 구조는 Norwegian Institute of Technology의 학생이었던 Alf-Egil Bogen과 Vegard Wollan에 의해 처음 만들어졌다. AVR 아키텍처를 사용하여 처음 출시된 마이크로컨트롤러는 AT90S8515이며, 상업적으로 성공한 첫 번째 마이크로컨트롤러는 AT90S1200이다. 이러한 AT90Sxxxx 마이크로컨트롤러는 AVR 시리즈 마이크로컨트롤러 중에서도 초기에 만들어진 마이크로컨트롤러로, '클래식 AVR'이라고 불리는데, 대부분 다른 마이크로컨트롤러로 대체되었다. 현재 사용되고 있는 8비트 AVR 시리즈 마이크로컨트롤러는 크게 타이니(tiny) 시리즈, 메가(mega) 시리즈, X-메가(xmega) 시리즈의 3가지로 나누어 볼 수 있다.

- **타이니 시리즈** : 1~8Kbyte 크기의 프로그램 메모리와 6~32개의 핀을 가지는 마이크로컨트롤러로, 핀 수가 적어 다양한 주변장치 연결에는 한계가 있다. 간단한 제어 장치를 구성하는 데 사용된다.
- **메가 시리즈** : 4~256Kbyte 크기의 프로그램 메모리와 28~100개의 핀을 가지는 마이크로컨트롤러로, 확장된 명령어 집합(곱셈 명령, 프로그램 메모리 관리 명령 등)을 지원하고, 타이니 시리즈보다 핀 수가 많아 다양한 주변장치와의 연결이 가능하다.
- **X-메가 시리즈** : 32~384Kbyte 크기의 프로그램 메모리와 44~100개의 핀을 가지는 마이크로컨트롤러로, 3.3V의 동작 전압에서, 최대 32MHz로 동작할 수 있는 등 메가 시리즈를 개선한 마이크로컨트롤러이다.

[표 1] AVR 시리즈 비교

구분	타이니	메가	X-메가
프로그램 메모리 (Kbyte)	1~8	4~256	32~384
핀 수 (개)	6~32	28~100	44~100
지원하는 어셈블리 명령어 수 (개)	~120	~135	~142
최대 동작 속도 (MHz)	20	20	32

AVR 시리즈 마이크로컨트롤러 이외에 현재 사용되고 있는 8비트 마이크로컨트롤러에는 인텔(Intel)의 8051 마이크로컨트롤러와 마이크로칩의 PIC 마이크로컨트롤러가 대표적이다. 8051은 1980년 인텔에서 발표한 8비트 마이크로컨트롤러로, CISC(Complex Instruction Set Computer) 구조를 사용한다. 8051 마이크로컨트롤러는 1990년대 초까지 모뎀, 게임기, 타자기 등에 광범위하게 사용되었으며, 지금도 간단한 구조와 저렴한 가격으로 여러 회사에서 8051 호환 마이크로컨트롤러 제품을 생산하고 있다. PIC 마이크로컨트롤러는 마이크로칩에서 설계하고 생산하는 마이크로컨트롤러로, 다양한 종류와 낮은 가격으로 많은 제품에 폭넓게 사용되고 있다. 이 책에서는 AVR 시리즈 마이크로컨트롤러 중에서도 메가 계열에 속하는 ATmega2560을 다룬다. 왜 AVR일까? 또 왜 ATmega2560일까?

마이크로컨트롤러를 이해하기 위해서는 마이크로컨트롤러를 구동하는 프로그램을 작성하는 방법에 대한 이해는 물론 마이크로컨트롤러 자체에 대한 이해가 필수적이다. 마이크로컨트롤러를 처음 배우는 경우에는, 8비트 마이크로컨트롤러의 구조가 32비트 마이크로컨트롤러에 비해 간단하고 이해하기 쉽다는 점이 큰 장점이 될 수 있다. 더불어 AVR 시리즈는 8비트 마이크로컨트롤러 중에서도 가장 최근에 만들어진 것이므로 최신의 기술이 적용되어 있다. AVR 시리즈 마이크로컨트롤러에 익숙해지면 다른 마이크로컨트롤러를 사용하는 것도 그리 어렵지 않다. 이런 면에서 AVR은 마이크로컨트롤러 이해를 위한 좋은 시작점이 될 수 있다.

AVR 마이크로컨트롤러의 또 다른 장점은 다양한 예제를 쉽게 찾아볼 수 있다는 점이다. 마이크로컨트롤러를 사용하기 위해서는 (흔히 펌웨어라 불리는) 프로그램을 작성해서 마이크로컨트롤러에 설치해야 하는데, 간단한 검색을 통해 AVR 시리즈의 마이크로컨트롤러를 위한 예제 프로그램을 쉽게 찾아볼 수 있다. 이러한 점은 마이크로컨트롤러를 처음 배우는 학생과 메이커들에게 큰 장점이 아닐 수 없다.

마지막으로 한 가지 추가하자면, 최근 마이크로컨트롤러와 관련하여 주목을 받고 있는 아두이노[1]에서 AVR 시리즈 마이크로컨트롤러를 사용하고 있다는 점도 AVR 시리즈 마이크로컨트롤러를 눈여겨보아야 하는 또 다른 이유가 될 것이다.

1 https://www.arduino.cc

AVR 메가 시리즈 마이크로컨트롤러 중에서 가장 많이 언급되는 마이크로컨트롤러는 ATmega128이 아닐까 싶다. 인터넷과 서점에서 가장 많이 찾아볼 수 있는 AVR 시리즈 마이크로컨트롤러 관련 자료는 ATmega128에 대한 것들이다. 하지만 이 책에서는 ATmega128이 아닌, ATmega2560을 다룬다. ATmega2560이 ATmega128보다 좋은 점이 무엇일까?

ATmega128은 2001년에 처음 발표되었다. 이에 비해 ATmega2560은 2006년에 발표된 마이크로컨트롤러로, ATmega128 사용 시에 불편한 점들을 개선하여 만들어졌다. ATmega128과 ATmega2560 둘 다 8비트의 CPU를 포함하고 있으며, 16MHz로 동작하는 등 기본적인 성능에서는 큰 차이가 없다. 외형적으로 가장 큰 차이는, 64핀인 ATmega128에 비해 ATmega2560의 핀 수가 100개로 늘어났다는 점이다. 내부적인 변화로는 플래시 메모리와 SRAM의 크기가 늘어난 점을 들 수 있다. 그 결과로 더 많은 주변장치를 ATmega2560에 연결할 수 있고 더 복잡한 알고리즘을 구현할 수 있다. 즉 더욱 다양한 제어 장치를 구현할 수 있다는 의미가 된다.

마지막으로, ATmega2560이 아두이노 메가2560에서 사용하는 마이크로컨트롤러라는 점도 이 책이 ATmega2560을 선택한 이유 중 하나다. ATmega128은 아두이노에서 사용하지 않는 마이크로컨트롤러이므로, 아두이노와의 호환에 한계가 있다.

[표 2] 마이크로컨트롤러 비교

구분	ATmega128	ATmega1281	ATmega2561	ATmega640	ATmega1280	ATmega2560
핀 수	64	64		100		
플래시 메모리 (Kbyte)	128	128	256	64	128	256
SRAM (Kbyte)	4	8				
EEPROM (Kbyte)	4	4				
범용 입출력 핀 (개)	53	54		86		
포트	A, B, C, D, E, F, G(5핀)[2]	A, B, C, D, E, F, G(6핀)		A, B, C, D, E, F, G(6핀) H, J, K, L		
USART 포트 (개)	2	2		4		
ADC 채널 (개)	8	8		16		
8비트 타이머 (개)	2 (0, 2번)	2 (0, 2번)				
16비트 타이머 (개)	2 (1, 3번)	2 (1, 3번)		4 (1, 3, 4, 5번)		
ADC 내부 전압 (V)	2.56	1.1 / 2.56				
명령어 개수 (개)	133	135				
프로그램 카운터 크기 (byte)	2	2	3	2	2	3

2 하나의 포트는 8개 핀으로 구성되는 것이 일반적이지만, ATmega128 칩의 데이터 핀 수는 8의 배수가 아니므로, G 포트에는 5개 핀만 할당되어 있다. ATmega128 이외의 칩의 경우도 같은 이유로 G 포트에 6개 핀만 할당되어 있다.

ATmega2560과 유사한 마이크로컨트롤러에는 ATmega640, ATmega1280, ATmega1281, ATmega2561 등이 있다. 이 중 ATmega640과 ATmega1280은, 그 플래시 메모리의 크기가 64Kbyte와 128Kbyte로 ATmega2560의 256Kbyte보다 작다는 점을 제외하면, 핀 배열과 기능에서 ATmega2560과 같다.

ATmega1281과 ATmega2561은 64개 핀을 가지는 마이크로컨트롤러로, ATmega128과 핀 호환성을 가지는 마이크로컨트롤러다. 한 가지 차이점은, ATmega128의 1번 핀 기능인 PEN(Programming ENable)이 거의 사용되지 않는 기능이었으므로 이를 없애고 대신 포트 G의 5번 핀(PG5) 기능을 하도록 바뀌었다는 점이다. 그 결과, ATmega128이 53개의 범용 입출력 핀을 사용할 수 있다면, ATmega1281과 ATmega2561은 54개의 범용 입출력 핀을 사용할 수 있다. 즉, ATmega128에 비해 1개 늘어난 것이다. [표 2]는 ATmega128 및 ATmega640/1280/1281/2560/2561 마이크로컨트롤러의 사양을 비교한 것이다.

ATmega2560은 고성능, 저전력 마이크로컨트롤러라는 말로 요약할 수 있다. 그 특징들은 다음과 같다. 마이크로컨트롤러를 이미 사용해 보았다면, 아래 나열된 특징만으로도 ATmega2560이 다른 마이크로컨트롤러가 제공하는 기능 대부분을 제공하면서도 동작 주파수에 비해 높은 성능을 보여준다는 사실을 알아차릴 수 있을 것이다.

- **개선된 RISC 구조 사용**
  - ATmega2560은 고성능, 저전력의 8비트 마이크로컨트롤러다.
  - 135개의 어셈블리 명령어를 가지고 있으며, 파이프라인을 통해 대부분 명령어가 한 클록에 실행된다.
  - 하드웨어로 구현된 곱셈기는 2클록에 동작한다.
  - 16MHz 클록에서 최대 16MIPS(Mega Instructions Per Second) 성능을 보여줄 수 있다.
  - 32개의 8비트 범용 레지스터와 주변장치 제어를 위한 전용 레지스터를 가지고 있다.
  - 완전한 정적 동작(static operation)을 지원한다. 정적 동작은 메모리가 DRAM이 아닌 SRAM으로 구성되어 있으므로 가능하다. 클록 주파수가 변하면 DRAM의 경우에는 리프레시 오류로 잘못된 동작을 보여줄 수도 있지만, SRAM은 리프레시가 필요치 않으므로 클록 주파수가 변하는 경우에도 안정적인 동작을 유지할 수 있다.

- **다양한 메모리**
  - 256Kbyte의 비휘발성 플래시 프로그램 메모리를 가지고 있으며, 10,000회 쓰기를 보장한다.
  - 4Kbyte의 비휘발성 EEPROM을 가지고 있으며, 100,000회 쓰기를 보장한다.
  - 8Kbyte의 휘발성 SRAM을 가지고 있다.
  - 비휘발성 메모리 내의 데이터는 25℃에서 100년, 80℃에서 20년간 보존된다.

- 부트 코드 영역에 저장되는 부트로더(bootloader)를 통해 셀프 프로그래밍(self programming) 기능을 지원한다. 셀프 프로그래밍이란 부트로더 프로그램을 통해 전달된 코드를 플래시에 기록하는 것으로, 프로그램 업데이트에 흔히 사용된다.
- 플래시 메모리 영역 중에는 부트로더에 의해 프로그램이 업데이트되는 도중에도 CPU가 읽기를 허용하는 영역(Read-While-Write section)이 있다.
- 최대 64Kbyte의 외부 메모리를 연결할 수 있다.
- 잠금 비트(lock bit)를 통해 플래시 메모리 내의 데이터 보안이 가능하다.

• **QTouch 라이브러리 지원**

- 무료로 제공되는 QTouch 라이브러리를 통해 정전식 터치 버튼, 슬라이더, 휠 등을 최대 64개까지 사용할 수 있다.

• **JTAG 지원**

- JTAG(Joint Test Action Group) 표준을 지원한다. JTAG는 그 이름에서도 알 수 있듯이 하드웨어를 테스트하는 방법에 관한 표준으로, 1990년에 IEEE 표준으로 정해졌다.
- (JTAG을 사용한) 하드웨어 테스트를 사용하면, 마이크로컨트롤러에서 프로그램이 실행되는 동안 디버깅이 가능한데, 이를 온 칩 디버깅(on-chip debugging)이라 한다. 실제로 마이크로컨트롤러에서 실행시키지 않고 디버깅을 수행할 수 있도록 해주는 도구를 에뮬레이터(emulator)라고 한다. 에뮬레이터의 경우에는 실제 마이크로컨트롤러 상에서 실행되는 환경과 완전히 동일한 환경을 구성하기는 어렵다.
- TAG을 통해 플래시 메모리, EEPROM, 퓨즈 비트, 잠금 비트 등의 내용을 변경할 수 있다.

• **주변장치**

- 2개의 8비트 타이머/카운터와 4개의 16비트 타이머/카운터가 있다.
- 독립된 오실레이터로 동작시킬 수 있는 실시간 카운터(Real Time Counter, RTC)가 있다.
- 4개의 8비트 PWM 채널과 2~16비트로 설정할 수 있는 12개의 PWM 채널이 있다.
- 타이머/카운터를 사용하여 지정된 캐리어 주파수로 변조된 파형을 생성할 수 있다.
- 16 채널의 10비트 ADC(Analog Digital Converter)가 있다.
- 4개의 USART(Universal Synchronous/Asynchronous Receiver Transmitter) 통신 포트를 지원한다.
- 마스터 및 슬레이브 모드의 SPI 통신을 지원한다.
- 바이트 기반의 TWI(Two Wire Interface) 통신을 지원한다. TWI는 칩 제조사에서 사용하는 I2C(Inter Integrated Circuit)의 다른 이름이다.
- 별도의 오실레이터로 동작하는 와치독(watchdog) 타이머가 있다.

- 하드웨어로 구현된 아날로그 비교기가 있다.
- 핀의 상태 변화에 따른 인터럽트와 웨이크업이 가능하다.

• **기타 특징**

- 일정 수준 이하의 전원 공급을 감지하는 파워-온 리셋 회로를 포함하고 있다. 파워-온 리셋 기능은 전원 공급이 시작될 때를 감지하거나 동작 중 전원 공급 이상을 감지하는 데 사용될 수 있다.
- 충분한 전력이 공급되고 있는지를 감지하는 브라운아웃 감지 기능을 제공한다. 브라운아웃 레벨은 프로그램으로 변경할 수 있다.
- 조정이 가능한 내부 오실레이터를 가지고 있어서 외부 클록의 공급 없이도 동작할 수 있다.
- 다양한 인터럽트를 지원한다.
- 소모하는 전력의 제어가 가능하도록 6가지의 슬립 모드를 지원한다.

• **입출력 포트 수 및 패키지**

- ATmega2560 칩은 100개의 핀을 가지고 있다.
- 100개의 핀 중 86개의 핀은 포트 A에서 포트 L까지(I 포트 제외) 11개 포트에 할당되어 있으며, 범용 입출력 핀으로 사용할 수 있다.
- TQFP(Thin Quad Flat Pack) 패키지를 흔히 볼 수 있으며, CBGA(Ceramic Ball Grid Array) 패키지 역시 판매되고 있다.

• **동작 온도**

- 산업용 동작 기준에 맞게 -40~85℃에서 동작할 수 있다.

• **초저전력 모드 지원**

- 활성 모드(active mode) : 1MHz, 1.8V에서 500μA 전류를 소모한다.
- 파워 다운 모드(power-down mode) : 1.8V에서 0.1μA 전류를 소모한다.

• **동작 전압 및 속도**

- ATmega2560은 4.5~5.5V 전압에서 0~16MHz 속도로 동작할 수 있다.
- ATmega2560의 저전력 버전인 ATmega2560V는 1.8~5.5V 전압에서 0~2MHz 속도로 동작하고, 2.7~5.5V 전압에서 0~8MHz 속도로 동작할 수 있다.

LESSON 02 ATmega2560의 외형적 특징

ATmega2560을 온라인에서 검색해 보면 TQFP 패키지 칩과 CBGA 패키지 칩의 두 종류를 볼 수 있다. 두 종류의 칩은 형태만 다를 뿐 기능적인 차이는 없다. TQFP 패키지에서 핀 간격은 핀 수에 따라 달라질 수 있다. 100핀의 ATmega2560은 0.5mm 핀 간격을 가지는 반면, 64핀의 ATmega128은 0.8mm 핀 간격을 가지고 있다.

ATmega2560은 TQFP 패키지 이외에 CBGA 패키지로도 만들어진다. CBGA 패키지는 칩의 아래쪽에 볼 형태로 핀을 만들어 놓은 것으로, TQFP 패키지가 14×14mm의 크기를 가진다면 CBGA 패키지는 9×9mm로 더 작은 크기를 가진다. 아두이노 메가2560에 사용된 칩은 TQFP 패키지의 칩이다. 이 책에서도 TQFP 패키지를 기준으로 설명한다.

(a) TQFP 패키지

(b) CBGA 패키지

[그림 1] 패키지의 종류

마이크로컨트롤러는 작고 단순한 컴퓨터로, 마이크로컨트롤러의 핀을 통해 주변장치와 데이터를 주고받음으로써 컴퓨터로 동작한다. 따라서 마이크로컨트롤러에서 각 핀의 역할을 파악하는 것이 중요하다. ATmega2560의 핀 배치는 [그림 2]와 같다.

ATmega2560은 100개의 핀을 가지고 있다. 이 중 디지털 및 아날로그 전원 관련 핀 11개(GND, VCC, AVCC(Analog VCC), AREF(Analog Reference))와, 외부 클록 공급에 사용되는 크리스털 연결 핀 2개(XTALn, n=1, 2), 리셋(RESET) 등 14개 핀을 제외한 86개 핀을 범용 데이터 입출력 핀으로 사용할 수 있다.

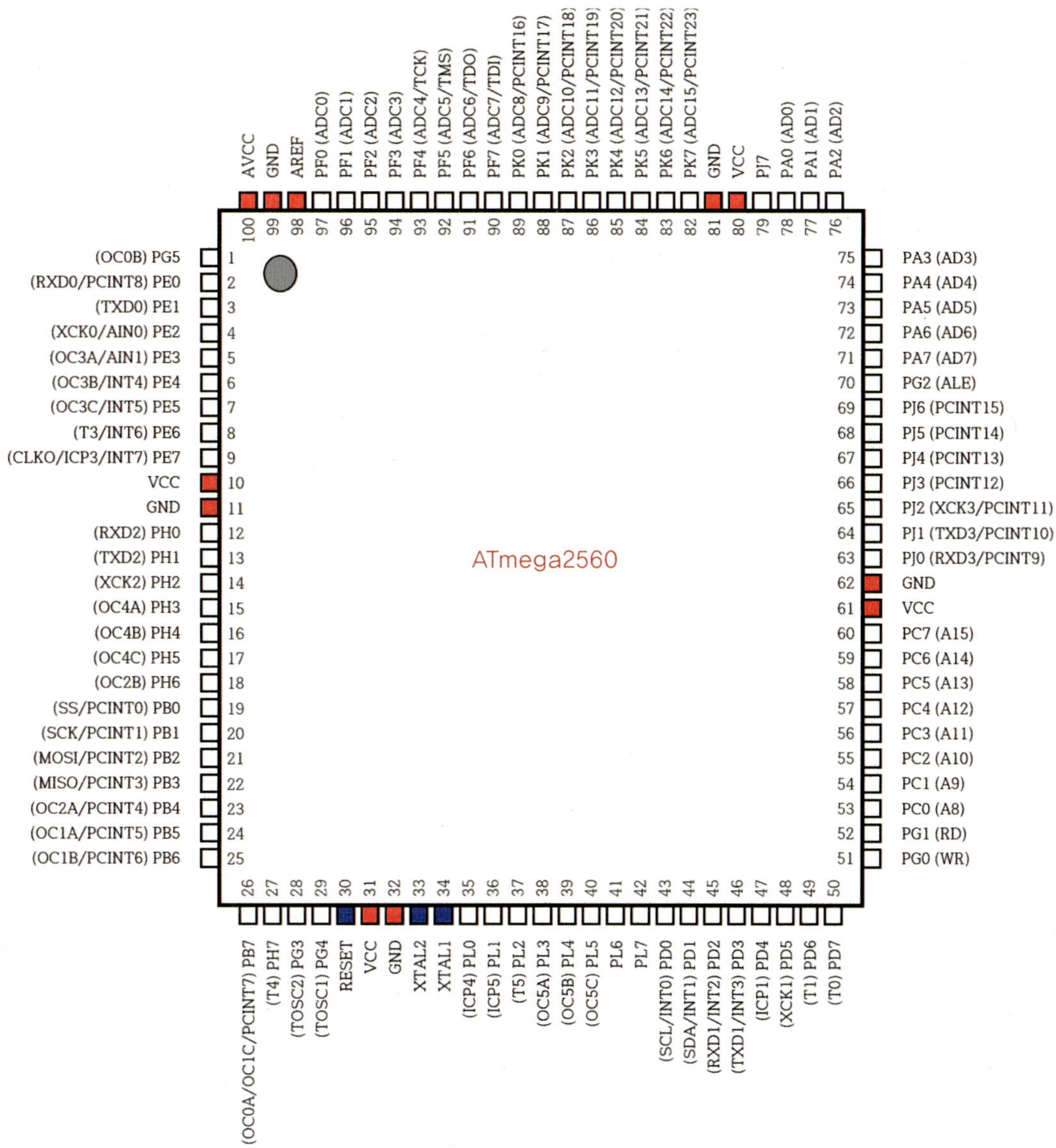

[그림 2] ATmega2560 핀 배치

[그림 2]에서 볼 수 있듯이 ATmega2560의 핀 대부분은 두 개 이상의 이름을 가지고 있다. 마이크로 컨트롤러는 제한된 수의 핀으로 다양한 주변장치를 연결하는 방법을 제공해야 하므로 하나의 핀이 두 개 이상의 기능을 수행하는 경우가 많다. 각 핀에 붙여져 있는 이름들은 해당 핀이 수행할 수 있는 기능을 나타낸다. 특히 전원, 크리스털, 리셋 핀을 제외한 대부분의 데이터 핀들은 두 가지 이상의 방식으로 데이터를 주고받는 데 사용될 수 있음을 알 수 있다.

[그림 2]에서 100개의 핀에 붙여져 있는 이름을 이해하는 것이 바로 ATmega2560을 이해하는 첫걸음이라 할 수 있다. [표 3]은 ATmega2560의 핀에 붙여져 있는 이름을 기능에 따라 분류한 것이다.

[표 3] ATmega2560 핀의 기능별 분류

용도	핀 이름	핀 수	설명
리셋	RESET		
포트	PAn	n = 0, ··· , 7	
	PBn	n = 0, ··· , 7	
	PCn	n = 0, ··· , 7	
	PDn	n = 0, ··· , 7	
	PEn	n = 0, ··· , 7	
	PFn	n = 0, ··· , 7	
	PGn	n = 0, ··· , 5	
	PHn	n = 0, ··· , 7	
	PJn	n = 0, ··· , 7	
	PKn	n = 0, ··· , 7	
	PLn	n = 0, ··· , 7	
전원	VCC		
	GND		
	AVCC		analog VCC
	AREF		analog reference
클록	XTALn	n = 0, 1	external clock
	CLKO		clock output
외부 메모리 인터페이스	ADn	n = 0, ··· , 7	low-order address bus and data bus
	An	n = 8, ···, 15	high-order address bus
	ALE		address latch enable
	RD		read strobe
	WR		write strobe
AD 변환기	ADCn	n = 0, ··· , 15	ADC input channel n
아날로그 비교기	AINn	n = 0, 1	analog comparator positive(0)/negative(1) input
인터럽트	INTn	n = 0, ··· , 7	external interrupt source
	PCINTn	n = 0, ··· , 23	pin change interrupt source
타이머 / 카운터	ICPn	n = 1, 3, 4, 5	timer/counter n input capture pin
	OCnX	n = 0, 2 X = A, B	8 bit timer/counter n output compare and PWM output X
	OCnX	n = 1, 3, 4, 5 X = A, B, C	16 bit timer/counter n output compare and PWM output X
	Tn	n = 0, 1, 3, 4, 5	timer/counter n clock input
	TOSCn	n = 1, 2	timer/counter oscillator pin

UART	RXDn	n = 0, ⋯ , 3	USART n receive
	TXDn	n = 0, ⋯ , 3	USART n transmit
	XCKn	n = 0, ⋯ , 3	USART n external clock input/output
SPI	MISO		master input slave output
	MOSI		master output slave input
	SCK		serial clock
	SS		slave select
I2C	SCL		serial clock
	SDA		serial data
JTAG	TCK		JTAG test clock
	TDI		JTAG test data input
	TDO		JTAG test data output
	TMS		JTAG test mode select

마이크로컨트롤러를 사용해 본 경험이 있다면, [표 3]의 설명만으로도 대부분의 ATmega2560 기능을 짐작할 수 있을 것이다. 한 가지 주목해야 할 점은, [그림 2]의 데이터 핀 이름에서 일부 특별한 용도로 사용되는 핀을 제외하면 괄호 안에 들어있지 않은 이름이 PXn(X는 A~L (I는 제외), n은 정수)이라는 것이다.

PXn

- **P** : 'Port'의 약어
- **X** : 포트 이름 (A, B, C, D, E, F, G, H, J, K, L 중 하나)
- **n** : 포트 내 비트 번호 (0, 1, 2, 3, 4, 5, 6, 7 중 하나)

'P'는 'Port'의 약자로, 디지털 데이터 입출력을 위한 통로를 의미한다. 핀의 첫 번째 이름이 PXn이라는 것은 주변장치와의 디지털 데이터 교환이 마이크로컨트롤러의 기본 기능이라는 의미로 이해할 수 있다. 괄호 안의 이름들도 대부분 데이터 입출력과 관련 있지만 특정 목적을 위해서만 사용되는 이름인 반면, PXn은 비트 단위의 디지털 데이터 입출력을 의미하므로 핀의 기능을 대표하는 이름으로 표시되어 있다.

'X'에 해당하는 A~L(I는 제외)은 포트의 이름을 나타낸다. ATmega2560 마이크로컨트롤러는 8비트 CPU를 포함하고 있다. 즉, 한 번에 처리할 수 있는 데이터의 크기가 8비트이며, 데이터는 8비트의 정수배 단위로 처리된다. 마이크로컨트롤러는 핀을 통해 비트 단위로 주변장치와 데이터를 교환할 수 있지만, CPU 내부에서는 비트 단위가 아닌 8비트 단위로 데이터가 처리되고 입출력 핀으로 전달된다. 따라서 ATmega2560은 핀을 8개씩 묶어 포트 단위로 관리한다.

하지만 입출력으로 사용할 수 있는 핀의 개수는 86개로, 8의 배수가 아니다. 따라서 포트 G에는 6개의 핀만이 할당되어 있다. 다른 10개 포트가 0에서 7 사이의 'n' 값을 가진다면 포트 G는 0에서 5 사이의 'n' 값을 가진다. 'n'은 포트에서의 비트 번호를 나타내는데, n = 0은 LSB(Least Significant Bit, 최하위 비트)를, n = 7은 MSB(Most Significant Bit, 최상위 비트)를 가리킨다. [표 4]는 각 포트에서의 비트와 ATmega2560의 핀 사이 관계를 요약한 것이다. 11개 포트 중 포트 F와 포트 K는 아날로그 입력을 받을 수 있도록 아날로그-디지털 변환기(Analog-Digital Converter, ADC)가 연결된 포트다.

[표 4] 포트별 핀 번호

포트	포트 비트							
	7 (MSB)	6	5	4	3	2	1	0 (LSB)
A	71	72	73	74	75	76	77	78
B	26	25	24	23	22	21	20	19
C	60	59	58	57	56	55	54	53
D	50	49	48	47	46	45	44	43
E	9	8	7	6	5	4	3	2
F (ADC)	90	91	92	93	94	95	96	97
G	–	–	1	29	28	70	52	51
H	27	18	17	16	15	14	13	12
J	79	69	68	67	66	65	64	63
K (ADC)	82	83	84	85	86	87	88	89
L	42	41	40	39	38	37	36	35

LESSON 03

ATmega2560에서의 입출력 레지스터 역할

마이크로컨트롤러 프로그래밍을 하면서 가장 어려운 점은 레지스터(register)의 이름, 그중에서도 입출력 레지스터의 이름을 기억하는 일이 아닐까 싶다. 일반적으로 마이크로프로세서에서 레지스터는 마이크로프로세서 내부에 있는 임시 저장 공간을 가리키는 말로, 실행할 명령어, 피연산자, 계산 결과 등을 임시로 저장하는 데 사용된다. C/C++ 프로그래밍에서 레지스터를 알고 있어야 하는 일은 거의 없다. 마이크로컨트롤러 프로그래밍에서도 현재 실행하는 명령어가 무엇인지, 계산 결과가 잠시 저장되었다가 사라지는 레지스터가 무엇인지 관심을 가질 필요는 없다. 하지만 마이크로컨트롤러 프로그래밍에서는 C/C++ 프로그래밍과 다르게 주변장치와 데이터를 교환하는 것이 주된 작업 중 하나라는 점을 기억해야 한다. 마이크로프로세서와는 달리, 마이크로컨트롤러는 주변장치와 데이터를 교환하기 위한 하드웨어가 칩 내에 포함되어 있다.

마이크로컨트롤러에서 데이터 입출력을 위한 전용 하드웨어를 거쳐 주변장치와 데이터를 교환할 때 사용되는 임시 저장 공간과 데이터 교환을 제어하기 위한 정보가 기록된 임시 저장 공간 역시 레지스터라고 부른다. 즉, 마이크로컨트롤러에는 마이크로프로세서에서 사용하는 레지스터 이외에도 주변장치와 데이터 교환에 사용되는 특별한 레지스터가 존재하는데, 이를 입출력 레지스터라고 한다. 마이크로컨트롤러에서 중요한 레지스터는 바로 이들 입출력 레지스터이며, ATmega2560을 위한 프로그램을 작성하기 위해 기억해야 할 레지스터 역시 입출력 레지스터다.

마이크로컨트롤러에서 입출력 레지스터가 수행하는 기능은 C/C++ 프로그래밍에서 함수로 구현된 경우가 대부분이다. C 언어에서 키보드로 눌린 키값을 읽어 들이는 getchar 함수를 생각해 보자.

코드 1 문자 읽기

```
#include <stdio.h>

int main(int argc, char* argv[]) {
   char ch;
   ch = getchar();
   printf("%c\n", ch);

   return 0;
}
```

getchar 함수는 키보드로부터 문자를 읽어 반환하는 함수로, [코드 1]에서 반환된 값은 문자형 변수인 ch에 저장된다. getchar 함수는 입력 장치인 키보드와 데이터를 교환하지만, 데이터를 교환하는 과정 대부분은 메인 보드에 있는 USB 제어 장치와 운영체제에서 알아서 처리해 주므로 신경을 쓸 필요는 없다.

하지만 마이크로컨트롤러에는 윈도우와 같은 친절한 운영체제를 사용할 수 없다. 키가 눌러졌다면 이를 읽어서 중앙 처리 장치로 전달해주는 역할까지도 프로그램에서 처리해야 하는데, 이를 위해 필요한 것이 바로 입출력 레지스터다. 마이크로컨트롤러에는 친절한 운영체제가 존재하지는 않지만, 그렇다고 그렇게 불친절하지만은 않다. 포트 B에 키보드를 연결하고, 눌린 키의 8비트 값이 포트 B로 전달된다고 가정해 보자. 전달된 8비트의 값은 마이크로컨트롤러로 직접 전달되진 못하며, 포트 B와 연결되어 데이터가 임시로 저장되는 입출력 레지스터인 'PINB'에 저장된다. PINB 레지스터에 저장된 값은 C 언어 프로그래밍에서 getchar 함수와 마찬가지로 변수에 대입하여 사용할 수 있다.

```
keyValue = PINB;                                    // getchar
```

유사하게 포트 D에 한 문자를 표시할 수 있는 LCD가 연결되어 있다고 가정해 보자. 출력할 문자의 8비트 값을 포트 D로 전달하면, 이 값은 LCD로 전달되어 LCD에 글자가 표시된다. 이때 프로그램은 핀으로 직접 데이터를 출력할 수 없고, 데이터 출력을 위한 전용 레지스터인 'PORTD'로 데이터를 출력한다. 데이터 출력 과정은 코드 1에서 printf 함수를 통해 콘솔 창으로 문자를 출력하는 과정과 다르지 않다.

```
PORTD = characterValue;                             // printf
```

이처럼 입출력 핀 또는 포트를 통한 데이터 입출력은 항상 전용의 레지스터를 거쳐서 이루어지며, 전용 레지스터는 C/C++ 프로그래밍에서의 변수와 같이 데이터를 읽거나 쓸 수 있다. 입출력 레지스터는 (프로그램에 해당하는) 소프트웨어와 (실제 출력이 이루어지는 마이크로컨트롤러의 핀인) 하드웨어 사이에서 중계자 역할을 한다.

입출력 레지스터는 메모리의 일종으로 번지(address)로 구별된다. PINB 레지스터는 0x23 번지, PORTD 레지스터는 0x2B 번지와 같은 식이다. 하지만 이런 방식으로는 레지스터를 기억하고 사용하기가 어려우므로, 레지스터에 각각 기억하기 쉬운 이름을 정의한다. 각 번지에 해당하는 레지스터의 이름은 'io.h' 파일에 정의되어 있다.[3] 하지만 'io.h' 파일을 열어보면 레지스터의 정의는 찾아볼 수 없으며 마이크로컨트롤러의 종류에 따라 포함해야 하는 헤더 파일들이 나열되어 있을 뿐이다.

3 io.h 파일은 아두이노 프로그램이 설치된 디렉터리 아래에서 찾아볼 수 있다. 아두이노 프로그램이 'C:\Arduino' 아래에 설치된 경우, 'C:\Arduino\hardware\tools\avr\avr\include\avr' 아래에서 'io.h' 파일을 찾을 수 있다.

ATmega2560의 경우 'iom2560.h' 파일을 포함하도록 정의되어 있으며 이 파일에 ATmega2560을 위한 레지스터의 이름이 정의되어 있다.

```
#elif defined (__AVR_ATmega2560__)
#include <avr/iom2560.h>
```

'iom2560.h' 파일을 열어보면, 그 속에 'iomxx0_1.h' 파일을 포함하고 있다. 이 파일을 열어보자. 수많은 레지스터 정의가 보이는가? 앞에서 이야기했던 'PORTD' 레지스터의 정의를 살펴보자.

```
#define PORTD          _SFR_IO8(0x0B)
#define PD7            7
#define PD6            6
#define PD5            5
#define PD4            4
#define PD3            3
#define PD2            2
#define PD1            1
#define PD0            0
```

이제 'PORTD'라는 이름의 레지스터가 실제로는 0x0B 번지에 해당한다는 것을 알 수 있다. 앞에서 PORTD는 0x2B 번지를 가리킨다고 했었지만, PORTD에는 0x0B와 0x2B의 2개 주소가 할당되어 있으며, 이는 부록에서 확인할 수 있다. 서로 다른 2개 주소가 사용되고 있으므로 이들 사이의 변환을 위해 _SFR_IO8 매크로가 사용되었다. 2개 주소의 관계는 뒤에서 다시 설명한다.

헤더 파일에는 레지스터의 이름뿐만이 아니라 PORTD 레지스터의 각 비트에 대한 이름도 정의되어 있다. PORTD는 실제로 마이크로컨트롤러 내부에서 값을 출력하는 8비트 레지스터를 가리키며, PORTD 레지스터를 통해 ATmega2560의 8개 핀이 연결되어 있다. PORTD의 각 비트는 PORTD의 8개 핀 각각에 해당한다. 각 핀에 LED(Light Emitting Diode)를 연결하면, PORTD 레지스터의 각 비트는 8개 핀에 연결된 LED를 제어하는 데 사용될 수 있다.

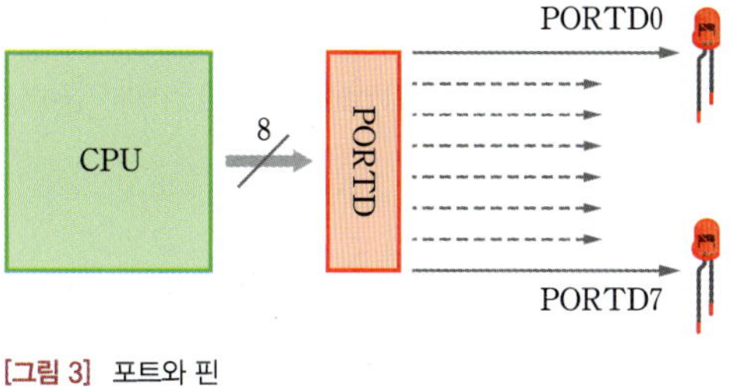

[그림 3] 포트와 핀

레지스터, 특히 입출력 레지스터는 AVR 시리즈 마이크로컨트롤러 프로그래밍을 위해 반드시 이해해야 한다. 모든 내용을 이해하지는 못했다고 해도 마이크로컨트롤러가 주변장치와 정보를 교환하기 위해 마이크로컨트롤러의 핀을 사용한다는 점, 핀을 통해 정보를 교환하기 위해서는 목적에 맞는 레지스터를 사용해야 한다는 점, 그리고 레지스터의 이름은 헤더 파일에 정의되어 있으며, 정의된 이름은 C/C++ 언어에서의 변수와 유사하게 읽고 쓸 수 있다는 점은 반드시 기억해야 한다. 다만 C/C++ 언어에서 사용하는 변수의 이름은 프로그래머가 자유롭게 정할 수 있지만, 레지스터의 이름은 헤더 파일에 미리 정해져 있고 변경할 수 없다는 점에서 차이가 있다. 또한, 일부 레지스터는 읽기 또는 쓰기 용도로만 사용할 수 있다는 점도 C/C++ 언어의 변수와 차이가 있다.

또 한 가지 유의할 점은, ATmega2560의 핀 하나와 연관된 레지스터가 두 개 이상이 있을 수 있다는 점이다. ATmega2560의 핀은 두 가지 이상의 목적으로 사용되는 경우가 대부분이다. ATmega2560의 22번 핀의 이름은 'PB3'로, 이 핀은 포트 B의 네 번째 비트(0번이 첫 번째 비트에 해당한다.)에 해당하므로, 데이터 출력을 위해 'PORTB' 레지스터와 연관되어 있다. 22번 핀의 또 다른 이름으로는 'MISO'가 있다. MISO는 'Master Input Slave Output'의 약자로, SPI (Serial Peripheral Interface) 직렬 통신에 사용되는데, SPI와 관련된 레지스터 중 하나가 SPCR(SPI Control Register)이다. 즉, SPI 통신에 22번 핀을 사용하는 경우에는 PORTB 레지스터뿐만이 아니라 SPCR 레지스터의 영향을 받게 된다.

그렇다면 과연 ATmega2560에는 몇 개의 레지스터가 존재할까? 레지스터는 1바이트 크기를 갖는 메모리로, 각 레지스터는 메모리 번지로 구분된다. io.h 파일에서 각 메모리 번지에 레지스터의 이름을 지정했던 것을 기억할 것이다. ATmega2560에서는 레지스터의 메모리 번지 지정을 위해 9비트 주소를 사용한다. 따라서 ATmega2560에서 정의할 수 있는 레지스터의 최대 개수는 2^9 = 512개다. 이 중 실제로 정의되어 사용하는 레지스터는 216개이며, 나머지 296개는 추후 사용을 위해 남겨져(reserved) 있다.

여기서 마이크로컨트롤러를 처음 접하는 사람들은 혼란에 빠진다. 몇 개의 알파벳으로 줄여서 표시하는 레지스터 이름에서 그 의미를 짐작해낼 수 있기까지는 상당한 시간이 걸린다. 또한, 레지스터 대부분은 비트별로 이름이 정해져 있는데, 어림잡아 비트 이름은 1,500개에 이른다. 그렇다면 이들 216개의 레지스터 이름과 1,500개의 비트 이름을 모두 기억해야 할까? 이들 모두를 기억하는 것은 불가능하며, 필요할 때마다 데이터시트를 참조하는 방법밖에 없다. 따라서 항상 ATmega2560의 데이터시트를 곁에 두고 필요할 때마다 찾아보기를 추천한다.

앞에서 살펴보았듯이 레지스터는 CPU 내부에서 연산에 사용되는 레지스터와 주변장치와의 데이터 교환을 위해 사용되는 입출력 레지스터의 두 종류로 구분된다. 부록은 ATmega2560의 512개 레지스터를 요약한 것이다. 부록의 '주소' 부분을 살펴보면 (0x00) ~ (0x1F)와 (0x20) ~ (0x5F), (0x60) ~ (0x1FF)의 3개 그룹으로 나뉘어 있다. (0x00) ~ (0x1F) 사이의 32개 레지스터는 CPU 내부에서 연산에 사용되는 레지스터로, 범용 레지스터(General Purpose Register)라고 불린다.

나머지는 입출력 레지스터에 속한다. (0x20) ~ (0x5F) 사이의 64개 레지스터에는 0x00 ~ 0x3F까지 별도의 주소가 부여된다. 이는 PORTD에 2개의 주소가 할당되던 경우와 유사하다. 나머지 (0x60) ~ (0x1FF) 사이의 레지스터는 외부 입출력 레지스터라고 구별하여 부르기도 한다. 특별히 구별할 필요가 없는 경우에는 입출력 레지스터와 외부 입출력 레지스터를 한꺼번에 입출력 레지스터라고 부른다.

메모리 구조에 대한 보다 자세한 내용은 뒤에서 다시 다룰 것이다. 여기서는 ATmega2560의 레지스터가 CPU 내부에서 사용되는 범용 레지스터와 CPU와 주변장치의 데이터 교환에 사용되는 입출력 레지스터로 나뉠 수 있으며, 같은 메모리 주소 체계를 사용하여 접근할 수 있다는 점을 기억하도록 하자.

LESSON 04

ATmega2560의 내부 구조

이제 ATmega2560의 내부 구조를 살펴보자. [그림 4]는 ATmega2560의 내부 구조를 나타낸 것이다.

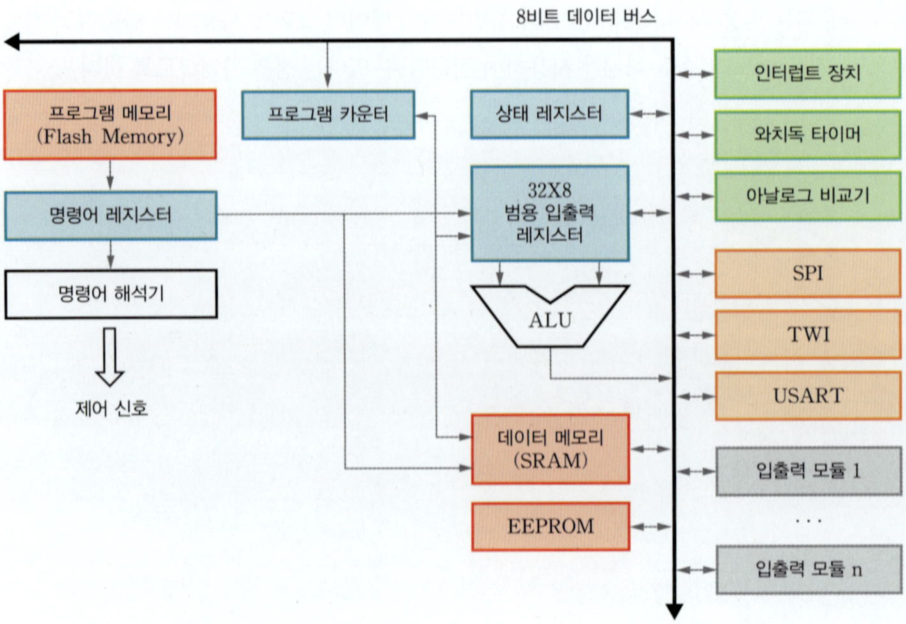

[그림 4] ATmega2560의 내부 구조

컴퓨터와 마이크로컨트롤러의 메모리

먼저 ATmega2560에 포함된 세 종류의 메모리를 살펴보자. AVR 시리즈 마이크로컨트롤러는 하버드 구조를 사용한다. 즉, 명령어와 데이터를 위한 별도의 메모리를 가지고 있다는 의미다. [그림 4]의 프로그램 메모리(flash memory)와 데이터 메모리(SRAM)가 여기에 해당한다. 이외에도 특수한 용도로 사용하는 EEPROM까지 ATmega2560에는 세 종류의 메모리가 포함되어 있다. [표 5]는 ATmega2560에 포함된 세 종류 메모리를 비교한 것이다.

[표 5] 메모리의 종류 및 특성

구분	플래시 메모리	SRAM	EEPROM
크기 (Kbyte)	256	8	4
용도	프로그램 저장	데이터 저장	데이터 저장
휘발성	×	○	×
프로그램 실행 중 변경 가능	불가능	가능	가능
속도	중간	가장 빠름	가장 느림
수명	10,000회 쓰기	반영구적	100,000회 쓰기
주소 할당 단위	2byte	1byte	1byte

마이크로컨트롤러는 컴퓨터의 메인 보드의 기능과 '일부' 하드디스크의 기능을 하나의 칩으로 구현한 것이다. 여기서 '일부' 하드디스크의 기능이라고 이야기한 것은 마이크로컨트롤러에 포함된 일부 메모리가 하드디스크와 유사하면서도 다른 점이 있기 때문이다.

컴퓨터에서 프로그램이 실행되는 과정의 한 예로, 아두이노 프로그램을 사용하여 ATmega2560에서 실행할 프로그램을 작성하는 과정을 살펴보자. 먼저 아두이노 프로그램을 설치해야 한다. 아두이노 프로그램은 하드디스크에 설치된다. 설치가 끝나면 아이콘을 더블클릭하여 프로그램을 실행시킨다. 프로그램이 실행되면 하드디스크에 설치된 프로그램은 메인 메모리로 옮겨지고, 메인 메모리에 옮겨진 프로그램은 다시 CPU로 옮겨져 실행된다. 그 결과로 화면에 프로그램을 입력할 수 있는 창을 나타낸다.

마이크로컨트롤러에서 프로그램이 실행되는 과정은 컴퓨터와 기본적으로 같지만, 세부 사항에서 차이가 있다. 프로그램을 실행하기 이전에 프로그램을 설치해야 하는 것은 동일하다. 하지만 마이크로컨트롤러에는 하드디스크가 없다. 그렇다면 어디에 프로그램이 설치될까? 바로 프로그램 메모리에 설치되는 것이다. 컴퓨터에서 메모리라고 불리는 메인 메모리는 전원이 꺼지면 그 내용이 지워지는 휘발성 메모리로 DRAM(Dynamic Random Access Memory)으로 만들어진다. 반면 마이크로컨트롤러에서 프로그램이 설치되는 메모리는 전원이 꺼져도 내용이 지워지지 않는 플래시 메모리로 만들어진다. 이러한 비휘발성 덕분에 프로그램 메모리가 일부 하드디스크 역할을 할 수 있는 것이다.

프로그램이 설치된 후 프로그램이 실행되기 위해서는 프로그램을 컴퓨터의 메인 메모리로 옮겨 와야 하는데, 마이크로컨트롤러의 경우에는 이미 프로그램이 (프로그램 또는 플래시) 메모리에 설치되어 있으므로 메모리로 옮기는 과정 없이 바로 실행할 수 있다.

프로그램이 실행되는 동안은 어떨까? 컴퓨터의 경우, 컴퓨터에서는 하드디스크에서 읽힌 프로그램과 변숫값이 모두 메인 메모리에 저장된다. 즉 폰노이만 구조가 사용되고 있어야 한다. 하지만 마이크로컨트롤러의 경우, 변숫값이 저장되는 메모리는 프로그램이 저장되는 플래시 메모리와는 다른

SRAM(Static RAM)이다. SRAM은 컴퓨터의 메인 메모리인 DRAM과 마찬가지로 휘발성 메모리이므로, 전원이 꺼지면 그 내용은 모두 사라진다.

컴퓨터에서는 프로그램을 실행시키면서 실행 결과를 하드디스크에 기록해 놓은 후, 다음번 실행 시에 이전 실행 결과를 참고하는 경우가 종종 있다. 워드프로세서를 사용하면서 이전에 열어본 문서 목록이 메뉴에 추가되는 경우를 본 적이 있을 것이다. 하드디스크의 어딘가에 이전에 편집한 문서의 목록이 저장되어 있고, 워드프로세서 프로그램에서 이를 읽어 사용하는 것이다.

마이크로컨트롤러에서 이와 유사하게 현재 상태를 기록한다고 생각해 보자. 어디에 기록해야 할까? SRAM은 휘발성 메모리로 전원이 꺼지면 저장된 데이터가 사라지므로 이 용도에 적당하지 않다. 플래시 메모리는 ROM(Read Only Memory)에 가깝기 때문에 프로그램이 실행 중인 동안에는 데이터를 기록할 수 없다. 프로그램을 설치할 때에는 플래시 메모리에 쓰기가 가능하지만, 이러한 '쓰기'는 이때에만 가능한 것이다. 제3의 메모리인 EEPROM(Electrically Erasable Programmable Read Only Memory)이 필요한 이유가 바로 여기에 있다. EEPROM은 플래시 메모리와 같이 비휘발성이면서도 읽고 쓰기가 자유로운 메모리로, 프로그램 실행에 자유롭게 읽고 쓸 수 있어 보존이 필요한 정보를 기록해 두기에 적합하다.

그렇다면 한 가지 의문이 생긴다. 플래시 메모리를 EEPROM으로 대체하면 프로그램 실행 중에도 데이터를 자유롭게 읽고 쓸 수 있지 않을까? 프로그램 실행 중에 프로그램 메모리에 쓰기가 가능하다면, 이는 프로그램 실행 중에 프로그램 자체를 바꾸는 것도 가능해진다는 의미다. 이는 예상치 못한 결과로 이어질 수 있다. 플래시 메모리에 실행 중 데이터를 기록하지 못하는 것은 이 메모리가 플래시 메모리이기 때문이 아니라 프로그램 메모리이기 때문이다.[4]

게다가 EEPROM은 쓰기 속도가 느린 단점이 있어 많은 데이터를 기록하기에는 적합하지 않다. 따라서 EEPROM은 반드시 보존해야 하는 작은 크기의 데이터를 기록하는 용도로만 사용하기를 추천한다.

[그림 5]는 컴퓨터와 마이크로컨트롤러에서 프로그램이 실행되는 과정을 비교하여 나타낸 것이다. ATmega2560에서 컴퓨터의 하드디스크 기능을 담당하는 메모리는 플래시 메모리와 EEPROM이며, 컴퓨터의 메인 메모리 기능을 담당하는 메모리는 플래시 메모리와 SRAM이다. 이처럼 프로그램이 설치되고 실행되는 과정은 컴퓨터와 마이크로컨트롤러가 비슷하지만, 각 단계에서 사용되는 메모리는 서로 다르다. 이는 컴퓨터의 CPU는 폰노이만 구조를, ATmega2560의 CPU는 하버드 구조를 사용하기 때문이다.

4 마이크로컨트롤러에서 플래시 메모리와 프로그램 메모리는 거의 같은 의미로 사용되고 있다. 하지만 엄밀히 말해 프로그램 메모리는 프로그램 저장에 사용되는 추상적인 메모리를, 플래시 메모리는 프로그램 메모리를 구현한 물리적인 메모리를 가리킨다.

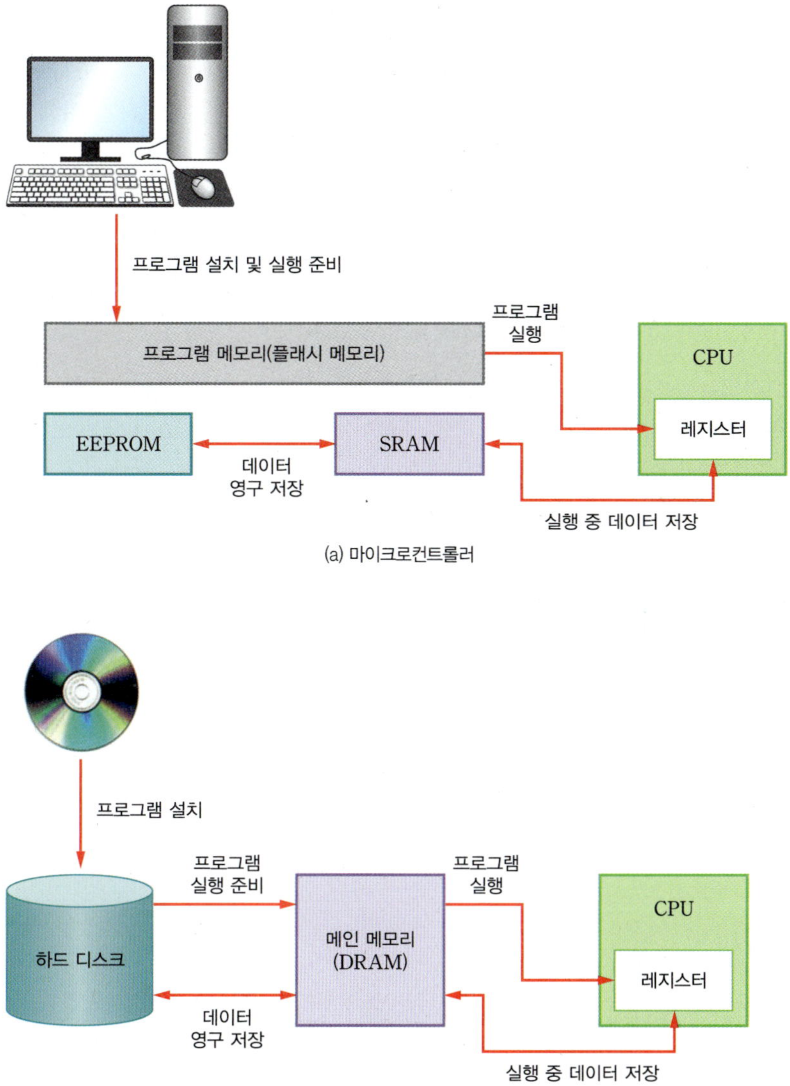

(a) 마이크로컨트롤러

(b) 컴퓨터

[그림 5] 프로그램 실행 과정과 메모리 구조

메모리 주소

ATmega2560에 포함된 세 종류의 메모리는 각기 별도의 메모리 주소를 가지고 있다. 그중 가장 간단한 주소 체계를 가지는 메모리는 EEPROM으로, 바이트 단위로 메모리 주소가 정해지며, 입출력 역시 바이트 단위로 이루어진다. EEPROM의 읽기와 쓰기 중 특히 쓰기 속도가 느리기 때문에 빈번하게 값을 기록하는 용도보다는 한 번 값을 기록한 후 자주 참고하기 위한 용도로 사용한다.

ATmega2560은 256Kbyte 크기의 플래시 메모리와 8비트 CPU를 포함하고 있다. 반면 모든 기계어 명령어는 16비트 또는 32비트 크기를 가지고 있다. ATmega2560에서 사용할 수 있는 기계어 명령어는 135개에 불과하므로 명령어만을 생각하면 8비트로 표현이 가능하지만 ($2^8=256>135$), 서로 다른 피연산자를 사용하는 동일한 명령어들이 존재하므로 피연산자를 포함하게 되면 8비트로는 표현할 수 없어 기계어 명령어는 16비트 이상의 크기를 가진다. 따라서 플래시 메모리의 주소는 2바이트 단위로 정해져 있고, 256Kbyte의 메모리는 128K개의 주소(256Kbyte ÷ 2byte)를 표현하기 위해 17비트 주소($128K = 128 \times 2^{10} = 2^7 \times 2^{10} = 2^{17}$)를 사용하고 있다. 플래시 메모리의 최소 번지는 0x0이며 최대 번지는 0x1FFFF다. 플래시 메모리의 번지는 현재 실행 중인 명령어의 번지를 저장하는 프로그램 카운터(program counter)에 저장되므로 프로그램 카운터의 크기 역시 17비트다.

플래시 메모리는 두 개의 영역으로 나눌 수 있다. 플래시 메모리는 사용자가 작성한 프로그램을 저장하기 위해 사용되는 공간이지만, 부트로더(bootloader)라고 불리는 특별한 프로그램을 위해 일부 공간을 사용할 수 있다. 부트로더 역시 사용자가 작성한 프로그램이지만, 'boot + loader'라는 이름에서 알 수 있듯이 마이크로컨트롤러가 '부팅'되는 시점에서 자동으로 프로그램을 '다운로드'할 수 있도록 하는 특수 프로그램으로, 프로그램의 자동 업데이트에 흔히 사용된다. 부트로더의 크기는 설정에 따라 최소 1Kbyte에서 최대 8Kbyte의 크기를 가질 수 있으며,[5] 프로그램 메모리의 가장 뒤쪽에 위치한다. [그림 6]은 ATmega2560의 플래시 메모리 구조를 나타낸 것이다.

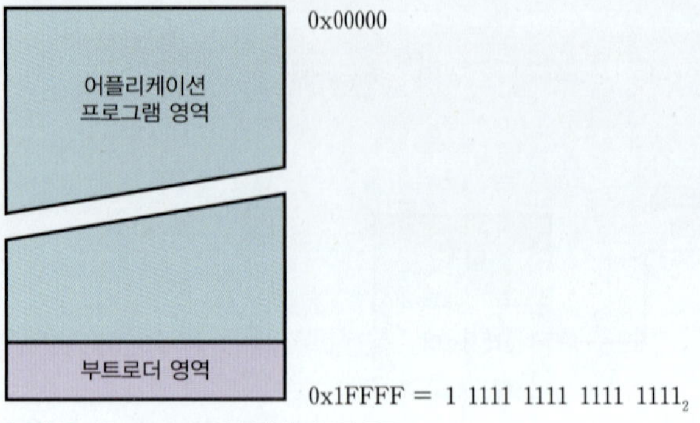

[그림 6] ATmega2560의 플래시 메모리 구조

데이터 메모리인 SRAM은 세 종류의 메모리 중 가장 복잡한 구조를 보인다. 이는 SRAM이 마이크로컨트롤러 프로그래밍에서 가장 다루기 어려운 부분인 레지스터와 주소 공간을 함께 사용하고 있기 때문이다.

앞에서 설명했듯이 ATmega2560에서는 512개의 레지스터를 정의할 수 있으며, 이는 다시 세 부분으로 나뉜다. 범용 레지스터는 연산에 필요한 피연산자와 연산의 결과를 임시로 저장하는 데 사용되는 CPU 내의 임시 기억 장치를 가리킨다. ATmega2560에도 32개의 범용 레지스터가 준비되어 있으며, 이들은 (0x00)부터 (0x1F) 번지까지의 메모리에 위치한다.

5 데이터시트에서 부트 영역의 크기는 최소 512워드(word), 최대 4,096워드로 표시된다. 이때 워드는 ATmega2560에서의 명령어의 최소 크기인 2바이트 크기를 의미한다.

이를 제외한 나머지 480개 레지스터는 입출력 레지스터에 해당한다. 480개의 입출력 레지스터는 다시 (0x20)부터 (0x5F)까지의 번지에 해당하는 64개 입출력 레지스터와 (0x60)부터 (0x1FF)까지의 번지에 해당하는 외부 입출력 레지스터로 구별된다.[6] 입출력 레지스터에 속하는 64개 레지스터 중 57개 레지스터가 사용되며, 7개는 추후 사용을 위해 남겨져 있다. 또한 외부 입출력 레지스터에 속하는 416개 레지스터 중에서는 130개만 사용되고, 289개는 추후 사용을 위해 남겨져 있다. 물론 사용되고 있는 레지스터에서도 일부 비트만 사용되고 일부 비트는 사용되지 않는 경우도 있다. 더 자세한 내용은 부록을 참고한다.

[표 6] ATmega2560의 레지스터 개수

구분	사용 가능한 개수	실제 정의되어 사용하는 개수	추후 사용을 위해 예약된 개수
범용 레지스터	32	32	0
입출력 레지스터	64	54	7
외부 입출력 레지스터	416	130	289
합계	512	216	296

SRAM은 레지스터와 메모리 주소를 함께 사용한다. [그림 7]을 보면 이해가 빠를 것이다.

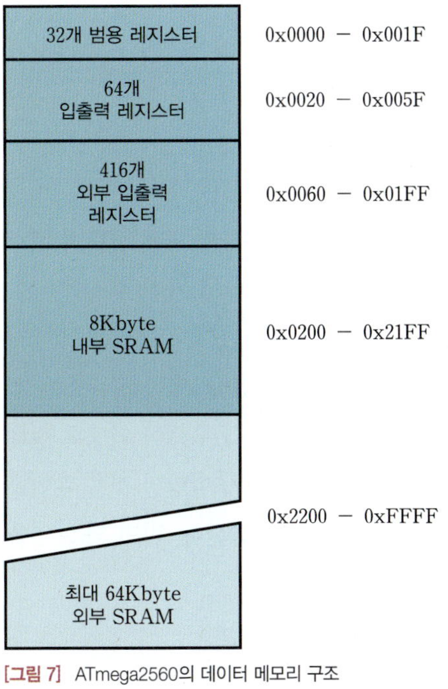

[그림 7] ATmega2560의 데이터 메모리 구조

6 이 책에서는 특별히 구별하여야 할 필요가 없는 경우에는 입출력 레지스터와 외부 입출력 레지스터 모두를 입출력 레지스터라고 지칭한다.

먼저 범용 레지스터 32개가 0번지부터 할당되고, 다음으로 입출력 레지스터와 외부 입출력 레지스터가 할당되어 있다. 그 뒤에는 8Kbyte 크기의 SRAM 주소가 할당되어 있으며, 이후 번지는 외부 SRAM을 위해 남겨져 있다.

AVR에서 레지스터와 SRAM으로 이루어지는 메모리를 데이터 메모리라고 부른다. EEPROM 역시 데이터 저장에 사용되는 메모리이지만 별도의 주소를 가지고 있으므로, 주소를 이야기하는 경우에는 데이터 메모리에 EEPROM은 포함시키지는 않는 것이 일반적이다.

ATmega2560는 세 종류의 메모리를 포함하고 있으며, 세 종류의 주소를 사용하고 있다. 엄청나게 복잡한 듯이 보일 수도 있지만 사실 그리 걱정할 필요는 없다. 컴퓨터에서 프로그램을 작성할 때, 프로그램이 적재되는 메모리 주소나 현재 계산 결과를 저장할 변수가 위치하는 메모리 주소를 걱정해 본 적이 있는가? 대부분은 이에 대해 생각해 본 적이 없을 터이고, 또한 생각할 필요조차 없는 것도 사실이다. 마이크로컨트롤러에서도 마찬가지다. 프로그램이 저장되는 플래시 메모리와 변수의 값이 저장되는 SRAM의 주소를 걱정할 필요는 없다.

데이터 메모리의 일부를 차지하는 레지스터는 어떨까? 모든 레지스터에는 이름이 붙여져 있으므로 레지스터 사용 시에 번지가 아닌 레지스터 이름을 사용하는 것이 편리하다. 하지만 EEPROM은 다르다. EEPROM은 유일하게 번지로만 접근이 가능한 메모리로, 데이터를 읽거나 쓰기 위해서 번지를 사용해야 한다.

앞에서 PORTD 레지스터의 정의를 알아보았다. 다시 살펴보자.

```
#define PORTD                  _SFR_IO8(0x0B)
```

앞에서 자세히 설명하지 않은 부분이 바로 '_SFR_IO8'이라는 매크로이다. _SFR_IO8은 입출력 주소를 데이터 메모리 주소로 변환하는 기능을 한다. '입출력 주소'는 앞에서 설명한 세 가지 주소와는 또 다른 주소로, 입출력 레지스터로만 구성되는 메모리 공간에 할당되는 주소를 말한다. [그림 7]에서 입출력 레지스터는 데이터 메모리의 0x20부터 0x5F까지의 주소에 할당되어 있다. 입출력 주소는 데이터 메모리 주소에서 0x20을 뺀 값, 즉 첫 번째 입출력 레지스터의 주소가 영(zero)이 되도록 정해진 주소다. 부록의 레지스터 목록을 살펴보면, 입출력 레지스터에 두 개의 번지가 할당된 것을 확인할 수 있다. 이 중 하나는 입출력 주소이고, 다른 하나는 데이터 메모리 주소에 해당한다. 반면 외부 입출력 레지스터에는 데이터 메모리 주소만 할당되어 있다.

범용 레지스터, 전용 레지스터

[그림 4]에는 위에서 설명하지 않은 몇 개의 레지스터가 더 포함되어 있는데, 상태 레지스터(status register), 명령어 레지스터(instruction register), 프로그램 카운터(program counter) 등이 여기

에 속한다. 이외에도 [그림 4]에는 표시되어 있지 않지만, 프로그램 실행에서 중요한 역할을 하는 레지스터로 스택 포인터(stack pointer)가 있다.

CPU 내에서 실제 연산이 이루어지는 부분은 산술 논리 연산장치(Arithmetic Logic Unit, ALU)이다. 컴퓨터의 연산 속도가 너무 빠르기 때문에 컴퓨터가 동시에 여러 프로그램을 실행하는 것처럼 보일지도 모르겠지만, 실제 ALU에서는 한 번에 하나의 명령어만을 처리할 수 있다. 다만 여러 프로그램을 극히 짧은 시간에 번갈아 실행함으로써 여러 프로그램이 동시에 실행되는 것과 같은 효과를 보인 것이다.

CPU에서는 한 번에 하나씩 명령을 실행하므로, 다음에 실행할 명령이 저장된 프로그램 메모리의 주소를 알고 있어야 한다. 이 주소를 저장하는 곳이 바로 프로그램 카운터(Program Counter, PC)다. 프로그램 카운터가 가리키는 프로그램 메모리의 내용은 명령어 레지스터에 먼저 저장된다. 명령어 레지스터의 명령을 실행하는 데 필요한 피연산자는 32개의 범용 레지스터에 저장되며, 명령어 해석기는 명령어 레지스터에 저장된 명령어에 따라 실제 연산을 수행할 장치로 제어 신호를 보낸다.

제어 신호를 통해 ALU에서 연산이 수행된 후 그 결과는 상태 레지스터에 반영된다. 상태 레지스터(SREG)는 1바이트 크기의 레지스터로, 각 비트는 다양한 연산 상태를 나타내며 분기문 등에서 사용할 수 있다. 상태 레지스터의 구조는 [그림 8]과 같다.

비트	7	6	5	4	3	2	1	0
비트 이름	I	T	H	S	V	N	Z	C
읽기/쓰기	R/W	R/W	R/W	R/W	R/W	R/W	R/W	R/W
초깃값	0	0	0	0	0	0	0	0

[그림 8] 상태 레지스터(SREG) 구조

상태 레지스터 각 비트의 의미는 [표 7]과 같다.

[표 7] 상태 레지스터 비트

비트 번호	비트 이름	설명
7	I	Global Interrupt Enable : 전역적인 인터럽트 발생을 허용한다. 인터럽트 발생을 위해서는 반드시 전역 인터럽트 비트가 설정되어 있어야 하는데, 이는 SEI(Set Interrupt), CLI(Clear Interrupt) 명령을 통해 설정할 수 있다.
6	T	Bit Copy Storage : 비트 복사를 위한 BLD(Bit Load), BST(Bit Store) 명령에서 사용한다. BST 명령으로 비트 값을 비트 T에 저장할 수 있으며, BLD 명령으로 비트 T의 내용을 읽어올 수 있다.
5	H	Half Carry Flag : 산술 연산에서의 보조 캐리 발생을 나타낸다. 보조 캐리는 바이트 단위 연산에서 하위 니블(nibble)로부터 발생하는 자리 올림을 말한다.
4	S	Sign Bit : 부호 비트로, 음수 플래그(N)와 2의 보수 오버플로 플래그(V)의 배타적 논리합(XOR)으로 설정된다. ($S = N \oplus V$)

3	V	2's Complement Overflow Flag : 2의 보수를 이용한 연산에서 자리 올림이 발생하였음을 나타낸다.
2	N	Negative Flag : 산술 연산이나 논리 연산에서 결과가 음수임을 나타낸다.
1	Z	Zero Flag : 산술 연산이나 논리 연산에서 결과가 영(zero)임을 나타낸다.
0	C	Carry Flag : 산술 연산이나 논리 연산에서 캐리가 발생하였음을 나타낸다.

ATmega2560의 데이터 버스의 크기는 8비트인 반면, 어드레스 버스의 크기는 16비트다. 데이터 버스의 크기는 CPU가 처리할 수 있는 데이터 크기와 관련이 있다. 예를 들어 ATmega2560에는 8비트 CPU가 포함되어 있으므로, 데이터 버스의 크기는 8비트다. 반면 어드레스 버스는 메모리의 크기와 관련이 있으며, 8비트 어드레스 버스를 사용해서는 프로그램 메모리와 데이터 메모리에 접근할 수 없다.

ATmega2560의 모든 레지스터 크기 역시 8비트다. 8비트 크기의 레지스터로 16비트의 주소를 어떻게 처리할 수 있을까? 해답은 간단하다. 2개의 레지스터를 동시에 사용하면 된다. 먼저 범용 레지스터의 구조를 살펴보자.

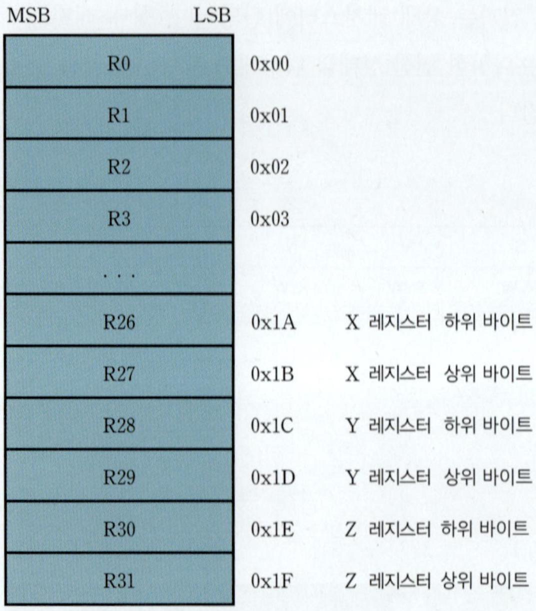

[그림 9] 범용 레지스터의 구조

범용 레지스터의 구조에서 알 수 있듯이 32개의 범용 레지스터 중 마지막 6개 레지스터(R26~R31)는 3개의 16비트 레지스터인 X, Y, Z 레지스터를 구성하는 데 사용할 수 있다. X, Y, Z 레지스터의 구조는 [그림 10]과 같이 2개의 범용 레지스터를 연결해 놓은 가상의 레지스터 형태다.

비트	15	8	7	0
X 레지스터	XH		XL	
	R27		R26	
비트	15	8	7	0
Y 레지스터	YH		YL	
	R29		R28	
비트	15	8	7	0
Z 레지스터	ZH		ZL	
	R31		R30	

[그림 10] X, Y, Z 레지스터 구조

X, Y, Z 레지스터를 어떻게 사용할 수 있을까? 프로그램 메모리와 데이터 메모리에서 번지를 직접 지정하는 일은 거의 없으며, 번지를 지정하여 사용하는 메모리는 EEPROM이 유일하다는 점을 기억할 것이다. X, Y, Z 레지스터는 CPU가 동작하는 과정에서 내부적으로 사용되는 레지스터이므로, 다행히도 프로그래머가 이에 대해 걱정할 필요는 없다.

한 가지 생각해야 할 점은, 프로그램 메모리의 크기가 256Kbyte이고 2바이트 단위로 주소가 정해지므로, 프로그램 메모리의 128K개$(=128 \times 2^{10} = 2^7 \times 2^{10} = 2^{17})$ 주소를 사용하기 위해서는 17비트의 주소가 필요하다는 점이다. 실제로 프로그램 카운터는 17비트로 이루어져 있다. ATmega2560의 레지스터 크기는 8비트이므로, 16비트 크기의 데이터가 필요한 경우에는 2개의 레지스터를 연결한 가상의 16비트 레지스터가 사용된다. 이와 비슷하게 17비트의 주소가 필요한 경우에는 3개의 8비트 레지스터를 연결하여 사용한다. 그러나 프로그램의 크기가 16비트 주소로도 충분한 경우가 많으며, 17비트 주소가 필요한 경우에도 상대 주소 지정(relative addressing)과 같은 방법을 사용하면 16비트 레지스터로 충분한 경우가 대부분이다.

따라서 ATmega2560에는 X, Y, Z 레지스터와 같이 3개의 레지스터를 연결한 레지스터는 존재하지 않으며, 필요한 경우에는 전용 레지스터를 함께 사용한다. 예를 들어 프로그램 메모리의 내용을 읽는 ELPM(Extended Load Program Memory) 명령은 8비트 레지스터인 RAMPZ(Extended Z-pointer Register) 레지스터와 16비트 레지스터인 Z 레지스터를 함께 사용한다.

[표 8] 메모리 접근을 위한 주소 비트

메모리	크기	주소 버스 크기	비고
프로그램 메모리 (플래시 메모리)	256Kbyte	17bit	0
데이터 메모리	–	16bit	레지스터, 내부 SRAM, 외부 SRAM 포함
EEPROM	4Kbyte	12bit	EEPROM 주소 레지스터인 EEAR 레지스터는 16비트임

프로그램이 실행되는 동안 사용되는 변수는 데이터 메모리인 SRAM에 만들어진다. 하지만 SRAM은 8Kbyte의 크기를 가지므로, 배열과 같이 큰 메모리를 요구하는 변수를 저장하기에는 한계가 있다. 이 경우 상대적으로 크기가 큰 프로그램 메모리에 변수를 생성하여 사용할 수 있다. 프로그램 실행 중에는 프로그램 메모리에 쓰기를 할 수 없으므로 저장된 변수의 값을 변경할 수는 없지만, 참조 테이블(lookup table)과 같이 읽기만 하는 변수의 경우에는 프로그램 메모리에 변수를 생성하고 사용할 수 있다.

마지막으로 언급할 레지스터는 스택 포인터(stack pointer)다. 스택은 함수 호출, 인터럽트 발생 등에 의해 순차적인 프로그램 실행의 흐름이 바뀔 때 지역변수를 저장하고, 함수 실행이나 인터럽트 처리가 끝난 후 되돌아갈 주소를 저장하기 위해 사용되는 메모리 공간을 가리킨다. 스택은 SRAM의 마지막에 위치하며, 스택 포인터는 스택에서 데이터를 저장할 수 있는 위치를 가리킨다.

스택 포인터의 초깃값은 내부 SRAM에서 가장 큰 메모리 번지를 가리키고 있다. 스택에 데이터를 저장하는 명령은 PUSH로, 데이터가 저장되면 스택 포인터의 값은 감소한다. 반면 스택에 저장된 데이터를 제거하는 명령은 POP으로, 데이터가 제거되면 스택 포인터의 값은 증가한다.

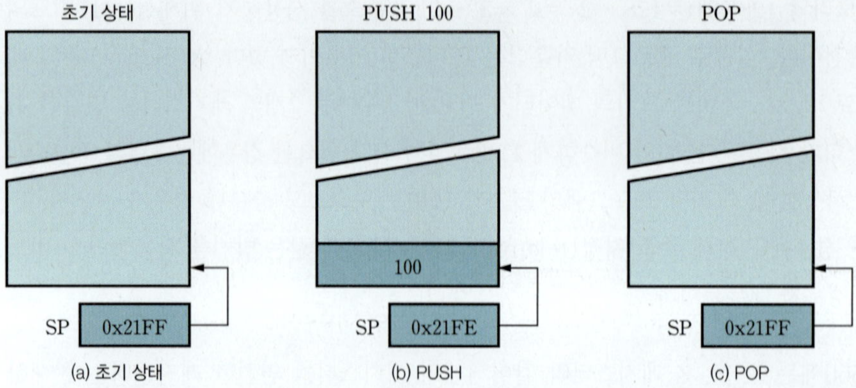

[그림 11] 스택의 동작

스택 포인터는 SRAM의 메모리 번지를 가리키므로, 메모리 번지를 저장하기 위해서는 16비트 크기의 레지스터가 필요하다. 따라서 스택 포인터는 8비트의 SPH(Stack Pointer High Register)와 SPL(Stack Pointer Low Register) 레지스터의 조합으로 이루어진다.

비트	15	14	13	12	11	10	9	8
SPH	SP15	SP14	SP13	SP12	SP11	SP10	SP9	SP8
SPL	SP7	SP6	SP5	SP4	SP3	SP2	SP1	SP0
비트	7	6	5	4	3	2	1	0
읽기/쓰기	R/W	R/W	R/W	R/W	R/W	R/W	R/W	R/W
	R/W	R/W	R/W	R/W	R/W	R/W	R/W	R/W
초깃값	0	0	0	0	0	0	0	0
	0	0	0	0	0	0	0	0

[그림 12] 스택 포인터 레지스터 구조

시스템 클록

디지털 시스템에서 동작의 기준이 되는 신호를 클록(clock)이라고 한다. 이 책에서는 ATmega2560에 16MHz 크리스털을 연결하여 사용한다. 즉, 1초에 최대 16M개의 명령을 실행할 수 있는 것이다. 이에 비해 인텔의 최신 마이크로프로세서는 3GHz 이상의 클록을 사용하므로, ATmega2560에 비해 약 200배 빠른 속도로 명령을 처리할 수 있다. 물론 마이크로프로세서와 마이크로컨트롤러는 그 사용 목적이 다르므로, 사용 목적에 맞는 클록이 사용된다는 점도 기억해야 한다.

ATmega2560이 16MHz 클록을 사용하긴 하지만, 일부 기능에는 다른 주파수의 클록을 사용한다. 예를 들어 ATmega2560의 아날로그-디지털 변환기는 CPU가 동작하는 속도보다 낮은 속도에 동작한다. 따라서 아날로그-디지털 변환기는 CPU에 공급되는 클록의 속도를 낮추어서(이를 분주(prescale)라고 한다) 사용한다.

한편 CPU 클록과는 별개의 클록을 사용하는 경우도 있다. ATmega2560에는 시스템이 예상치 못하게 무한 루프에 빠지거나 정지하는 경우를 검사하는 와치독(watchdog) 기능이 포함되어 있는데, 와치독을 동작시키기 위한 클록은 CPU 클록과는 별개의 내부 오실레이터를 사용한다. 또한 시계 기능을 위한 RTC(Real Time Clock) 역시 CPU 클록과 다른 외부 클록을 사용할 수 있다. 일부 ATmega2560 보드의 경우에는 2개의 크리스털(클록을 만드는 부품)이 포함되어 있다. 이 중 하나는 CPU의 동작 속도를 결정하는 CPU 클록(또는 시스템 클록)이며, 나머지 하나는 RTC에 공급되는 32.768kHz 클록인 경우가 대부분이다.

클록에 대해 이야기할 때 기억해야 할 점은, ATmega2560이 한 클록에 '대부분'의 명령어를 처리할 수 있다는 점이다. 하지만 이는 파이프라인이 완벽하게 동작하는 경우에 해당한다. 즉, 분기문과 같이 이전 명령어의 결과가 나온 이후에라야 처리가 가능한 명령어 처리에서는 파이프라인이 완벽하게 동작하지 않으며 한 클록에 명령어를 처리할 수는 없다.

또 한 가지 주의할 점은 한 클록에 처리하는 명령어는 기계어 수준의 명령어이지 사람이 생각하는 수준의 명령이 아니라는 점이다. 사람이 생각하는 명령은 여러 개의 기계어 명령어로 이루어지는 것이 대부분이다. 2차 방정식 $ax^2+bx+c=0$의 근의 개수를 구하기 위해 판별식을 계산하는 명령을 생각해 보자. 판별식 b^2-4ac를 계산하는 명령은 사람의 생각 수준에서는 하나의 명령일 수 있지만, 실은 3번의 곱셈과 한 번의 뺄셈으로 이루어진다. 또한, 곱셈은 2클록이 필요하다. 따라서 어림잡아도 7클록이 소요된다. 이처럼 사람이 생각하는 명령과 실제 ATmega2560이 실행하는 명령에는 차이가 있을 수 있으므로, 사람이 생각하는 명령의 수와 실제 CPU에서 실행되는 명령의 수는 다른 경우가 대부분이다.

ATmega2560에서 사용할 수 있는 클록 소스의 종류는 여러 가지로, CKSEL(Clock Selection) 퓨즈 비트를 통해 선택할 수 있다. [표 9]는 ATmega2560에서 사용 가능한 클록 소스의 종류를 나타낸다. ATmega2560은 디폴트값으로 조정된 내부 RC 오실레이터를 사용하도록($CKSEL=0010_2$) 설정되어 있으므로 별도의 외부 클록 없이도 동작할 수 있다.

[표 9] ATmega2560의 클록 소스

클록	사용 예
저전력 크리스털/세라믹 레조네이터	1111 – 1000
풀스윙 크리스털/세라믹 레조네이터	0111 – 0110
외부 저주파 크리스털	0101 – 0100
내부 128kHz RC 오실레이터	0011
조정된(calibrated) 내부 RC 오실레이터	0010
외부 클록	0000
사용하지 않음(reserved)	0001

먼저 클록 소스의 종류를 살펴보자. 이 책에서는 클록 소스로 16MHz의 크리스털을 사용한다. 크리스털(crystal, X-tal)은 대표적인 발진자인데, 발진자란 클록을 생성하는 부품을 말한다. 크리스털은 두 개의 핀을 가지고 있지만, 극성이 없으므로, 연결 방향에 신경 쓸 필요는 없다. 크리스털은 자체적으로 클록을 생성하지는 못하지만, 마이크로컨트롤러의 내부 회로와 함께 사용되면 클록을 생성할 수 있다. 이처럼 일정한 주파수의 클록을 출력하는 동작을 '발진'이라고 한다.

수정(크리스털)을 얇게 자르고 전기적 신호를 가하면, 수정편의 두께와 잘린 각도 등에 의해 일정한 주파수로 진동을 한다. 이때 수정에 의해 만들어지는 진동주파수는 전압, 온도, 습도 등의 외부 환경에 영향을 적게 받으므로, 안정적인 클록 생성이 가능하다. 수정 발진자의 안정도는 $10^{-6}\sim10^{-8}$ 정도로, 10MHz 클록의 경우, 최대 10Hz 정도의 오차가 발생한다.

레조네이터(resonator)는 일반적으로 세라믹 발진자를 가리킨다. 세라믹 레조네이터는 압전 효과를 이용하여 클록을 생성하는데, 크리스털보다는 그 안정도가 떨어져서 일반적으로 $10^{-3}\sim10^{-4}$ 정도의 안정도를 보인다.

저전력 크리스털 모드와 풀스윙 크리스털 모드의 차이는 전력 소모에 있다. 저전력 크리스털 모드는 전력 소모가 적다는 장점을 갖고 있지만, 여러 곳에 클록을 동시에 공급하기는 어렵고, 잡음이 많은 상황에서는 사용하기 어려운 등의 문제가 있다. 따라서 ATmega2560에서는 풀스윙 모드가 흔히 사용된다.

크리스털을 사용하는 경우에는 클록 생성을 위한 추가적인 발진 회로가 필요하다. ATmega2560은 내부에 발진 회로를 포함하고 있으므로, 크리스털만 연결하면 발진 회로를 사용할 수 있지만, ATmega2560의 도움 없이 자체적으로 클록을 생성하기 위해서는 발진자와 발진 회로가 포함된 부품을 사용해야 한다. 이를 오실레이터라고 한다. 오실레이터는 일반적으로 4개의 핀을 가지는데, 그중 2개는 VCC와 GND에 해당한다. 나머지 2개 핀 중 하나는 사용하지 않는 핀이며, 다른 하나로 클록 신호가 출력된다.

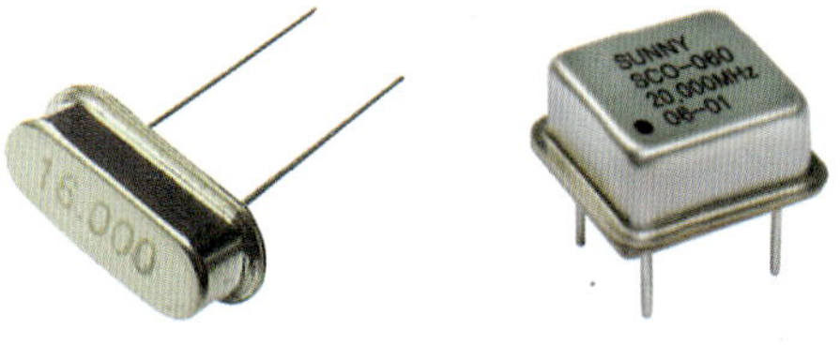

(a) 크리스털　　(b) 오실레이터

[그림 13] 크리스털과 오실레이터

크리스털은 ATmega2560의 XTAL1, XTAL2(또는 Xin, Xout) 핀에 연결하여 사용하는데, 이는 세라믹 레조네이터도 마찬가지다. 크리스털의 연결 방법은 [그림 14]와 같다. 16MHz 크리스털을 사용하는 경우, 커패시터는 12~22pF 용량의 것이 일반적으로 사용된다. 저주파 크리스털 오실레이터는 32.768kHz 크리스털을 사용하는 경우를 말하는데, 그 내부에 커패시터가 포함된 경우도 있다.

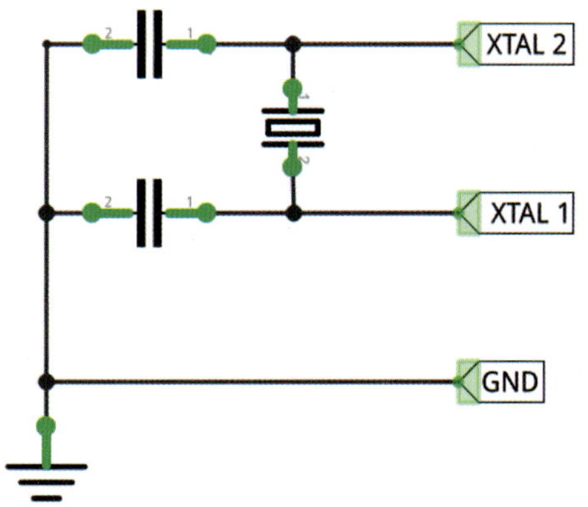

[그림 14] 크리스털 오실레이터 연결

RC 오실레이터는 저항(R)과 커패시터(C)를 사용하여 만든 오실레이터로, 발진 주파수는 $f = \frac{1}{3RC}$로 결정된다. RC 오실레이터는 정밀도가 낮지만 간단히 만들어 사용할 수 있기 때문에 ATmega2560 내부에도 RC 오실레이터가 포함되어 있다. ATmega2560에서 디폴트값으로 사용하는 클록 소스가 바로 이 내부 RC 오실레이터로, 이는 최대 8MHz 클록을 공급할 수 있다. 하지만 디폴트값으로 분주비 8이 사용되므로 ATmega2560은 디폴트값으로 1MHz로 동작한다. 내부 128kHz RC 오실레이터는 저전력 모드에 해당한다.

외부 RC 오실레이터를 사용하는 경우에는 XTAL1 핀에 연결하며 사용하며, XTAL2 핀은 사용하지 않는다.

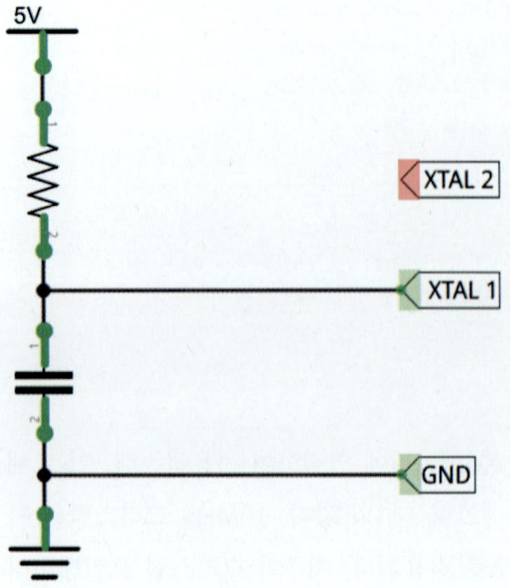

[그림 15] RC 오실레이터 연결

외부 클록 역시 RC 오실레이터와 마찬가지로 XTAL1 핀에 연결하여 사용한다. 오실레이터는 자체적으로 클록을 생성하므로, ATmega2560에서 클록 소스를 선택하는 퓨즈 비트를 잘못 설정하여 마이크로컨트롤러가 동작하지 않을 때 유용하게 사용할 수 있다.[7]

명령어 실행

ATmega2560은 선택한 클록 소스(clk_{CPU})에 의해 동작한다. ATmega2560에서 명령어의 실행은 파이프라인을 통해 대부분 1 클록에 이루어진다고 설명하였다. 실제로 한 클록에 명령어 실행이 가능한지 살펴보자.

7 클록 소스가 잘못 설정되면 마이크로컨트롤러에 클록이 공급되지 않기 때문에 마이크로컨트롤러가 동작하지 않는다. 이때 강제로 마이크로컨트롤러에 클록을 공급하고 클록 설정을 수정하면 마이크로컨트롤러를 다시 동작시킬 수 있는데, 이를 흔히 '인공호흡'이라고 이야기한다. 인공호흡을 위해서는 마이크로컨트롤러와는 별개의, 독립적으로 클록을 발생시킬 수 있는 장치가 필요한데, 여기에 오실레이터가 사용된다.

일반적으로 CPU에서 명령어를 실행하는 과정은 명령어를 읽고(fetch), 해석하고(decode), 실행하고(execute), 결과를 쓰는(write-back) 4개의 단계로 나누어 볼 수 있지만, 이는 CPU 구조에 따라 달라진다. ATmega2560에서의 명령 실행 단계는 (플래시 메모리로 만든) 프로그램 메모리에서 명령어를 읽어오는(fetch) 단계와 명령어를 실행하는(execute) 단계로 나눌 수 있다. 또한, 명령 실행의 두 단계는 파이프라인에 의해 중첩되어 실행된다.

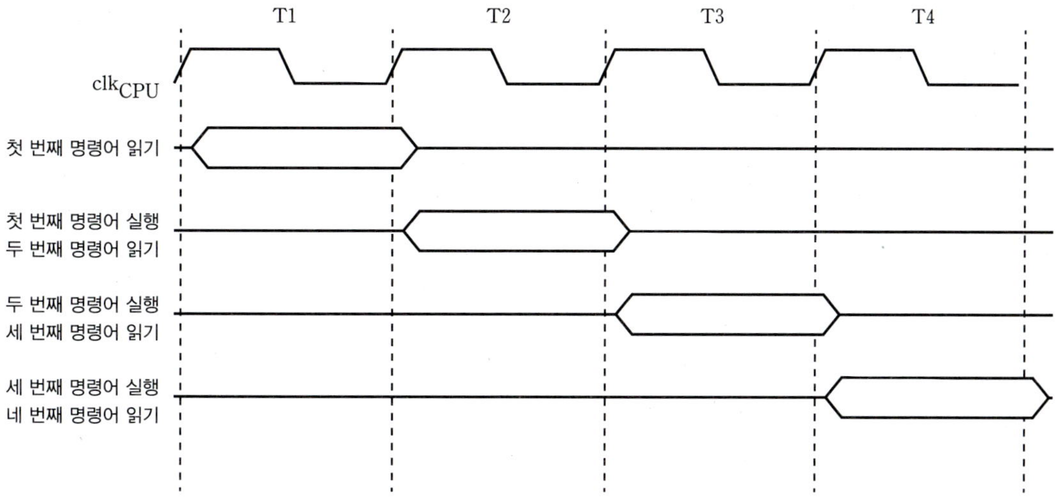

[그림 16] ATmega2560에서 명령어 실행을 위한 파이프라인

읽기 단계는 (플래시 메모리로 만든) 프로그램 메모리에서 명령어를 읽어오는 단계이며, 실행 단계는 ALU에서 레지스터에 있는 피연산자를 사용하여 연산을 실행하고, 결과가 해당 레지스터에 기록되기까지의 단계를 말한다.

RISC 구조의 특징 중 하나는 메모리를 읽거나 쓰는 명령이 연산 명령과 완전히 분리되어 있다는 점이다. 실제 연산이 이루어지기 위해서는 LOAD 명령을 통해 피연산자가 레지스터로 옮겨진 상태여야 하며, 연산 결과 역시 레지스터에 기록된다. 레지스터에 기록된 연산 결과는 필요하다면 메모리에 기록할 수도 있지만, 연산 과정에서 발생하는 중간 결과는 메모리에 기록하지 않을 수도 있다. 필요하다면 STORE 명령을 사용하여 연산 결과를 메모리에 기록해야 한다.

따라서 ATmega2560에서의 명령어 실행 단계는 레지스터에 있는 값을 읽고, 계산한 후, 레지스터에 결과를 쓰는 3단계로 이루어진다. 명령어 실행 단계에서는 하나의 클록만을 사용하므로 한 클록에 3개의 단계를 수행하기 위해 ALU는 CPU (또는 메인) 클록을 3개의 하위 클록으로 나누어서 동작한다. 즉, 크리스털에 의해 만들어지는 클록은 16MHz이지만, ALU에서는 이보다 빠른 속도로 동작하고 있어야 한다.

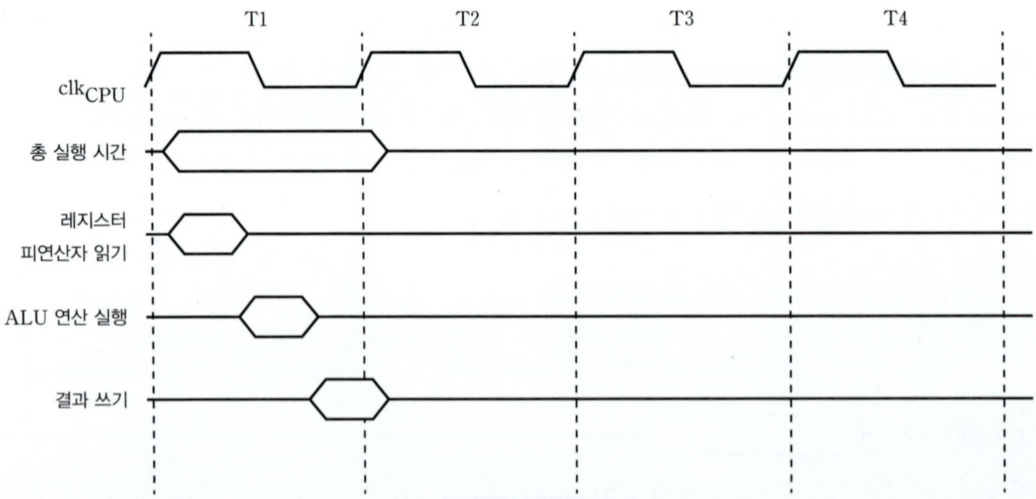

[그림 17] ALU의 동작 클록

이외에도 ATmega2560은 다양한 인터럽트를 지원하며, 아날로그-디지털 변환 장치와 다양한 시리얼 통신 장치 등을 포함하고 있다. 이후 장에서는 이 장에서 언급한 ATmega2560의 특징들을 자세히 살펴보고, 이를 활용하는 방법에 대해 알아볼 것이다.

이 책을 다 읽을 때쯤이면, ATmega2560의 활용 방법을 이해함은 물론, 마이크로컨트롤러로 할 수 있는 일들과 할 수 없는 일들을 구별하고, 원하는 시스템 구성에 필요한 마이크로컨트롤러를 선택할 수 있으리라 생각한다. 또한, ATmega2560이 마이크로컨트롤러를 사용하는 시스템을 설계하고 구현하는 데 부족함이 없다는 점도 이해할 수 있을 것이다.

CHAPTER

02 연습문제

1. ATmega2560은 아트멜의 AVR 시리즈, 그중에서도 메가 시리즈에 속하는 마이크로컨트롤러 중 하나다. 이외에 메가 시리즈에 속하는 마이크로컨트롤러로는 ATmega328, ATmega128 등을 흔히 볼 수 있다. 이들 마이크로컨트롤러를 핀 수, 데이터 핀 수, 메모리 크기, 지원하는 통신 방법, 통신 포트의 수 등 하드웨어 측면에서 비교해 보자.

2. ATmega2560에는 플래시 메모리, SRAM, EEPROM 등의 세 종류 메모리가 포함되어 있다. 이외에도 플래시 메모리를 활용하여 만든 메모리로 모바일 장치와 싱글 보드 컴퓨터에서 많이 사용되는 메모리에 SD(Secure Digital) 카드와 eMMC(Embedded Multi Media Card) 등이 있다. 플래시 메모리, SD 카드, eMMC 등의 공통점과 차이점을 알아보자.

3. 파이프라인은 명령어 처리를 여러 단계로 나누고 단계를 중첩시켜 처리 속도를 높이는 방법이지만 명령어 사이에 연관성이 있는 경우에는 단계 중첩이 불가능하다는 문제점이 있다. 파이프라인과는 다른 방법으로 명령어 처리 속도를 높이는 방법의 하나로 독립적인 명령어 집합(쓰레드)을 동시에 실행하는 인텔의 하이퍼쓰레딩(hyper-threading)이 있다. 파이프라인과 하이퍼쓰레딩의 장단점을 알아보자.

4. ATmega2560에는 플래시 메모리, SRAM, EEPROM 이외에도 하드웨어 설정을 위한 또 다른 종류의 메모리인 퓨즈가 포함되어 있으며 [표 9]의 클록 소스 선택에 사용되는 CKSEL(Clock Source Selection) 비트가 퓨즈의 일부다. 3바이트 크기 퓨즈로 설정 가능한 ATmega2560의 기능을 알아보자.

CHAPTER

03

비전공자들을 위한 마이크로컨트롤러 개발 보드

아두이노

아두이노는 비전공자들을 위한 오픈소스 기반 마이크로컨트롤러 프로젝트 중 하나로, 쉽고 간단한 사용 방법으로 다양한 사용자층을 끌어들여 독자적인 생태계를 구축했다. 그 결과, 아두이노는 마이크로컨트롤러 관련 프로젝트 중 가장 많은 관심을 받고 있다. 이 장에서는 아두이노 보드가 가지는 하드웨어적 측면의 특징과 아두이노 보드를 사용하여 쉽고 빠른 개발이 가능하도록 해주는 소프트웨어 개발환경에 대해 알아본다.

CONTENTS

LESSON 01

아두이노 하드웨어

마이크로컨트롤러 + α

최근 마이크로컨트롤러와 관련하여 가장 주목을 받는 단어 중 하나는 아두이노가 아닐까 싶다. 아두이노는 이탈리아 밀라노 옆에 위치한 이브레아(Ivrea)에서, 예술가와 디자이너가 쉽게 사용할 수 있으면서도, 저렴하고 간단한 제어 장치를 만들 수 있도록 시작된 오픈소스 프로젝트 중 하나다.

2005년에 처음 발표된 이후 아두이노는 쉬운 사용법으로 수많은 참여자를 끌어들여 독자적인 생태계 구축에 성공함으로써, 마이크로컨트롤러 관련 오픈소스 프로젝트 중 가장 많은 참여자를 가진 프로젝트의 하나로 자리매김하고 있다.

아두이노에 관해 간단히 이야기하였지만, 아두이노가 무엇인지 정의하기는 쉽지 않다. 그 이유 중 하나는 아두이노라는 단어가 마이크로컨트롤러를 이용하여 만든 개발 보드, 즉 하드웨어에 해당하는 아두이노 보드와 아두이노 보드를 동작시키는 데 필요한 (흔히 펌웨어라고 불리며 아두이노에서는 스케치라 불리는) 프로그램을 개발할 수 있는 소프트웨어 개발환경까지 함께 가리키기 때문이다.

아두이노 하드웨어에 대해서도 간단히 설명하기는 쉽지 않다. 아두이노 하드웨어를 이해하기 어렵게 하는 이유 역시 여러 가지가 있지만, '마이크로컨트롤러'와 '마이크로컨트롤러 보드'를 명확히 구분하지 못하는 게 그중 하나다. 아두이노는 '마이크로컨트롤러를 사용하여 만든 개발 보드'다. 주의할 점은 아두이노가 '개발 보드'지 '마이크로컨트롤러'가 아니라는 점이다.

마이크로컨트롤러는 싱글 칩 컴퓨터(single chip computer)라고도 불리는, 컴퓨터 본체에 해당하는 기능을 하나의 칩으로 집약시켜 놓은 성능이 낮은 컴퓨터를 가리킨다. 컴퓨터 본체에 전원만 공급하면 컴퓨터로 기능할 수 있는 것처럼 마이크로컨트롤러 역시 전원만 주어지면 마이크로컨트롤러로서, 즉 낮은 사양의 컴퓨터로 동작할 수 있다. 하지만 아두이노 보드에는 마이크로컨트롤러 이외에 많은 것들이 추가되어 있다.

[그림 1]은 아두이노 보드 중 가장 많이 사용되는 아두이노 우노를 나타낸 것이다.

[그림 1] 아두이노 우노[1]

아두이노는 개발 보드이므로, 편리한 개발을 위해 컴퓨터 또는 주변장치와 연결하는 방법, 전원을 공급하는 방법 등을 제공하고 있다. 실제로 아두이노 우노에는 핵심이라 할 수 있는 ATmega328 마이크로컨트롤러 이외의 부가적인 부품들이 더 많은 공간을 차지하고 있다. 이처럼 아두이노 보드는 '마이크로컨트롤러 + α'인 마이크로컨트롤러 보드에 해당한다.

아두이노 보드의 종류 : 핀 헤더의 유무

아두이노를 이해하기 어렵게 만드는 또 다른 요인은 아두이노 보드가 한 가지 보드만을 가리키는 것이 아니라는 점이다. 아두이노의 제품 소개 페이지[2]에는 수많은 보드가 나열되어 있다. 아두이노라고 이름 붙은 보드들의 크기와 형태가 다양하기 때문에 외형적으로는 아두이노 보드들의 공통점을 쉽게 찾아볼 수 없다. 이는 아두이노의 개발환경을 사용하여 작성된 펌웨어를 서로 다른 아두이노 보드들이 함께 사용할 수 있다는 점에서 찾아야 한다.

마이크로컨트롤러 종류에 따라 펌웨어를 작성하는 방법이 조금씩 다르다. 한 회사에서 만든 마이크로컨트롤러라도 예외는 아니다. 같은 기능을 구현하는 펌웨어라도 마이크로컨트롤러에 따라 일부 달라지거나 전혀 다른 형태를 가질 수 있다. 하지만 아두이노라고 이름 붙여진 보드들을 위한 펌웨어는 같은 방식으로 작성할 수 있다. 이러한 공통의 개발환경이 아두이노의 장점 중 하나라고 할 수 있다.

아두이노를 특징짓는 중요한 요소 중 한 가지가 개발환경에 있다는 것은 사실이지만, 이는 하드웨어의 지원이 바탕이 되어야 한다는 것 또한 사실이다. 서로 다른 다양한 형태에서는 공통점을 찾기 어렵

1 〈이미지 출처〉 http://www.arduino.cc/en/Main/ArduinoBoardUno

2 http://www.arduino.cc/en/Main/Products

지만, 아두이노 보드들을 그룹으로 묶어 보면 아두이노 보드들 사이에 공통점을 발견할 수 있다. 먼저 아두이노 보드를 피메일(female) 형태의 핀 헤더가 존재하는 보드와 존재하지 않는 보드로 나누어 보자.

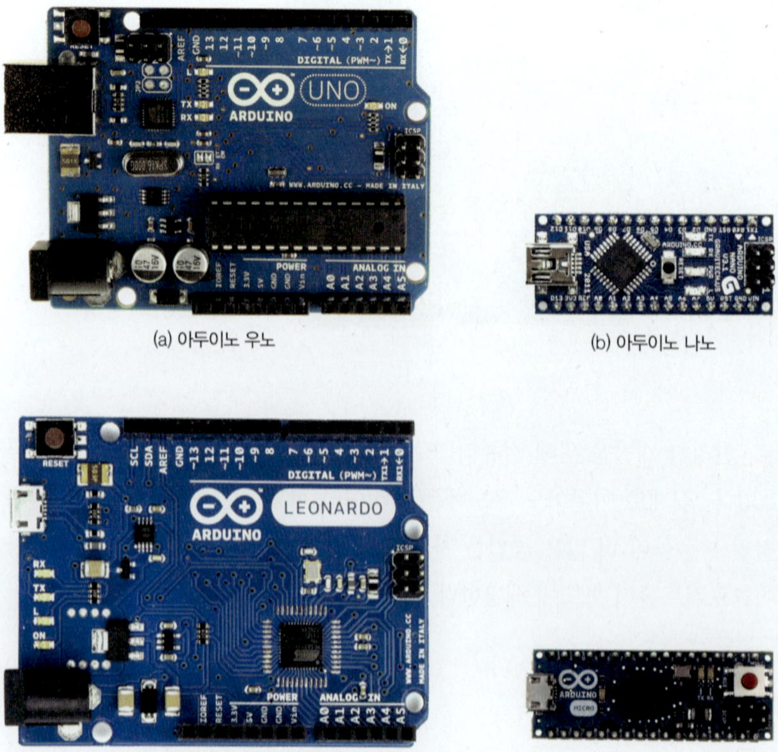

(a) 아두이노 우노

(b) 아두이노 나노

(c) 아두이노 레오나르도

(d) 아두이노 마이크로

[그림 2] ATmega328과 ATmega32u4 마이크로컨트롤러를 사용하는 아두이노 보드[3]

[그림 2]의 아두이노 우노와 아두이노 나노는 같은 마이크로컨트롤러를 사용하여 만든 보드다. 가장 큰 칩이 마이크로컨트롤러로, 크기와 형태가 달라 보이지만 패키지의 차이일 뿐 모두 ATmega328 마이크로컨트롤러를 사용하고 있다.

그렇다면 같은 마이크로컨트롤러를 사용하는 다른 마이크로컨트롤러 보드가 필요한 이유는 무엇일까? 바로 사용 목적의 차이이다. 아두이노 우노는 아두이노의 대표적인 보드 중 하나로 '개발 보드'의 목적에 충실하게 주변장치나 컴퓨터와 간편하게 연결할 수 있는 다양한 장치들이 포함되어 있다. 하지만 아두이노 나노는 개발 목적이라기보다는 개발이 완료된 후 실제 제품에 적용하는 단계에서 사용할 수 있도록 아두이노 우노와 같은 기능의 보드를 소형으로 만들어 놓은 것이다.

3 〈이미지 출처〉 http://www.arduino.cc/en/Main/products

이처럼 보드의 형태는 다르지만 같은 기능을 가진 아두이노 보드들이 존재한다. 아두이노 레오나르도와 아두이노 마이크로의 관계 역시 아두이노 우노와 아두이노 나노의 관계와 같다.

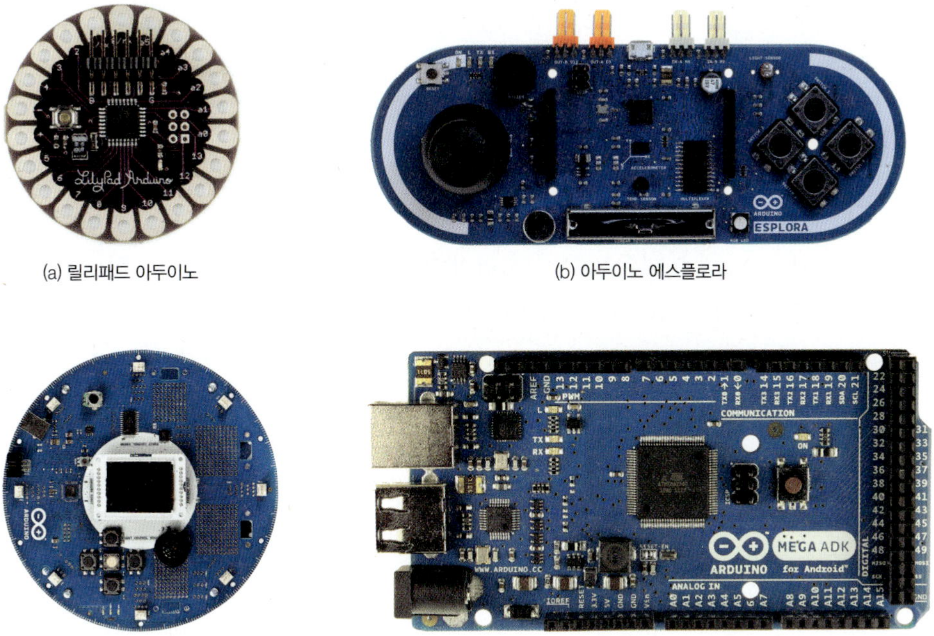

(a) 릴리패드 아두이노 (b) 아두이노 에스플로라

(c) 아두이노 로봇 (d) 아두이노 메가 ADK

[그림 3] 전용 목적의 아두이노 보드[4]

이외에도 웨어러블 기기 개발을 위한 릴리패드 아두이노, 센서가 포함된 아두이노 에스플로라(Esplora), 주행 장치를 만들 수 있는 아두이노 로봇, 안드로이드용 액세서리 개발을 위한 아두이노 메가 ADK 등, 특정 목적에 맞게 사용할 수 있는 전용 아두이노 보드들이 존재한다. 이들 전용 아두이노 보드는 아두이노 우노, 아두이노 레오나르도 등의 기본 보드에 목적에 맞는 주변장치를 추가하여 만든 것이므로, 기본 보드와 호환성을 가진다. 예를 들어 아두이노 에스플로라는 아두이노 레오나르도와 같은 ATmega32u4 마이크로컨트롤러를 사용하고 있으며, 릴리패드 아두이노는 아두이노 우노와 같은 ATmega328 마이크로컨트롤러를 사용하고 있다.

아두이노 보드의 종류 : 핀 헤더의 배열

아두이노 보드의 또 다른 공통점을 찾아내기 위해 이번에는 핀 헤더의 위치를 살펴보자. ATmega328 마이크로컨트롤러를 사용하는 아두이노 우노와 ATmega2560 마이크로컨트롤러를 사용하는 아두이노 메가2560의 핀 헤더에서 공통점을 발견할 수 있는가?

4 〈이미지 출처〉 http://www.arduino.cc/en/Main/products

(a) 아두이노 우노

(b) 아두이노 메가2560

[그림 4] 아두이노 우노와 아두이노 메가2560[5]

아두이노 메가2560은 ATmega2560 마이크로컨트롤러의 70개 입출력 핀을 사용할 수 있도록 해준다. 아두이노 우노가 사용할 수 있는 ATmega328 마이크로컨트롤러의 입출력 핀 20개에 비해 아두이노 메가2560이 훨씬 많은 입출력 핀을 사용할 수 있어 다양한 주변장치를 연결할 수 있으므로, 복잡한 시스템을 구성하는 데에는 아두이노 메가2560이 많이 사용된다.

아두이노 메가2560에는 70개 입출력 핀에 맞게 많은 수의 피메일 핀 헤더가 존재한다. 여기서 중요한 점은 [그림 4]의 아두이노 메가2560 보드의 왼쪽에 있는 핀 헤더들이 아두이노 우노와 같은 배열을 가지고 있다는 것이다. 따라서 아두이노 우노에 연결한 주변장치를 그대로 아두이노 메가2560에 연결하고, 아두이노 우노에서 사용한 프로그램을 그대로 업로드하면, 아두이노 메가2560에서도 아두이노 우노에서와 동일한 동작을 확인할 수 있다.

핀 헤더 배열이 같다는 점은, 아두이노 보드에 공통으로 사용할 수 있는 확장 보드인 쉴드(shield) 제작이 가능하다는 것이다. 아두이노 홈페이지에도 여러 종류의 쉴드가 소개되고 있는데, [그림 5]는 그중 일부다. [그림 5]에 소개된 쉴드들 역시 아두이노 우노의 핀 헤더와 같은 배열의 핀 헤더를 가지고 있으므로, 여러 개의 쉴드를 적층하여 사용할 수 있다. 다만 같은 입출력 핀을 사용하는 여러 개의 쉴드를 적층하는 경우에는 사용에 제한이 있을 수 있다.

(a) 이더넷 쉴드

(b) USB 호스트 쉴드

5 〈이미지 출처〉 http://www.arduino.cc/en/Main/products

(c) 모터 쉴드

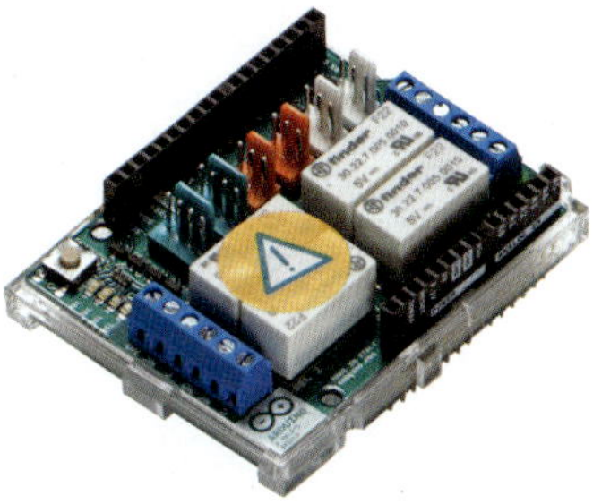

(d) 릴레이 쉴드

[그림 5] 아두이노 쉴드[6]

아두이노는 하드웨어가 공개되어 있으므로, 누구나 아두이노에서 사용 가능한 쉴드를 제작할 수 있다. 아두이노 홈페이지에 소개된 쉴드 이외에도 검색을 통해 다양하고 신기한 기능의 쉴드들을 쉽게 찾아볼 수 있을 것이다.

아두이노 보드의 종류 : 사용된 마이크로컨트롤러

또한 아두이노 보드들은 대부분 마이크로칩(Microchip)에서 제작한 마이크로컨트롤러를 사용한다는 공통점이 있다. 마이크로칩에서 제작되고, 아두이노 보드에 사용된 마이크로컨트롤러는 크게 두 종류로 나눌 수 있다. 아두이노 우노, 아두이노 레오나르도, 아두이노 메가2560 등은 아트멜에서 개발한 아키텍처를 바탕으로 하는 AVR 시리즈 마이크로컨트롤러를 사용한다. 반면 아두이노 듀에, 아두이노 제로 등은 ARM의 아키텍처를 사용하며, 마이크로칩에서 제작한 Cortex-M 시리즈 마이크로컨트롤러를 사용한다. [표 1]은 마이크로칩에서 제작하고 아두이노에서 사용되고 있는 마이크로컨트롤러의 종류를 요약한 것이다.

[표 1] 아두이노 보드별 마이크로컨트롤러 종류

아두이노 보드	마이크로컨트롤러	아키텍처	CPU 비트 수
우노	ATmega328	AVR	8비트
레오나르도	ATmega32u4	AVR	
메가2560	ATmega2560	AVR	
제로	ATSAMD21G18	ARM Cortex-M0+	32비트
듀에	AT91SAM3X8E	ARM Cortex-M3	

애초 아두이노는 AVR 시리즈 마이크로컨트롤러를 사용하여 제작되었지만, 높은 사양의 아두이노 보드에 대한 요구가 증가함에 따라 ARM Cortex-M 기반의 아두이노 보드도 출시되고 있다. 아두이노

6 〈이미지 출처〉 http://www.arduino.cc/en/Main/products

우노는 8비트 CPU에 16MHz 클록을 사용하지만, 아두이노 듀에는 32비트 CPU에 84MHz 클록을 사용하는 등 Cortex-M 마이크로컨트롤러를 사용하는 아두이노 보드들이 높은 성능을 보여준다. 하지만 아두이노는 비전공자들을 위한 마이크로컨트롤러 프로젝트로 시작되었다는 점을 잊지 말아야 한다. 아두이노에서는 높은 사양도 중요하지만 간편한 사용이 더 중요하다. 따라서 아직도 AVR 시리즈 마이크로컨트롤러를 사용한 아두이노 보드가 주류를 이루고 있으며, 최초의 아두이노 보드를 계승한 아두이노 우노가 여전히 아두이노의 대표 보드로 자리매김하고 있다.

아두이노 우노와 같은 AVR 시리즈 마이크로컨트롤러를 사용한 아두이노 보드로는 더 많은 수의 입출력 핀을 제공하는 아두이노 메가2560, USB 연결 기능을 포함하고 있는 아두이노 레오나르도 등이 있다. 이 중 아두이노 레오나르도에 사용된 ATmega32u4 마이크로컨트롤러는 USB 연결을 지원하므로, 추가 장치 없이 컴퓨터와 연결하여 사용할 수 있다.

[표 2]는 AVR 시리즈 마이크로컨트롤러를 사용한 아두이노 보드들을 비교한 것이다. 보드들의 기본 기능은 거의 같지만 입출력 핀의 수, 프로그램 메모리의 크기 등에서 차이가 있으므로, 필요에 따라 선택하여 사용하면 된다.

[표 2] AVR 시리즈 마이크로컨트롤러를 사용한 아두이노 보드

항목	아두이노 우노	아두이노 레오나르도	아두이노 메가2560
마이크로컨트롤러	ATmega328	ATmega32u4	ATmega2560
클록	16MHz	16MHz	16MHz
디지털 입출력 핀 수	14	18(12)	54
아날로그 입력 핀 수	6	6(12)	16
입출력 핀 수	20	24	70
PWM 채널 수	6	7	15
플래시 메모리	32Kbyte	32Kbyte	256Kbyte
SRAM	2Kbyte	2.5Kbyte	8Kbyte
EEPROM	1Kbyte	1Kbyte	4Kbyte

LESSON 02

아두이노 보드

아두이노 우노

아두이노에는 많은 보드가 있지만, 가장 많이 사용되는 보드는 아두이노 우노다. 아두이노 우노는 [그림 1]에서 이미 살펴보았듯이 ATmega328 마이크로컨트롤러를 기본으로 전원 공급을 위한 부분, 핀 헤더 부분, UART 통신 및 프로그램 업로드를 위한 USB 연결 부분 등이 추가된 형태로 구성된다. ATmega328은 5V 전원을 사용하므로, 아두이노 우노에는 5V 전원 공급을 위한 레귤레이터(regulator)가 포함되어 있다. 최근 3.3V 전원을 사용하는 장치들이 증가하는 추세여서 아두이노 우노에도 3.3V 전원을 제공하기 위한 레귤레이터와 전원 공급용 핀 헤더가 포함되어 있다. 하지만 아두이노 우노의 입출력 데이터는 5V 기준 전압을 사용하므로, 3.3V 기준 전압을 사용하는 주변장치와 아두이노 우노를 연결하기 위해서는 기준 전압을 맞추기 위해 레벨 변환기를 사용해야 한다.

아두이노 우노는 핀 헤더를 통해 20개의 입출력 핀을 사용할 수 있다. 아두이노에서는 디지털 데이터의 입출력을 위해 0번에서 19번까지 핀 단위로 번호를 지정하여 사용한다. 마이크로컨트롤러는 아날로그 데이터를 직접 처리할 수 없으므로, 이를 디지털 데이터로 먼저 변환해야 한다. 이를 위해서는 ADC(Analog–Digital Converter)가 필요하다.

ATmega328에는 10비트 해상도의 6채널 ADC가 포함되어 있으며, A0에서 A5까지 상수가 지정되어 있다. 한 가지 주의할 점은 디지털 데이터 입출력을 위한 핀 중 14번부터 19번까지의 핀에 A0부터 A5까지 상수가 정의되어 있다는 점이다. 디지털 입출력 핀은 0번에서 19번까지 20개가 존재한다. 하지만 [표 2]에서는 14개라고 설명되어 있다. 나머지 6개가 바로 아날로그 입력이 가능한 핀이다. 필요에 따라 아날로그 입력 핀을 디지털 입출력 핀으로 사용할 수 있으므로, 사용 가능한 디지털 입출력 핀은 최대 20개가 된다.

아날로그 데이터 출력을 위해서는 ADC와는 반대로 DAC(Digital–Analog Converter)가 필요하지만, ATmega328에는 DAC가 포함되어 있지 않으므로, 아날로그 신호를 직접 출력할 수는 없다. 대신 PWM(Pulse Width Modulation) 신호를 통해 아날로그와 유사한 기능을 하는 디지털 신호를 출력할 수 있다. PWM 신호는 디지털 신호이기는 하지만, 모든 디지털 입출력 핀을 통해 출력할 수 있는 것은 아니다. 아두이노 우노에서는 20개의 디지털 입출력 핀 중 6개의 핀을 통해서만 PWM 신호를 출력할 수 있다. 아두이노 우노 보드에서는 핀 번호 앞에 물결표(~)를 붙여 PWM 신호 출력이 가능한 핀을 구별하고 있다.

[표 3] 아두이노 우노 사양

항목	내용	비고
마이크로컨트롤러	ATmega328	ATmega328P-PU
동작 전압	5V	
입력 전압	7V~12V	추천 입력 범위
디지털 입출력 핀	14개	6개 PWM 출력 가능 핀 포함, 디지털 입출력이 가능한 아날로그 입력 핀은 제외
아날로그 입력 핀	6개	14번에서 19번까지의 디지털 입출력 핀으로, 디지털 데이터 입출력을 위해 사용 가능
PWM 출력 핀	6개	디지털 입출력 핀 중 물결표(~)가 붙어 있는 3, 5, 6, 9, 10, 11번 핀
플래시 메모리	32KB	부트로더에 0.5KB 사용
SRAM	2KB	
EEPROM	1KB	
클록 주파수	16MHz	

[표 4] 아두이노 우노의 입출력 핀

디지털 핀 번호	아날로그 핀 번호	디지털 데이터 입출력	아날로그 데이터 입력	아날로그 데이터 출력 (PWM)	비고
0	-	○	×	×	UART (RX)
1	-	○	×	×	UART (TX)
2	-	○	×	×	54
3	-	○	×	○	16
4	-	○	×	×	70
5	-	○	×	○	15
6	-	○	×	○	256Kbyte
7	-	○	×	×	9Kbyte
8	-	○	×	×	
9	-	○	×	○	
10	-	○	×	○	
11	-	○	×	○	SPI (MOSI)
12	-	○	×	×	SPI (MISO)
13	-	○	×	×	SPI (SCK)
14	A0	○	○	×	
15	A1	○	○	×	
16	A2	○	○	×	
17	A3	○	○	×	
18	A4	○	○	×	I2C (SDA)
19	A5	○	○	×	I2C (SCL)
핀 수		20개	6개	6개	

아두이노가 ATmega328을 포함한 AVR 시리즈 마이크로컨트롤러와 또 다른 점은 프로그램 업로드 방법에 있다. 일반적으로 AVR 시리즈 마이크로컨트롤러에서는 펌웨어를 업로드할 때 ISP(In System Programming) 방식을 사용한다. [그림 1]에서도 오른쪽에 ISP 연결 커넥터를 확인할 수 있다. 아두이노에서도 ISP 방식으로 펌웨어를 업로드할 수 있다. 하지만 일반적으로 아두이노에서는 부트로더(bootloader)를 통한 시리얼 방식의 펌웨어 업로드를 사용한다. 부트로더란 플래시 메모리의 특정 위치에 존재하는 작은 크기의 특수 목적용 프로그램으로, 프로그램 업데이트를 위해 주로 사용한다. [표 3]에서도 알 수 있듯이 32Kbyte의 플래시 메모리 중 부트로더가 0.5Kbyte를 사용하고 있다.

부트로더를 통한 프로그램 업로드(또는 업데이트)가 가능하기는 하지만, 아두이노가 컴퓨터와 USB로 연결된다는 점에 주목할 필요가 있다. 부트로더를 통한 펌웨어 업로드에는 UART 통신이 사용되므로, USB와 UART라는 서로 다른 통신 방법을 중개할 수 있는 하드웨어가 필요하다. [그림 1]에서 USB 시리얼 변환 마이크로컨트롤러인 ATmega16u2가 USB와 UART 사이의 상호 변환을 통해 프로그램 업로드를 지원하고 있다. ATmega16u2 마이크로컨트롤러는 프로그램 업로드에 사용되지 않는 경우엔 컴퓨터와 UART 시리얼 통신 수행에 사용될 수 있다.

아두이노를 위한 드라이버가 성공적으로 설치되면, 장치관리자에서 가상의 시리얼 통신 포트가 추가되었음을 확인할 수 있다. 이 포트가 ATmega16u2에 해당하는 포트다. 할당된 포트를 통해 컴퓨터는 아두이노 우노에 프로그램을 업로드하고, UART 통신을 통해 아두이노 우노와 데이터를 주고받을 수 있다.

아두이노 우노가 준비되었다면, 필요한 것은 아두이노 우노를 USB 케이블로 컴퓨터에 연결하는 것뿐이다. 물론 컴퓨터에는 아두이노 프로그램과 아두이노를 위한 드라이버가 설치되어 있어야 한다.

아두이노 메가2560

아두이노 메가2560은 ATmega2560 마이크로컨트롤러를 사용한 아두이노 보드다. 아두이노 우노가 아두이노의 기본 보드로 자리매김하고 있긴 하지만, 아두이노 우노는 최대 20개의 디지털 입출력 핀만을 사용할 수 있기 때문에 많은 주변장치를 연결하기에는 한계가 있다. 더욱 많은 입출력 핀을 제공하는 아두이노 메가2560에 사용된 ATmega2560 마이크로컨트롤러는 AVR 시리즈 마이크로컨트롤러 중에서 핀 수가 가장 많다. 또한 ATmega2560이 ATmega328에 비해 더 큰 메모리를 제공하므로, 복잡한 스케치 구현이 가능하다는 점도 아두이노 메가2560의 장점이라 하겠다([표 2] 참조).

크기의 차이와, 서로 다른 마이크로컨트롤러를 사용한다는 점을 제외하면, 아두이노 우노와 아두이노 메가2560은 거의 같은 구조와 동작 방식을 가지고 있다. USB 데이터를 UART 데이터로 변환하는 데 ATmega16u2 마이크로컨트롤러를 사용한다는 점도 아두이노 메가2560과 아두이노 우노가 같다.

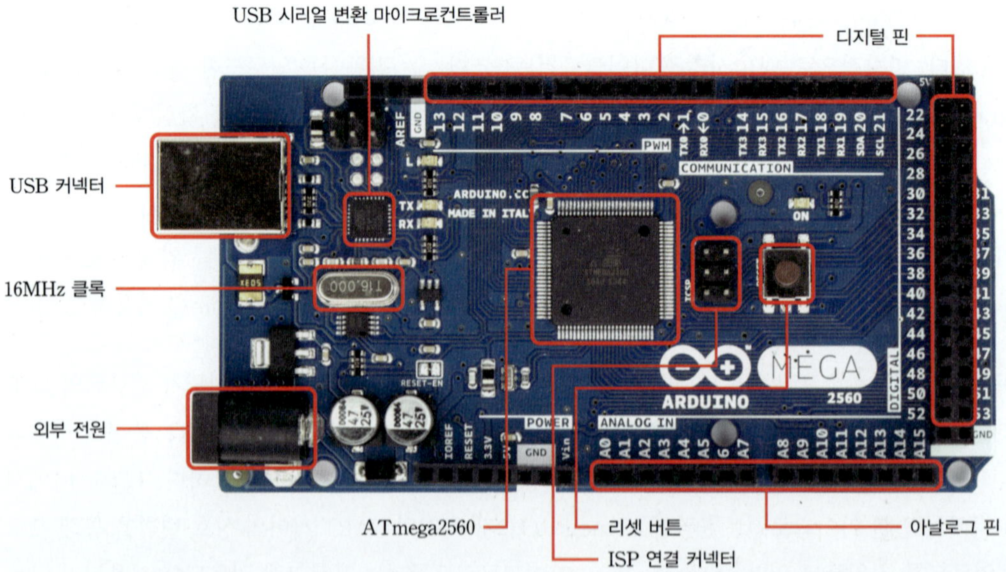

[그림 6] 아두이노 메가2560[7]

ATmega2560은 100개의 핀을 가지는 마이크로컨트롤러로, 전원, 크리스털, 리셋 등의 용도로 사용되는 14개 핀을 제외한 86개의 핀을 디지털 데이터 입출력으로 사용할 수 있다. 다만 아두이노 환경에서는 86개의 핀 중 70개의 핀을 입출력 핀으로 정의하고 있다. 70개의 핀 중 디지털 입출력 핀은 54개, 아날로그 입력 핀은 16개로 이루어져 있다. 아날로그 입력 핀은 아두이노 우노와 마찬가지로 디지털 입출력 핀으로도 사용할 수 있다. 한편 아두이노 메가 2560에서 사용할 수 있는 PWM 핀은 모두 15개로, 디지털 핀 2번에서 13번까지의 12개와 디지털 핀 44번에서 46번까지 3개다.

아두이노 메가2560이 아두이노 우노와 또 다른 점은 UART 통신을 위한 4개의 하드웨어 시리얼 포트를 제공한다는 점이다. 디지털 0번과 1번은 아두이노 우노와 마찬가지로 ATmega16u2 마이크로컨트롤러를 통해 컴퓨터와 연결하는 용도로 주로 사용된다. 이외에 디지털 14번에서 19번까지의 6개의 핀은 별도의 하드웨어 시리얼 포트로 사용할 수 있다.

마지막으로 아두이노 메가2560의 아날로그 입력 핀은 16개로, 아두이노 우노의 6개에 비해 10개가 많다. 아두이노 메가2560에서 A0~A5번까지의 아날로그 입력 핀 위치는 아두이노 우노와 같지만, 이에 대응하는 디지털 입출력 핀 번호가 다르다는 점은 주의해야 한다. 아두이노 우노의 경우, 아날로그 입력 핀은 14~19번 디지털 입출력 핀에 해당한다. 반면 아두이노 메가2560에서는 54~69번 디지털 입출력 핀이 A0~A15번 아날로그 입력 핀에 해당한다. 따라서 드문 경우이긴 하지만, 아두이노 우노에서 아날로그 0번 A0 핀을 지정하기 위해 'A0'이 아니라 '14'를 사용하였다면 아두이노 메가2560에서는 정상적으로 동작하지 않는다.

7 〈이미지 출처〉 http://arduino.cc/en/Main/ArduinoBoardMega2560

[그림 7]은 아두이노 우노와 비교했을 때 아두이노 메가2560에서 추가되거나 변경된 핀의 기능을 요약한 것으로, 아두이노 우노와 핀 번호의 호환성을 유지하기 위해 같은 번호의 핀은 같은 위치에 남아있다. 같은 번호의 핀 중에서 디지털 2번에서 13번까지의 핀은 모두 PWM 출력이 가능하다는 점은 아두이노 우노와의 차이점이다. 아두이노 우노는 디지털 3, 5, 6, 9, 10, 11번의 6개 핀으로만 PWM 출력이 가능하다.

[그림 7] 아두이노 메가2560에 추가 또는 변경된 핀

[표 5]는 ATmega2560 칩의 핀 번호와 아두이노 메가2560에서 정의된 핀 번호를 요약한 것이다. 아두이노 메가2560의 핀 번호에 대한 정의는 아두이노 설치 디렉터리 아래 'hardware/arduino/avr/variants/mega' 디렉터리에 있는 'pins_arduino.h' 파일에서 확인할 수 있다.

[표 5] ATmega2560과 아두이노 메가2560에서의 핀 번호 정의 및 기능

2560 핀 번호	기능	디지털 핀 번호	아날로그 핀 번호	기타	2560 핀 번호	기능	디지털 핀 번호	아날로그 핀 번호	기타
1	PG5	4		PWM	51	PG0	41		
2	PE0	0		RX0	52	PG1	40		
3	PE1	1		TX0	53	PC0	37		
4	PE2				54	PC1	36		
5	PE3	5		PWM	55	PC2	35		
6	PE4	2		PWM	56	PC3	34		
7	PE5	3		PWM	57	PC4	33		
8	PE6				58	PC5	32		
9	PE7				59	PC6	31		

2560 핀 번호	기능	디지털 핀 번호	아날로그 핀 번호	기타
10	VCC			
11	GND			
12	PH0	17		RX2
13	PH1	16		TX2
14	PH2			
15	PH3	6		PWM
16	PH4	7		PWM
17	PH5	8		PWM
18	PH6	9		PWM
19	PB0	53		
20	PB1	52		
21	PB2	51		
22	PB3	50		
23	PB4	10		PWM
24	PB5	11		PWM
25	PB6	12		PWM
26	PB7	13		PWM
27	PH7			
28	PG3			
29	PG4			
30	RESET			
31	VCC			
32	GND			
33	XTAL283			
34	XTAL1			
35	PL0	49		
36	PL1	48		
37	PL2	47		
38	PL3	46		PWM
39	PL4	45		PWM
40	PL5	44		PWM
41	PL6	43		
42	PL7	42		
43	PD0	21		

2560 핀 번호	기능	디지털 핀 번호	아날로그 핀 번호	기타
60	PC7	30		
61	VCC			
62	GND			
63	PJ0	15		RX3
64	PJ1	14		TX3
65	PJ2			
66	PJ3			
67	PJ4			
68	PJ5			
69	PJ6			
70	PG2	39		
71	PA7	29		
72	PA6	28		
73	PA5	27		
74	PA4	26		
75	PA3	25		
76	PA2	24		
77	PA1	23		
78	PA0	22		
79	PJ7			
80	VCC			
81	GND			
82	PK7	69	A15	
83	PK6	68	A14	
84	PK5	67	A13	
85	PK4	66	A12	
86	PK3	65	A11	
87	PK2	64	A10	
88	PK1	63	A9	
89	PK0	62	A8	
90	PF7	61	A7	
91	PF6	60	A6	
92	PF5	59	A5	
93	PF4	58	A4	

2560 핀 번호	기능	디지털 핀 번호	아날로그 핀 번호	기타	2560 핀 번호	기능	디지털 핀 번호	아날로그 핀 번호	기타
44	PD1	20			94	PF3	57	A7	
45	PD2	19		RX1	95	PF2	56	A2	
46	PD3	18		TX1	96	PF1	55	A1	
47	PD4				97	PF0	54	A0	
48	PD5				98	AREF			
49	PD6				99	GND			
50	PD7	38			100	AVCC			

ATmega2560에는 포트 A에서 포트 L까지 I를 제외한 11개의 포트가 정의되어 있다. 각 포트는 8비트로 구성되므로, 11개의 포트가 정의되어 있다면 88개의 입출력 핀이 존재해야 하지만, 포트 G의 7번(PG7) 및 6번(PG6) 비트에 해당하는 핀은 존재하지 않는다. 따라서 2개 핀을 제외한 86개 핀을 입출력 핀으로 사용할 수 있다. 86개의 핀 중 아두이노에서 정의된 핀은 70개이며 16개 핀은 정의되어 있지 않다. 즉 이 책에서와 같이 ATmega2560 마이크로컨트롤러를 직접 프로그래밍하는 경우에는 사용할 수 있긴 하지만 아두이노 환경에서 프로그래밍하는 경우에는 사용할 수 없는 핀이 16개 존재한다. [표 6]은 아두이노 환경에서 정의된 70개의 입출력 핀과 ATmega2560의 포트와의 관계를 나타낸 것이다.

[표 6] 포트별 아두이노 입출력 핀 번호 정의

포트	포트 비트							
	7	6	5	4	3	2	1	0
A	29	28	27	26	25	24	23	22
B	13	12	11	10	50	51	52	53
C	30	31	32	33	34	35	36	37
D	38	–	–	–	18	19	20	21
E	–	–	3	2	5	–	1	0
F	61	60	59	58	57	56	55	54
G	×	×	4	–	–	39	40	41
H	–	9	8	7	6	–	16	17
J	–	–	–	–	–	–	14	15
K	69	68	67	66	65	64	63	62
L	42	43	44	45	46	47	48	49

(× : ATmega2560에서 정의되어 있지 않음, – : 아두이노에서 정의되어 있지 않음)

아두이노 메가2560은 아두이노 우노에 비해 더 많은 수의 입출력 핀을 사용할 수 있으며, 더 큰 프로그램을 업로드할 수 있도록 해준다는 점을 제외하면 아두이노 우노와 기본적으로 같다. 따라서 아두이노 우노를 사용해본 경험이 있다면, 아두이노 메가2560을 사용하는 데 어려움이 없을 것이다. 이 책에서 주로 사용하는 보드 역시 아두이노 메가2560이다.

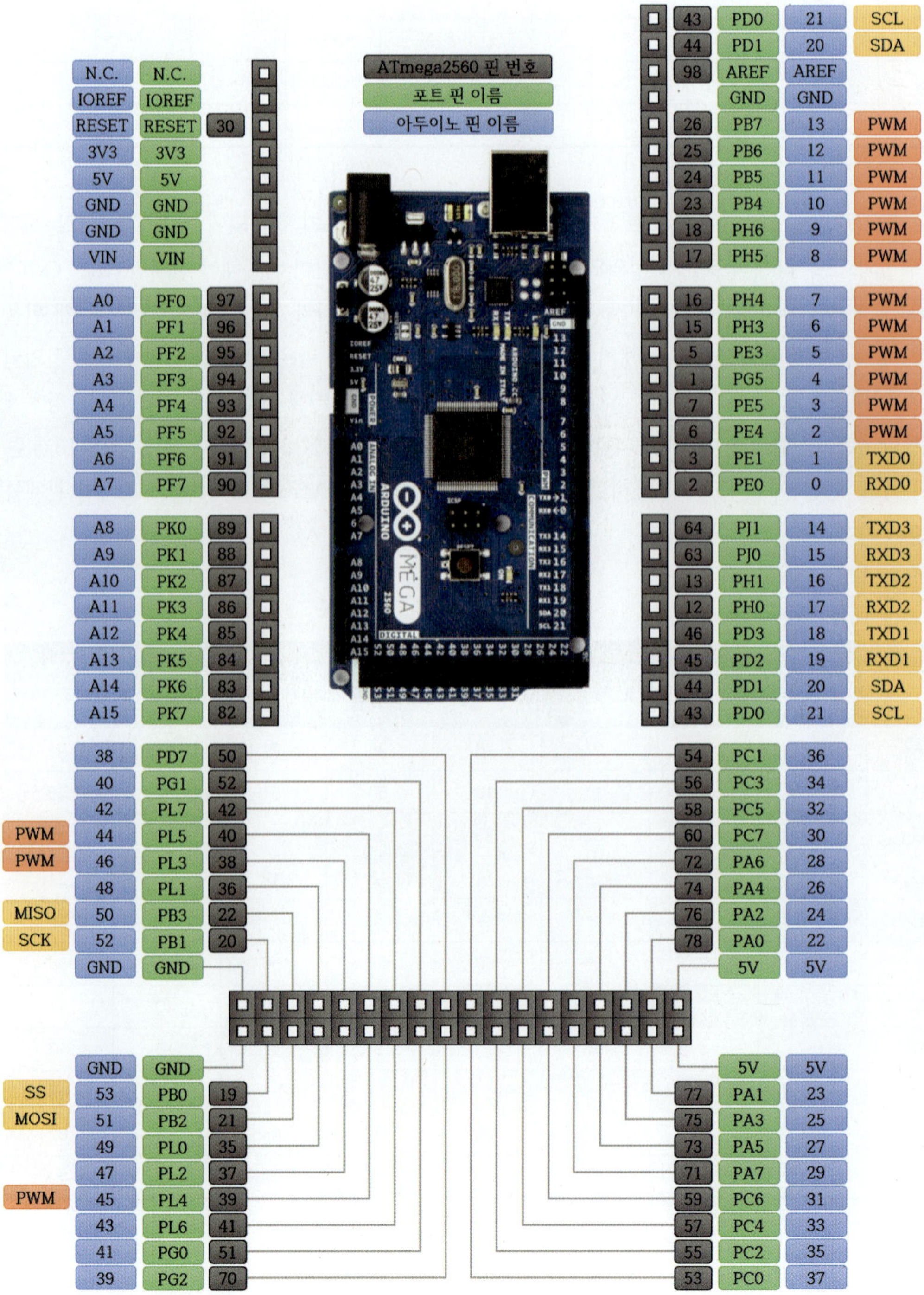

[그림 8] 아두이노 메가2560 핀 맵

[표 7] 아두이노 우노와 아두이노 메가2560 비교

구분	아두이노 우노	아두이노 메가2560
마이크로컨트롤러	ATmega328	ATmega2560
마이크로컨트롤러 핀 수	28	100
마이크로컨트롤러에서 제공하는 데이터 핀 수	20	86
아두이노에서 사용하는 데이터 핀 수	20	70
아날로그 입력 핀 수	6 (아두이노 디지털 입출력 핀 14~19 또는 A0~A5)	16 (아두이노 디지털 입출력 핀 54~69 또는 A0~A15)
PWM 출력 핀 수	6 (아두이노 디지털 입출력 핀 3, 5, 6, 9~11)	15 (아두이노 디지털 입출력 핀 2~13, 44~46)

LESSON 03

아두이노 소프트웨어

앞에서 언급했듯이 아두이노에는 다양한 보드들이 존재하지만, 모두 같은 환경에서 프로그램을 개발할 수 있다는 점이 아두이노의 장점 중 하나다. 아두이노 개발환경은 자바를 기반으로 만들어진 통합 개발환경(Integrated Development Environment, IDE)인 아두이노 프로그램과 그 아래에 숨겨진 아두이노 함수 및 라이브러리로 이루어진다. 아두이노 프로그램은 아두이노 홈페이지에서 무료로 내려받을 수 있으며, Windows를 포함하여 Mac OS X와 Linux도 지원하므로, 운영체제에 맞는 프로그램을 내려받아 설치하면 된다.

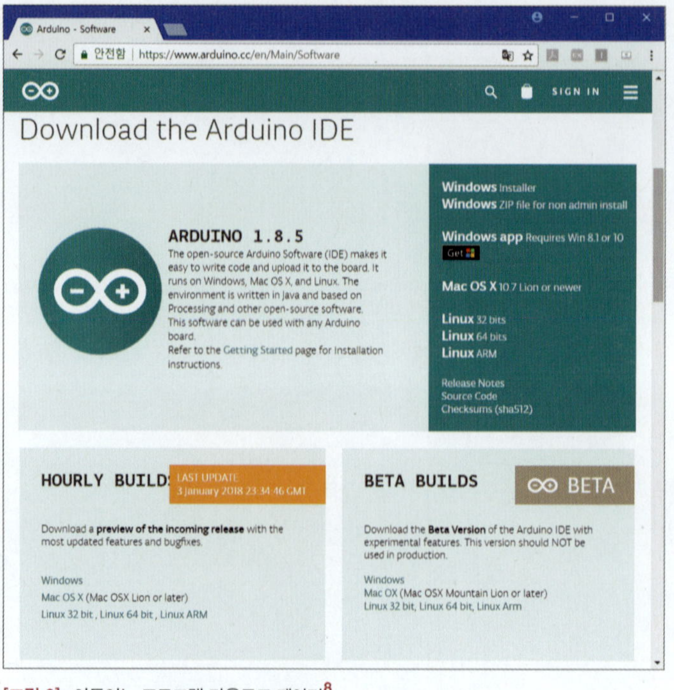

[그림 9] 아두이노 프로그램 다운로드 페이지[8]

아두이노 프로그램은 따로 설치할 필요 없이 압축을 해제하는 것만으로도 사용할 수 있다. 윈도우즈 환경에서 사용할 수 있는 설치 파일 역시 제공된다. 설치 파일의 경우, 아두이노 프로그램의 설치 이외에 아두이노 보드를 위한 드라이버 설정 등을 자동으로 해주므로, 윈도우즈 환경을 사용한다면 설

8 〈이미지 출처〉 http://www.arduino.cc/en/Main/Software

치 파일을 다운받을 것을 권장한다. 이외에도 프로그램 설치 없이 온라인에서 프로그램을 작성할 수 있는 웹 에디터 역시 제공하고 있다. 설치 파일을 다운받아 실행해 보자.

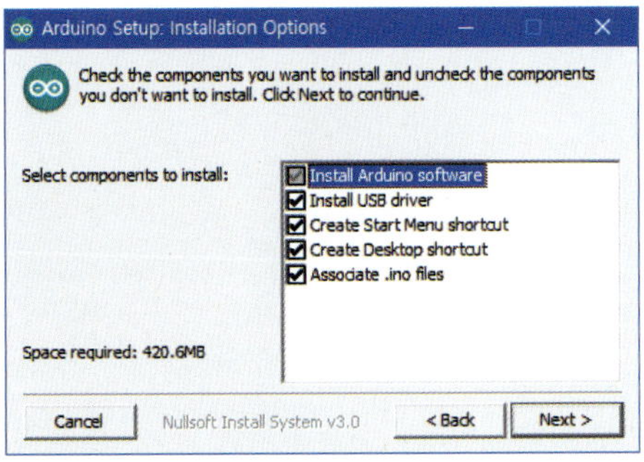

[그림 10] 아두이노 프로그램 설치 옵션

설치 과정에서는 필요한 파일들의 복사 이외에도 아두이노 보드를 위한 드라이버 설치, 아이콘 생성, 아두이노 스케치 파일의 확장자인 INO와 아두이노 프로그램의 연결 등을 자동으로 진행할 수 있다.

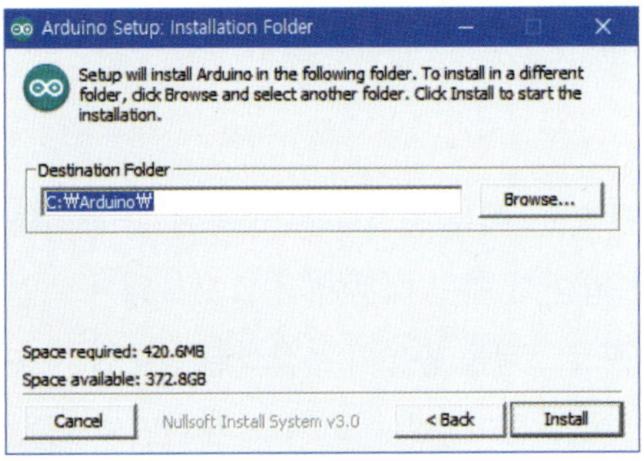

[그림 11] 아두이노 프로그램 설치 디렉터리

아두이노 프로그램의 설치 디렉터리를 'C:\Arduino'로 지정하였다고 가정한다. 필요한 파일들의 복사가 끝나면 아두이노를 위한 드라이버 역시 자동으로 설치된다. 보안 경고창이 나타나면 '설치'를 선택하여 드라이버를 설치하자.

설치 과정에서 몇 번의 클릭만으로 아두이노 프로그램 설치는 간단히 끝난다. 설치된 아두이노 프로그램을 실행시켜 보자. 아두이노 프로그램은 소스 코드 작성, 소스 코드 컴파일, 실행 파일 업로드 등에 필요한 기본 기능들만으로 구성된 직관적인 인터페이스를 제공한다. C 언어를 사용해본 경험이 있다면 아두이노 프로그램이 어딘가 허전해 보일 수도 있지만, 아두이노는 비전공자들을 위한 마이크로컨트롤러 보드로 시작되었음을 상기하자. 아두이노 프로그램은 꼭 필요한 기본적인 기능들만을 제공함으로써, 사용자가 쉽고 간단하게 아두이노를 위한 프로그램을 개발할 수 있도록 만들어져 있다.

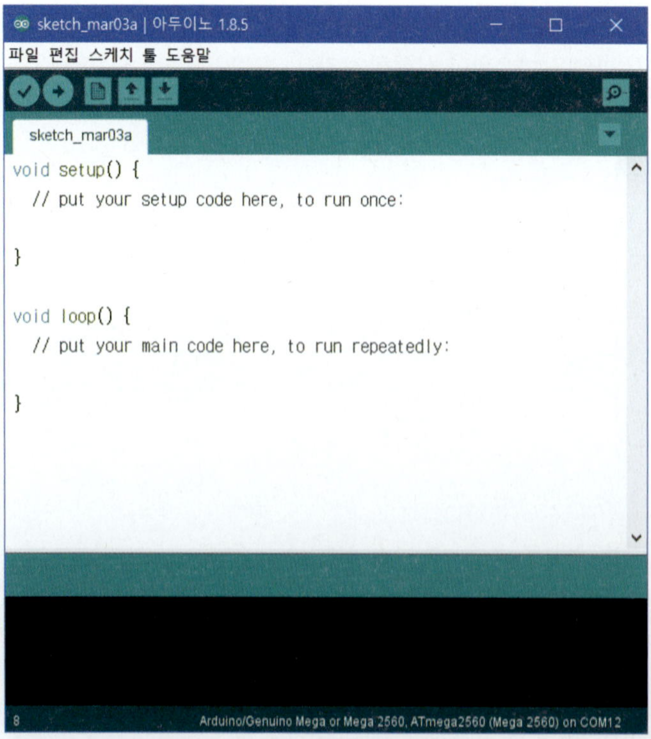

[그림 12] 아두이노 프로그램

다른 마이크로컨트롤러 보드보다 아두이노를 쉽게 사용할 수 있는 이유 중 하나는 공통된 핀 배치와 이를 통해 다양한 확장 쉴드를 사용할 수 있도록 해주는 하드웨어적 지원 때문이다. 소프트웨어 측면에서는 아두이노라고 이름 붙여진 서로 다른 보드들을 위한 프로그램을 공통의 추상화된 함수를 사용하여 작성할 수 있다는 점이 아두이노의 두드러진 장점이다. 예를 들어 아두이노 우노의 디지털 13번 핀에 연결된 LED를 켜는 프로그램을 ATmega328의 레지스터를 통해 구현하면 다음과 같다.

```
DDRB |= 0x20;
PORTB |= 0x20;
```

같은 기능을 아두이노에서 제공하는 추상화된 함수를 통해 구현하면 다음과 같다.

```
pinMode(13, OUTPUT);
digitalWrite(13, HIGH);
```

레지스터를 사용하는 경우에 비해 아두이노의 추상화된 함수를 사용하는 것이 프로그램 작성은 물론 코드를 이해하기 쉽다는 점은 분명하다. 큰 차이가 없어 보인다면, 아두이노 우노를 위한 프로그램과 아두이노 메가2560을 위한 프로그램을 비교해 보면 장점을 더 쉽게 알 수 있다. 아두이노 메가2560의 디지털 13번 핀에 연결된 LED를 켜는 프로그램을 ATmega2560의 레지스터를 통해 구현하면 다음과 같다.

```
DDRB |= 0x80;
PORTB |= 0x80;
```

ATmega328의 경우와 비슷하지만 약간의 차이가 있다. 하지만 아두이노의 함수를 사용한다면 아두이노 우노에서 사용한 코드를 변경하지 않고 아두이노 메가2560에서 그대로 사용할 수 있다. 물론 아두이노에서 ATmega328이나 ATmega2560의 모든 기능은 아닐지라도 기본적인 기능들에 대한 추상화된 함수들을 제공하고 있으므로 짧은 시간에 프로토타입을 만들어볼 수 있다.

추상화된 함수와 더불어 아두이노에서는 주변장치를 쉽게 사용할 수 있도록 C++의 클래스를 사용하여 만들어진 라이브러리를 제공하고 있다. 예를 들어 EEPROM의 100번지에 10의 값을 쓰고 싶다면 다음과 같은 한 문장으로 충분하다.

```
EEPROM.write(100, 10);
```

간단하지 않은가? 물론 EEPROM 클래스의 내부에서는 많은 일이 벌어지고 있다. 하지만 아두이노는 모든 번거로운 작업을 추상화된 함수와 라이브러리를 통해 대신해 주고 있으므로, 프로그래머가 신경써야 할 부분은 그리 많지 않다. 아두이노가 설치된 디렉터리 아래의 'libraries' 디렉터리를 살펴보면, 사용하고자 하는 주변장치에 따라 별도의 디렉터리로 관리되고 있는 라이브러리들을 확인할 수 있다.

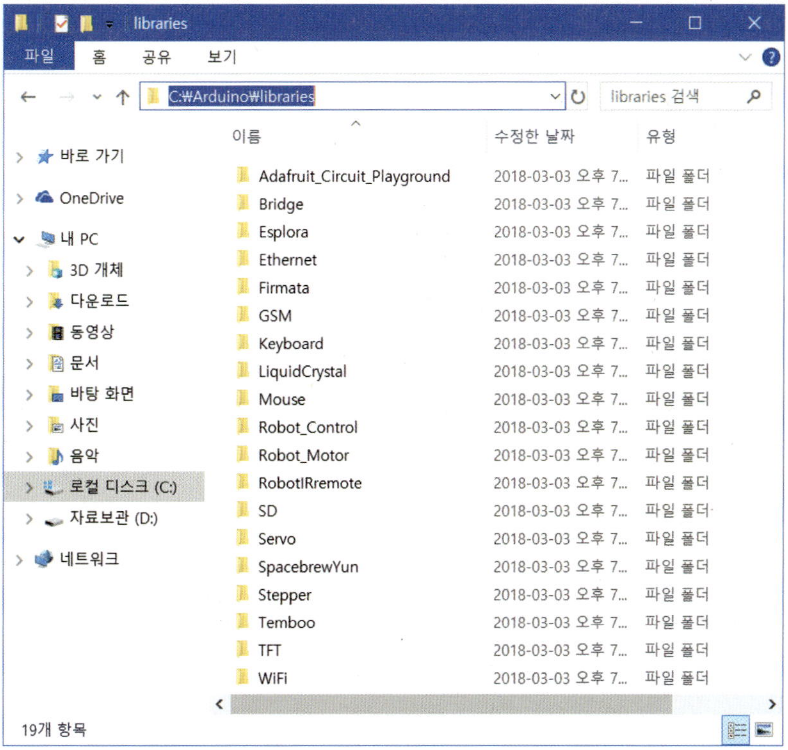

[그림 13] 아두이노의 기본 라이브러리

아두이노 설치 디렉터리 아래 존재하는 라이브러리들은 기본 라이브러리라고 불리는, 아두이노에서 공식적으로 제공하는 라이브러리들이다. 하지만 하드웨어의 기능을 확장하기 위해 쉴드를 제작하여 사용하는 것과 마찬가지로, 기본 라이브러리에서 제공하지 않는 기능들 역시 라이브러리로 만들어 사용할 수 있으며, 이를 확장 라이브러리라고 한다. 확장 라이브러리는 스케치북 디렉터리 아래의 libraries 디렉터리에 설치하는 것이 일반적이다. 스케치북 디렉터리는 '파일→환경 설정' 메뉴에서 확인할 수 있으며, 'D:\Arduino'로 설정했다고 가정한다.

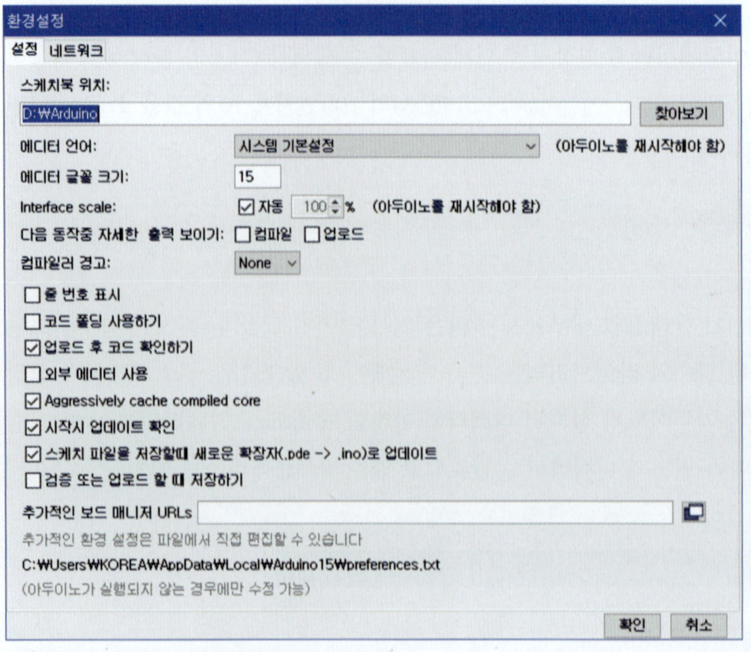

[그림 14] 환경 설정 - 스케치북 위치

일반적으로 마이크로컨트롤러를 위한 프로그램을 '펌웨어(firmware)'라고 하지만, 아두이노를 위한 프로그램은 '스케치(sketch)'라고 한다. 이는 쉽고 간단하게 그림을 그리듯이 펌웨어를 만들 수 있다는 의미에서 붙여진 이름으로, 일반적인 C/C++ 프로그램에서 프로젝트에 해당한다. 스케치북은 스케치들을 모아놓은 것을 말한다. 라이브러리와 마찬가지로 여러 개의 스케치는 스케치북 디렉터리 아래에 디렉터리별로 저장되고 관리된다. 스케치북 디렉터리 아래에는 libraries 디렉터리가 자동으로 생성되는데, 확장 라이브러리가 설치되는 위치가 바로 그곳이다.

아두이노는 애초 비전공자들을 위한 마이크로컨트롤러로 만들어졌다. 간단한 하드웨어와 간단한 프로그램, 그리고 추상화된 함수와 라이브러리를 통해 쉽고 빠르게 스케치를 그려볼 수 있다는 점은, 비전공자들을 위한 배려일 뿐만이 아니라, 경험 있는 프로그래머들도 손쉽게 프로토타입을 만들어볼 수 있도록 해준다는 점에서 장점이 아닐 수 없다.

또한 간과할 수 없는 부분이 바로 확장 라이브러리다. 아두이노에서 공식적으로 제공하는 것은 아니지만, 수많은 참여자에 의해 만들어지고 무료로 공개되는 확장 라이브러리는 아두이노라는 생태계를 구축하고 지금과 같은 아두이노의 성공을 이끈 주역이라 해도 과언이 아니다. 지금도 누군가 기존 라이브러리보다 더 편리한 라이브러리를 만들기 위해 고민을 거듭하고 있을 것이며, 그럼으로써 아두이노의 영토는 점점 넓어지고 있다.

LESSON 04 아두이노 프로그래밍

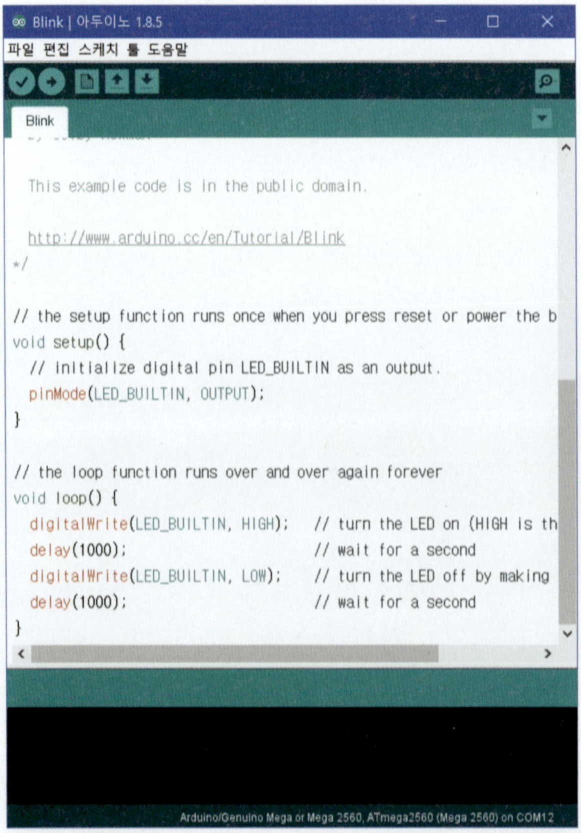

[그림 15] 블링크 예제

아두이노 프로그램 설치를 완료했다면, 아두이노 메가2560을 컴퓨터와 연결하는 것으로 아두이노를 시작할 준비는 모두 끝난다. 아두이노 프로그램을 실행하고 '파일→예제→01.Basics→Blink' 메뉴 항목을 선택해 보자. C 프로그래밍의 시작에 'Hello World'가 있다면, 아두이노 프로그래밍의 시작에는 'Blink'가 있다. 블링크는 아두이노 보드에서 디지털 13번 핀에 연결된 내장 LED를 1초 간격으로 점멸하는 스케치를 말한다. [그림 15]에서 'LED_BUILTIN'은 13의 값을 가지는 상수다.

스케치를 컴파일하고 아두이노 메가2560으로 업로드하는 방법은 간단하다. 다만 업로드 이전에 확인해야 할 점이 몇 가지 있다. 먼저 '툴→보드' 메뉴에서 사용하고자 하는 아두이노 보드가 선택되었는지 확인한다. 아두이노 메가2560의 경우에는 'Arduino/Genuino Mega or Mega 2560'을 선택한다.

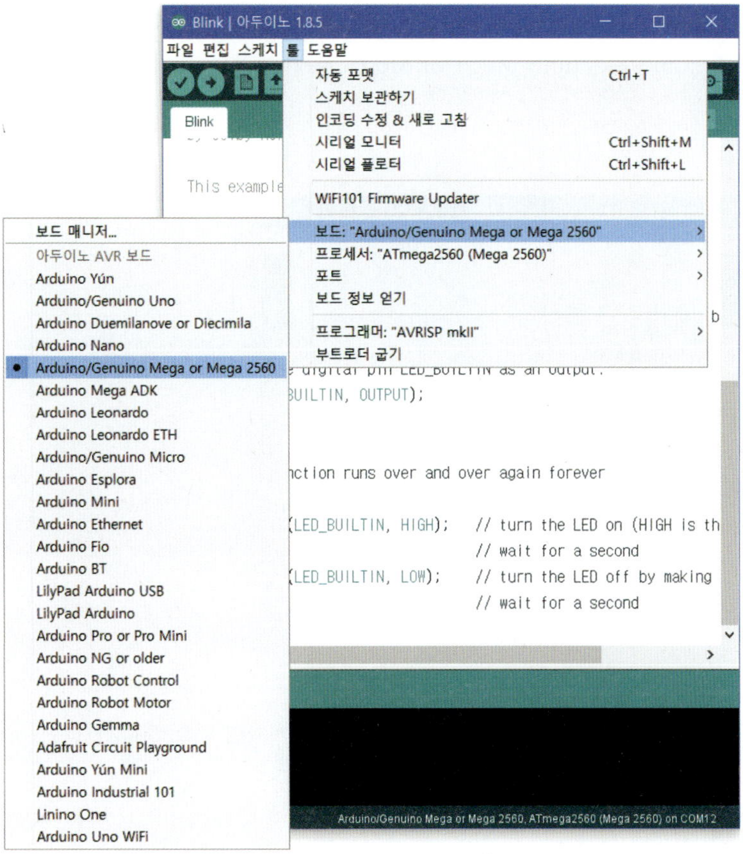

[그림 16] 아두이노 보드 선택

다음으로 '툴→프로세서' 메뉴에서 마이크로컨트롤러를 선택한다. 현재 시중에 판매되고 있는 아두이노 메가2560의 경우에는 ATmega2560 마이크로컨트롤러를 사용하고 있지만, 이전에 판매된 보드 중에는 ATmega1280을 사용하여 만들어진 보드도 있다. 여기서는 아두이노 메가2560을 사용하므로 'ATmega2560'을 선택한다. 아두이노 우노는 ATmega328만을 사용하므로 '툴→프로세서' 메뉴 항목이 나타나지 않는다.

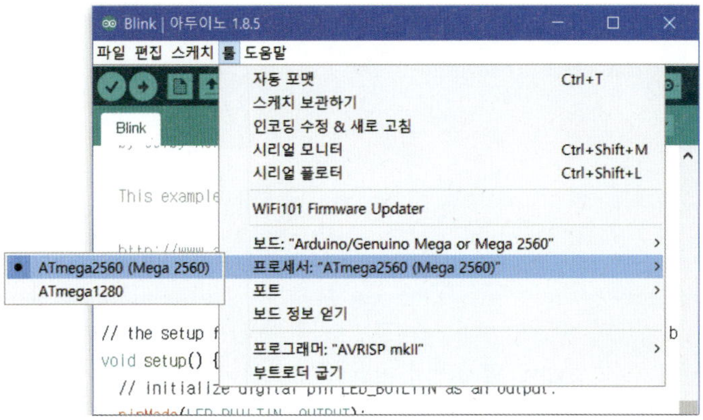

[그림 17] 마이크로컨트롤러 선택

다음은 '툴→포트' 메뉴에서 아두이노 보드에 할당된 시리얼 포트를 선택한다. 아두이노 메가2560이 연결된 COM 포트 번호 옆에 'Arduino/Genuino Mega or Mega 2560'이라는 표시가 나타나므로 쉽게 확인할 수 있다.

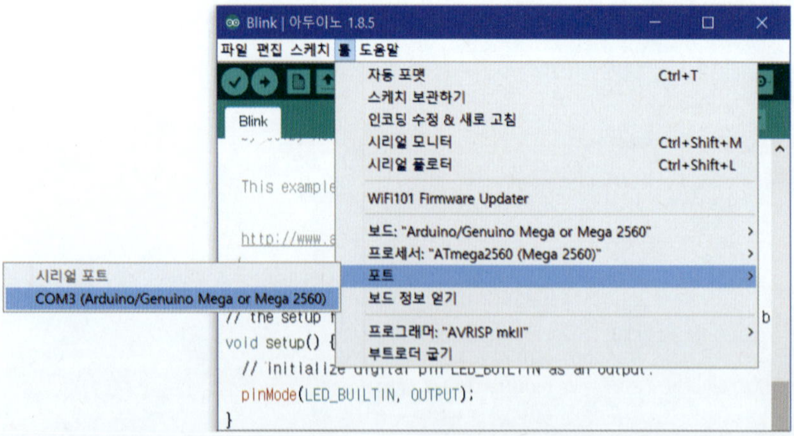

[그림 18] 포트 선택

포트 번호는 컴퓨터에 따라 달라질 수 있으며, 이는 제어판의 장치 관리자에서도 확인할 수 있다.

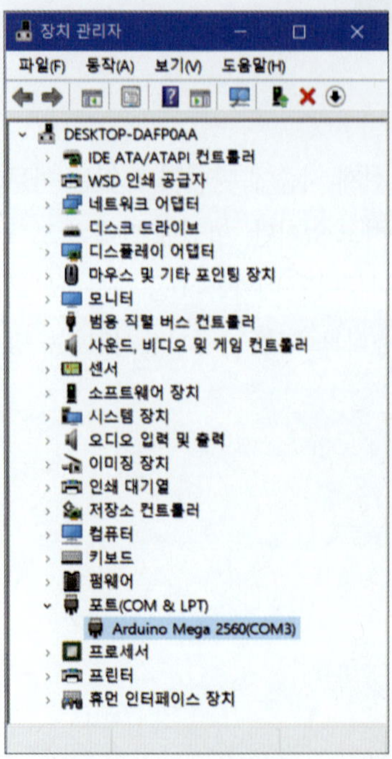

[그림 19] 아두이노 보드에 할당된 포트

설정이 끝났으면 스케치를 컴파일해 보자. 프로그래밍 과정에서 필요한 기본적인 기능들은 아두이노 프로그램의 툴바를 통해 사용할 수 있다.

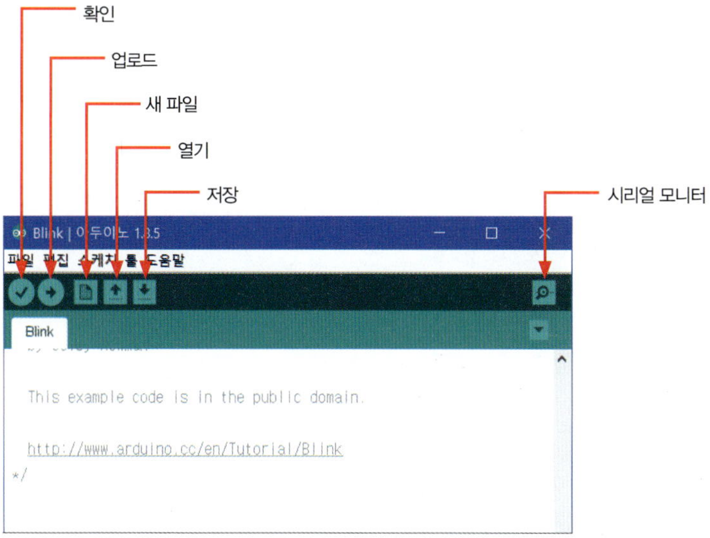

[그림 20] 아두이노 프로그램의 툴바

툴바의 버튼 중 가장 왼쪽에 있는 버튼은 '확인' 버튼으로, 스케치의 문법적인 오류를 검사하는 데 사용한다. 오류가 있다면 메시지 출력 창으로 오류 정보를 보여준다. 컴파일 과정에서 오류가 없다면 아두이노 우노에 Blink 스케치를 업로드해보자. '확인' 버튼 옆에 있는 '업로드' 버튼을 클릭하여 기계어 파일을 생성하고, 이를 시리얼 포트를 통해 아두이노 보드로 업로드 할 수 있다. 업로드에 성공하면 13번 핀에 연결된 LED가 1초 간격으로 깜빡거릴 것이다. 다만 아두이노 메가2560에 내장된 LED는 칩 타입의 작은 LED이므로 자세히 보지 않는다면 알아차리지 못할 수도 있다.

아두이노의 예제를 컴파일하고 업로드하는 방법을 살펴보았다. 사용자가 직접 작성하는 스케치의 경우도 이와 다르지 않다. 툴바의 '새 파일' 버튼을 눌러 스케치를 입력할 새 창을 만들고, [코드 1]을 입력하자. [코드 1]은 블링크 스케치에서 주석을 제거하고 간단히 한 것으로 [그림 15]의 내용과 다르지 않다.

코드 1 First Program

```
void setup() {
  pinMode(13, OUTPUT);
}

void loop() {
  digitalWrite(13, HIGH);
  delay(1000);
  digitalWrite(13, LOW);
  delay(1000);
}
```

툴바의 '저장' 버튼을 클릭하면 스케치를 저장할 위치를 선택하는 다이얼로그가 나타난다. 스케치가 저장되는 위치는 디폴트로, 스케치북 디렉터리 아래로 저장된다.

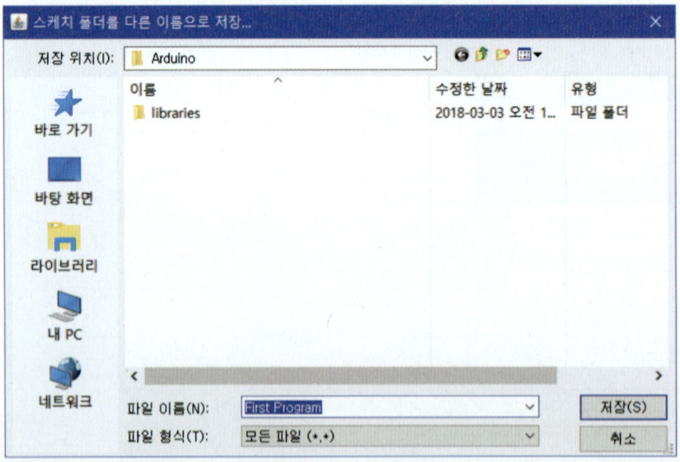

[그림 21] 스케치 저장 위치

파일 이름에 'First Program'이라고 입력하고, '저장' 버튼을 클릭한 후, 스케치북 디렉터리를 확인해 보자. 스케치북 디렉터리 아래에 입력한 이름을 갖는 디렉터리가 생성되어 있고, 그 디렉터리 아래에 같은 이름을 가지면서 확장자가 INO인 스케치 파일이 생성되어 있음을 확인할 수 있을 것이다.

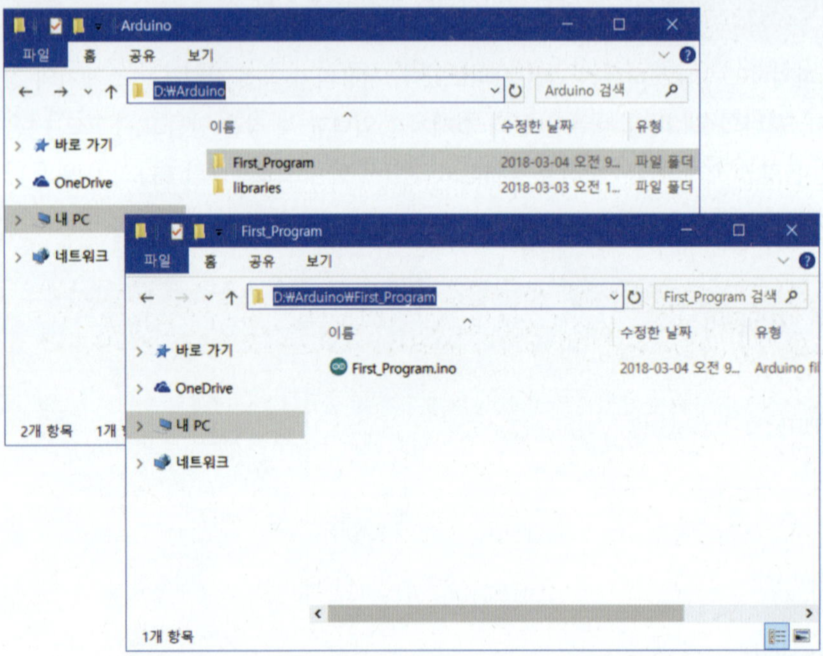

[그림 22] 스케치의 저장 구조

앞에서 시리얼 포트는 펌웨어 업로드 이외에도 컴퓨터와의 통신에 사용될 수 있다고 설명하였다. 툴바의 가장 오른쪽에 있는 '시리얼 모니터' 버튼을 클릭해 보자.

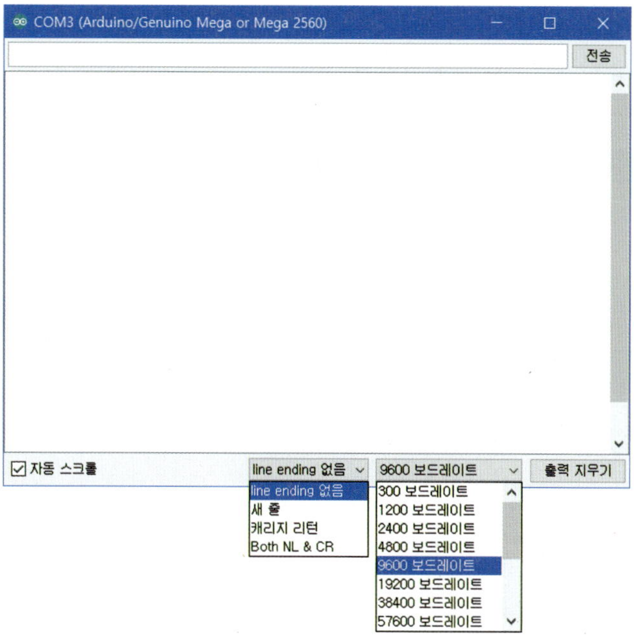

[그림 23] 시리얼 모니터

시리얼 모니터는 컴퓨터에서 아두이노로 UART 시리얼 통신을 통해 전달할 데이터를 입력하는 윗부분과 아두이노에서 UART 시리얼 통신을 통해 전달된 데이터를 표시하는 아랫부분의 두 부분으로 나눌 수 있다. 이외에 아래쪽에 2개의 콤보 박스가 있다.

첫 번째 콤보 박스는 추가 문자 선택을 위한 것이다. 입력창에 데이터를 입력하고, 엔터키를 누르거나 '전송' 버튼을 클릭하면, 입력된 데이터가 아두이노로 전달된다. 이때 추가 문자 선택 콤보 박스에 지정된 개행 문자가 입력된 데이터의 끝부분에 추가된다. 예를 들어 '새 줄'을 선택하면 '\n'이 추가되고, '캐리지 리턴'을 선택하면 '\r'이 추가되며, 'Both NL & CR'을 선택하면 새 줄과 캐리지 리턴의 두 문자가 추가된다. 추가된 개행 문자는 입력한 데이터의 끝을 표시하기 위해 흔히 사용된다.

두 번째 콤보 박스는 UART 시리얼 통신의 보율(baud rate)을 선택하기 위해 사용된다. UART 시리얼 통신은 비동기식 통신 방법으로, 약속된 속도, 즉 보율에 따라 통신이 수행되므로, 서로 통신하는 두 장치는 같은 보율로 설정되어야 한다. 아두이노에서는 9,600 보율이 흔히 사용된다.

아두이노 프로그램이 간단하고 편리하긴 하지만, 고급 기능, 특히 디버깅 기능이 제공되지 않는다는 점이 가장 큰 불편함이 아닐까 싶다. 디버깅을 위해서는 전용의 장비가 필요하지만, 비전공자들은 사용이 쉽지 않다.

시리얼 모니터로 데이터를 출력하는 예를 하나 살펴보자. 먼저 '파일→예제→04.Communication→ASCIITable' 메뉴 항목을 선택한다. ASCIITable 예제는 아스키코드 문자들을 다양한 형식으로 시리얼 모니터에 출력하는 스케치다. 'Ctrl+U' 단축키, '스케치→업로드' 메뉴 항목, 또는 툴바의 '업로드' 버튼으로 스케치를 업로드한 후 시리얼 모니터를 실행시키면, 아두이노에서 컴퓨터로 전달된 아스키코드 데이터들이 시리얼 모니터로 출력되는 결과를 확인할 수 있다.

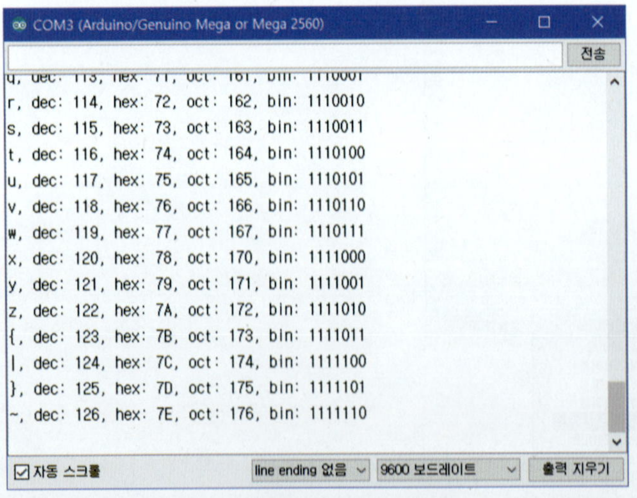

[그림 24] ASCIITable 스케치 실행 결과

LESSON 05

스케치 구조

스케치를 업로드하고 실행 결과까지 확인해 보았다. 마지막으로 언급하고 넘어가야 할 부분은 바로 스케치의 독특한 구조다. 블링크 예제에서 특이한 점을 발견하지 못했는가? [그림 15]를 다시 살펴보자. 아두이노의 스케치는 C/C++ 언어로 만들어진다. C/C++ 언어로 작성한 프로그램에서는 제일 먼저 실행되는 main 함수가 필요하다. 하지만 [그림 15]에서는 main 함수를 찾아볼 수 없으며, setup과 loop의 두 함수만 존재한다. main은 어디에 있을까?

일반적으로 마이크로컨트롤러에는 컴퓨터와 달리 오직 하나의 프로그램만 설치될 수 있으며, 설치된 프로그램은 전원이 주어지는 동안 끝나지 않는 무한 루프(메인 루프 또는 이벤트 루프)를 통해 데이터를 처리한다. 이외에도 필요한 헤더 파일을 포함하거나 상수를 정의하는 등의 작업을 수행하는 전처리 부분이나, 마이크로컨트롤러를 초기화하는 부분 등이 필요하다. 이러한 일반적인 마이크로컨트롤러를 위한 프로그램의 구조를 요약하여 나타낸 것이 [그림 25]다.

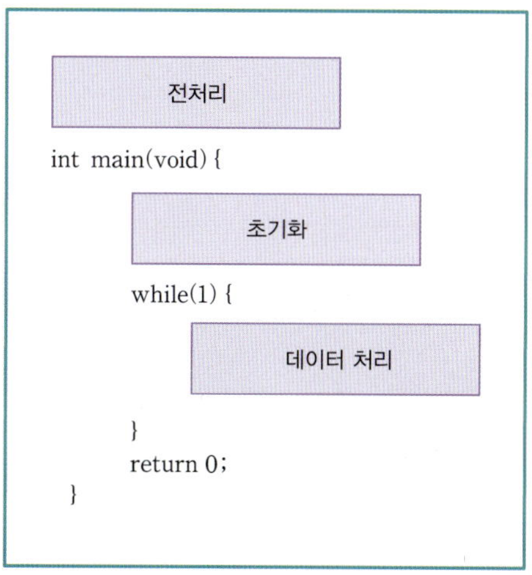

[그림 25] 마이크로컨트롤러를 위한 펌웨어 구조

아두이노의 스케치는 [그림 25]의 프로그램 구조를 보다 직관적으로 이해할 수 있도록 초기화 부분과 데이터 처리 부분을 setup 함수와 loop 함수로 분리해 놓았다.

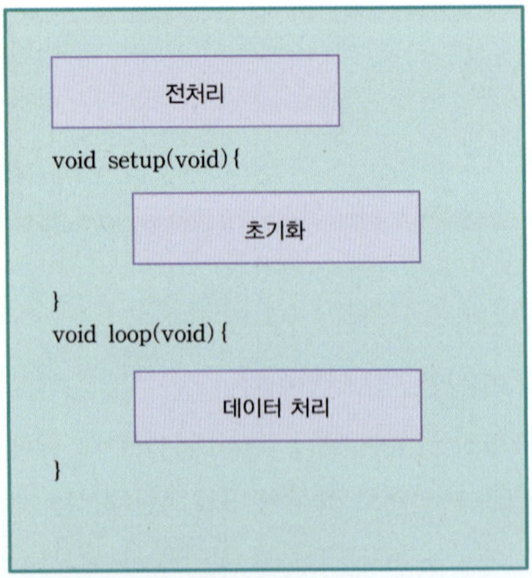

[그림 26] 아두이노를 위한 스케치 구조

내용이 바뀐 것은 아니다. 다만 그 외양만 바뀌었을 뿐이다. 사실 아두이노에도 main 함수는 존재한다. 아두이노 설치 디렉터리 아래 'hardware\arduino\avr\cores\arduino' 디렉터리를 살펴보면 main.cpp 파일을 확인할 수 있다. main.cpp 파일을 살펴보면, 그 구조가 [그림 25]와 다르지 않다는 사실을 알 수 있다.

main.cpp

```
#include <Arduino.h>

int main(void) {
    init();

initVariant();

#if defined(USBCON)
    USBDevice.attach();
#endif

setup();                            // 초기화

for ( ; ; ) {                       // 메인 루프 또는 이벤트 루프

loop();                             // 데이터 처리

    if (serialEventRun) serialEventRun();
}
```

```
return 0;
}
```

아두이노에서 초기화를 담당하는 함수는 setup 함수로, 이 함수는 스케치가 실행될 때 단 한 번만 실행된다. 이때 변수의 초기화, 핀 설정 등의 작업이 setup 함수에서 실행된다. loop 함수는 반복적인 실행이 필요한 메인 루프에 해당하는 부분으로, 데이터의 입출력 및 처리를 담당한다. [그림 12]에서도 볼 수 있듯이 아두이노 프로그램에서 새로운 스케치 파일을 만들면 main 함수가 아니라 setup과 loop의 두 함수가 자동으로 추가된다. 두 함수에 포함되어야 하는 내용이 없는 경우에도 두 함수는 반드시 스케치에 정의되어 있어야 한다.

CHAPTER 03 연습문제

1. 아두이노는 다른 마이크로컨트롤러 보드에 비해 쉽게 사용할 수 있다는 점이 가장 큰 장점이다. 하지만 아두이노 역시 완벽하지는 않다. 아두이노를 활용하기 위해서는 아두이노의 한계를 명확히 이해하고, 아두이노로 할 수 있는 일과 할 수 없는 일을 구별하는 것이 무엇보다 중요하다. 아두이노의 한계와 단점이 무엇인지 알아보자.

2. 아두이노 IDE는 간단한 구조로 쉽게 사용할 수 있다는 장점이 있지만, 프로그래밍 과정에서 흔히 사용되는 기능들을 모두 제공하지는 않으므로, 사용에 불편함이 있을 수 있다. ATmega2560 마이크로컨트롤러의 모든 기능을 사용해보고 싶다면, 마이크로칩에서 무료로 제공하는 아트멜 스튜디오(Atmel Studio)[9]를 사용해 볼 수 있다. 또는 웹 기반으로 스케치를 작성할 수 있는 웹 에디터를 통해 프로그램 설치 없이도 스케치를 작성해서 업로드할 수 있다. 아트멜 스튜디오의 경우에는 마이크로컨트롤러의 기능을 모두 활용할 수 있다는 장점은 있지만, 설치 및 설정이 복잡한 점은 단점이다. 웹 에디터를 이용하여 블링크 스케치를 작성하고 업로드해보자.

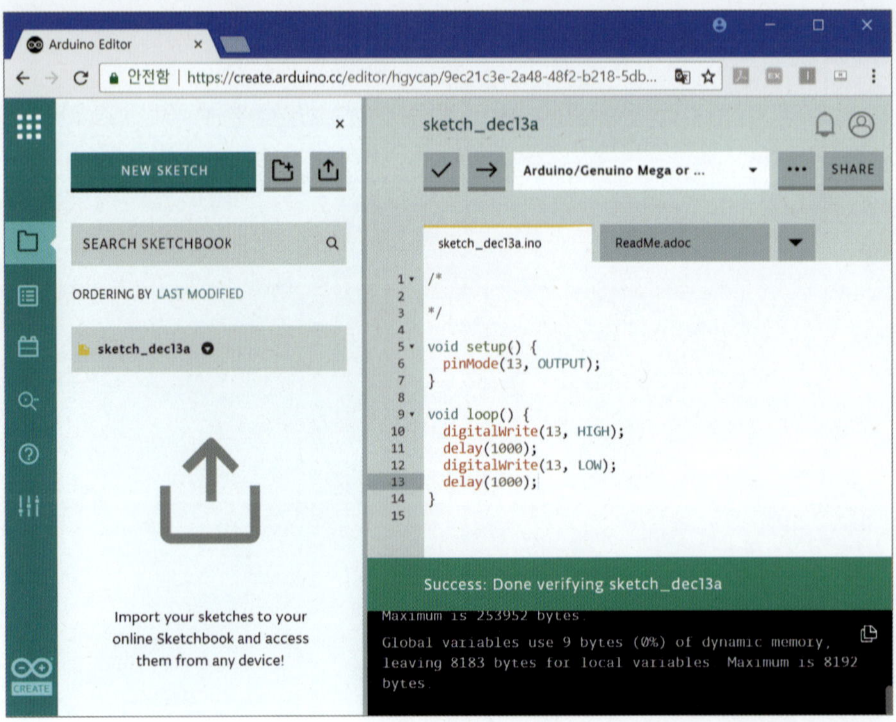

9 http://www.microchip.com/avr-support/atmel-studio-7

3. 아두이노 보드가 없는 경우라면 시뮬레이터를 통해 아두이노 보드의 동작을 시뮬레이션해 볼 수 있다. 대표적인 시뮬레이터 중 하나에 AutoCAD로 유명한 Autodesk 사에서 제공하는 Tinkercad 온라인 시뮬레이터가 있다. Tinkercad 온라인 페이지(https://www.tinkercad.com/circuits)에서 아두이노 13번 핀에 연결된 LED를 0.5초 간격으로 점멸하는 회로를 구성하고 코드를 작성하여 시뮬레이션해 보자.

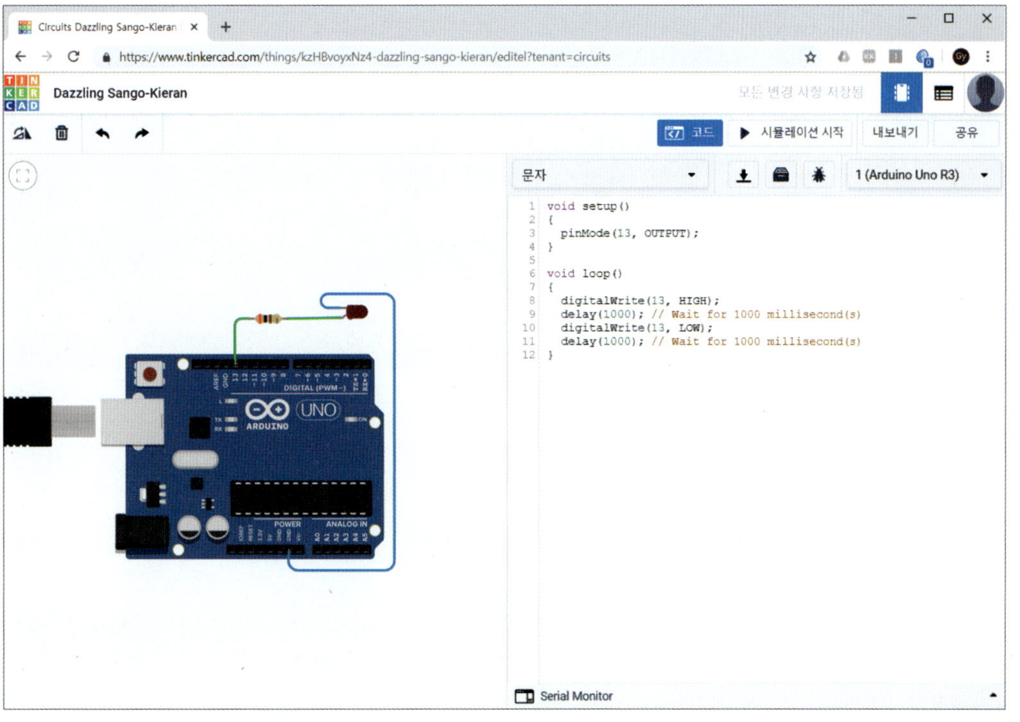

4. 아두이노에서 사용하는 크로스 컴파일러는 GNU 컴파일러 모음(GNU Compiler Collection, GCC) 중 하나인 오픈 소스 컴파일러를 사용한다. 아두이노 역시 오픈 소스를 기반으로 소프트웨어와 하드웨어가 모두 공개되어 있으며 이러한 오픈 소스 정신은 아두이노의 대중화에 큰 역할을 하였다. 자유 소프트웨어 운동(Free Software Movement)의 중심인 자유 소프트웨어 재단(Free Software Foundation)과 자유 소프트웨어 운동의 대표적인 예 중 하나인 리눅스(Linux)에 대해 알아보자.

CHAPTER

04

마이크컨트롤러 프로그래밍을 위한 준비

개발환경 설정

ATmega2560을 위한 프로그램을 작성하기 위해서는, 소스코드를 편집하고 이를 컴파일하여 ATmega2560을 위한 기계어 파일을 생성할 수 있는 소프트웨어와, 만들어진 기계어 파일을 ATmega2560으로 옮겨 설치할 수 있는 하드웨어가 필요하다. 이 장에서는 아두이노 프로그램을 사용하여 ATmega2560을 위한 프로그램을 작성하고, 작성된 프로그램을 ATmega2560으로 옮겨 실행시키는 방법에 대해 알아본다.

CONTENTS

LESSON 01

시리얼 방식 및 ISP 방식의 업로드

이 책에서는 ATmega2560 마이크로컨트롤러에서 실행되는 프로그램을 작성하는 방법을 다룬다. 컴퓨터에서 실행되는 일반적인 C/C++ 프로그램을 작성하기 위해서는 Visual C++과 같은 개발 프로그램과 개발 프로그램을 설치할 컴퓨터만 준비하면 된다. 컴퓨터에서 실행될 C/C++ 프로그램 작성과 작성된 프로그램의 실행은 모두 같은 컴퓨터에서 이루어진다. 하지만 마이크로컨트롤러를 위한 프로그램은 C/C++ 프로그램과 차이가 있다. 교차 개발 환경(Cross Development Environment)을 기억하는가? 마이크로컨트롤러를 위한 프로그램은 C/C++ 프로그램과 마찬가지로 컴퓨터에서 만들어지지만, 만들어진 프로그램은 마이크로컨트롤러에서 실행된다. 즉, 개발 프로그램을 설치할 컴퓨터 외에도 제작된 프로그램이 실행될 마이크로컨트롤러(또는 마이크로컨트롤러 보드)가 필요하며, 제작된 프로그램을 컴퓨터에서 마이크로컨트롤러로 옮길 별도의 방법도 필요하다.

이전 장에서 아두이노 프로그램을 설치하여 (스케치라고 불리는) ATmega2560을 위한 프로그램을 업로드하는 방법을 살펴보았다. 이 방법은 아두이노 메가2560에 포함되어 있는 ATmega16u2 마이크로컨트롤러를 사용하는 방법으로, 이를 적용하기 위해서는 ATmega2560 마이크로컨트롤러에는 부트로더(bootloader)가 설치된 상태여야 한다. 이 방법이 흔히 '시리얼 방식'이라고 불리는, 아두이노에서 주로 사용되는 방법이다.

AVR 시리즈 마이크로컨트롤러에서는 'ISP 방식'으로 프로그램을 업로드할 수 있다. ISP 방식의 업로드를 위해서는 시리얼 방식에서 ATmega16u2 마이크로컨트롤러의 역할을 수행할 장치가 필요한데, 이를 'ISP 방식 업로드 장치'라고 한다. [그림 1]은 두 가지 프로그램 업로드 방식을 비교한 것이다.

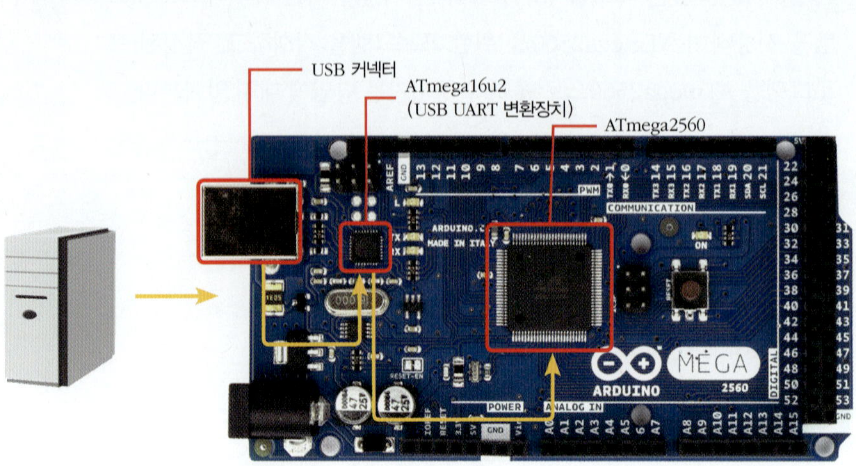

(a) 시리얼 방식

(b) ISP 방식

[그림 1] 아두이노 메가2560을 위한 프로그램 업로드 방법

[표 1] 프로그램 업로드 방식에 따른 데이터 흐름

방식	컴퓨터	전용장치	아두이노 보드	ATmega2560 마이크로컨트롤러	
시리얼	USB	–	ATmega16u2 마이크로컨트롤러	부트로더	플래시 메모리
ISP	USB	ISP 방식 업로드 장치	–	플래시 메모리	

업로드 과정이 복잡해 보이지만, 시리얼 방식의 경우에는 USB 케이블을 컴퓨터와 연결하는 것으로 충분하다. 반면 ISP 방식의 경우에는 아두이노 메가2560과 컴퓨터 사이에 ISP 방식 업로드 장치가 필요하다. 시리얼 방식이 간단해 보일 수도 있지만, 아두이노 메가2560 보드에는 시리얼 방식 업로드를 지원하는 장치가 포함되어 있어서 별도의 장치가 필요하지 않은 것일 뿐 기본적으로 시리얼 방식과 ISP 방식의 업로드는 같은 것으로 볼 수 있다.

ISP 방식 업로드 장치를 연결할 때 주의할 점은, 이 책에서 사용한 ISP 방식 업로드 장치가 표준 배열을 따르지 않는다는 것이다. 반면 아두이노 메가2560의 ISP 커넥터는 표준 배열을 따르고 있다.

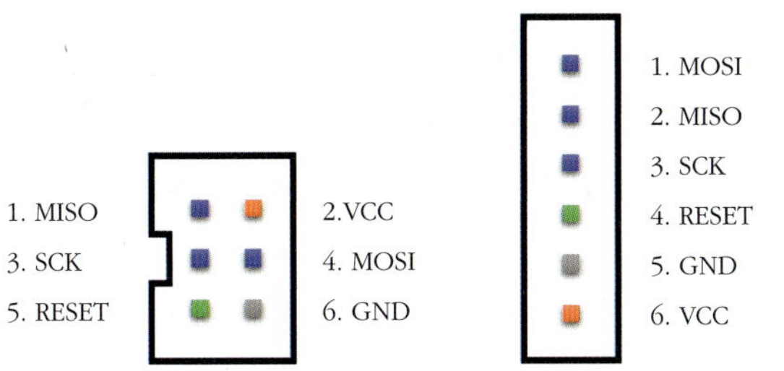

(a) 2열 표준 방식 배열 (b) 1열 비표준 방식 배열

[그림 2] ISP 커넥터 핀 배열

LESSON 02 부트로더 굽기

시리얼 방식 업로드를 위해서는 부트로더가 구워져(burn) 있는 상태여야 한다. 먼저 부트로더를 구워보자. 부트로더 역시 사용자가 작성하는 프로그램의 일종으로, 부트로더를 굽기 위해서는 ISP 방식 업로드 장치가 필요하다.

[그림 3] ISP 방식 업로드 장치

ISP 방식 업로드 장치를 아두이노 메가2560과 연결하자.

[그림 4] 아두이노 메가2560과 ISP 방식 업로드 장치 연결

ISP 방식 업로드 장치를 아두이노 메가2560과 연결한 후 컴퓨터에 연결하면, ISP 방식 업로드 장치를 위한 드라이버가 자동으로 설치되고, 장치 관리자의 포트 부분에 시리얼 포트가 생성된다. 만약 드라

이버가 자동으로 설치되지 않는다면, 드라이버를 내려받아[1] 설치해야 한다. ISP 방식 업로드 장치에 포트 번호는 임의로 할당되므로 컴퓨터에 따라 그 번호가 다를 수 있다. 여기서는 COM3이 할당된 것으로 가정한다.

아두이노 메가2560을 USB로 컴퓨터와 연결하면, 컴퓨터의 USB를 통해 아두이노 메가2560에 전원을 공급할 수 있다. 마찬가지로 ISP 방식 업로드 장치로 아두이노 메가2560을 컴퓨터와 연결할 때에도 ISP 방식 업로드 장치를 통해 전원을 공급할 수 있다. 만약 컴퓨터와 연결한 후에 아두이노 메가2560에 전원이 공급되지 않는다면, ISP 방식 업로드 장치의 DIP 스위치를 확인하자.

[그림 5] USB 전원 공급을 위한 ISP 방식 업로드 장치의 DIP 스위치 설정 (1번 ON, 2번 OFF)

부트로더를 굽기 위한 하드웨어 준비는 끝났다. 하지만 부트로더를 굽기 전에 아두이노 프로그램에서 한 가지 설정이 더 필요하다. 아두이노에서 기본적으로 사용할 수 있는 ISP 방식 업로드 장치에는 [그림 3]의 ISP 방식 업로드 장치가 포함되어 있지 않다. 따라서 먼저 ISP 방식 업로드 장치를 아두이노 프로그램에 등록해야 한다. 아두이노 프로그램이 설치된 디렉터리 아래 'hardware\arduino\avr' 디렉터리에 있는 'programmers.txt' 파일을 열어보자. programmers.txt 파일에는 아두이노에서 사용할 수 있는 ISP 방식 업로드 장치들이 등록되어 있다. 파일의 가장 아래쪽에 ISP 방식 업로드 장치의 정보를 다음과 같이 추가하자.

```
AD_USBISP.name=ISP-2560
AD_USBISP.communication=serial
AD_USBISP.protocol=stk500v2
AD_USBISP.program.protocol=stk500v2
AD_USBISP.program.tool=avrdude
AD_USBISP.program.extra_params=-P{serial.port}
```

1 http://www.newtc.co.kr/dpshop/bbs/board.php?bo_table=m41&pn=4&sn=2

아두이노 프로그램을 다시 실행시켜보자. '툴→프로그래머→ISP-2560' 항목이 나타나면, ISP 방식 업로드 장치가 정상적으로 등록된 것이다. ISP-2560을 선택하자.

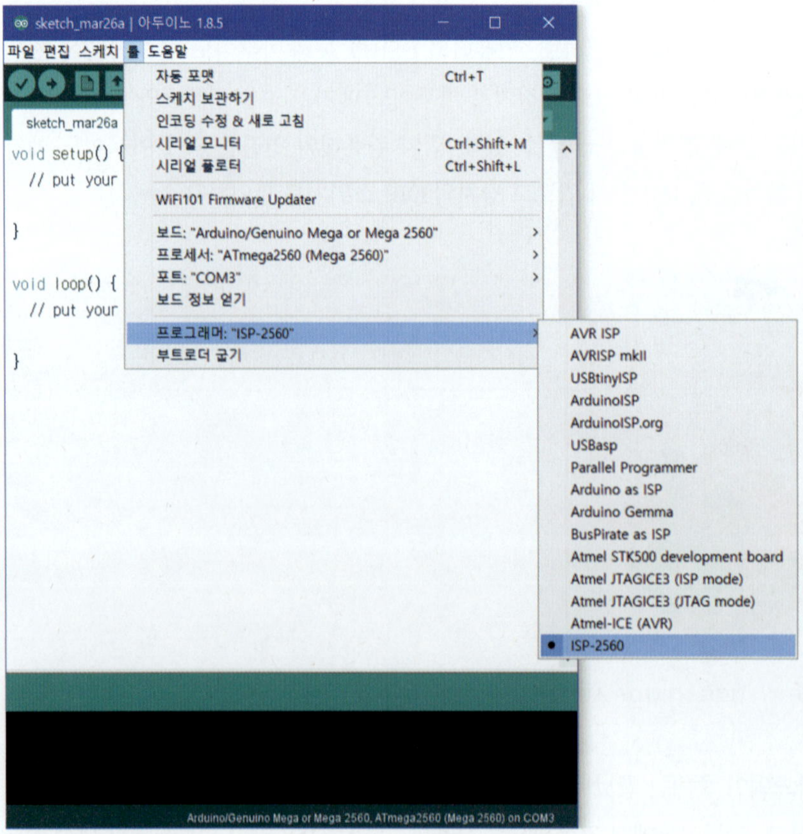

[그림 6] 프로그래머 선택

'툴→보드' 메뉴에서 'Arduino/Genuino Mega or Mega 2560'을 선택하고, '툴→프로세서' 메뉴에서 'ATmega2560 (Mega 2560)'을 선택한다. '툴→포트' 메뉴에서는 ISP 방식 업로드 장치에 할당된 시리얼 포트를 선택한다. ISP 방식 업로드 장치에 COM3이 할당된 것으로 가정하였으므로, COM3을 선택한다.

이제 모든 준비는 끝났다. '툴→부트로더 굽기' 메뉴를 선택하여 부트로더를 구워보자. 약간의 시간이 흐르면 부트로더 굽기가 성공적으로 끝났다는 메시지가 나타날 것이다.

LESSON 03

시리얼 방식 업로드

부트로더가 구워졌으면, 이전 장에서 설명한 방법, 시리얼 방식으로 스케치를 업로드할 수 있다. 아두이노 메가2560을 USB 케이블로 컴퓨터와 연결하자. 아두이노 메가2560에는 (더욱 정확하게는 아두이노 메가2560 보드의 ATmega16u2 마이크로컨트롤러에는) COM4가 할당된 것으로 가정한다.

[코드 1]은 아두이노의 블링크 스케치를 수정하여 0.5초 간격으로 LED가 점멸하도록 수정한 스케치다. 스케치 1을 입력하고 'Ctrl+U' 단축키, '스케치→업로드' 메뉴 항목, 또는 툴바의 '업로드' 버튼으로 스케치를 업로드한 후, LED가 깜빡거리는지를 확인해 보자.

코드 1 블링크 - 아두이노 스타일

```
int LED_PIN = 13;

void setup() {
  pinMode(LED_PIN, OUTPUT);          // 아두이노 13번 핀을 출력으로 설정
}

void loop() {
  digitalWrite(LED_PIN, LOW);        // LED 끄기
  delay(500);
  digitalWrite(LED_PIN, HIGH);       // LED 켜기
  delay(500);
}
```

이 책은 아두이노 스케치를 다루려는 것이 아니라, C/C++ 언어를 사용하여 레지스터를 조작함으로써 ATmega2560을 위한 프로그램을 작성하는 것을 목적으로 한다. 레지스터를 사용하여 프로그램을 작성하는 방법을 'AVR 스타일'이라고 이야기하는데, [코드 1]이 아두이노 스타일 코드라면, [코드 2]는 스케치 1과 같은 동작을 AVR 스타일의 코드로 작성한 예다.

이 장에서는 아두이노 프로그램을 개발환경으로 사용하는 방법을 보이는 것이 목적이므로, 레지스터를 사용하는 [코드 2]와 같은 방식에 대한 상세한 설명은 해당 장을 참고하길 바란다. 여기서는 [코드 1]과 같은 아두이노 스타일의 스케치뿐만 아니라 [코드 2]와 같은 AVR 스타일의 코드 역시 아두이노 프로그램을 이용하여 컴파일하고 업로드할 수 있다는 점을 기억하기 바란다.

코드 2 블링크 - AVR 스타일

```
#define F_CPU 16000000L
#include <avr/io.h>
#include <util/delay.h>

int main(void) {
  DDRB |= 0x80;                    // 포트 B의 7번 핀을 출력으로 설정

  while(1) {
    PORTB &= ~0x80;                // LED 끄기
    _delay_ms(500);
    PORTB |= 0x80;
    _delay_ms(500);                // LED 켜기
  }
  return 0;
}
```

LESSON 04

ISP 방식 업로드

앞 절에서는 프로그램을 '시리얼 방식'으로 업로드했지만, 'ISP 방식'으로 업로드하는 것도 가능하다. [그림 4]와 같이 아두이노 메가2560과 ISP 방식의 업로드 장치가 연결된 상태에서 ISP 방식 업로드 장치를 컴퓨터에 연결하자. ISP 방식 업로드 장치에는 COM3이 할당됐다고 가정한다.

'툴→보드' 메뉴에서 'Arduino/Genuino Mega or Mega 2560'을 선택하고, '툴→프로세서' 메뉴에서 'ATmega2560 (Mega 2560)'을 선택하는 것은 시리얼 방식의 업로드에서와 같다. 또한 '툴→포트' 메뉴에서 ISP 방식 업로드 장치에 할당된 시리얼 포트(COM3로 가정)를 선택하는 것은 부트로더를 굽는 경우와 같다. 'Ctrl+Shft+U' 단축키, '스케치→프로그래머를 이용해 업로드' 메뉴 항목, 또는 시프트 키를 누른 상태에서 툴바의 '업로드' 버튼을 클릭하면, ISP 방식 업로드 장치를 이용하여 프로그램을 업로드할 수 있다.

단, ISP 방식으로 프로그램을 업로드하면 부트로더가 지워지므로, ISP 방식으로 프로그램을 업로드한 후에는 시리얼 방식으로 프로그램을 업로드할 수 없다. 시리얼 방식으로 프로그램을 업로드하기 위해서는 다시 부트로더를 구워야 한다. [표 2]는 아두이노 프로그램을 이용하여 부트로더를 굽고 프로그램을 업로드하는 방법을 비교한 것이다.

[표 2] 부트로더 굽기 및 프로그램 업로드 방법

구분		부트로더 굽기	프로그램 업로드	
			ISP 방식	시리얼 방식
'툴 → 보드' 메뉴 항목		Arduino/Genuino Mega or Mega 2560		
'툴 → 프로세서' 메뉴 항목		ATmega2560 (Mega 2560)		
'툴 → 포트' 메뉴 항목		COM3[2] (ISP 방식 업로드 장치)		COM4[3] (ATmega16u2)
실행	메뉴 항목	툴 → 부트로더 굽기	스케치 → 프로그래머를 이용해 업로드	스케치 → 업로드
	단축키	–	Ctrl+Shft+U	Ctrl+U
	툴바 버튼	–	Shft+업로드(➔)	업로드(➔)
비고		ISP 방식 업로드 장치를 통해서만 가능	ISP 방식 업로드 후에는 부트로더가 지워짐	부트로더가 구워진 상태에서만 가능

2 ISP 방식 업로드 장치에 할당되는 COM 포트 번호는 컴퓨터에 따라 달라질 수 있다. 이 책에서는 COM3이 할당됐다고 가정하였다.

3 ATmega16u2에 할당되는 COM 포트 번호는 컴퓨터에 따라 달라질 수 있다. 이 책에서는 COM4가 할당됐다고 가정하였다.

이 책에서는 [코드 2]와 같은 AVR 스타일 코드를 작성하는 방법을 알아보는 것이 목표이므로, 아두이노 프로그램을 크로스 컴파일러로 사용한다. 이를 위해서는 [표 2]의 방법 중 '부트로더 굽기' 후 '시리얼 방식 업로드'나 'ISP 방식 업로드' 중 한 가지를 사용할 수 있다. 이 책에서는 시리얼 방식 업로드를 주로 사용한다. 시리얼 방식 업로드를 사용하는 이유 중 한 가지는, 시리얼 방식 업로드를 위한 장치가 아두이노 메가2560에 포함되어 있으므로, 컴퓨터와의 USB 연결만으로 프로그램 업로드가 가능하기 때문이다. 또 다른 이유는 시리얼 방식 업로드에 사용되는 UART 시리얼 통신은 프로그램 업로드 이외에 컴퓨터와의 통신에도 사용될 수 있기 때문이다. 디버깅 기능이 없는 아두이노 프로그램에서 동작 상태를 확인하기 위해서는 컴퓨터로 동작 상태를 출력하고, 컴퓨터의 시리얼 모니터에서 확인하는 경우가 대부분인데, 이때 UART 시리얼 통신이 사용될 수 있다. 이처럼 시리얼 방식은 프로그램 업로드와 컴퓨터와의 통신이라는 두 가지 용도로 사용될 수 있으므로, 프로그램 업로드와 시리얼 통신을 위해 컴퓨터와 2개의 USB 연결이 필요한 ISP 방식보다 간단하다는 장점이 있다.

이후 장에서는 아두이노 메가2560 보드를 기본으로 하고, 여기에 필요한 주변장치들을 연결하여 사용할 것이다. 다만 주변장치의 연결에는 많은 시간과 세심한 주의가 필요하므로, 프로그램 작성 방법에 더욱 집중하고 싶다면, 이 책에서 사용하는 모든 주변장치를 활용할 수 있는 학습보드를 사용하는 것도 대안이 될 수 있다.

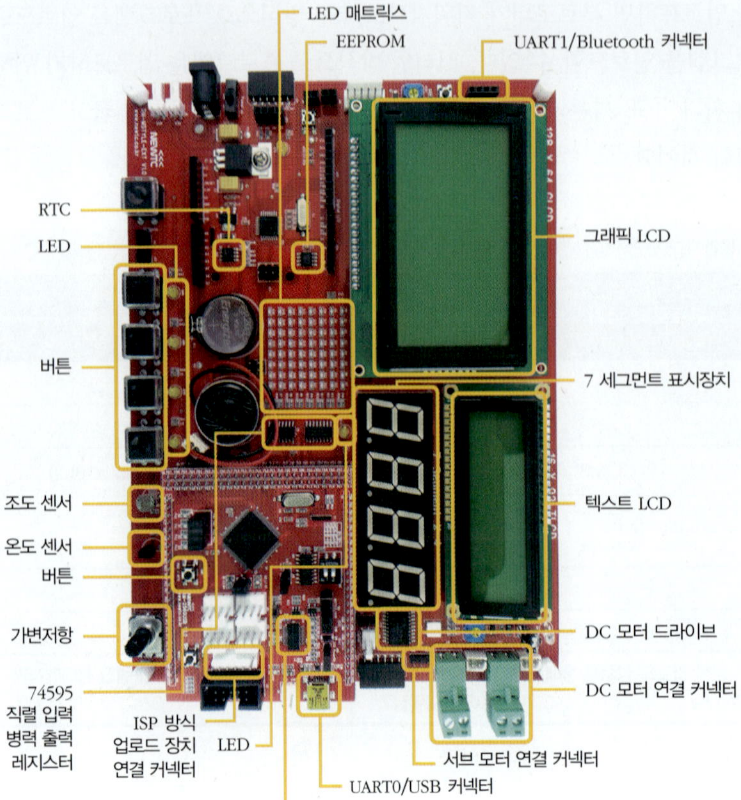

[그림 7] ATmega2560 학습보드(http://www.newtc.co.kr/)

CHAPTER 04 연습문제

1. ATmega2560을 위한 프로그램 개발에 사용하기 위해 이 책에서는 설치와 사용이 간단한 아두이노 프로그램을 사용한다. 이외에도 흔히 사용되는 통합 개발환경으로는 마이크로칩에서 무료로 배포하는 Atmel Studio가 있다.

Atmel Studio는 AVR 시리즈의 마이크로컨트롤러의 모든 기능을 사용할 수 있도록 해주며, 마이크로소프트 Visual Studio를 바탕으로 하고 있으므로 쉽게 사용할 수 있다. 다만 사용 방법이 아두이노 프로그램보다 복잡하고 설치에 많은 시간이 필요한 것이 단점일 수 있다. Atmel Studio를 포함하여 AVR 시리즈 마이크로컨트롤러를 위한 프로그램 개발에 사용할 수 있는 통합 개발환경을 알아보자.

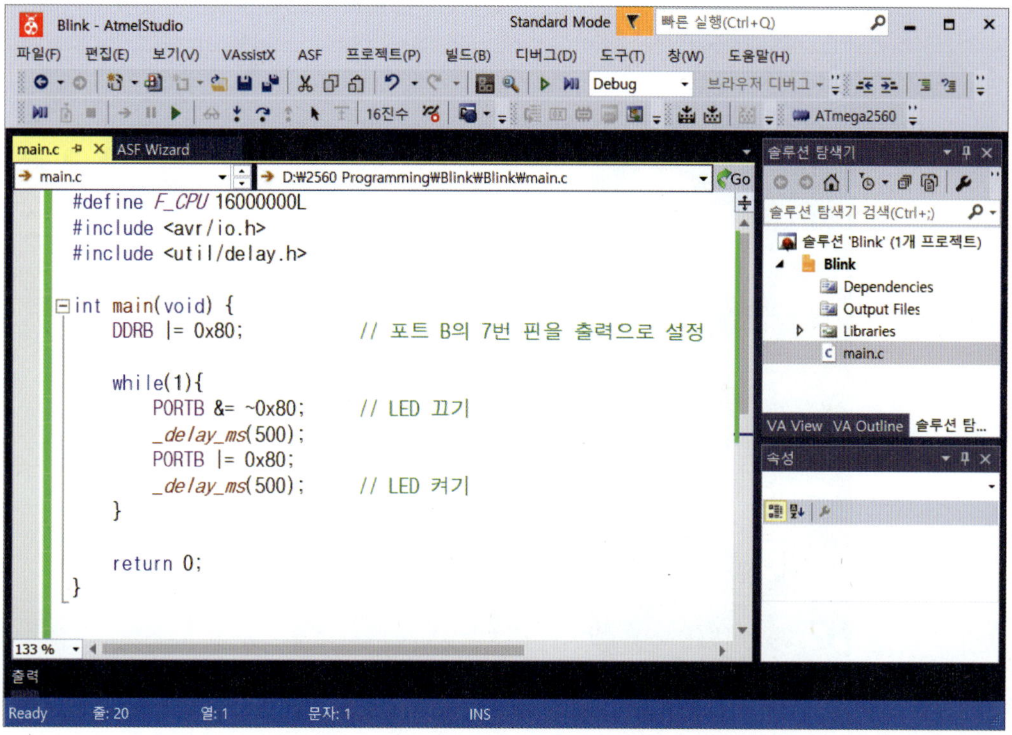

2. ISP 장치 연결을 위한 표준 커넥터에는 [그림 2]의 2열 6핀 이외에도 2열 10핀이 있다. 다만 10핀 커넥터에서도 실제 사용되는 핀 수는 6개뿐이고 나머지 4개는 사용되지 않는다. 2열 10핀 표준 커넥터의 핀 배치를 살펴보고 2열 6핀 표준 커넥터로의 변환 보드를 설계해 보자.

3. 아두이노 보드에서는 USB 연결을 시리얼 연결로 변환하기 위해 (전용 펌웨어가 설치된) ATmega16u2 마이크로컨트롤러를 사용한다. 학습보드에서는 USB-시리얼 변환을 위해 FTDI의 FT231X 칩이 사용되었다. 이외에도 Silabs의 CP2013 칩, WCH의 CH340 칩 등이 USB-시리얼 변환용으로 사용되는 경우를 흔히 볼 수 있다. 이들 전용 칩과 ATmega16u2 마이크로컨트롤러를 사용하는 경우의 장단점을 비교해 보자.

4. Fritzing은 오픈 소스 프로그램으로 회로도와 브레드보드를 이용한 회로 구성은 물론 PCB(Printed Circuit Board) 설계까지도 가능하여 하드웨어 설계 및 회로 구성에 사용할 수 있다. 이 책에서 제시하는 모든 회로와 회로도 역시 Fritzing 프로그램으로 만들어진 것이다. Fritzing 프로그램을 설치하고 아두이노 7번 핀에 LED를 연결한 회로를 구성해 보자.

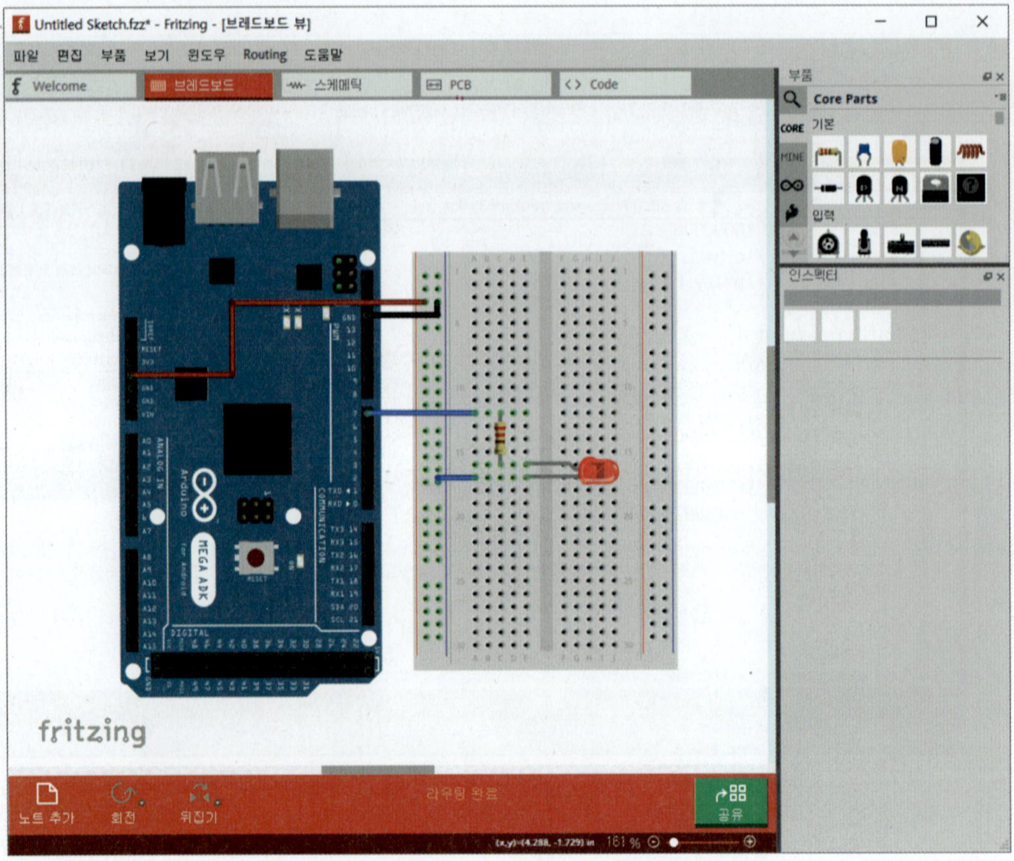

CHAPTER

05

AVR과 아두이노 스타일 코드 비교

프로그램의 기본 구조

마이크로컨트롤러는 디지털 컴퓨터의 일종이므로, 디지털 데이터 입출력을 기본으로 한다. 아두이노에서는 디지털 데이터 입출력을 위해 pinMode, digitalWrite, digitalRead 함수를 제공하고 있다. 이 함수들은 디지털 데이터 입출력에 사용되는 DDR, PORT, PIN 레지스터의 조작을 직관적으로 수행할 수 있도록 해주는 추상화된 함수에 해당한다. 이 장에서는 아두이노의 기본 함수 3개와 ATmega2560의 기본 레지스터 3개를 통해 AVR 스타일 코드와 아두이노 스타일 코드를 비교해 본다.

CONTENTS

LESSON 01

프로그램 작성을 위한 준비

앞 장에서 아두이노 프로그램을 설치하고, 아두이노를 위한 스케치를 작성한 후, 아두이노 보드에 설치하여 실행하는 과정을 살펴보았다. 본격적인 프로그램 작성에 앞서 프로그램을 작성할 준비를 마쳤는지 확인해 보자.

- **아두이노 프로그램을 설치하였는가?**
  아두이노 프로그램은 아두이노 스타일 코드뿐만 아니라 AVR 스타일 코드 작성에도 사용되므로 반드시 설치해야 한다.
- **아두이노 메가2560 (또는 호환) 보드가 준비되었는가?**
  이 책에서 사용하는 마이크로컨트롤러는 ATmega2560으로, 아두이노 메가2560에 사용된 마이크로컨트롤러다. 작성한 프로그램은 아두이노 메가2560 (또는 호환) 보드에 업로드하여 그 동작을 테스트할 것이므로, 아두이노 메가2560 (또는 호환) 보드가 준비되어 있어야 한다.
- **ISP 방식 업로드 장치가 준비되었는가?**
  이 책에서는 아두이노 스타일과 AVR 스타일 코드 업로드를 위해 시리얼 방식을 주로 사용하지만, 시리얼 방식 업로드를 위해 필요한 부트로더를 굽기 위해서는 ISP 방식 업로드 장치가 필요하다.

  아두이노 메가2560 (또는 호환) 보드는 부트로더가 구워진 상태로 판매되긴 하지만, ISP 방식 업로드나 부트로더를 굽기 위해 ISP 방식 업로드 장치를 준비해 두기를 추천한다. 또한, 아두이노 프로그램이 아닌 다른 통합 개발환경을 사용하고자 한다면, ISP 방식 업로드 장치를 이용해야 한다.

LESSON 02

AVR 스타일 프로그램의 구조

모든 준비가 끝났다면 먼저 AVR 스타일의 프로그램부터 살펴보자.

[그림 1]과 같이 버튼을 아두이노 3번(PE5) 핀에 연결하고, LED를 아두이노 13번(PB7) 핀에 연결하자. 아두이노 메가2560의 아두이노 13번(PB7) 핀에는 이미 LED가 연결되어 있으므로, 회로도에는 LED를 표시하지 않았다.

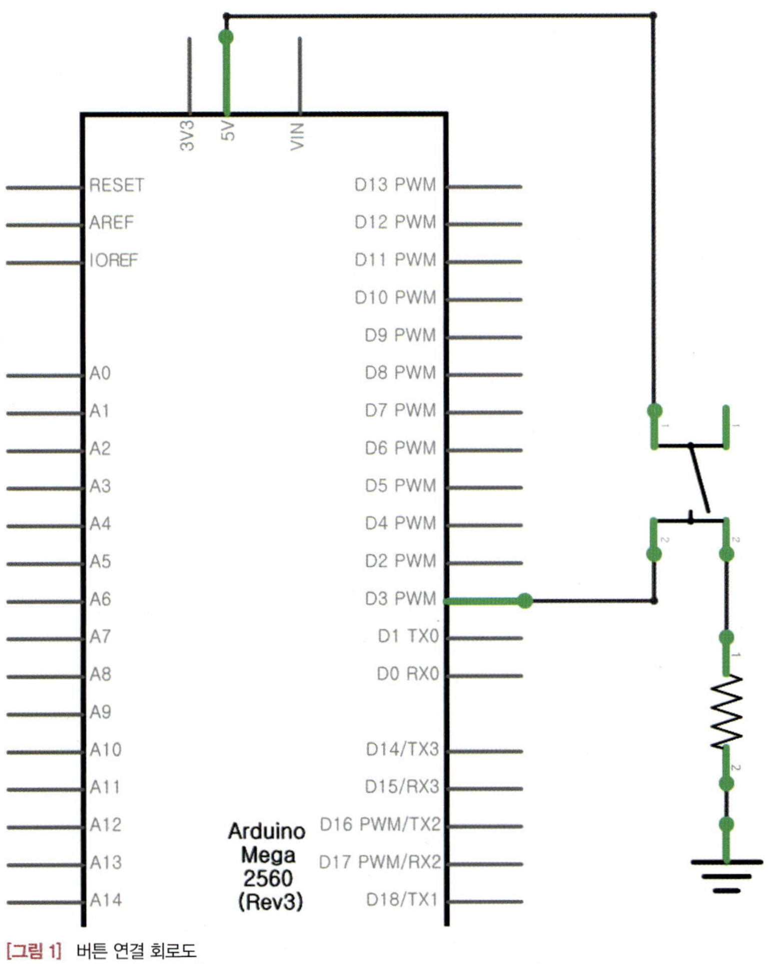

[그림 1] 버튼 연결 회로도

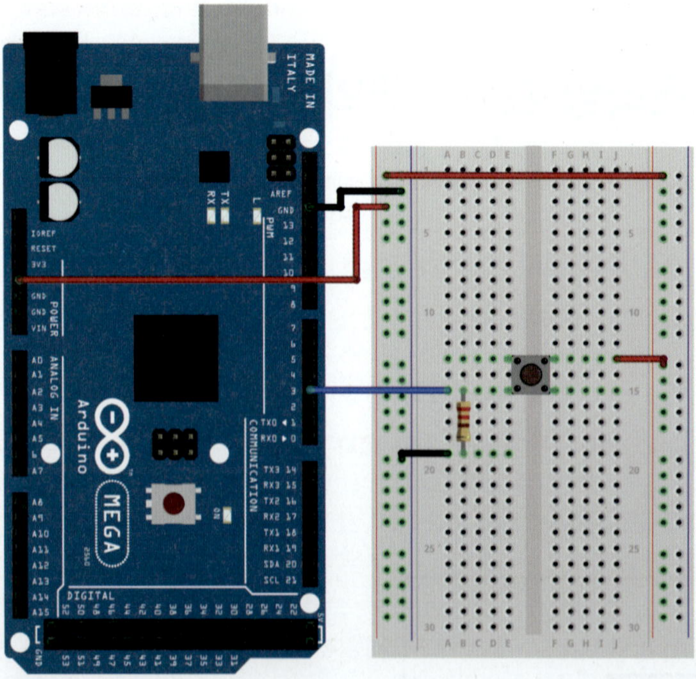

[그림 2] 버튼 연결 회로

[코드 1]은 버튼이 눌린 상태를 LED에 나타내는 코드의 예로, 버튼을 누르면 LED에 불이 켜지고, 누르지 않으면 불이 꺼진다. 코드에 대한 자세한 설명은 뒤에서 다시 다룰 것이므로, 여기서는 코드의 동작 방식에만 관심을 두면 된다.

코드 1 | 버튼 상태 나타내기 - AVR 스타일

```
#define F_CPU 16000000L
#include <avr/io.h>

int main(void) {
  DDRB |= 0x80;                          // 포트 B의 7번 핀을 출력으로 설정
  DDRE &= ~0x20;                         // 포트 E의 5번 핀을 입력으로 설정

  while(1) {
    uint8_t state = PINE & 0x20;         // 버튼 상태 검사
    if(state) {                          // 버튼이 눌러진 경우
      PORTB |= 0x80;                     // LED 켜기
    }
    else {                               // 버튼이 눌러지지 않은 경우
      PORTB &= ~0x80;                    // LED 끄기
    }
  }
```

```
    return 0;
}
```

[코드 1]은 크게 전처리 문장(#define, #include)과 main 함수의 두 부분으로 나누어 볼 수 있다. 포함된(include) 헤더 파일 중 'io.h' 파일에는 ATmega2560 프로그래밍에 사용되는 레지스터 이름과 레지스터의 비트 이름이 정의되어 있다. #define 문장은 ATmega2560이 동작할 클록 주파수를 정의하는 문장으로, 이 책에서는 16MHz로 가정한다.

main 함수는 while 문을 중심으로 while 문 이전의 초기화 부분과 while 문, 그리고 while 문 이후 return의 세 부분으로 이루어져 있다. C/C++ 언어에서 가장 먼저 실행되는 함수는 main 함수이므로, 프로그램이 실행될 때 가장 먼저 실행되는 부분이 초기화 부분이다. 초기화 부분에서는 단어 의미 그대로 변수의 초기화나 레지스터 설정 등을 수행한다. while 문의 조건 검사 부분에는 '1'이 들어있다. C/C++ 언어에서 영(zero)이 아닌 모든 정수는 참(true)으로 간주하므로 while(1) 문장은 무한 루프를 형성하는데, 이를 '메인 루프' 또는 '이벤트 루프'라고 한다. 마이크로컨트롤러의 프로그램은 일반적으로 전원이 꺼질 때까지 종료되지 않으며, 메인 루프에서 주변장치로부터 데이터를 받아 처리하고 출력하는 일을 반복한다.

무한 루프가 존재한다면 마지막 return 문은 언제 실행될까? return 문은 절대 실행되지 않는다. 컴퓨터에서 동작하는 프로그램의 경우에는 실행 결과를 운영체제에 알려주기 위해 main 함수에서 특정한 값을 반환하지만, 마이크로컨트롤러에는 운영체제가 없을 뿐만이 아니라 끝나지 않는 단 하나의 프로그램만 존재하므로 값을 반환하는 경우가 없다. 단지 C/C++ 프로그래밍의 관례에 따라 return 문을 사용하고 있을 뿐이다. [그림 3]은 AVR 스타일로 작성한, 마이크로컨트롤러를 위한 프로그램의 구조를 나타낸다.

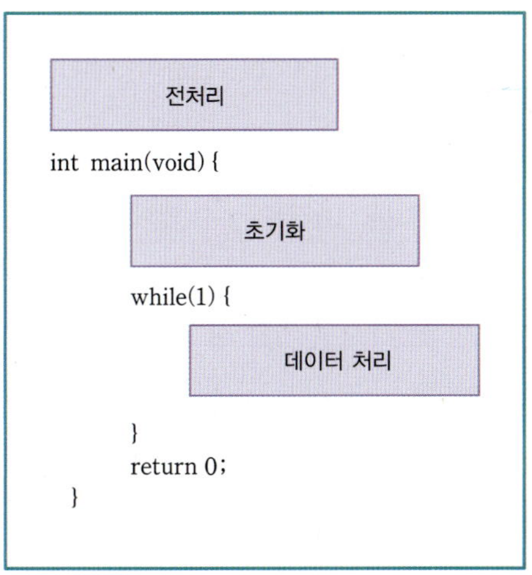

[그림 3] AVR 스타일 프로그램의 구조

[코드 1]을 좀 더 자세히 살펴보자. [코드 1]에는 네 개의 레지스터 DDRB, DDRE, PORTB, PINE가 사용되었다. [코드 1]에서 레지스터는 일반 변수와 마찬가지로 값을 읽거나 대입하는 데 사용되고 있지만, 별도로 정의되지는 않았다. 레지스터의 이름은 'io.h' 파일에 정의되어 있으므로, 'io.h' 파일을 포함(include)하면 레지스터의 이름을 정의하지 않고 사용할 수 있다.

마이크로컨트롤러에서 주변장치와의 모든 데이터 입출력은 레지스터를 거친다. ATmega2560은 8비트 단위의 포트(port)를 통해 외부와 데이터를 주고받는다. ATmega2560에는 A부터 L까지 I를 제외한 11개의 포트가 데이터 입출력용으로 준비되어 있다. [코드 1]은 포트 E의 5번 핀에 연결된 버튼의 상태에 따라 포트 B의 7번 핀에 연결된 LED를 켜거나 끄는 작업을 수행한다.

8개의 핀으로 이루어지는 포트의 핀들은 데이터의 입력이나 출력에 사용될 수 있지만, 동시에 입출력으로 사용될 수는 없다. 따라서 포트를 사용하기 전에 핀별로 입력인지 출력인지를 명시해야 한다. 이때 사용하는 레지스터가 DDRx(Data Direction Register) 레지스터다. DDRx 레지스터는 8비트 레지스터로, 핀별로 입력 및 출력을 개별적으로 지정할 수 있다. DDRx 레지스터의 구조는 [그림 4]와 같다.

비트	7	6	5	4	3	2	1	0
비트 이름	DDx7	DDx6	DDx5	DDx4	DDx3	DDx2	DDx1	DDx0
읽기/쓰기	R/W	R/W	R/W	R/W	R/W	R/W	R/W	R/W
초깃값	0	0	0	0	0	0	0	0

(1은 출력, 0은 입력 상태)

[그림 4] DDRx (x = A, ... , H, J, K, L) 레지스터 구조

DDRx 레지스터의 초깃값은 0으로, 모든 핀은 입력으로 설정되어 있다. 따라서 LED를 제어하기 위해서는 해당 핀을 출력으로 설정해야 하는데, 이는 DDRx 레지스터의 해당 비트를 1로 설정함으로써 가능하다. 예를 들어 DDRB에 0xF0의 값을 대입하면, 포트 B의 상위 4비트(비트 4~7)는 출력으로 설정되고, 하위 4비트(비트 0~3)는 입력으로 설정된다. [코드 1]에서는 'DDRB |= 0x80;'으로 최상위 비트인 7번 비트만을 1로 설정하여 해당 핀을 출력으로 지정하고, 나머지 값은 변경하지 않는다.

이처럼 마이크로컨트롤러 프로그래밍에서는 비트 단위의 조작이 많이 사용되므로, 일반적으로 사용하는 10진수보다는 비트 단위의 계산이 간편한 16진수를 많이 사용한다. 16진수는 수 앞에 '0x' 또는 '0X'를 붙여 10진수와 구별한다. 비트별 의미를 보다 분명하게 구별하기 위해 2진수 표현법도 사용되는데, 2진수는 '0b' 또는 '0B'를 수 앞에 붙여 나타낸다. 여기서 한 가지 주의할 점은, 일반적인 C/C++ 프로그래밍에서도 '0x' 또는 '0X'를 사용하여 16진수를 구별하지만, 2진수를 구별하기 위한 표기법은 존재하지 않는다는 점이다. 마이크로컨트롤러를 위한 프로그램에서도 2진수 표기법을 지원하기는 하지만, 2진수는 0과 1로만 구성되어 있고, 길이가 길어 읽고 쓰기가 쉽지 않으므로, 16진수 사용을 추천한다.

```
DDRB |= 0x80;
DDRB |= 0b10000000;
```

데이터 핀이 출력으로 설정된 후 실제 데이터 출력은 PORTx 레지스터에 데이터를 대입함으로써 이루어진다. PORTx 레지스터 역시 핀별로 0 또는 1의 값을 출력하는 것이 가능한데, 이때 1은 HIGH (또는 VCC) 값을, 0은 LOW (또는 GND) 값을 의미한다. PORTx 레지스터의 구조는 [그림 5]와 같다.

비트	7	6	5	4	3	2	1	0
비트 이름	PORTx7	PORTx6	PORTx5	PORTx4	PORTx3	PORTx2	PORTx1	PORTx0
읽기/쓰기	R/W	R/W	R/W	R/W	R/W	R/W	R/W	R/W
초깃값	0	0	0	0	0	0	0	0

[그림 5] PORTx 레지스터 구조 (x = A, ... , H, J, K, L)

PORTx 레지스터에 값을 기록하여 해당 핀으로 데이터를 간접적으로 출력하는 것과 비슷하게, 입력으로 설정된 핀의 상태를 알기 위해서는 PINx (Port Input) 레지스터의 값을 읽으면 된다. 버튼이 연결된 경우, 버튼을 누른 상태에 따라 0 또는 1의 값이 마이크로컨트롤러로 입력되며, 이 값은 PINx 레지스터에 저장된다. 따라서 PINx 레지스터의 값을 통해 핀의 상태를 알아낼 수 있다. PINx 레지스터의 구조는 [그림 6]과 같다. PINx 레지스터는 DDRx나 PORTx 레지스터와는 달리 초깃값이 정해져 있지 않다.

비트	7	6	5	4	3	2	1	0
비트 이름	PINx7	PINx6	PINx5	PINx4	PINx3	PINx2	PINx1	PINx0
읽기/쓰기	R/W	R/W	R/W	R/W	R/W	R/W	R/W	R/W
초깃값	N/A	N/A	N/A	N/A	N/A	N/A	N/A	N/A

[그림 6] PINx 레지스터 구조 (x = A, ... , H, J, K, L)

이처럼 ATmega2560은 DDRx, PORTx, PINx 레지스터를 이용하여 데이터 핀을 통해 연결된 주변 장치들과 데이터를 주고받을 수 있다. 이때 이들 데이터 핀은 범용 입출력(General Purpose Input/Output, GPIO) 핀이라고 한다.

[그림 7]은 GPIO 핀을 통해 데이터를 입출력하는 과정을 요약한 것으로, 특히 3개 레지스터의 관계에 유의하여 살펴보기 바란다. 실제로 데이터가 전달되는 경로에는 PORTx와 PINx 레지스터가 있고, 특정 순간에 특정 핀을 입력 또는 출력으로 설정하는 데에는 DDRx 레지스터가 사용된다.

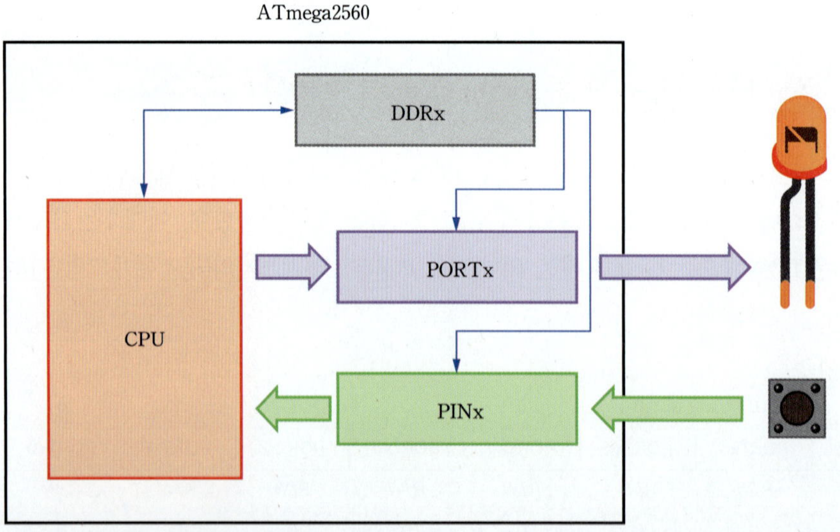

[그림 7] 디지털 데이터 입출력에 사용되는 레지스터

LESSON 03 아두이노 스타일 프로그램의 구조

다음은 아두이노 스타일 코드의 구조이다. [코드 2]는 [코드 1]과 같은 동작을 하는 코드를 아두이노 스타일로 작성한 예다.

코드 2 버튼 상태 나타내기 - 아두이노 스타일

```
int BUTTON_PIN = 3;                          // 버튼이 연결된 핀
int LED_PIN = 13;                            // LED가 연결된 핀

void setup() {
  pinMode(LED_PIN, OUTPUT);                  // LED 연결 핀을 출력으로 설정
  pinMode(BUTTON_PIN, INPUT);                // 버튼 연결 핀을 입력으로 설정
}

void loop() {
  boolean state = digitalRead(BUTTON_PIN);   // 버튼 상태 읽기
  digitalWrite(LED_PIN, state);              // 버튼 상태를 LED에 표시
}
```

아두이노 스타일의 코드 역시 C/C++ 언어를 기반으로 하고 있다. 하지만 [코드 2]에는 어디에도 main 함수가 존재하지 않는다. 아두이노는 비전공자들도 쉽고 빠르게 프로그램을 작성할 수 있도록 작성해야 할 코드를 최소로 하고 있기 때문에, 이에 따라 main 함수 역시 숨겨져 있다. 하지만 없는 것은 아니다. 다만 신경 쓰지 않아도 되도록 감추어져 있을 뿐이다.

아두이노 스타일 코드 역시 전처리, 초기화, 데이터 처리의 3개 블록으로 구성된다. [코드 2]의 전처리 블록에서는 LED와 버튼이 연결된 핀 번호를 지정하고 있는데, [코드 1]에는 여기에 해당하는 부분이 없다. [코드 2]에는 2개의 함수 setup과 loop가 존재하는데, setup 함수는 초기화 블록에, loop 함수는 데이터 처리 블록에 해당한다. [그림 8]은 아두이노 스타일로 작성한 프로그램의 구조를 요약한 것이다.

[코드 2]에서 pinMode 함수는 마이크로컨트롤러의 핀을 입력 또는 출력용으로 설정하는 함수로, [코드 1]에서 DDRx 레지스터에 특정 값을 대입하는 것과 같은 역할을 한다. 하지만 사용 방식에서는 둘 사이에 차이가 있다. AVR 스타일 코드에서는 8개의 핀으로 이루어지는 포트 단위로 (즉 바이트

단위로) 데이터 입출력이 이루어지지만, 아두이노 스타일 코드에서는 핀 단위로 (즉 비트 단위로) 데이터 입출력이 이루어진다. 아두이노에서는 핀을 구별하기 위해 핀별로 고유의 번호를 지정하여 사용하고 있다. 포트 B의 여덟 번째 핀인 PB7은 아두이노에서 13번 핀에 해당한다.

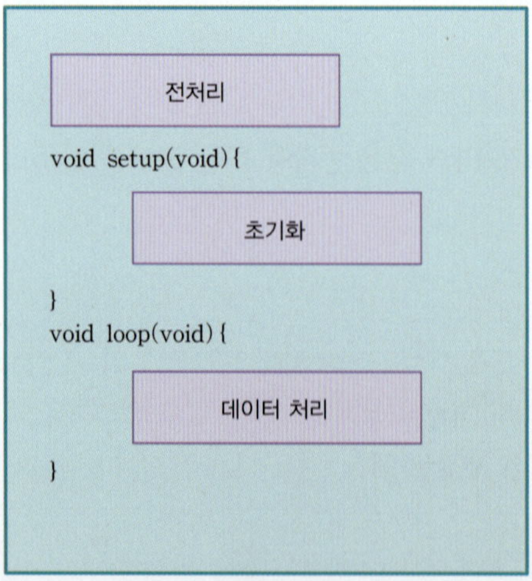

[그림 8] 아두이노 스타일 프로그램의 구조

핀 단위로 데이터 입출력이 이루어진다고 생각하는 방식이 여러 가지로 편리한 것은 사실이다. 하지만 마이크로컨트롤러에서는 핀을 통해 비트 단위로 데이터를 입출력하는 일은 불가능하다. 아두이노에서는 마치 이 일이 가능한 것처럼 설명하였지만, 사실은 8개 핀으로 이루어지는 포트에서 7개의 핀은 이전 상태 그대로 두고 1개 핀만 상태가 바뀌는 것이다. 이처럼 아두이노 스타일 코드와 AVR 스타일 코드는 서로 달라 보이지만, 그 내부 동작은 같다.

void pinMode(uint8_t pin, uint8_t mode)

- **매개변수**
  - pin : 설정하고자 하는 핀 번호
  - mode : INPUT, OUTPUT, INPUT_PULLUP 중 하나
- **반환값** : 없음

pinMode 함수의 매개변수인 mode는 입력(INPUT)이나 출력(OUTPUT) 또는 풀업 저항을 사용하는 입력(INPUT_PULLUP) 중 하나를 선택할 수 있도록 해준다. 버튼이 눌리면 1, 눌리지 않으면 0으로 생각하는 것이 일반적이지만, 풀업 저항(이에 대한 자세한 내용은 뒤에서 다룬다)이 사용된 경우에는 버튼이 눌리면 0, 눌리지 않으면 1로 반대의 값이 입력된다.

[코드 2]에서 digitalWrite 함수는 PORTB 레지스터에 데이터를 대입하여 LED로 데이터를 출력하는 것과 같은 동작을 한다. digitalWrite 함수로 출력하는 값은 0이나 1 중 하나로, 아두이노에서는 LOW와 HIGH의 상수를 정의하여 사용하고 있다.

void digitalWrite(uint8_t pin, uint8_t value)

- **매개변수**
  - pin : 핀 번호
  - value : HIGH 또는 LOW
- **반환값** : 없음

[코드 2]에서 digitalRead 함수는 PINE 레지스터로부터 버튼의 상태를 알아내는 것과 같은 동작을 한다. digitalRead 함수는 지정한 핀으로부터 HIGH 또는 LOW 값을 읽어서 반환한다.

int digitalRead(uint8_t pin)

- **매개변수**
  - pin : 핀 번호
- **반환값** : HIGH 또는 LOW

레지스터를 통해 데이터를 입출력하는 과정을 요약한 [그림 7]을 아두이노 스타일로 나타낸 것이 [그림 9]다. 아두이노에서 레지스터 조작을 대신해주는 함수를 유의하여 살펴보기 바란다.

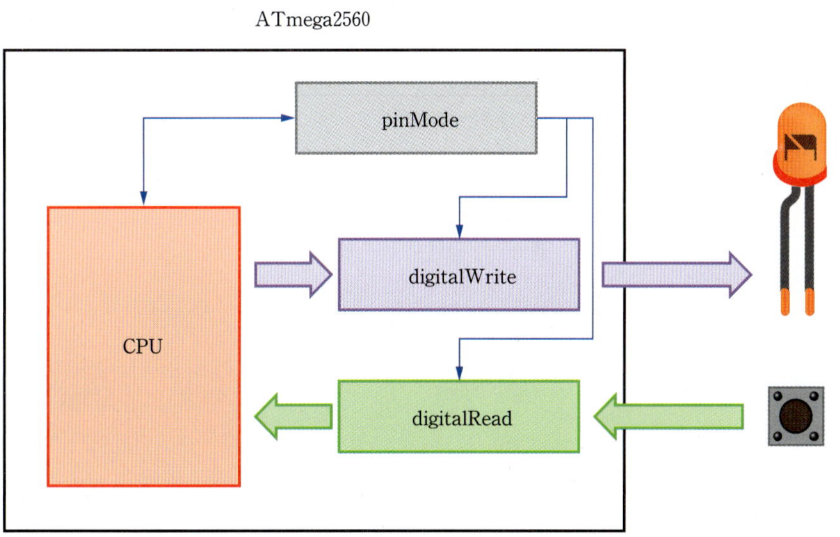

[그림 9] 데이터 입출력에 사용되는 함수

LESSON 04

AVR 스타일과 아두이노 스타일

AVR 스타일 코드는 레지스터를 기본으로 하지만, 아두이노 스타일 코드는 레지스터 없이 추상화된 함수를 기본으로 한다. AVR 스타일 코드는 C/C++ 언어의 프로그래밍 방식에 따라 main 함수를 반드시 가진다.

아두이노 스타일 코드는 C/C++ 언어를 바탕으로 하고 있지만, main 함수는 숨겨져 있고, setup과 loop 함수를 사용한다. 또한, 아두이노 스타일 코드에는 '보이지 않지만' C/C++ 언어를 사용하여 작성하는 프로그램에 꼭 필요한 몇 가지 부분들을 암시적으로 처리해 주는 아두이노 라이브러리가 있으므로 AVR 스타일의 코드에 비해 쉽고 직관적인 프로그래밍이 가능하다.

[그림 10]은 [코드 1]의 AVR 스타일 코드와 [코드 2]의 아두이노 스타일 코드를 비교한 것이다.

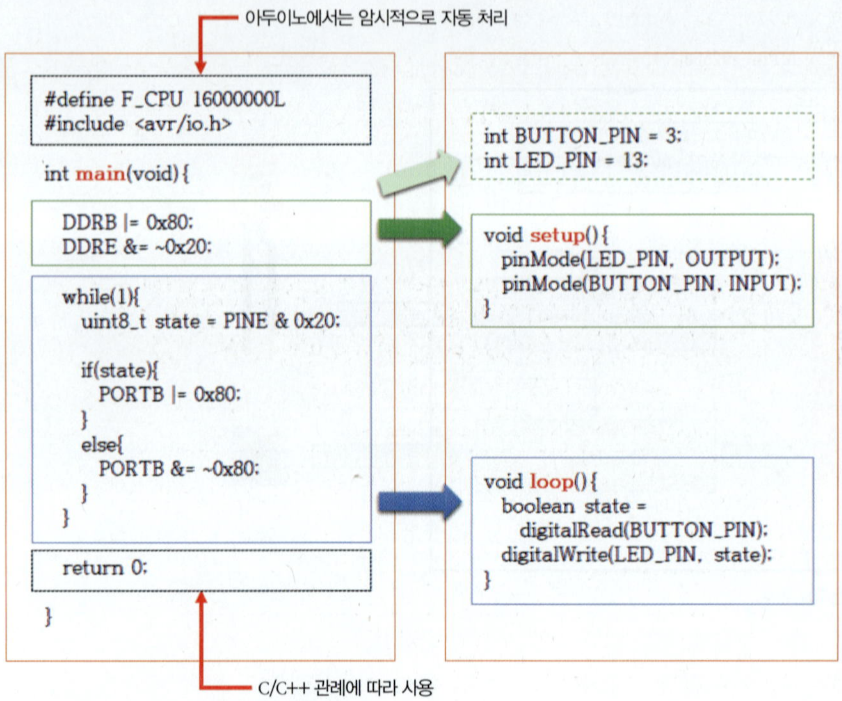

[그림 10] AVR 스타일과 아두이노 스타일 코드 비교

아두이노 스타일의 프로그램이 훨씬 이해하기 쉽고 단순해 보인다. 사실이다. 하지만 아두이노 스타일의 코드는 AVR 스타일의 코드로 가능한 모든 작업을 수행하지는 못한다. 즉, 아두이노 스타일 코드

에서는 AVR 스타일 코드로 가능한 작업 중 일부만이 가능할 뿐이다. 따라서 모든 아두이노 스타일 코드는 AVR 스타일 코드로 변환할 수 있지만, 모든 AVR 스타일의 코드를 아두이노 스타일 코드로 변환할 수 있는 건 아니다. 이 책에서 쉽고 단순한 아두이노 스타일의 코드가 아닌 AVR 스타일의 코드를 다루는 이유가 여기에 있다. 아두이노 스타일의 코드를 작성하면서 아두이노에서 지원하지 않는 기능을 사용하고자 한다면, 레지스터를 직접 조작하는 AVR 스타일의 코드를 작성하는 방법밖에 없다.

AVR 스타일의 코드를 사용하는 또 다른 이유는, 아두이노 스타일로 작성한 프로그램의 효율이 그리 높지 않다는 점이다. [코드 1]과 [코드 2]는 같은 기능을 수행하는 코드이지만, AVR 스타일 코드에서 생성되는 기계어 파일의 크기는, 아두이노 스타일의 코드에서 생성되는 기계어 파일의 크기에 비해 약 1/5에 지나지 않는다.

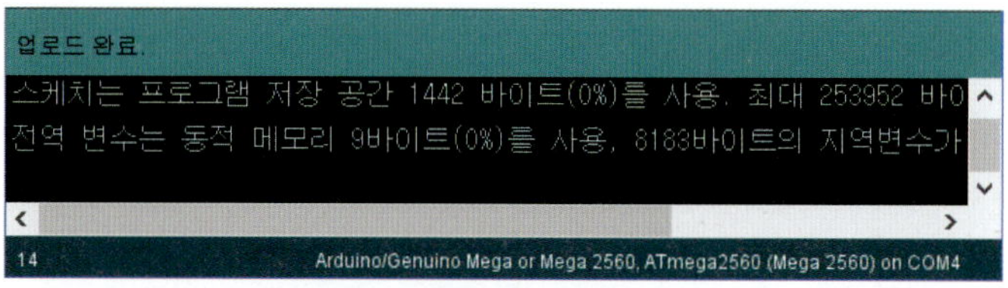

[그림 11] 아두이노 스타일 코드에서 생성된 기계어 파일의 크기

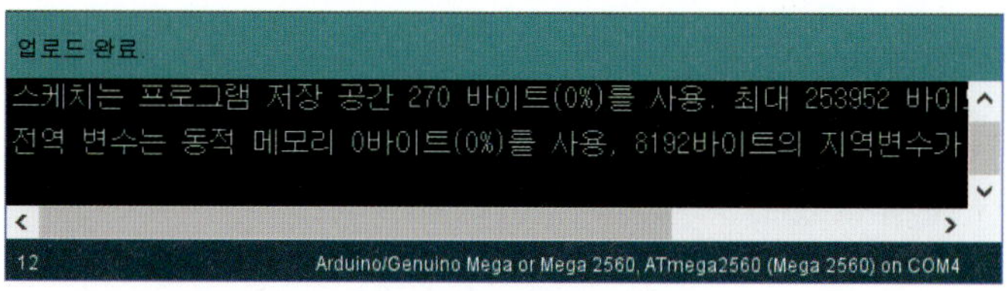

[그림 12] AVR 스타일 코드에서 생성된 기계어 파일의 크기

버튼 상태를 LED로 나타내는 경우에는 실행 파일의 크기가 그리 중요하지 않을 수 있겠지만, 복잡한 작업을 빨리 처리해야 하는 경우에는 크기가 작은 실행 파일이 필요할 수 있다. 또한, 마이크로컨트롤러의 프로그램 메모리는 그리 크지 않다는 점도 기억해야 한다. 버튼 상태를 나타내는 프로그램이 ATmega2560 프로그램 메모리에서 작은 부분만을 차지한다고 안심해서는 안 된다. 이 책을 다 읽을 때쯤이면 프로그램 메모리 부족 문제로 실행 파일의 크기를 줄이기 위해 머리를 싸매고 있을지도 모른다.

LESSON 05

비트 연산자

ATmega2560이 범용 입출력 핀을 통해 주변장치와 교환할 수 있는 데이터의 최소 단위는 비트다. 하지만 ATmega2560 내부에서 수행되는 연산의 최소 단위는 바이트로, 한 번에 8개 비트, 즉 8개 핀으로 입출력되는 데이터를 처리할 수 있다.

[코드 1]의 경우, 포트 B의 8개 핀 중 1개 핀에 연결된 LED만을 제어하고 있으므로, 나머지 7개 핀의 상태를 변경하지 않기 위해 비트 연산자가 사용되었다.

```
// 7번 핀에 연결된 LED만 켜고 나머지 7개(0~6번 핀) 핀의 상태는 변경하지 않음
PORTB |= 0x80;
// 7번 핀에 연결된 LED만 끄고 나머지 7개(0~6번 핀) 핀의 상태는 변경하지 않음
PORTB &= ~0x80;
```

이처럼 ATmega2560에서는 1바이트 이상의 크기를 갖는 데이터에서 특정 비트만을 조작하는 일을 흔히 볼 수 있으며, 이를 위해 비트 연산자가 사용된다. [표 1]은 C/C++ 언어에서 제공되는 비트 연산자로, 비트 논리 연산자와 비트 이동 연산자가 있다.

[표 1] C/C++ 언어의 비트 연산자

구분	연산자	종류	결과
비트 논리 연산자	a & b	비트 AND	a와 b의 비트 단위 AND
	a | b	비트 OR	a와 b의 비트 단위 OR
	a ^ b	비트 XOR	a와 b의 비트 단위 XOR
	~a	비트 NOT	a의 비트 단위 NOT (1의 보수)
비트 이동 연산자	a << n	왼쪽으로 이동	a를 n비트 왼쪽으로 이동시키고, 오른쪽은 0으로 채움
	a >> n	오른쪽으로 이동	a를 n비트 오른쪽으로 이동시키고, 왼쪽은 0으로 채움

비트 이동 연산은 정숫값을 지정한 비트 수 만큼 왼쪽 또는 오른쪽으로 이동시키는 연산으로, 이동으로 인해 밀려 나온 비트들은 버려지고 빈칸은 0으로 채워진다. [그림 13]은 왼쪽으로 1비트 이동시키는 연산(a << 1)의 예를 보여준다.

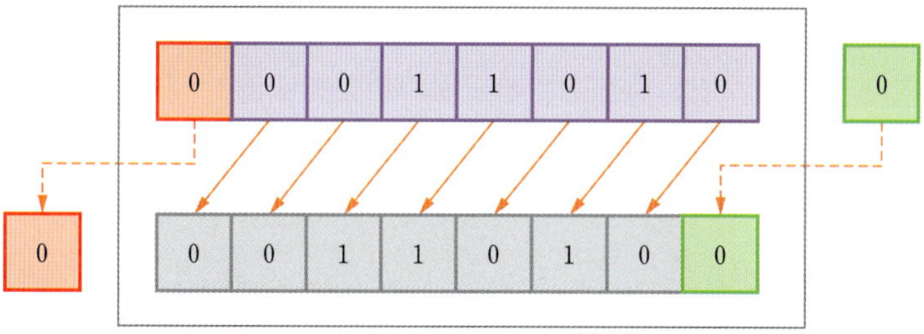

[그림 13] 왼쪽 비트 이동 연산

왼쪽 이동 연산으로 이동 전 값 $00011010_2 = 26$은 이동 후에 $00110100_2 = 52$로 2배가 되므로, 이 연산을 곱셈 대신 사용할 수 있다. 하지만 모든 곱셈이 가능한 것은 아니고 2의 거듭제곱에 해당하는 곱셈만을 수행할 수 있다. 즉, 2배나 4배 곱셈은 가능하지만, 3배 곱셈은 불가능하다. 게다가 실숫값에 대해서는 비트 이동 연산을 사용할 수 없다. 또한 오버플로가 발생하면 값이 2배가 되지 않는다.

[그림 13]과 유사하게 [그림 14]는 오른쪽으로 1비트 이동시키는 연산(a >> 1)의 예를 보여준다.

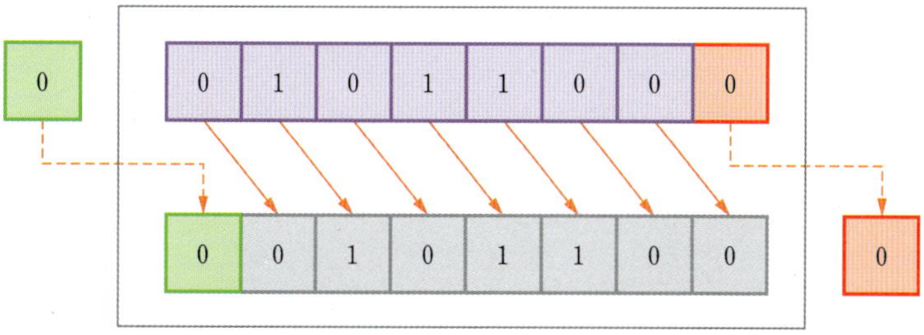

[그림 14] 오른쪽 비트 이동 연산

왼쪽 이동 연산과는 반대로 오른쪽 이동 연산에서는 이동 전 값 $00011010_2 = 26$이 이동 후에 $00001101_2 = 13$, 즉 원래의 1/2로 바뀌므로 나눗셈 대신 사용할 수 있다. 하지만 왼쪽 이동 연산과 마찬가지로 실숫값에 대해서는 사용할 수 없으며, 2의 거듭제곱에 해당하는 정수 나눗셈만 가능하다.

비트 논리 연산자는 불대수에서 정의된 논리 연산을 [표 2]에 정의된 진리표에 따라 수행한다.

[표 2] 비트 논리 연산자를 위한 진리표

a	b	AND	OR	XOR	NOT
		a & b	a | b	a ^ b	~a
0	0	0	0	0	1
0	1	0	1	1	1
1	0	0	1	1	0
1	1	1	1	0	0

비트 연산에서 특정 위치의 비트를 1로 만드는 작업을 '세트(set)', 특정 위치의 비트를 0으로 만드는 작업을 '클리어(clear)'라고 표현한다. 마이크로컨트롤러를 위한 프로그래밍에서 많이 사용되는 비트 연산은 다음과 같다.

- 비트 세트
- 비트 클리어
- 비트 반전
- 비트 검사/읽기

비트 세트

비트 세트는 특정 위치의 비트만을 1로 설정하고, 나머지는 현재 값을 그대로 유지하는 연산이다. 비트 OR 연산을 수행하면 0과 OR시킨 결과는 현재 값이 그대로 유지되고, 1과 OR시킨 결과는 항상 1이 되므로, 이를 통해 원하는 위치의 비트만을 1로 만들 수 있다.

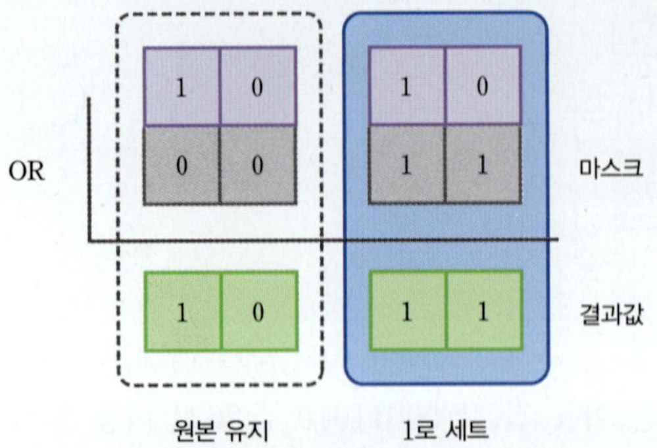

[그림 15] 비트 OR 연산

변수 a에 a = 0bxxxxxxxx 값이 저장된 경우를 생각해 보자. a의 3번째 비트만 1로 설정하고, 나머지 비트들은 현재 값을 그대로 유지하기 위해서는, 0b00000100과 OR 연산을 수행해야 한다.

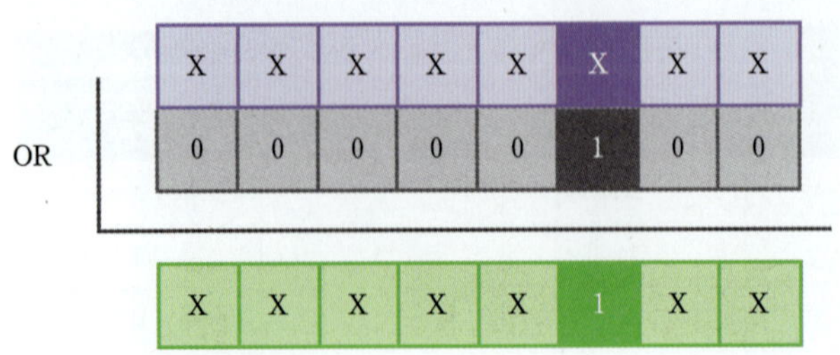

[그림 16] 특정 비트 세트

[그림 16]을 코드로 나타내면 다음과 같다.

```
a = a | 0b00000100;
a = a | 0x04;
```

위의 코드에서 0b00000100 또는 0x04를 비트 연산을 위한 '마스크(mask)'라고 한다. 마스크는 직접 수로 쓰기도 하지만, 비트 이동 연산을 통해 만들어 사용하기도 한다. 마스크 생성에는 왼쪽 비트 이동 연산자인 '〈〈'를 사용할 수 있다. 비트 이동 연산자를 사용하면 [그림 16]의 비트 세트 연산은 다음과 같이 표시할 수 있다.

```
a = a | (0x01 << 2);
```

위의 프로그램에서 (0x01 〈〈 2) 부분이 0x04 마스크를 만들어내는 부분으로, 3번째 비트만 1로 설정하기 위해 최하위 비트(LSB) 1을 2만큼 왼쪽으로 이동시킨다. 이때 세 번째 비트가 특별한 의미가 있는 경우, 예를 들어 3번째 비트를 1로 세트하는 것이 3번째 LED를 켜는 동작이라면, 코드의 가독성을 높이기 위해 #define 문장을 사용하기도 한다.

```
#define LED_3_ON        2
a = a | (0x01 << LED_3_ON);
```

비트 클리어

비트 클리어는 특정 위치의 비트만 0으로 설정하고, 나머지는 현재 값을 그대로 유지하는 연산을 말한다. 비트 AND 연산을 수행하면, 0과 AND시킨 결과는 항상 0이 되고, 1과 AND시킨 결과는 현재 값이 그대로 유지되므로, 이를 통해 원하는 위치의 비트만을 0으로 만들 수 있다.

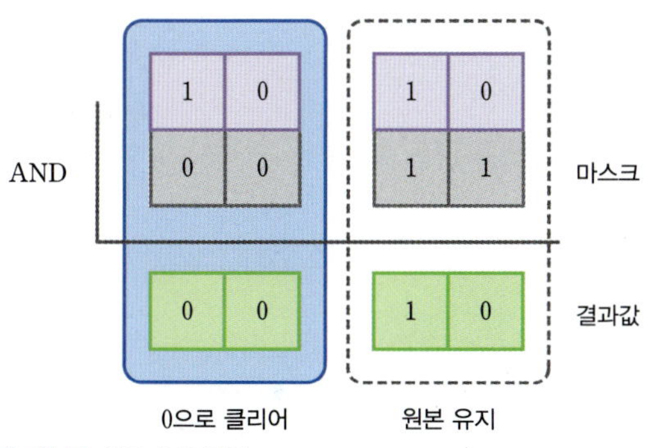

[그림 17] 비트 AND 연산

변수 a에 a = 0bxxxxxxxx 값이 저장된 경우, 5번째 비트만 0으로 클리어하고 나머지 비트들은 현재 값을 그대로 유지하기 위해서는, [그림 18]처럼 0b11101111과 AND 연산을 수행한다.

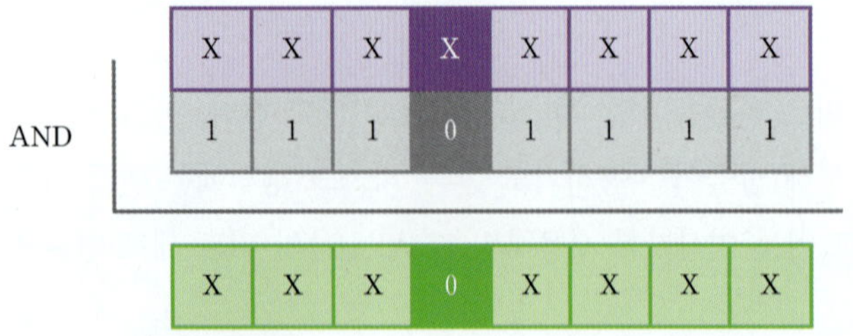

[그림 18] 특정 비트 클리어

[그림 18]을 코드로 나타내면 다음과 같다.

```
a=a & 0b11101111;
a=a & 0xEF;
a=a & ~(0x01 << 4);
```

비트 클리어의 경우, 마스크에서 클리어하는 위치의 비트 값을 0으로 하고, 나머지 비트들은 1로 설정해야 한다. 이는 비트 세트에서와 정반대다. 비트 이동 연산자를 사용하여 마스크를 생성하는 경우에는 비트 세트에서와 같은 방법으로 마스크를 만들고, 이를 반전(~, 비트 NOT)시켜 사용한다.

비트 반전

비트 반전은 특정 위치의 비트만 반전시키고, 나머지는 현재 값을 그대로 유지하는 연산을 말한다. 비트 XOR 연산을 수행하면, 1과 XOR시킨 결과는 비트가 반전되고, 0과 XOR시킨 결과는 현재 값이 그대로 유지되므로, 이를 통해 원하는 위치의 비트만을 반전시킬 수 있다.

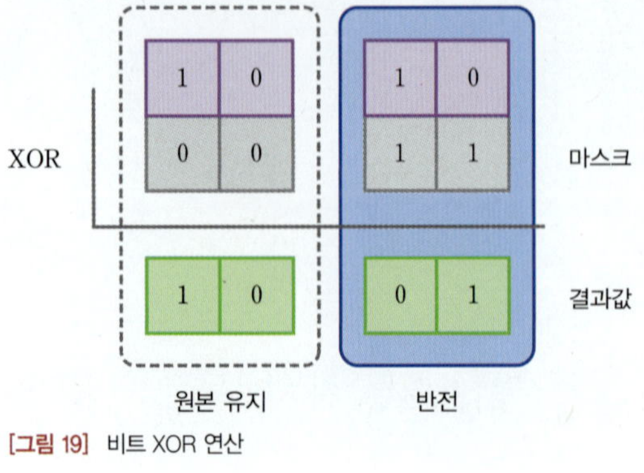

[그림 19] 비트 XOR 연산

한 예로 변수 a에 a=0bxxxxxxxx 값이 저장된 경우, 4번째 비트만 반전시키고, 나머지 비트들은 현재 값을 그대로 유지하기 위해서는, [그림 20]처럼 0b00001000과 XOR 연산을 수행하면 된다.

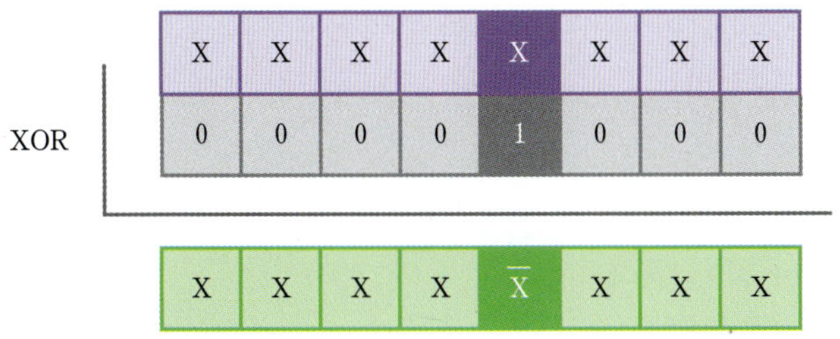

[그림 20] 특정 비트 반전

[그림 20]을 코드로 나타내면 다음과 같다.

```
a=a ^ 0b00001000;
a=a ^ 0x08;
a=a ^ (0x01 << 3);
```

비트 검사/읽기

비트 검사/읽기는 특정 위치의 비트 값만을 알아내는 것을 말한다. 비트 클리어와는 반대로 구하고자 하는 비트 위치에 해당하는 마스크 값만을 1로 하고, 나머지 비트 값들은 0으로 설정한 후 비트 AND 연산을 수행함으로써, 특정 위치의 비트 값을 알아낼 수 있다. 변수 a에 a=0bxxxxxxxx 값이 저장된 경우, 6번째 비트 값을 알아내기 위해서는 [그림 21]처럼 0b00100000과 AND 연산을 수행한다.

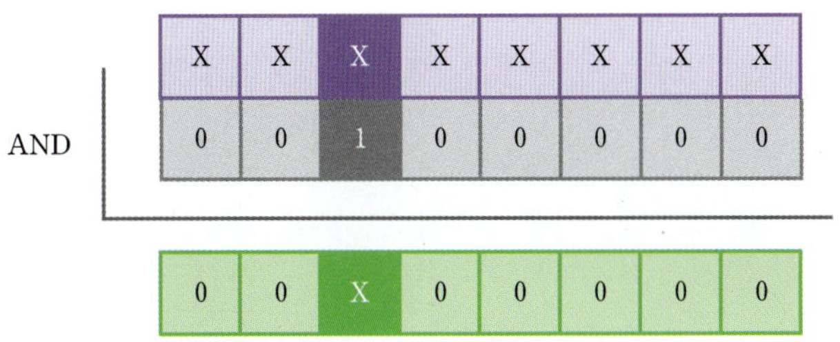

[그림 21] 특정 비트 검사

[그림 21]을 코드로 나타내면 다음과 같다.

```
if( (PINE & 0x20) == 0x20 ) {            // 6번째 비트 검사
   // 비트가 1인 경우
}
else {
```

```
    // 비트가 0인 경우
}
```

위의 코드에서 비트 검사/읽기 결과는 0 또는 32의 값이 나온다는 점을 주의해야 한다. C/C++ 언어에서는 0이 아닌 모든 정숫값은 참(true)으로 인식되므로, 32의 값이 나온다고 하더라도 실행 결과가 달라지지는 않는다.

```
// 실제 if 내의 식은 32 또는 0의 값을 가지는 정숫값이다.
if( REG & 0x20 ) {                          // 6번째 비트 검사
    // 비트가 1인 경우
}
else {
    // 비트가 0인 경우
}
```

특정 비트를 검사한 결과에 오른쪽 비트 이동(>>) 연산자를 적용하면, 0(거짓) 또는 1(참)의 결과를 얻을 수 있다.

```
if( ((REG & 0x20) >> 5) == 1 ) {           // 6번째 비트 검사
    // 비트가 1인 경우
}
else {
    // 비트가 0인 경우
}
```

또는 값을 먼저 이동시킨 후 비트 연산을 수행해도 그 결과는 같다.

```
if( ((REG >> 5) & 0x01) == 1 ) {           // 6번째 비트 검사
    // 비트가 1인 경우
}
else {
    // 비트가 0인 경우
}
```

비트 연산 매크로

마이크로컨트롤러에서 비트 연산을 수행하는 경우는 흔하다. 따라서 자주 사용되는 비트 연산에 대해서는 매크로 함수가 정의되어 있다. 아두이노 프로그램에서 사용하는 AVR-GCC에서도 비트 연산과 관련된 몇 가지의 매크로가 정의되어 있다. 매크로 정의는 'sfr_defs.h' 파일에서 찾아볼 수 있다. 그

중 '_BV' 매크로는 지정한 위치의 비트만 1의 값을 가지도록 하는 매크로다.

```
#define _BV(bit) (1 << (bit))
```

정의에서 볼 수 있듯이 '_BV' 매크로는 비트 이동 연산을 통해 지정된 위치(bit)의 비트만을 1로 설정하므로, 마스크 생성에서 흔히 사용된다. _BV 매크로를 사용하여 특정 비트가 0 또는 1인지 검사하는 매크로도 정의되어 있다.

```
#define bit_is_set(sfr, bit) ( _SFR_BYTE(sfr) & _BV(bit) )1
#define bit_is_clear(sfr, bit) ( !(_SFR_BYTE(sfr) & _BV(bit)) )
```

bit_is_set 매크로는 바이트 단위의 데이터에서 지정된 위치의 비트가 1인지의 여부를 반환하며, bit_is_clear 매크로는 지정한 위치의 비트가 0인지의 여부를 반환한다. 이때 연산을 간단히 하기 위해 비트 이동 연산은 사용하지 않았으므로 '0' 또는 '0 이외의 정수'가 결과로 반환된다는 점도 주의해야 한다.

이외에도 특정 비트가 세트 또는 클리어될 때까지 기다리는 매크로 함수 역시 정의되어 있다.

```
#define loop_until_bit_is_set(sfr, bit) do { } while (bit_is_clear(sfr, bit))
#define loop_until_bit_is_clear(sfr, bit) do { } while (bit_is_set(sfr, bit))
```

하지만 비트 세트, 비트 클리어, 비트 반전 등의 기본 비트 연산에 대한 매크로는 정의되어 있지 않다. 필요하다면 매크로를 정의하여 사용할 수 있다. 다음은 위와 유사하게 매크로를 정의한 예이다.

```
#define set_bit(value, bit) ( _SFR_BYTE(value) |= _BV(bit) )
#define clear_bit(value, bit) ( _SFR_BYTE(value) &= ~_BV(bit) )
#define invert_bit(value, bit) ( _SFR_BYTE(value) ^= _BV(bit) )
#define read_bit(value, bit) ( (_SFR_BYTE(value) & _BV(bit)) >> bit )
```

1 ATmega2560의 메모리 구조에서 살펴본 것처럼 레지스터와 SRAM은 메모리 주소 공간을 공유하지만, 레지스터는 또 다른 메모리 주소 공간을 사용하기도 한다. 이처럼 서로 다른 메모리 공간을 사용할 수 있는 메모리를 지원하기 위해 '_SFR_BYTE' 매크로가 사용되었다. SFR은 'Special Function Register'의 약어다.

CHAPTER 05 연습문제

1. 아두이노에서 pinMode, digitalWrite, digitalRead 함수는 범용 입출력을 위한 기본 함수에 해당한다. 이들은 각각 DDRx, PORTx, PINx 레지스터를 조작하는 함수로, 각 함수의 정의는 아두이노 설치 디렉터리 아래 '\hardware\arduino\avr\cores\arduino' 디렉터리의 wiring_digital.c 파일에서 확인할 수 있다. 각 함수의 정의와 레지스터의 관계를 찾아 [코드 1] 및 [코드 2]와 비교해 보자.

2. 아두이노는 또 다른 오픈소스 프로젝트인 와이어링(Wiring)을 바탕으로 만들어진 것으로, 문제 1의 파일명에서도 그 흔적을 확인할 수 있다. 와이어링 프로젝트는 아두이노와 유사하게 AVR 시리즈 마이크로컨트롤러를 사용하여 만들어진 와이어링 보드를 사용한다. 와이어링 보드와 아두이노 보드를 비교해 보자. (wiring.org.co 참고)

3. 비트 이동 연산으로 밀려 나온 비트는 버려지고 빈칸은 0으로 채워진다. 예를 들어 0b10000000을 왼쪽으로 한 비트 이동시키면 0b00000000이 된다. 비트 이동 연산에서 밀려 나온 비트로 빈칸을 채우는 연산을 원형 비트 이동 연산이라고 한다.

   예를 들어 0b10000000을 왼쪽으로 한 비트 이동시키면 0b00000001이 된다. [표 1]의 연산자를 이용하여 8비트값에 대한 왼쪽 원형 비트 이동 연산을 수행하는 함수를 구현해 보자. 함수의 원형은 다음과 같다.

```
uint8_t circular_shift_left(uint8_t value);
```

4. 코드 3은 비트 세트(OR)와 비트 클리어(AND) 연산을 사용하여 블링크 코드를 구현한 예다. 이를 비트 반전(XOR) 연산을 사용하여 수정해 보자. 비트 반전을 사용하면 비트 세트와 비트 클리어 효과를 비트 반전 하나로 처리할 수 있으므로 _delay_ms 함수를 한 번만 사용하여 구현할 수 있다.

코드 3 블링크 - AND, OR 연산 사용

```
#define F_CPU 16000000L
#include <avr/io.h>
#include <util/delay.h>

int main(void) {
   DDRB |= 0x80;                    // 포트 B의 7번 핀을 출력으로 설정

   while(1) {
      PORTB &= ~0x80;               // LED 끄기, 비트 클리어
      _delay_ms(500);
      PORTB |= 0x80;                // LED 켜기, 비트 세트
      _delay_ms(500);
   }

   return 0;
}
```

CHAPTER

06

데이터 처리의 기본

디지털 데이터 입출력

마이크로컨트롤러는 디지털 컴퓨터의 일종으로 디지털 데이터 처리를 기본으로 한다. 디지털 컴퓨터에서 데이터 입출력의 기본은 비트이며, 데이터 입출력은 마이크로컨트롤러의 데이터 핀을 통해 이루어진다. 이 장에서는 ATmega2560의 데이터 핀으로 1비트 데이터를 입출력하는 방법을 LED와 버튼을 사용하여 알아본다.

CONTENTS

LESSON 01 ATmega2560의 데이터 핀

ATmega2560은 100개의 핀을 가지는 마이크로컨트롤러다. 이 중 전원, 크리스털 등을 위한 14개의 핀을 제외한 86개의 핀을 디지털 데이터 입출력 핀으로 사용할 수 있다. 즉, ATmega2560은 동시에 86비트의 데이터를 주변장치와 교환할 수 있으며, 이 86개 핀을 범용 입출력(General Purpose Input Output, GPIO) 핀이라고 한다. 하지만 ATmega2560 마이크로컨트롤러에 포함된 중앙 처리 장치(CPU)는 1바이트 크기의 워드(word) 단위로 데이터를 처리하므로, 8개의 입출력 핀을 묶어 포트(port) 단위로 관리한다.

ATmega2560의 86개 디지털 데이터 입출력 핀은 A에서 L까지 I를 제외한 11개의 포트로 구성되어 있다. 하지만 86은 8의 배수가 아니므로 G 포트에는 6개 핀만 할당되어 있다. [그림 1]은 ATmega2560 칩의 핀과 포트를 나타낸 것으로, G 포트를 제외한 대부분 포트의 핀들은 연속적으로 배치되어 있다.

마이크로컨트롤러에는 주변장치와 데이터를 주고받기 위한 하드웨어가 칩 내에 포함되어 있다. 주변장치와 입출력 핀을 통해 데이터를 교환하기 위해 사용되는 임시 기억 공간을 '입출력 레지스터'라고 한다. 마이크로프로세서에서 레지스터가 주로 중앙 처리 장치(CPU)의 연산 과정에서 사용되는 '범용 레지스터'를 나타낸다면, 마이크로컨트롤러에서 레지스터는 범용 레지스터에 더하여 주변장치와의 데이터 교환에 사용되는 입출력 레지스터를 함께 가리킨다.

ATmega2560에서는 512개의 레지스터를 정의할 수 있는데, 이 중 32개는 범용 레지스터, 184개는 입출력 레지스터로 정의되어 있다. ATmega2560을 공부한다는 것은 이들 184개 입출력 레지스터의 사용 방법을 배우는 것이라 해도 과언이 아니다.

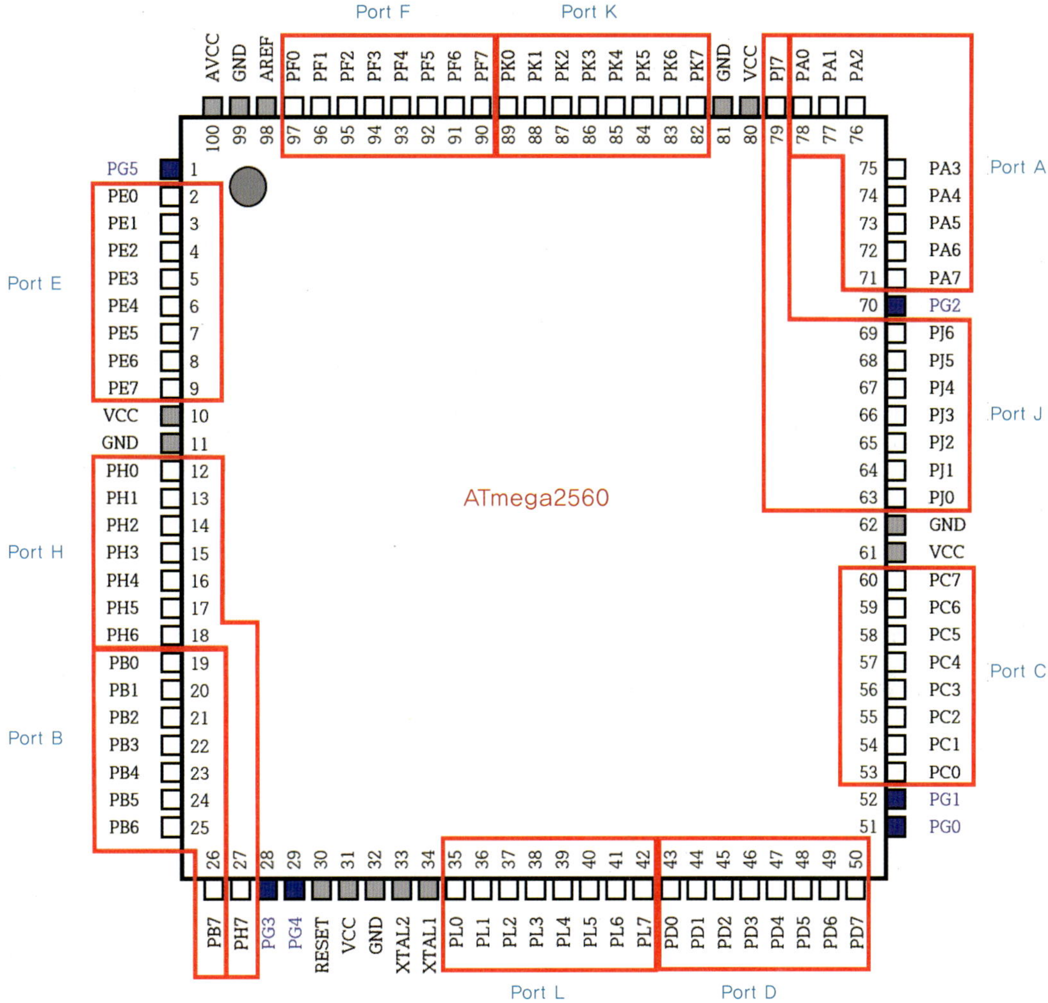

[그림 1] ATmega2560 칩의 핀과 포트

LESSON 02 디지털 데이터 출력을 위한 레지스터

포트를 통해 디지털 데이터를 출력하는 데 사용되는 레지스터는 PORTx (x=A, ... , H, J, K, L) 레지스터다. PORTx 레지스터의 구조는 [그림 2]와 같다. 11개의 포트 중 포트 G는 6개의 핀만을 사용할 수 있으므로, PORTG 레지스터에서 상위 2비트는 사용할 수 없다.

비트	7	6	5	4	3	2	1	0
비트 이름	PORTx7	PORTx6	PORTx5	PORTx4	PORTx3	PORTx2	PORTx1	PORTx0
읽기/쓰기	R/W	R/W	R/W	R/W	R/W	R/W	R/W	R/W
초깃값	0	0	0	0	0	0	0	0

(a) PORTA ~ PORTF, PORTH, PORTJ, PORTK, PORTL

비트	7	6	5	4	3	2	1	0
비트 이름	–	–	PORTG5	PORTG4	PORTG3	PORTG2	PORTG1	PORTG0
읽기/쓰기	R	R	R/W	R/W	R/W	R/W	R/W	R/W
초깃값	0	0	0	0	0	0	0	0

(b) PORTG

[그림 2] PORTx 레지스터 구조

ATmega2560의 데이터 핀으로 데이터를 출력하기 위해서는 PORTx 레지스터의 해당 비트를 사용하면 된다. 예를 들어 ATmega2560 칩의 7번 핀인 PE5 핀으로 1의 값을 출력하고 싶다면, PORTE 레지스터의 5번 비트를 1로 설정하면 된다. 간단하지 않은가?

여기서 잊지 말아야 할 점은, 데이터 핀은 입출력이 가능하다는 점, 그리고 하나의 핀이 입력과 출력에 동시에 사용될 수는 없다는 점이다. 따라서 데이터 핀을 사용하기 전에 해당 데이터 핀을 입력으로 사용할 것인지 또는 출력으로 사용할 것인지를 결정해야 한다. 이를 위해 DDRx (x=A, ... , H, J, K, L) (Data Direction Register) 레지스터가 사용된다. DDRx 레지스터의 구조는 [그림 3]과 같다. 7개의 포트 중 포트 G는 6개의 핀만 사용할 수 있으므로, DDRG 레지스터 역시 PORTG 레지스터와 마찬가지로 상위 2비트는 사용할 수 없다.

비트	7	6	5	4	3	2	1	0
비트 이름	DDx7	DDx6	DDx5	DDx4	DDx3	DDx2	DDx1	DDx0
읽기/쓰기	R/W	R/W	R/W	R/W	R/W	R/W	R/W	R/W
초깃값	0	0	0	0	0	0	0	0

(a) DDRA ~ DDRF, DDRH, DDRJ, DDRK, DDRL

비트	7	6	5	4	3	2	1	0
비트 이름	–	–	DDG5	DDG4	DDG3	DDG2	DDG1	DDG0
읽기/쓰기	R	R	R/W	R/W	R/W	R/W	R/W	R/W
초깃값	0	0	0	0	0	0	0	0

(b) DDRG

[그림 3] DDRx 레지스터 구조 (1은 출력 상태, 0은 입력 상태)

DDRx 레지스터의 각 비트인 DDxn (x=A, ... , H, J, K, L, n = 0, ..., 7) 비트는 PORTxn 비트에 해당하는 핀의 입력 또는 출력을 결정한다. DDxn 비트를 1로 설정하면, 해당 핀은 출력으로 설정되어, LED를 연결하면 이를 깜빡거리게 만들 수 있다. 반면 DDxn 비트를 0으로 설정하면, 해당 핀은 입력으로 설정되어, 버튼을 연결하면 버튼 상태를 읽어올 수 있다. [그림 4]는 DDRA 레지스터와 PORTA 레지스터, 그리고 실제 ATmega2560 칩의 핀 사이의 관계를 나타낸 것이다.

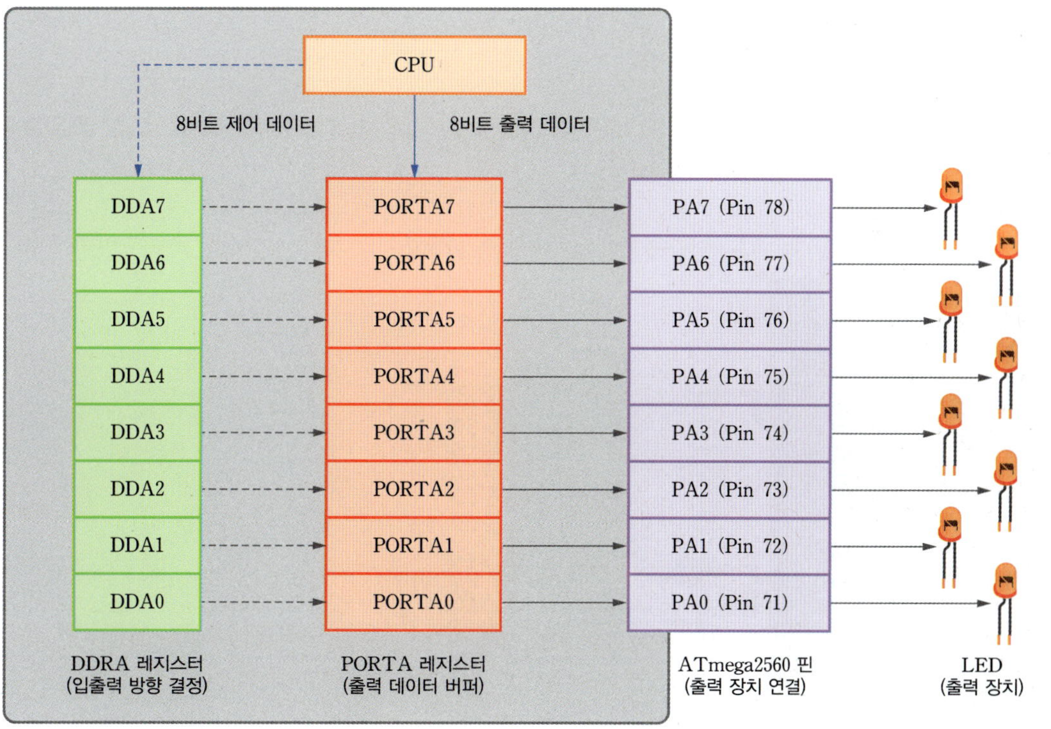

[그림 4] 디지털 데이터 출력을 위한 레지스터와 핀

LESSON 03

디지털 데이터 출력

아두이노 2번(PE4)과 3번(PE5) 핀에 연결된 LED를 점멸하는 프로그램을 작성해 보자. LED 점멸을 위해서는 DDRx 레지스터의 해당 비트에 1을 출력하여 해당 핀을 출력으로 설정한 후, PORTx 레지스터에 1 또는 0의 값을 출력함으로써 LED를 켜거나 끌 수 있다. [그림 5]와 같이 LED를 연결하자.

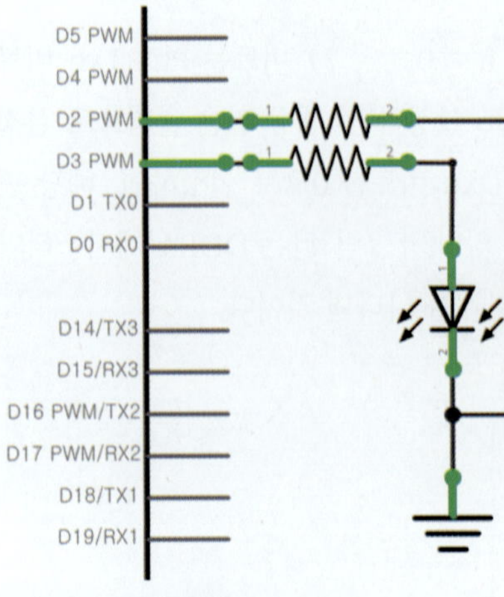

[그림 5] LED 연결 회로도

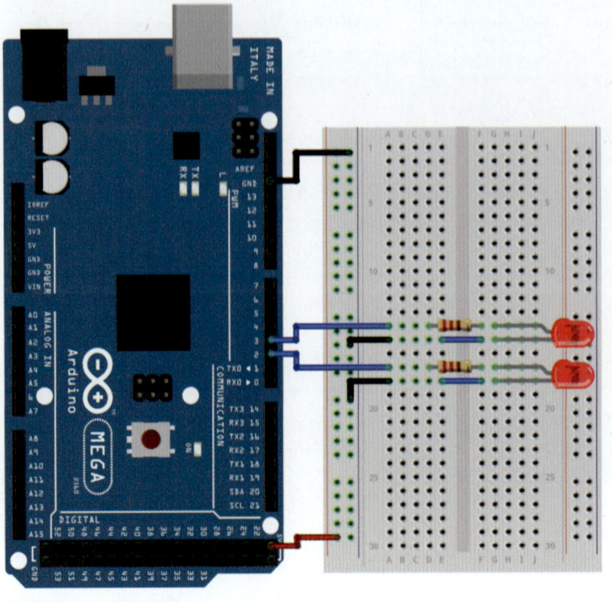

[그림 6] LED 연결 회로

[그림 7] 학습보드의 LED

[코드 1]은 아두이노 2번(PE4)과 3번(PE5) 핀에 연결된 LED를 0.5초 간격으로 점멸하는 코드의 예다.

코드 1 Blink

```
#define F_CPU 16000000L
#include <avr/io.h>
#include <util/delay.h>

int main(void) {
DDRE |= 0x30;

while(1) {
   PORTE |= 0x30;
      _delay_ms(500);
      PORTE &= ~0x30;
      _delay_ms(500);
   }

   return 0;
}
```

- Line 1 : 마이크로컨트롤러의 동작 주파수를 정의한다. 이 책에서는 ATmega2560의 동작 주파수의 기준을 16MHz로 정했으므로, 이에 해당하는 값을 정의한다. ATmega2560에서 int 형은 2바이트이므로 16M 값을 표현할 수 없다. 따라서 상수 뒤에 'L'을 붙여 4바이트 크기의 long 형 값임을 표시한다.

- Line 2 : 'io.h' 헤더 파일을 포함한다. io.h 헤더 파일에는 마이크로컨트롤러 종류에 따른 레지스터 이름과 레지스터 비트 이름 등이 정의되어 있으므로, 이를 반드시 포함해야 한다. 같은 AVR 시리즈 마이크로컨트롤러라고 하더라도 마이크로컨트롤러에 따라 사용할 수 있는 레지스터의 개수와 레지스터 이름에 약간의 차이가 있을 수 있다.

- Line 3 : 밀리초 단위의 시간 지연 함수 _delay_ms를 사용하는 데 필요한 'delay.h' 헤더 파일을 포함한다.

- Line 6 : 아두이노 2번(PE4, 포트 E의 4번) 핀과 아두이노 3번(PE5, 포트 E의 5번) 핀을 출력으로 설정한다.

- Line 8~13 : 메인 루프인 무한 루프에 해당한다. 마이크로컨트롤러 프로그램은 전원이 주어지는 동안에는 종료되지 않고 메인 루프가 계속 실행된다.

- Line 9 : 아두이노 2번(PE4) 핀과 아두이노 3번(PE5) 핀에 연결된 2개의 LED를 켠다.

- Line 10, 12 : 밀리초 단위로 지연 시간을 설정한다. 시간 지연 함수를 사용하기 위해서는 'delay.h' 파일이 반드시 포함되어야 한다. 마이크로초 단위의 지연 시간을 설정할 수 있는 _delay_us 함수도 함께 정의되어 있다.

- Line 11 : 아두이노 2번(PE4) 핀과 아두이노 3번(PE5) 핀에 연결된 2개의 LED를 끈다.

- Line 15 : main 함수 내에 무한 루프가 존재하므로 return 문장은 실행되지 않는다. 다만 main 함수가 int 형의 반환값을 가지므로, C/C++ 언어의 규칙에 맞도록 return 문이 추가되었다.

[코드 1]을 업로드하여 2개의 LED가 점멸하는지를 확인해 보자. [코드 1]은 2개의 LED를 동시에 점멸하도록 하는 코드의 예다. 이를 수정하여 한 번에 하나씩 2개의 LED가 번갈아 켜지도록 해보자. LED를 번갈아 켜는 방법은 다양하지만, 초깃값으로 하나의 LED만 켜고 다른 LED는 꺼지도록 설정한 후, 2개 LED의 상태를 반전시키는 것도 하나의 방법이 될 수 있다.

[코드 2]는 비트 XOR 연산을 사용하여 2개의 LED의 상태를 반전시키는 코드의 예다.

코드 2 LED 상태 반전시키기

```
#define F_CPU 16000000L
#include <avr/io.h>
#include <util/delay.h>

int main(void) {
   DDRE |= 0x30;                  // LED 연결 핀을 출력으로 설정
   PORTE &= ~0x10;                // PE4번 핀에 연결된 LED 끄기
   PORTE |= 0x20;                 // PE5번 핀에 연결된 LED 켜기

   while(1) {
      PORTE ^= 0x30;              // 2개 LED 상태 반전
      _delay_ms(500);
   }

   return 0;
}
```

LESSON 04

디지털 데이터 입력을 위한 레지스터

디지털 데이터 출력을 위해 DDRx 레지스터를 사용하여 입출력 핀을 출력으로 설정한 후, PORTx 레지스터를 사용하여 실제 데이터를 출력하였다. 이 중 DDRx 레지스터는 입출력 핀을 입력 또는 출력으로 사용할 수 있도록 설정하는 레지스터로, 디지털 데이터 입력에도 사용된다. [그림 3]에서 알 수 있듯이 DDRx 레지스터의 디폴트값은 0, 즉 입력 상태로 설정되어 있어, 입력으로 사용하기 위한 별도의 설정이 필요하지 않다. 한편 PORTx 레지스터는 마이크로컨트롤러의 핀으로 출력되는 값이 저장되는 레지스터로, LED와 연결된 핀으로 값을 출력하여 LED를 제어하는 데 사용하였다.

또한 마이크로컨트롤러 핀에 연결된 버튼의 상태를 알아내기 위해서는 버튼의 상태가 저장되는 PIN(Port Input) 레지스터를 사용할 수 있다. PINx 레지스터의 구조는 [그림 8]과 같다. PINx 레지스터는 DDRx 레지스터 및 PORTx 레지스터와 달리 읽기 전용이며, 초깃값은 정해져 있지 않다.

비트	7	6	5	4	3	2	1	0
비트 이름	PINx7	PINx6	PINx5	PINx4	PINx3	PINx2	PINx1	PINx0
읽기/쓰기	R	R	R	R	R	R	R	R
초깃값	N/A	N/A	N/A	N/A	N/A	N/A	N/A	N/A

(a) PINA ~ PINF, PINH, PINJ, PINK, PINL

비트	7	6	5	4	3	2	1	0
비트 이름	PING7	PING6	PING5	PING4	PING3	PING2	PING1	PING0
읽기/쓰기	R	R	R	R	R	R	R	R
초깃값	0	0	N/A	N/A	N/A	N/A	N/A	N/A

(b) PING

[그림 8] PINx 레지스터 구조

[그림 9]는 DDRA 레지스터와 PINA 레지스터, 그리고 실제 ATmega2560 칩의 핀 사이의 관계를 나타낸 것이다. 디지털 데이터 출력을 위한 레지스터와 핀의 관계를 나타내는 [그림 4]와 비교하여 살펴보기 바란다.

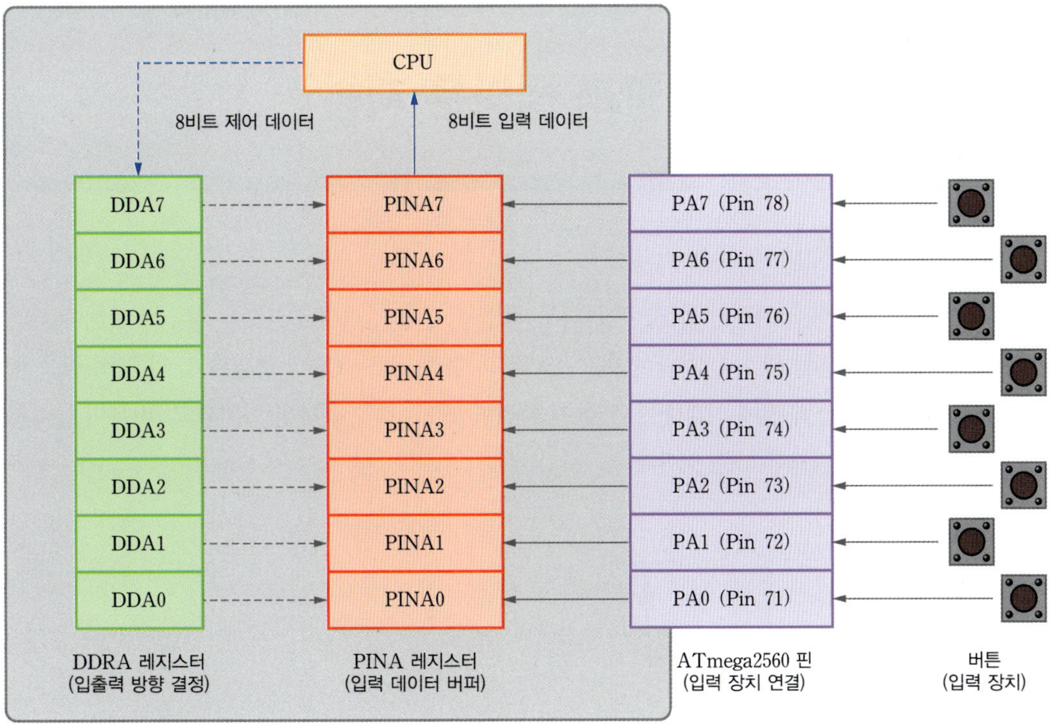

[그림 9] 디지털 데이터 입력을 위한 레지스터와 핀

LESSON
05 풀업 저항과 풀다운 저항

버튼을 사용하는 경우에 주의해야 할 점 중 하나는, 버튼이 연결된 핀이 오픈되는 경우는 피해야 한다는 것이다. 버튼을 사용할 때 가장 간단한 회로는 버튼의 한쪽 끝을 VCC에 연결하고, 다른 쪽 끝을 마이크로컨트롤러의 입출력 핀에 연결하여, 버튼이 눌리면 VCC, 즉 논리 1이 입력되고, 버튼이 눌리지 않으면 논리 0이 가해지도록 하는 것이다.

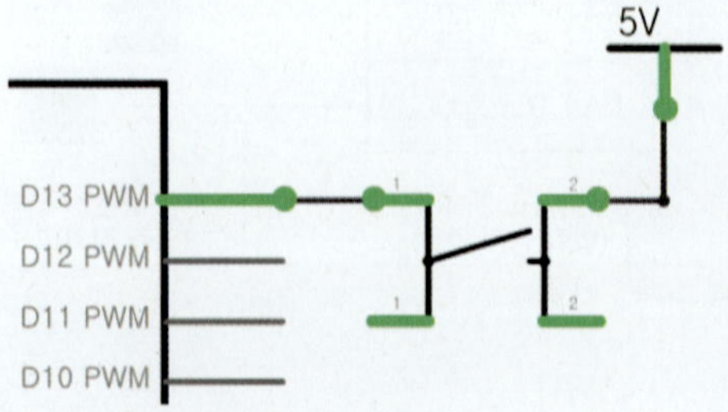

[그림 10] 버튼 연결 회로도

[그림 11] 버튼 연결 회로

[그림 10]에서 버튼을 누르면, VCC가 입력 핀에 가해지므로 논리 1이 입력된다. 버튼이 눌리지 않으면 입력 핀에는 어떤 값이 가해질까? 정답은 '알 수 없다'이다. [그림 10]에서 버튼이 눌리지 않으면, 입력 핀은 회로가 연결되지 않은 것과 같은 개방(open)된 상태가 된다. 개방된 핀에는 인접한 핀에 가해지는 전압이나 정전기 등에 의해 무작위의 값이 가해질 수 있다. 이처럼 개방된 입력 핀은 플로팅(floating)되어 있다고 이야기한다. 플로팅된 핀에는 임의의 값이 가해질 수 있으므로, 버튼이 눌리지 않은 경우에도 버튼이 눌렸다고 잘못 인식하거나 그 반대의 경우가 발생할 수 있다. 이러한 플로팅 상태를 제거하기 위해 풀업 또는 풀다운 저항이 흔히 사용된다. [그림 12]의 회로를 살펴보자.

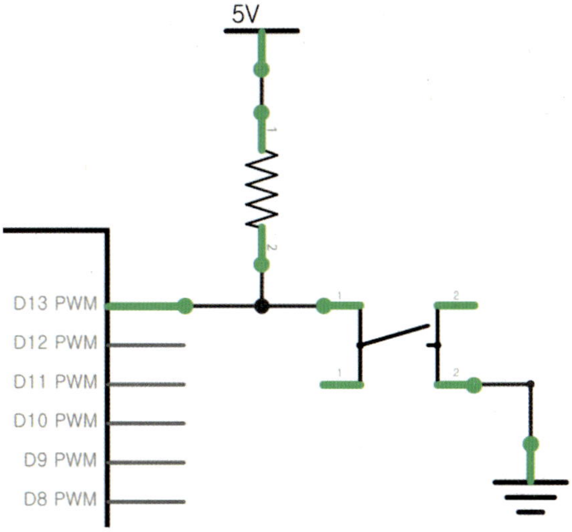

[그림 12] 풀업 저항을 사용한 버튼 연결 회로도

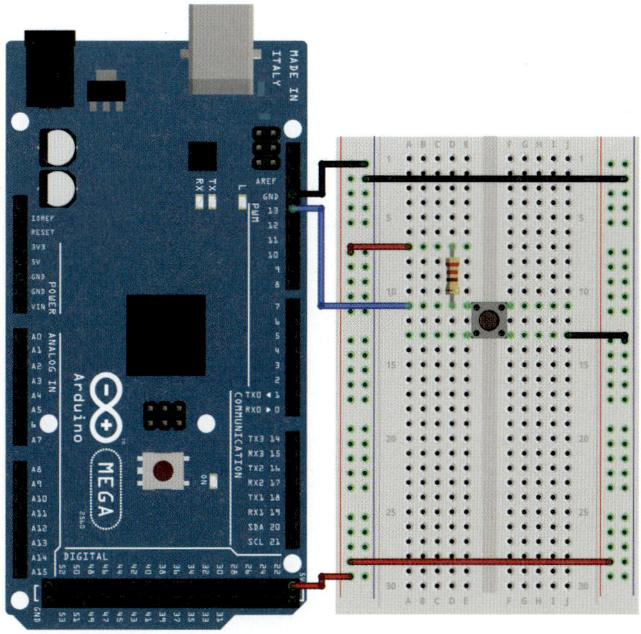

[그림 13] 풀업 저항을 사용한 버튼 연결 회로

[그림 12]의 회로에서 버튼이 눌리지 않으면 입력 핀에는 저항을 통해 VCC가 가해진다. 반면 버튼이 눌려진 경우에는 GND가 가해진다. 저항이, 스위치가 개방된 상태에서 입력 핀에 가해지는 값이 VCC가 되도록 끌어 올리는(pull up) 역할을 하므로 풀업 저항이라고 한다. 한 가지 주의할 점은 풀업 저항을 사용하는 경우에 버튼이 눌리면 논리 0(GND)이 가해지고, 버튼이 눌리지 않으면 논리 1(VCC)이 가해진다는 것이다. 이는 [그림 10]의 회로에서 예상했던 동작과는 정반대이다. [그림 10]에서 기대했던 동작과 같은 결과를 얻기 위해서는 풀업 저항과 유사한 풀다운 저항을 사용하면 된다. [그림 14]의 회로를 살펴보자.

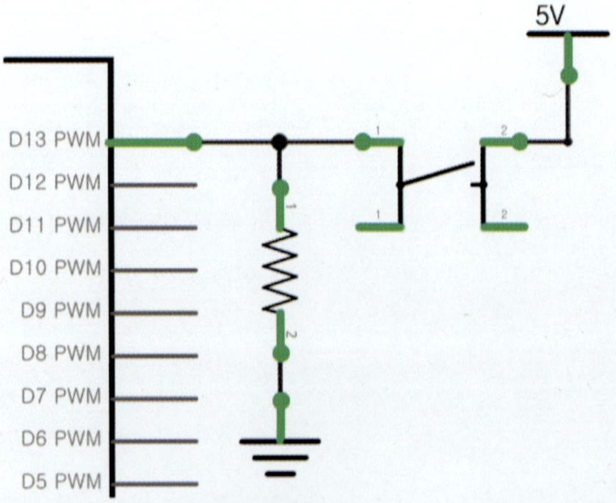

[그림 14] 풀다운 저항을 사용한 버튼 연결 회로도

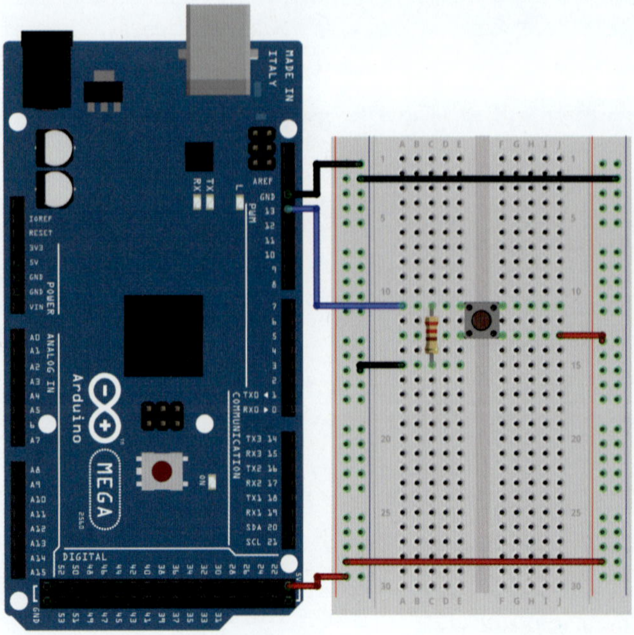

[그림 15] 풀다운 저항을 사용한 버튼 연결 회로

[그림 14]의 회로에서 버튼이 눌리지 않으면, 저항을 통해 입력 핀에 GND가 가해진다. 반면 버튼이 눌리면 입력 핀에 VCC가 가해진다. 저항이, 스위치가 개방된 상태에서 입력 핀에 가해지는 값이 GND가 되도록 끌어 내리는(pull down) 역할을 하므로 풀다운 저항이라고 한다. [그림 12]와 [그림 14]의 회로를 비교해 보면, 저항과 버튼의 위치가 바뀌어 있어서 가해지는 전압의 방향이 서로 반대가 된다. [표 1]은 버튼을 연결하는 3가지 방법에 따라 GPIO 핀에 입력되는 값을 비교한 것이다.

[표 1] 버튼 구성 회로에 따른 디지털 입력

저항	스위치 ON	스위치 OFF
없음	1	플로팅
풀업 저항	0	1
풀다운 저항	1	0

풀업 및 풀다운 저항이 사용된 버튼을 테스트하기 위해 아두이노 15번(PJ0) 핀과 아두이노 16번(PH1) 핀에는 버튼을, 아두이노 3번(PE5) 핀과 아두이노 4번(PG5) 핀에는 LED를 연결하자.

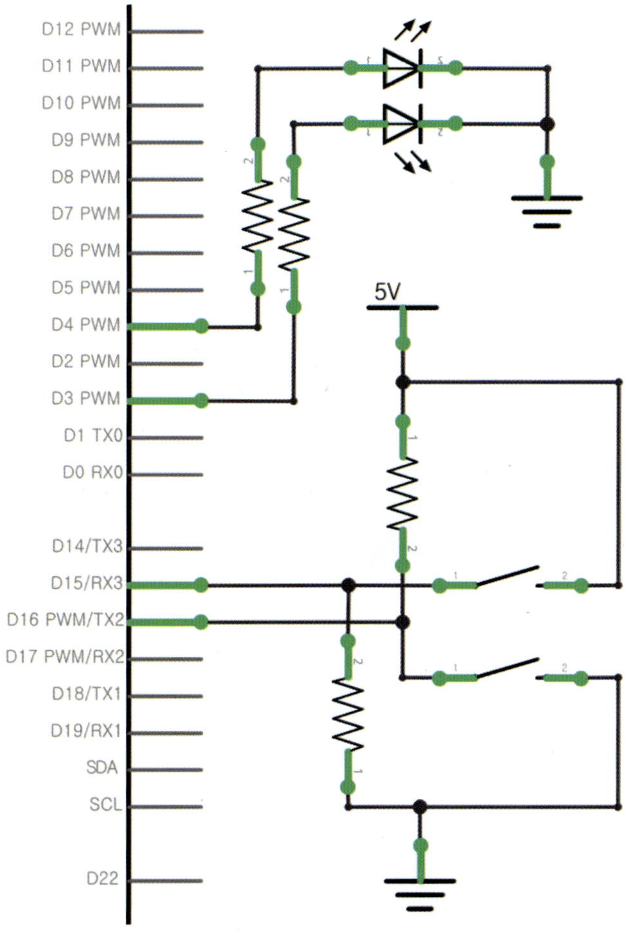

[그림 16] 버튼과 LED 연결 회로도

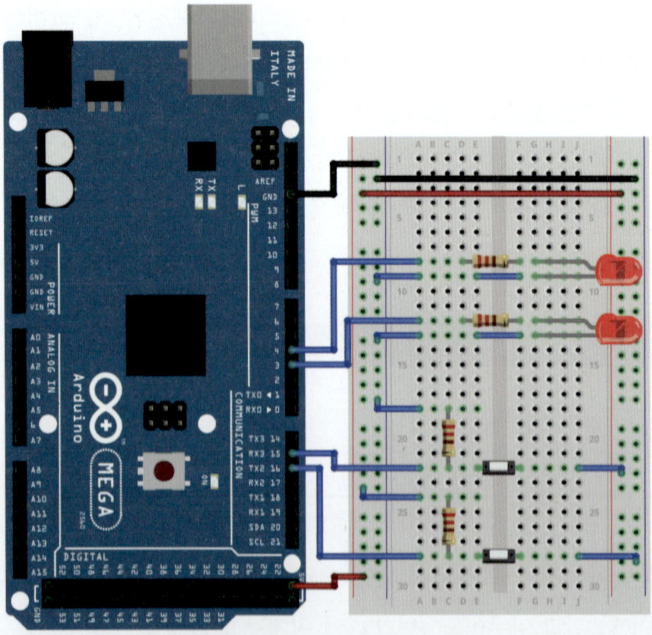

[그림 17] 버튼과 LED 연결 회로

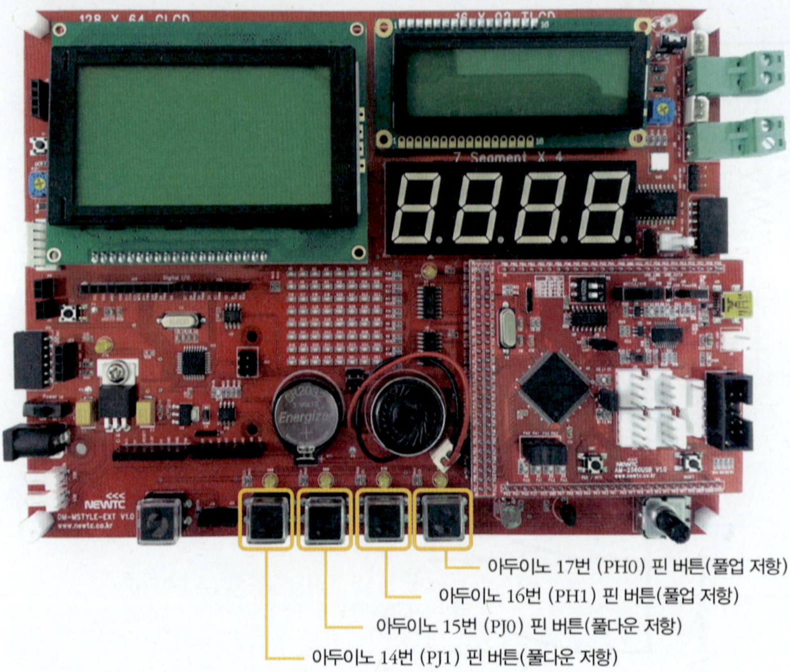

[그림 18] 학습보드의 버튼

아두이노 15번(PJ0) 핀에 연결된 버튼에는 풀다운 저항이 사용되었고, 아두이노 3번(PE5) 핀에 연결된 LED는 버튼 상태를 나타낸다. 아두이노 16번(PH1) 핀에 연결된 버튼에는 풀업 저항이 사용되었고, 아두이노 4번(PG5) 핀에 연결된 LED는 버튼 상태를 나타낸다. 따라서 아두이노 3번(PE5)

핀에 연결된 LED는 켜지지 않은 상태가 디폴트 상태이며, 아두이노 4번(PG5) 핀에 연결된 LED는 켜진 상태가 디폴트 상태가 된다. [코드 3]은 버튼 상태를 LED에 나타내는 코드의 예다. 버튼을 누르면서 LED의 상태가 어떻게 변하는지 확인해 보자.

코드 3 버튼 상태 나타내기

```
#define F_CPU 16000000L
#include <avr/io.h>
#include <util/delay.h>

#define set_bit(value, bit) ( _SFR_BYTE(value) |= _BV(bit) )
#define clear_bit(value, bit) ( _SFR_BYTE(value) &= ~_BV(bit) )

int main(void) {
   DDRJ &= ~0x01;           // 풀다운 저항이 연결된 버튼을 입력으로 설정
   DDRH &= ~0x02;           // 풀업 저항이 연결된 버튼을 입력으로 설정
   DDRE |= 0x20;            // LED가 연결된 포트 E 5번 핀을 출력으로 설정
   DDRG |= 0x20;            // LED가 연결된 포트 G 5번 핀을 출력으로 설정

   while(1) {
      // 풀다운 저항이 연결된 버튼 상태 읽기
      uint8_t btn_pulldown = PINJ & 0x01;
      // 풀업 저항이 연결된 버튼 상태 읽기
      uint8_t btn_pullup = (PINH >> 1) & 0x01;

      // 풀다운 저항이 연결된 버튼 상태 LED에 나타내기
      if(btn_pulldown) set_bit(PORTE, 5);
      else clear_bit(PORTE, 5);

      // 풀업 저항이 연결된 버튼 상태 LED에 나타내기
      if(btn_pullup) set_bit(PORTG, 5);
      else clear_bit(PORTG, 5);
   }

   return 0;
}
```

LESSON 06

버튼을 누른 횟수 세기

버튼을 누른 횟수를 세어보자. 버튼을 누른 횟수는 버튼을 눌렀다가 떼는 횟수를 의미하므로, 단순히 버튼이 눌린 상태를 확인하는 것만으로는 부족하다. 버튼이 눌린 상태만을 확인한다면, 버튼을 계속 누르고 있는 경우엔 버튼을 누른 횟수가 계속 증가할 것이다. 따라서 버튼을 누른 횟수를 알아내기 위해서는 버튼의 이전 상태와 현재 상태를 저장하고, 이전 상태와 현재 상태의 변화를 검사해야 한다.

버튼을 누른 횟수를 세기 위해서는 아두이노 15번(PJ0) 핀에 풀다운 저항으로 연결된 버튼을 사용한다. [코드 4]는 버튼을 누른 횟수를 시리얼 모니터로 출력하는 코드의 예다. 버튼을 누르면서 버튼을 누른 횟수가 증가하는지, 또한 버튼을 계속 누르고 있는 경우엔 버튼을 누른 횟수가 어떻게 증가하는지를 확인해 보자.

코드 4 | 버튼을 누른 횟수[1]

```
#define F_CPU 16000000L
#include <avr/io.h>
#include <util/delay.h>

int main(void) {
   // 아두이노의 Serial 클래스를 사용하여 UART 시리얼 통신을 수행
   init();                                    // Serial 클래스 사용을 위한 준비
   Serial.begin(9600);                        // UART 시리얼 통신 초기화

   // 이전과 현재 버튼의 상태
   uint8_t state_previous = 0, state_current;
   int count = 0;                             // 버튼이 눌린 횟수

   DDRJ &= ~0x01;                             // 버튼이 연결된 핀을 입력으로 설정

   while(1) {
```

1 이 코드에서는 UART 통신으로 컴퓨터로 데이터를 전송하기 위해 아두이노의 Serial 클래스를, 전송된 데이터 확인을 위해 아두이노의 시리얼 모니터를 사용한다. Serial 클래스의 멤버 함수인 print와 println을 사용하면 다양한 형식의 데이터를 문자열로 변환하여 컴퓨터로 전송할 수 있다. 한 가지 주의할 점은 Serial 클래스 초기화 과정에서 통신 속도가 9600으로 설정되어 있으므로 시리얼 모니터에서도 같은 속도로 설정해야 한다는 점이다. UART 시리얼 통신에 대한 자세한 내용은 다음 장에서 다룬다.

```
        state_current = PINJ & 0x01;            // 버튼 상태 읽기

        if(state_current == 1) {                // 버튼이 눌린 경우
            if(state_previous == 0) {           // 버튼의 이전 상태가 눌리지 않은 경우
                count++;                        // 버튼을 누른 횟수 증가
                Serial.println(count);          // 시리얼 모니터로 버튼을 누른 횟수 출력
            }
            // _delay_ms(50);                   // 디바운싱
        }
        state_previous = state_current;         // 버튼의 이전 상태 갱신
    }

    return 0;
}
```

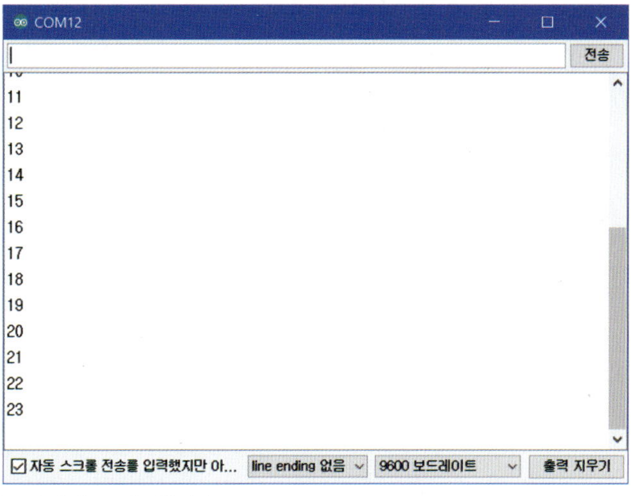

[그림 19] [코드 4] 실행 결과

[코드 4]에서 눈여겨볼 곳은 코멘트로 처리된 _delay_ms 함수 부분이다. 사용하는 버튼에 따라서는 버튼을 한 번 눌렀음에도 불구하고 버튼을 누른 횟수가 2 이상 증가하는 경우를 발견할 수 있다. 이는 버튼을 누르기 시작하여 버튼이 완전히 눌리기까지의 그 시간 동안 버튼의 기계적인 진동으로 인해 버튼의 접점이 닿았다가 떨어지기를 반복하기 때문에 발생한다. 이러한 현상을 바운싱(bouncing) 또는 채터링(chattering)이라고 한다. [그림 20]은 바운싱 현상에 의해 버튼이 연결된 핀으로 입력되는 데이터의 예를 보여준다.

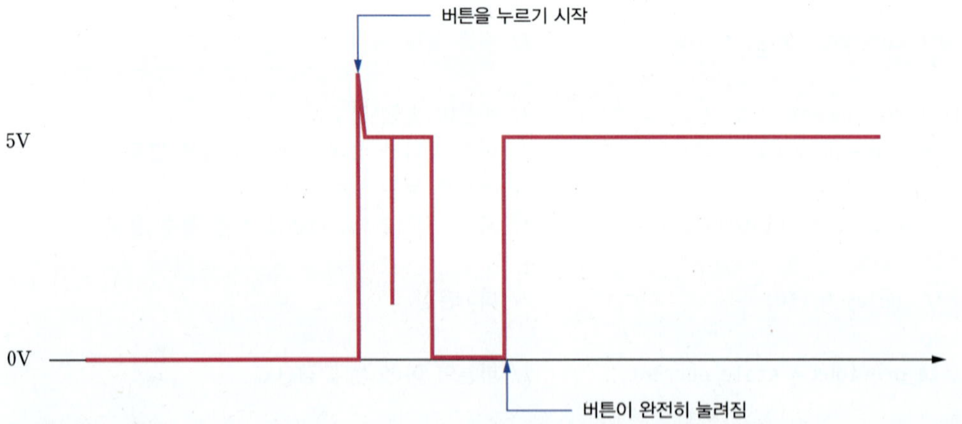

[그림 20] 바운싱 현상

바운싱 현상을 없애는 방법을 디바운싱(de-bouncing)이라고 한다. 바운싱 현상은 아주 짧은 시간 동안 발생하므로, 버튼이 눌리기 시작하는 순간부터 _delay_ms 함수를 사용하여 이후 짧은 시간 동안의 변화를 무시하는 것이 간단하면서도 효과적인 디바운싱 방법이다. [코드 4]를 업로드하고 버튼을 한 번 눌렀을 때 버튼을 누른 횟수가 2 이상 증가한다면, [코드 4]에서 _delay_ms 부분의 코멘트를 제거하고, 프로그램을 다시 업로드해 보자. 그러면 정상적으로 동작할 것이다.

CHAPTER

06 연습문제

1. 아두이노 2번(PE4), 3번(PE5), 4번(PG5), 5번(PE3) 핀에 LED를 연결하고, 1초 간격으로 아래 4개 패턴에 따라 LED를 반복해서 켜는 프로그램을 작성해 보자.

[표 2] LED 출력 패턴

패턴	디지털 핀			
	아두이노 2번 (PE4)	아두이노 3번 (PE5)	아두이노 4번 (PG5)	아두이노 5번 (PE3)
1	■			
2		■		
3			■	
4				■

2. 아두이노 2번(PE4), 3번(PE5), 4번(PG5), 5번(PE3) 핀에 LED를 연결하고, 아두이노 14번(PJ1) 핀에 풀다운 저항을 사용하여 버튼을 연결하자. 버튼이 눌릴 때마다 문제 1에서 표시되는 패턴의 순서가 패턴 번호가 증가하는 방향과 감소하는 방향으로 매번 바뀌도록 프로그램을 작성해 보자.

3. 버튼을 사용할 때에는 풀다운이나 풀업 저항 사용이 추천된다. ATmega2560의 범용 입출력 핀에는 프로그램으로 설정 가능한 풀업 저항이 포함되어 있으므로 별도의 외부 저항 없이도 풀업 저항을 사용할 수 있다. 범용 입출력 핀에 풀다운 저항이 아닌 풀업 저항이 포함된 이유가 무엇인지 알아보자.

4. 바운싱 현상을 줄이는 방법의 하나가 _delay_ms 함수를 사용하는 소프트웨어적인 방법이다. 이외에도 하드웨어적인 방법으로 바운싱을 줄이는 다양한 회로가 존재한다. 디바운싱 회로의 종류를 알아보자.

CHAPTER

07

가장 널리 사용되는 시리얼 통신 방법

UART 시리얼 통신

마이크로컨트롤러는 비트 단위의 디지털 데이터 입출력을 기본으로 하지만, 마이크로컨트롤러의 중앙 처리 장치(CPU)에서는 바이트 단위로 데이터가 처리된다. 따라서 CPU 내부의 바이트 단위 데이터와 CPU 외부의 비트 단위 데이터 사이에 변환 과정이 필요하다. 그 대표적인 예가 시리얼 통신이다. 이 장에서는 시리얼 통신 방법의 하나인 UART 시리얼 통신에 대해 알아본다.

CONTENTS

LESSON 01

시리얼 통신

이전 장에서는 비트 단위의 데이터를 마이크로컨트롤러의 범용 입출력(GPIO) 핀을 통해 주고받는 방법을 살펴보았다. 입출력 핀으로는 한 번에 1비트의 데이터만을 전송할 수 있으므로, 8개의 LED를 제어하기 위해서는 8개의 범용 입출력 핀이 필요하다. 이처럼 n비트의 데이터를 전송하기 위해 n개의 입출력 핀을 사용하는 방법을 병렬(parallel) 통신이라고 이야기한다. 하지만 마이크로컨트롤러에서 사용할 수 있는 입출력 핀 수는 그리 많지 않으므로 병렬 통신을 사용하는 데 한계가 있을 수 있다.

ATmega2560의 경우엔 86개의 입출력 핀을 사용할 수 있어 병렬 통신을 적용할 수도 있지만, 연결이 너무 복잡해지는 등의 문제로 고속의 데이터 전달이 필요한 경우를 제외하면 많이 사용하지는 않는다. 대표적으로 병렬 통신이 사용되는 경우는 LCD에 데이터를 전달하는 경우로, 전달해야 하는 데이터가 가장 적은 텍스트 LCD의 경우엔 최소 4비트, 픽셀 단위의 컬러 데이터 전달이 필요한 TFT LCD의 경우엔 24비트의 병렬 통신이 사용되기도 한다. 마이크로컨트롤러에서는 병렬 통신 대신 시리얼(serial) 통신(또는 직렬 통신[1])이 일반적으로 사용된다. 병렬 통신에서는 8개 비트를 8개의 입출력 핀을 통해 한 번에 전송한다면, 시리얼 통신은 1개의 입출력 핀을 통해 8개 비트를 8번에 나누어 전송한다.

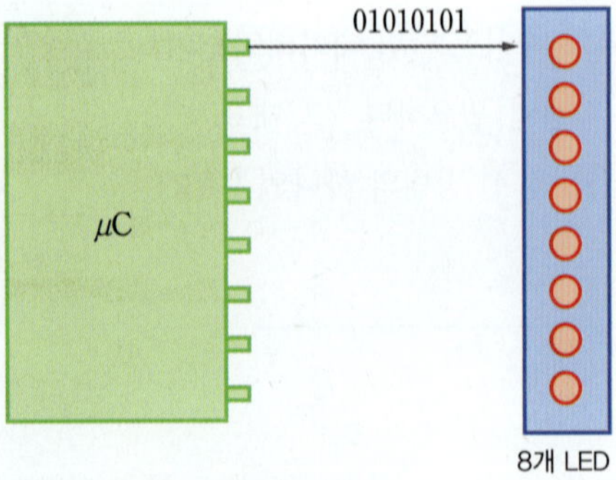

(a) 시리얼 통신

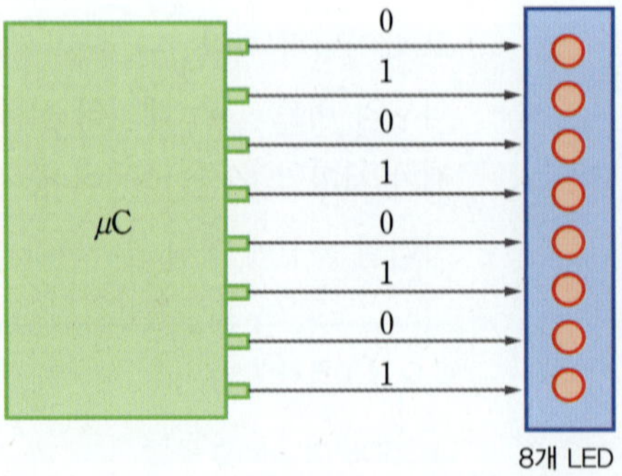

(b) 병렬 통신

[그림 1] 시리얼 통신과 병렬 통신

시리얼 통신을 위한 방법에는 여러 가지가 있지만, 이 장에서는 마이크로컨트롤러에서 흔히 사용되는 방법의 하나인 UART(Universal Asynchronous Receive and Transmit) 시리얼 통신에 대해 알아본다.

1 직렬 통신은 시리얼 통신과 같은 의미지만, 일반적으로 '시리얼 통신'이라는 용어를 더 많이 사용하므로 이 책에서도 '시리얼 통신'이라는 용어를 사용한다.

LESSON 02

UART 시리얼 통신

UART(Universal Asynchronous Receive and Transmit) 시리얼 통신은 시리얼 통신 중 한 가지 방법이다. 이외에도 마이크로컨트롤러에서 흔히 사용되는 시리얼 통신에는 SPI(Serial Peripheral Interface), I2C(Inter-Integrated Circuit) 등이 있다. UART 시리얼 통신은 시리얼 통신 방법 중 가장 오래된 방법으로, 시리얼 통신이라고 하면 흔히 UART 시리얼 통신을 가리키므로, 이 책에서도 특별히 구별해야 할 필요가 없는 경우, 시리얼 통신은 UART 시리얼 통신을 가리킨다.

마이크로컨트롤러는 0이나 1의 디지털 값만을 처리할 수 있지만, 실제 데이터는 전압이라는 아날로그 값을 통해 전달된다. 전압을 통해 디지털 데이터를 전달할 때에는 일반적으로 GND로 논리 0, VCC로 논리 1 데이터를 전송하며, 데이터를 수신한 쪽에서 GND와 VCC를 다시 0과 1의 이진값으로 변환하여 사용한다. 하지만 이것만으로는 충분하지 않다. [그림 1]의 시리얼 통신에서처럼 8번 데이터를 보낼 때 받는 쪽에서 얼마나 자주 데이터를 확인할 것인지를 알고 있어야 한다. 즉, 보내는 쪽과 받는 쪽 모두에서 데이터를 보내는 속도에 대하여 약속이 정해져 있어야 한다. 물론 8비트의 데이터를 여러 번 보내는 경우라면 병렬 통신에서도 8비트 단위의 데이터를 얼마나 자주 확인할 것인지에 대한 약속이 정해져 있어야 한다.

시리얼 통신을 통해 1초에 한 번 0이나 1의 값을 보낸다고 가정해 보자. '01'의 데이터를 보냈을 때, 받는 쪽에서 1초에 한 번 값을 검사한다면 '01'의 데이터를 받을 수 있지만, 0.5초에 한 번 값을 검사한다면 '0011'이라는 전혀 다른 데이터를 수신하게 된다.

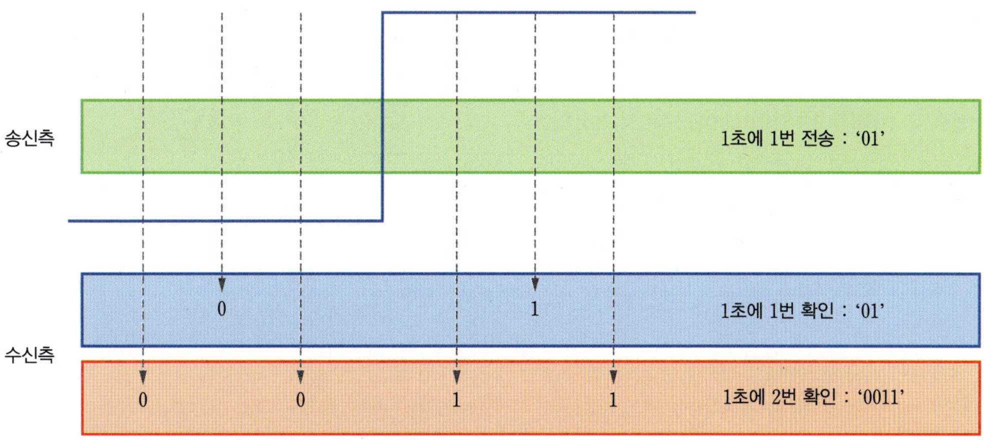

[그림 2] 송신 속도와 수신 속도 차이에 의한 전송 데이터 차이

UART 시리얼 통신에서는 보내는 쪽과 받는 쪽에서 데이터를 보내거나 받는 속도를 보율(baud rate)로 정한다. 보율은 변조 속도를 나타내는 단위로, 프랑스의 과학자 Jean Maurice Emile Baudot의 이름을 따서 명명되었다. 초기 데이터 통신에서 보율은 통신 회선을 통해 1초 동안 전달되는 데이터 비트의 개수를 나타내는 단위로, 모뎀 등의 데이터 전송 속도를 표시하는 데 사용되었다. 이 경우 보율은 흔히 사용되는 데이터 전송 속도 단위인 bps(bits per second)와 같다.

하지만 최근 통신 기술의 발달로 신호가 한 번 변할 때, 즉 한 번 변조될 때, 1비트 이상의 정보를 전송하는 것이 가능해짐에 따라 bps는 보율보다 크거나 같은 값을 가진다. [그림 3]은 보율과 bps를 비교한 그림이다. 1초에 신호가 4번 변하고 있으므로 보율은 4지만, 신호가 한 번 변할 때 2비트의 데이터가 전달되므로 bps는 8이다.

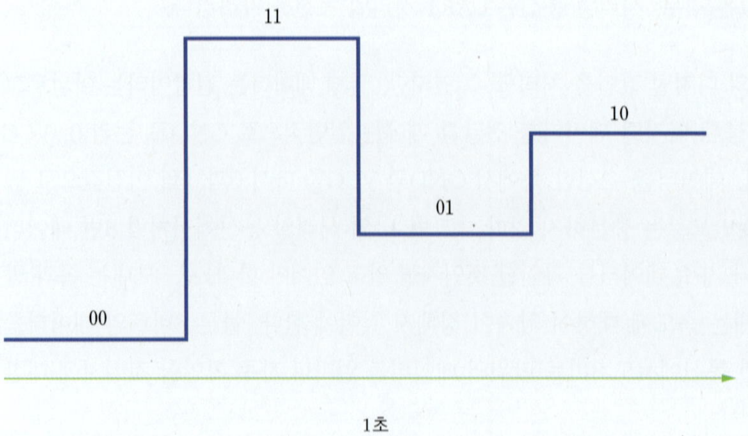

[그림 3] 보율과 bps

송신 측과 수신 측이 같은 속도로 데이터를 주고받는다고 해도 정확하게 통신이 이루어지는 것은 아니다. 송신 측은 계속 데이터를 보내는 게 아니라 필요한 경우에만 데이터를 보낸다. 따라서 수신 측에서는 언제 송신 측이 데이터를 보내는지, 그리고 어디서부터가 송신 측에서 보낸 데이터의 시작인지 알아낼 방법이 필요하다. 이를 위해 UART에서는 '0'의 시작 비트(start bit)와 '1'의 정지 비트(stop bit)를 사용한다. UART 시리얼 통신은 바이트 단위 데이터에 시작 비트와 정지 비트를 추가하여 일반적으로 10비트 단위의 데이터를 전송한다.

송신 측에서 데이터를 보내지 않는 상태라면 데이터 핀은 항상 '1'의 상태에 있다. 데이터가 수신되기 시작하는 시점에서 데이터 핀은 시작 비트에 의해 '0'의 상태로 변하고, 이어서 8비트의 데이터가 수신된 후, 데이터 전송이 끝났음을 알리는 정지 비트 '1'이 수신된다.

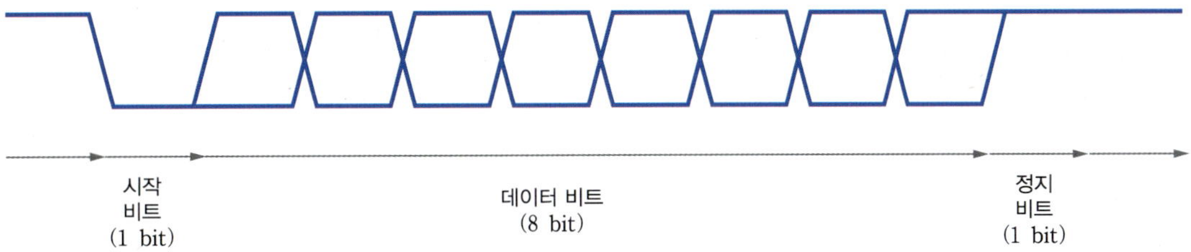

[그림 4] UART 시리얼 통신의 데이터 전송

UART 시리얼 통신은 전이중 방식(full duplex) 통신으로, 송신과 수신을 동시에 진행할 수 있다. 이를 위해 두 개의 범용 입출력 핀이 사용된다. 범용 입출력 핀을 통해 수신되는 데이터로부터 데이터 비트를 찾아내고, 직렬로 수신된 8비트 데이터를 바이트 단위의 병렬 데이터로 변환하는 등의 작업을 위해 전용 하드웨어가 마이크로컨트롤러 내에 포함되어 있는데, 이를 흔히 시리얼 포트라고 한다.

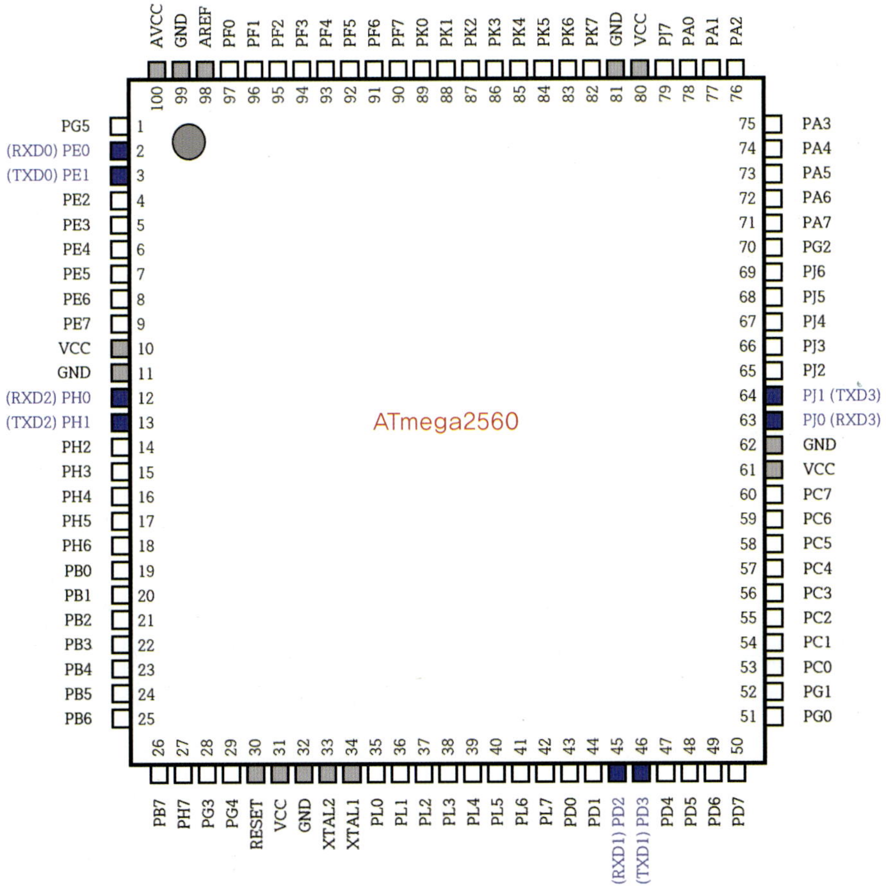

[그림 5] UART 시리얼 통신을 위한 ATmega2560 핀

ATmega2560에는 UART 통신을 위한 4개의 포트가 포함되어 있으며, 이들은 UART0~UART3으로 불린다.

[표 1] ATmega2560의 UART 시리얼 통신 포트 및 핀

포트	데이터 수신(RX or RXD) 핀	데이터 송신(TX or TXD) 핀
UART0	PE0 (아두이노 0번)	PE1 (아두이노 1번)
UART1	PD2 (아두이노 19번)	PD3 (아두이노 18번)
UART2	PH0 (아두이노 17번)	PH1 (아두이노 16번)
UART3	PJ0 (아두이노 15번)	PJ1 (아두이노 14번)

UART 통신에서 데이터 수신을 위한 핀은 RX 또는 RXD로 표시되는데, 이는 'Receive Data'를 의미한다. 데이터 송신을 위한 핀은 TX 또는 TXD로 표시되는데, 이는 'Transmit Data'를 의미한다. 이처럼 데이터 송신과 수신을 위한 전용 핀이 정해져 있으므로, 두 개의 장치를 시리얼 통신을 위해 연결하는 경우에는 RX와 TX를 서로 교차하여 연결해야 한다.

예를 들어 컴퓨터와 ATmega2560을 시리얼 통신을 위해 연결할 경우, 컴퓨터의 RX는 ATmega2560의 TX로, 컴퓨터의 TX는 ATmega2560의 RX로 연결해야 한다. 하지만 컴퓨터의 시리얼 포트에서 사용하는 RS-232C의 신호 레벨은 UART의 신호 레벨과 차이가 있으므로, 별도의 RS-232C/UART 변환장치를 사용하여 신호 레벨을 일치시켜야 한다. 최근 컴퓨터에서는 RS-232C를 사용하는 시리얼 포트를 찾아보기 어려우며, 대신 USB 사용이 증가하고 있다. 이 경우에도 RS-232C의 경우와 마찬가지로 별도의 USB/UART 변환장치가 필요하다.

RS-232C와 USB를 통한 시리얼 통신 모두 장치 관리자의 '포트' 부분에서 'COMn'으로 표시되는 시리얼 포트를 통해 이루어진다. 하지만 RS-232C의 포트 번호 n이 고정된 값을 가지는 데 반해 USB를 통해 지원되는 시리얼 포트 번호 n은 가변적이라는 점에서 차이를 발견할 수 있다. 이러한 차이는 RS-232C를 통한 시리얼 통신은 하드웨어에 의해 지원되는 방식인 반면, USB를 통한 시리얼 통신은 소프트웨어로 에뮬레이션되는 방식이라는 점에서 기인한다.

컴퓨터에서 RS-232C 포트는 일반적으로 COM1 또는 COM2에 할당된다. 이 책에서는 RS-233C를 사용하는 시리얼 통신은 다루지 않으며, USB를 사용하는 컴퓨터와의 시리얼 통신만 다룬다. 하지만 ATmega2560 측면에서는 두 경우 모두 UART 통신에 속하는 것으로, 어떤 방법을 사용하든 기본적으로 통신 방식은 같으며, UART를 RS-232C나 USB로 변환하기 위해 별도의 장치가 필요하다는 점을 기억해야 한다.

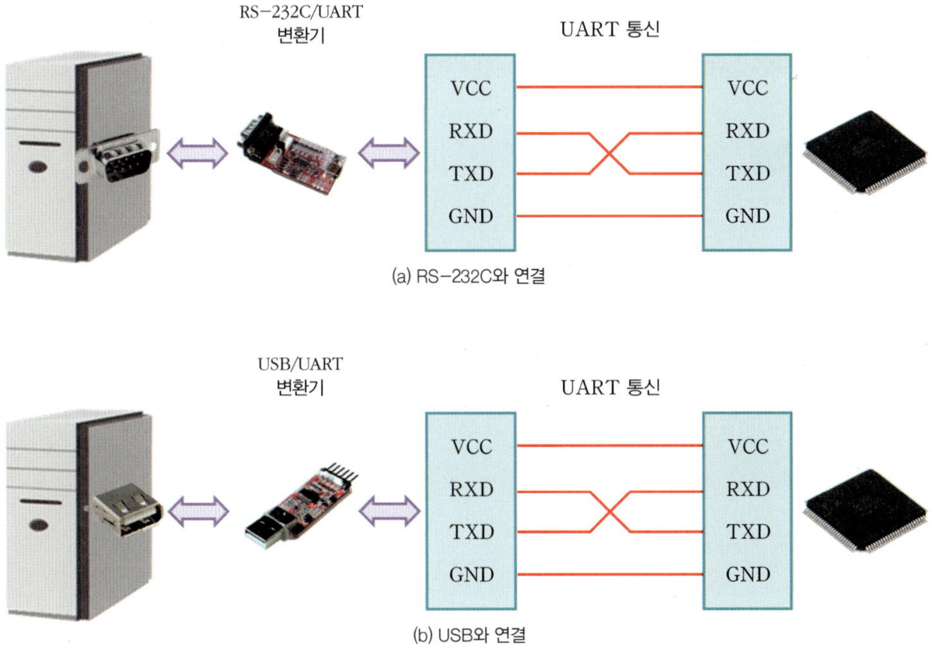

[그림 6] 컴퓨터와 ATmega2560의 UART 시리얼 연결

아두이노 메가2560 보드의 경우엔 USB/UART 변환장치에 해당하는 ATmega16u2 마이크로컨트롤러가 보드 내에 포함되어 있으므로, 별도의 변환장치 없이 컴퓨터와 USB 케이블로 연결하는 것만으로 충분하다. 하지만 ATmega16u2 마이크로컨트롤러가 담당하는 UART 시리얼 통신은 UART0 포트를 통해 이루어지는 방식이므로, UART1~UART3 포트를 사용하고자 한다면 별도의 변환장치를 사용해야 한다. 또한, UART0 포트를 통한 UART 시리얼 통신은 시리얼 방식의 프로그램 업로드에도 사용된다는 점을 기억해야 한다.

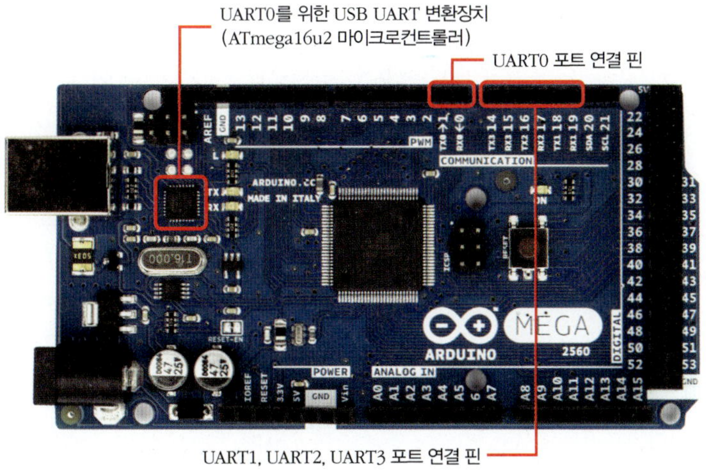

[그림 7] 아두이노 메가2560 보드의 UART 포트

아두이노 보드와 컴퓨터의 연결은 가상의 COM 포트로 장치 관리자에 나타나므로, 포트 번호를 잘 기억해야 한다.

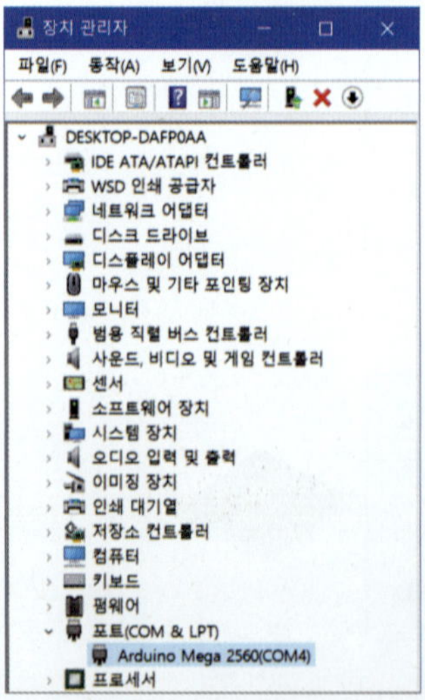

[그림 8] ATmega2560 보드와 연결된 가상 COM 포트[2]

컴퓨터와 아두이노 메가2560을 연결했다면, [코드 1]을 업로드해 보자. [코드 1]은 UART 시리얼 통신을 통해 컴퓨터가 보내는 데이터를 다시 컴퓨터로 돌려보내는 동작을 수행하는 코드의 예다.

코드 1 컴퓨터와의 UART 통신

```
#define F_CPU 16000000L
#include <avr/io.h>
#include <util/delay.h>

void UART0_init(void);
void UART0_write(uint8_t data);
uint8_t UART0_read(void);

void UART0_init(void) {
    UBRR0H = 0x00;                          // 9600 보율로 설정
    UBRR0L = 207;

    UCSR0A |= _BV(U2X0);                    // 2배속 모드
    // 비동기, 8비트 데이터, 패리티 없음, 1비트 정지 비트 모드
    UCSR0C |= 0x06;

    UCSR0B |= _BV(RXEN0);                   // 송수신 가능
    UCSR0B |= _BV(TXEN0);
```

```
}

void UART0_write(uint8_t data) {
    while( !(UCSR0A & (1 << UDRE0)) );      // 송신 가능 대기
    UDR0 = data;                             // 데이터 전송
}

uint8_t UART0_read(void) {
    while( !(UCSR0A & (1 << RXC0)) );       // 데이터 수신 대기
    return UDR0;
}

int main(void) {
    UART0_init();                            // UART0 초기화

    while(1) {
      // UART0 포트로 수신된 데이터를 컴퓨터로 돌려보냄
      UART0_write(UART0_read());
    }

    return 0;
}
```

[코드 1]을 업로드하고, 시리얼 모니터에서 데이터를 입력한 후, 엔터키를 누르거나 '전송' 버튼을 누르면, 입력한 데이터는 아두이노 메가2560으로 전달되고 다시 컴퓨터로 재전송되어 시리얼 모니터에 나타난다. 이때 '새 줄' 옵션을 선택하면, 개행문자가 자동으로 추가되어 재전송된 문자들이 줄 단위로 나타난다. 또한 시리얼 모니터에서는 [코드 1]에서와 마찬가지로 9600 보율이 선택되어 있어야 한다.

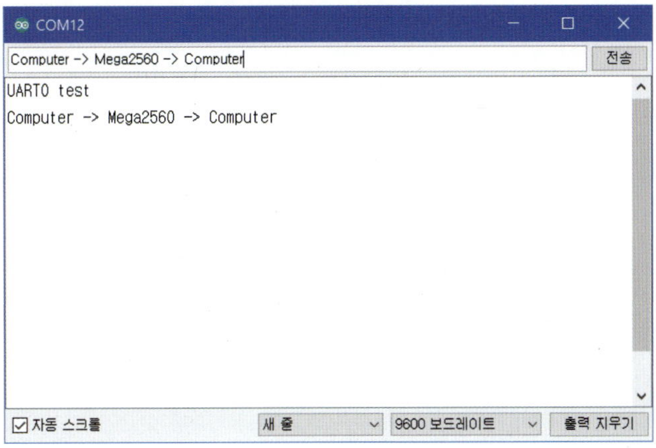

[그림 9] [코드 1] 실행 결과

* UART ?? USART ??

UART는 'Universal Asynchronous Receiver Transmitter'의 약어로, USART는 UART에 'Synchronous'가 추가된 것이다. ATmega2560의 데이터시트에는 UART가 아니라 USART라고 표시되어 있다. 두 가지의 차이점은 무엇일까?

ATmega2560에서 USART는 다음과 같은 세 가지 모드로 동작할 수 있다.

- (1배속) 비동기 모드
- 비동기 2배속 모드
- 동기 모드

비동기 모드는 별도의 클록을 사용하지 않고 데이터를 송수신하는 모드로, 시작 비트와 정지 비트를 통해 데이터 동기화가 이루어진다. 흔히 'UART'라고 불리는 시리얼 통신이 USART의 비동기 모드에 해당하며, 이 방식이 바로 이 장에서 설명하는 내용이다.

2배속 모드는 비동기 통신에서만 사용할 수 있는 모드로, 전송 속도를 2배로 증가시키는 방법이다. 비동기 통신에서는 데이터의 시작과 끝을 위한 별도의 클록을 사용하지 않으므로, 한 비트의 데이터를 확인하기 위해 여러 개의 샘플(16개)을 취하여 비트의 시작과 끝을 판단한다. 2배속 모드는 비트 데이터 확인을 위한 샘플 수를 절반(8개)으로 줄임으로써 전송 속도를 2배로 증가시키는 방법이다. 2배속 모드를 사용하면 전송 속도를 높일 수는 있지만, 안정적인 데이터 송수신을 위해서는 1배속 모드에 비해 샘플링 과정에서 정확한 타이밍이 요구된다.

동기 모드는 데이터 동기화를 위해 별도의 클록 신호를 사용한다. ATmega2560에서 데이터 동기화를 위한 클록 신호는 XCK0(PE2), XCK1(PD5), XCK2(PH2), XCK3(PJ2) 핀을 사용한다. 동기 모드에서는 비동기 모드에서 데이터 동기화를 위해 사용하는 시작 비트와 정지 비트가 필요하지 않으므로 데이터 전송 효율을 높일 수 있다는 장점이 있지만, 별도의 클록이 필요하다는 점은 단점일 수 있다.

ATmega2560에서는 비동기 2배속 모드가 흔히 사용된다. 이 책에서도 비동기 2배속 모드를 기본으로 하며, 동기 모드는 다루지 않는다. 레지스터 설명에서 USART라는 용어를 사용하기는 하지만, 이는 동기 모드에서도 사용할 수 있다는 의미다.

LESSON 03

UART 시리얼 통신을 위한 레지스터

[코드 1]을 살펴보면, UART 시리얼 통신에 여러 개의 레지스터가 사용되었음을 확인할 수 있다. [코드 1]에서 사용된 레지스터는 UBRR0H, UBRR0L, UCSR0A, UCSR0B, UCSR0C, UDR0 등 6개다. [코드 1]에서는 UART0을 사용하고 있는데, UART1～UART3을 사용하기 위해서는 UART0을 위한 6개 레지스터에 대응하는 레지스터를 사용하면 된다. 대응하는 레지스터들은 이름은 같고 숫자에서만 차이가 난다. 예를 들어 UART1을 위한 레지스터는 UBRR1H, UBRR1L, UCSR1A, UCSR1B, UCSR1C, UDR1 등이다.

UCSRnA (n = 0, 1, 2, 3)

UCSRnA(USART Control and Status Register A) 레지스터는 UART 시리얼 통신의 상태를 확인하고 통신 과정을 제어하기 위한 레지스터 중 하나로, [코드 1]에서는 2배속 모드 설정과 송신 및 수신 가능 여부를 판단하기 위한 목적으로 사용되었다. 2배속 설정을 위해서는 UCSRnA 레지스터의 1번 비트인 U2Xn 비트를 1로 설정해 주면 된다.

```
UCSR0A |= _BV(U2X0);
```

U2Xn 비트는 UCSRnA 레지스터의 1번 비트 이름으로, 비트 이름은 레지스터 이름과 함께 'io.h' 헤더 파일에 정의되어 있다. '_BV'는 지정한 비트만을 1로 하고 나머지를 0으로 하는 비트 마스크를 생성하는 매크로 함수다. 2배속 모드 설정은 다음과 같이 여러 가지로 표현할 수 있으며 의미는 모두 같다.

```
UCSR0A = UCSR0A | (1 << 1);
UCSR0A = UCSR0A | (1 << U2X0);
UCSR0A |= (1 << U2X0);
UCSR0A |= _BV(U2X0);
```

UCSRnA 레지스터의 중요한 기능 중 하나는 데이터를 수신하거나 송신할 준비가 되어 있는지를 확인하는 기능으로, 이를 위해 7번 RXCn 비트와 5번 UDREn 비트를 사용한다. RXCn(USART Receive Complete) 비트는 데이터 수신 버퍼에 데이터가 도착했을 때 읽지 않은 상태면 1로 설정되므로, 데이터 수신 여부를 판단하기 위해 사용될 수 있다. [코드 1]에서는 데이터가 수신되어 RXCn 비트가 1이 되었는지의 여부를 while 문장 내에서 계속해서 검사하고 있다.

```
while( !(UCSR0A & (1<<RXC0)) );
```

이와 유사하게 데이터가 완전히 전송되고 다음 데이터를 전송할 준비가 되어 있는지를 확인하기 위해 UDREn(USART Data Register Empty) 비트를 사용할 수 있다.

```
while( !(UCSR0A & (1<<UDRE0)) );
```

한 가지 주의할 점은 UCSRnA 레지스터의 6번 비트인 TXCn(USART Transmit Complete) 비트 역시 비슷한 기능을 한다는 점이다. 데이터시트의 설명 상으로는 비슷해 보이지만 UDREn 비트 대신 TXCn 비트를 사용하면 [코드 1]은 정상적으로 동작하지 않는다.

UART에서 데이터 전송과 관련된 레지스터로는 UDRn(USART Data Register n) 레지스터와 전송 시프트 레지스터(Transmit Shift Register) 두 개가 있다. UDRn은 상대적으로 빠른 CPU와 상대적으로 느린 UART 사이의 중계자 역할을 하는 버퍼이고, 전송 시프트 레지스터는 CPU에서 보낸 병렬 데이터를 UART를 통해 보낼 수 있는 직렬 데이터로 변환하여 전송하는 데 필요한 레지스터다.

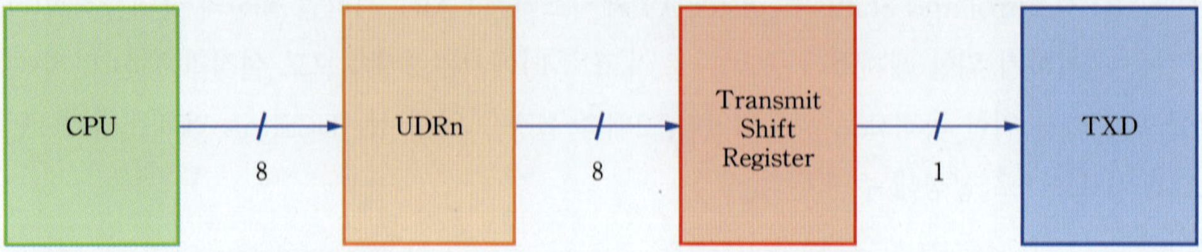

[그림 10] UART 데이터 전송을 위한 레지스터 구조

TXCn 비트는 전송 시프트 레지스터에서 데이터가 모두 전송되고 UDRn 레지스터에 데이터가 없는 경우에 세트된다. 반면 UDREn 비트는 UDRn 레지스터에 데이터가 없는 경우에 세트된다. 즉, 두 비트가 세트되는 상황이 서로 다르다. TXCn 비트 확인을 통해 데이터 전송 완료를 확인하는 것은 UDREn 비트 확인을 통해 데이터 전송 완료를 확인하는 것보다 시간이 더 오래 걸린다. 또한, UDREn 비트의 디폴트값은 1로, 데이터를 언제든지 전송할 수 있는 상태이므로, 프로그램 시작과 더불어 데이터를 전송할 수 있다. 반면, TXCn 비트의 디폴트값은 0으로, 프로그램 시작 시에 데이터를 전송할 수 없는 상태로 시작된다.

이외에도 몇 가지 이유로 UDREn 비트를 검사하여 데이터 전송 시점을 결정하는 게 편리하다. TXCn 비트를 이용하여 전송 완료를 확인하고 싶다면, UDREn 비트를 사용하는 경우와 전송 및 전송 완료 확인 과정을 반대로 하면 가능하지만, 이 방식을 권장하지는 않는다. TXCn 비트는 반이중방식에서와 같이 송신과 수신이 하나의 연결선을 통해 이루어지는 경우에 데이터가 전송 시프트 레지스터에서도 완전히 전송되었는지를 확인할 필요가 있을 때 사용한다.

```
// UDRE0 비트 사용
void UART0_transmit(unsigned char data) {
	while( !(UCSR0A & (1 << UDRE0)) );		// 송신 가능 대기
	UDR0 = data;							// 데이터 전송
}
```

```
// TXC0 비트 사용
void UART0_transmit(unsigned char data) {
	UDR0 = data;							// 데이터 전송
	while( !(UCSR0A & (1<<TXC0)) );			// 송신 가능 대기
}
```

UCSRnA 레지스터의 구조는 [그림 11]과 같으며, UCSRnA 레지스터의 각 비트 의미는 [표 2]와 같다.

비트	7	6	5	4	3	2	1	0
비트 이름	RXCn	TXCn	UDREn	FEn	DORn	UPEn	U2Xn	MPCMn
읽기/쓰기	R	R/W	R	R	R	R	R/W	R/W
초깃값	0	0	1	0	0	0	0	0

[그림 11] UCSRnA 레지스터 구조

[표 2] UCSRnA 레지스터 비트

비트	이름	설명
7	RXCn	Receive Complete : 수신 버퍼에 읽지 않은 데이터가 있을 때 1이 되고, 버퍼가 비어있을 때 0이 된다. UCSRnB 레지스터의 RXCIEn 비트와 함께 사용되어 수신 완료 인터럽트를 발생시킬 수 있다.
6	TXCn	Transmit Complete : 전송 시프트 레지스터의 데이터가 송신되고 송신 버퍼(UDRn)도 비어있을 때 1이 된다. UCSRnB 레지스터의 TXCIEn 비트와 함께 사용되어 송신 완료 인터럽트를 발생시킬 수 있다.
5	UDREn	USART Data Register Empty : 송신 버퍼(UDRn)가 비어있어 데이터를 받을 준비가 되어 있을 때 1이 된다. UCSRnB 레지스터의 UDRIEn 비트와 함께 사용되어 송신 데이터 레지스터 준비 완료 인터럽트를 발생시킬 수 있다.
4	FEn	Frame Error : 수신 데이터가 없는 경우엔 수신 값이 HIGH 상태이나, 데이터 프레임 수신이 시작되는 시점에서 LOW 상태로 바뀐다. 데이터 프레임 수신이 끝나고 정지 비트를 수신할 때, 수신 값은 다시 HIGH 상태로 바뀐다. 마지막에 HIGH 상태, 즉, 프레임의 끝을 나타내는 신호를 수신하지 못하여 프레임 수신에 오류가 발생하면, FEn은 1의 값을 가진다.
3	DORn	Data Overrun : 수신 버퍼가 가득 찬 상태에서 수신 시프트 레지스터(Receive Shift Register)에 새로운 문자가 수신 완료되고, 다시 그다음 문자의 시작 비트가 검출되는 오버런 상황이 발생할 때, 1의 값을 가진다.
2	UPEn	USART Parity Error : 수신 버퍼에 저장된 문자 데이터에 패리티 오류가 발생한 경우에 1의 값을 가진다. 패리티 비트 사용이 설정된 경우에만 사용할 수 있다.
1	U2Xn	USART 2 Transmission Speed : 비동기 전송 모드에서만 사용되며, 2배속 모드에서 1, 1배속 모드에서 0의 값을 가진다.
0	MPCMn	Multi Processor Communication Mode : 1개의 마스터 프로세서가 여러 개의 슬레이브 프로세서로 특정 어드레스를 전송함으로써 1개의 슬레이브만을 지정하여 데이터를 전송하는 멀티프로세서 통신 모드에서 1의 값을 가진다.

UCSRnB (n = 0, 1, 2, 3)

UCSRnB 레지스터는 데이터 송수신 가능 여부 설정에 사용된다. 디폴트로 UART 통신의 송수신은 금지되어 있다.

```
UCSR0B |= _BV(RXEN0);          // 수신 가능
UCSR0B |= _BV(TXEN0);          // 송신 가능
```

UCSRnB 레지스터의 구조는 [그림 12]와 같으며, UCSRnB 레지스터의 각 비트 의미는 [표 3]과 같다.

비트	7	6	5	4	3	2	1	0
비트 이름	RXCIEn	TXCIEn	UDRIEn	RXENn	TXENn	UCSZn2	RXB8n	TXB8n
읽기/쓰기	R/W	R/W	R/W	R/W	R/W	R/W	R/W	R/W
초깃값	0	0	0	0	0	0	0	0

[그림 12] UCSRnB 레지스터 구조

[표 3] UCSRnB 레지스터 비트

비트	이름	설명
7	RXCIEn	RX Complete Interrupt Enable : 수신 완료 인터럽트 발생을 허용한다.
6	TXCIEn	TX Complete Interrupt Enable : 송신 완료 인터럽트 발생을 허용한다.
5	UDRIEn	USART Data Register Empty Interrupt Enable : 송신 데이터 레지스터 준비 완료 인터럽트 발생을 허용한다.
4	RXENn	Receiver Enable : UART 수신기의 수신 기능을 활성화한다.
3	TXENn	Transmitter Enable : UART 송신기의 송신 기능을 활성화한다.
2	UCSZn2	Character Size : UCSRnC 레지스터와 함께 전송 데이터의 비트 수를 결정한다.
1	RXB8n	Receive Data Bit 8 : 데이터가 9비트인 경우에 수신 데이터의 9번째 비트 (8번 비트) 저장에 사용한다. 반드시 UDRn 레지스터보다 먼저 읽어야 한다.
0	TXB8n	Transmit Data Bit 8 : 데이터가 9비트인 경우에 송신 데이터의 9번째 비트 (8번 비트) 저장에 사용한다. 반드시 UDRn 레지스터보다 먼저 써야 한다.

UCSRnC (n = 0, 1, 2, 3)

UCSRnC 레지스터는 UART 통신에서 사용되는 데이터 형식 및 통신 방법 결정에 사용된다. UCSRnC 레지스터의 구조는 [그림 13]과 같다.

비트	7	6	5	4	3	2	1	0
비트 이름	UMSELn1	UMSELn0	UPMn1	UPMn0	USBSn	UCSZn1	UCSZn0	UCPOLn
읽기/쓰기	R/W	R/W	R/W	R/W	R/W	R/W	R/W	R/W
초깃값	0	0	0	0	0	1	1	0

[그림 13] UCSRnC 레지스터 구조

6번 비트 UMSELn0(USART Mode Select)과 7번 비트 UMSELn1은 통신 모드를 지정하는 데 사용된다. 비트 설정에 따른 통신 모드는 [표 4]와 같다. 마스터 SPI 모드는 SPI 통신의 마스터 모드와 호환되는 모드로, UART 채널을 통해 SPI 통신을 수행할 수 있다.

[표 4] 통신 모드

UMSELn1	UMSELn0	모드
0	0	비동기 USART
0	1	동기 USART
1	0	–
1	1	마스터 SPI

4번 비트 UPMn0(USART Parity Mode)과 5번 비트 UPMn1은 패리티 모드를 설정하는 비트로, 홀수 패리티, 짝수 패리티, 패리티 사용 안함 중에서 선택할 수 있다. UPMn 비트 설정에 따른 패리티 모드 설정은 [표 5]와 같다.

[표 5] 패리티 비트 모드

UPMn1	UPMn0	패리티 비트
0	0	없음
0	1	–
1	0	짝수 패리티
1	1	홀수 패리티

3번 비트 USBSn(USART Stop Bit Select)은 정지 비트의 수를 지정하는 데 사용된다.

[표 6] 정지 비트

USBSn	정지 비트
0	1 비트
1	2 비트

1번 비트 UCSZn0(USART Character Size)과 2번 비트 UCSZn1은 데이터 비트의 수를 결정하는 데 사용되는데, 이때 UCSRnB 레지스터의 2번 비트 UCSZn2가 함께 사용된다. UCSZn 비트 설정에 따른 데이터 비트 수는 [표 7]과 같다.

[표 7] 데이터 비트

UCSRnB 레지스터	UCSRnC 레지스터		데이터 비트 수
UCSZn2	UCSZn1	UCSZn0	
0	0	0	5
0	0	1	6
0	1	0	7
0	1	1	8
1	0	0	–
1	0	1	–
1	1	0	–
1	1	1	9

마지막 0번 비트 UCPOLn(USART Clock Polarity)은 클록(XCK)의 극성을 지정하는 비트로, 동기 모드에서만 사용되며, 비동기 모드에서는 0의 값을 가져야 한다.

[코드 1]에서 UCSR0C 레지스터는 0x06의 값으로, UCSR0B 레지스터는 0x18의 값으로 설정되어 있으며, 그 의미는 [그림 14]와 같이 요약할 수 있다.

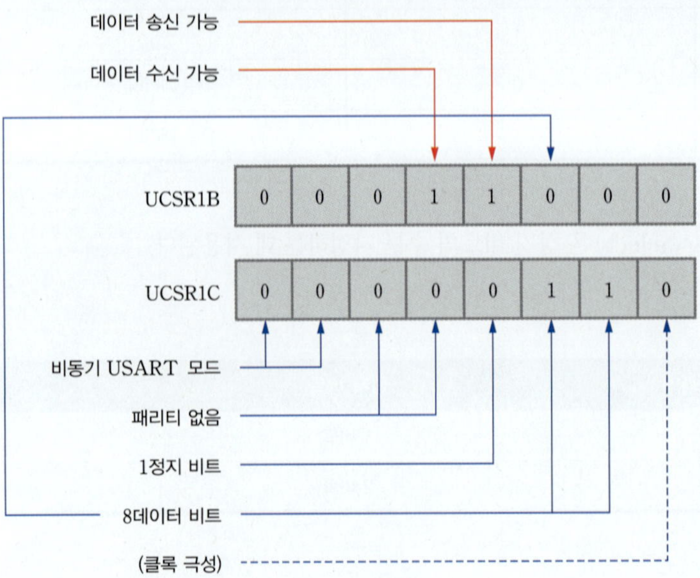

[그림 14] [코드 1]에서 UCSR0C 및 UCSR0B 레지스터 설정

UBRRnH, UBRRnL (n = 0, 1, 2, 3)

UBRRn(USART Baud Rate Register) 레지스터는 2개의 8비트 레지스터를 조합한 가상의 16비트 레지스터로 구성된다. UBRRn 레지스터는 상위 4비트를 나타내는 UBRRnH 레지스터와 하위 8비트를 나타내는 UBRRnL 레지스터로 구성되며, 보율은 12비트로 표현된다. UBRRnH 레지스터의 상위 4비트는 사용되지 않는다.

비트	7	6	5	4	3	2	1	0
UBRRnH	–	–	–	–	UBRRn [11:8]			
UBRRnL	UBRRn [7:0]							
읽기/쓰기	R/W	R/W	R/W	R/W	R/W	R/W	R/W	R/W
초깃값	0	0	0	0	0	0	0	0
	0	0	0	0	0	0	0	0

[그림 15] UBRRn 레지스터 구조

목표로 하는 전송 속도(보율)가 결정되면 이를 UBRRn 값으로 변환해야 하며, 변환식은 전송 모드에 따라 달라진다. 배속은 USCRnA 레지스터의 U2Xn 비트에 따라 결정된다. 전송 모드에 따른 UBRRn 레지스터 계산식은 [표 8]과 같다.

[표 8] UBRRn 레지스터 값 계산식

동작 모드	U2Xn	보율 계산식	UBRRn 계산식
비동기 1배속 모드	0	$\frac{f_{osc}}{16 \cdot (UBRRn+1)}$	$\frac{f_{osc}}{16 \cdot BAUD} - 1$
비동기 2배속 모드	1	$\frac{f_{osc}}{8 \cdot (UBRRn+1)}$	$\frac{f_{osc}}{8 \cdot BAUD} - 1$
동기 마스터 모드	–	$\frac{f_{osc}}{2 \cdot (UBRRn+1)}$	$\frac{f_{osc}}{2 \cdot BAUD} - 1$

[표 8]에서 BAUD는 전송 속도를 나타내며, f_{osc}는 클록 주파수로, ATmega2560에서는16MHz를 사용한다. [표 8]의 식을 통해 일반적으로 많이 사용되는 보율에 대응하는 UBRRn 값을 나타낸 것이 [표 9]다. [코드 1]에서는 9600 보율로 설정하기 위해 207의 값을 사용하였다.

[표 9] f_{osc}=16MHz, 비동기 전송 모드에서 보율에 따른 UBRRn 값

BAUD	UBRRn 계산값		UBRRn 사용값	
	1배속(U2Xn = 0)	2배속(U2Xn = 1)	1배속(U2Xn = 0)	2배속(U2Xn = 1)
2,400	415.67	832.33	416	832
4,800	207.33	415.67	207	416

9,600	103.17	207.33	103	207
14,400	68.44	137.89	68	138
19,200	51.08	103.17	51	103
28,800	33.72	68.44	34	68
38,400	25.04	51.08	25	51
57,600	16.36	33.72	16	34
76,800	12.02	25.04	12	25
115,200	7.68	16.36	8	16
230,400	3.34	7.68	3	8
250,000	3.00	7.00	3	7
500,000	1.00	3.00	1	3
1,000,000	0.00	1.00	0	1

[표 9]에서 알 수 있듯이 [표 8]의 변환식으로 계산한 값은 정숫값이 아니므로, 실제 사용되는 UBRRn 값은 계산된 값에 가장 가까운 정숫값이 사용된다.

UDRn (n = 0, 1, 2, 3)

마지막 레지스터는 송수신된 데이터가 저장되는 버퍼 레지스터인 UDRn(USART Data Register) 레지스터다. UDRn 레지스터는 데이터 전송을 위한 버퍼인 TXB(Transmit Data Buffer) 레지스터와 데이터 수신을 위한 버퍼인 RXB(Receive Data Buffer) 레지스터로 구성되어 있다. 2개의 레지스터는 같은 입출력 주소를 사용하므로, UDRn 레지스터에 데이터를 쓰면 TXBn 레지스터에 데이터가 기록되고, UDRn 레지스터로부터 데이터를 읽으면 RXBn 레지스터의 데이터가 읽힌다. 5, 6, 7비트 크기의 데이터를 사용하는 경우에는 상위의 비트들이 사용되지 않으며, 9비트 크기의 데이터를 사용하는 경우에는 UCSRnB 레지스터의 RXB8n 비트 및 TXB8n 비트와 함께 사용된다. UDRn 레지스터의 구조는 [그림 16]과 같다.

비트	7	6	5	4	3	2	1	0
UBRRnH	RXBn [7:0]							
UBRRnL	TXBn [7:0]							
읽기/쓰기	R/W	R/W	R/W	R/W	R/W	R/W	R/W	R/W
초깃값	0	0	0	0	0	0	0	0

[그림 16] UDRn 레지스터 구조

LESSON 04

UART 시리얼 통신 라이브러리 만들기

C/C++ 프로그래밍에서와 마찬가지로 마이크로컨트롤러 프로그래밍에서도 컴퓨터 화면으로 결과를 출력하여 확인하는 경우를 흔히 볼 수 있다. 특히 아두이노 프로그램을 개발환경으로 사용하는 경우, 디버깅 기능을 사용할 수 없으므로, 실행 과정을 검사할 수 있는 유일한 방법은 UART 시리얼 통신을 사용하는 방법이라 할 수 있다.

[코드 1]에서는 UART 시리얼 통신을 초기화하고, 바이트 단위 데이터를 송수신하는 UART0_write와 UART0_read 함수를 정의하고 있다. 이를 바탕으로 문자열을 출력하는 함수를 작성한 예가 [코드 2]다.

코드 2 UART 시리얼 통신으로 문자열 출력하기

```
void UART0_print(char *str) {          // 문자열 송신
    while(*str)                        // '\0' 문자를 만날 때까지 반복
        UART0_write(*str++);           // 바이트 단위 송신
}
```

문자열과 더불어 숫자 역시 출력하는 예를 흔히 볼 수 있다. 정수의 경우, 문자열로 변환한 후 문자열을 출력함으로써 원하는 결과를 얻을 수 있다. 정수를 문자열로 변환하기 위해서는 표준 C 함수인 itoa(int형 값을 문자 배열로 변환), ltoa(long형 값을 문자 배열로 변환) 등을 사용할 수 있다. itoa, ltoa 함수는 2, 8, 10, 16진법을 지정할 수 있으므로, 변환된 문자열의 길이가 가장 긴 2진수를 기준으로 1바이트에 8자리의 버퍼를 할당하여 사용하였다.

코드 3 UART 통신으로 정수 출력하기

```
// int형 값을 문자열로 변환하며 디폴트로 10진수로 변환
void UART0_print(int no, int radix = 10) {
    char buffer[sizeof(int) * 8 + 1];
    itoa(no, buffer, radix);            // 문자열 변환 함수
    UART0_print(buffer);                // 변환된 문자열 송신
}
```

```
// long형 값을 문자열로 변환하며 디폴트로 10진수로 변환
void UART0_print(long no, int radix = 10) {
    char buffer[sizeof(long) * 8 + 1];
    ltoa(no, buffer, radix);                // 문자열 변환 함수
    UART0_print(buffer);                    // 변환된 문자열 전송
}
```

[코드 1], [코드 2], [코드 3]을 사용하여 UART0 채널을 통한 UART 시리얼 통신 라이브러리를 작성해 보자. 아두이노 환경에서 사용자 정의 라이브러리는 스케치북 디렉터리 아래 설치한다. 먼저 스케치북 디렉터리('D:\Arduino'로 가정한다.) 아래 'libraries'에 'UART0' 디렉터리를 생성한다.

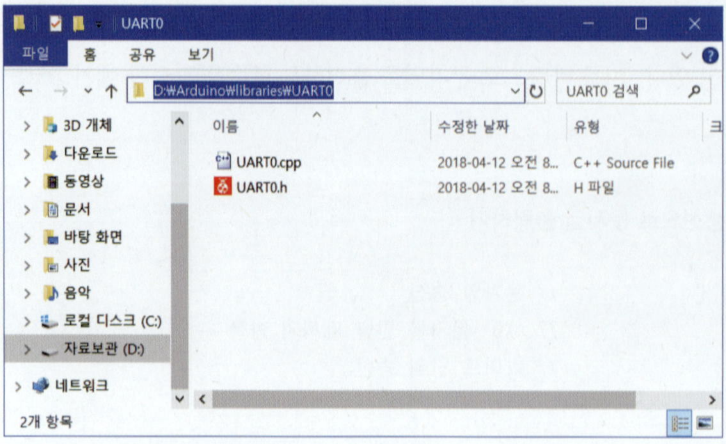

[그림 17] UART0 라이브러리 생성 위치

생성된 디렉터리 아래에는 UART0 포트를 통하여 UART 시리얼 통신을 사용하기 위한 소스 코드 파일(UART0.cpp)과 헤더 파일(UART0.h)을 생성한다. 헤더 파일의 내용은 [코드 4]와 같다. UART0.h 헤더 파일에는 함수의 선언이 포함된다. 헤더 파일은 UART0을 통해 데이터를 주고받는 데 사용되므로, 라이브러리를 사용하는 코드(코드 6)에서 포함(#include)해야 한다. 전처리 지시자인 #ifndef, #define, #endif 문장은 헤더 파일이 두 번 이상 포함되는 일을 방지하기 위해 사용되었다.

코드 4 UART0 라이브러리 – UART0.h

```
#ifndef _UART0_LIBRARY_
#define _UART0_LIBRARY_

#include <avr/io.h>
#include <stdlib.h>
```

```
void UART0_init();
uint8_t UART0_read();
void UART0_write(uint8_t data);
void UART0_print(char *str);
void UART0_print(int no, int radix = 10);
void UART0_print(long no, int radix = 10);

#endif
```

소스 코드 파일의 내용은 [코드 5]와 같다.

코드 5 UART0 라이브러리 – UART0.cpp

```
#include "UART0.h"

void UART0_init(void) {
    UBRR0H = 0x00;                              // 9600 보율로 설정
    UBRR0L = 207;

    UCSR0A |= _BV(U2X0);                        // 2배속 모드
    // 비동기, 8비트 데이터, 패리티 없음, 1비트 정지 비트 모드
    UCSR0C |= 0x06;

    UCSR0B |= _BV(RXEN0);                       // 송수신 가능
    UCSR0B |= _BV(TXEN0);
}

void UART0_write(uint8_t data) {
    while( !(UCSR0A & (1 << UDRE0)) );          // 송신 가능 대기
    UDR0 = data;                                // 데이터 전송
}

uint8_t UART0_read(void) {
    while( !(UCSR0A & (1 << RXC0)) );           // 데이터 수신 대기
    return UDR0;
}

void UART0_print(char *str) {                   // 문자열 송신
    while(*str)                                 // '\0' 문자를 만날 때까지 반복
    UART0_write(*str++);                        // 바이트 단위 송신
}
```

```
// int형 값을 문자열로 변환하며 디폴트로 10진수로 변환
void UART0_print(int no, int radix = 10) {
	char buffer[sizeof(int) * 8 + 1];
	itoa(no, buffer, radix);				// 문자열 변환 함수
	UART0_print(buffer);					// 변환된 문자열 송신
}

// long형 값을 문자열로 변환하며 디폴트로 10진수로 변환
void UART0_print(long no, int radix = 10) {
	char buffer[sizeof(long) * 8 + 1];
	ltoa(no, buffer, radix);				// 문자열 변환 함수
	UART0_print(buffer);					// 변환된 문자열 전송
}
```

[코드 6]은 UART0 라이브러리를 사용하여 문자열과 정수를 시리얼 모니터로 출력하는 코드의 예다. UART0 포트를 통해 데이터를 주고받기 위해서는 'UART0.h' 파일을 포함해야 한다.

코드 6 | 문자열과 정수 출력

```
#define F_CPU 16000000L
#include <avr/io.h>
#include <util/delay.h>
#include "UART0.h"

int main(void) {
	UART0_init();						// UART0 초기화
	UART0_print("Decimal : ");			// 문자열 출력
	UART0_print(312);					// 정수를 10진수로 출력
	UART0_write('\n');					// 문자 출력

	UART0_print("Binary  : 0b");
	UART0_print(312, 2);				// 정수를 2진수로 출력
	UART0_write('\n');

	while(1) {
	}

	return 0;
}
```

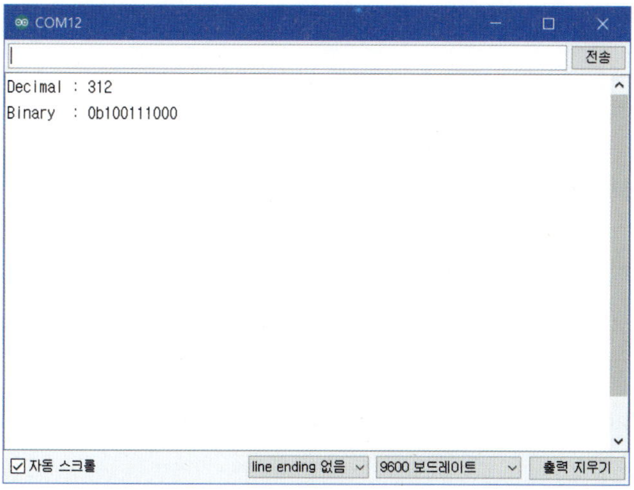

[그림 18] [코드 6] 실행 결과

LESSON 05

문자열 수신

UART 통신은 ATmega2560에서 컴퓨터로 데이터를 전달하기 위해서도 사용되지만, 그 반대로 컴퓨터에서 ATmega2560로 데이터를 전달하기 위해서도 사용된다. 바이트 단위의 데이터를 수신하기 위해서는 UART0 라이브러리의 UART0_read 함수를 사용하는데, 문자열을 수신하는 경우에는 문자열의 길이가 일정하지 않다는 점에 주의해야 한다.

ATmega2560에 카운터값을 유지하고 있고, 컴퓨터에서 'UP' 또는 'DOWN' 문자열을 수신하면 카운터값이 증가 또는 감소한다고 가정해 보자. 데이터 수신은 문자 단위로 이루어지므로 수신된 문자열을 저장하기 위해서는 char 형 배열을 사용한다. 이때 배열의 크기는 문자열을 저장하기에 충분히 큰 크기여야 한다. 또한, 문자열의 끝을 표시하는 데 '\n' 문자를 사용하고, 시리얼 모니터에서 '새 줄' 옵션을 선택한다. [코드 7]을 업로드하고, 시리얼 모니터에 'UP' 또는 'DOWN'을 입력하여 카운터값이 출력되는지를 확인해 보자.

코드 7 가변길이 문자열 수신

```
#define F_CPU 16000000L
#include <avr/io.h>
#include <util/delay.h>
#include <string.h>
#include "UART0.h"

#define TERMINATOR '\n'

int main(void) {
    uint8_t counter = 100;                  // 카운터
    int index = 0;                          // 수신 버퍼에 저장할 위치
    int process_data = 0;                   // 문자열 처리 알림
    char buffer[20] = "";                   // 수신 데이터 버퍼
    char data;                              // 수신 데이터

    UART0_init();                           // UART 시리얼 통신 초기화

    UART0_print("Current Counter Value : ");
    UART0_print(counter);
```

```
    UART0_write('\n');

    while (1) {
        data = UART0_read();                        // 데이터 수신
        if (data == TERMINATOR) {                   // 종료 문자를 수신한 경우
            buffer[index] = '\0';
            process_data = 1;                       // 수신 문자열 처리 지시
        }
        else {
            buffer[index] = data;                   // 수신 버퍼에 저장
            index++;
        }

        if (process_data == 1) {                    // 문자열 처리
            if (strcmp(buffer, "DOWN") == 0) {      // 카운터 감소
                counter--;
                UART0_print(buffer);
                UART0_write('\n');
                UART0_print("Current Counter Value : ");
                UART0_print(counter);
                UART0_write('\n');
            }
            else if (strcmp(buffer, "UP") == 0) {   // 카운터 증가
                counter++;
                UART0_print(buffer);
                UART0_write('\n');
                UART0_print("Current Counter Value : ");
                UART0_print(counter);
                UART0_write('\n');
            }
            else {                                  // 잘못된 명령어
                UART0_print(buffer);
                UART0_write('\n');
                UART0_print("** Unknown Command **\n");
            }
            index = 0;
            process_data = 0;
        }
    }

    return 0;
}
```

[코드 7]에서 문자열 비교를 위해 strcmp 함수를 사용하였으며, strcmp 함수를 사용하기 위해 'string.h' 파일을 포함하였다. strcmp 함수는 매개변수로 주어지는 두 개의 문자열이 같은 경우에 영(0)을 반환한다. 한 가지 주의할 점은 strcmp 함수가 대소문자를 구별한다는 점이다. 대소문자를 구별할 필요가 없는 경우에는 strcasecmp 함수를 사용한다.

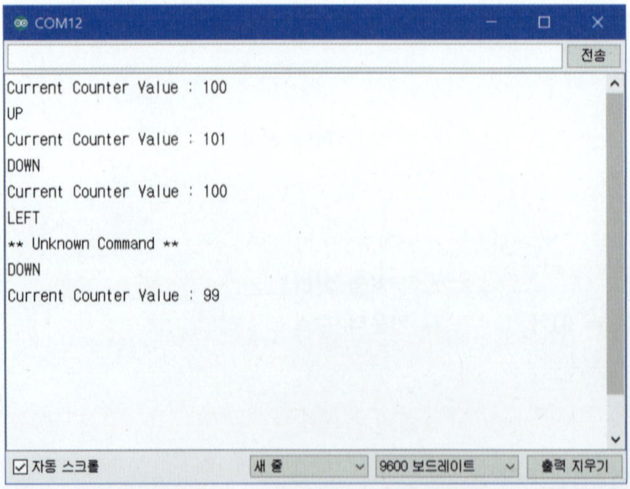

[그림 19] [코드 7] 실행 결과

LESSON 06 아두이노의 Serial 객체 사용하기

UART 시리얼 통신은 컴퓨터와의 데이터 교환을 포함해서 UART 시리얼 통신을 사용하는 주변장치와의 데이터 교환에 흔히 사용된다. 이를 위해 UART0 라이브러리를 작성하여 간편하게 사용하는 방법을 살펴보았다.

아두이노 환경에서는 UART 시리얼 통신을 지원하기 위한 클래스가 존재하는데, 이전 장에서 사용한 Serial 객체가 UART0 포트를 통한 UART 시리얼 통신을 담당하는 객체에 해당한다. Serial은 이 장에서 작성한 UART0 라이브러리가 제공하지 않는 다양한 기능을 제공하며 UART1~UART3 포트에 해당하는 객체 역시 제공한다.

Serial 객체를 사용할 때 주의할 점은, UART0 라이브러리가 C 스타일로 작성되었다면, Serial 객체는 C++ 스타일로 작성되어 있다는 사실이다. 따라서 멤버함수를 사용하기 위해서는 도트 연산자를 사용해야 한다.

또한, Serial은 아두이노 환경의 일부이므로, 아두이노 환경을 초기화하기 위한 init 함수를 Serial 사용 이전에 호출해야 한다. 마지막으로 UART0 라이브러리가 9,600 보율만을 지원하는 반면, Serial은 begin 함수를 통해 다양한 보율을 지원하고 있다는 점도 기억해야 한다.

[코드 8]은 Serial 객체를 사용하여 [코드 1]과 같은 기능을 하도록 작성된 코드의 예다. 실행 결과는 [그림 9]를 참고한다.

코드 8 Serial 객체 사용

```
#define F_CPU 16000000L
#include <avr/io.h>

int main(void) {
    // 아두이노의 Serial 클래스를 사용하여 UART 시리얼 통신을 수행
    init();                              // Serial 클래스 사용을 위한 준비
    Serial.begin(9600);                  // UART 시리얼 통신 초기화

    while(1) {
      if(Serial.available()) {           // 데이터 수신 확인
```

```
            Serial.write(Serial.read());        // 데이터를 읽어서 컴퓨터로 재전송
        }
    }
}
```

[코드 8]이 [코드 1]과 다른 점 중 하나는 available 함수의 사용에 있다. UART0 라이브러리에서 UART0_read 함수는 데이터가 수신될 때까지 기다린다. 하지만 Serial의 read 함수는 데이터 수신을 기다리지 않고 즉시 반환하며, 수신된 데이터가 없는 경우에는 의미 없는 데이터를 반환한다. 따라서 데이터 수신 여부를 검사하기 위해 available 함수를 사용한다.

CHAPTER 07 연습문제

1. UART 시리얼 통신은 마이크로컨트롤러에서 사용할 수 있는 여러 가지 시리얼 통신 방법의 하나다. UART 시리얼 통신 이외의 마이크로컨트롤러에서 흔히 사용되는 시리얼 통신 방법을 알아보고 UART 시리얼 통신과 비교해 보자.

2. 시리얼 모니터에서 문자열을 입력받아 ATmega2560로 전달하고, 대문자를 소문자로, 소문자를 대문자로 바꾼 후, 이를 다시 컴퓨터로 전달하여 시리얼 모니터에 출력하는 프로그램을 작성해 보자.

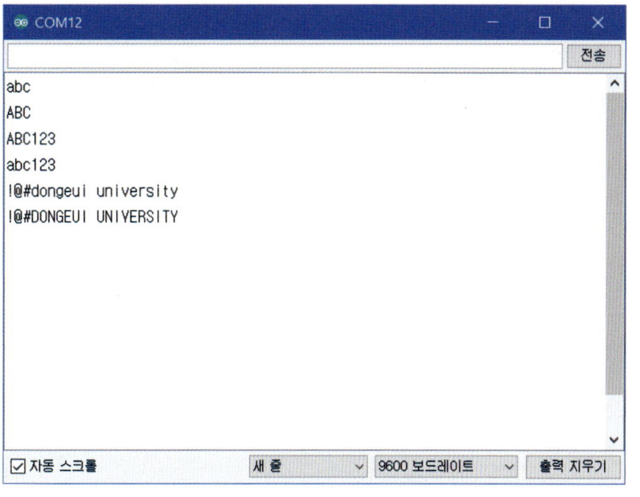

3. 시리얼 모니터에서 2~5 사이의 숫자를 입력받아 아두이노 2번(PE4), 3번(PE5), 4번(PG5), 5번(PE3) 핀에 연결된 LED를 켜는 프로그램을 작성해 보자. 범위 이외의 숫자가 입력되는 경우에는 모든 LED가 꺼지도록 한다.

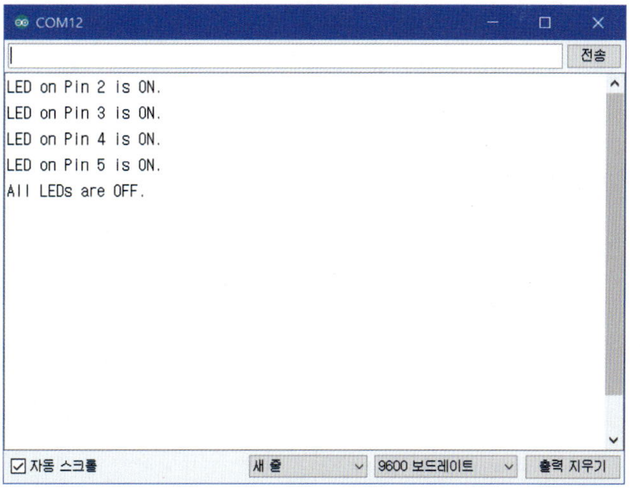

4. 아두이노 14번(PJ1) 핀에 풀다운 저항을 사용하여 버튼을 연결하자. 버튼이 눌러진 경우, 즉, LOW에서 HIGH로 입력이 변하는 경우 카운트 값을 증가시켜 시리얼 모니터로 출력하는 프로그램을 UART0 라이브러리를 사용하여 작성해 보자. 입력의 변화를 찾아내는 방법은 6장의 [코드 4]를 참고하면 된다.

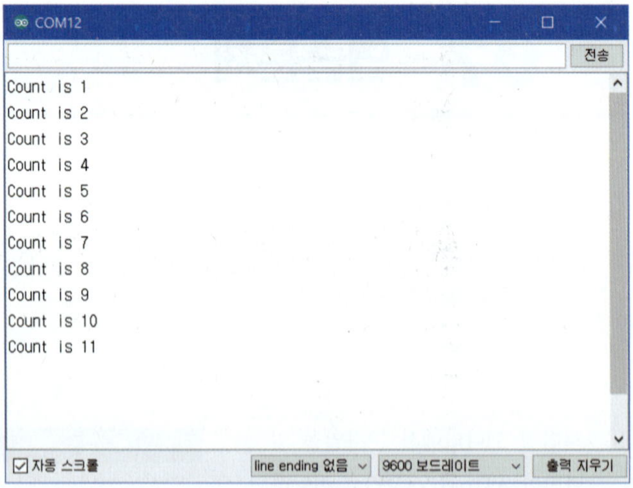

5. UART0 라이브러리에서는 정수만을 문자열로 변환하여 출력할 수 있다. 소수점 이하 자릿수를 지정하여 실수를 출력하는 함수를 작성해 보자. 실수 출력을 위한 함수의 원형은 다음과 같다.

```
void UART0_print(float no, int precision = 3);
```

코드 9 실수 출력 테스트 프로그램

```
#define F_CPU 16000000L
#include <avr/io.h>
#include "UART0.h"

int main(void) {
	UART0_init();

	float f = 3.14159;

	UART0_print(f, 1);
	UART0_print("\n");
	UART0_print(f, 2);
	UART0_print("\n");
	UART0_print(f);
	UART0_print("\n");
	UART0_print(f, 4);
	UART0_print("\n");
	UART0_print(f, 5);
	UART0_print("\n");
```

```
    while (1) {
    }

    return 0;
}
```

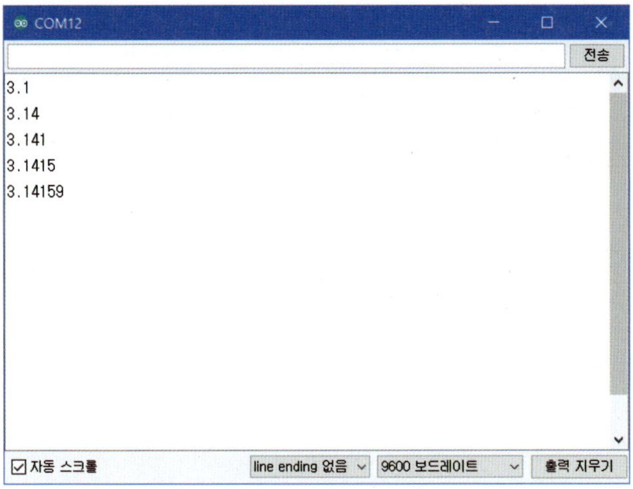

CHAPTER

08

아날로그 데이터를 처리하는 방법

아날로그 디지털 변환

마이크로컨트롤러는 디지털 데이터 입출력을 기본으로 하지만, 아날로그-디지털 변환기(ADC)를 통해 아날로그 데이터를 입력받을 수 있다. ATmega2560에는 10비트 해상도를 갖는 16채널의 ADC가 포함되어 있으므로, 입력되는 아날로그 값을 0에서 1023 사이의 디지털 값으로 변환하여 읽어 들일 수 있다. 이 장에서는 아날로그 데이터를 디지털 데이터로 변환하여 입력하는 방법에 대해 알아본다.

CONTENTS

LESSON 01 ATmega2560의 ADC

마이크로컨트롤러는 주변 환경으로부터 데이터를 획득하고 이를 처리하여 그 결과를 출력하는 목적으로 흔히 사용된다. 이때 명심해야 할 점은 주변 환경으로부터 획득할 수 있는 데이터는 아날로그 데이터라는 점이다. 지금까지 살펴본 데이터들은 디지털 데이터였다. LED에 불을 켜거나 끄는 데이터, 스위치가 눌렸거나 눌리지 않은 데이터는 물론이거니와, UART 통신을 통해 컴퓨터와 주고받는 데이터 역시 HIGH 또는 LOW의 디지털 데이터를 기반으로 한다.

마이크로컨트롤러는 디지털 컴퓨터의 일종으로 디지털 데이터만을 처리할 수 있다. 하지만 온도, 습도, 조도 등 주변 환경에서 측정할 수 있는 데이터들은 연속적인 아날로그 데이터이므로, 이들 데이터를 처리하기 위해서는 먼저 아날로그 데이터를 디지털 데이터로 변환해야 한다. 이처럼 아날로그 데이터를 디지털 데이터로 변환하는 장치를 아날로그-디지털 변환기(Analog-Digital Converter, ADC)라고 한다.

주변 환경으로부터 데이터를 획득하는 장치를 흔히 센서라고 부르는데, 센서는 아날로그 데이터를 출력하는 경우가 많다. 온도가 높은 경우에는 높은 전압을, 온도가 낮은 경우에는 낮은 전압을 출력하는 온도 센서가 그 예다. 마이크로컨트롤러는 아날로그 전압을 입력으로 받아 이를 ADC를 거쳐 디지털 데이터로 변환한 후, 마이크로컨트롤러 내의 CPU에서 처리한다. ATmega2560에서 아날로그 데이터를 입력받고 이를 디지털 데이터로 변환하는 부분을 블록 다이어그램으로 간단히 나타낸 것이 [그림 1]이다.

ATmega2560에는 아날로그 데이터를 디지털 데이터로 변환하기 위한 10비트 해상도의 ADC가 포함되어 있다. 이 ADC에서 입력되는 아날로그 전압을 0에서 1023($=2^{10}-1$) 사이의 디지털 값으로 변환한다. ADC 채널은 16개로, 16개의 아날로그 출력 장치를 ATmega2560에 연결할 수 있다. 그러나 16개의 채널은 하나의 AD 변환기에 멀티플렉서(Multiplexer, MUX)로 연결되어 있으므로, 한 번에 하나의 아날로그 입력만을 디지털로 변환할 수 있다. 16개의 채널은 포트 F(PF0～PF7)와 포트 K(PK0～PK7)에 연결되어 있다.

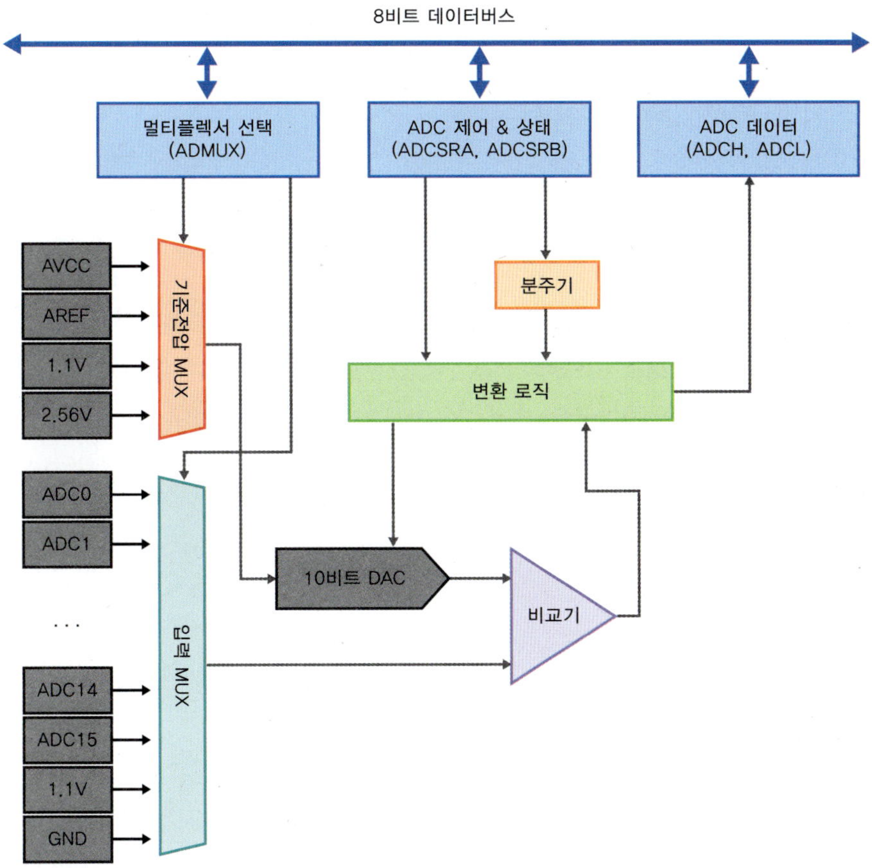

[그림 1] 아날로그-디지털 변환 블록 다이어그램

센서가 아날로그 전압을 출력하고 이를 ADC가 0에서 1023 사이의 디지털 값으로 변환하는 과정에서 중요한 점은 몇 볼트의 전압을 1023으로 변환할 것인가 하는 점이다. 이를 위해서는 기준 전압이 필요하다. 기준 전압은 AD 변환에서 최댓값으로 변환되는 전압을 의미한다. ATmega2560에서는 기준 전압으로 AVCC(Analog VCC), AREF(Analog Reference), 내부 1.1V, 내부 2.56V 중 하나를 선택할 수 있다. AVCC에는 일반적으로 VCC와 같은 5V가 가해진다. 5V 이외의 기준 전압을 사용하고자 한다면 AREF 핀에 5V 이하의 전압을 연결해야 한다. 이외에도 내부 1.1V나 2.56V를 기준 전압으로 사용할 수 있다.

기준 전압을 5V로 설정하였다고 가정해 보자. 0V에서 5V 사이의 전압이 0에서 1023 사이의 디지털 값으로 변환된다. 그렇다면 ATmega2560에서 구별 가능한 전압의 차이는 얼마나 될까? 아날로그-디지털 변환은 선형 사상(linear mapping)을 통해 이루어지므로 $\frac{5}{1024} \approx 4.88\text{mV}$의 전압 차이를 구별할 수 있다.

ATmega2560에서 사용하는 아날로그-디지털 변환기는 축차비교(successive approximation) 방식을 사용한다. 축차비교 방식에서는 먼저 변환될 디지털 값의 모든 비트를 0으로 설정한 후, MSB부터 아날로그 입력값과 현재 디지털 값을 비교하면서 각 비트의 값을 결정하는 방식이다. 1V를 기준전압으로 하고, 입력 전압이 VIN=0.67V인 경우에 이를 5비트의 디지털 값으로 변환하는 과정을 살펴보자. 변환된 디지털 값은 D=00000_2에서 시작한다.

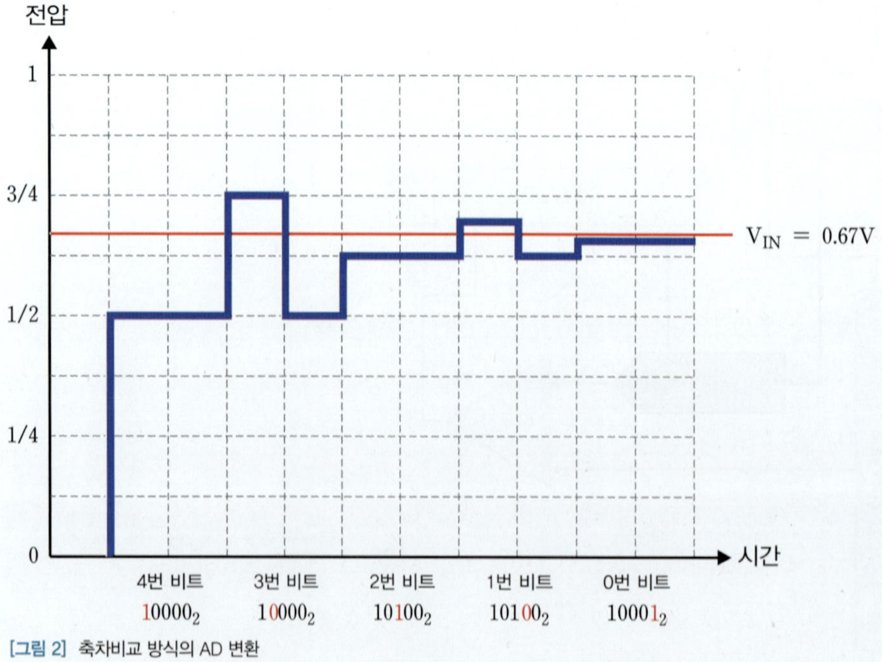

[그림 2] 축차비교 방식의 AD 변환

먼저 D의 4번 비트(LSB를 0번 비트, MSB를 4번 비트로 한다)를 1로 설정하고(D=10000_2=0.5) 입력 전압인 0.67과 비교한다. VIN 〉 D의 조건을 만족하므로, D의 4번 비트는 1을 유지한다. 다음은 3번 비트를 1로 설정하고(D=11000_2=0.75) VIN과 비교하면, VIN 〉 D의 조건을 만족하지 않으므로 3번 비트는 0으로 설정한다. 이러한 과정을 0번 비트까지 반복하면 입력 전압에 대한 5비트 디지털 값 D=10101_2를 얻을 수 있다.

[표 1]은 축차비교 방식에 따라 아날로그 값을 디지털 값으로 변환하는 과정을 나타낸 것이다.

[표 1] 축차비교 방식에 의한 아날로그-디지털 변환

순서	디지털 값(D)	디지털 값의 아날로그 값	비트 변환 결과
0	–	–	00000_2
1	10000_2	$\frac{16}{32} \times 1V = 0.5V < 0.67V$ (○)	10000_2
2	110002	$\frac{16+8}{32} \times 1V = 0.75V > 0.67V$ (×)	10000_2
3	10100_2	$\frac{16+4}{32} \times 1V = 0.625V < 0.67V$ (○)	10100_2

4	$101\underline{\mathbf{1}}0_2$	$\frac{16+4+2}{32} \times 1V = 0.688V > 0.67V$ (×)	$\underline{\mathbf{1010}}0_2$
5	$1010\underline{\mathbf{1}}_2$	$\frac{16+4+1}{32} \times 1V = 0.656V < 0.67V$ (○)	$\underline{\mathbf{10101}}_2$

축차비교 방식에서는 입력 전압보다 작거나 같은 근사화된 값을 출력한다. 10비트 해상도를 사용하는 ATmega2560의 경우엔 약 4.88mV의 전압 차이를 구별할 수 있지만, 잡음에 의해서도 mV 단위의 차이가 발생할 수 있다. 한편 마이크로컨트롤러로 입력되는 아날로그 데이터의 경우엔 mV 단위의 차이가 중요한 경우도 흔히 볼 수 있다. 이처럼 ADC에 의해 얻어진 값은 다음과 같은 이유로 실제 값과는 차이가 있을 수 있으므로 주의하여야 한다.

- 낮은 해상도
- 잡음
- 아날로그 신호의 좁은 전압 범위

낮은 해상도로 인해 변환된 디지털 데이터가 부정확한 경우는 높은 해상도의 ADC를 사용함으로써 해결할 수 있다. 하지만 ATmega2560의 ADC는 10비트의 해상도로 변경할 수 없으므로 더 높은 해상도의 ADC를 사용하기 위해서는 별도의 ADC 칩을 사용해야 한다.

변환된 디지털 데이터가 잡음에 의해 부정확한 경우를 보완하기 위해 ATmega2560의 ADC는 차동 입력(differential input)을 지원한다. 위에서 설명한 방식은 단일(single-ended) 입력이라 하는 방식으로, 이는 신호의 크기를 접지(GND)와 비교하여 측정하는 것을 말한다. 이와 달리 차동 입력은 두 개의 입력 핀((+) 입력과 (-) 입력)으로 신호를 입력받고, 이들 두 입력의 차이가 ADC로 입력되는 방식을 말한다. 단일 입력의 경우에는 잡음이 들어오면 잡음이 그대로 ADC에 반영되지만, 차동 입력의 경우에 두 개의 입력 속에 잡음이 공통으로 들어오면 잡음이 상쇄되는 효과를 얻을 수 있다. 이를 공통 모드 잡음(common mode noise)이라고 한다. 물론 두 개의 핀으로 같은 잡음이 입력되는 공통 모드 잡음이 아닌 경우에는 잡음 제거 효과를 얻을 수 없다.

차동 입력이 단일 입력과 또 다른 점은 디지털로 변환할 수 있는 전압 범위에 있다. 단일 입력은 GND를 기준으로 하므로, 변환할 수 있는 최소의 전압, 즉 변환 후 디지털 값 0에 해당하는 아날로그 값은 항상 0V다. 따라서 단일 입력에서 2.5V의 기준 전압을 사용하는 경우, 디지털로 변환할 수 있는 전압의 범위는 0V~2.5V로 주어진다.

하지만 차동 입력에서는 변환할 수 있는 최소의 전압을 (-) 입력으로 정할 수 있다. 따라서 차동 입력에서는 (-) 입력에 2V 전압을 가해줌으로써 2V~4.5V 범위의 전압을 디지털로 변환할 수 있다. 이때 2V가 변환 후 디지털 값 0에 해당하는 아날로그 값이 된다. 하지만 차동 입력을 사용할 때에도 각 입력에 가해지는 전압은 GND와 AVCC 범위 내에 있어야 한다. [그림 3]은 단일 입력과 차동 입력의 차이를 나타낸 것이다.

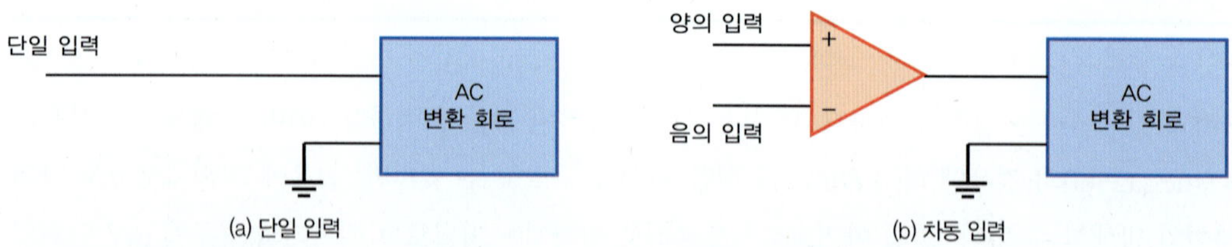

[그림 3] 단일 입력과 차동 입력

아날로그 신호의 범위가 좁은 경우엔 ATmega2560의 신호 증폭 기능을 사용할 수 있다. 단, 증폭 기능은 차동 입력을 사용하는 경우에만 가능하며, 10배와 200배 증폭 중 선택할 수 있으므로 신호가 약한 경우에 사용할 수 있다. 이러한 증폭 비율을 이득(gain)이라고 한다.

AD 변환이 완료되면 변환된 결과는 ADC 레지스터에 저장된다. 단일 입력 모드에서 ADC 레지스터에 저장되는 결과는 다음과 같이 표현된다.

$$ADC = \left\lfloor \frac{V_{IN} \cdot 1024}{V_{REF}} \right\rfloor$$

이때 V_{IN}은 선택된 입력 핀에 가해지는 전압을, V_{REF}는 기준 전압을 나타낸다. 차동 입력 모드에서 ADC 레지스터에 저장되는 결과는 다음과 같이 표현된다.

$$ADC = \left\lfloor \frac{(V_{POS} - V_{NEG}) \cdot GAIN \cdot 512}{V_{REF}} \right\rfloor$$

이때 V_{POS}는 양의 입력 핀에 가해지는 전압을, V_{NEG}는 음의 입력 핀에 가해지는 전압을 나타내며, $GAIN$은 이득을 나타낸다. 차동 입력의 경우엔 (−) 입력이 (+) 입력보다 큰 전압을 가질 수 있는데, 이때 AD 변환 값은 음수가 되고 2의 보수로 표현된다. 따라서 차동 입력을 사용하면 −512(= 0x200)에서 +511(= 0x1FF) 사이의 값을 얻을 수 있다.

또 한 가지 주의해야 할 점은 AD 변환 과정이 많은 시간을 요구한다는 점이다. ATmega2560은 16MHz로 동작하지만 [그림 2]에서 알 수 있듯이 디지털로 변환된 10비트의 결과를 얻기 위해서는 많은 단계와 복잡한 연산이 필요하므로 16MHz의 속도로 동작할 수 없다. 따라서 메인 클록을 필요한 정도의 속도로 낮추어 사용해야 한다. [그림 1]에서 분주기가 필요한 이유가 여기에 있다.

LESSON 02

가변저항 읽기

ATmega2560에는 16개의 아날로그 입력 채널이 있으며, 이들은 포트 F와 포트 K에 해당한다. 먼저 가변저항을 아두이노 54번(PF0) 핀에 연결하고, 현재 가변저항의 값을 0~1023 사이의 디지털 값으로 변환하여 읽어보자. 가변저항은 [그림 4]와 같이 연결한다.

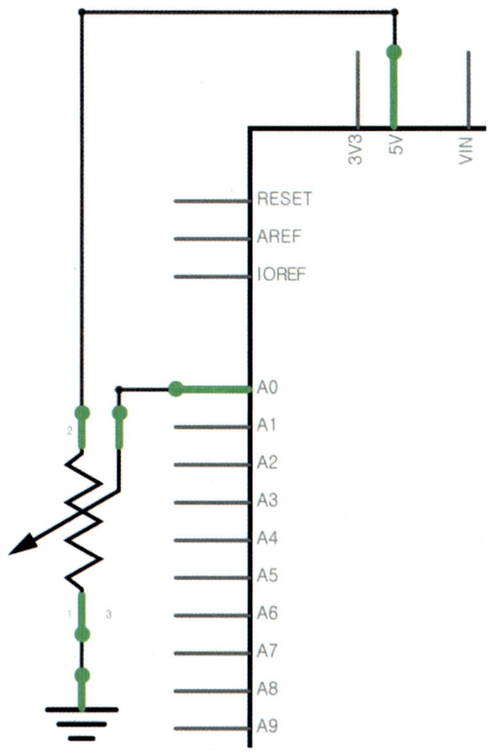

[그림 4] 가변저항 연결 회로도

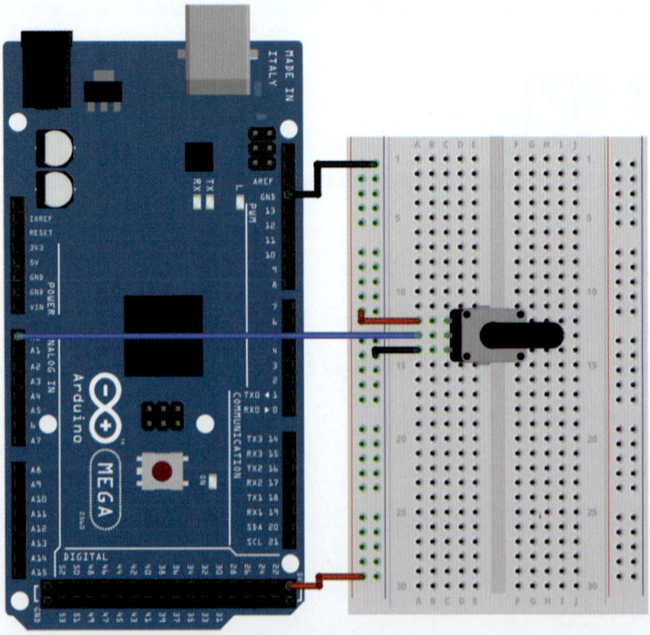

[그림 5] 가변저항 연결 회로

[그림 6] 학습보드의 가변저항

[코드 1]은 아두이노 54번(PF0) 핀에 연결된 가변저항의 값을 1초에 한 번씩 읽어 UART 시리얼 통신을 통해 컴퓨터로 전송하는 코드의 예다. UART 시리얼 통신을 위해 UART 시리얼 통신 장에서 작성한 UART0 라이브러리를 사용하였다.

코드 1 가변저항 값 읽기 - 프리 러닝 모드

```
#define F_CPU 16000000L
#include <avr/io.h>
#include <util/delay.h>
#include "UART0.h"

void ADC_init(unsigned char channel) {
    ADMUX |= (1 << REFS0);                          // AVCC를 기준 전압으로 선택
    // 채널 선택. 8~15번 채널은 ADMUX 이외에 ADCSRB 레지스터 설정 필요
    ADMUX = ((ADMUX & 0xE0) | (channel & 0x07));
    if(channel > 8) ADCSRB |= (1 << MUX5);

    // 분주비를 128로 설정
    ADCSRA |= (1 << ADPS2) | (1 << ADPS1) | (1 << ADPS0);
    ADCSRA |= (1 << ADATE);                         // 자동 트리거 모드 활성화

    // 프리 러닝 모드 선택
    ADCSRB &= ~(1 << ADTS2) & ~(1 << ADTS1) & ~(1 << ADTS0);

    ADCSRA |= (1 << ADEN);                          // ADC 활성화
    ADCSRA |= (1 << ADSC);                          // 변환 시작
}

int read_ADC(void) {
    while(!(ADCSRA & (1 << ADIF)));                 // 변환 종료 대기

    return ADC;                                     // 10비트 값을 반환
}

int main(void) {
    int read;

    UART0_init();                                   // UART 통신 초기화
    ADC_init(0);                                    // AD 변환기 초기화

    while(1) {
      read = read_ADC();                            // 가변저항 읽기

      UART0_print(read);
      UART0_write('\n');

      _delay_ms(1000);                              // 1초에 한 번 읽음
    }
```

```
    return 0;
}
```

[코드 1]에서는 AD 변환을 제어하기 위해 ADMUX, ADCSRA, ADCSRB, ADC 4개의 레지스터가 사용되었다. 이들 레지스터는 [그림 1]의 블록 다이어그램에서도 확인할 수 있다. 가변저항을 돌리면서 0에서 1023 사이의 값이 시리얼 모니터로 출력됨을 확인해 보자.

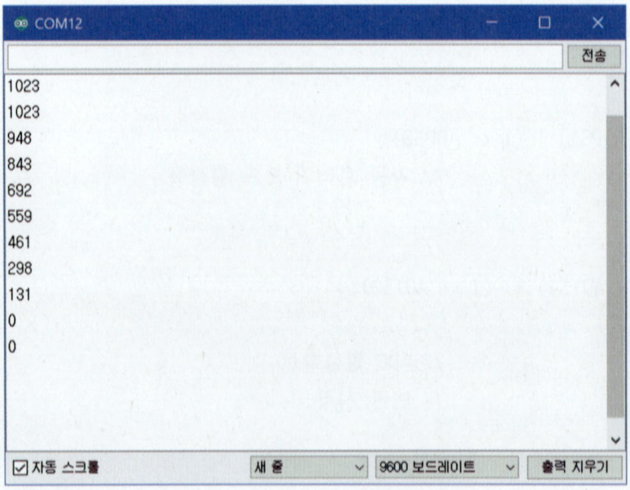

[그림 7] [코드 1] 실행 결과

LESSON 03

아날로그 디지털 변환을 위한 레지스터

AD 변환을 위해 [코드 1]에서는 기준 전압과 입력 채널 설정을 위한 ADMUX 레지스터, AD 과정을 제어하기 위한 ADCSRA 및 ADCRSB 레지스터, 그리고 변환된 데이터를 저장하기 위한 ADC (ADCH와 ADCL의 조합) 레지스터 등 4개의 레지스터가 사용되었다.

ADC = ADCH + ADCL

ADCH와 ADCL 레지스터는 AD 변환된 디지털 데이터가 저장되는 레지스터다. ATmega2560의 ADC는 10비트의 해상도를 가지지만, 레지스터는 모두 8비트이므로 두 개의 레지스터에 변환된 값이 나누어 저장된다. ADCH와 ADCL 레지스터 16비트 중에서 6비트는 사용되지 않는데, 데이터를 정렬하는 방식에 따라 ADCH의 상위 6비트 또는 ADCL의 하위 6비트가 사용되지 않는다. 정렬 방식은 ADMUX 레지스터의 ADLAR(ADC Left Adjust Result) 비트에 의해 결정된다. [그림 8]은 ADCH 및 ADCL 레지스터의 구조를 나타낸다.

비트	15	14	13	12	11	10	9	8
ADCH	–	–	–	–	–	–	ADC9	ADC8
ADCL	ADC7	ADC6	ADC5	ADC4	ADC3	ADC2	ADC1	ADC0
비트	7	6	5	4	3	2	1	0
읽기/쓰기	R	R	R	R	R	R	R	R
	R	R	R	R	R	R	R	R
초깃값	0	0	0	0	0	0	0	0
	0	0	0	0	0	0	0	0

(a) 오른쪽 정렬 (ADLAR = 0)

비트	15	14	13	12	11	10	9	8
ADCH	ADC9	ADC8	ADC7	ADC6	ADC5	ADC4	ADC3	ADC2
ADCL	ADC1	ADC0	–	–	–	–	–	–
비트	7	6	5	4	3	2	1	0
읽기/쓰기	R	R	R	R	R	R	R	R
	R	R	R	R	R	R	R	R
초깃값	0	0	0	0	0	0	0	0
	0	0	0	0	0	0	0	0

(b) 왼쪽 정렬 (ADLAR = 1)

[그림 8] ADCH 및 ADCL 레지스터 구조

불편하게 두 개의 레지스터를 사용하기보다는 ADCH와 ADCL 레지스터로 이루어지는 16비트 크기의 가상 레지스터인 ADC를 사용할 수도 있다. 오른쪽 정렬을 사용하는 경우에는 ADCH 레지스터의 상위 6비트가 사용되지 않으므로, ADC 값을 통해 10비트의 값을 직접 얻을 수 있다. 왼쪽 정렬을 사용한다면 ADCL 레지스터의 하위 6비트가 사용되지 않으므로 ADC 레지스터에 저장된 값을 오른쪽으로 6비트만큼 이동시켜 사용해야 한다. 디폴트로는 오른쪽 정렬이 사용된다.

ADMUX

ADMUX 레지스터는 AD 변환을 위한 기준 전압과 입력 채널을 선택하는 데 사용된다. ADMUX 레지스터의 구조는 [그림 9]와 같다.

비트	7	6	5	4	3	2	1	0
비트 이름	REFS1	REFS0	ADLAR	MUX4	MUX3	MUX2	MUX1	MUX0
읽기/쓰기	R/W	R/W	R/W	R/W	R/W	R/W	R/W	R/W
초깃값	0	0	0	0	0	0	0	0

[그림 9] ADMUX 레지스터 구조

7번 비트 REFS1(Reference Selection)과 6번 비트 REFS0은 AD 변환의 기준 전압을 선택할 때 사용된다. REFS 비트 값에 따라 선택되는 기준 전압은 [표 2]와 같다. [코드 1]에서는 REFS0 비트를 1로 설정하여 외부 AVCC인 5V를 기준 전압으로 사용하고 있다.

[표 2] REFS1과 REFS0 설정에 따른 기준 전압

REFS1	REFS0	설명
0	0	외부 AREF 핀 입력을 기준 전압으로 선택한다.
0	1	외부 AVCC 핀 입력을 기준 전압으로 선택한다.
1	0	내부 1.1V를 기준 전압으로 선택한다.
1	1	내부 2.56V를 기준 전압으로 선택한다.

5번 비트 ADLAR(ADC Left Adjust Result)은 변환된 디지털 데이터의 저장 방법을 설정하는 데 사용된다. ADLAR=1이면 왼쪽 정렬, ADLAR = 0이면 오른쪽 정렬이 사용된다. 디폴트값은 오른쪽 정렬로, [코드 1]에서는 디폴트값인 오른쪽 정렬을 사용하고 있다.

4번 비트에서 0번 비트까지 5개 비트 MUXn(n=0, ... , 4)은 ADCSRB 레지스터의 3번 비트 MUX5와 함께 ADC에 가해질 입력을 선택하는 데 사용된다. ATmega2560의 ADC는 단일 입력 및 차동 입력이 가능하다. 또한, 차동 입력 시에는 이득을 선택할 수 있다. [표 3]은 MUXn 비트 설정에 따른 입력 채널 및 이득을 나타낸다.

[표 3] MUXn 비트 설정에 따른 입력 채널 및 이득

MUX5:0	단일 입력	차동 입력		이득
		(+)	(−)	
000000	ADC0	–		
000001	ADC1			
000010	ADC2			
000011	ADC3			
000100	ADC4			
000101	ADC5			
000110	ADC6			
000111	ADC7			
001000		ADC0	ADC0	10x
001001		ADC1	ADC0	10x
001010		ADC0	ADC0	200x
001011		ADC1	ADC0	200x
001100		ADC2	ADC2	10x
001101		ADC3	ADC2	10x
001110		ADC2	ADC2	200x
001111		ADC3	ADC2	200x
010000		ADC0	ADC1	1x
010001		ADC1	ADC1	1x
010010		ADC2	ADC1	1x
010011		ADC3	ADC1	1x
010100		ADC4	ADC1	1x
010101		ADC5	ADC1	1x
010110		ADC6	ADC1	1x
010111		ADC7	ADC1	1x
011000		ADC0	ADC2	1x
011001		ADC1	ADC2	1x
011010		ADC2	ADC2	1x
011011		ADC3	ADC2	1x
011100		ADC4	ADC2	1x
011101		ADC5	ADC2	1x
011110	1.1V (V_{BG})	–		
011111	0V (GND)			

<table>
<tr><td>100000</td><td>ADC8</td><td rowspan="8" colspan="3">–</td></tr>
<tr><td>100001</td><td>ADC9</td></tr>
<tr><td>100010</td><td>ADC10</td></tr>
<tr><td>100011</td><td>ADC11</td></tr>
<tr><td>100100</td><td>ADC12</td></tr>
<tr><td>100101</td><td>ADC13</td></tr>
<tr><td>100110</td><td>ADC14</td></tr>
<tr><td>100111</td><td>ADC15</td></tr>
<tr><td>101000</td><td rowspan="22">–</td><td>ADC8</td><td>ADC8</td><td>10x</td></tr>
<tr><td>101001</td><td>ADC9</td><td>ADC8</td><td>10x</td></tr>
<tr><td>101010</td><td>ADC8</td><td>ADC8</td><td>200x</td></tr>
<tr><td>101011</td><td>ADC9</td><td>ADC8</td><td>200x</td></tr>
<tr><td>101100</td><td>ADC10</td><td>ADC10</td><td>10x</td></tr>
<tr><td>101101</td><td>ADC11</td><td>ADC10</td><td>10x</td></tr>
<tr><td>101110</td><td>ADC10</td><td>ADC10</td><td>200x</td></tr>
<tr><td>101111</td><td>ADC11</td><td>ADC10</td><td>200x</td></tr>
<tr><td>110000</td><td>ADC8</td><td>ADC9</td><td>1x</td></tr>
<tr><td>110001</td><td>ADC9</td><td>ADC9</td><td>1x</td></tr>
<tr><td>110010</td><td>ADC10</td><td>ADC9</td><td>1x</td></tr>
<tr><td>110011</td><td>ADC11</td><td>ADC9</td><td>1x</td></tr>
<tr><td>110100</td><td>ADC12</td><td>ADC9</td><td>1x</td></tr>
<tr><td>110101</td><td>ADC13</td><td>ADC9</td><td>1x</td></tr>
<tr><td>110110</td><td>ADC14</td><td>ADC9</td><td>1x</td></tr>
<tr><td>110111</td><td>ADC15</td><td>ADC9</td><td>1x</td></tr>
<tr><td>111000</td><td>ADC8</td><td>ADC10</td><td>1x</td></tr>
<tr><td>111001</td><td>ADC9</td><td>ADC10</td><td>1x</td></tr>
<tr><td>111010</td><td>ADC10</td><td>ADC10</td><td>1x</td></tr>
<tr><td>111011</td><td>ADC11</td><td>ADC10</td><td>1x</td></tr>
<tr><td>111100</td><td>ADC12</td><td>ADC10</td><td>1x</td></tr>
<tr><td>111101</td><td>ADC13</td><td>ADC10</td><td>1x</td></tr>
<tr><td>111110</td><td>reserved</td><td rowspan="2" colspan="3">–</td></tr>
<tr><td>111111</td><td>reserved</td></tr>
</table>

[표 3]에서 알 수 있듯이 MUX5:0의 값 000000_2에서 000111_2까지와 100000_2에서 100111_2까지는 단일 입력에 사용된다. [코드 1]에서는 단일 입력으로 0번 채널이 사용되었다. 채널 선택을 위해서는

ADMUX 레지스터와 ADCSRB 레지스터의 2개 레지스터를 설정해야하므로 ADC_init 함수에서 매개변수인 channel 값에 따라 해당 레지스터의 값을 변경할 수 있도록 하였다.

```
ADMUX = ((ADMUX & 0xE0) | (channel & 0x07));          // 0~7번 채널
if(channel > 8) ADCSRB |= (1 << MUX5);                 // 8~15번 채널
```

[표 3]에는 AD 변환을 위한 64개 입력 조합을 확인할 수 있다. 이들 입력 조합은 단일 입력 16개, 차동 입력 44개, 특별한 용도로 사용되는 4개 등 3개 그룹으로 나눌 수 있다. 차동 입력의 경우엔 증폭률 선택이 가능하며, 음의 입력이 주어질 수 있는 핀은 6개로 제한된다는 점을 주의해야 한다.

특별한 용도로 사용되는 입력 2개는 내부 1.1V 전압과 GND로, [그림 1]의 다이어그램에서도 확인할 수 있다. 이 2개의 입력은 내부 동작 전압을 확인하는 용도로 사용된다. 차동 입력 중에서도 양의 입력과 음의 입력이 같은 채널인 경우를 발견할 수 있다. 단일 입력에서는 GND를 통해 AD 변환값 0의 기준을 정할 수 있다면, 차동 입력에서는 두 입력이 같은 경우를 통해 AD 변환값 0의 기준을 정할 수 있다.

ADCSRA

ADCSRA(ADC Control and Status Register A) 레지스터는 AD 변환의 상태를 나타내거나 AD 변환 과정을 제어하는 데 사용된다. ADCSRA 레지스터의 구조는 [그림 10]과 같다.

비트	7	6	5	4	3	2	1	0
비트 이름	ADEN	ADSC	ADATE	ADIF	ADIE	ADPS2	ADPS1	ADPS0
읽기/쓰기	R/W	R/W	R/W	R/W	R/W	R/W	R/W	R/W
초깃값	0	0	0	0	0	0	0	0

[그림 10] ADCSRA 레지스터 구조

7번 비트 ADEN(ADC Enable)은 ADC를 활성화하는 비트다. ADEN 비트의 디폴트값은 0으로, ADC 사용이 불가능한 상태로 시작되므로, ADC를 사용하기 위해서는 반드시 ADEN 비트를 세트해야 한다.

6번 비트 ADSC(ADC Start Conversion)를 1로 설정하면 AD 변환이 시작된다. AD 변환은 변환 시작 신호가 주어지면 한 번 AD 변환을 수행하고 끝내는 단일 변환(single conversion) 모드와, 이전 변환이 끝나면 특정 신호에 의해 다시 AD 변환이 수행되는 자동 트리거(auto trigger) 모드의 두 가지가 있다. 자동 트리거 모드에는 이전 변환이 끝나면 자동으로 다음 변환이 시작되는 프리 러닝(free running) 모드가 포함된다. ADSC 비트를 설정하면, 단일 변환 모드에서는 변환을 시작하기 위해, 프리 러닝 모드에서는 첫 번째 변환을 시작하기 위해 사용된다. 자동 트리거 모드에서는 다양한 트리

거 소스를 사용할 수 있는데, 이는 ADCSRB 레지스터에서 설정할 수 있다.

5번 비트 ADATE(ADC Auto Trigger Enable)는 자동 트리거 모드 설정에 사용된다. 자동 트리거 모드가 설정되면 선택한 트리거 소스의 상승 에지에서 변환이 시작된다. 한편 4번 비트 ADIF(ADC Interrupt Flag)는 AD 변환이 종료되고 데이터 레지스터가 업데이트되면 1로 세트된다. ADIF 비트는 AD 변환이 완료되었음을 알아내는 데 사용할 수 있다.

3번 비트 ADIE(ADC Interrupt Enable)는 AD 변환이 끝났을 때 인터럽트 발생을 허용하는 비트다. 하지만 실제 인터럽트가 발생하기 위해서는 SREG 레지스터의 I 비트가 세트되어 있어야 한다. 즉, AD 변환이 끝나면 ADIF 비트는 자동으로 세트되고, ADIF 비트가 세트되었을 때 ADIE 비트와 SREG의 I 비트가 세트되어 있다면, AD 변환 완료 인터럽트가 발생한다.

ADCSRA 레지스터의 나머지 3비트인 ADPSn (n=0, 1, 2) (ADC Prescaler Select Bit) 비트는 AD 변환에 사용되는 클록을 생성하기 위한 분주율을 설정하는 데 사용된다. 분주율은 16MHz 시스템 클록을 얼마의 값으로 나누어 ADC 클록으로 사용할 것인지를 나타낸다. [표 4]는 ADPSn 값에 따라 나누는 값, 즉 분주율을 나타낸다.

[표 4] ADPSn (n=0, 1, 2) 값에 따른 분주율

ADPS2	ADPS1	ADPS0	분주율
0	0	0	2
0	0	1	2
0	1	0	4
0	1	1	8
1	0	0	16
1	0	1	32
1	1	0	64
1	1	1	128

ADC에 공급되는 클록의 값은 50kHz에서 200kHz 범위를 권장한다. [코드 1]에서는 분주비를 128로 설정하여 $\frac{16MHz}{128} = 125KHz$의 클록이 ADC에 공급되었다. AD 변환을 위해서는 첫 번째 샘플의 경우엔 25 ADC 클록이 필요하지만, 이후에는 13 ADC 클록이 필요하다. 따라서 [코드 1]의 경우, 변환할 수 있는 최대 샘플의 개수는 초당 $\frac{125,000}{13} \backsimeq 9615$개 정도다. [표 5]는 ADCSRA 레지스터의 각 비트를 요약한 것이다.

[표 5] ADCSRA 레지스터 비트

비트	이름	설명
7	ADEN	ADC Enable : ADC를 활성화한다.
6	ADSC	ADC Start Conversion : AD 변환을 시작한다.
5	ADATE	ADC Auto Trigger Enable : 자동 트리거를 활성화한다. 자동 트리거 소스는 ADCSRB 레지스터에서 설정하며, 선택된 트리거 소스의 상승 에지에서 AD 변환이 자동으로 시작된다.
4	ADIF	ADC Interrupt Flag : AD 변환이 종료되었을 때 1로 설정된다.
3	ADIE	ADC Interrupt Enable : AD 변환이 종료되었을 때 인터럽트 발생을 허용한다.
2	ADPS2	ADC Prescaler Select : ADC를 위한 분주율을 설정한다.
1	ADPS1	
0	ADPS0	

*** 채널 전환에서의 주의 사항**

[코드 1]은 가변저항의 값을 읽어 시리얼 모니터로 출력하는 코드의 예다. 동작에 아무런 문제가 없는 것으로 보이고, 실제로도 아무런 문제도 없다. 하지만 두 개 이상의 아날로그 입력을 사용하고자 한다면 문제가 발생할 수 있다.

시스템을 구성할 때 두 개 이상의 아날로그 입력을 사용하는 경우는 흔하다. 아날로그 값을 출력하는 센서 두 개를 사용하고자 한다면 두 개의 AD 변환기를 사용해야 한다. 하지만 [그림 1]에서도 알 수 있듯이 ATmega2560에는 하나의 AD 변환기만 존재하며 16개 채널이 멀티플렉서로 연결되어 있으므로, 16개의 아날로그 입력을 사용할 수는 있지만 '한 번에 하나씩' 읽어 들일 수 있을 뿐이다.

이러한 구조로 인해 AD 변환기의 여러 채널을 사용하고자 하는 경우엔 몇 가지 주의해야 할 점이 있다. 먼저 두 개 이상의 아날로그 값을 동시에 디지털 값으로 변환할 수는 없다. 두 개의 아날로그 값을 읽어 들이기 위해서는 먼저 하나의 값을 읽고 채널을 전환한 후, 두 번째 아날로그 값을 읽어야 한다.

이처럼 두 개의 아날로그 값을 디지털로 변환하기 위해서는 채널 전환이 필요하므로, 주의해야 할 점이 또 하나 있다. 바로 채널 전환에 시간이 필요하다는 점이다. 채널 전환 명령이 실행된 이후, 실제로 채널이 전환되고 AD 변환을 시작할 수 있는 준비가 될 때까지는 대기 시간이 필요하다. 따라서 채널 전환 명령을 실행한 후에는 약간의 대기 시간을 두어 회로가 안정화되기를 기다려야하므로, 채널이 전환된 후 처음 AD 변환된 값은 버리고 두 번째 읽은 값을 사용하는 것이 안전하다.

ADCSRB

ADCSRB(ADC Control and Status Register B) 레지스터는 ADCSRA 레지스터와 함께 AD 변환의 상태를 나타내거나 AD 변환 과정을 제어하는 데 사용되는 레지스터다. ADCSRB 레지스터의 구조는 [그림 11]과 같다.

비트	7	6	5	4	3	2	1	0
비트 이름	–	ACME	–	–	MUX5	ADTS2	ADTS1	ADTS0
읽기/쓰기	R	R/W	R	R	R/W	R/W	R/W	R/W
초깃값	0	0	0	0	0	0	0	0

[그림 11] ADCSRB 레지스터 구조

6번 비트 ACME(Analog Comparator Multiplexer Enable)는 아날로그 비교기에서 음의 입력을 선택하는 데 사용되며, 3번 비트 MUX5는 ADCSRA 레지스터의 MUXn(n = 0, ... , 4) 비트와 함께 ADC에 가해질 입력을 선택하는 데 사용된다.

2번 비트에서 0번 비트까지 3개 비트 ADTSn(n=0, 1, 2)(ADC Auto Trigger Source) 비트는 AD 변환을 시작할 트리거 소스를 선택하는 데 사용되며, AD 변환은 선택한 트리거 소스의 상승 에지에서 시작된다. 트리거 소스는 ADCSRA 레지스터의 ADATE(ADC Auto Trigger Enable) 비트가 세트되어 있는 경우에만 사용할 수 있다. [표 6]은 ADTSn 비트 설정에 따른 트리거 소스를 나타낸다.

[표 6] ADTSn (n=0, 1, 2) 비트 설정에 따른 트리거 소스

ADTS2	ADTS1	ADTS0	트리거 소스
0	0	0	프리 러닝 모드
0	0	1	아날로그 비교기
0	1	0	외부 인터럽트 요청 0
0	1	1	타이머/카운터 0 비교 일치 A
1	0	0	타이머/카운터 0 오버플로
1	0	1	타이머/카운터 1 비교 일치 B
1	1	0	타이머/카운터 1 오버플로
1	1	1	타이머/카운터 캡처 이벤트

트리거 소스 중 000_2에 해당하는 프리 러닝 모드는 이전 AD 변환의 종료가 다음 AD 변환의 시작을 알리는 트리거 소스로 사용되는 경우다. 나머지 경우엔 해당 동작이 끝났을 때 세트되는 인터럽트 플래그 비트의 값에 의해 AD 변환이 시작된다.

[코드 1]에서는 프리 러닝 모드를 사용하여 연속적으로 AD 변환이 이루어지도록 하였다. 반면 [코드 2]는 단일 변환 모드를 사용한 코드의 예다. 단일 변환 모드에서는 AD 변환을 시작하기 위해 ADCSRA 레지스터의 ADSC(ADC Start Conversion) 비트를 매번 세트해 주어야 한다.

코드 2 **가변저항 값 읽기 - 단일 변환 모드**

```
#define F_CPU 16000000L
#include <avr/io.h>
#include <util/delay.h>
#include "UART0.h"

void ADC_init(unsigned char channel) {
    ADMUX |= (1 << REFS0);                // AVCC를 기준 전압으로 선택
```

```
    // 채널 선택. 8~15번 채널은 ADMUX 이외에 ADCSRB 레지스터 설정 필요
    ADMUX = ((ADMUX & 0xE0) | (channel & 0x07));
    if(channel > 8) ADCSRB |= (1 << MUX5);

    // 분주비를 128로 설정
    ADCSRA |= (1 << ADPS2) | (1 << ADPS1) | (1 << ADPS0);

    ADCSRA |= (1 << ADEN);                  // ADC 활성화
}

int read_ADC(void) {
    ADCSRA |= (1 << ADSC);                  // 변환 시작
    while(!(ADCSRA & (1 << ADIF)));         // 변환 종료 대기

    return ADC;                             // 10비트 값을 반환
}

int main(void) {
    int read;

    UART0_init();                           // UART 통신 초기화
    ADC_init(0);                            // AD 변환기 초기화

    while(1) {
      read = read_ADC();                    // 가변저항 읽기

      UART0_print(read);
      UART0_write('\n');

      _delay_ms(1000);                      // 1초에 한 번 읽음
    }

    return 0;
}
```

AD 변환은 흔히 사용되므로 라이브러리로 만들어 두면 간편하게 사용할 수 있다. AD 변환을 위한 프리 러닝 모드와 단일 변환 모드를 지원하는 라이브러리를 [코드 1]과 [코드 2]를 사용하여 작성해 보자.

코드 3 ADC 라이브러리 - ADC.h

```
#ifndef _ADC_
#define _ADC_
#include <avr/io.h>
#include <avr/interrupt.h>
#define FREE_RUNNING   1
#define SINGLE_CONVERSION   2

void ADC_init(unsigned char channel, int mode = FREE_RUNNING);
int read_ADC(void);

#endif
```

코드 4 ADC 라이브러리 - ADC.cpp

```
#include "ADC.h"

int MODE = FREE_RUNNING;

void ADC_init(unsigned char channel, int mode = FREE_RUNNING) {
    MODE = mode;

    ADMUX |= (1 << REFS0);                    // AVCC를 기준 전압으로 선택
    // 채널 선택. 8~15번 채널은 ADMUX 이외에 ADCSRB 레지스터 설정 필요
    ADMUX = ((ADMUX & 0xE0) | (channel & 0x07));
    if(channel > 8) ADCSRB |= (1 << MUX5);

    // 분주비를 128로 설정
    ADCSRA |= (1 << ADPS2) | (1 << ADPS1) | (1 << ADPS0);

    ADCSRA |= (1 << ADEN);                    // ADC 활성화

    if(MODE == FREE_RUNNING) {
      ADCSRA |= (1 << ADATE);                 // 자동 트리거 모드 활성화

      // 프리 러닝 모드 선택
      ADCSRB &= ~(1 << ADTS2) & ~(1 << ADTS1) & ~(1 << ADTS0);

      ADCSRA |= (1 << ADSC);                  // 변환 시작
    }
}
```

```
int read_ADC(void) {
    if(MODE == SINGLE_CONVERSION) {
        ADCSRA |= (1 << ADSC);                  // 변환 시작
    }

    while(!(ADCSRA & (1 << ADIF)));             // 변환 종료 대기

    return ADC;                                  // 10비트 값을 반환
}
```

'스케치북_디렉터리\libraries' 디렉터리 아래에 'ADC' 디렉터리를 생성하고, 여기에 작성한 라이브러리 파일을 옮겨 놓으면 준비는 끝난다. [코드 5]는 [코드 2]와 같은 기능을 ADC 라이브러리를 사용하여 구현한 예다. [코드 5]에서는 단일 변환 모드를 사용하기 위해 ADC_init 함수의 두 번째 매개변수로 'SINGLE_CONVERSION' 상수를 사용하고 있다. 프리 러닝 모드를 사용하기 위해서는 'FREE_RUNNING' 상수를 사용해도 되지만, 디폴트값으로 프리 러닝 모드가 지정되므로 'FREE_RUNNING' 상수 지정을 생략할 수 있다.

코드 5 가변저항 값 읽기 - 단일 변환 모드, ADC 라이브러리 사용

```
#define F_CPU 16000000L
#include <avr/io.h>
#include <util/delay.h>
#include "UART0.h"
#include "ADC.h"

int main(void) {
    UART0_init();                               // UART 통신 초기화
    ADC_init(0, SINGLE_CONVERSION);             // AD 변환기 초기화

    while (1) {
        int read = read_ADC();                  // 가변저항 읽기

        UART0_print(read);
        UART0_write('\n');

        _delay_ms(1000);                        // 1초에 한 번 읽음
    }

    return 0;
}
```

LESSON 04 가변저항으로 LED 제어하기

아두이노 54번(PF0) 핀에 연결된 가변저항의 값을 읽고, 가변저항의 값에 비례하여 아두이노 2번(PE4), 3번(PE5), 4번(PG5), 5번(PE3) 핀에 연결된 4개 LED를 켜는 프로그램을 작성해 보자. 가변저항과 LED는 [그림 12]와 같이 연결한다.

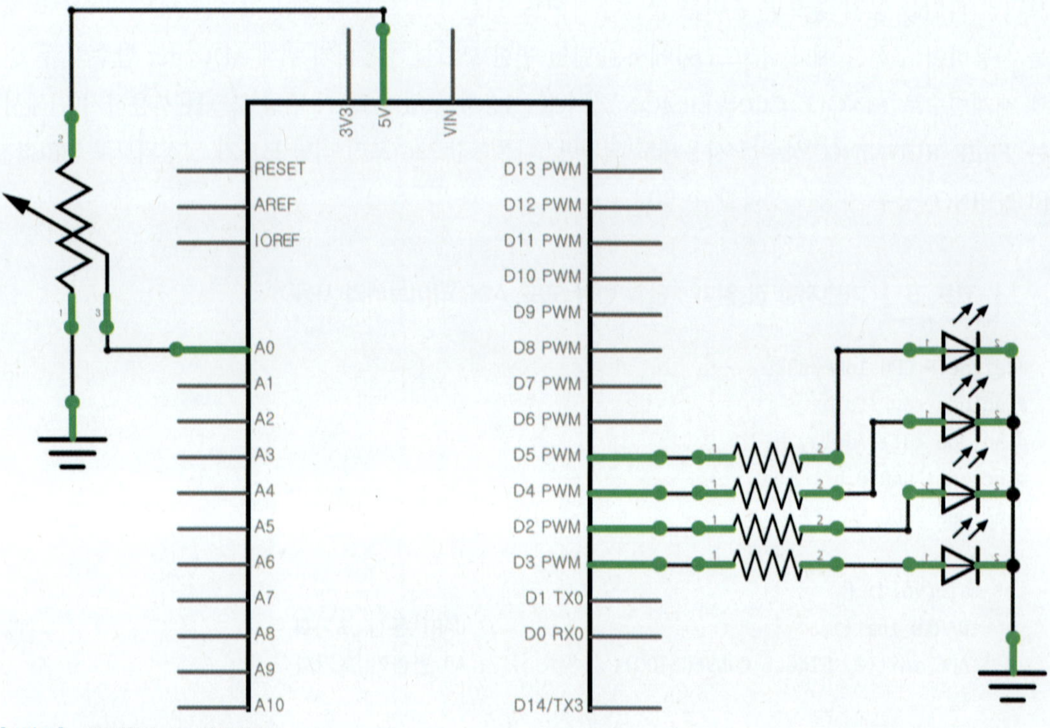

[그림 12] 가변저항과 LED 연결 회로도

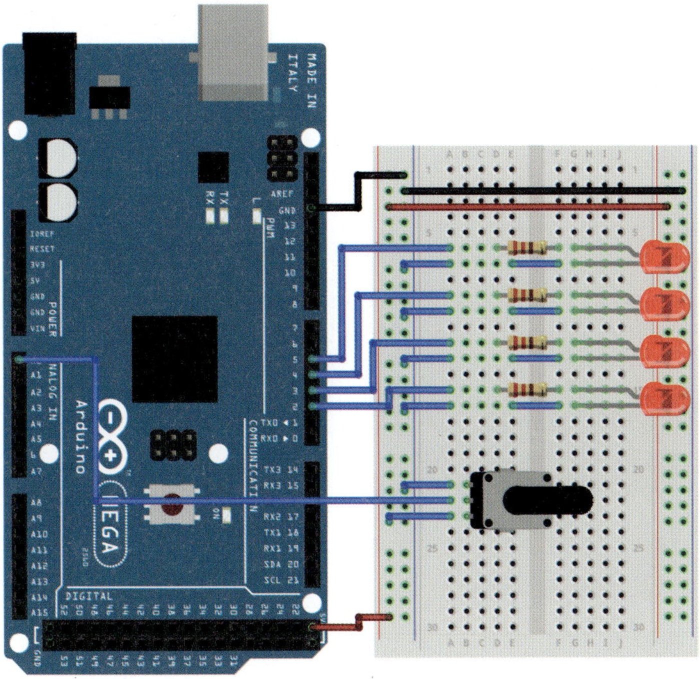

[그림 13] 가변저항과 LED 연결 회로

[그림 14] 학습보드의 가변저항과 LED

AD 변환을 통해 얻은 결과는 10비트 값이다. 이 중 켜지는 LED의 개수를 결정하는 데 사용할 수 있는 값은 상위 2비트 값으로, 0에서 3 사이의 값을 가진다. 따라서 ADC 레지스터의 값을 오른쪽으로

8비트 이동시킨 후 1을 더하면 1에서 4 사이의 값을 얻을 수 있다. [코드 6]은 가변저항으로 켜지는 LED의 개수를 조절하는 코드의 예다.

코드 6 가변저항으로 LED 개수 제어하기

```
#define F_CPU 16000000L
#include <avr/io.h>
#include <util/delay.h>
#include "UART0.h"
#include "ADC.h"

#define set_bit(value, bit) ( _SFR_BYTE(value) |= _BV(bit) )
#define clear_bit(value, bit) ( _SFR_BYTE(value) &= ~_BV(bit) )

void PORT_init() {
     set_bit(DDRE, 4);                       // 아두이노 2번
     set_bit(DDRE, 5);                       // 아두이노 3번
     set_bit(DDRG, 5);                       // 아두이노 4번
     set_bit(DDRE, 3);                       // 아두이노 5번
}

int main(void) {
     UART0_init();                           // UART 통신 초기화
     // "ADC_init(0, FREE_RUNNING)"으로 모드 지정도 가능
     ADC_init(0);                            // AD 변환기 초기화
     PORT_init();                            // LED 연결 핀을 출력으로 설정

     while(1) {
        int read = read_ADC();               // 가변저항 읽기
        int count = (read >> 8) + 1;

        switch(count) {                      // LED 개수에 따라 LED 점멸
        case 1:
           set_bit(PORTE, 4);
           clear_bit(PORTE, 5);
           clear_bit(PORTG, 5);
           clear_bit(PORTE, 3);
           break;
        case 2:
           set_bit(PORTE, 4);
           set_bit(PORTE, 5);
           clear_bit(PORTG, 5);
           clear_bit(PORTE, 3);
```

```
            break;
        case 3:
            set_bit(PORTE, 4);
            set_bit(PORTE, 5);
            set_bit(PORTG, 5);
            clear_bit(PORTE, 3);
            break;
        case 4:
            set_bit(PORTE, 4);
            set_bit(PORTE, 5);
            set_bit(PORTG, 5);
            set_bit(PORTE, 3);
            break;
        }

        UART0_print("Read : ");
        UART0_print(read);
        UART0_print(",\t");
        UART0_print(count);
        UART0_print(" LEDs are ON!\n");

        _delay_ms(1000);                    // 1초에 한 번 읽음
    }

    return 0;
}
```

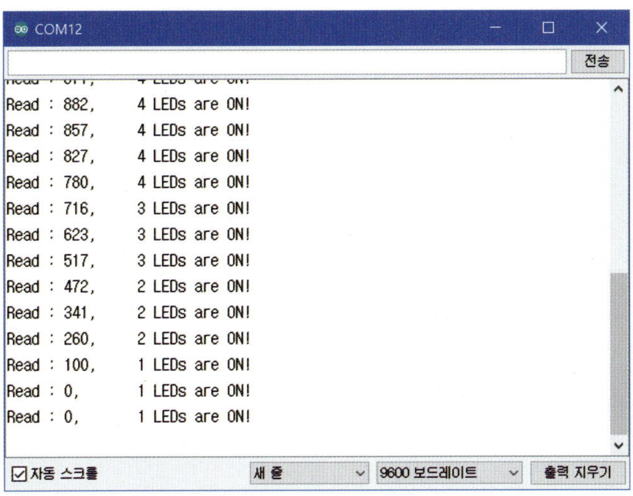

[그림 15] [코드 6] 실행 결과

CHAPTER

08 연습문제

1. [코드 3]은 가변저항 값에 따라 켜지는 LED의 개수를 1~4개로 변화시키는 코드의 예다. 이를 수정하여 가변저항 값에 따라 4개의 LED 중 켜지는 LED의 위치가 변하도록 해보자. 예를 들어 0V 전압이 가해지면 첫 번째 LED가 켜지고, 5V 전압이 가해지면 네 번째 LED가 켜지는 식이다. 즉, 항상 하나의 LED만 가변저항 값에 따라 위치만 바뀌면서 켜지도록 해보자.

2. [표 3]에서 볼 수 있듯이 MUX5:0 = 011110_2인 경우, ADC로 내부 밴드갭 전압인 1.1V를 디지털 값으로 변환할 수 있다. 내부 밴드갭 전압은 브라운 아웃(brown-out) 검출을 위해서 사용되며, 아날로그 비교기의 기준 전압으로도 사용된다. 내부 밴드갭 전압을 측정하면 AVCC 값을 다음과 같이 계산할 수 있다.

$$1.1 : read\_V\_BG = AVCC : 1023$$

$$AVCC = \frac{(1.23 \times 1023)}{read\_V\_BG}$$

내부 밴드갭 전압을 통해 AVCC를 계산하고, 이를 시리얼 모니터로 출력하는 프로그램을 작성해 보자. UART0 라이브러리에는 실수를 출력할 수 있는 함수가 존재하지 않으므로, 아두이노의 Serial 클래스를 사용하면 된다.

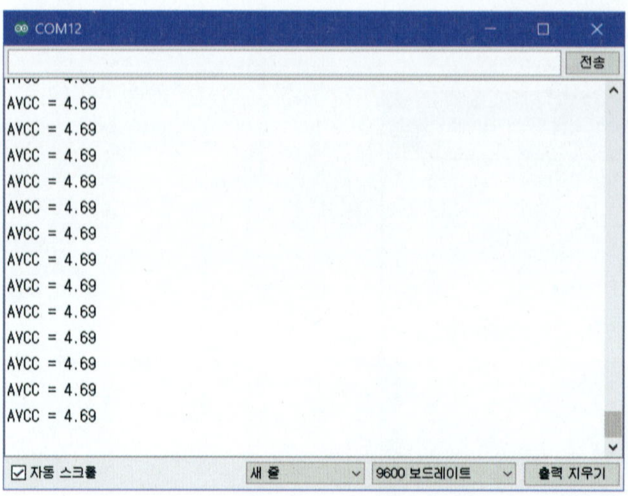

3. 아두이노 A0(PF0) 핀에 가변저항을 연결하고 아두이노 13번(PB7) 핀에 LED를 연결하자. 가변저항을 돌리면서 가변저항 값에 따라 LED가 점멸하는 시간 간격이 0.2초에서 2초 사이로 변하도록 프로그램을 작성해 보자. 시간 간격 조절을 위해서는 _delay_ms 함수를 사용해야 하므로 점멸 간격 변화가 즉시 반영되지 않을 수 있다.

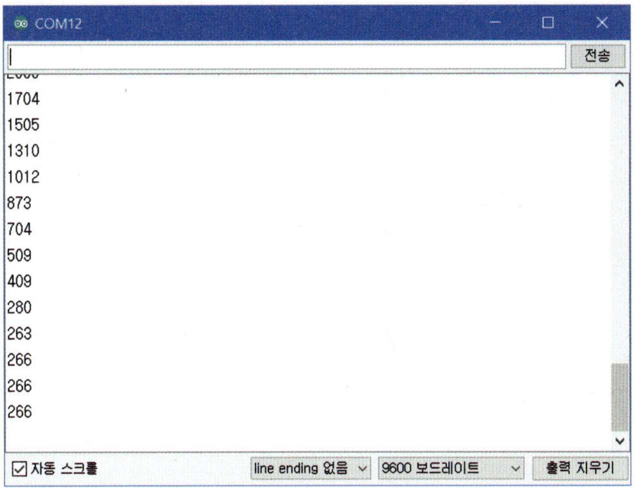

4. 아날로그 신호를 디지털로 변환하는 방법 중 하나에 델타-시그마 방식이 있다. 델타-시그마 방식은 신호에 대한 예측과 오차를 계산하고, 누적된 오차를 사용하여 오차를 보정한다. 축차비교 방식과 델타-시그마 방식의 공통점과 차이점을 찾아보자.

CHAPTER

09

비정상적인 사건

인터럽트

인터럽트는 프로그램의 순차적인 실행 과정 도중에 발생하는 비정상적인 사건을 가리킨다. 인터럽트 발생 여부는 마이크로컨트롤러에서 자동으로 검사되며, 인터럽트 발생이 허용된 경우, 자동으로 인터럽트 처리 루틴으로 이동하여 비정상적인 사건을 먼저 처리한다. ATmega2560에 정의된 인터럽트는 모두 57종류인데, 이 장에서는 이 중 외부 인터럽트와 핀 변화 인터럽트를 통해 인터럽트의 발생 및 처리 과정에 대해 알아본다.

CONTENTS

LESSON 01 폴링 방식과 인터럽트 방식

마이크로컨트롤러를 위한 프로그램의 main 함수에는 이벤트 루프 또는 메인 루프라고 불리는 무한 루프가 존재한다. 버튼이 눌리면 LED에 불이 켜지는 프로그램을 생각해 보자. 이벤트 루프에서는 ① 버튼의 상태를 읽고, ② 버튼이 눌렸는지 검사하여, ③ 버튼이 눌렸다면 LED에 불을 켜고, 그렇지 않으면 불을 끄는 과정을 무한히 반복한다. 즉, 데이터의 ① 입력, ② 처리, ③ 출력 과정을 반복하는 것이다. 이처럼 (버튼이 눌렸는지 아닌지와 같은) 어떤 특정한 사건의 발생을 프로그램에서 반복적으로 검사하고, 사건이 발생하였을 때 (LED를 켜는 것과 같은) 특정한 동작을 수행하는 방식을 폴링(polling) 방식이라고 한다.

코드 1 폴링 방식의 이벤트 루프 1

```
int main(void) {
    while(1) {
        // ① 버튼 상태 읽기
        // ② 버튼 상태 판단
        // ③ LED로 버튼 상태 출력
    }

    return 0;
}
```

폴링 방식은 정해진 순서에 따라 명령을 반복적으로 처리하므로, 사용자가 프로그램을 작성하고 이해하기 쉽다는 장점이 있다. 버튼 상태를 LED에 나타내는 [코드 1]에 새로운 기능을 추가하여 프로그램이 두 가지 서로 다른 동작을 수행하도록 해보자.

두 개의 LED가 연결되었다고 가정한다. 버튼이 눌리면 첫 번째 LED를 켜고, 버튼이 눌리지 않으면 첫 번째 LED를 끄는 동작은 [코드 1]과 같다. 여기에 UART 시리얼 통신을 통해 'O'라는 문자가 수신되면 두 번째 LED에 불을 켜고, 'O' 이외의 다른 문자가 수신된 경우에는 두 번째 LED를 끄는 기능을 추가한다고 가정해 보자.

코드 2 폴링 방식의 이벤트 루프 2

```
int main(void) {
    while(1) {
        // ① 버튼 상태 읽기
        // ② 버튼 상태 판단
        // ③ LED 1로 버튼 상태 출력

        // ④ UART 시리얼 통신으로 문자 데이터 수신
        // ⑤ 수신 문자 데이터 비교
        // ⑥ LED 2로 상태 출력
    }

    return 0;
}
```

크게 문제 될 부분은 없어 보인다. 하지만 ⑤ 수신 문자 데이터 비교 과정이 아주 오래 걸리는 작업이라고 가정해 보면 문제가 발생할 수 있다. [코드 2]에서 각 동작은 차례대로 실행되므로, UART 시리얼 통신을 통해 문자를 수신하고 이를 비교하는 도중에는 버튼의 상태를 읽어올 수 없다. 따라서 수신된 문자의 비교가 이루어지고 있는 도중에 버튼이 눌러진다면, 버튼 상태를 검사하지 못하게 되어 첫 번째 LED에 불이 켜지지 않는다. 이처럼 2개 이상의 작업이 동시에 진행될 때, 하나의 작업의 실행이 다른 작업에 의해 지연되거나 진행될 수 없는 경우가 발생할 수 있다. 이처럼 여러 작업이 진행되는 경우, 특히 버튼이 눌리는 '즉시' 첫 번째 LED의 불이 켜져야 한다면, [코드 2]와 같은 폴링 방식으로는 해결하기가 쉽지 않다. 이런 경우엔 인터럽트(interrupt)가 해결책이 될 수 있다.

인터럽트는 일상생활에서도 흔히 볼 수 있다. 집에서 영화를 보고 있다고 생각해 보자. 집배원이 초인종을 누르면, 보고 있던 영화를 일시 정지시키고 우편물을 받은 후, 다시 영화를 본다. 영화를 보는 동작이 이벤트 루프에 해당한다면, 집배원이 초인종을 누르는 동작은 인터럽트에 해당한다. 집배원이 초인종을 누르는 '비정상적인' 또는 '즉시 처리해야 하는' 사건이 발생하면, 우리는 영화를 보는 '정상적인' 또는 '잠시 미루어 두어도 되는' 동작을 멈추고, 비정상적인 사건부터 해결하려고 한다. 즉, 비정상적인 인터럽트는 먼저 처리되어야 한다. 이를 우선순위(priority)가 높다고 이야기한다.

인터럽트는 하드웨어 인터럽트와 소프트웨어 인터럽트로 나눌 수 있다. 하드웨어 인터럽트는 특정 하드웨어가 발생시키는 인터럽트로, 인터럽트 발생을 알려주기 위한 전용의 신호선이 중앙 처리 장치에 직접 연결되어 있다. 반면 소프트웨어 인터럽트는 운영체제를 가지는 컴퓨터 시스템에서 커널(kernel)을 통해 발생시키는 인터럽트를 말한다. 마이크로컨트롤러는 대부분 운영체제를 가지지 않으므로, 마이크로컨트롤러에서의 인터럽트는 하드웨어 인터럽트에 속한다.

하드웨어 인터럽트는 다시 내부에서 발생하는 인터럽트와 외부에서 발생하는 인터럽트로 나눌 수 있다. 내부에서 발생하는 인터럽트는 ATmega2560 칩에 포함된 장치에서 발생하는 인터럽트로, AD 변환이 완료되었을 때 발생하는 인터럽트, UART 시리얼 통신을 통해 수신된 데이터가 존재할 때 발생하는 인터럽트 등이 여기에 속한다. 반면 외부에서 발생하는 인터럽트에는 ATmega2560의 범용 입출력 핀에 가해지는 입력의 변화 때문에 발생하는 핀 변화 인터럽트(pin change interrupt) 등이 포함된다.

LESSON 02 인터럽트

인터럽트란 마이크로컨트롤러가 즉시 특정 작업을 처리하도록 요구하는 비정상적인 사건을 말한다. 인터럽트가 발생하면, 마이크로컨트롤러는 현재 진행 중인 작업을 멈추고 인터럽트가 요청한 작업을 수행하기 위해 인터럽트 처리 루틴(Interrupt Service Routine, ISR)으로 실행이 옮겨진다. ISR이 종료되면 마이크로컨트롤러는 작업을 멈췄던 곳으로 되돌아가 중지된 작업을 계속한다.

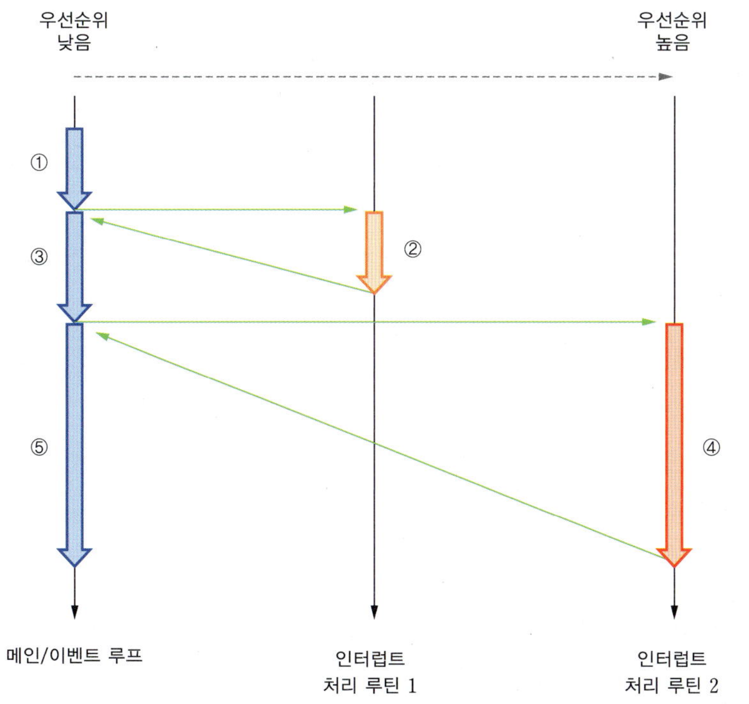

[그림 1] 인터럽트 처리

[표 1] ATmega2560의 인터럽트 벡터 테이블

벡터 번호	프로그램 주소	소스	인터럽트 정의
1	0x0000	RESET	External Pin, Power-on Reset, Brown-out Reset, Watchdog Reset, JTAG AVR Reset
2	0x0002	INT0	External Interrupt Request 0
3	0x0004	INT1	External Interrupt Request 1
4	0x0006	INT2	External Interrupt Request 2
5	0x0008	INT3	External Interrupt Request 3

6	0x000A	INT4	External Interrupt Request 4
7	0x000C	INT5	External Interrupt Request 5
8	0x000E	INT6	External Interrupt Request 6
9	0x0010	INT7	External Interrupt Request 7
10	0x0012	PCINT0[1]	Pin Change Interrupt Request 0
11	0x0014	PCINT1	Pin Change Interrupt Request 1
12	0x0016	PCINT2	Pin Change Interrupt Request 2
13	0x0018	WDT	Watchdog Time-out Interrupt
14	0x001A	TIMER2 COMPA	Timer/Counter2 Compare Match A
15	0x001C	TIMER2 COMPB	Timer/Counter2 Compare Match B
16	0x001E	TIMER2 OVF	Timer/Counter2 Overflow
17	0x0020	TIMER1 CAPT	Timer/Counter1 Capture Event
18	0x0022	TIMER1 COMPA	Timer/Counter1 Compare Match A
19	0x0024	TIMER1 COMPB	Timer/Counter1 Compare Match B
20	0x0026	TIMER1 COMPC	Timer/Counter1 Compare Match C
21	0x0028	TIMER1 OVF	Timer/Counter1 Overflow
22	0x002A	TIMER0 COMPA	Timer/Counter0 Compare Match A
23	0x002C	TIMER0 COMPB	Timer/Counter0 Compare Match B
24	0x002E	TIMER0 OVF	Timer/Counter0 Overflow
25	0x0030	SPI, STC	SPI Serial Transfer Complete
26	0x0032	USART0, RX	USART0 Rx Complete
27	0x0034	USART0, UDRE	USART0 Data Register Empty
28	0x0036	USART0, TX	USART0 Tx Complete
29	0x0038	ANALOG COMP	Analog Comparator
30	0x003A	ADC	ADC Conversion Complete
31	0x003C	EE READY	EEPROM READY
32	0x003E	TIMER3 CAPT	Timer/Counter3 Capture Event
33	0x0040	TIMER3 COMPA	Timer/Counter3 Compare Match A
34	0x0042	TIMER3 COMPB	Timer/Counter3 Compare Match B
35	0x0044	TIMER3 COMPC	Timer/Counter3 Compare Match C
36	0x0046	TIMER3 OVF	Timer/Counter3 Overflow
37	0x0048	USART1 RX	USART1 Rx Complete
38	0x004A	USART1 UDRE	USART1 Data Register Empty
39	0x004C	USART1 TX	USART1 Tx Complete

1 ATmega2560의 핀 변화 인터럽트는 3종류가 있으며, PCINT0~PCINT2의 이름이 붙어있다. 한편 핀 변화 인터럽트를 발생시킬 수 있는 핀은 24개가 있으며, PCINT0~PCINT23의 이름이 붙어있다. 여기서 PCINT0~PCINT2는 인터럽트의 이름과 인터럽트를 발생시킬 수 있는 핀의 이름으로 중복으로 사용되고 있어 혼돈의 여지가 있으므로 주의해야 한다.

40	0x004E	TWI	2-wire Serial Interface
41	0x0050	SPM READY	Store Program Memory Ready
42	0x0052	TIMER4 CAPT	Timer/Counter4 Capture Event
43	0x0054	TIMER4 COMPA	Timer/Counter4 Compare Match A
44	0x0056	TIMER4 COMPB	Timer/Counter4 Compare Match B
45	0x0058	TIMER4 COMPC	Timer/Counter4 Compare Match C
46	0x005A	TIMER4 OVF	Timer/Counter4 Overflow
47	0x005C	TIMER5 CAPT	Timer/Counter5 Capture Event
48	0x005E	TIMER5 COMPA	Timer/Counter5 Compare Match A
49	0x0060	TIMER5 COMPB	Timer/Counter5 Compare Match B
50	0x0062	TIMER5 COMPC	Timer/Counter5 Compare Match C
51	0x0064	TIMER5 OVF	Timer/Counter5 Overflow
52	0x0066	USART2 RX	USART2 Rx Complete
53	0x0068	USART2 UDRE	USART2 Data Register Empty
54	0x006A	USART2 TX	USART2 Tx Complete
55	0x006C	USART3 RX	USART3 Rx Complete
56	0x006E	USART3 UDRE	USART3 Data Register Empty
57	0x0070	USART3 TX	USART3 Tx Complete

ATmega2560의 데이터시트에서 [표 1]의 인터럽트 목록을 확인할 수 있다. [표 1]은 ATmega2560에서 가능한 모든 인터럽트의 종류를 나타낸 것으로, '인터럽트 벡터 테이블'이라고 한다. 인터럽트가 발생하면 ISR에서 처리가 이루어진다. 이때 ISR이 위치하는 메모리 주소를 인터럽트 벡터라고 하며, 인터럽트 벡터를 모아놓은 [표 1]을 인터럽트 벡터 테이블이라고 한다.

벡터 2번에서 9번까지의 외부 인터럽트(External Interrupt)는 입출력 핀에 가해지는 데이터 변화 때문에 발생한다. 범용 입출력 핀에 풀업 저항을 이용하여 버튼을 연결하였다고 가정해 보자. 버튼을 누르면 VCC에서 GND로 핀에 가해지는 전압이 바뀌면서 인터럽트가 발생한다. 인터럽트가 발생하면, 인터럽트 벡터 테이블에서 해당 인터럽트를 처리할 ISR의 주소를 찾는다. 인터럽트 벡터 테이블은 [표 1]의 프로그램 주소에서 볼 수 있듯이 프로그램 메모리의 0x0000 번지에서 0x0071 번지까지 저장되어 있으며, 그 내용으로 ISR의 주소가 저장되어 있다. ISR은 사용자가 직접 작성하는 함수로, 프로그램에 따라 주소가 바뀌며, 인터럽트 벡터 테이블을 통해 관리된다.

인터럽트 벡터 2번인 외부 인터럽트 0번이 발생했다고 생각해 보자. ① 2번 인터럽트가 발생하면, 프로그램의 흐름은 ② 인터럽트 벡터가 저장된 프로그램 메모리의 0x0002 번지로 실행이 옮겨지고, ③ 0x0002 번지에서 2번 인터럽트를 처리할 ISR의 주소를 찾은 후, ④ ISR로 실행을 옮겨 인터럽트가 처리되는 과정을 거치게 된다. ⑤ ISR 실행이 끝나면, 인터럽트가 발생하기 전에 실행하던 위치로 되돌아가 프로그램을 계속 실행한다.

컴파일러는 인터럽트 벡터 테이블을 작성하여 실행 파일에 추가하고, 마이크로컨트롤러의 하드웨어는 인터럽트가 발생했을 때 인터럽트 벡터 테이블을 참고하여 ISR로 실행을 옮기는 작업을 자동으로 처리해 준다. 버튼이 눌리는 '즉시' LED에 불을 켤 수도 있고, 음악이 흘러나오도록 할 수도 있고, 모터를 돌릴 수도 있는 등 수행할 작업은 필요에 따라 달라지므로, 우리가 관심을 둘 부분은 '어떤 작업'을 할 것인지를 결정하고 ISR을 작성하는 것이다. '어떻게' 할 것인지는 걱정하지 않아도 된다. 인터럽트를 '어떻게' 처리할 것인지는 하드웨어가 알아서 해준다.

* 폴링 방식과 인터럽트 방식의 차이

폴링 방식과 인터럽트 방식은 하드웨어의 도움을 받는지 아닌지의 여부에 따라 구별될 수 있다. 폴링 방식으로 버튼이 눌린 경우, 어떤 작업을 처리하는 코드는 다음과 같이 나타낼 수 있다.

```
void main(void) {
    while(1) {
        if(button_pressed)              // 소프트웨어에 의해 사건(event) 검사
            do_something();
    }

    return 0;
}
```

폴링 방식에서 버튼이 눌렸는지에 대한 판단은 if 문장을 통해 소프트웨어적으로 이루어진다. 같은 기능을 수행하는 프로그램을 인터럽트 방식으로 구현하면 다음과 같이 나타낼 수 있다.

```
ISR(BUTTON_PRESS_vect) {
    do_something();
}

void main(void) {
    setup_button_press_interrupt();     // 하드웨어에 의해 사건(event) 검사 설정
    while(1) {
    }

    return 0;
}
```

인터럽트 방식에서도 누군가는 버튼이 눌렸는지를 검사하고 있어야 한다. 하지만 인터럽트 방식에서 while 루프 내부는 비어있다. 그렇다면 누가 버튼이 눌렸는지 검사하고 있는 것일까? 폴링 방식에서 소프트웨어로 이를 검사한다면, 인터럽트 방식에서는 하드웨어가 그 작업을 담당하고 있다. 마이크로컨트롤러 내부에는 [표 1]에서 정의된 사건이 발생하였는지를 검사하는 전용 하드웨어가 포함되어 있다. 따라서 인터럽트 방식에서는 이벤트 루프가 아닌 전용 하드웨어가 특정 사건의 발생 여부를 감시하도록 함으로써 자동으로 검사가 이루어지고, 조건이 충족되면 해당 ISR이 자동으로 호출된다.

LESSON 03 인터럽트 처리

인터럽트가 발생하면 하드웨어에 의해 해당 ISR(Interrupt Service Routine)이 자동으로 호출된다. 이를 위해서는 다음의 세 가지 조건이 충족되어야 한다.

1. 전역적인 인터럽트 활성화 비트가 세트되어 있어야 한다.
2. 인터럽트별로 존재하는 개별 인터럽트 활성화 비트가 세트되어 있어야 한다.
3. 인터럽트 발생을 위한 조건이 충족되어야 한다.

전역 인터럽트 활성화 비트는 상태 레지스터(status register) SREG의 7번 비트다. 상태 레지스터는 가장 최근에 산술 논리 연산장치(Arithmetic Logic Unit, ALU)에서 수행된 연산 결과를 반영하는 레지스터로, 그 구조는 [그림 2]와 같다.

비트	7	6	5	4	3	2	1	0
비트 이름	I	T	H	S	V	N	Z	C
읽기/쓰기	R/W	R/W	R/W	R/W	R/W	R/W	R/W	R/W
초깃값	0	0	0	0	0	0	0	0

[그림 2] SREG(Status Register) 레지스터 구조

상태 레지스터 각 비트의 의미는 [표 2]와 같다.

[표 2] 상태 레지스터 비트

비트 번호	비트 이름	설명
7	I	Global Interrupt Enable : 전역적인 인터럽트 발생을 허용한다.
6	T	Bit Copy Storage : 비트 복사를 위한 BLD(Bit Load), BST(Bit Store) 명령에서 사용한다. BST 명령으로 비트 값을 비트 T에 저장할 수 있으며, BLD 명령으로 비트 T의 내용을 읽어올 수 있다.
5	H	Half Carry Flag : 산술 연산에서의 보조 캐리 발생을 나타낸다. 보조 캐리는 바이트 단위 연산에서 하위 니블(nibble)로부터 발생하는 캐리를 말한다.
4	S	Sign Bit : 부호 비트로, 음수 플래그(N)와 2의 보수 오버플로 플래그(V)의 배타적 논리합(XOR)으로 설정된다. (S = N ⊕ V)
3	V	2's Complement Overflow Flag : 2의 보수를 이용한 연산에서 자리 올림이 발생하였음을 나타낸다.
2	N	Negative Flag : 산술 연산이나 논리 연산에서 결과가 음수임을 나타낸다.
1	Z	Zero Flag : 산술 연산이나 논리 연산에서 결과가 영(zero)임을 나타낸다.

0	C	Carry Flag : 산술 연산이나 논리 연산에서 캐리가 발생하였음을 나타낸다.

상태 레지스터의 I 비트를 세트 또는 클리어하는 데에는 sei 또는 cli 함수를 사용할 수 있다. sei 함수는 전역적으로 인터럽트를 허용하는 'Set Interrupt' 함수이며, cli 함수는 전역적으로 인터럽트를 금지하는 'Clear Interrupt' 함수다.

전역적으로 인터럽트가 허용되어도 인터럽트는 발생하지 않는다. 인터럽트에 따라 개별적으로 인터럽트 발생을 허용해 주어야 한다. AD 변환이 완료되면 이를 알려주는 인터럽트를 허용하기 위해 ADCSRA(ADC Control and Status Register A) 레지스터의 ADIE(ADC Interrupt Enable) 비트를 설정해 주어야 했음을 기억할 것이다. 이처럼 특정 인터럽트를 발생시키기 위해서는 두 개의 비트를 설정해 주어야 한다.

마지막으로, 기대하는 사건이 발생하기를 기다리면 된다. 예를 들어 AD 변환이 종료되었을 때, I 비트가 세트되어 있고, AD 변환 종료 인터럽트를 허용하는 ADIE 비트가 세트되어 있으면, 30번 ADC 변환 완료(ADC Conversion Complete) 인터럽트가 발생하고, 30번 인터럽트 처리를 위한 ISR로 실행이 옮겨진다.

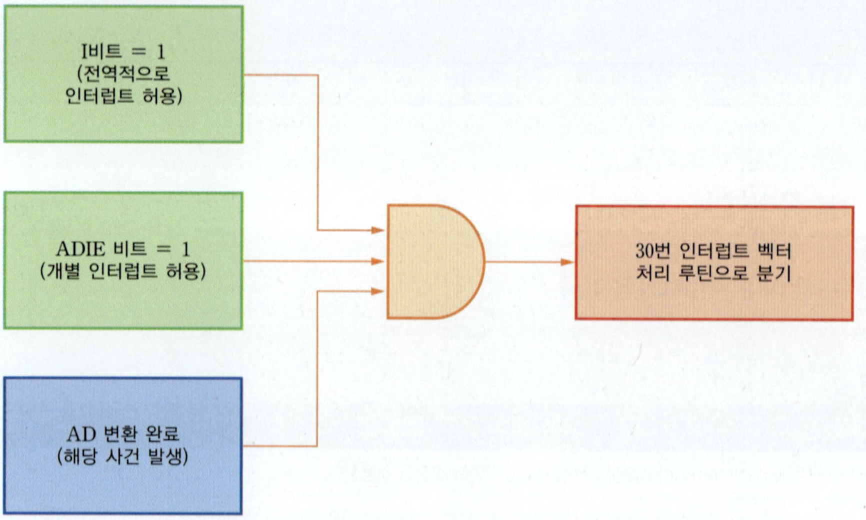

[그림 3] AD 변환 완료 인터럽트 처리

각 인터럽트를 처리하는 루틴의 작성은 프로그래머의 몫이다. AD 변환 완료에 대한 인터럽트 처리 루틴은 [코드 3]과 같이 작성한다.

코드 3 인터럽트 처리 루틴

```
#include <avr/interrupt.h>

ISR(ADC_vect) {
    // 인터럽트 처리 코드
}
```

인터럽트 처리 루틴인 ISR은 '함수'이지만, 일반적인 함수와는 차이가 있다. ISR은 반환값이 없으며, 인터럽트 벡터의 이름을 매개변수로 가지는 매크로 함수다. 인터럽트 벡터의 이름은 io.h 파일에 정의되어 있다. [표 1]의 인터럽트에 대하여 정의된 벡터의 이름은 [표 3]과 같다.

[표 3] ATmega2560의 인터럽트 벡터 이름

벡터 번호	벡터 이름	인터럽트 정의
1	RESET	External Pin, Power-on Reset, Brown-out Reset, Watchdog Reset, JTAG AVR Reset
2	INT0_vect	External Interrupt Request 0
3	INT1_vect	External Interrupt Request 1
4	INT2_vect	External Interrupt Request 2
5	INT3_vect	External Interrupt Request 3
6	INT4_vect	External Interrupt Request 4
7	INT5_vect	External Interrupt Request 5
8	INT6_vect	External Interrupt Request 6
9	INT7_vect	External Interrupt Request 7
10	PCINT0_vect	Pin Change Interrupt Request 0
11	PCINT1_vect	Pin Change Interrupt Request 1
12	PCINT2_vect	Pin Change Interrupt Request 2
13	WDT_vect	Watchdog Time-out Interrupt
14	TIMER2_COMPA_vect	Timer/Counter2 Compare Match A
15	TIMER2_COMPB_vect	Timer/Counter2 Compare Match B
16	TIMER2_OVF_vect	Timer/Counter2 Overflow
17	TIMER1_CAPT_vect	Timer/Counter1 Capture Event
18	TIMER1_COMPA_vect	Timer/Counter1 Compare Match A
19	TIMER1_COMPB_vect	Timer/Counter1 Compare Match B
20	TIMER1_COMPC_vect	Timer/Counter1 Compare Match C
21	TIMER1_OVF_vect	Timer/Counter1 Overflow
22	TIMER0_COMPA_vect	Timer/Counter0 Compare Match A

23	TIMER0_COMPB_vect	Timer/Counter0 Compare Match B
24	TIMER0_OVF_vect	Timer/Counter0 Overflow
25	SPI_STC_vect	SPI Serial Transfer Complete
26	USART0_RX_vect	USART0 Rx Complete
27	USART0_UDRE_vect	USART0 Data Register Empty
28	USART0_TX_vect	USART0 Tx Complete
29	ANALOG_COMP_vect	Analog Comparator
30	ADC_vect	ADC Conversion Complete
31	EE_READY_vect	EEPROM READY
32	TIMER3_CAPT_vect	Timer/Counter3 Capture Event
33	TIMER3_COMPA_vect	Timer/Counter3 Compare Match A
34	TIMER3_COMPB_vect	Timer/Counter3 Compare Match B
35	TIMER3_COMPC_vect	Timer/Counter3 Compare Match C
36	TIMER3_OVF_vect	Timer/Counter3 Overflow
37	USART1_RX_vect	USART1 Rx Complete
38	USART1_UDRE_vect	USART1 Data Register Empty
39	USART1_TX_vect	USART1 Tx Complete
40	TWI_vect	2-wire Serial Interface
41	SPM_READY_vect	Store Program Memory Ready
42	TIMER4_CAPT_vect	Timer/Counter4 Capture Event
43	TIMER4_COMPA_vect	Timer/Counter4 Compare Match A
44	TIMER4_COMPB_vect	Timer/Counter4 Compare Match B
45	TIMER4_COMPC_vect	Timer/Counter4 Compare Match C
46	TIMER4_OVF_vect	Timer/Counter4 Overflow
47	TIMER5_CAPT_vect	Timer/Counter5 Capture Event
48	TIMER5_COMPA_vect	Timer/Counter5 Compare Match A
49	TIMER5_COMPB_vect	Timer/Counter5 Compare Match B
50	TIMER5_COMPC_vect	Timer/Counter5 Compare Match C
51	TIMER5_OVF_vect	Timer/Counter5 Overflow
52	USART2_RX_vect	USART2 Rx Complete
53	USART2_UDRE_vect	USART2 Data Register Empty
54	USART2_TX_vect	USART2 Tx Complete
55	USART3_RX_vect	USART3 Rx Complete
56	USART3_UDRE_vect	USART3 Data Register Empty
57	USART3_TX_vect	USART3 Tx Complete

LESSON 04

인터럽트 사용 시 주의 사항

중첩된 인터럽트

인터럽트는 디폴트로 인터럽트될 수 없다. 인터럽트가 발생하고 ISR을 실행하기 이전에 ATmega2560은 전역 인터럽트 활성 비트(SREG 레지스터의 I 비트)를 자동으로 클리어 한다. 그런 다음, ISR에서 반환하기 이전에 전역 인터럽트 활성 비트를 자동으로 세트하여, ISR 내부에서 인터럽트가 발생하지 않도록 한다.

ISR로 분기하기 전에 마이크로컨트롤러는 현재 실행 상태를 스택에 저장(push)해 놓은 후, ISR에서 반환하면 스택에서 데이터를 복구(pop)해서 ISR 실행 이전 상태로 되돌린다. 따라서 인터럽트 실행 도중에 또 다른 인터럽트를 실행하게 되면, 스택에 저장해야 할 데이터가 증가하면서, 한정된 메모리를 가진 마이크로컨트롤러는 곧 스택이 넘치는 상황을 맞이할 수 있다. ISR 내에서 전역 인터럽트 허용 비트를 세트하여 인터럽트 처리 중에 또 다른 인터럽트의 발생을 허용할 수도 있지만, 이는 바람직하지 않으며 권장되지도 않는다. 이처럼 ISR 내에서는 인터럽트가 발생하지 않는 것이 일반적이므로, 중요한 인터럽트를 놓치지 않기 위해서는 ISR을 가능한 한 짧게 작성하고 바로 반환하는 것이 바람직하다.

인터럽트 우선순위

인터럽트는 이벤트 루프 내의 코드에 비해 먼저 처리된다. 즉, ISR 내 코드의 우선순위가 이벤트 루프 내의 코드의 우선순위보다 높다. 하지만 ATmega2560에는 57개의 인터럽트가 정의되어 있다. 2번 인터럽트인 외부 인터럽트 0번과 30번 인터럽트인 AD 변환 완료 인터럽트가 동시에 발생한다면 어떻게 될까? 인터럽트들 사이에도 우선순위가 존재하며, 낮은 번호의 인터럽트의 우선순위가 더 높다. 따라서 2번 외부 인터럽트 0번이 30번 AD 변환 완료 인터럽트보다 먼저 처리된다.

최적화 방지

[코드 4]를 살펴보자. 어딘가 잘못된 점이 보이는가? [코드 4]는 인터럽트가 발생할 때마다 value의 값을 0과 1로 바꾸고 있다. 따라서 첫 번째, 세 번째 등 홀수 번째 인터럽트가 발생할 때마다 어떤 작업을 수행하도록 의도된 프로그램으로 별다른 문제가 없어 보인다. 하지만 [코드 4]는 인터럽트가 발생하더라도 아무런 동작을 수행하지 않는다. 이는 프로그래머의 잘못이 아니라 컴파일러의 잘못이다.

코드 4 정상 동작을 보장하지 못하는 인터럽트 처리

```
#include <avr/interrupt.h>

int value = 0;

ISR(INTERRUPT_vect) {
     value = (value + 1) % 2;
}

int main(void) {
     SetupInterrupt();

     while(1) {
        if(value == 1) doSomethingWhenInterruptOccurred();
     }

     return 0;
}
```

컴파일러는 가능한 작고 빠른 실행 파일을 만들어 내려고 하며, 이 과정에서 최적화를 수행한다. 전역변수 value는 영(zero)으로 초기화된다. 하지만 main 함수 내에서 value의 값을 변경하는 코드는 존재하지 않으며, value 값을 변경하는 인터럽트 처리 루틴을 main 함수 내에서는 명시적으로 호출하지 않는다. 따라서 컴파일러는 value가 항상 영(zero)의 값을 갖는다고 간주하고 상수로 처리해 버리므로, value는 결코 1이 되지 않는다. 이를 해결하는 방법은 변수 value를 volatile로 선언하는 것이다. volatile로 변수를 선언하는 것은 변수의 값이 다른 곳에서 변경될 수 있음을 컴파일러에 알려주는 역할을 한다. 즉, value의 값이 상수가 아니라 변수임을 알려주는 것이다. 물론 상수가 아닌 변수로 처리하면, 값을 확인하기 위한 시간이 더 필요해지며, 상수로 간주할 때보다 프로그램의 크기가 커진다.

변숫값의 무결성

변수 value를 volatile로 선언함으로써 문제가 해결된 듯이 보이지만 한 가지 문제가 더 있다. value는 16비트, 즉 2바이트의 값을 가진다. ATmega2560은 8비트 마이크로컨트롤러로, 2바이트 데이터를 한 클록에 처리할 수 없으므로, 2번에 걸쳐 값을 읽어온다. 그런데 value의 값을 읽어오는 중간에 인터럽트가 발생하면 어떻게 될까? value의 상위 바이트를 먼저 읽는다고 가정해 보자. 상위 바이트를 읽은 후 인터럽트가 발생하고, ISR 내에서는 value의 상위 및 하위 바이트 값이 모두 바뀌었다고 가정해 보자. ISR의 처리가 끝나면 중지된 작업, 즉 value의 하위 바이트를 읽는 작업이 진행된다. 결과적으로 읽어 들인 value의 값은 ISR에서 바뀌기 전의 상위 바이트와 ISR에서 바뀐 후의 하위 바이

트 조합이 되어 의도하지 않은 값이 된다.

이를 방지하기 위해서는 value에 값을 읽어오는 동안에는 인터럽트가 발생하지 못하도록 해야 하는데, 이때 사용할 수 있는 매크로가 ATOMIC_BLOCK이다. ATOMIC_BLOCK 매크로는 코드 블록을 형성함으로써, 코드 블록을 시작할 때 전역 인터럽트 플래그를 클리어하고, 코드 블록을 끝낼 때 전역 인터럽트 플래그를 세트하여, 코드 블록 내 코드가 실행되는 동안 인터럽트의 방해를 받지 않도록 해 준다.

ATOMIC_BLOCK 매크로는 인자로 ATOMIC_RESTORESTATE와 ATOMIC_FORCEON을 가질 수 있다. 두 인자 모두 ATOMIC_BLOCK으로 만들어지는 코드 블록 내의 코드가, 단어 의미 그대로 'atomic'하게 실행될 수 있도록 보장한다. ATOMIC_RESTORESTATE는, ATOMIC_BLOCK으로 만들어지는 코드 블록 내 코드가 시작되기 전과 끝난 후에 상태 레지스터 SREG 값이 같음을 보장하는 반면, ATOMIC_FORCEON은 ATOMIC_BLOCK으로 만들어지는 코드 블록 내 코드를 실행하는 도중에 SREG 레지스터의 값이 바뀔 수 있는 인자라는 점에서 두 인자의 차이가 있다. [코드 4]를 수정한 코드가 [코드 5]다.

코드 5 정상 동작을 보장하도록 수정된 인터럽트 처리

```
#include <avr/interrupt.h>

volatile int value = 0;

ISR(INTERRUPT_vect) {
     value = (value + 1) % 2;
}

int main(void) {
     int local_value;
     SetupInterrupt();

     while(1) {
        ATOMIC_BLOCK(ATOMIC_RESTORESTATE) {
           local_value = value;
        }
        if(local_value == 1) doSomethingWhenInterruptOccurred();
     }

     return 0;
}
```

LESSON 05

외부 인터럽트

ATmega2560에서 사용할 수 있는 57개의 인터럽트 중 RESET을 제외하고 우선순위가 가장 높은 인터럽트는 외부 인터럽트(External Interrupt)로, 범용 입출력 핀에 가해지는 전압의 변화나 현재 전압 상태에 의해 발생하는 인터럽트다. 모든 범용 입출력 핀이 아닌, 미리 정해진 핀으로만 외부 인터럽트를 사용할 수 있다.

[표 4]는 외부 인터럽트를 사용할 수 있는 ATmega2560의 핀을 요약한 것이다.

[표 4] 외부 인터럽트 사용 가능 핀

외부 인터럽트	포트	ATmega2560 핀 번호
INT0	PD0	43
INT1	PD1	44
INT2	PD2	45
INT3	PD3	46
INT4	PE4	47
INT5	PE5	48
INT6	PE6	49
INT7	PE7	50

[그림 4]와 같이 아두이노 21번(PD0) 핀에 버튼을 연결하고, 아두이노 5번(PE3) 핀에 LED를 연결하자. 아두이노 21번(PD0) 핀에 연결된 버튼의 반대쪽이 GND에 연결되어 있다는 점을 주의해야 한다. 버튼을 연결할 때에는 회로가 개방된 경우를 피해야 하므로, 풀업이나 풀다운 저항을 사용해야 함을 기억할 것이다. 하지만 매번 버튼과 함께 저항을 사용하는 일은 번거로운 일이다.

다행스럽게도 ATmega2560의 디지털 입출력 핀 내부에는 소프트웨어로 제어 가능한 풀업 저항이 포함되어 있으므로, 필요한 경우엔 이를 사용할 수 있다. 내장 풀업 저항을 사용하기 위해서는 DDR 레지스터의 해당 비트가 입력으로 설정된 상태에서 PORT 레지스터의 해당 비트를 세트해야 한다.

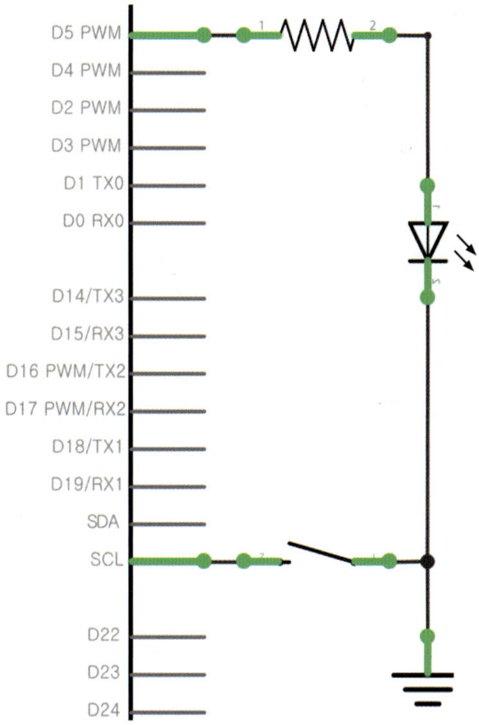

[그림 4] 내장 풀업 저항 사용 테스트를 위한 회로도

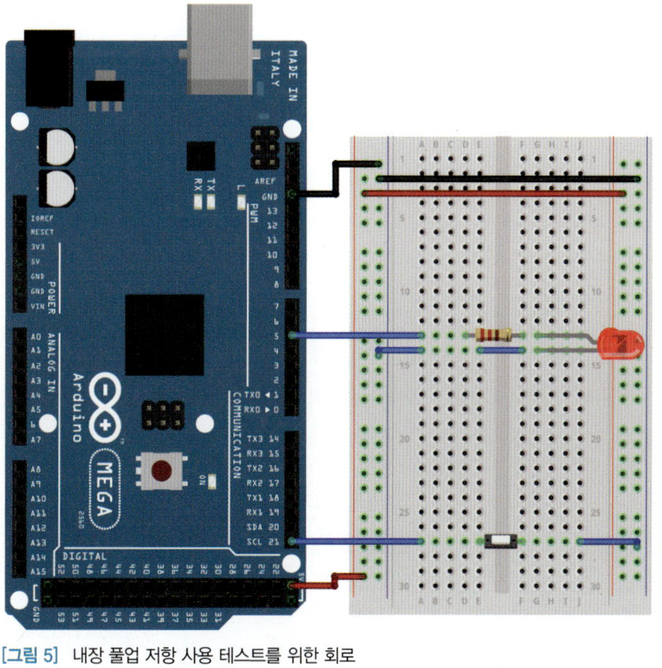

[그림 5] 내장 풀업 저항 사용 테스트를 위한 회로

[그림 6] 학습보드의 버튼과 LED

다음의 [코드 6]은, 아두이노 21번(PD0) 핀에 연결된 버튼을 누르면 아두이노 5번(PE3) 핀에 연결된 LED가 켜지고, 버튼을 누르지 않으면 꺼지는 코드의 예다. LED 상태는 시리얼 모니터로도 출력된다.

코드 6 | 내장 풀업 저항 테스트

```
#define F_CPU 16000000L
#include <avr/io.h>
#include <util/delay.h>
#include "UART0.h"

#define set_bit(value, bit) ( _SFR_BYTE(value) |= _BV(bit) )
#define clear_bit(value, bit) ( _SFR_BYTE(value) &= ~_BV(bit) )

int main(void) {
    UART0_init();                          // UART 시리얼 통신 초기화
    clear_bit(DDRD, 1);                    // 버튼 연결 핀을 입력으로 설정
    set_bit(PORTD, 1);                     // 내장 풀업 저항 사용 설정

    set_bit(DDRE, 3);                      // LED 연결 핀을 출력으로 설정

    while(1) {
      uint8_t state = PIND & 0x01;         // 버튼 상태 읽기
      // 풀업 저항을 사용하므로 버튼 상태와 반대로 LED에 표시
```

```
        if(!state) set_bit(PORTE, 3);
        else clear_bit(PORTE, 3);

        UART0_print(!state);                  // 시리얼 모니터로 LED 상태 출력
        UART0_write('\n');

        _delay_ms(500);
    }

    return 0;
}
```

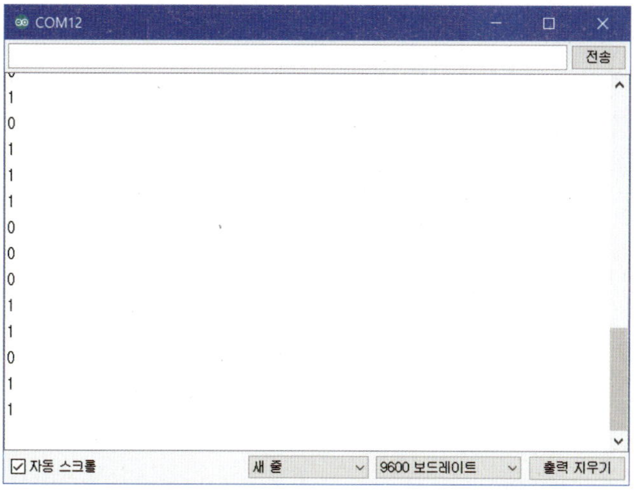

[그림 7] [코드 6] 실행 결과

아두이노 21번(PD0) 핀은 외부 인터럽트 0번을 사용할 수 있는 입출력 핀이다. [그림 4]와 같이 버튼과 LED를 연결하고, 버튼이 눌릴 때마다 LED 상태를 반전시키는 코드의 예가 다음의 [코드 7]이다. [코드 7]은 외부 인터럽트를 사용하고 있다. 코드를 업로드하고, 버튼을 누를 때마다 LED 상태가 바뀌는지 확인해 보자.

코드 7 INT0 인터럽트에 의한 LED 점멸

```
#define F_CPU 16000000UL
#include <avr/io.h>
#include <util/delay.h>
#include <avr/interrupt.h>

#define set_bit(value, bit) ( _SFR_BYTE(value) |= _BV(bit) )
```

```
#define clear_bit(value, bit) ( _SFR_BYTE(value) &= ~_BV(bit) )

volatile uint8_t state = 1;                 // LED 상태

ISR(INT0_vect) {
    state = !state;                         // LED 상태 전환
}

void INT0_init(void) {
    EIMSK |= (1 << INT0);                   // INT0 인터럽트 허용
    EICRA |= (1 << ISC01);                  // 하강 에지에서 인터럽트 발생
    sei();                                  // 전역적으로 인터럽트 허용
}

int main(void) {
    INT0_init();                            // INT0 인터럽트 설정
    clear_bit(DDRD, 1);                     // 버튼 연결 핀을 입력으로 설정
    set_bit(PORTD, 1);                      // 내장 풀업 저항 사용 설정

    set_bit(DDRE, 3);                       // LED 연결 핀을 출력으로 설정

    while(1) {
      if(!state) set_bit(PORTE, 3);
      else clear_bit(PORTE, 3);
    }

    return 0;
}
```

[코드 7]을 살펴보면, 이벤트 루프에는 LED 상태를 나타내는 state 변수에 따라 LED를 켜거나 끄는 코드만 있고, state 값을 바꾸는 코드는 존재하지 않는다. 그렇다면 누가 버튼의 상태에 따라 변수 state의 값을 바꾸어 주는 것일까? 버튼이 눌리면 INT0 인터럽트가 발생하는데, 이는 ATmega2560 마이크로컨트롤러의 하드웨어에서 처리되어 ISR 루틴이 실행된다. 이 ISR 루틴에서 LED 상태를 반전시키고 있다. INT0 인터럽트를 설정하는 데에는 EIMSK 레지스터와 EICRA 레지스터가 사용되고 있다.

인터럽트가 발생하기 위해서는 두 개의 비트가 설정되어야 함을 기억하는가? SREG 레지스터의 I(Interrupt) 비트를 세트하기 위해 [코드 7]에서는 sei() 함수를 사용하고 있다. I 비트의 디폴트값은 0으로, 기본적으로 ATmega2560에는 아무런 인터럽트도 발생시키지 않는다. 따라서 반드시 I 비트를 세트해 주어야 한다.

INT0 인터럽트를 활성화하는 비트는 EIMSK(External Interrupt Mask) 레지스터에 포함되어 있다. EIMSK 레지스터의 구조는 [그림 8]과 같다.

비트	7	6	5	4	3	2	1	0
비트 이름	INT7	INT6	INT5	INT4	INT3	INT2	INT1	INT0
읽기/쓰기	R/W	R/W	R/W	R/W	R/W	R/W	R/W	R/W
초깃값	0	0	0	0	0	0	0	0

[그림 8] EIMSK 레지스터 구조

EIMSK 레지스터의 각 비트는 각 외부 인터럽트의 발생을 허용하는 역할을 한다. 실제 인터럽트가 발생하는 시점은 EICRA(External Interrupt Control Register A) 레지스터에 의해 결정된다. EICRA 레지스터의 구조는 [그림 9]와 같다.

비트	7	6	5	4	3	2	1	0
비트 이름	ISC31	ISC30	ISC21	ISC20	ISC11	ISC10	ISC01	ISC00
읽기/쓰기	R/W	R/W	R/W	R/W	R/W	R/W	R/W	R/W
초깃값	0	0	0	0	0	0	0	0

[그림 9] EICRA 레지스터 구조

EICRA 레지스터는 INT0에서 INT3까지의 외부 인터럽트 발생 시점을 결정하는데, 2개의 비트가 하나의 인터럽트 발생 시점을 결정한다. [코드 7]에서는 INT0 인터럽트의 발생 시점을 제어하는 데 1번 비트 ISC01(External Interrupt Sense Control)과 0번 비트 ISC00을 사용하였다. 두 비트의 설정에 따라 인터럽트가 발생하는 시점은 [표 5]와 같다.

[표 5] ISC 비트 설정에 따른 인터럽트 발생 시점 (n = 0, ... , 3)

ISCn1	ISCn0	인터럽트 발생 시점
0	0	INTn 핀의 입력 값이 LOW일 때 인터럽트 요청을 발생시킨다.
0	1	INTn 핀 입력의 하강 및 상승 에지에서 인터럽트 요청을 발생시킨다.
1	0	INTn 핀 입력의 하강 에지에서 인터럽트 요청을 발생시킨다.
1	1	INTn 핀 입력의 상승 에지에서 인터럽트 요청을 발생시킨다.

[코드 7]에서는 ISC01 = 1, ISC00 = 0으로 설정되어 있기 때문에 하강 에지에서 인터럽트가 발생하고 있다. [코드 7]에서는 내부 풀업 저항을 사용하고 있으므로, 버튼을 누르는 순간 HIGH에서 LOW로 입력값이 변한다. 이때 인터럽트 요청이 발생한다.[2]

2 사용하는 버튼에 따라 채터링 현상으로 인해 버튼을 한 번만 눌러도 여러 번 인터럽트가 발생하여 LED가 깜빡거릴 수 있다. [코드 7]은 외부 인터럽트를 테스트하기 위한 코드이므로, 디바운싱은 고려하지 않았다.

EICRA 레지스터가 INT0에서 INT3까지의 외부 인터럽트 발생 시점을 결정한다면, EICRB(External Interrupt Control Register B) 레지스터는 INT4에서 INT7까지의 외부 인터럽트 발생 시점을 결정한다. EICRB 레지스터의 구조는 [그림 10]과 같다.

비트	7	6	5	4	3	2	1	0
비트 이름	ISC71	ISC70	ISC61	ISC60	ISC51	ISC50	ISC41	ISC40
읽기/쓰기	R/W	R/W	R/W	R/W	R/W	R/W	R/W	R/W
초깃값	0	0	0	0	0	0	0	0

[그림 10] EICRB 레지스터 구조

[코드 7]에서는 사용하지 않았지만, 외부 인터럽트와 관련된 레지스터는 몇 개가 더 있다. 그중 하나가 EIFR(External Interrupt Flag Register) 레지스터다. EIFR 레지스터는 인터럽트 요청이 발생했을 때, 세트되는 레지스터다. 인터럽트 요청이 발생했다고 그대로 실행되는 것은 아니며, SREG 레지스터의 I 비트가 세트되어 있는 경우에만 인터럽트가 발생한다. EIFR 레지스터의 구조는 [그림 11]과 같다.

비트	7	6	5	4	3	2	1	0
비트 이름	EIFR7	EIFR6	EIFR5	EIFR4	EIFR3	EIFR2	EIFR1	EIFR0
읽기/쓰기	R/W	R/W	R/W	R/W	R/W	R/W	R/W	R/W
초깃값	0	0	0	0	0	0	0	0

[그림 11] EIFR 레지스터 구조

EIFR 레지스터의 각 비트 EIFRn(n=0, ... , 7)은 각 외부 인터럽트 INTn의 요청에 해당한다.

LESSON 06

핀 변화 인터럽트

외부 인터럽트 다음으로 우선순위가 높은 인터럽트는 핀 변화 인터럽트(Pin Change Interrupt)로, 0번부터 2번까지 3개가 존재한다. 외부 인터럽트를 발생시킬 수 있는 핀은 포트 D의 8개 핀인 반면, 핀 변화 인터럽트를 발생시킬 수 있는 핀은 24개로 포트 B, E, J, K 핀들이 포함된다.

[표 6] 핀 변화 인터럽트 사용 핀

인터럽트	입출력 핀	인터럽트	입출력 핀	인터럽트	입출력 핀
PCINT0	PB0	PCINT8	PE0	PCINT16	PK0
PCINT1	PB1	PCINT9	PJ0	PCINT17	PK1
PCINT2	PB2	PCINT10	PJ1	PCINT18	PK2
PCINT3	PB3	PCINT11	PJ2	PCINT19	PK3
PCINT4	PB4	PCINT12	PJ3	PCINT20	PK4
PCINT5	PB5	PCINT13	PJ4	PCINT21	PK5
PCINT6	PB6	PCINT14	PJ5	PCINT22	PK6
PCINT7	PB7	PCINT15	PJ6	PCINT23	PK7

외부 인터럽트의 경우, 8개 핀으로 8종류의 인터럽트를 발생시킬 수 있다. 즉, 모든 핀은 서로 다른 인터럽트를 발생시킨다. 반면 핀 변화 인터럽트는 24개 핀이 3종류의 인터럽트만을 발생시킬 수 있다. 즉, 24개 핀은 8개씩 3개 그룹을 형성하며, 같은 그룹 내의 핀은 같은 인터럽트를 발생시킨다. 핀 변화 인터럽트 발생을 허용하는 비트는 PCIEn(n=0, 1, 2)(Pin Change Interrupt Enable)으로, PCICR(Pin Change Interrupt Control Register) 레지스터에 포함되어 있다.

비트	7	6	5	4	3	2	1	0
비트 이름	–	–	–	–	–	PCIE2	PCIE1	PCIE0
읽기/쓰기	R	R	R	R	R	R/W	R/W	R/W
초깃값	0	0	0	0	0	0	0	0

[그림 12] PCICR 레지스터 구조

PCICR 레지스터의 2번 비트 PCIE2는 2번 핀 변화 인터럽트를 허용하는 비트이며, 1번 비트 PCIE1은 1번 핀 변화 인터럽트를 허용하는 비트다. 마지막 0번 비트 PCIE0은 0번 핀 변화 인터럽트를 허용하는 비트다. 같은 그룹 내 8개 핀이 같은 인터럽트를 발생시킬 수 있지만, 그룹 내에서 인터럽트를 발생시킬 수 있는 핀을 지정할 수도 있다. 여기에 사용되는 레지스터가 PCMSKn(Pin Change Mask Register) (n=0, 1, 2) 레지스터다.

비트	7	6	5	4	3	2	1	0
비트 이름	PCINT7	PCINT6	PCINT5	PCINT4	PCINT3	PCINT2	PCINT1	PCINT0
읽기/쓰기	R/W	R/W	R/W	R/W	R/W	R/W	R/W	R/W
초깃값	0	0	0	0	0	0	0	0

(a) PCMSK0

비트	7	6	5	4	3	2	1	0
비트 이름	PCINT15	PCINT14	PCINT13	PCINT12	PCINT11	PCINT10	PCINT9	PCINT8
읽기/쓰기	R/W	R/W	R/W	R/W	R/W	R/W	R/W	R/W
초깃값	0	0	0	0	0	0	0	0

(b) PCMSK1

비트	7	6	5	4	3	2	1	0
비트 이름	PCINT23	PCINT22	PCINT21	PCINT20	PCINT19	PCINT18	PCINT17	PCINT16
읽기/쓰기	R/W	R/W	R/W	R/W	R/W	R/W	R/W	R/W
초깃값	0	0	0	0	0	0	0	0

(c) PCMSK2

[그림 13] PCMSKn (n=0, 1, 2) 레지스터 구조

이처럼 핀 변화 인터럽트를 허용하기 위해서는 먼저 PCICR 레지스터를 통해 핀 변화 인터럽트 발생을 허용한 후, PCMSKn 레지스터를 통해 핀 변화 인터럽트를 발생시킬 수 있는 핀을 지정하는 두 단계를 거쳐야 한다.

핀 변화 인터럽트가 외부 인터럽트와 또 다른 점 중 하나는 인터럽트 발생 시점을 선택할 수 없다는 점이다. 외부 인터럽트는 [표 5]에 나타난 바와 같이 4가지 중 하나를 인터럽트 발생 시점으로 선택할 수 있다. 반면 핀 변화 인터럽트는 그 이름에서 알 수 있듯이 입력이 변화하는 시점, 즉 상승 및 하강 에지에서 발생한다.

아두이노 15번(PJ0) 핀에 풀다운 저항을 사용하여 버튼을 연결하고, 아두이노 3번(PE5) 핀에 LED를 연결하자.

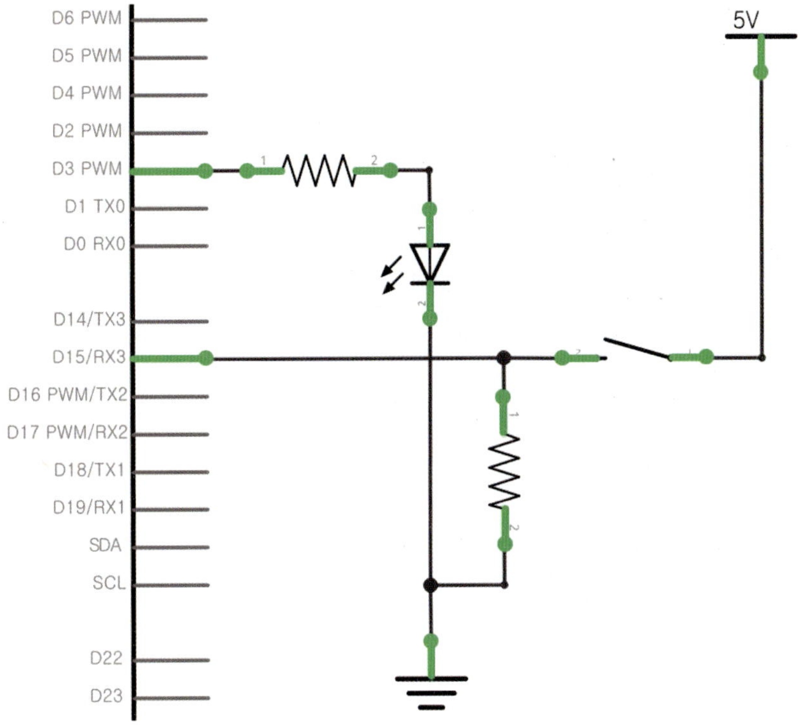

[그림 14] 핀 변화 인터럽트 테스트를 위한 회로도

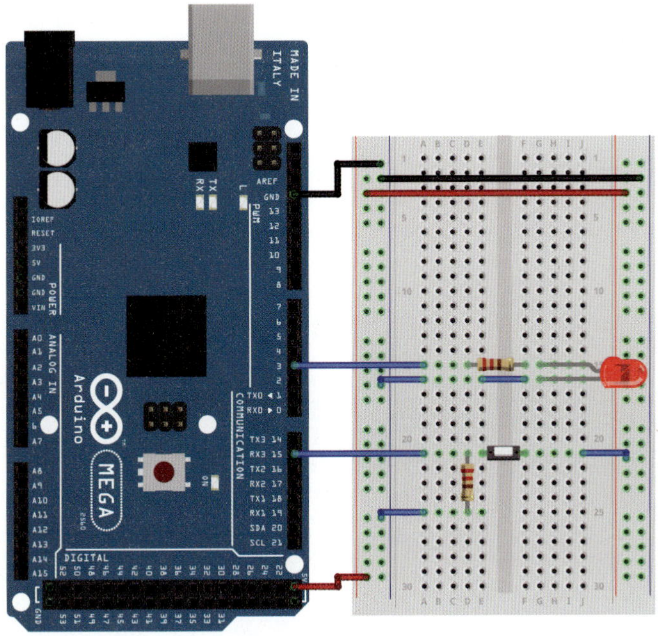

[그림 15] 핀 변화 인터럽트 테스트를 위한 회로

[그림 16] 학습보드의 버튼과 LED

[코드 8]은 아두이노 15번(PJ0) 핀에 연결된 버튼의 입력 변화가 발생할 때마다 아두이노 3번(PE5) 핀에 연결된 LED 상태를 반전시키는 코드의 예다. [코드 8]에서는 핀 변화 인터럽트 1번을 발생시키기 위해 아두이노 15번(PJ0) 핀, 즉 PCINT9 핀을 사용하고 있다. 버튼을 누르면서 LED가 점멸하는지를 확인해 보자.

코드 8 PCINT1 인터럽트에 의한 LED 점멸

```
#define F_CPU 16000000UL
#include <avr/io.h>
#include <util/delay.h>
#include <avr/interrupt.h>

#define set_bit(value, bit) ( _SFR_BYTE(value) |= _BV(bit) )
#define clear_bit(value, bit) ( _SFR_BYTE(value) &= ~_BV(bit) )

volatile uint8_t state = 0;                    // LED의 상태

ISR(PCINT1_vect) {
    state = !state;                            // LED 상태 전환
}

void PCINT1_init(void) {
    PCICR |= (1 << PCIE1);                     // 핀 변화 인터럽트 1 허용
```

```
    PCMSK1 |= (1 << PCINT9);                    // PJ0 핀의 핀 변화 인터럽트 허용
    sei();                                      // 전역적으로 인터럽트 허용
}

int main(void) {
    PCINT1_init();                              // INT0 인터럽트 설정
    clear_bit(DDRJ, 0);                         // 버튼 연결 핀을 입력으로 설정
    set_bit(DDRE, 5);                           // LED 연결 핀을 출력으로 설정

    while(1) {
      if(state) set_bit(PORTE, 5);
      else clear_bit(PORTE, 5);
    }

    return 0;
}
```

CHAPTER

09 연습문제

1. 아두이노 2번(PE4), 3번(PE5), 4번(PG5), 5번(PE3) 핀에 LED를 연결하고, 아두이노 21번(PD0, INT0) 핀에 내장 풀업 저항을 사용하여 버튼을 연결하자. 버튼을 누를 때 상승 및 하강 에지에서 인터럽트가 발생하도록 하여, 인터럽트가 발생할 때마다 4개의 LED 상태를 반전시키는 프로그램을 작성해 보자.

2. 아두이노 2번(PE4), 3번(PE5), 4번(PG5), 5번(PE3) 핀에 LED를 연결하고, 아두이노 21번(PD0, INT0) 핀에 내장 풀업 저항을 사용하여 버튼을 연결하자. 버튼을 누를 때, 즉 하강 에지에서 인터럽트가 발생하도록 하고, 인터럽트가 발생할 때마다 아래 4개 패턴이 반복되도록 프로그램을 작성해 보자.

[표 7] LED 출력 패턴

패턴	디지털 핀			
	아두이노 2번 (PE4)	아두이노 3번 (PE5)	아두이노 4번 (PG5)	아두이노 5번 (PE3)
1				
2				
3				
4				

3. 아두이노 14번(PJ1, PCINT10) 핀과 아두이노 15번(PJ0, PCINT9) 핀에 외부 풀다운 저항을 사용하여 버튼을 연결하고, 아두이노 2번(PE4) 핀과 아두이노 3번(PE5) 핀에 LED를 연결하자. 아두이노 14번(PJ1) 핀과 아두이노 15번(PJ0) 핀은 모두 핀 변화 인터럽트 1번을 발생시킬 수 있는 핀이다. 핀 변화 인터럽트가 발생할 때마다 아두이노 2번(PE4)과 3번(PE5) 핀에 연결된 LED 상태를 반전시키는 프로그램을 작성해 보자. 2개 버튼이 같은 인터럽트를 발생시키므로, 두 버튼 중 어느 버튼을 눌러도 LED 상태가 바뀐다.

4. sei와 cli 함수는 전역적으로 입터럽트를 허용하거나 금지하는 함수다. interrupt.h 파일을 살펴보면 sei와 cli 함수 정의를 찾을 수 있으며 같은 이름의 어셈블리 명령인 SEI와 CLI를 사용하여 정의되어 있음을 확인할 수 있다. 이외에도 상태 레지스터의 각 비트를 세트 또는 클리어하는 어셈블리 명령어들이 존재한다. 데이터시트에서 이들 어셈블리 명령어를 찾아 그 동작을 확인해 보자.

CHAPTER

10

펄스의 수를 세고 시간도 측정하는 장치

타이머/카운터

타이머/카운터는 펄스를 세는 '카운터'다. 만약 타이머/카운터에 일정한 주기를 가지는 펄스가 가해진다면, 펄스의 수로부터 시간 계산 역시 가능하므로 '타이머' 역할도 수행할 수 있다. ATmega2560에는 8비트 타이머/카운터와 16비트 타이머/카운터가 포함되어 있다. 일부 기능에 차이가 있기는 하지만, 그 기본적인 구성 및 동작 원리는 같다. 이 장에서는 8비트 타이머/카운터 사용 방법에 대해 알아본다.

CONTENTS

LESSON 01

구성 및 동작 원리

타이머/카운터는 입력되는 펄스를 세는 장치, 즉 카운터다. 일정한 주기의 펄스가 입력된다면, 이 카운터에서도 펄스의 개수를 통해 시간을 측정할 수 있으므로, 타이머의 역할도 가능해진다. 따라서 이 장치를 '타이머/카운터'라고 부른다. ATmega2560에는 8비트 타이머/카운터 2개(Timer/Counter 0, 2)와 16비트 타이머/카운터 4개(Timer/Counter 1, 3, 4, 5)가 포함되어 있다.

타이머/카운터는 다양한 용도로 활용할 수 있지만, 그 구조가 복잡하여 사용하기가 쉽지 않은 것도 사실이다. 타이머/카운터의 비트 수는 셀 수 있는 펄스의 최대 개수와 관련이 있다. 예를 들어 8비트 타이머/카운터는 최대 256(= 2^8)개, 16비트 타이머/카운터는 최대 65,536(= 2^{16})개의 펄스를 셀 수 있다. 이를 제외하면 8비트와 16비트 타이머/카운터의 기본 구성 및 동작 원리는 큰 차이가 없다. 8비트 타이머/카운터는 0번과 2번의 2개가 있는데, 이들 역시 약간의 차이가 있다.

이 장에서는 8비트인 0번 타이머/카운터를 중심으로 타이머/카운터의 사용 방법에 대해 알아본다. 먼저 8비트 타이머/카운터의 구조를 살펴보자.

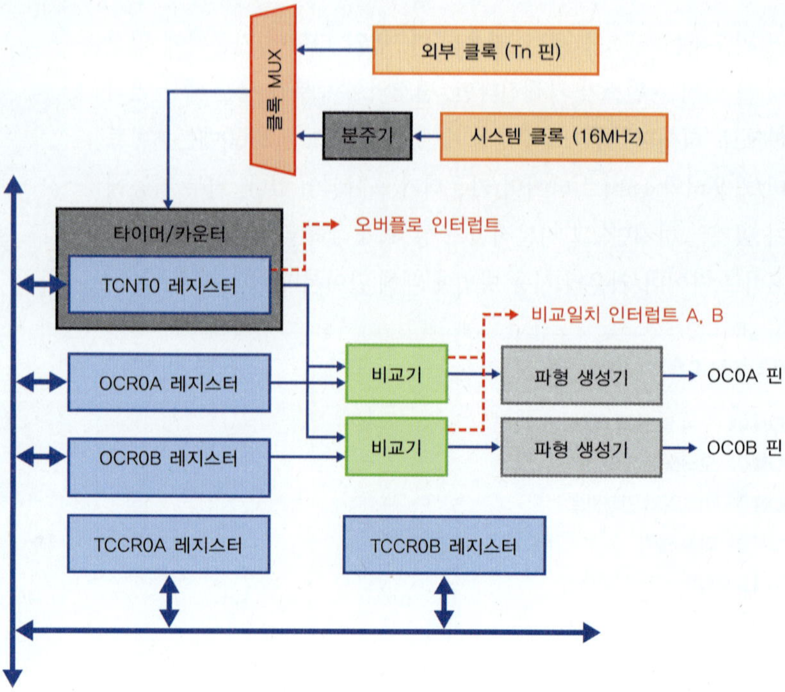

[그림 1] 타이머/카운터 0번 블록 다이어그램

타이머/카운터는 기본적으로 입력 펄스를 센다. 입력 펄스는 마이크로컨트롤러의 시스템 클록이나 외부에서 주어지는 클록 중에서 선택해서 사용할 수 있다.

8비트 타이머/카운터는 0에서 255까지만 셀 수 있다. ATmega2560의 내부 클록은 16MHz의 속도로 동작하므로, 0에서 시작하여 다시 0으로 돌아오기까지의 시간, 즉 256개의 펄스를 세는 데 걸리는 시간은 256/16M=0.016ms에 지나지 않는다. 따라서 8비트 타이머/카운터로는 0.016ms보다 긴 시간을 측정할 수 없다. 이때 분주기(prescaler)를 적용하면, 사용된 클록에 비해 주기가 긴 클록을 생성하여 긴 시간을 측정할 수 있다. 분주기에 입력으로 주어진 클록과 출력되는 클록의 비율을 분주비(prescaling factor)라고 한다. 예를 들어 16MHz의 시스템 클록을 8분주하였다면, 타이머/카운터에 공급되는 펄스는 16MHz / 8=2MHz의 주파수를 가지게 된다.

현재까지 센 펄스의 수는 TCNT0(Timer/Counter Register) 레지스터에 기록된다. 펄스의 개수가 셀 수 있는 최댓값을 넘어서면 TCNT0 레지스터는 0으로 초기화되는데, 이때 오버플로 인터럽트(Overflow Interrupt)가 발생한다. 오버플로가 발생하는 시간은 클록과 분주비에 의해 결정된다.

분주비는 특정한 몇 가지 값 중 하나만 사용할 수 있어서 다양한 시간 간격을 측정하기는 어렵다. 이를 위해서는 비교일치 인터럽트(Compare Match Interrupt)가 준비되어 있다. 비교일치 인터럽트는 TCNT0 레지스터에 저장된 현재까지의 펄스 개수가 미리 설정된 값과 같을 때 발생한다. 인터럽트가 발생하는 시점을 나타내는 '미리 설정된 값'은 OCR0x(x=A, B)(Output Compare Register) 레지스터에 저장된다. 비교일치 인터럽트 발생과 별도로, 비교일치가 발생하면 OC0x(x=A, B) 핀을 통해 파형을 출력할 수 있다. 한편 타이머/카운터의 세부 동작들은 TCCR0x(x=A, B)(Timer/Counter Control Register) 레지스터를 통해 제어된다.

LESSON 02 오버플로 인터럽트

먼저 오버플로 인터럽트를 사용해 보자. [코드 1]은 타이머/카운터 0번을 사용하여 0.5초 간격으로 아두이노 13번(PB7) 핀에 연결된 LED를 점멸하는 코드의 예다. [코드 1]에서 count 변수가 volatile로 선언되어 있음을 주의해야 한다. count 변수는 0으로 초기화되며, main 함수 내에서도 0의 값이 대입되는 경우만 존재하므로, count 변수가 volatile로 선언되지 않으면, count 변수는 상수로 취급될 것이다.

코드 1 오버플로 인터럽트를 이용한 LED 점멸

```
#define F_CPU 16000000L
#include <avr/io.h>
#include <avr/interrupt.h>

#define set_bit(value, bit) ( _SFR_BYTE(value) |= _BV(bit) )
#define clear_bit(value, bit) ( _SFR_BYTE(value) &= ~_BV(bit) )

volatile int count = 0;                 // 오버플로가 발생한 횟수
uint8_t state = 0;                      // LED 점멸 상태

ISR(TIMER0_OVF_vect) {
    count++;
}

int main(void) {
    set_bit(DDRB, 7);                   // PB7 핀을 출력으로 설정
    clear_bit(PORTB, 7);                // LED는 끈 상태에서 시작

    TCCR0B |= (1 << CS02) | (1 << CS00); // 분주비를 1024로 설정
    TIMSK0 |= (1 << TOIE0);             // 오버플로 인터럽트 허용
    sei();                              // 전역적으로 인터럽트 허용

    while (1) {
        if (count == 32) {              // 오버플로 32회 발생 = 0.5초 경과
            count = 0;                  // 인터럽트 발생 횟수 초기화
            state = !state;             // LED 상태 반전
```

```
            if (state) set_bit(PORTB, 7);       // LED 켜기
            else clear_bit(PORTB, 7);           // LED 끄기
        }
    }
    return 0;
}
```

LED가 일정한 시간 간격으로 점멸하는 프로그램은 그다지 신기할 것이 없다. 하지만 이를 타이머/카운터 0번의 오버플로 인터럽트를 사용하여 구현하였다는 데 [코드 1]의 의미가 있다. 현재까지 센 펄스의 개수는 TCNT0(Timer/Counter Register) 레지스터에 기록된다. TCNT0 레지스터의 구조는 [그림 2]와 같다.

비트	7	6	5	4	3	2	1	0
비트 이름	TCNT0[7:0]							
읽기/쓰기	R/W	R/W	R/W	R/W	R/W	R/W	R/W	R/W
초깃값	0	0	0	0	0	0	0	0

[그림 2] TCNT0 레지스터 구조

타이머/카운터는 디폴트로 비활성 상태에 있으므로, 타이머/카운터를 사용하기 위해서는 이를 활성 상태로 변경해야 한다. [코드 1]에서 타이머/카운트를 활성 상태로 변경하는 부분은 TCCR0B 레지스터에 분주비를 설정하는 부분이다. TCCR0B 레지스터의 구조는 [그림 3]과 같다.

비트	7	6	5	4	3	2	1	0
비트 이름	FOC0A	FOC0B	–	–	WGM02	CS02	CS01	CS00
읽기/쓰기	W	W	R	R	R/W	R/W	R/W	R/W
초깃값	0	0	0	0	0	0	0	0

[그림 3] TCCR0B 레지스터 구조

7번 비트 FOC0A(Force Output Compare) 비트와 6번 비트 FOC0B는 비교일치 인터럽트와 관련된 비트이며, 3번 비트 WGM02(Waveform Generation Mode)는 파형 생성과 관련된 비트로 뒤에서 다시 다룬다. 또한 2번에서 0번까지의 CS0n (n=0, 1, 2) (Clock Select) 비트는 클록 소스를 선택하는 비트로, [코드 1]에서는 1,024로 분주된 시스템 클록을 사용하고 있다. CS0n 비트 설정에 따른 클록 소스는 [표 1]과 같다.

[표 1] CS0n (n=0, 1, 2) 비트 설정에 따른 클록 소스

CS02	CS01	CS00	설명
0	0	0	클록 소스 없음 (타이머/카운터 정지)
0	0	1	분주비 1(분주 없음)의 시스템 클록
0	1	0	분주비 8의 시스템 클록
0	1	1	분주비 64의 시스템 클록
1	0	0	분주비 256의 시스템 클록
1	0	1	분주비 1024의 시스템 클록
1	1	0	T0 핀에 주어지는 외부 클록의 하강 에지
1	1	1	T0 핀에 주어지는 외부 클록의 상승 에지

CS0n의 디폴트값은 000_2로, 이때 타이머/카운터는 동작하지 않는다. [코드 1]에서는 CS0n에 101_2 값을 설정함으로써 분주비가 1024가 되도록 하였다. ATmega2560은 16MHz 클록을 사용하므로, 분주비가 1024가 되면 $\frac{16\text{MHz}}{1024} = 16\text{KHz}$ 클록이 타이머/카운터에 공급된다. 16kHz 클록이 사용되면 1초에 16K개의 펄스가 타이머/카운터 0번에 주어지므로, 256개의 펄스를 세는 시간은 $\frac{256}{16K} = \frac{1}{64}$초가 된다. 따라서 [코드 1]에서는 256개 펄스를 세면 발생하는 오버플로 인터럽트가 32번 반복되면, 이를 기준으로 0.5초가 지났음을 알아내고 LED 상태를 반전시킨다.

인터럽트 역시 디폴트로 발생하지 않도록 설정되어 있으므로, 타이머/카운터 0번의 오버플로 인터럽트 발생을 허용해야 한다. 인터럽트 활성화 비트는 TIMSK0(Timer/Counter Interrupt Mask Register) 레지스터에 존재한다. [그림 4]는 TIMSK0 레지스터의 구조를 나타낸다.

비트	7	6	5	4	3	2	1	0
비트 이름	–	–	–	–	–	OCIE0B	OCIE0A	TOIE0
읽기/쓰기	R	R	R	R	R	R/W	R/W	R/W
초깃값	0	0	0	0	0	0	0	0

[그림 4] TIMSK0 레지스터의 구조

2번 비트 OCIE0B(Timer/Counter Output Compare Match B Interrupt Enable)는 비교일치 인터럽트 B의 발생을 허용하는 데 사용되며, 1번 비트 OCIE0A는 비교일치 인터럽트 A의 발생을 허용하는 데 사용된다. 0번 비트 TOIE0(Timer/Counter0 Overflow Interrupt Enable)은 오버플로 인터럽트 활성화에 사용된다. [코드 1]에서는 오버플로 인터럽트 활성화를 위해 0번 비트 TOIE0를 세트하고 있다.

오버플로 인터럽트나 비교일치 인터럽트의 발생 조건이 만족되는 경우, TIFR0(Timer/Counter Interrupt Flag Register) 레지스터의 해당 비트가 먼저 세트된다. TIFR0 레지스터의 해당 비트가 세

트되었을 때 TIMSK 레지스터의 해당 비트가 세트된 상태라면 실제로 인터럽트가 발생한다. TIFR 레지스터의 구조는 [그림 5]와 같다.

비트	7	6	5	4	3	2	1	0
비트 이름	–	–	–	–	–	OCF0B	OCF0A	TOV0
읽기/쓰기	R	R	R	R	R	R/W	R/W	R/W
초깃값	0	0	0	0	0	0	0	0

[그림 5] TIFR0 레지스터의 구조

2번 비트 OCF0B(Timer/Counter 0 Output Compare B Match Flag)는 비교일치 B가 발생한 경우에 세트되는 비트이며, 1번 비트 OCF0A는 비교일치 A가 발생한 경우에 세트되는 비트다. 0번 비트 TOV0(Timer/Counter0 Overflow Flag)은 오버플로가 발생한 경우에 세트되는 비트다.

이처럼 타이머/카운터 0번과 관련된 인터럽트에는 카운터가 카운트할 수 있는 범위를 넘어서는 경우에 발생하는 오버플로 인터럽트, 미리 설정된 값과 카운터의 값이 같은 경우에 발생하는 비교일치 인터럽트 2종류 등 모두 3종류가 있다. [표 2]는 0번 타이머/카운터와 관련된 인터럽트와 각 인터럽트를 허용하는 비트를 요약한 것이다.

[표 2] 타이머/카운터 0번과 관련된 인터럽트

벡터 번호	인터럽트	벡터 이름	인터럽트 허용 비트	
			비트 이름	설명
22	비교일치 인터럽트	TIMER0_COMPA_vect	OCIE0A	Timer/Counter Output Compare Match A Interrupt Enable
23	비교일치 인터럽트	TIMER0_COMPB_vect	OCIE0B	Timer/Counter Output Compare Match B Interrupt Enable
24	오버플로 인터럽트	TIMER0_OVF_vect	TOIE0	Timer/Counter0 Overflow Interrupt Enable

* 1kHz는 1000Hz인가, 1024Hz인가?

정확하게 이야기하자면 1kHz는 1000Hz다. 16MHz 클록은 1초에 16×2^{20}개가 아니라 16×10^{6}개의 펄스를 발생시키는 것이다. 그러므로 분주비를 1024로 설정하면, 클록 주파수는 16kHz가 아니라 15.625kHz가 된다. 그러면 256개 펄스가 발생하는 시간은 16.384ms이므로, 분주비가 1024로 설정된 경우엔 0번 타이머/카운터가 1초 동안 발생시키는 오버플로 인터럽트는 64회가 아니라 약 61.035회이며, 오버플로 인터럽트가 64회 발생하는 시간은 1초가 아니라 약 1.05초가 된다. 따라서 정밀한 시간 계산이 필요하다면, [코드 1]에서처럼 1초에 64회 인터럽트가 발생한다고 가정하면 안 된다. 이 장에서는 계산을 간단히 하기 위해 흔히 2^{10}과 10^{3}을 같은 값으로 취급하는 관례를 따랐을 뿐이다.

정밀한 시간 계산이 필요한 경우에 염두에 두어야 할 또 다른 점은, ATmega2560에 클록 공급을 위해 사용된 크리스털의 정밀도다. 아두이노 메가2560에 사용되고 있는 16MHz 크리스털의 정밀도는 표준편차가 0.7Hz 정도인 것으로 알려져 있으므로, 사용하는 크리스털에 따라 실제 주파수에 약간의 차이가 있을 수 있다. 또한, ATmega2560의 동작 온도가 1도 상승할 때마다 크리스털의 클록 주파수는 약 0.97Hz씩 증가하고, 동작 전압이 1mV 증가할 때마다 크리스털의 클록 주파수는 약 0.03Hz씩 증가하는 등, 동작 환경에 따라 클록 주파수가 변할 수 있다. 따라서 정밀한 시간 계산이 필요하다면 전용의 하드웨어 RTC(Real Time Clock)나 온도에 따른 보상 회로가 추가된 클록을 사용해야 한다.

LESSON 03 비교일치 인터럽트

[코드 1]과 같은 동작을 하는 프로그램을 비교일치 인터럽트를 사용해서 작성한 예가 [코드 2]다. 비교일치는 TCNT0 레지스터에 저장된 현재의 카운트 값이 지정된 비교값과 일치하는 경우 발생하는 인터럽트로, 0번 타이머/카운터에서는 2개의 비교일치 인터럽트를 사용할 수 있다.

코드 2 비교일치 인터럽트를 이용한 LED 점멸

```
#define F_CPU 16000000L
#include <avr/io.h>
#include <avr/interrupt.h>

#define set_bit(value, bit) ( _SFR_BYTE(value) |= _BV(bit) )
#define clear_bit(value, bit) ( _SFR_BYTE(value) &= ~_BV(bit) )

volatile int count = 0;                     // 비교일치가 발생한 횟수
uint8_t state = 0;                          // LED 점멸 상태

ISR(TIMER0_COMPA_vect) {
    count++;
    TCNT0 = 0;                              // 카운터 값 초기화
}

int main(void) {
    set_bit(DDRB, 7);                       // PB7 핀을 출력으로 설정
    clear_bit(PORTB, 7);                    // LED는 끈 상태에서 시작

    TCCR0B |= (1 << CS02) | (1 << CS00); // 분주비를 1024로 설정

    TIMSK0 |= (1 << OCIE0A);                // 비교일치 인터럽트 A 허용
    OCR0A = 128;                            // 비교일치 기준값

    sei();                                  // 전역적으로 인터럽트 허용

    while (1) {
      if (count == 64) {                    // 비교일치 64회 발생 = 0.5초 경과
        count = 0;                          // 인터럽트 발생 횟수 초기화
```

```
        state = !state;                  // LED 상태 반전
        if (state) set_bit(PORTB, 7);    // LED 켜기
        else clear_bit(PORTB, 7);        // LED 끄기
      }
    }

    return 0;
}
```

비교일치 인터럽트를 사용하기 위해서는 먼저 OCR0x (x=A, B) (Output Compare Register) 레지스터에 비교값을 설정해야 한다. OCR0x 레지스터의 구조는 [그림 6]과 같다. OCR0x 레지스터에는 TCNT0 레지스터의 값과 비교하기 위한 8비트 값이 저장된다.

비트	7	6	5	4	3	2	1	0
비트 이름	OCR0x[7:0]							
읽기/쓰기	R/W	R/W	R/W	R/W	R/W	R/W	R/W	R/W
초깃값	0	0	0	0	0	0	0	0

[그림 6] OCR0x 레지스터의 구조

[코드 2]에서는 OCR0A 레지스터의 값을 128로 설정하여 오버플로 인터럽트보다 2배 빨리 인터럽트가 발생하도록 하였다. 따라서 [코드 1]에서는 오버플로 인터럽트가 32회 발생한 경우에 0.5초가 지났다고 판단하는 반면, [코드 2]에서는 비교일치 인터럽트가 64회 발생한 경우에 0.5초가 지났다고 판단한다.

한 가지 주의할 점은 비교일치가 발생한 경우에 TCNT0 레지스터에 저장된 현재까지의 카운트 값이 자동으로 0으로 초기화되지 않는다는 점이다. 따라서 인터럽트 서비스 루틴에서 비교일치 인터럽트가 발생할 때마다 TCNT0 레지스터의 값을 0으로 초기화하고 있다. 만약 초기화를 위한 'TCNT0=0;'을 삭제한다면, 비교일치 인터럽트는 (128에서 오버플로를 거쳐 다음 128이 될 때까지) 256 클록마다 발생하여 오버플로 인터럽트와 같은 주기를 가지게 된다. [코드 2]에서는 인터럽트의 횟수에 따라 시간을 계산하므로, 'TCNT0=0;' 문장을 삭제하면 LED는 0.5초가 아니라 1초 간격으로 깜빡거린다.

LESSON 04

파형 출력

비교일치가 발생하는 경우에는 인터럽트 외에도 지정된 핀을 통해 신호를 출력하는 것이 가능하다. [그림 1]에서 파형 생성기를 통해 OC0x (x=A, B) 핀에 연결된 부분이 여기에 해당한다. [표 3]은 0번 카운터/타이머를 통해 파형을 출력할 수 있는 핀을 요약한 것이다.

[표 3] 비교일치 인터럽트 시 파형 출력 핀

비교일치	파형 출력 핀	ATmega2560 핀	아두이노 핀
A	OC0A	PB7	13
B	OC0B	PG5	5

[코드 3]은 타이머/카운터에서 비교일치 인터럽트가 발생하는 경우, 파형 생성 기능을 이용하여 아두이노 13번(PB7) 핀에 연결된 LED를 점멸하는 코드의 예다.

코드 3 파형 생성 1

```
#define F_CPU 16000000L
#include <avr/io.h>
#include <avr/interrupt.h>

#define set_bit(value, bit) ( _SFR_BYTE(value) |= _BV(bit) )
#define clear_bit(value, bit) ( _SFR_BYTE(value) &= ~_BV(bit) )

ISR(TIMER0_COMPA_vect) {
    TCNT0 = 0;                              // 카운터 값 초기화
}

int main(void) {
    set_bit(DDRB, 7);                       // PB7 핀을 출력으로 설정
    clear_bit(PORTB, 7);                    // LED는 끈 상태에서 시작

    TCCR0B |= (1 << CS02) | (1 << CS00);    // 분주비를 1024로 설정

    TIMSK0 |= (1 << OCIE0A);                // 비교일치 인터럽트 A 허용
```

```
    OCR0A = 255;                            // 비교일치 기준값

    // 비교일치 인터럽트 발생 시 OC0A 핀의 출력을 반전
    TCCR0A |= (1 << COM0A0);

    sei();                                  // 전역적으로 인터럽트 허용

    while (1) {
    }

    return 0;
}
```

[코드 3]을 업로드하고 LED를 살펴보자. LED가 아주 빠른 속도로 깜빡거리고 있음을 발견할 수 있을 것이다. [코드 3] 어디에도 LED를 점멸시키는 코드는 찾아볼 수 없다. 하지만 LED는 깜빡거리고 있다. 그 비밀은 바로 파형 생성기에 있다. 파형 생성기는 비교일치 인터럽트가 발생할 때마다 OC0A 핀의 출력을 반전시킴으로써 LED가 깜빡거리게 한다. [코드 3]을 [코드 2]와 비교하여 달라진 점은 TCCR0A 레지스터의 COM0A0 비트를 세트하여 파형 생성기의 동작을 설정하고 있다는 점이다.

TCCR0A 레지스터에 관해 설명하기 전에 한 가지 짚고 넘어가야 할 사실이 있다. [코드 3]을 실행시키면 LED는 아주 빠른 속도로 깜빡거린다. LED의 깜빡거리는 속도를 0.5초나 1초 간격으로 하고 싶어도 현재로서는 이 속도를 조절할 수 없다. 분주비를 1024로 설정한 경우에 오버플로 인터럽트는 1초에 약 64번 발생한다. [코드 3]에서는 카운터 값이 255(오버플로 인터럽트가 발생하는 값에 비해 1 작은 값)에 도달할 때마다 비교일치 인터럽트가 발생하므로, 역시 1초에 약 64번의 인터럽트가 발생한다. 인터럽트가 발생할 때마다 파형 생성기는 현재 OC0A의 출력을 반전시키고 있으므로, 1초에 LED의 출력은 약 64번 반전된다.

[코드 1]과 [코드 2]에서 인터럽트가 발생한 횟수를 기준으로 시간을 측정했음을 기억할 것이다. 하지만 파형 생성기는 비교일치 인터럽트가 발생할 때마다 자동으로 출력을 반전시키므로 [코드 1]이나 [코드 2]와 같은 방법으로는 시간을 조절할 수 없다. 파형 생성기를 통해 더 긴 시간 간격으로 LED가 깜빡거리도록 하기 위해서는 8비트가 아닌, 16비트 타이머/카운터를 사용해야 한다. 이 장에서는 8비트 타이머/카운터를 사용하고 있으므로 LED를 제어하는 코드 없이 ATmega2560에서 제공하는 하드웨어인 파형 생성기를 통해 자동으로 LED를 깜빡거릴 수 있다는 사실에 만족하도록 하자.

[그림 7]은 파형 생성기 동작 설정에 사용된 TCCR0A 레지스터의 구조를 나타낸다.

비트	7	6	5	4	3	2	1	0
비트 이름	COM0A1	COM0A0	COM0B1	COM0B0	–	–	WGM01	WGM00
읽기/쓰기	W	R/W	R/W	R/W	R	R	R/W	R/W
초깃값	0	0	0	0	0	0	0	0

[그림 7] TCCR0A 레지스터 구조

0번 비트 WGM00(Wave Generation Mode)과 1번 비트 WGM01은 파형 생성 모드를 지정하는 데 사용된다. WGM 비트는 TCCR0B 레지스터에도 하나 더 존재한다. 즉, 0번 타이머/카운터는 3개의 WGM 비트로 8개까지 파형 생성 모드를 지정할 수 있다. [표 4]는 WGM 비트 설정에 따른 파형 생성 모드를 나타낸 것으로, [코드 3]에서는 디폴트값(0002)인 정상 모드(Normal Mode)가 사용되었다.

[표 4] WGM0n (n = 0, 1) 비트 설정에 따른 파형 생성 모드

모드 번호	TCCR0B	TCCR0A		타이머/카운터 모드	TOP
	WGM02	WGM01(CTC)	WGM00(PWM)		
0	0	0	0	정상	0xFF
1	0	0	1	위상 교정 PWM	0xFF
2	0	1	0	CTC	OCR0A
3	0	1	1	고속 PWM	0xFF
4	1	0	0	–	–
5	1	0	1	위상 교정 PWM	OCR0A
6	1	1	0	–	–
7	1	1	1	고속 PWM	OCR0A

8개 모드 중 PWM과 관련된 모드는 별도의 장에서 다루며, 이 장에서는 0번과 2번 모드에 대해서만 다룬다. 정상 모드와 CTC(Clear Timer on Compare match) 모드의 차이는 글자 그대로 비교일치가 발생했을 때, TCNT0 레지스터의 값을 0으로 설정하는지의 여부에 있다. 이전 프로그램에서는 정상 모드를 사용하였으며, TCNT0 값이 자동으로 0으로 설정되지 않았으므로, 인터럽트 서비스 루틴에서 TCNT0 값을 0으로 초기화하였다.

하지만 CTC 모드를 사용하면 자동으로 TCNT0 값이 0으로 바뀐다. 이러한 차이는 [표 4]에서 TOP 값에서도 찾아볼 수 있다. TOP 값은 카운터가 가질 수 있는 최댓값으로, 카운터가 TOP 값에 이르면 카운터 값은 자동으로 0으로 초기화된다. 정상 모드의 경우엔 TOP 값이 0xFF이므로, 비교일치가 발생한 이후에도 0xFF에 도달할 때까지 카운터 값은 계속 증가한다. 반면 CTC 모드에서는 TOP 값이 OCR0A 값으로, 비교일치가 발생하는 시점과 같다.

7번 비트 COM0A1과 6번 비트 COM0A0은 비교일치 출력 모드(Compare Match Output Mode)

를 설정하는 비트로, 파형 생성 모드에 따라 두 비트의 동작이 다르지만, 정상 모드와 CTC 모드의 경우에는 같은 동작을 보인다. 정상 모드와 CTC 모드에서 COM0An (n = 0, 1) 비트 설정에 따른 비교일치 출력 모드는 [표 5]와 같다. [코드 4]에서는 COM0An 값으로 012를 사용하여 비교일치 인터럽트가 발생할 때마다 출력을 반전시키고 있다.

[표 5] PWM 이외의 모드에서 COM0An 비트 설정에 따른 비교일치 출력 모드

COM0A1	COM0A0	설명
0	0	OC0A 핀으로 데이터가 출력되지 않으며, OC0A 핀은 일반적인 범용 입출력 핀으로 동작한다.
0	1	비교일치가 발생하면 OC0A 핀의 출력은 반전된다.
1	0	비교일치가 발생하면 OC0A 핀의 출력은 LOW 값으로 바뀐다. (clear)
1	1	비교일치가 발생하면 OC0A 핀의 출력은 HIGH 값으로 바뀐다. (set)

5번 비트 COM0B1과 4번 비트 COM0B0 역시 비교일치 출력 모드를 설정하는 비트로, 비교일치 B에 적용되는 비트다.

[그림 3]의 TCCR0B 레지스터 7번 비트인 FOC0A(Force Output Compare)와 6번 비트인 FOC0B 역시 비교일치에 사용되는 비트로, 파형 생성 모드가 PWM 이외의 모드로 설정된 경우에만 사용할 수 있다. FOC0A 비트가 세트되면 비교일치 A가 발생했을 때와 같이 파형 출력 핀 OC0A로 출력이 이루어지며, FOC0B 비트가 세트되면 비교일치 B가 발생했을 때와 같이 파형 출력 핀 OC0B로 출력이 이루어진다. 하지만 FOC0x 비트는 일회성이므로, 필요할 때마다 세트해 주어야 한다.

[코드 3]에서는 정상 모드를 사용하여 인터럽트 처리 루틴에서 TCNT0 값을 강제로 0으로 설정하였다. 이를 CTC 모드를 사용하도록 수정한 예가 [코드 4]다. 인터럽트 처리 루틴에서 TCNT0 값을 0으로 설정할 필요가 없으므로, 인터럽트 처리 루틴은 작성하지 않았다.

코드 4 파형 생성 2

```
#define F_CPU 16000000L
#include <avr/io.h>
#include <avr/interrupt.h>

#define set_bit(value, bit) ( _SFR_BYTE(value) |= _BV(bit) )
#define clear_bit(value, bit) ( _SFR_BYTE(value) &= ~_BV(bit) )

int main(void) {
    set_bit(DDRB, 7);               // PB7 핀을 출력으로 설정
    clear_bit(PORTB, 7);            // LED는 끈 상태에서 시작
```

```
    TCCR0B |= (1 << CS02) | (1 << CS00);        // 분주비를 1024로 설정

    TIMSK0 |= (1 << OCIE0A);                    // 비교일치 인터럽트 A 허용
    OCR0A = 255;                                // 비교일치 기준값

    // 비교일치 인터럽트 발생 시 OC0A 핀의 출력을 반전
    TCCR0A |= (1 << COM0A0);

    TCCR0A |= (1 << WGM01);                     // CTC 모드

    sei();                                      // 전역적으로 인터럽트 허용

    while (1) {
    }

    return 0;
}
```

[코드 3]과 [코드 4]는 같은 속도로 LED를 반전시키고 있다. 다만 LED가 깜빡이는 속도가 너무 빨라 비교가 어려울 뿐이다. 다른 LED를 하나 더 연결하고, [코드 1]이나 [코드 2]와 같이 인터럽트 횟수를 기준으로 LED를 점멸하는 코드를 추가한다면, [코드 3]과 [코드 4]가 같은 속도로 LED를 반전시키고 있음을 확인할 수 있을 것이다.

LESSON 05

실행 시간 알아내기

아두이노의 millis 함수는 프로그램이 실행되고 난 이후의 실행 시간을 반환하는 함수로, 시간 측정에 간편하게 사용할 수 있다. 아두이노의 millis 함수는 타이머/카운터를 활용하여 만들어졌다. 이 절에서는 0번 타이머/카운터의 오버플로 인터럽트를 사용하여 아두이노의 millis 함수를 구현해 본다.

먼저 타이머/카운터 0번의 분주비를 64로 설정한다. 분주비를 64로 설정한 경우, 타이머/카운터 0번의 오버플로 인터럽트가 발생하기까지는 64 × 256 = 16,384개의 클록이 필요하다. 이 책에서 ATmega2560은 16MHz 클록을 사용한다, 즉, 1초에 16,000,000개의 클록이 발생하므로, 분주비 64로 설정된 타이머/카운터에서 오버플로 인터럽트 발생 시간은 $1ms\ 24\mu s$가 된다.

$$\frac{64 \times 256}{16,000,000} = \frac{16,384}{16,000,000} = 0.001024s = 1ms\ 24\mu s$$

실행 시간을 저장하기 위한 전역변수를 선언한다.

```
volatile unsigned long timer0_millis=0;
volatile int timer0_micros=0;
```

밀리초를 저장하기 위한 변수는 unsigned long 형의 4바이트 변수로 선언하였으므로, 최대 $2^{32} - 1 \approx 4.3 \times 10^9$밀리초까지 저장할 수 있으며, 이는 약 50일에 해당한다. 50일이 경과하면 오버플로에 의해 0으로 초기화된다. 반면 마이크로초는 1,000을 넘어가는 경우엔 밀리초의 값을 증가시켜야하므로 1,000 이하의 값을 저장할 수 있는 int 형으로 선언하였다. 변수가 선언되어 있으면 오버플로 인터럽트가 발생할 때마다 경과 시간을 증가시키면 된다. [코드 5]는 현재까지의 실행 시간을 계산하기 위한 서비스 루틴과 전역변수를 나타낸 것이다.

코드 5 현재까지의 실행 시간 계산

```
#define MILLIS_INCREMENT_PER_OVERFLOW1
#define MICROS_INCREMENT_PER_OVERFLOW24

// 프로그램 시작 이후의 경과 시간
volatile unsigned long timer0_millis = 0;
volatile int timer0_micros = 0;
```

```
ISR(TIMER0_OVF_vect) {
	unsigned long m = timer0_millis;
	int f = timer0_micros;

	m += MILLIS_INCREMENT_PER_OVERFLOW;		// 밀리초 단위 시간 증가
	f += MICROS_INCREMENT_PER_OVERFLOW;		// 마이크로초 단위 시간 증가

	// 마이크로초가 1000을 넘어가면 밀리초 증가
	m += (f / 1000);
	f = f % 1000;

	timer0_millis = m;
	timer0_micros = f;
}
```

[코드 6]은 [코드 5]에서 계산된 현재까지의 실행 시간을 반환하는 millis2560 함수의 예로, 함수 이름은 아두이노의 millis 함수와 구별하기 위해 선택하였다. millis2560 함수에서는 현재까지의 시간을 변수 m에 대입하는 중에 인터럽트가 발생하지 않도록 cli 함수를 사용하였으며, 상태 레지스터를 이전 상태로 되돌리면서 인터럽트 발생 역시 이전 상태로 복원하였다.

코드 6 millis2560 함수

```
unsigned long millis2560() {
	unsigned long m;
	uint8_t oldSREG = SREG;			// 상태 레지스터 값 저장

	// timer0_millis 값을 읽는 동안
	// timer0_millis 값이 변하지 않도록 인터럽트를 비활성화
	cli();

	m = timer0_millis;

	// 이전 상태 레지스터 값 복원
	// millis 함수 호출 이전에 인터럽트 허용 상태였으면 허용 상태로 복원됨
	SREG = oldSREG;

	return m;					// 프로그램 시작 후 경과 시간
}
```

LED를 점멸시키는 간단한 방법은 _delay_ms 함수를 사용하는 방법이다. 하지만 _delay_ms 함수가 실행 중인 동안에는 입력을 받아들일 수 없는 등의 문제가 있으므로 millis2560 함수 사용을 권장한다. 다만 이 경우엔 millis2560 함수에 사용된 타이머/카운터 0번을 다른 용도로 사용하기는 어렵다. [코드 7]은 현재까지의 실행 시간을 통해 아두이노 13번(PB0) 핀에 연결된 LED를 1초 간격으로 점멸하는 코드의 예다. 코드를 간단히 하기 위해 [코드 7]에는 [코드 5]와 [코드 6]의 내용을 넣지 않았으므로, 이들 코드를 추가한 후에 컴파일 해야 한다.

코드 7 LED를 1초 간격으로 점멸하기

```
#define F_CPU 16000000L
#include <avr/io.h>
#include <avr/interrupt.h>

#define set_bit(value, bit) ( _SFR_BYTE(value) |= _BV(bit) )
#define clear_bit(value, bit) ( _SFR_BYTE(value) &= ~_BV(bit) )

// [코드 5], [코드 6] 내용 추가

void millis2560_init() {                        // 타이머/카운터 0 설정
    TCCR0B |= (1 << CS01) | (1 << CS00);        // 분주비를 64로 설정
    TIMSK0 |= (1 << TOIE0);                     // 오버플로 인터럽트 허용
    sei();                                      // 전역적으로 인터럽트 허용
}

int main(void) {
    set_bit(DDRB, 7);                           // LED 연결 핀을 출력으로 설정
    clear_bit(PORTB, 7);                        // LED는 꺼진 상태로 시작

    uint8_t state = 0;                          // LED 상태

    millis2560_init();                          // 타이머/카운터 0번 초기화

    unsigned long time_previous, time_current;
    time_previous = millis2560();               // 시작 시간

    while(1) {
      time_current = millis2560();              // 현재 시간

      if((time_current - time_previous) > 1000) {    // 1초 경과
        time_previous = time_current;

        state = !state;                         // LED 상태 반전
```

```
            if(state) set_bit(PORTB, 7);
            else clear_bit(PORTB, 7);
        }
    }

    return 1;
}
```

millis2560 함수는 다양한 용도로 사용될 수 있으므로, 라이브러리로 만들어 두면 편리하다. [코드 5]와 [코드 6]을 사용하여 [코드 8]과 [코드 9]의 라이브러리 파일을 작성하자.

코드 8 millis2560 라이브러리 - millis2560.h

```
#ifndef _MILLIS2560_
#define _MILLIS2560_

#include <avr/io.h>
#include <avr/interrupt.h>

#define MILLIS_INCREMENT_PER_OVERFLOW1
#define MICROS_INCREMENT_PER_OVERFLOW24

unsigned long millis2560();
void millis2560_init();

#endif
```

코드 9 millis2560 라이브러리 - millis2560.cpp

```
#include "millis2560.h"

// 프로그램 시작 이후의 경과 시간
volatile unsigned long timer0_millis = 0;
volatile int timer0_micros = 0;

ISR(TIMER0_OVF_vect) {
    unsigned long m = timer0_millis;
    int f = timer0_micros;

    m += MILLIS_INCREMENT_PER_OVERFLOW;                    // 밀리초 단위 시간 증가
```

```
    f += MICROS_INCREMENT_PER_OVERFLOW;                    // 마이크로초 단위 시간 증가

    // 마이크로초가 1000을 넘어가면 밀리초 증가
    m += (f / 1000);
    f = f % 1000;

    timer0_millis = m;
    timer0_micros = f;
}

unsigned long millis2560() {
    unsigned long m;
    uint8_t oldSREG = SREG;                                // 상태 레지스터 값 저장

    // timer0_millis 값을 읽는 동안
    // timer0_millis 값이 변하지 않도록 인터럽트를 비활성화
    cli();

    m = timer0_millis;

    // 이전 상태 레지스터 값 복원
    // millis 함수 호출 이전에 인터럽트 허용 상태였으면 허용 상태로 복원됨
    SREG = oldSREG;

    return m;                                              // 프로그램 시작 후 경과 시간
}

void millis2560_init() {                                   // 타이머/카운터 0 설정
    TCCR0B |= (1 << CS01) | (1 << CS00);                   // 분주비를 64로 설정
    TIMSK0 |= (1 << TOIE0);                                // 오버플로 인터럽트 허용
    sei();                                                 // 전역적으로 인터럽트 허용
}
```

'스케치북_디렉터리\libraries' 디렉터리 아래에 'millis2560' 디렉터리를 생성하고, 작성한 라이브러리 파일을 옮겨 놓으면 준비는 끝난다. [코드 10]은 [코드 7]과 같은 기능을 millis2560 라이브러리를 사용하여 작성한 코드의 예다. [코드 10]을 업로드하고 LED가 1초 간격으로 점멸하는지를 확인해 보자.

코드 10 LED를 1초 간격으로 점멸하기 - millis2560 라이브러리 사용

```
#define F_CPU 16000000L
#include <avr/io.h>
#include "millis2560.h"

#define set_bit(value, bit) ( _SFR_BYTE(value) |= _BV(bit) )
#define clear_bit(value, bit) ( _SFR_BYTE(value) &= ~_BV(bit) )

int main(void) {
	set_bit(DDRB, 7);                                   // LED 연결 핀을 출력으로 설정
	clear_bit(PORTB, 7);                                // LED는 꺼진 상태로 시작

	uint8_t state = 0;                                  // LED 상태

	millis2560_init();                                  // 타이머/카운터 0번 초기화

	unsigned long time_previous, time_current;
	time_previous = millis2560();                       // 시작 시간

	while(1) {
		time_current = millis2560();                    // 현재 시간

		if((time_current - time_previous) > 1000) {     // 1초 경과
			time_previous = time_current;

			state = !state;                             // LED 상태 반전
			if(state) set_bit(PORTB, 7);
			else clear_bit(PORTB, 7);
		}
	}

	return 1;
}
```

CHAPTER

10 연습문제

1. [코드 3]과 [코드 4]는 파형 생성 기능을 사용하여 빠른 속도로 LED 상태를 반전시키므로 점멸 속도를 비교하기가 쉽지 않다. 아두이노 2번(PE4) 핀에 LED를 연결하고, [코드 2]와 같이 count 값을 기준으로 0.5초 간격으로 LED가 점멸하는 코드를 [코드 3]과 [코드 4]에 추가하여, 두 코드에서 같은 간격으로 인터럽트가 발생하는지를 확인해 보자.

2. [코드 1]은 0번 타이머/카운터의 오버플로 인터럽트를 이용하여 0.5초 간격으로 LED를 점멸하는 코드다. 이를 또 다른 8비트 타이머/카운터인 2번 타이머/카운터를 사용하도록 수정해 보자. 2번 타이머/카운터의 사용법은 0번 타이머/카운터와 기본적으로 같으며 해당 레지스터에서 타이머/카운터 번호인 '0'을 '2'로 수정하면 된다. 또 한 가지 다른 점은 0번 타이머/카운터의 경우 1024 분주비를 설정하기 위해 CS0n 비트를 101_2로 설정해야 한다면 2번 타이머/카운터는 CS2n 비트를 111_2로 설정해야 한다는 점이다.

3. [코드 2]는 0번 타이머/카운터의 비교일치 인터럽트를 이용하여 0.5초 간격으로 LED를 점멸하는 코드다. 여기에 2번 타이머/카운터의 비교일치 인터럽트를 이용하여 1초 간격으로 LED를 점멸하는 코드를 추가해 보자. 0번 타이머/카운터는 아두이노 2번(PE4) 핀에 연결된 LED를, 2번 타이머/카운터는 아두이노 3번(PE5) 핀에 연결된 LED를 점멸하도록 한다.

4. 아두이노 2번(PE4) 핀과 아두이노 3번(PE5) 핀에 LED를 연결하자. millis2560 라이브러리를 사용하여 아두이노 2번(PE4) 핀에 연결된 LED는 0.5초 간격으로, 아두이노 3번(PE5) 핀에 연결된 LED는 1초 간격으로 점멸하는 프로그램을 작성해 보자.

CHAPTER

11

아날로그 신호와 유사한 기능을 하는 디지털 신호

PWM

펄스 폭 변조(PWM) 신호는 구형파에서 HIGH인 부분과 LOW인 부분의 비율을 조절함으로써 아날로그 신호와 유사한 효과를 얻을 수 있도록 해주는 디지털 신호의 일종이다. PWM 신호는 타이머/카운터를 통해 하드웨어적으로 만들 수 있다. 이 장에서는 8비트 타이머/카운터를 이용하여 PWM 신호를 생성하는 방법과 생성된 PWM 신호를 사용하여 LED의 밝기를 제어하는 방법을 알아본다.

CONTENTS

LESSON
01 PWM

마이크로컨트롤러는 디지털 컴퓨터의 일종이므로, 처리할 수 있는 데이터는 0이나 1의 디지털 데이터뿐이다. 디지털 데이터로 LED를 켜거나 끄는 동작을 제어할 수도 있지만, 단순히 켜거나 끄는 동작이 아니라 LED의 밝기를 조절하고 싶을 수도 있다. 또는 모터의 속도를 조절하고 싶을 수도 있다. 이런 경우라면 0이나 1의 디지털 데이터로는 제어하기 어려우며 연속적인 아날로그 신호가 필요하다. 마이크로컨트롤러로 아날로그 데이터를 직접 다룰 수 없다는 사실은 이미 알고 있겠지만, 아날로그 신호와 유사한 효과를 얻는 방법은 존재한다. 바로 펄스 폭 변조 신호를 사용하는 것이다.

ATmega2560 마이크로컨트롤러는 디지털 데이터의 처리를 기본으로 하지만, 아날로그 데이터 역시 디지털 데이터로 변환하여 처리할 수 있다. ATmega2560에는 아날로그 데이터를 디지털 데이터로 변환할 수 있도록 ADC(Analog-Digital Converter)가 포함되어 있다. AD 변환의 경우에는 일반적으로 PAM(Pulse Amplitude Modulation, 펄스 진폭 변조) 방식이 사용된다. [그림 1]과 같은 아날로그 신호가 있다고 가정해 보자.

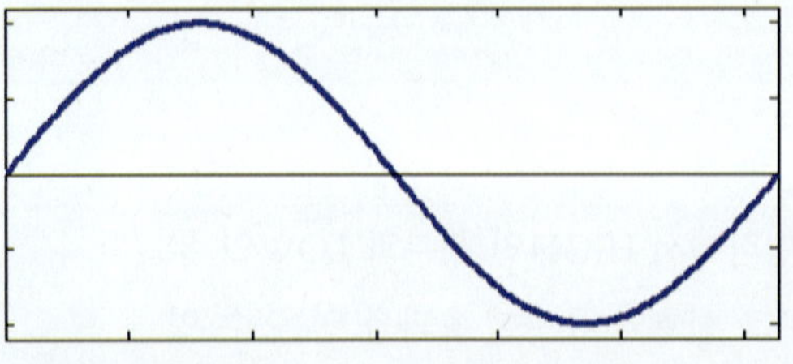

[그림 1] 아날로그 신호

PAM 방식으로 아날로그 데이터를 디지털 데이터로 변환하기 위해서는 먼저 샘플링 과정을 거친다. 샘플링 과정은 같은 시간 간격으로 아날로그 신호의 값을 취하는 과정이다.

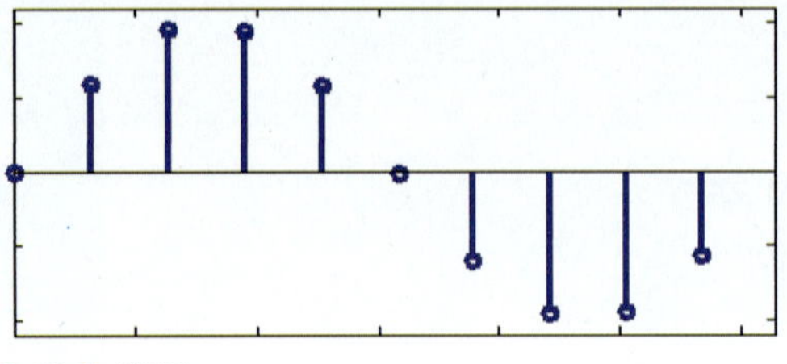

[그림 2] 샘플링

샘플링된 신호의 높이는 주어진 해상도에 따라 가장 가까운 디지털 값으로 양자화(quantization)된다. 8비트 해상도를 가진다고 가정하면, [그림 2]에서 샘플링된 값들은 0에서 255 사이의 값으로 표현된다.

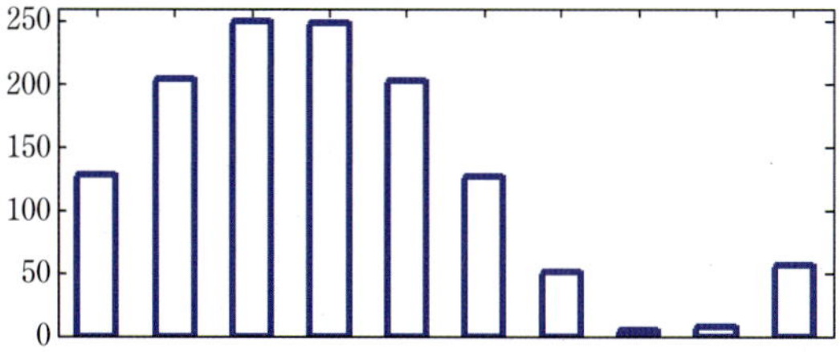

[그림 3] 양자화

ATmega2560에 포함된 ADC는 10비트의 해상도를 가지므로, 신호의 높이를 0에서 1023까지 1024 단계의 디지털 값으로 변환할 수 있다. 양자화된 신호는 부호화 과정을 통해 0과 1의 열로 표현된 후, 마이크로컨트롤러에서 처리된다.

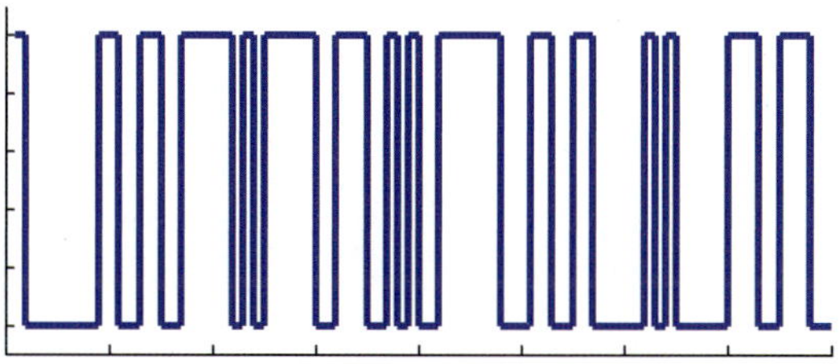

[그림 4] PAM 방식의 디지털 신호

PWM(Pulse Width Modulation, 펄스 폭 변조) 역시 아날로그 데이터를 디지털로 처리하는 방식 중 하나이지만, 아날로그 값을 펄스의 높이가 아닌 펄스의 폭으로 표현한다는 점에서 PAM 방식과 차이가 있다. [그림 5]는 양자화된 디지털 값을 PWM 방식의 디지털 신호로 나타낸 것이다.

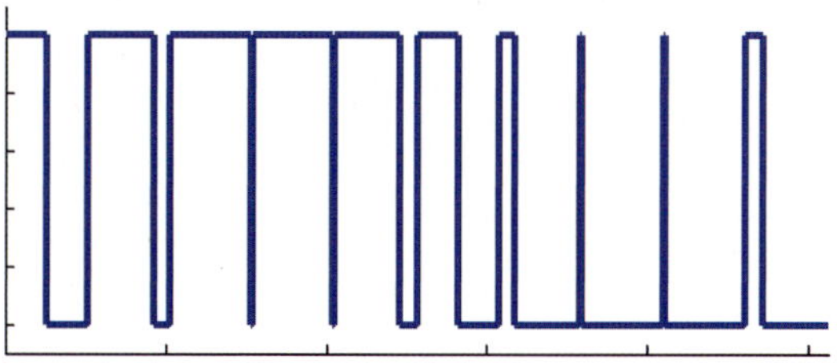

[그림 5] PWM 방식의 디지털 신호

[그림 4]가 하나의 샘플을 같은 개수(해상도)의 0 또는 1을 이용하여 이진수로 표현한 것이라면, [그림 5]는 하나의 샘플을 한 주기 내에서 HIGH 값이 가지는 비율로 표현한 것이다. 이처럼 한 주기 내에서 HIGH 값이 가지는 비율을 듀티 사이클(duty cycle)이라고 한다.

[그림 6]은 듀티 사이클에 따른 PWM 신호의 파형을 나타낸다.

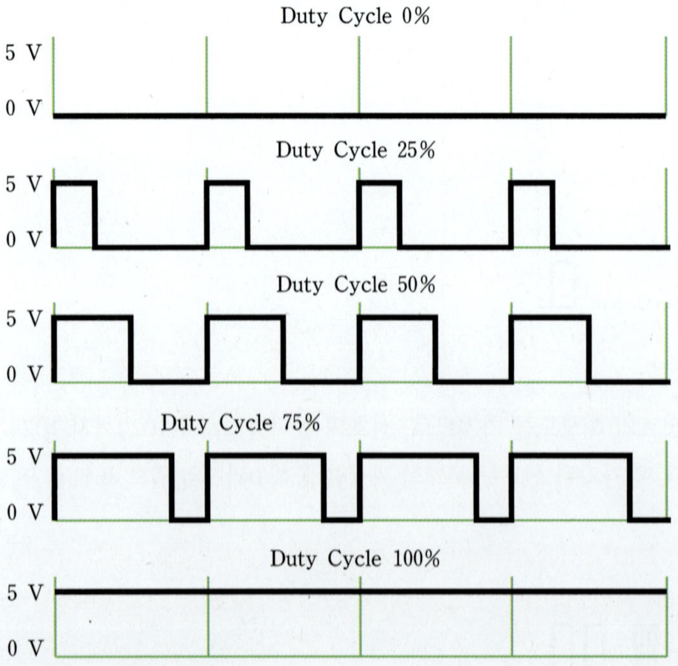

[그림 6] PWM 신호의 듀티 사이클

적확한 비교는 아니지만, [그림 4]의 PAM 방식에서 하나의 샘플을 표현하기 위해 8비트가 필요하다면, [그림 5]의 PWM 방식에서는 하나의 샘플을 256단계의 넓이로 표현하기 위해 256비트가 필요한 것으로 볼 수 있다. 즉, PWM 방식으로 디지털 데이터를 저장하기 위해서는 많은 저장 공간이 필요하다. 따라서 동작 주파수 역시 PWM 방식이 PAM 방식에 비해 높다. 지금까지의 정보로 보면 PWM 방식이 PAM 방식에 비해 두드러지게 좋은 장점은 그다지 없어 보인다.

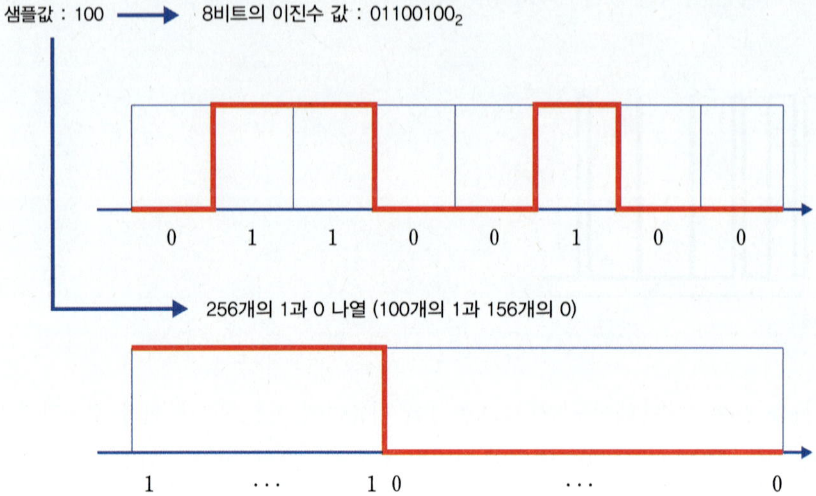

[그림 7] PAM 방식 샘플과 PWM 방식 샘플 비교

PWM 신호가 PAM 신호보다 신호 대 잡음비(signal-to-noise ratio, SNR)가 높은 것은 사실이지만, 큰 저장 공간과 높은 동작 주파수 때문에 디지털 데이터의 저장이나 전송을 위한 방식으로는 사용되지 않는다. 하지만 PWM 신호는 PAM 신호에 비해 간단하게 아날로그 신호의 효과를 얻을 수 있어 모터의 속도 제어나 LED의 밝기 제어 등을 위한 마이크로컨트롤러에서는 흔히 사용된다.

LED의 예를 들어보자. LED의 밝기 조절은, LED에 가변저항을 연결하여 LED에 가해지는 전류나 전압을 조절함으로써 가능하다. 하지만 이는 아날로그 영역으로, 마이크로컨트롤러로 전류나 전압을 직접 제어하기는 어렵다. 다른 방법은 주어진 시간, 예를 들어 한 주기 내에서 LED를 켜는 시간을 조절하는 것이다. 한 주기 동안 계속해서 LED를 켠다면, 즉 듀티 사이클이 100%라면, LED는 항상 켜져 있는 상태로 100%의 밝기를 보여줄 것이다. 하지만 한 주기 내에서 절반만 LED를 켜고 나머지 절반은 LED를 끈다면 잔상 효과에 의해 50% 정도의 밝기로 인식된다. 이처럼 PWM은 빠른 속도로 스위치를 켜고 끄기를 반복하여 평균 전압을 조절함으로써 0이나 1이 아닌 그 사이의 '아날로그 값과 유사한' 값을 갖도록 해준다.

하지만 한 가지 주의할 점은 LED가 PWM 신호의 한 주기 내에서 켜고 끄는 동작에 개별적으로 반응할 수 없을 정도로 빨리 동작해야 한다는 점이다. LED가 1초 간격으로 점멸하는 예를 기억하는가? [그림 7]에서와 같이 256비트로 구성되는 PWM 신호가 있을 때, 하나의 비트가 1초에 해당한다면, 100초 동안은 LED가 켜져 있고 나머지 156초 동안은 LED가 꺼져 있다. 즉, 256개의 비트 각각에 LED가 반응하여 켜지거나 꺼지는 동작을 보이는데, 이는 LED가 최대 밝기의 $\frac{100}{256} \times 100 \approx 39\%$ 정도로 켜져 있기를 기대한 바와는 차이가 있다. 따라서 PWM 신호에서의 1비트는 LED가 반응할 수 없을 정도로 빨라야 하며, 개별 비트가 아닌 한 주기 내에 256개 비트의 평균값에 LED가 반응해야 한다.

[코드 1]은 듀티 사이클을 코드로 제어하여 PWM 신호를 만들어내는 예다. [코드 1]을 업로드하고, LED가 밝아졌다가 어두워지기를 반복하는지 확인해 보자. LED 밝기 조절에는 아두이노 13번(PB7) 핀에 연결된 LED를 사용하였다.

코드 1 지연 함수를 이용한 PWM

```
#define F_CPU 16000000L
#include <avr/io.h>
#include <util/delay.h>

#define set_bit(value, bit) ( _SFR_BYTE(value) |= _BV(bit) )
#define clear_bit(value, bit) ( _SFR_BYTE(value) &= ~_BV(bit) )

#define LED_TIME 20

void turn_on_LED_in_PWM_manner(int dim) {
```

```
    int i;

    set_bit(PORTB, 7);                          // LED 켜기

    for (i = 0; i < 256; i++) {
        if (i > dim) clear_bit(PORTB, 7);   // 듀티 사이클을 넘어가면 LED 끄기
        _delay_us(LED_TIME);
    }
}

int main(void) {
    set_bit(DDRB, 7);                           // PB7 핀을 출력으로 설정

    int dim = 0;                                // 현재 LED 밝기
    int direction = 1;                          // 밝기 증가(1) 또는 감소(-1)

    while (1) {
        turn_on_LED_in_PWM_manner(dim);

        dim += direction;                       // 밝기 변화

        if (dim == 0) direction = 1;
        if (dim == 255) direction = -1;
    }

    return 0;
}
```

[코드 1]의 동작은 단순하다. [코드 1]에서는 한 주기 내에서 LED를 켜고 끄는 시간 비율을 turn_on_LED_in_PWM_manner 함수 내의 for 문으로 조절하고 있다. 여기서 주의할 점은 turn_on_LED_in_PWM_manner 함수에서 밀리초 단위의 지연 함수 _delay_ms가 아닌 마이크로초 단위의 지연 함수인 _delay_us 함수가 사용되었다는 점이다. PWM 신호는 높은 주파수로 동작하므로, 밀리초 단위의 지연 시간이 주어지면 LED의 밝기가 변하는 게 아니라 LED가 깜빡이게 된다.

[코드 1]에서 알 수 있듯이 PWM을 구현하기는 어렵지 않다. 하지만 한 가지 문제가 있다. [코드 1]은 PWM 신호를 출력하기 위해 대부분의 CPU 클록을 사용하고 있다. [코드 1]의 main 함수에서는 계속해서 turn_on_LED_in_PWM_manner 함수를 호출하고 있으며, 대부분 시간은 이 함수 내에서 소비된다. PWM 신호 생성은 코드로 직접 구현할 수는 있지만, 직접 구현하려 하다 보면 다른 작업을 할 수 있는 여지가 줄어들어 버린다.

다행히 PWM 신호 출력을 위한 전용 하드웨어가 ATmega2560에 포함되어 있어 PWM 신호를 하드웨어로 만들어 낼 수 있다. 하지만 모든 범용 입출력 핀으로 하드웨어가 지원하는 PWM 신호를 출력할 수 있는 것은 아니다. '하드웨어로 생성된' PWM 신호 출력이 가능한 핀은 타이머/카운터에서 비교일치가 발생한 경우에 파형 생성기를 통해 파형이 출력되는 핀만 가능하다.

[표 1]은 ATmega2560에서 타이머/카운터에 연결된 파형 출력 핀을 요약한 것이다. 8비트 타이머/카운터는 2개의 비교일치 인터럽트를 지원하며, 16비트 타이머/카운터는 3개의 비교일치 인터럽트를 지원한다. 다만 OC0A 핀과 OC1C 핀은 모두 아두이노 13번(PB7) 핀으로 파형을 출력하므로, ATmega2560은 15개의 PWM 신호 출력 핀을 사용할 수 있다. 아두이노 메가2560에서도 PWM 신호 출력이 가능한 핀은 15개로, 이는 [표 1]에 나타난 핀과 같다.

[표 1] 비교일치 인터럽트 시 파형 출력 핀

타이머/카운터	파형 출력 핀	ATmega2560 핀 번호	아두이노 핀 번호
0	OC0A	26 (PB7)	13
	OC0B	1 (PG5)	4
1	OC1A	24 (PB5)	11
	OC1B	25 (PB6)	12
	OC1C	26 (PB7)	13
2	OC2A	23 (PB4)	10
	OC2B	18 (PH6)	9
3	OC3A	5 (PE3)	5
	OC3B	6 (PE4)	2
	OC3C	7 (PE5)	3
4	OC4A	15 (PH3)	6
	OC4B	16 (PH4)	7
	OC4C	17 (PH5)	8
5	OC5A	38 (PL3)	46
	OC5B	39 (PL4)	45
	OC5C	40 (PL5)	44

LESSON 02

8비트 타이머/카운터의 PWM 모드

타이머/카운터를 이용하여 PWM 신호를 생성하는 모드에는 고속 PWM(Fast PWM, FPWM)모드, 위상 교정 PWM(Phase Correct PWM, PCPWM) 모드, 위상 및 주파수 교정 PWM(Phase and Frequency Correct PWM, PFCPWM) 모드의 세 가지가 존재한다. 이 중 8비트 타이머/카운터로는 고속 PWM 모드와 위상 교정 PWM 모드의 2가지를 사용할 수 있다.

이 장에서는 8비트 타이머/카운터 중에서 0번 타이머/카운터만을 다루며, 위상 및 주파수 교정 PWM 모드는 다루지 않는다. PWM 모드 설명을 위해서는 몇 가지 용어를 명확히 할 필요가 있으므로, 이를 [표 2]에 나타내었다. [표 2]에서의 값 역시 8비트 타이머/카운터를 기준으로 한 것이다.

[표 2] 타이머/카운터 동작을 위한 용어 정의

용어	설명
BOTTOM	카운터의 값이 0x00일 때를 가리킨다.
MAX	카운터가 0xFF일 때를 가리킨다.
TOP	카운터가 가질 수 있는 최댓값을 가리킨다. 오버플로 인터럽트의 경우에 TOP은 0xFF지만, CTC 모드의 경우에는 사용자가 설정한 값이 TOP이 된다.

고속 PWM 모드

고속 PWM 모드는 가장 간단한 파형 생성 방법이자 가장 흔히 사용되는 방법으로, 카운터는 BOTTOM에서 TOP까지 카운트하고 BOTTOM으로 초기화된다. 고속 PWM 모드에서는 BOTTOM에서 TOP으로 상향 카운트만 있고 TOP에서 BOTTOM으로 하향 카운트는 없으므로 단일 경사 모드(single slope mode)라고 한다.

고속 PWM 모드에서 파형을 출력하는 방법에는 비반전 출력 모드와 반전 출력 모드가 있다. 비반전 출력 모드(non-inverting compare output mode)인 경우, 카운터가 BOTTOM일 때 OC0x(x=A, B) 핀으로 HIGH를 출력하고, 카운터 값이 출력 비교 레지스터(Output Compare Register)인 OCR0x 값과 일치하는 경우, 즉 비교일치 상황에서는 LOW를 출력한다. 반전 출력 모드인 경우에는 HIGH와 LOW의 출력이 바뀌어 나타난다. 비반전 출력 모드에서 설정된 비교일치 값이 커질수록 PWM 신호의 듀티 사이클은 증가한다. 이때 실제 파형이 출력되도록 OC0x 핀을 출력으로 설정해야 한다는 점을 잊지 말아야 한다.

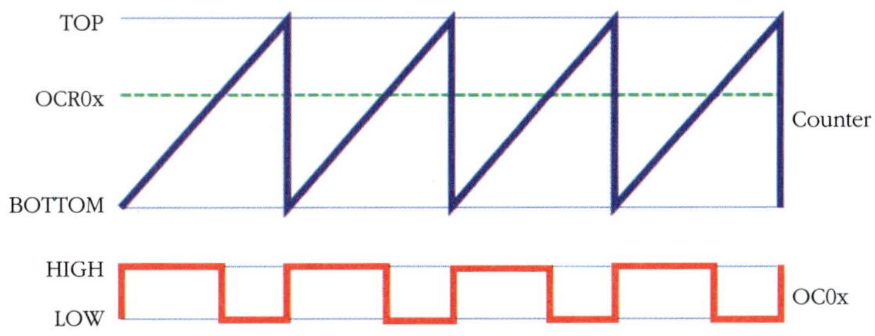

[그림 8] 비반전 고속 PWM 모드에서 PWM 파형 생성

0번 8비트 타이머/카운터에서 PWM 모드 선택에는 TCCR0B 레지스터의 3번 비트 WGM02와 TCCR0A 레지스터의 2번 비트 WGM01, 1번 비트 WGM00이 사용된다. TCCR0x 레지스터의 구조는 [그림 9]와 같다.

비트	7	6	5	4	3	2	1	0
비트 이름	FOC0A	FOC0B	–	–	WGM02	CS02	CS01	CS00
읽기/쓰기	W	W	R	R	R/W	R/W	R/W	R/W
초깃값	0	0	0	0	0	0	0	0

(a) TCCR0B 레지스터

비트	7	6	5	4	3	2	1	0
비트 이름	COM0A1	COM0A0	COM0B1	COM0B0	–	–	WGM01	WGM00
읽기/쓰기	W	R/W	R/W	R/W	R	R	R/W	R/W
초깃값	0	0	0	0	0	0	0	0

(b) TCCR0A 레지스터

[그림 9] TCCR0x (x=A, B) 레지스터 구조

TCCR0x 레지스터의 WGM 비트 설정에 따른 파형 생성 모드는 [표 3]과 같다. 8개 모드 중 2개는 사용되지 않으며, 5번과 6번 모드는 TOP 값을 OCR0A 레지스터로 지정하므로 비교일치 인터럽트 B를 통해서만 사용할 수 있다. 이 장에서는 3번 고속 PWM 모드와 1번 위상 교정 PWM 모드만을 다룬다.

[표 3] WGM 비트 설정에 따른 파형 생성 모드

모드 번호	TCCR0B	TCCR0A		타이머/카운터 모드	TOP
	WGM02	WGM01(CTC)	WGM00(PWM)		
0	0	0	0	정상	0xFF
1	0	0	1	위상 교정 PWM	0xFF
2	0	1	0	CTC	OCR0A
3	0	1	1	고속 PWM	0xFF
4	1	0	0	–	–

5	1	0	1	위상 교정 PWM	OCR0A
6	1	1	0	–	–
7	1	1	1	고속 PWM	OCR0A

WGM 비트가 고속 PWM 모드로 선택되면, OC0x 핀으로 출력되는 파형은 TCCR0A 레지스터의 COM 비트에 영향을 받는다. 고속 PWM 모드에서 COM 비트 설정에 따른 파형 출력은 [표 4]와 같다.

[표 4] 고속 PWM 모드에서 COM 비트 설정에 따른 파형 출력

COMn1	COMn0	설명
0	0	OC0x 핀으로 데이터가 출력되지 않으며, OC0x 핀은 일반적인 범용 입출력 핀으로 동작한다.
0	1	–
1	0	비교일치가 발생하면 OC0x 핀의 출력은 LOW 값으로 바뀌고, BOTTOM에서 HIGH 값으로 바뀐다. (비반전 모드)
1	1	비교일치가 발생하면 OC0x 핀의 출력은 HIGH 값으로 바뀌고, BOTTOM에서 LOW로 바뀐다. (반전 모드)

고속 PWM 모드에서 PWM 주파수(f_{FPWM})는 타이머/카운터에 공급되는 주파수를 (TOP+1)로 나눈 값이다. 타이머/카운터에 공급되는 주파수는 시스템 클록(f_{osc})을 분주율(N=1, 8, 64, 256, 1024)로 나눈 값이므로, 고속 PWM 모드에서 PWM 주파수는 다음과 같이 표현될 수 있다.

$$f_{FPWM} = \frac{f_{osc}}{N \cdot (TOP+1)} = \frac{f_{osc}}{N \cdot 256}$$

위상 교정 PWM 모드

위상 교정 PWM 모드는 해상도가 높은 PWM 파형을 생성하기 위해 사용된다. 위상 교정 PWM 모드에서 카운터는 BOTTOM에서 TOP까지 상향으로 카운트한 후, 다시 TOP에서 BOTTOM까지 하향으로 카운트한다. 즉, 카운터의 값은 이중 경사(dual slope) 파형을 이루므로, PWM 주파수는 고속 PWM 모드에 비해 절반이지만 해상도는 2배가 된다. 예를 들어 고속 PWM 모드에서 1% 또는 2%와 같이 정숫값의 듀티 사이클이 나온다면, 위상 교정 PWM 모드에서는 그 절반인 1.5%의 듀티 사이클을 가지는 PWM 파형을 생성할 수 있다.

위상 교정 PWM 모드에서도 비반전 출력 모드와 반전 출력 모드의 두 가지 파형 출력 방법을 사용할 수 있다. 비반전 모드이면서, 상향 카운트에서 카운트 값이 출력 비교 레지스터인 OCR0x 값과 일치하는 경우, 즉 비교일치 상황이 발생하면, 해당 OC0x 핀으로 LOW 값이 출력된다. 반면 하향 카운트에서 비교일치 상황이 발생하면 HIGH 값이 출력된다. 반전 비교 출력 모드인 경우에는 HIGH와

LOW 출력이 바뀌어 나타난다. 비반전 출력 모드에서 설정된 비교일치 값이 커질수록 PWM 신호의 듀티 사이클은 증가한다.

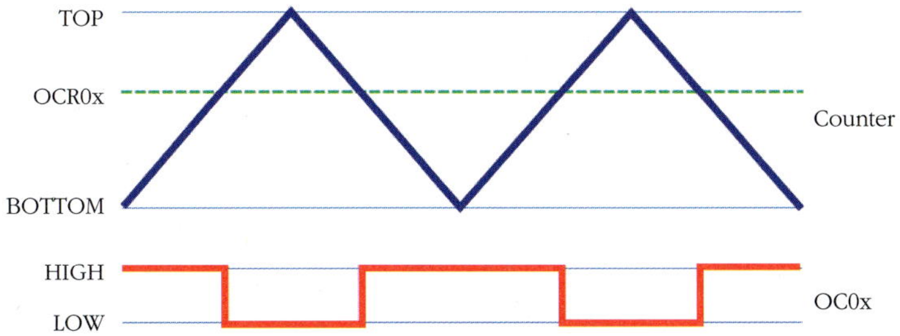

[그림 10] 비반전 위상 교정 PWM 모드에서의 PWM 파형 생성

WGM 비트가 위상 교정 PWM 모드로 선택되었을 때, OC0x 핀으로 출력되는 파형은 TCCR0A 레지스터의 COM 비트에 영향을 받는다. 위상 교정 PWM 모드에서 COM 비트 설정에 따른 파형 출력은 [표 5]와 같다.

[표 5] 위상 교정 PWM 모드에서 COM 비트 설정에 따른 파형 출력

COMn1	COMn0	설명
0	0	OC0x 핀으로 데이터가 출력되지 않으며, OC0x 핀은 일반적인 범용 입출력 핀으로 동작한다.
0	1	–
1	0	상향 카운트에서 비교일치가 발생하면 OC0x 핀의 출력은 LOW 값으로 바뀌고, 하향 카운트에서 비교일치가 발생하면 OC0x 핀의 출력은 HIGH 값으로 바뀐다. (비반전 모드)
1	1	상향 카운트에서 비교일치가 발생하면 OC0x 핀의 출력은 HIGH 값으로 바뀌고, 하향 카운트에서 비교일치가 발생하면 OC0x 핀의 출력은 LOW 값으로 바뀐다. (반전 모드)

위상 교정 PWM 모드에서 PWM 주파수(f_{PCPWM})는 타이머/카운터에 공급되는 주파수를 (2 × (TOP + 1) − 2)로 나눈 값이다. 고속 PWM 모드에서 카운터는 0에서 255까지 256단계로 이루어진다. 반면 위상 교정 PWM 모드에서는 0에서 255까지 상향으로 카운트한 후, 다시 254에서 1까지 하향으로 카운트하므로, 총 510단계로 이루어진다.

$$f_{PCPWM} = \frac{f_{osc}}{N \cdot (2 \cdot (TOP + 1) - 2)} = \frac{f_{osc}}{2 \cdot N \cdot TOP} = \frac{f_{osc}}{N \cdot 510}$$

고속 PWM 모드와 위상 교정 PWM 모드의 차이는 PWM 주파수와 해상도에 있다. 그렇다면 '위상이 교정되었다'는 말은 무슨 의미일까? [그림 11]은 고속 PWM 모드에서 서로 다른 출력 비교 레지스터 값에 따라 출력되는 PWM 파형을 보인 것이다. 또한 [그림 12]는 위상 교정 PWM 모드에서 출력 비교 레지스터 값에 따라 출력되는 PWM 파형을 보인 것이다. 두 경우 모두 비반전 모드로 설정되었다고 가정하였다.

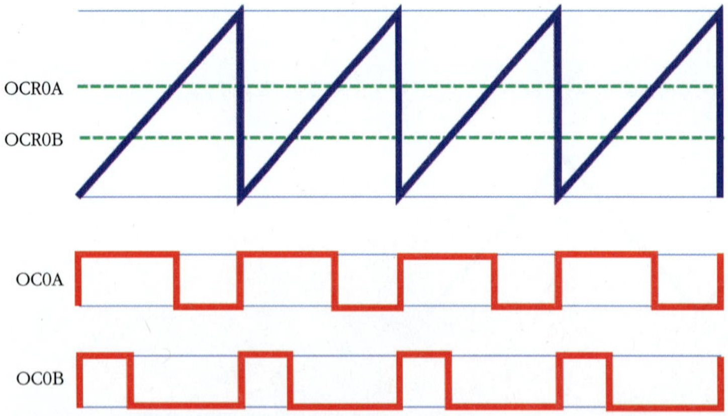

[그림 11] 고속 PWM 모드에서 비교일치 값에 따른 파형

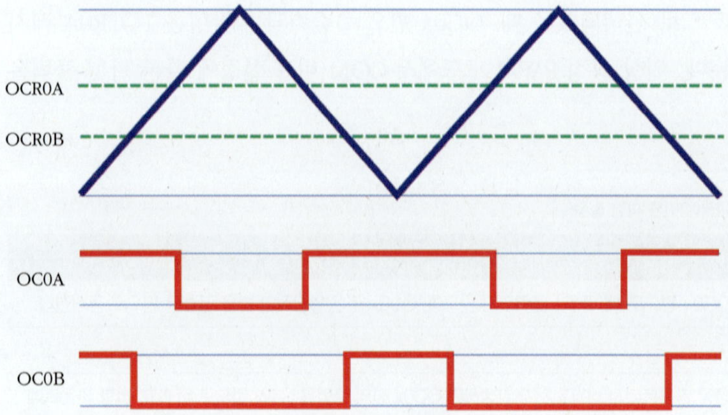

[그림 12] 위상 교정 PWM 모드에서 비교일치 값에 따른 파형

[그림 12]의 PWM 파형을 [그림 11]의 PWM 파형과 비교해보면, [그림 12]의 PWM 주파수가 1/2로 줄었음을 쉽게 눈치챌 수 있다. 위상과 관련된 차이도 발견할 수 있는가? [그림 11]과 [그림 12]에서 위상과 관련된 차이는 펄스의 위치에서 찾아볼 수 있다. 고속 PWM 모드에서는 서로 다른 듀티 사이클을 가지는 펄스들이 그 시작점이 일치하도록 정렬되어 있지만, 위상 교정 PWM 모드에서는 펄스들이 그 중심이 일치하도록 정렬되어 있다.

모터 제어에서는 일반적으로 위상 교정 PWM 모드가 많이 사용된다. 속도 제어 측면에서는 두 모드 사이에 차이가 없다. 하지만 고속 PWM 모드의 경우, OCR0x 레지스터의 값이 BOTTOM으로 설정되면 펄스폭이 아주 좁은 스파이크가 발생하는 반면, 위상 교정 PWM의 경우에는 항상 LOW 값이 출력된다. 즉, 고속 PWM 모드의 경우엔 모터를 완전히 정지시키는 것이 불가능하므로 위상 교정 PWM 모드가 주로 사용된다. 하지만 모터 제어에서 고속 PWM 모드를 사용한다고 하더라도 모터를 정지시키는 데 별도의 활성화(enable) 신호를 사용하면 모터를 완전히 정지시킬 수 있으므로 크게 걱정할 필요는 없다.

LESSON 03

PWM을 이용한 LED 밝기 제어

[코드 1]에서는 PWM 신호를 소프트웨어적인 방법으로 생성하여 LED의 밝기를 변경하였다. 이를 0번 타이머/카운터의 고속 PWM 모드를 사용하여 LED의 밝기를 변화시키도록 수정한 예가 [코드 2]다.

코드 2 고속 PWM 모드를 통한 LED 밝기 제어

```
#define F_CPU 16000000L
#include <avr/io.h>
#include <util/delay.h>

#define set_bit(value, bit) ( _SFR_BYTE(value) |= _BV(bit) )
#define clear_bit(value, bit) ( _SFR_BYTE(value) &= ~_BV(bit) )

int main(void) {
    int dim = 0;                                    // 현재 LED 밝기
    int direction = 1;                              // 밝기 증가(1) 또는 감소(-1)

    // 파형 출력 핀인 PB7 핀(OC0B 핀)을 출력으로 설정
    set_bit(DDRB, 7);

    // 타이머/카운터 0번을 고속 PWM 모드로 설정
    TCCR0A |= (1 << WGM01) | (1 << WGM00);
    TCCR0A |= (1 << COM0A1);                        // 비반전 모드
    TCCR0B |= (1 << CS02) | (1 << CS00);            // 분주비를 1024로 설정

    while (1) {
      OCR0A = dim;                                  // 듀티 사이클 설정
      _delay_ms(10);

      dim += direction;                             // 밝기 변화

      if (dim == 0) direction = 1;
      if (dim == 255) direction = -1;
    }

    return 0;
}
```

[코드 1]에서는 turn_on_LED_in_PWM_manner 함수에서 _delay_us 지연 함수를 사용하여 소프트웨어적으로 PWM 신호를 생성하고 있다면, [코드 2]에서는 ATmega2560에 포함된 타이머/카운터를 사용하고 있다. 또한, LED의 밝기를 소프트웨어로 제어하는 경우에는 임의의 디지털 출력 핀을 사용할 수 있지만, 하드웨어로 제어하는 경우에는 타이머/카운터의 파형 출력 핀만을 사용할 수 있다는 점도 기억해야 한다.

위상 교정 PWM 모드를 사용하여 LED의 밝기를 제어하는 예가 [코드 3]이다. [코드 3]을 업로드하고 LED의 밝기 변화를 확인해 보자.

코드 3 위상 교정 PWM 모드를 통한 LED 밝기 제어

```
#define F_CPU 16000000L
#include <avr/io.h>
#include <util/delay.h>

#define set_bit(value, bit) ( _SFR_BYTE(value) |= _BV(bit) )
#define clear_bit(value, bit) ( _SFR_BYTE(value) &= ~_BV(bit) )

int main(void) {
    int dim = 0;                                    // 현재 LED 밝기
    int direction = 1;                              // 밝기 증가(1) 또는 감소(-1)

    // 파형 출력 핀인 PB7 핀(OC0B 핀)을 출력으로 설정
    set_bit(DDRB, 7);

    // 타이머/카운터 0번을 위상 교정 PWM 모드로 설정
    TCCR0A |= (1 << WGM00);
    TCCR0A |= (1 << COM0A1);                        // 비반전 모드
    TCCR0B |= (1 << CS02) | (1 << CS00);            // 분주비를 1024로 설정

    while (1) {
      OCR0A = dim;                                  // 듀티 사이클 설정
      _delay_ms(10);

      dim += direction;                             // 밝기 변화

      if (dim == 0) direction = 1;
      if (dim == 255) direction = -1;
    }

    return 0;
}
```

[코드 3]을 업로드했을 때 LED의 밝기가 정상적으로 변하는가? 아마도 LED의 밝기가 변하기보다는 깜빡거림을 발견했을 것이다. 위상 교정 PWM 모드가 고속 PWM 모드와 다른 점 중 하나는 PWM 주파수가 고속 PWM 모드의 1/2이라는 점이다. LED의 밝기를 조절하기 위해서는 PWM 신호의 한 주기에 LED가 반응해야 하며, 그러기 위해서는 PWM 주파수가 매우 높아야 한다. 하지만 [코드 3]에서는 PWM 주파수가 충분히 높지 않았기 때문에 LED가 깜빡거리는 현상이 발생한 것이다. PWM 주파수 계산식에서 볼 수 있듯이 PWM 주파수를 높이는 유일한 방법은 분주비를 낮추는 것이므로, [코드 3]에서 설정된 1024보다 낮은 분주비로 설정한다면 LED가 깜빡거리지 않고 밝기가 변화하는 모습을 확인할 수 있을 것이다.

CHAPTER

11 연습문제

1. [코드 3]은 위상 교정 PWM 모드를 사용하여 LED의 밝기를 조절하는 코드의 예다. 하지만 [코드 3]에서는 PWM 주파수가 충분히 높지 않아 LED가 깜빡거린다. [코드 3]에서 분주비를 수정하여 LED가 깜빡거리지 않고 밝기가 변화하도록 해보자.

2. 16비트 타이머/카운터는 3개의 비교일치 인터럽트를 사용할 수 있으며, 파형 생성 모드 역시 8비트 타이머/카운터보다 2배 많은 16개 모드를 지원하는 등 다양한 활용이 가능하다. 16비트 타이머/카운터의 16개 모드에는 8비트 타이머/카운터의 고속 PWM 모드와 위상 교정 PWM 모드가 포함되어 있다.

   [코드 4]는 16비트인 3번 타이머/카운터의 비교일치 인터럽트 B를 사용하여 아두이노 2번(PE4) 핀에 연결된 LED의 밝기를 조절하는 코드의 예다. [코드 2]의 8비트 타이머/카운터와 비교해서 공통점과 차이점을 알아보자.

코드 4 16비트 타이머/카운터의 고속 PWM 모드를 통한 LED 밝기 제어

```
#define F_CPU 16000000L
#include <avr/io.h>
#include <util/delay.h>

#define set_bit(value, bit) ( _SFR_BYTE(value) |= _BV(bit) )
#define clear_bit(value, bit) ( _SFR_BYTE(value) &= ~_BV(bit) )

int main(void) {
    int dim = 0;
    int direction = 1;

    // 파형 출력 핀인 PE4 핀(OC3B 핀)을 출력으로 설정
    set_bit(DDRE, 4);                           // OC3B 파형 출력 핀

    // 3번 타이머/카운터를 8비트 고속 PWM 모드로 설정
    TCCR3B |= (1 << WGM32);
    TCCR3A |= (1 << WGM30);

    TCCR3A |= (1 << COM3B1);                    // 비반전 모드
    TCCR3B |= (1 << CS32) | (1 << CS30);        // 분주비를 1024로 설정
```

```
    while (1) {
        OCR3B = dim;                            // 듀티 사이클 설정
        _delay_ms(10);

        dim += direction;                       // 밝기 변화

        if (dim == 0) direction = 1;
        if (dim == 255) direction = -1;
    }

    return 0;
}
```

3. 아두이노 A0(PF0) 핀에 가변저항을 연결하고 아두이노 13번(PB7) 핀에 LED를 연결하자. 가변저항을 돌리면서 가변저항 값이 0이면 LED가 완전히 꺼지고, 1023이면 LED가 완전히 켜지는 등 가변저항 값에 따라 LED의 밝기가 변하도록 프로그램을 작성해보자.

4. 16비트 타이머/카운터의 16개 파형 생성 모드에는 8비트 타이머/카운터에는 없는 위상 및 주파수 교정 모드가 있다. 위상 및 주파수 교정 모드와 위상 교정 모드의 차이점은 비교일치 레지스터의 값을 업데이트하는 시점에 있으며 이를 통해 비정상적인 주파수를 '교정'하는 데 있다. 위상 교정 모드와 위상 및 주파수 교정 모드에서 PWM 신호의 주파수 계산 과정을 비교해보자.

CHAPTER

12

_delay_ms 함수, 인터럽트,
millis2560 함수 사용법 비교

주기적인 데이터 처리

마이크로컨트롤러가 장착된 간단한 제어 장치들이 일정한 시간 간격으로 반복적인 작업을 수행하는 경우를 흔히 볼 수 있다. 이 장에서는 일정한 시간 간격으로 주어진 작업을 수행하는 방법으로 시간 지연 함수인 _delay_ms를 사용하는 방법, 하드웨어 지원을 통한 인터럽트를 사용하는 방법, 프로그램의 실행 시간을 바탕으로 하는 millis2560 라이브러리 사용 방법 등을 비교해 본다.

CONTENTS

LESSON 01 _delay_ms 함수

아날로그와 디지털 신호를 사용하여 제어 장치를 구성하는 경우에 흔히 접하게 되는 문제 중 하나가 '일정 시간 간격으로 특정 동작을 반복하는' 문제다. 1초 간격으로 LED가 점멸하도록 하는 문제, 1초 간격으로 증가하는 카운터를 만드는 문제, 10초 간격으로 온도 센서의 값을 읽어 텍스트 LCD에 표시하는 문제 등이 이러한 예에 속한다. 이처럼 일정 시간 간격으로 특정 동작을 반복할 필요가 있을 때 사용할 수 있는 가장 간단한 방법은 시간 지연 함수인 _delay_ms 함수를 사용하는 것이다. _delay_ms 함수는 지정한 시간만큼 프로그램의 실행을 일시 중지한다.

void _delay_ms(double __ms)

- **매개변수**
  __ms : 밀리초 단위의 지연 시간
- **반환값 :** 없음

_delay_ms 함수에 사용되는 매개변수는 밀리초 단위의 지연 시간을 지정하며, double 형의 매개변수를 가진다. 아두이노에서 이와 비슷한 기능을 하는 함수에는 delay 함수가 있는데, 이 함수는 _delay_ms 함수와 달리 unsigned long 형의 매개변수를 가진다.

_delay_ms 함수 외에도 마이크로초 단위의 지연 시간을 설정할 수 있는 _delay_us 함수도 존재하는데, 이 함수도 _delay_ms 함수처럼 double 형의 매개변수를 가진다.

void _delay_us(double __us)

- **__us :** 마이크로초 단위의 지연 시간
- **반환값 :** 없음

아두이노에서 가장 먼저 접하게 되는 블링크 스케치는, 1초 간격으로 아두이노 13번(PB7) 핀에 연결된 LED를 점멸하는 데 delay 함수를 사용한다. [코드 1]은 아두이노의 블링크 스케치를 AVR 스타일로 구현한 예다. [코드 1]을 업로드하고 LED가 점멸하는지를 확인해 보자.

코드 1 블링크 1 - _delay_ms 함수 사용

```
#define F_CPU 16000000L
#include <avr/io.h>
#include <util/delay.h>

#define set_bit(value, bit) ( _SFR_BYTE(value) |= _BV(bit) )
#define clear_bit(value, bit) ( _SFR_BYTE(value) &= ~_BV(bit) )

int main(void) {
	set_bit(DDRB, 7);			// PB7 핀을 출력으로 설정
	clear_bit(PORTB, 7);			// LED는 끈 상태로 시작

	while (1) {
		set_bit(PORTB, 7);		// LED 켜기
		_delay_ms(1000);		// 1초 지연

		clear_bit(PORTB, 7);		// LED 끄기
		_delay_ms(1000);		// 1초 지연
	}

	return 0;
}
```

[코드 1]에서는 2개의 _delay_ms 함수가 사용되었다. 이를 수정하여 LED의 상태를 저장하기 위한 변수를 추가하고, _delay_ms 함수를 1개만 사용한 예가 [코드 2]다.

코드 2 블링크 2 - _delay_ms 함수 사용

```
#define F_CPU 16000000L
#include <avr/io.h>
#include <util/delay.h>

#define set_bit(value, bit) ( _SFR_BYTE(value) |= _BV(bit) )
#define clear_bit(value, bit) ( _SFR_BYTE(value) &= ~_BV(bit) )

int main(void) {
	set_bit(DDRB, 7);			// PB7 핀을 출력으로 설정
	clear_bit(PORTB, 7);			// LED는 끈 상태로 시작

	uint8_t state = 0;			// LED 상태
```

```
    while (1) {
        state = !state;                    // LED 상태 반전
        if(state) set_bit(PORTB, 7);       // LED 켜기
        else clear_bit(PORTB, 7);          // LED 끄기
        _delay_ms(1000);                   // 1초 지연
    }

    return 0;
}
```

[코드 1]과 [코드 2]는 그 동작에는 문제가 없지만, 1개 LED만을 주기적으로 제어하는 예에 해당한다. 이를 확장하여 2개 이상의 LED를 제어하는 경우를 살펴보자.

아두이노 2번(PE4) 핀과 아두이노 3번(PE5) 핀에 LED를 연결하고, 아두이노 15번(PJ0) 핀에 풀다운 저항을 사용하여 버튼을 연결하자. 아두이노 2번(PE4) 핀에 연결된 LED는 [코드 1]과 같이 1초 간격으로 점멸하도록 하고, 아두이노 3번(PE5) 핀에 연결된 LED는 버튼이 눌리면 켜지고 눌러지지 않으면 꺼지도록 해보자.

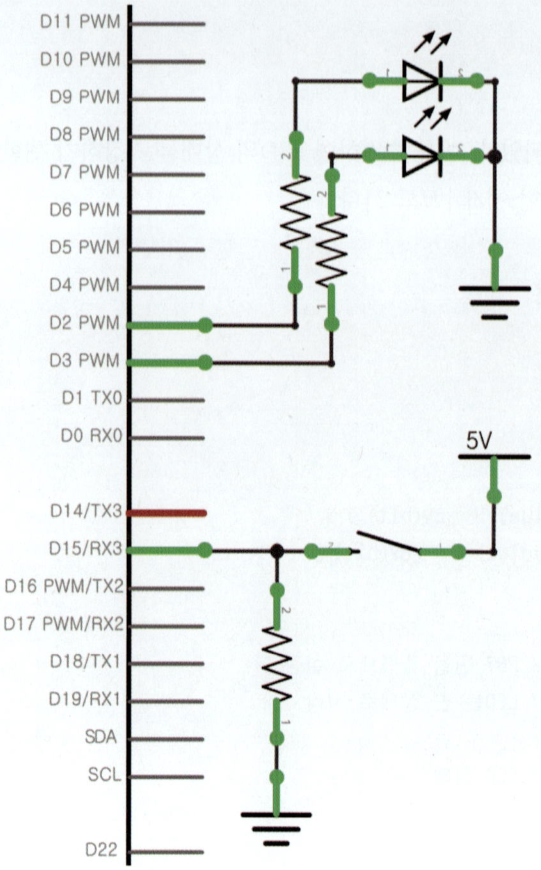

[그림 1] 버튼과 LED 연결 회로도

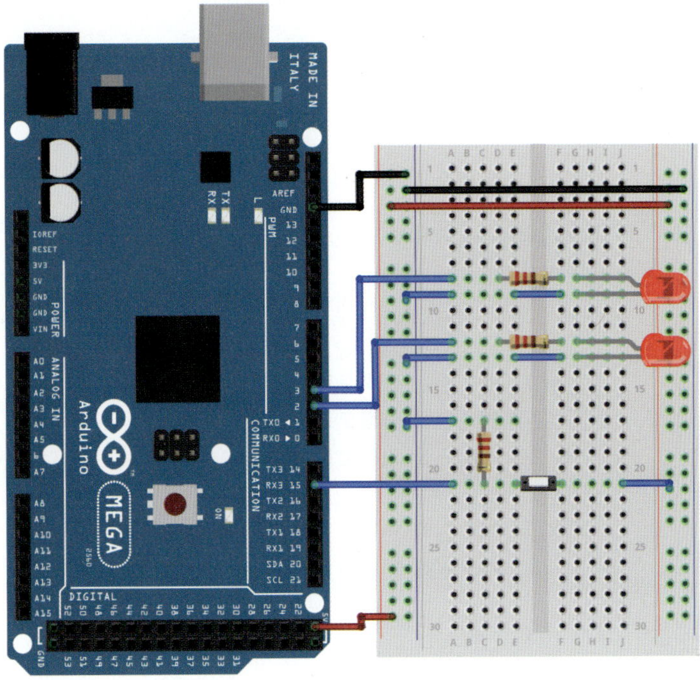

[그림 2] 버튼과 LED 연결 회로

[그림 3] 학습보드의 버튼과 LED

[코드 3]은 _delay_ms 함수를 사용하여 2개 LED를 제어하는 코드의 예다.

코드 3 버튼과 LED 제어 - delay 함수 사용

```
#define F_CPU 16000000L
#include <avr/io.h>
#include <util/delay.h>

#define set_bit(value, bit) ( _SFR_BYTE(value) |= _BV(bit) )
#define clear_bit(value, bit) ( _SFR_BYTE(value) &= ~_BV(bit) )

int main(void) {
    set_bit(DDRE, 4);                          // PB4 핀을 출력으로 설정
    set_bit(DDRE, 5);                          // PB5 핀을 출력으로 설정
    clear_bit(PORTJ, 0);                       // PJ0 핀을 입력으로 설정

    clear_bit(PORTE, 4);                       // PB4 핀에 연결된 LED를 끈 상태로 시작
    clear_bit(PORTE, 5);                       // PB5 핀에 연결된 LED를 끈 상태로 시작

    uint8_t state1 = 0, state2;                // LED 상태

    while (1) {
      state1 = !state1;                        // LED1 상태 반전
      if (state1) set_bit(PORTE, 4);           // LED1 켜기
      else clear_bit(PORTE, 4);                // LED1 끄기
      _delay_ms(1000);                         // 1초 지연

      state2 = PINJ & 0x01;                    // 버튼 상태 읽기
      if (state2) set_bit(PORTE, 5);           // LED2 켜기
      else clear_bit(PORTE, 5);                // LED2 끄기
    }

    return 0;
}
```

[코드 3]을 업로드해보자. 아두이노 2번(PE4) 핀에 연결된 LED가 1초 간격으로 점멸함을 확인할 수 있다. 하지만 아두이노 15번(PJ0) 핀에 연결된 버튼을 눌러도 아두이노 3번(PE5) 핀에 연결된 LED 상태가 바뀌지 않는 경우가 있다.

_delay_ms 함수는 프로그램의 실행을 일시 중단시키므로, _delay_ms 함수가 실행 중에 프로그램은 _delay_ms 함수에서 멈추게 된다. 따라서 _delay_ms 함수가 실행 중에는 버튼 상태를 읽는 문장이 실행될 수 없으므로, 버튼을 눌러도 LED 상태는 바뀌지 않는다. 이처럼 _delay_ms 함수는 마이크로컨트롤러에서 진행 중인 대부분 작업을 일시 정지시키므로 즉각적인 반응이 필요한 경우에는 사용할 수 없다. 즉각적인 반응이 필요하다면 다른 방법을 사용해야 한다.

LESSON 02 인터럽트

[코드 3]의 문제는 버튼을 누르는 '즉시' LED 상태가 바뀌지 않는다는 점이다. 이는 _delay_ms 함수가 실행 중인 동안에는 대부분의 작업이 정지하기 때문이다. 그렇다 하더라도 모든 작업이 정지되는 것은 아니며 인터럽트 처리가 대표적인 예다. 인터럽트란 특정 작업을 '즉시' 처리하도록 요구하는 비정상적인 사건을 말한다. 인터럽트가 발생하면 _delay_ms 함수가 실행 중인 동안에도 ISR(Interrupt Service Routine)이 '즉시' 실행된다. 따라서 [코드 3]에서 _delay_ms 함수에 의해 버튼의 상태 변화를 검사할 수 없었던 문제는 인터럽트를 사용하면 해결할 수 있다.

[코드 4]는 아두이노 15번(PJ0) 핀의 핀 변화 인터럽트를 사용하여, 버튼 연결 핀의 상태가 바뀌는 상승 또는 하강 에지에서 LED의 상태를 반전시키도록 한 예다. 따라서 _delay_ms 함수가 사용되었음에도 LED 상태는 버튼을 누르는 즉시 변한다.

코드 4 버튼과 LED 제어 - 핀 변화 인터럽트 사용

```
#define F_CPU 16000000UL
#include <avr/io.h>
#include <util/delay.h>
#include <avr/interrupt.h>
#define set_bit(value, bit) ( _SFR_BYTE(value) |= _BV(bit) )
#define clear_bit(value, bit) ( _SFR_BYTE(value) &= ~_BV(bit) )

volatile uint8_t state2 = 0;            // LED 상태

ISR(PCINT1_vect) {
    state2 = !state2;                   // LED2 상태 반전
    if (state2) set_bit(PORTE, 5);
    else clear_bit(PORTE, 5);
}

void PCINT1_init(void) {
    PCICR |= (1 << PCIE1);              // 핀 변화 인터럽트 1 허용
    PCMSK1 |= (1 << PCINT9);            // PJ0 핀의 핀 변화 인터럽트 허용
    sei();                              // 전역적으로 인터럽트 허용
}
```

```
int main(void) {
    PCINT1_init();                          // INT0 인터럽트 설정
    clear_bit(DDRJ, 0);                     // 버튼 연결 핀을 입력으로 설정
    set_bit(DDRE, 4);                       // LED 연결 핀 PE4를 출력으로 설정
    set_bit(DDRE, 5);                       // LED 연결 핀 PE5를 출력으로 설정
    clear_bit(PORTE, 4);                    // PB4 핀에 연결된 LED를 끈 상태로 시작
    clear_bit(PORTE, 5);                    // PB5 핀에 연결된 LED를 끈 상태로 시작

    uint8_t state1 = 0;

    while (1) {
      state1 = !state1;                     // LED1 상태 반전
      if (state1) set_bit(PORTE, 4);        // LED1 켜기
      else clear_bit(PORTE, 4);             // LED1 끄기
      _delay_ms(1000);                      // 1초 지연
    }

    return 0;
}
```

[코드 4]를 업로드하고 버튼을 누르면, LED 상태가 즉시 바뀜을 확인할 수 있다. 하지만 [코드 4]에서는 1초 간격으로 점멸하는 LED에 여전히 _delay_ms 함수를 사용하고 있다. 또한 _delay_ms 사용으로 ISR에서 LED 상태를 바꾸고 있는데, 이는 가능한 한 ISR을 짧게 작성해야 한다는 점과 배치된다.

그렇다면 [코드 4]에서 _delay_ms 함수를 제거할 방법은 없을까? 1초 간격으로 LED를 점멸시키는 동작은 타이머/카운터를 사용해서도 구현할 수 있다. 타이머/카운터의 오버플로 인터럽트를 사용하여 [코드 4]에서 _delay_ms 함수와 ISR 내의 LED 제어 코드를 제거한 예가 [코드 5]다.

코드 5 버튼과 LED 제어 - 핀 변화 인터럽트, 오버플로 인터럽트 사용

```
#define F_CPU 16000000UL
#include <avr/io.h>
#include <util/delay.h>
#include <avr/interrupt.h>
#define set_bit(value, bit) ( _SFR_BYTE(value) |= _BV(bit) )
#define clear_bit(value, bit) ( _SFR_BYTE(value) &= ~_BV(bit) )

volatile uint8_t state2 = 0;                    // LED의 상태
volatile uint8_t count = 0;                     // 오버플로 인터럽트 발생 횟수

ISR(PCINT1_vect) {                              // 핀 변화 인터럽트
```

```
    state2 = !state2;                       // LED 상태 전환
}

ISR(TIMER0_OVF_vect) {                      // 오버플로 인터럽트
    count++;
}

void PCINT1_init(void) {
    PCICR |= (1 << PCIE1);                  // 핀 변화 인터럽트 1 허용
    PCMSK1 |= (1 << PCINT9);                // PJ0 핀의 핀 변화 인터럽트 허용
}

void TIMER_COUNTER0_init(void) {
    TCCR0B |= (1 << CS02) | (1 << CS00);    // 분주비를 1024로 설정
    TIMSK0 |= (1 << TOIE0);                 // 오버플로 인터럽트 허용
}

int main(void) {
    PCINT1_init();                          // INT0 인터럽트 설정
    TIMER_COUNTER0_init();                  // 오버플로 인터럽트 설정
    sei();                                  // 전역적으로 인터럽트 허용

    clear_bit(DDRJ, 0);                     // 버튼 연결 핀을 입력으로 설정
    set_bit(DDRE, 4);                       // LED 연결 핀 PE4를 출력으로 설정
    set_bit(DDRE, 5);                       // LED 연결 핀 PE5를 출력으로 설정
    clear_bit(PORTE, 4);                    // PB4 핀에 연결된 LED를 끈 상태로 시작
    clear_bit(PORTE, 5);                    // PB5 핀에 연결된 LED를 끈 상태로 시작

    uint8_t state1 = 0;

    while (1) {
      if (count == 64) {                    // 오버플로 64회 발생 = 1초 경과
        count = 0;                          // 인터럽트 발생 횟수 초기화
        state1 = !state1;                   // LED1 상태 반전
        if (state1) set_bit(PORTE, 4);      // LED1 켜기
        else clear_bit(PORTE, 4);           // LED1 끄기
      }

      if (state2) set_bit(PORTE, 5);        // LED2 켜기
      else clear_bit(PORTE, 5);             // LED2 끄기
    }

    return 0;
}
```

LESSON 03

millis2560 함수

인터럽트를 사용하여 _delay_ms 함수 사용으로 버튼 상태를 검사하는 코드의 실행이 지연되는 문제를 해결할 수 있음을 살펴보았다. 하지만 [코드 5]에서 볼 수 있듯이 인터럽트를 사용하기는 쉽지 않다. 특히 인터럽트는 하드웨어에 의해 지원되는 기능이기 때문에, 코드 내에서는 관련된 인터럽트 처리 루틴을 호출하는 부분이 없어 이를 이해하기가 쉽지 않다.

2개의 LED를 제어하는 데 사용할 수 있는 또 다른 방법은 '실행 시간을 측정'하여 사용하는 방법으로, 타이머/카운터 장에서 작성한 millis2560 라이브러리를 사용하는 방법이다. millis2560 함수는 현재까지의 실행 시간을 밀리초 단위로 '즉시' 반환하므로, 실행 시간을 통해 시간이 얼마나 지났는지를 확인할 수 있다. [코드 6]은 millis2560 함수를 사용하여 [코드 2]를 수정한 것으로, _delay_ms 함수를 사용하지 않고도 LED를 1초 간격으로 반전시킬 수 있다.

코드 6 블링크 - millis2560 함수 사용

```
#define F_CPU 16000000L
#include <avr/io.h>
#include <util/delay.h>
#include "millis2560.h"
#include "UART0.h"

#define set_bit(value, bit) ( _SFR_BYTE(value) |= _BV(bit) )
#define clear_bit(value, bit) ( _SFR_BYTE(value) &= ~_BV(bit) )

int main(void) {
    UART0_init();                       // UART 시리얼 통신 초기화
    millis2560_init();                  // 타이머/카운터 초기화

    set_bit(DDRB, 7);                   // PB7 핀을 출력으로 설정
    clear_bit(PORTB, 7);                // LED는 끈 상태로 시작

    uint8_t state = 0;                  // LED 상태
    // 실행 시간
    unsigned long time_p = millis2560(), time_c;
    long loop_count = 0;                // while(1) 루프 실행 횟수
```

```
    while (1) {
        time_c = millis2560();              // 현재까지의 실행 시간
        loop_count++;

        if (time_c - time_p >= 1000) {      // 1초 이상이 경과한 경우
            time_p = time_c;                // 시작 시간 변경
            state = !state;                 // LED 상태 반전
            if (state) set_bit(PORTB, 7);   // LED 켜기
            else clear_bit(PORTB, 7);       // LED 끄기

            UART0_print(loop_count);        // while(1) 루프 실행 횟수 출력
            UART0_write('\n');
            loop_count = 0;
        }
    }

    return 0;
}
```

[코드 6]에서는 실행 시간 측정을 통해 LED를 반전시키는 시간 간격을 계산하고 있다. 즉, 이전에 LED를 반전시킨 시간(time_p)과 현재 시각(time_c)의 차이가 1초 이상이면 LED를 반전시키고, LED 반전 시간(time_p)을 현재 시각으로 업데이트한다. loop_count 변수는 1초에 메인 루프(while(1))가 몇 번 실행되는지 알아보기 위해 추가하였다. [코드 6]의 실행 결과에서 알 수 있듯이 메인 루프는 1초에 50만 번 이상 실행되므로, 메인 루프 내에 버튼 상태를 검사하는 코드를 넣는다면, 1초에 약 50만 번, 대략 $2\mu s$에 한 번 버튼 상태를 검사할 수 있다.

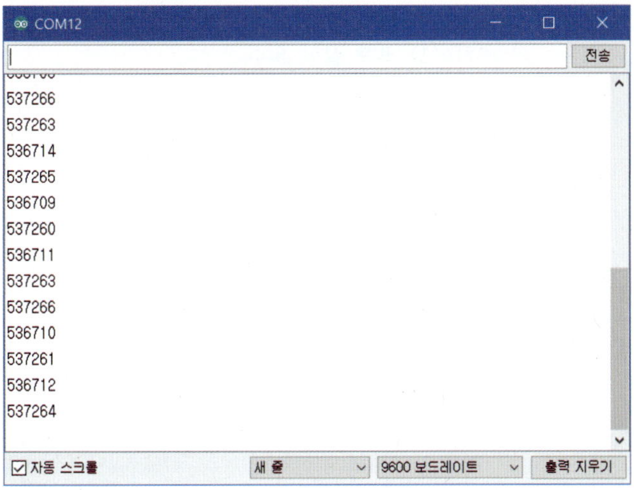

[그림 4] [코드 6]의 실행 결과

[코드 3]에서 버튼 상태를 즉시 LED에 나타낼 수 없었던 이유는, [코드 3]의 메인 루프가 _delay_ms 함수로 인해 1초에 한 번 실행되기 때문으로, 버튼 상태가 바뀐 후 LED에 반영되기까지는 최대 1초의 시간이 필요하다. 하지만 [코드 6]에서는 버튼 상태가 바뀐 후 LED에 반영되기까지는 2μs면 충분하므로 즉시 LED 상태를 바꿀 수 있다. [코드 7]은 [코드 3]을 millis2560 함수를 사용하여 수정한 예로, 버튼을 누르는 즉시 LED에 버튼 상태가 반영된다.

코드 7 버튼과 LED 제어 - millis2560 함수 사용

```
#define F_CPU 16000000L
#include <avr/io.h>
#include <util/delay.h>
#include "millis2560.h"
#include "UART0.h"

#define set_bit(value, bit) ( _SFR_BYTE(value) |= _BV(bit) )
#define clear_bit(value, bit) ( _SFR_BYTE(value) &= ~_BV(bit) )

int main(void) {
    UART0_init();
    millis2560_init();

    clear_bit(DDRJ, 0);                    // 버튼 연결 핀을 입력으로 설정
    set_bit(DDRE, 4);                      // LED 연결 핀 PE4를 출력으로 설정
    set_bit(DDRE, 5);                      // LED 연결 핀 PE5를 출력으로 설정
    clear_bit(PORTE, 4);                   // PB4 핀에 연결된 LED를 끈 상태로 시작
    clear_bit(PORTE, 5);                   // PB5 핀에 연결된 LED를 끈 상태로 시작

    uint8_t state1 = 0, state2;            // LED 상태
    // 실행 시간
    unsigned long time_p = millis2560(), time_c;
    long loop_count = 0                    // while(1) 루프 실행 횟수

    while (1) {
      time_c = millis2560();               // 현재까지의 실행 시간
      loop_count++;

      if (time_c - time_p >= 1000) {       // 1초 이상이 경과한 경우
        time_p = time_c;                   // 시작 시간 변경
        state1 = !state1;                  // LED1 상태 반전
        if (state1) set_bit(PORTE, 4);     // LED1 켜기
        else clear_bit(PORTE, 4);          // LED1 끄기
```

```
            UART0_print(loop_count);          // while(1) 루프 실행 횟수 출력
            UART0_write('\n');
            loop_count = 0;
        }

        state2 = PINJ & 0x01;                 // 버튼 상태 읽기
        if (state2) set_bit(PORTE, 5);        // LED2 켜기
        else clear_bit(PORTE, 5);             // LED2 끄기
    }

    return 0;
}
```

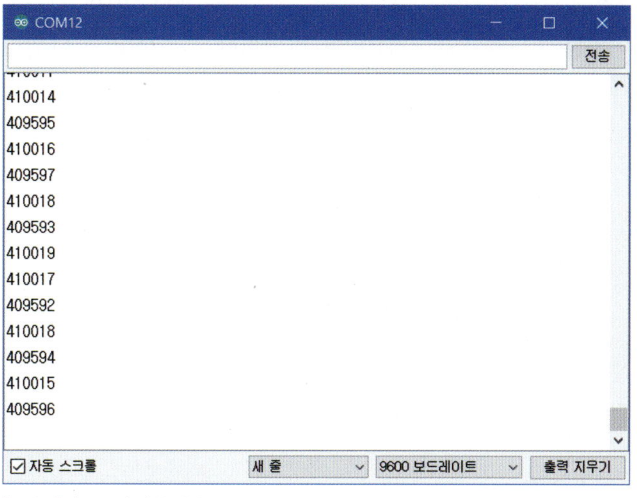

[그림 5] [코드 7] 실행 결과

[코드 7]의 실행 결과에서 볼 수 있듯이 [코드 7]은 [코드 6]에 버튼을 검사하는 코드가 추가되어 메인 루프를 실행하는 데 더 많은 시간이 필요하므로, 1초에 약 40만 번의 메인 루프가 실행된다. 하지만 여전히 버튼 상태를 즉시 반영하는 데에는 문제가 없다.

millis2560 함수를 사용한 [코드 7]은 모든 제어를 소프트웨어로 처리하는 것처럼 보이며, [코드 6]과는 구조적으로 많은 차이를 보인다. 하지만 millis2560 함수는 경과 시간을 알기 위해 타이머/카운터의 오버플로 인터럽트를 내부적으로 사용하고 있다는 점을 잊지 말아야 한다. 마이크로컨트롤러에서 두 가지 이상의 작업(예를 들어 LED를 1초 간격으로 점멸시키는 작업과 버튼 상태를 LED에 반영하는 작업)을 진행하고자 한다면, 직간접적으로 하드웨어의 도움을 받는 인터럽트가 효과적인 해결책이 될 것이다.

LESSON 04

가변저항으로 LED 점멸 속도 조절

앞에서 인터럽트나 millis2560 함수를 사용하여 사용자의 입력에 즉각적으로 반응하는 프로그램을 작성할 수 있음을 살펴보았다. 이를 이용하여 가변저항으로 아두이노 13번(PB7) 핀에 연결된 내장 LED의 점멸 속도를 조절하는 프로그램을 작성해 보자. 가변저항은 아날로그 입력이 가능한 아두이노 A0번(PF0) 핀에 연결한다.

아날로그 입력 핀으로 읽어 들이는 가변저항의 값은 0~1023 범위의 값으로, 이를 500~1011 밀리초 단위로 변환하여 LED의 점멸 속도를 제어하는 코드가 [코드 8]이다. 가변저항 값을 밀리초 단위로 변환하기 위해 오른쪽 비트 이동 연산을 사용하였다.

코드 8 가변저항으로 LED 점멸 속도 조절하기

```
#define F_CPU 16000000L
#include <avr/io.h>
#include <util/delay.h>
#include "millis2560.h"
#include "UART0.h"
#include "ADC.h"

#define set_bit(value, bit) ( _SFR_BYTE(value) |= _BV(bit) )
#define clear_bit(value, bit) ( _SFR_BYTE(value) &= ~_BV(bit) )

int main(void) {
    UART0_init();
    millis2560_init();
    ADC_init(0);                        // AD 변환기 초기화

    set_bit(DDRB, 7);                   // LED 연결 핀을 출력으로 설정
    clear_bit(PORTB, 7);                // LED를 끈 상태로 시작

    uint8_t state = 0;                  // LED 상태
    unsigned long time_p = millis2560(), time_c;
    int interval = 1000;                // LED 점멸 간격

    while (1) {
```

```
        time_c = millis2560();

        if (time_c - time_p >= interval) {
            time_p = time_c;
            state = !state;                    // LED1 상태 반전
            if (state) set_bit(PORTB, 7);      // LED1 켜기
            else clear_bit(PORTB, 7);          // LED1 끄기

            UART0_print("Current interval : ");
            UART0_print(interval);
            UART0_print("ms\n");
        }

        int read = read_ADC();                 // 가변저항 읽기
        interval = (read >> 1) + 500;          // 점멸 간격으로 변환
    }

    return 0;
}
```

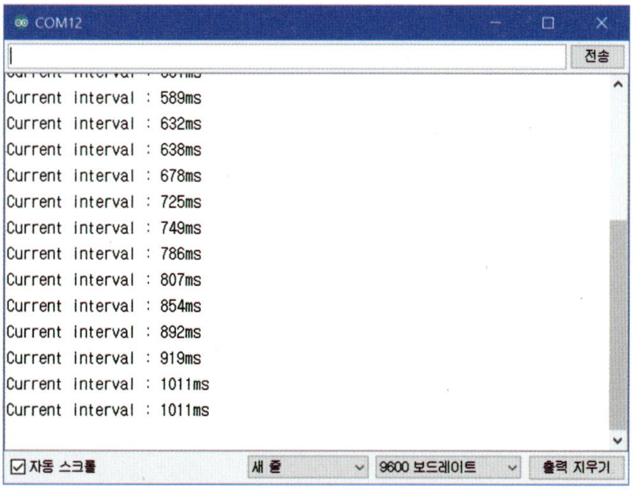

[그림 6] [코드 8] 실행 결과

CHAPTER
12 연습문제

1. _delay_ms 함수를 사용하여 1초 간격으로 LED가 점멸하도록 만들 경우의 문제점 중 하나는 _delay_ms 함수 실행 시간만 1초가 된다는 점이다. 메인 루프 내에는 _delay_ms 이외에도 많은 코드가 존재하며, 이들 코드를 실행하기 데에도 시간이 필요하다. [코드 9]와 [코드 10]은 _delay_ms 함수를 사용할 때와 millis2560 함수를 사용할 때, 실제 LED가 점멸하는 시간 간격을 비교하기 위한 코드다. 두 코드를 업로드하고, 실제 LED가 점멸하는 시간 간격을 확인해 보자.

코드 9 LED 점멸 간격 – _delay_ms 함수 사용

```
#define F_CPU 16000000L
#include <avr/io.h>
#include <util/delay.h>
#include "millis2560.h"
#include "UART0.h"

#define set_bit(value, bit) ( _SFR_BYTE(value) |= _BV(bit) )
#define clear_bit(value, bit) ( _SFR_BYTE(value) &= ~_BV(bit) )

int main(void) {
	UART0_init();
	millis2560_init();

	set_bit(DDRB, 7);				// LED 연결 핀을 출력으로 설정
	clear_bit(PORTB, 7);			// LED를 끈 상태로 시작

	uint8_t state = 0;				// LED 상태
	unsigned long time_p, time_c;

	while (1) {
		time_p = millis2560();		// 메인 루프 시작
		state = !state;				// LED1 상태 반전
		if (state) set_bit(PORTB, 7);	// LED1 켜기
		else clear_bit(PORTB, 7);		// LED1 끄기

		_delay_ms(1000);

		time_c = millis2560();		// 메인 루프 끝
		UART0_print((long)(time_c - time_p));
```

```
        UARTO_write('\n');
    }

    return 0;
}
```

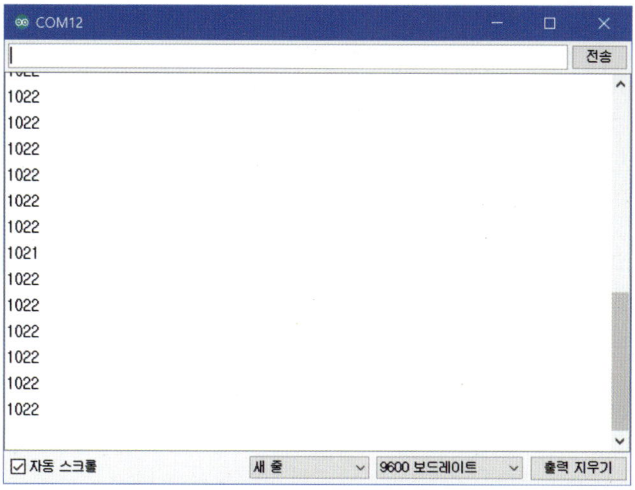

코드 10 LED 점멸 간격 – millis2560 함수 사용

```
#define F_CPU 16000000L
#include <avr/io.h>
#include <util/delay.h>
#include "millis2560.h"
#include "UART0.h"

#define set_bit(value, bit) ( _SFR_BYTE(value) |= _BV(bit) )
#define clear_bit(value, bit) ( _SFR_BYTE(value) &= ~_BV(bit) )

int main(void) {
    UART0_init();
    millis2560_init();

    set_bit(DDRB, 7);                          // LED 연결 핀을 출력으로 설정
    clear_bit(PORTB, 7);                       // LED를 끈 상태로 시작

    uint8_t state = 0;                         // LED 상태
    unsigned long time_p = millis2560(), time_c;

    while (1) {
```

```
        time_c = millis2560();//
        if(time_c - time_p >= 1000) {
            state = !state;                    // LED1 상태 반전
            if (state) set_bit(PORTB, 7);      // LED1 켜기
            else clear_bit(PORTB, 7);          // LED1 끄기

            UART0_print((long)(time_c - time_p));
            UART0_write('\n');

            time_p = time_c;
        }
    }

    return 0;
}
```

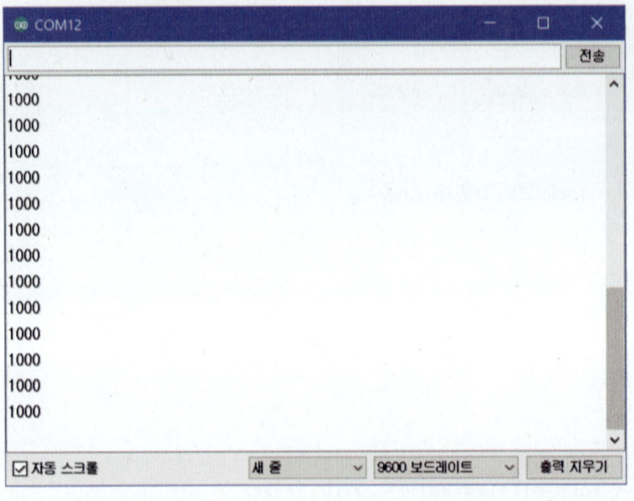

2. 2개의 LED와 버튼을 제어하는 데 [코드 5]는 인터럽트를 사용하고, [코드 7]은 millis2560 함수를 사용했다. millis2560 함수는 인터럽트를 간접적으로 사용하므로, 직접 인터럽트를 사용하는 방식에 비해 실행 파일 크기가 커질 수 있다. [코드 5]와 [코드 7]을 컴파일한 후, 실행 파일의 크기를 비교해 보자.

3. 아두이노 2번(PE4)과 3번(PE5) 핀에 LED를 연결하자. 아두이노 2번 핀에 연결된 LED는 0.5초 간격으로 점멸하고, 아두이노 3번 핀에 연결된 LED는 1초 간격으로 점멸하는 프로그램을 millis2560 함수를 사용하여 작성해 보자.

CHAPTER

13

특정 사건이나 물리량을 측정하는 장치

센서

센서는 자연환경에서 다양한 물리량을 감지하고 측정하는 도구로, 마이크로컨트롤러를 사용하여 제어 장치를 구성할 때, 주변의 환경을 인식하고 상호작용하기 위한 도구로 사용된다. 센서는 일반적으로 아날로그 신호를 출력하며, 아날로그 신호를 디지털 신호로 변환하여 출력하기 위한 변환장치를 포함하고 있는 센서도 있다. 이 장에서는 온도 센서와 조도 센서를 사용하여 자연환경의 물리량을 측정하는 방법에 대해 알아본다.

CONTENTS

LESSON 01 센서

마이크로컨트롤러를 사용한 제어 장치 구성에서 입력 장치로 센서가 흔히 사용된다. 센서는 특정 사건(event)이나 양을 감지하고, 이를 전기적 또는 광학적인 신호로 출력하는 장치를 말한다. 센서는 빛, 소리, 온도 등 인간의 감각기관으로 알아낼 수 있는 신호는 물론, 인간이 인지할 수 없는 화학물질, 전자기파 등도 찾아낼 수 있어서, 상상할 수 있는 거의 모든 것을 찾아내고 측정할 수 있다고 해도 과언이 아니다.

센서가 사용된 예는 일상생활 속에서도 쉽게 찾아볼 수 있다. 자동문 앞에 서면 인체 감지 센서가 사람을 인지하고 문을 열도록 신호를 보내고, 화재가 발생한 경우엔 온도 센서나 연기 센서가 화재를 감지하여 소화기가 동작하도록 신호를 보내며, 병원에서는 환자의 맥박이 느려지면 심박 센서가 이를 감지하여 위급 신호를 보내는 등이 그러한 예에 해당한다.

센서가 출력하는 신호는 크게 아날로그 신호와 디지털 신호로 나눌 수 있다. 아날로그 신호를 출력하는 센서는 측정하고자 하는 양에 따라 변하는 전압을 출력할 수 있다. 예를 들어 온도 센서는 현재 온도에 비례하는 전압을 출력한다. 하지만 아날로그 값은 디지털 컴퓨터인 마이크로컨트롤러에서 처리할 수 없으므로, 우선 아날로그-디지털 변환기(Analog-Digital Converter, ADC)를 통해 디지털 값으로 변환한 후, 마이크로컨트롤러에서 처리해야 한다.

일부 센서의 경우에는 아날로그 값을 디지털로 변환하는 기능까지 포함하고 있어, 아날로그-디지털 변환에 대한 마이크로컨트롤러의 부담을 줄여주기도 한다. 출력되는 디지털 데이터가 시리얼 통신을 통해 마이크로컨트롤러로 전달하는 예도 흔히 볼 수 있다.

LESSON 02 온도 센서

온도 센서는 온도에 따라 출력되는 전압이 변하는 특성을 가진 센서다. [그림 1]은 흔히 사용되는 온도 센서 중 하나인 LM35 온도 센서로, 트랜지스터와 같은 모양이다.

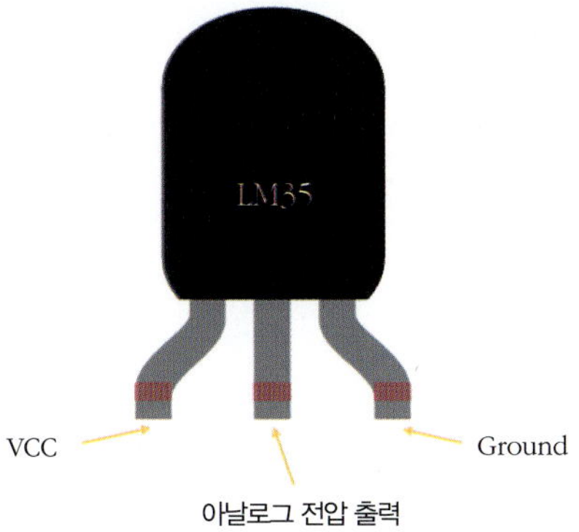

[그림 1] LM35 온도 센서

LM35 온도 센서는 섭씨온도에 비례하는 전압을 출력한다. 한 개의 전원을 사용하는 경우 LM35 온도 센서는 2~150℃ 사이 온도를 측정할 수 있으며, 두 개의 전원을 사용하는 경우에는 -55~150℃ 사이 온도를 측정할 수 있다. 한 개의 전원을 사용하는 경우에 센서의 연결 방법은 [그림 2]와 같다.

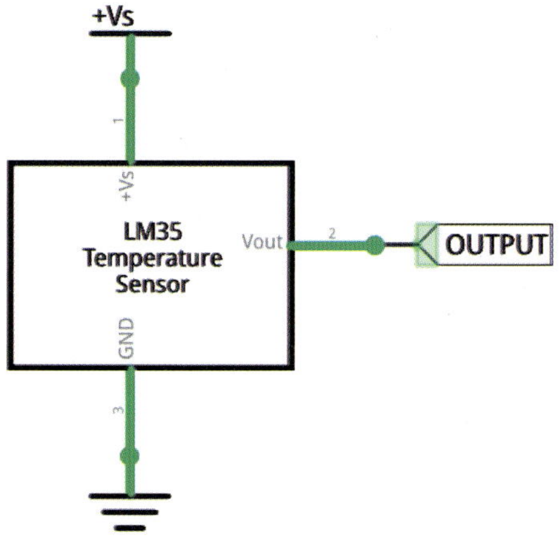

[그림 2] 한 개의 전원을 사용하는 경우의 LM35 온도 센서 연결

[그림 2]와 같이 한 개의 전원을 사용하는 경우, 출력은 1℃에 10mV씩 증가하므로 출력 전압에 100을 곱해서 섭씨온도를 얻을 수 있다. 두 개의 전원을 사용하는 경우, 센서 연결 방법은 [그림 3]과 같다.

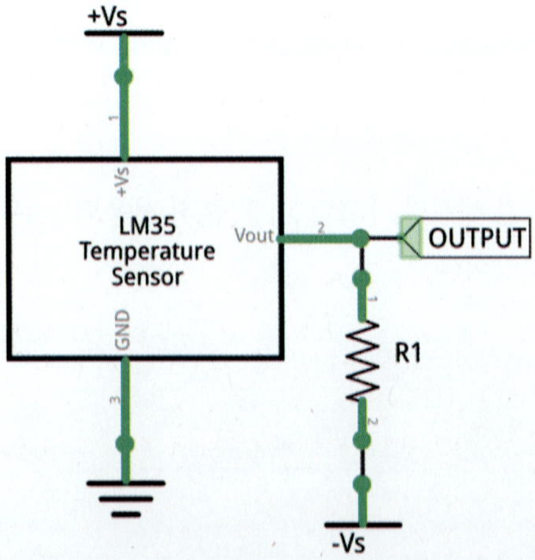

[그림 3] 두 개 전원을 사용하는 경우 LM35 온도 센서 연결

[그림 3]의 회로는 150℃에서 1,500mV가 출력되고, 25℃에서 250mV, −55℃에서 -550mV가 출력된다. 즉, 1℃의 변화에 출력 전압이 10mV씩 변하는 양상은 한 개 전원을 사용하는 경우와 같지만, 두 개의 전원을 사용함으로써 0℃ 이하의 온도를 측정할 수 있다. [그림 3]에서 저항 R1은 일반적으로 $-V_s/50\mu A$ 크기를 사용하므로, $-V_s = -5V$ 라면 100㏀ 저항을 사용하면 된다. 이 장에서는 [그림 2]와 같이 한 개의 전원을 사용하여 영상의 온도만을 측정한다.

[그림 4]와 같이 LM35 온도 센서를 1번 아날로그 입력 채널인 아두이노 55번(아두이노 A1, PF1) 핀에 연결하자. 온도 센서의 출력값은 ADC를 거쳐 디지털 값으로 변환해야하므로 아날로그 입력이 가능한 포트 F에 연결하였으며, 아날로그-디지털 변환기 장에서 작성한 ADC 라이브러리를 사용한다. [그림 4]에서 2번 아날로그 입력 채널인 아두이노 56번(아두이노 A2, PF2) 핀에 연결된 조도 센서는 다음 절에서 설명한다.

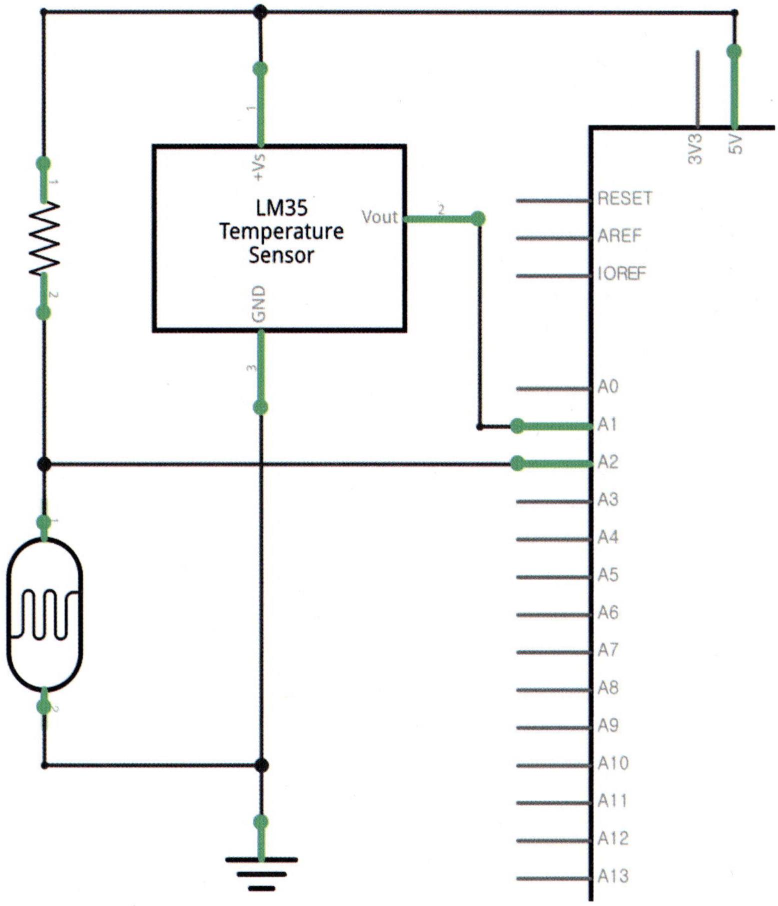

[그림 4] 온도 센서와 조도 센서 연결 회로도

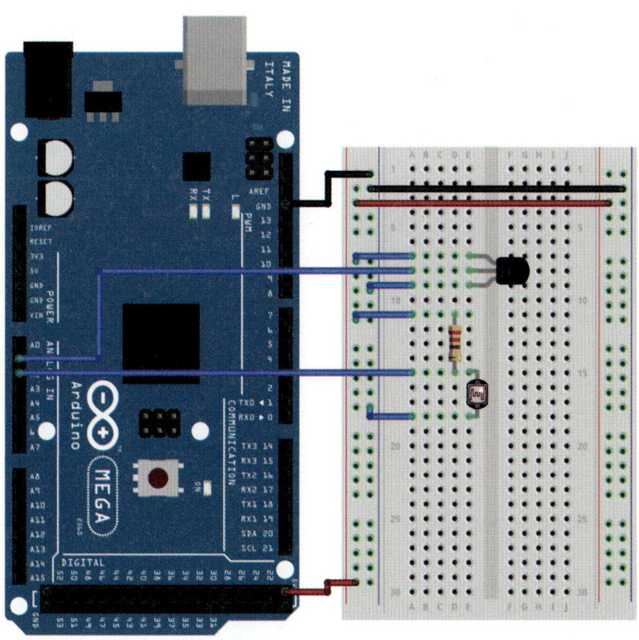

[그림 5] 온도 센서와 조도 센서 연결 회로

[그림 6] 학습보드의 온도 센서와 조도 센서

[코드 1]은 온도 센서의 온도를 읽어 시리얼 모니터로 출력하는 코드의 예다. [코드 1]에서는 ADC를 거쳐 0에서 1023 사이의 값으로 변환된 디지털 값을 실제 전압으로 변환한 후, 이를 다시 온도로 변환하고 있다. 온도는 정숫값으로 계산하여 출력하였다.

코드 1 온도 센서

```
#define F_CPU 16000000L
#include <avr/io.h>
#include <util/delay.h>
#include "UART0.h"
#include "ADC.h"

int main(void) {
    UART0_init();
    ADC_init(1);                        // ADC 채널 1번 초기화

    int read, temperature;
    float input_voltage;

    while (1) {
      read = read_ADC();

      // 0에서 1023 사이의 값을 0V에서 5V 사이 값으로 변환
```

```
        input_voltage = read * 5.0 / 1023.0;

        // 10mV에 1℃이므로 100을 곱해서 현재 온도 계산
        temperature = (int)(input_voltage * 100.0);

        UART0_print(temperature);
        UART0_write('\n');

        _delay_ms(1000);
    }

    return 0;
}
```

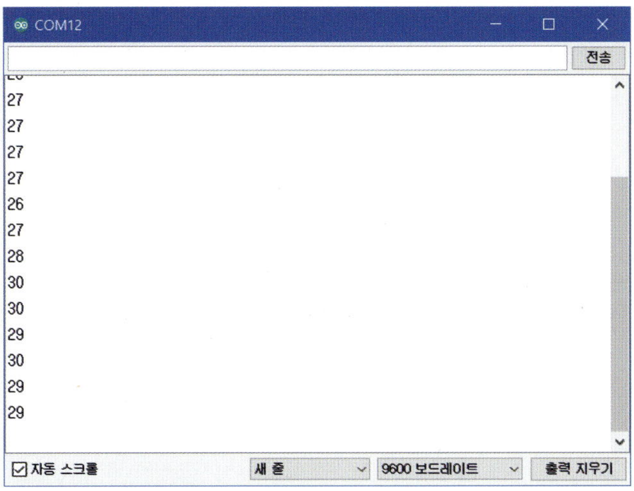

[그림 7] [코드 1] 실행 결과

아두이노 13번(PB7) 핀에 연결된 내장 LED를 사용하여 온도가 지정된 값 이상이면 0.5초 간격으로 LED가 점멸하도록 코드를 작성해 보자. 온도가 지정된 값 이상일 때 LED를 점멸시키기 위해 타이머/카운터의 오버플로 인터럽트를 사용하였다. 타이머/카운터가 동작하고 있는 동안에도 오버플로 인터럽트 허용 비트(Timer/Counter Overflow Interrupt Enable, TOIE)를 세트 또는 클리어 함으로써 오버플로 인터럽트의 발생 여부를 제어할 수 있다.

코드 2 고온 경고 시스템

```
#define F_CPU 16000000L
#include <avr/io.h>
#include <util/delay.h>
```

```
#include "UART0.h"
#include "ADC.h"

#define set_bit(value, bit) ( _SFR_BYTE(value) |= _BV(bit) )
#define clear_bit(value, bit) ( _SFR_BYTE(value) &= ~_BV(bit) )

#define THRESHOLD 28                                    // 경고 발생 온도

volatile int count = 0;                                 // 오버플로가 발생한 횟수
volatile uint8_t state = 0;                             // LED 점멸 상태

ISR(TIMER0_OVF_vect) {
    count++;
    if (count == 32) {                                  // 오버플로 32회 발생 = 0.5초 경과
      count = 0;                                        // 인터럽트 발생 횟수 초기화
      state = !state;                                   // LED 상태 반전
      if (state) set_bit(PORTB, 7);                     // LED 켜기
      else clear_bit(PORTB, 7);                         // LED 끄기
    }
}

int main(void) {
    UART0_init();
    ADC_init(1);                                        // ADC 채널 1번 초기화

    TCCR0B |= (1 << CS02) | (1 << CS00);               // 분주비를 1024로 설정
    sei();                                              // 전역적으로 인터럽트 허용

    set_bit(DDRB, 7);
    clear_bit(PORTB, 7);

    int read, temperature;

    while (1) {
      read = read_ADC();
      temperature = (int)(read * 500.0 / 1023.0); // 온도 변환

      if (temperature < THRESHOLD) {
        TIMSK0 &= ~(1 << TOIE0);                        // 오버플로 인터럽트 금지
        clear_bit(PORTB, 7);                            // LED 끄기
      }
      else {
        TIMSK0 |= (1 << TOIE0);                         // 오버플로 인터럽트 허용
```

```
        }

        UART0_print(temperature);
        UART0_write('\n');

        _delay_ms(1000);
    }

    return 0;
}
```

[코드 2]에서 인터럽트 서비스 루틴 내에 LED 점멸 코드를 넣은 것은, 메인 루프 내에서 1초에 한 번 온도를 검사하고 시리얼 모니터로 출력하기 위해 _delay_ms 함수를 사용하였기 때문이다. millis2560 함수를 사용하면 _delay_ms 함수 없이도 시간 간격을 조절할 수 있겠지만, millis2560 함수와 [코드 2]의 오버플로 인터럽트 모두 0번 타이머/카운터를 사용하므로 이 둘을 함께 사용할 수는 없다.

LESSON 03

조도 센서

빛의 양에 따라 물리적인 특성이 변하는 소자에는 포토레지스터(photo resistor), 포토다이오드(photo diode), 포토트랜지스터(photo transistor) 등이 있다. 이 중 흔히 사용되는 소자는 빛의 양에 따라 저항값이 변하는 포토레지스터로, 광센서, 조도센서, 광전도셀, 포토셀 등으로도 불린다. 조도 센서는 CdS 조도 센서가 주로 사용되는데, 카드뮴(Cd)과 황(S)으로 이루어진 황화카드뮴 결정에 금속 다리를 결합하여 만든다.

[그림 8] CdS 조도 센서

조도 센서는 광량에 반비례하는 저항값을 가진다. 즉, 가시광선이 없는 어두운 곳에서는 큰 저항값을 가지다가, 가시광선이 닿으면 저항값이 작아진다. 조도 센서는 가격이 저렴하고 사용법이 간단하지만, 반응속도가 느리고 광량에 따른 출력 특성이 정밀하지 않다. 그러므로 광량을 정확하게 측정하고자 할 때는 포토다이오드나 포토트랜지스터를 사용해야 한다. 조도 센서는 광량에 따라 저항값이 변하므로, 전압 분배 회로를 구성하여 전압을 측정하면 광량을 알아낼 수 있다.

예를 들어 조도 센서가 [그림 4]와 같이 연결된 경우, 높은 조도에서는 작은 저항값을 가져서 낮은 전압이 핀에 가해지고, 낮은 조도에서 큰 저항값을 가져서 높은 전압이 핀에 가해지므로, 조도에 반비례하는 값을 얻을 수 있다.

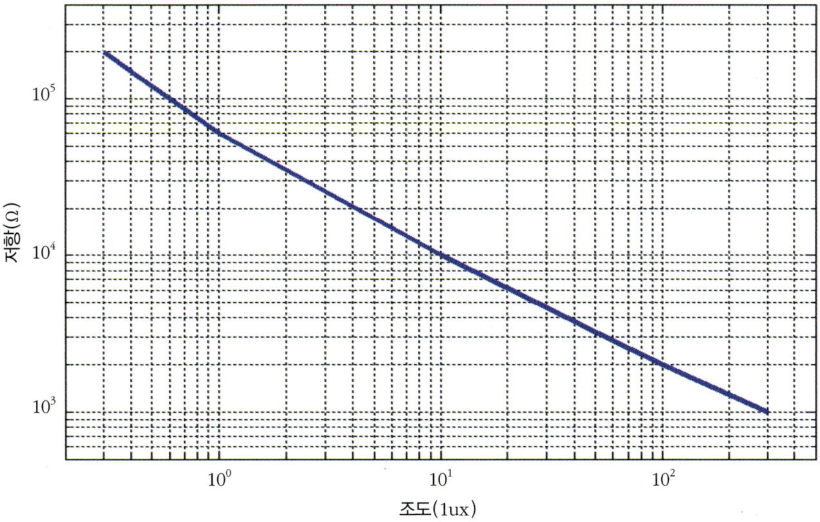

[그림 9] CdS 조도 센서의 특성 곡선

[그림 9]의 특성 곡선과 전압 분배에 사용된 저항값을 사용하면, 조도 센서로부터 광량을 얻을 수 있다. 하지만 앞에서도 언급한 바와 같이 CdS 조도 센서는 광량을 정밀하게 측정할 수 없고, 조도와 저항값의 관계는 선형 관계가 아니어서 계산이 복잡하다.

이 절에서는 상대적인 값만을 확인하기 위해 ADC 값을 그대로 사용하였다. [코드 3]은 조도 센서의 값을 읽어 시리얼 모니터로 출력하는 코드의 예다.

코드 3 | 조도 센서

```
#define F_CPU 16000000L
#include <avr/io.h>
#include <util/delay.h>
#include "UART0.h"
#include "ADC.h"

int main(void) {
    UART0_init();
    ADC_init(2);                        // ADC 채널 2번 초기화

    int read;

    while (1) {
      read = read_ADC();

      UART0_print(read);
      UART0_write('\n');
```

```
        _delay_ms(1000);
    }

    return 0;
}
```

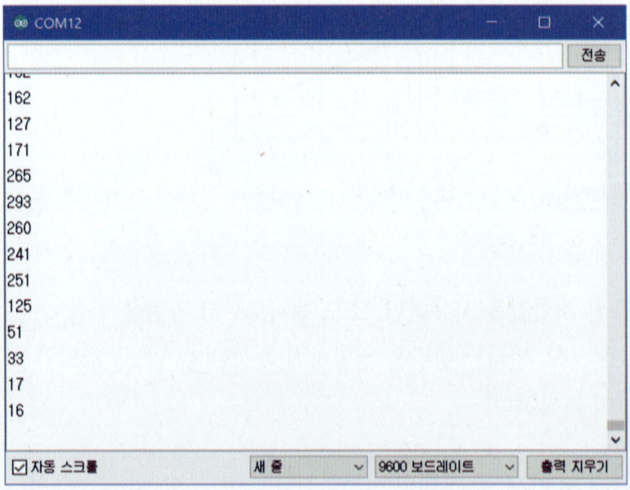

[그림 10] [코드 3] 실행 결과

조도 값이 일정 수준 이하일 때 아두이노 13번(PE7) 핀에 연결된 내장 LED가 켜지는 코드의 예가 [코드 4]다. [코드 4]에서는 [코드 3]과 마찬가지로 입력값을 조도로 변환하지 않았으므로, LED가 켜지는 최소 광량은 실험적으로 결정된 값을 사용하였다.

코드 4 자동 점등 시스템

```
#define F_CPU 16000000L
#include <avr/io.h>
#include <util/delay.h>
#include "UART0.h"
#include "ADC.h"

#define set_bit(value, bit) ( _SFR_BYTE(value) |= _BV(bit) )
#define clear_bit(value, bit) ( _SFR_BYTE(value) &= ~_BV(bit) )

#define THRESHOLD 100                    // 경험적 수치

int main(void) {
    UART0_init();
```

```
    ADC_init(2);                        // ADC 채널 2번 초기화

    set_bit(DDRB, 7);                   // LED 연결 핀을 출력으로 설정
    clear_bit(PORTB, 7);                // LED는 끝 상태로 시작

    int read;

    while (1) {
      read = read_ADC();                // 채널 2번 읽기

      UART0_print(read);                // ADC값 출력

      if (read >= THRESHOLD) {          // LED 켜기
        UART0_print("\t LED is on.\n");
        set_bit(PORTB, 7);
      }
      else {                            // LED 끄기
        UART0_print("\t LED is OFF.\n");
        clear_bit(PORTB, 7);
      }

      _delay_ms(1000);
    }

    return 0;
}
```

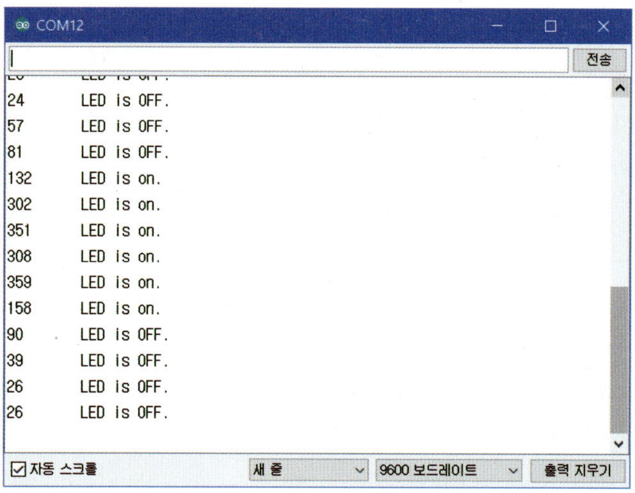

[그림 11] [코드 4] 실행 결과

CHAPTER 13 연습문제

1. [코드 2]는 온도를 측정하여 일정 온도 이상일 때 LED를 점멸시키는 고온 경고 시스템을 인터럽트를 사용하여 구현한 예다. millis2560 함수를 사용하여 [코드 2]와 같은 동작을 하도록 프로그램을 수정해 보자.

2. 아두이노 A1(PF1) 핀에 온도 센서를 연결하고, 아두이노 14번(PJ1) 핀에 풀다운 저항을 사용하여 버튼을 연결하자. 온도를 측정하여 1초에 한 번 시리얼 모니터로 출력하면서 버튼을 누를 때마다 온도 표시가 섭씨와 화씨로 바뀌도록 프로그램을 작성해 보자.

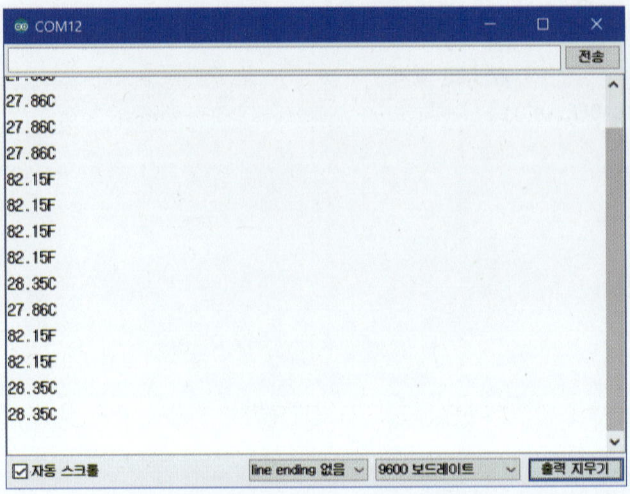

3. 아두이노 2번(PE4), 3번(PE5), 4번(PG5), 5번(PE3) 핀에 LED를 연결하고, 아두이노 A2(PF2) 핀에 조도 센서를 연결하자. 조도 센서를 통해 광량을 측정하고, 광량에 따라 켜지는 LED 개수가 변하는 프로그램을 작성해 보자.

4. 이 장에서 사용한 조도 센서는 황화카드뮴을 사용한 포토레지스터로 광량에 따라 저항값이 변한다. 반면 포토다이오드와 포토트랜지스터는 광량에 따라 전류가 변하는 특징을 사용한다. 포토다이오드와 포토트랜지스터의 원리를 알아보고 포토레지스터와 비교했을 때의 장단점을 알아보자.

CHAPTER

14

간단한 정보를 표시하는 장치

7세그먼트 표시장치

7세그먼트 표시장치는 발광 다이오드(LED)를 사용하여 만든 출력 장치의 일종으로, 숫자나 기호 등의 표시에 흔히 사용된다. 하지만 여러 자리 숫자를 표시하기 위해서는 많은 수의 입출력 핀이 필요하다. 이 입출력 핀의 수를 줄이기 위해 다양한 방법이 사용되고 있다. 이 장에서는 1자리 7세그먼트 표시장치를 제어하는 방법과 잔상 효과를 이용하여 적은 수의 입출력 핀으로 4자리 7세그먼트 표시장치를 제어하는 방법에 대해 알아본다.

CONTENTS

LESSON 01 1자리 7세그먼트 표시장치

7세그먼트 표시장치(7-segment display)는 7개의 선분으로 숫자나 기호를 표시하기 위해 발광 다이오드(LED)를 사용하여 만든 출력 장치의 일종이다. 7세그먼트 표시장치는 이름과 달리 일반적으로 7개의 선분에 소수점(DP, Decimal Point)을 표시하는 LED가 추가되어 8개의 세그먼트로 구성되며 1바이트 데이터로 8개의 세그먼트를 개별적으로 제어하는 방식을 기본으로 한다.

7세그먼트 표시장치는 FND(Flexible Numeric Display)라는 이름에서도 알 수 있듯이 숫자 표시에 주로 사용된다. 또한, 1자리뿐만 아니라 2자리 이상의 숫자를 표시할 수 있도록 만들어진 경우도 흔히 볼 수 있다.

(a) 한 자리 (b) 네 자리

[그림 1] 7세그먼트 표시장치

두 자리 이상의 7세그먼트 표시장치는 1자리 7세그먼트 표시장치를 여러 개 연결해 놓은 것처럼 보인다. 하지만 [그림 1]에서도 볼 수 있듯이 1자리 7세그먼트 표시장치가 10개의 핀을 가지고 있는 반면, 4자리 7세그먼트 표시장치는 12개의 핀을 가지고 있다. 즉, 2자리 이상의 7세그먼트 표시장치는 단순히 1자리 7세그먼트 표시장치를 연결해 놓은 것과는 차이가 있으며, 제어 방법에도 차이가 있다는 뜻이다. 우선 1자리 7세그먼트 표시장치를 제어하는 방법에 대해 알아보자.

1자리 7세그먼트 표시장치는 공통 양극(common cathode) 방식과 공통 음극(common anode) 방식의 두 가지로 구분할 수 있으며, 그 제어 방식은 서로 반대다. 7세그먼트 표시장치의 핀은 공통 핀과 제어핀의 두 가지로 구분된다. 공통 핀에는 항상 VCC나 GND 중 하나가 가해진다면, 제어핀에는 해당 세그먼트를 켜거나 끄기 위한 VCC나 GND 중 하나가 선택적으로 가해진다. 이때 공통 양극과 공통 음극 방식의 차이는 공통 핀에 VCC를 연결하는지 GND를 연결하는지에서 발생한다. 공통 핀에 VCC를 연결하고 제어핀을 GND에 연결하면 해당 세그먼트가 켜지는 방식이 공통 양극 방식이다. 이와 반대로 공통 핀을 GND에 연결하고 제어판을 VCC에 연결하면 해당 세그먼트가 켜지는 방식이 공통 음극 방식이다.

1자리 7세그먼트 표시장치는 10개의 핀으로 구성되는데, 2개의 공통 핀과 8개의 제어핀으로 이루어져 있다. 1자리 7세그먼트 표시장치의 핀 배열은 [그림 2]와 같다. 소수점이 있는 면의 가장 왼쪽 핀이 1번 핀에 해당하고, 반시계방향으로 핀 번호가 증가한다.

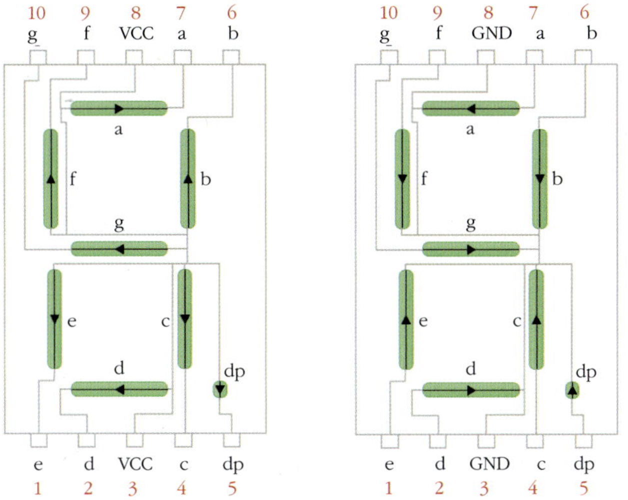

(a) 공통 양극 방식　　(b) 공통 음극 방식

[그림 2] 7세그먼트 표시장치 및 핀 배열

[표 1] 공통 양극 방식과 공통 음극 방식의 제어

방식		공통 양극	공통 음극
공통 핀 연결		VCC	GND
제어핀 연결	세그먼트 ON	GND	VCC
	세그먼트 OFF	VCC	GND

이처럼 공통 양극 방식과 공통 음극 방식의 제어 방식은 상반되므로, 7세그먼트 표시장치를 사용하기 전에 공통 양극 방식인지 공통 음극 방식인지를 먼저 확인해야 한다. 이 장에서는 제어핀으로 논리 1을 출력하였을 때 해당 세그먼트가 켜지는 공통 음극 방식의 7세그먼트를 기준으로 한다. 공통 음극 방식의 7세그먼트 표시장치는 논리 1을 출력하였을 때 켜지므로, 직관적인 사용법과 일치하는 장점이 있다. [그림 3]은 7세그먼트 표시장치에 숫자를 표시한 예이다.

[그림 3] 7세그먼트 표시장치에서의 숫자의 표현

[그림 3]과 같은 모양을 표시하기 위해서는 7개의 세그먼트를 개별적으로 켜거나 꺼야 하므로 7개의 범용 입출력 핀이 필요하다. 소수점까지 제어하고자 한다면 8개의 범용 입출력 핀이 필요하다. 일반적으로 7세그먼트 표시장치의 각 세그먼트는 a, b, c, d, e, f, g, dp로 표시한다. [그림 3]의 숫자를 표시하기 위해 공통 음극 방식의 7세그먼트 표시장치 제어핀으로 출력하는 데이터는 [표 2]와 같다.

[표 2] 1자리 7세그먼트에 숫자 표시를 위한 데이터 (○ : on, × : off)

숫자	세그먼트								제어값	
	dp	g	f	e	d	c	b	a	2진값	16진값
0	×	×	○	○	○	○	○	○	0011 1111	3F
1	×	×	×	×	×	○	○	×	0000 0110	06
2	×	○	×	○	○	×	○	○	0101 1011	5B
3	×	○	×	×	○	○	○	○	0100 1111	4F
4	×	○	○	×	×	○	○	×	0110 0110	66
5	×	○	○	×	○	○	×	○	0110 1101	6D
6	×	○	○	○	○	○	×	○	0111 1101	7D
7	×	×	○	×	×	○	○	○	0010 0111	27
8	×	○	○	○	○	○	○	○	0111 1111	7F
9	×	○	○	×	×	○	○	○	0110 0111	67

LESSON 02

4자리 7세그먼트 표시장치

앞 절에서 1자리 7세그먼트 표시장치의 구조와 그 제어 방법에 대해 알아보았다. 1자리 7세그먼트 표시장치를 제어하기 위해서는 세그먼트들을 개별적으로 제어해야 하므로, 8개의 범용 입출력 핀이 필요하다. 즉, 1자리 7세그먼트 표시장치의 제어법은 8개의 LED를 제어하는 방법과 같다. 1자리 7세그먼트 표시장치가 8개 LED와 다른 점은 LED의 위치가 정해져 있어 특정한 모양을 표시할 수 있다는 점이다.

1자리 7세그먼트 표시장치와 같은 방식으로 2자리 이상의 7세그먼트 표시장치를 제어한다고 가정해 보자. 2자리 7세그먼트 표시장치를 제어하기 위해서는 16개의 범용 입출력 핀이, 4자리 표시장치를 위해서는 32개의 핀이 필요할 것이다. 이러한 방식은, 사용할 수 있는 범용 입출력 핀의 수가 제한된 마이크로컨트롤러에서는 실용적이지 못하다. 따라서 적은 수의 범용 입출력 핀만으로도 많은 수의 세그먼트를 제어할 방법이 필요한데, 잔상 효과를 이용하는 방식이 그중 하나다.

사람의 눈은 반응속도가 느리기 때문에 눈앞의 물건이 사라진 후에도 잠깐은 물건이 사라진 것을 눈치채지 못한다. 이처럼 망막에 맺힌 상이 짧은 시간 동안 그대로 유지되는 현상을 잔상 효과라 한다. 잔상 효과를 이용하여 빠른 속도로 4자리 숫자를 1자리씩 번갈아 켜면, 사람의 눈은 4자리 숫자가 동시에 표시된 듯이 느끼게 된다.

이 절에서 사용하는 4자리 7세그먼트 표시장치에는 12개의 핀이 있다.[1] 4자리 7세그먼트 표시장치 역시 1자리 7세그먼트 표시장치와 마찬가지로 소수점이 있는 면을 아래로 했을 때 가장 왼쪽 핀이 1번이며, 반시계방향으로 핀 번호가 증가한다.

[그림 4] 4자리 7세그먼트 표시장치

1 4자리 7세그먼트 표시장치에, 시간 표시에 사용하기 위한 콜론(:)이나 작은따옴표 등이 포함된 예도 흔히 볼 수 있다. 이러한 부호들을 제어하는 데에도 별도의 제어핀을 사용하므로, 12개 이상의 핀이 사용될 수도 있다.

12개의 핀 중 8개는 8개의 세그먼트 제어에 사용된다. 이는 1자리 7세그먼트 표시장치의 경우와 같다. 나머지 4개는 4자리의 숫자 중 각 자리를 선택하는 데 사용된다. 4자리 7세그먼트 표시장치의 회로도는 [그림 5]와 같다.

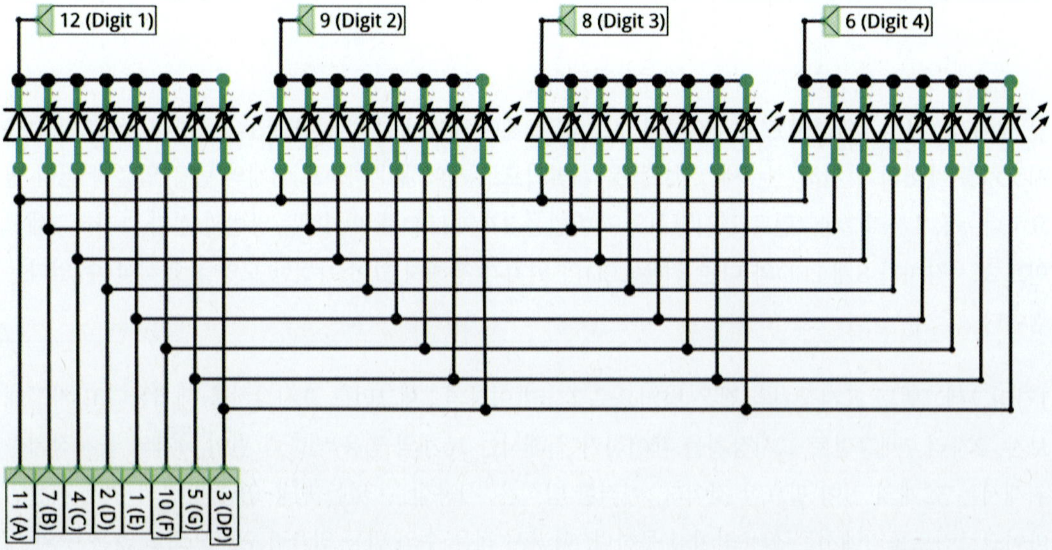

[그림 5] 4자리 7세그먼트 표시장치 회로도

[그림 5]에서 아래쪽 8개 핀이 세그먼트 제어핀으로, 숫자는 [그림 4]에서의 핀 번호를 나타내고, 괄호 안의 기호는 세그먼트의 이름을 나타낸다. 세그먼트 중에서 켜고 싶은 세그먼트에 해당하는 핀에는 1의 값을, 끄고 싶은 세그먼트에 해당하는 핀에는 0의 값을 가하는 방식은 1자리 7세그먼트 표시장치와 같다. 4자리 7세그먼트 표시장치 역시 1자리 7세그먼트 표시장치와 마찬가지로 세그먼트의 순서와 핀 번호 사이에 연관성이 없으므로, 연결 시 주의해야 한다.

위쪽 4개 핀은 4자리 숫자 중 하나를 선택하는 데 사용되는 핀이다. 일반적으로 특정한 순간에는 하나의 자리의 숫자만 표현하므로, 켜고 싶은 자리의 핀에는 0을, 끄고 싶은 자리의 핀에는 1을 가한다. 이처럼 특정 자릿수 선택을 위해 0을 가하고, 해당 세그먼트에 1을 가하는 4자리 7세그먼트 장치를 공통 음극 방식이라고 한다. 이 장에서 사용할 4자리 7세그먼트 표시장치 역시 공통 음극 방식이다. 반대로 자릿수 선택을 위해 1을 가하고, 해당 세그먼트에 0을 가해야 하는 공통 양극 방식의 4자리 7세그먼트 장치도 있지만, 직관적인 사용 방법과는 상반된다.

공통 음극 방식의 4자리 7세그먼트 표시장치에서 2개 이상의 자릿수 선택 핀에 GND를 가하면, 선택된 모든 자리에는 같은 문자가 표시된다. 만약 자릿수 선택 핀에 모두 GND를 가한다면, 같은 문자가 4번 표시된다는 사실을 빼곤, 1자리 7세그먼트 표시장치 제어와 4자리 7세그먼트 표시장치 제어 방법은 같다.

4자리 7세그먼트 표시장치를 [그림 6]과 같이 12개의 핀에 연결하자. 자릿수 선택 핀은 아두이노 A12번(PK4)에서 아두이노 A15번(PK7) 핀까지 연결하고, 세그먼트 제어핀은 아두이노 A4번(PF4)에서 아두이노 A11번(PK3) 핀까지 연결한다.

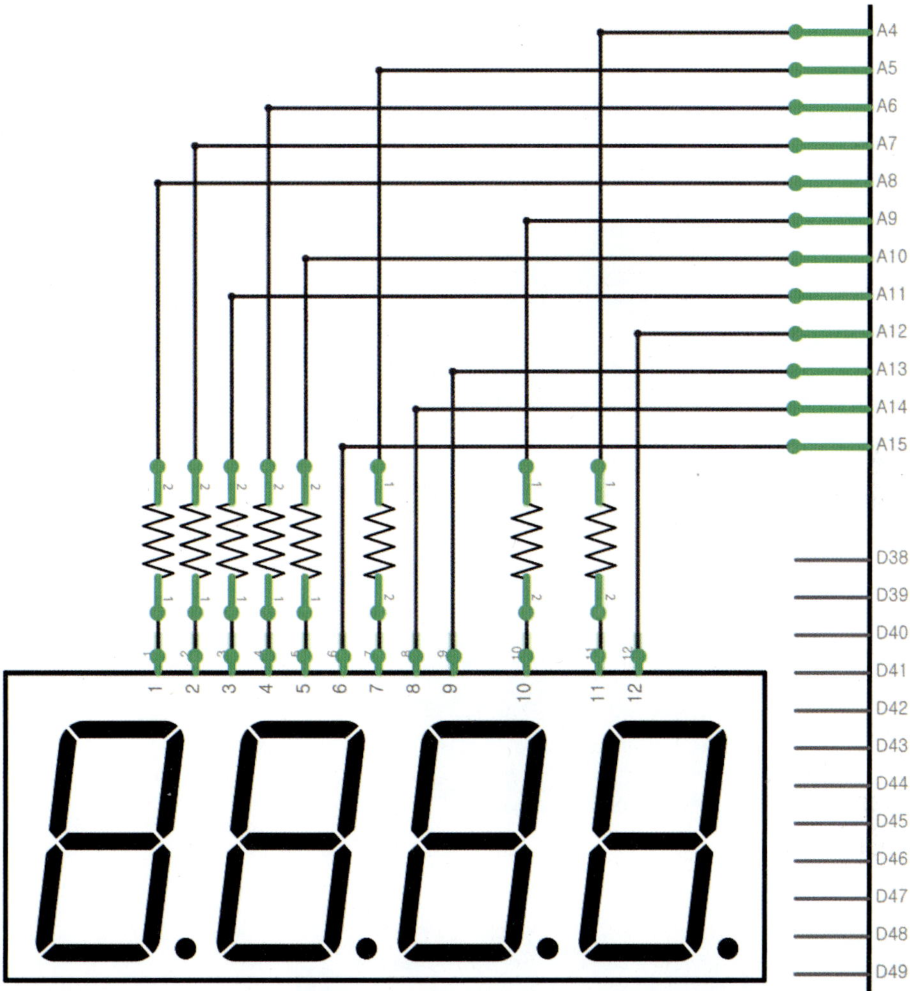

[그림 6] 4자리 7세그먼트 표시장치 연결 회로도

[표 3] 4자리 7세그먼트 표시장치 연결 핀

세그먼트 기호/자릿수 선택	7세그먼트 표시장치 핀	ATmega2560 핀		
		아두이노		포트 핀
		디지털 핀	아날로그 핀	
a	11	58	A4	PF4
b	7	59	A5	PF5
c	4	60	A6	PF6
d	2	61	A7	PF7
e	1	62	A8	PK0

f	10	63	A9	PK1
g	5	64	A10	PK2
dp	3	65	A11	PK3
Digit 1	12	66	A12	PK4
Digit 2	9	67	A13	PK5
Digit 3	8	68	A14	PK6
Digit 4	6	69	A15	PK7

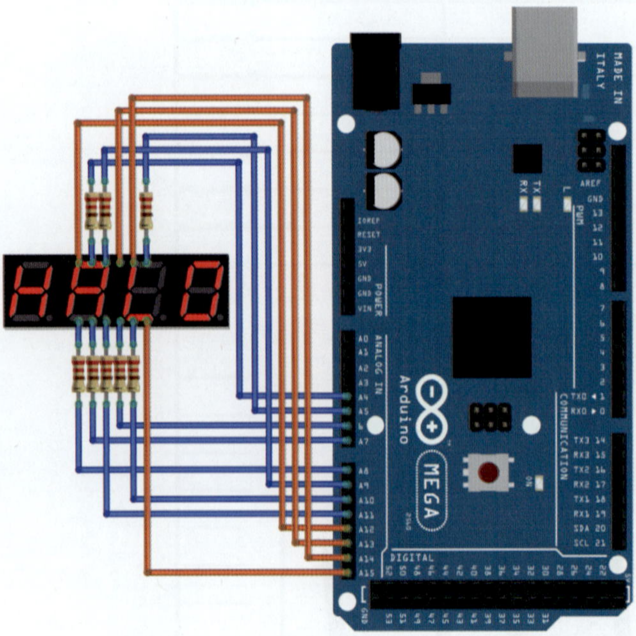

[그림 7] 4자리 7세그먼트 표시장치 연결 회로

[그림 8] 학습보드의 4자리 7세그먼트 표시장치

[코드 1]은 첫 번째 자리에 0부터 9까지 0.2초 간격으로 숫자를 출력하고, 다음 자리로 이동하여 숫자 출력을 반복하는 코드의 예다. 자리는 왼쪽부터 1에서 4까지로 지정한다.

코드 1 4자리 7세그먼트 표시장치에 한 자리 숫자 나타내기

```
#define F_CPU 16000000L
#include <avr/io.h>
#include <util/delay.h>

// 0에서 9까지 숫자 표현을 위한 세그먼트 dp, g, f, e, d, c, b, a 값
uint8_t patterns[] = {0x3F, 0x06, 0x5B, 0x4F, 0x66, 0x6D, 0x7D, 0x27, 0x7F, 0x67};

void select_digit(int digit) {
    // 선택된 자리만 논리 0을 가하고 나머지에는 논리 1을 가함
    // 왼쪽부터 digit 1(PK4)에서 digit 4(PK7)로 증가
    PORTK |= 0xF0;                          // 논리 1 출력으로 모든 자리 선택 해제
    PORTK &= ~(0x01 << (3 + digit));        // 선택한 자리만 논리 0 출력
}

void show_number(int no) {
    uint8_t upper = patterns[no] & 0xF0;
    uint8_t lower = patterns[no] & 0x0F;

    PORTF = (PORTF & 0x0F) | (lower << 4);  // d, c, b, a 세그먼트
    PORTK = (PORTK & 0xF0) | (upper >> 4);  // dp, g, f, e 세그먼트
}

int main(void) {
    DDRF |= 0xF0;
    DDRK = 0xFF;                            // 12개 핀을 출력으로 설정

    while (1) {
      for (int digit = 1; digit <= 4; digit++) {
        select_digit(digit);                // 자리 선택
        for (int no = 0; no < 10; no++) {
          show_number(no)                   // 숫자 출력
          _delay_ms(200);
          }
        }
      }
    return 0;
}
```

[코드 1]의 select_digit 함수에서는 특정 자리를 선택하기 위해 해당 핀에만 논리 0을 출력하고, 나머지 자리에는 논리 1을 출력한다. 만약 모든 자리에 논리 0을 출력하면, 4자리 모두 같은 숫자가 표시된다. 이는 1자리 7세그먼트 표시장치를 제어하는 방법과 동일해진다.

```
void select_all(void) {
    // 모든 자리 선택 핀에 논리 0을 출력
    PORTK &= 0x0F;
}
```

[코드 1]로는 4자리 중 한 자리에만 숫자를 출력하거나 같은 숫자를 4자리 모두에 출력할 수 있다. 여러 자리에 서로 다른 숫자를 출력하기 위해서는 잔상 효과를 이용하여 빠른 속도로 4자리에 각기 다른 숫자를 반복적으로 출력해야 한다. [코드 2]는 4자리 7세그먼트 표시장치에 '1234'를 표시하는 코드의 예다.

코드 2 4자리 7세그먼트 표시장치에 네 자리 숫자 나타내기

```
#define F_CPU 16000000L
#include <avr/io.h>
#include <util/delay.h>

#define SEGMENT_DELAY 5                     // LED가 완전히 켜지기 위한 시간

// 0에서 9까지 숫자 표현을 위한 세그먼트 dp, g, f, e, d, c, b, a 값
uint8_t patterns[] = {0x3F, 0x06, 0x5B, 0x4F, 0x66, 0x6D, 0x7D, 0x27, 0x7F, 0x67};

void select_digit(int digit) {
    // 선택된 자리만 논리 0을 가하고 나머지에는 논리 1을 가함
    // 왼쪽부터 digit 1(PK4)에서 digit 4(PK7)로 증가
    PORTK |= 0xF0;                          // 논리 1 출력으로 모든 자리 선택 해제
    PORTK &= ~(0x01 << (3 + digit));        // 선택한 자리만 논리 0 출력
}

void show_number(int no) {
    uint8_t upper = patterns[no] & 0xF0;
    uint8_t lower = patterns[no] & 0x0F;

    PORTF = (PORTF & 0x0F) | (lower << 4);   // d, c, b, a 세그먼트
    PORTK = (PORTK & 0xF0) | (upper >> 4);   // dp, g, f, e 세그먼트
}

int main(void) {
    DDRF |= 0xF0;
```

```
    DDRK = 0xFF;                          // 12개 핀을 출력으로 설정

    while (1) {
        select_digit(1);
        show_number(1);                   // 첫 번째 자리에 '1' 출력
        _delay_ms(SEGMENT_DELAY);
        select_digit(2);
        show_number(2);                   // 두 번째 자리에 '2' 출력
        _delay_ms(SEGMENT_DELAY);
        select_digit(3);
        show_number(3);                   // 세 번째 자리에 '3' 출력
        _delay_ms(SEGMENT_DELAY);
        select_digit(4);
        show_number(4);                   // 네 번째 자리에 '4' 출력
        _delay_ms(SEGMENT_DELAY);
    }

    return 0;
}
```

[코드 2]에서는 특정 위치에 특정 숫자를 표시하기 위해 select_digit 함수와 show_number 함수를 사용하였고, 빠른 속도로 4자리의 숫자를 번갈아 출력하고 있다. 다만 자리를 옮기기 전에는 _delay_ms 함수를 사용하여 SEGMENT_DELAY(= 5ms) 정도의 지연 시간을 두었다. SEGMENT_DELAY는 LED가 완전히 켜지는 데 필요한 시간이다. LED의 반응 속도는 그다지 빠르지 않으므로, LED가 켜지도록 설정한 후, 즉 해당 세그먼트 핀에 1의 값을 출력한 후, 실제로 LED가 완전히 켜지기까지는 약간의 시간이 필요하다.

SEGMENT_DELAY 값을 더 작게 하면, 이웃한 자리의 숫자와 겹쳐서 알아볼 수 없는 숫자가 출력되거나, LED가 희미하게 켜진다. 이는 이전 LED가 완전히 켜지기 전에 출력이 다음 LED로 옮겨가기 때문에 이전 LED와 다음 LED 모두 완전히 켜지거나 꺼진 상태가 아니기 때문이다. 반대로 SEGMENT_DELAY 값을 증가시켜 보자. 어떤 현상이 발생하는가? 4자리에 모두 숫자가 표시되기는 하지만, 숫자가 깜빡이는 현상을 볼 수 있을 것이다. 이는 한 번에 한 자리에 숫자를 표시하고 다음 자리로 이동하기를 반복하여 원래의 자리로 돌아오기까지 너무 긴 시간이 걸려서 LED가 완전히 꺼져버렸기 때문이다. 이처럼 LED가 완전히 켜지거나 꺼지도록 하는 적절한 딜레이 시간은 사용한 LED의 종류에 따라 달라질 수 있다.[2]

2 이 장에서 사용한 4자리 7세그먼트 표시장치는 5ms 정도의 지연 시간에서 문제없이 동작하였다. 하지만 4자리 7세그먼트 표시장치에 따라 이 결과가 달라질 수 있으므로, 적절한 지연 시간은 실험을 통해 결정해야 한다.

LESSON 03

4자리 7세그먼트 표시장치로 시간 표시하기

4자리 7세그먼트 표시장치에 시간을 분과 초로 표시해 보자. 분과 초를 각각 2자리로 표시한다. 이전 절에서 한 자리의 숫자를 표시한 후 다음 자리로 이동하기까지 5ms의 지연 시간을 두었으므로, 같은 자리에 숫자를 표시하는 시간 간격은 약 20ms가 된다. 즉, 1초에 약 50회 출력을 반복해야 잔상 효과를 얻을 수 있다. [코드 3]에서는 시간을 표시하기 위해 millis2560 함수를 사용하여 1초 경과를 검사하였으며, 7세그먼트에는 메인 루프 내에서 반복해서 시간을 표시하도록 하였다.

코드 3 1초 간격 타이머

```
#define F_CPU 16000000L
#include <avr/io.h>
#include <util/delay.h>
#include "millis2560.h"
#define SEGMENT_DELAY 5                          // LED가 완전히 켜지기 위한 시간

// 0에서 9까지 숫자 표현을 위한 세그먼트 dp, g, f, e, d, c, b, a 값
uint8_t patterns[] = {0x3F, 0x06, 0x5B, 0x4F, 0x66, 0x6D, 0x7D, 0x27, 0x7F, 0x67};

void select_digit(int digit) {
    // 선택된 자리에만 논리 0을 가하고 나머지에는 논리 1을 가함
    // 왼쪽부터 digit 1(PK4)에서 digit 4(PK7)로 증가
    PORTK |= 0xF0;                               // 논리 1 출력으로 모든 자리 선택 해제
    PORTK &= ~(0x01 << (3 + digit));             // 선택한 자리만 논리 0 출력
}

void show_number(int no) {
    uint8_t upper = patterns[no] & 0xF0;
    uint8_t lower = patterns[no] & 0x0F;

    PORTF = (PORTF & 0x0F) | (lower << 4);       // d, c, b, a 세그먼트
    PORTK = (PORTK & 0xF0) | (upper >> 4);       // dp, g, f, e 세그먼트
}

void display_4digit_number(int no) {
    int thousands = no / 1000;                   // 천의 자리
```

```
    int hundreds = no / 100 % 10;                 // 백의 자리
    int tens = no / 10 % 10;                      // 십의 자리
    int ones = no % 10;                           // 일의 자리

    select_digit(1);
    show_number(thousands);
    _delay_ms(SEGMENT_DELAY);
    select_digit(2);
    show_number(hundreds);
    _delay_ms(SEGMENT_DELAY);
    select_digit(3);
    show_number(tens);
    _delay_ms(SEGMENT_DELAY);
    select_digit(4);
    show_number(ones);
    _delay_ms(SEGMENT_DELAY);
}

int main(void) {
    DDRF |= 0xF0;
    DDRK = 0xFF;                                  // 12개 핀을 출력으로 설정

    millis2560_init();

    unsigned long time_p = millis2560(), time_c;
    int minutes = 0, seconds = 0;                 // 분, 초

    while (1) {
        time_c = millis2560();

        if (time_c - time_p >= 1000) {            // 1초 경과 시 분, 초 계산
            time_p = time_c;
            seconds++;
            minutes += (seconds / 60);
            seconds %= 60;
            minutes %= 60;
        }

        // 4자리 숫자를 4자리 7세그먼트 표시장치에 표시
        display_4digit_number(minutes * 100 + seconds);
    }

    return 0;
}
```

LESSON 04

4자리 7세그먼트 표시장치에 가변저항 값 표시

[그림 6]과 같이 4자리 7세그먼트 표시장치를 연결하고, 아두이노 A0(PF0) 핀에 가변저항을 연결하여, 가변저항 값을 7세그먼트 표시장치에 표시해 보자.

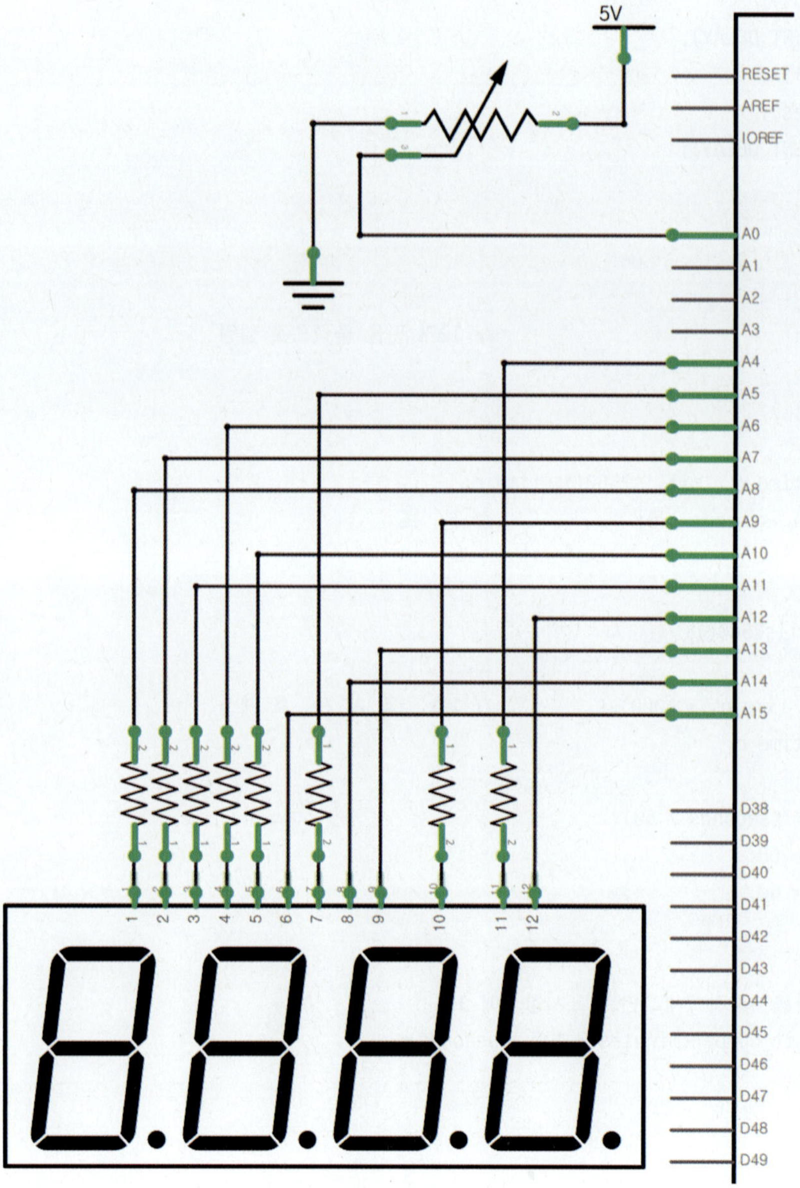

[그림 9] 4자리 7세그먼트 표시장치와 가변저항 연결 회로도

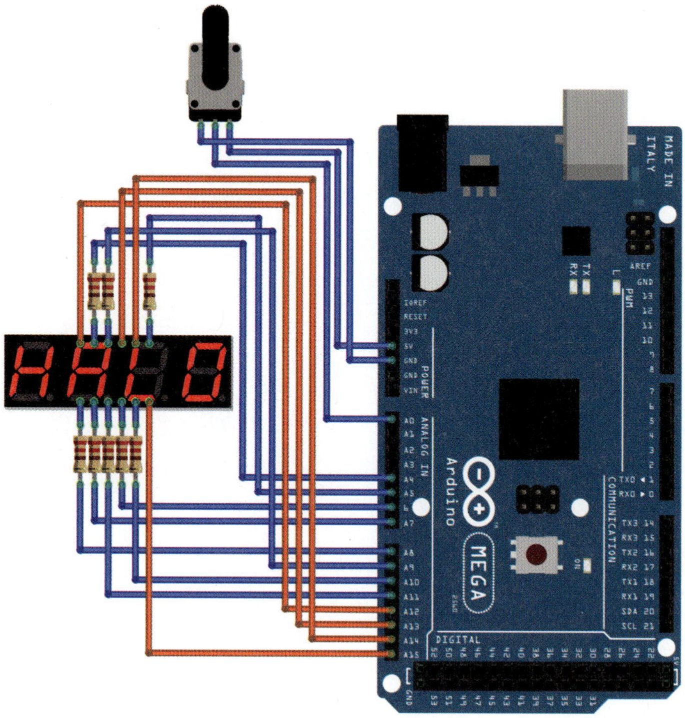

[그림 10] 4자리 7세그먼트 표시장치와 가변저항 연결 회로

가변저항 값을 표시하기 위해 [코드 3]을 적용하여 SevenSegment 라이브러리를 작성하고, 이를 사용하여 숫자를 표시하도록 하였다. '스케치북_디렉터리\libraries' 디렉터리 아래에 'SevenSegment' 디렉터리를 생성하고, 그 아래에 [코드 4]의 SevenSegment.h 파일과 [코드 5]의 SevenSegment.cpp 파일을 작성하자.

코드 4 SevenSegment 라이브러리 – SevenSegment.h

```
#ifndef _SEVEN_SEGMENT_
#define _SEVEN_SEGMENT_

#include <avr/io.h>
#include <util/delay.h>

#define SEGMENT_DELAY 5                // LED가 완전히 켜지기 위한 시간

void select_digit(int digit);
void show_number(int no);
void display_4digit_number(int no);
void seven_segment_init();

#endif
```

코드 5 SevenSegment 라이브러리 – SevenSegment.cpp

```
#include "SevenSegment.h"

// 0에서 9까지 숫자 표현을 위한 세그먼트 dp, g, f, e, d, c, b, a 값
uint8_t patterns[] = {0x3F, 0x06, 0x5B, 0x4F, 0x66, 0x6D, 0x7D, 0x27, 0x7F, 0x67};

void select_digit(int digit) {
    // 선택된 자리에만 논리 0을 가하고 나머지에는 논리 1을 가함
    // 왼쪽부터 digit 1(PK4)에서 digit 4(PK7)로 증가
    PORTK |= 0xF0;                        // 논리 1 출력으로 모든 자리 선택 해제
    PORTK &= ~(0x01 << (3 + digit));      // 선택한 자리만 논리 0 출력
}

void show_number(int no) {
    uint8_t upper = patterns[no] & 0xF0;
    uint8_t lower = patterns[no] & 0x0F;

    PORTF = (PORTF & 0x0F) | (lower << 4);    // d, c, b, a 세그먼트
    PORTK = (PORTK & 0xF0) | (upper >> 4);    // dp, g, f, e 세그먼트
}

void display_4digit_number(int no) {
    int thousands = no / 1000;            // 천의 자리
    int hundreds = no / 100 % 10;         // 백의 자리
    int tens = no / 10 % 10;              // 십의 자리
    int ones = no % 10;                   // 일의 자리

    select_digit(1);
    show_number(thousands);
    _delay_ms(SEGMENT_DELAY);
    select_digit(2);
    show_number(hundreds);
    _delay_ms(SEGMENT_DELAY);
    select_digit(3);
    show_number(tens);
    _delay_ms(SEGMENT_DELAY);
    select_digit(4);
    show_number(ones);
    _delay_ms(SEGMENT_DELAY);
}

void seven_segment_init() {
    DDRF |= 0xF0;
```

```
    DDRK = 0xFF;                              // 12개 핀을 출력으로 설정
}
```

SevenSegment 라이브러리와 ADC 라이브러리를 사용하여 가변저항 값을 4자리 7세그먼트 표시장치에 나타내는 코드의 예가 [코드 6]이다. 가변저항을 돌리면서 가변저항 값이 0~1023 사이의 값으로 제대로 표시되는지를 확인해 보자.

코드 6 가변저항 값 표시

```
#define F_CPU 16000000L
#include <avr/io.h>
#include <util/delay.h>
#include "SevenSegment.h"
#include "ADC.h"

int main(void) {
    seven_segment_init();                     // 7세그먼트 표시장치 초기화
    ADC_init(0);                              // ADC 채널 0번 초기화

    while (1) {
        int read = read_ADC();                // 가변저항 값 읽기
        display_4digit_number(read);          // 가변저항 값 표시
    }

    return 0;
}
```

CHAPTER 14 연습문제

1. [코드 6]은 가변저항 값을 7세그먼트 표시장치에 나타내는 예다. 하지만 [코드 4]와 [코드 5]의 SevenSegment 라이브러리는 9999 이하 모든 수를 항상 4자리로 표시한다. 예를 들어 '12'는 '0012'로 표시된다. SevenSegment 라이브러리의 display_4digit_number 함수를 수정하여 '영'의 표시 여부를 선택할 수 있도록 해보자.

```
void display_4digit_number(int no, uint8_t leading_zero = LEADING_ZERO);
```

2. 아래와 같이 6개의 패턴을 정의하고, 4자리 7세그먼트 표시장치의 각 자리에 1초 간격으로 패턴 1에서 패턴 6까지 반복적으로 패턴이 표시되도록 프로그램을 작성해 보자. 단, 첫 번째 자리는 패턴 1, 두 번째 자리는 패턴 2, 세 번째 자리는 패턴 3, 네 번째 자리는 패턴 4부터 시작하여, 각 자리에 서로 다른 패턴이 출력되도록 한다.

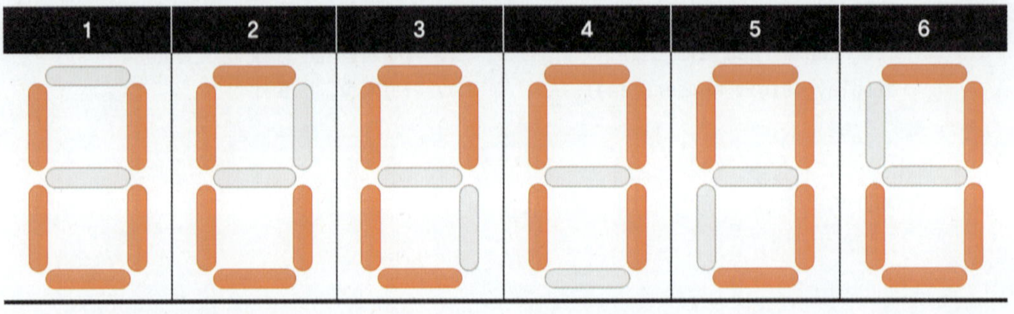

3. 아두이노 A1(PF1) 핀에 온도 센서를 연결하고 1초 간격으로 온도를 측정하여 7세그먼트 표시장치에 나타내는 프로그램을 작성해 보자. 온도는 정수로만 표시하는 것으로 한다.

4. 4자리 7세그먼트 표시장치를 제어하기 위해 잔상효과를 사용해도 12개의 범용입출력 핀이 필요하다. 필요한 핀 수를 줄이기 위해서는 마이크로컨트롤러에서 직렬로 출력한 데이터를 병렬로 변환하여 7세그먼트 표시장치에 전달하는 방법을 사용할 수 있다. 직렬 데이터를 병렬로 변환하기 위해 74595와 같은 전용 칩이나 마이크로컨트롤러의 시리얼 통신(UART, I2C 등)을 사용하는 7세그먼트 표시장치 모듈을 찾아보자.

CHAPTER

15

아스키코드에 정의된 문자를 표시하는 장치

텍스트 LCD

텍스트 LCD는 문자 단위로 정보를 표시하기 위해 사용할 수 있는 출력 장치의 일종으로, 간단한 정보 표시에 흔히 사용된다. 텍스트 LCD는 데이터 전달에 사용하는 연결선의 수에 따라 4비트 모드 또는 8비트 모드의 2가지 방법으로 제어할 수 있다. 이 장에서는 텍스트 LCD의 구조와 제어 방법, 그리고 텍스트 LCD에 문자를 출력하는 방법을 알아본다.

CONTENTS

LESSON 01

텍스트 LCD

액정(Liquid Crystal)은 액체이면서도 고체의 성질을 갖는 액체와 고체의 중간 형태로, 1800년대 후반에 처음 발견되었고, 1960년대 후반에 이르러 디스플레이로 활용되기 시작했다. 액정을 사용한 디스플레이 장치로는 문자 기반의 텍스트 LCD(Liquid Crystal Display), 픽셀 기반의 그래픽 LCD, 컬러 표현이 가능한 컬러 LCD 등 다양한 종류가 있다. 이 장에서 사용할 LCD는 영문자 또는 숫자 표현이 가능한 텍스트 LCD다. 텍스트 LCD도 표시할 수 있는 문자의 수에 따라 여러 종류로 나뉘지만, 2줄 16글자, 즉 총 32글자를 표시할 수 있는 텍스트 LCD를 흔히 볼 수 있다. 이 장에서 사용하는 텍스트 LCD 역시 2줄 16글자를 나타낼 수 있다.

텍스트 LCD에는 LCD로의 출력을 제어하기 위해 LCD 드라이버(또는 컨트롤러)가 포함되어 있다. 텍스트 LCD로는 히다찌(Hitachi)의 HD44780 또는 삼성의 KS0066 드라이버가 주로 사용되며, 이들은 서로 호환된다. LCD 드라이버는 명령 레지스터(Instruction Register, IR)와 데이터 레지스터(Data Register, DR)에 저장된 정보를 바탕으로 화면을 제어하며, 마이크로컨트롤러에서 텍스트 LCD 드라이버의 레지스터에 직접 정보를 기록할 수 있다. 데이터가 전송된 후에는 LCD 드라이버의 동작 신호(Enable)를 마이크로컨트롤러가 텍스트 LCD로 전송함으로써 LCD 드라이버가 LCD 모듈에 전달된 정보를 처리하도록 지시할 수 있다.

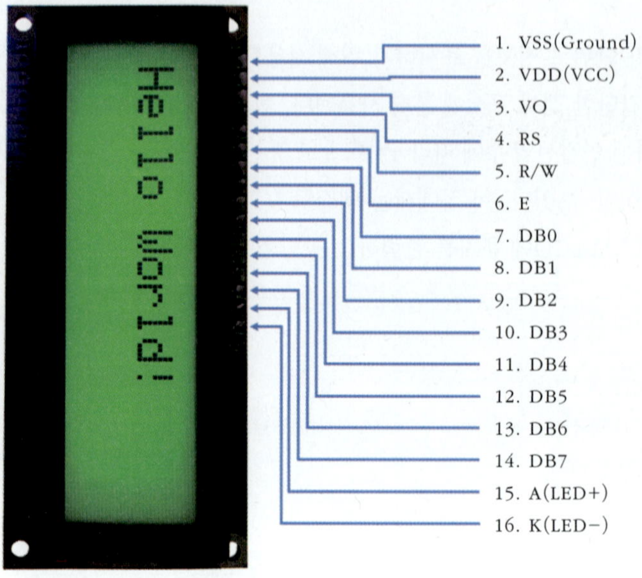

[그림 1] 텍스트 LCD 모듈

이 장에서 사용하는 텍스트 LCD 모듈에는 [그림 1]과 같이 16개의 연결 핀이 있다. [그림 1]의 텍스트 LCD 모듈에서 각 핀의 기능은 [표 1]과 같다.

[표 1] 텍스트 LCD의 핀 설명

핀 번호	이름	설명
1	VSS	그라운드 (GND)
2	VDD	5V 동작 전원 (VCC)
3	VO	콘트라스트 조절을 위해 가변저항을 통해 0 ~ 5V 사이 입력
4	RS	레지스터 선택 (Register Select)
5	R/W	읽기 쓰기 (Read/Write)
6	E	활성화 (Enable)
7	DB0	데이터 신호 핀
8	DB1	
9	DB2	
10	DB3	
11	DB4	
12	DB5	
13	DB6	
14	DB7	
15	A(LED+)	백라이트 전원
16	K(LED−)	

16개의 핀 중 3개는 제어 신호 연결에 사용되는 핀이며, 8개는 데이터 신호 연결을 위한 핀이다. 나머지 5개 핀은 전원 관련 핀이다. 제어에 사용되는 3개의 핀은 [표 2]와 같다.

[표 2] 텍스트 LCD의 제어핀

제어핀	설명
RS (Register Select)	텍스트 LCD를 제어하기 위해서는 LCD 드라이버에 있는 제어 레지스터와 데이터 레지스터의 두 개의 레지스터가 사용된다. RS 신호는 명령을 담고 있는 레지스터(RS = LOW)와 데이터를 담고 있는 레지스터(RS = HIGH) 중 하나를 선택하는 데 사용된다. 마이크로컨트롤러에서 선택된 레지스터로 데이터를 전달할 수 있다.
R/W (Read/Write)	읽기 (R/W = HIGH) 및 쓰기 (R/W = LOW) 모드 선택에 사용한다. 일반적으로 LCD는 데이터를 쓰기 위한 용도로만 사용하므로 R/W 신호를 GND에 연결하여 사용할 수 있다.
E (Enable)	하강 에지(falling edge)에서 LCD 드라이버가 레지스터의 내용을 바탕으로 처리를 시작하도록 지시하기 위한 신호로 사용된다.

텍스트 LCD는 연결하는 데이터 신호 핀의 개수에 따라 4비트 모드 또는 8비트 모드로 사용할 수 있다. R/W를 제외한 2개의 제어핀을 사용한다면, 4비트 모드의 경우엔 최소 6개, 8비트 모드의 경우엔

최소 10개의 연결이 필요하다.

텍스트 LCD 모듈에 명령을 전달하기 위해서는 먼저 RS와 R/W 값을 설정하고, LCD 드라이버의 레지스터에 데이터를 기록한다. 이후 E를 HIGH 상태에서 LOW 상태로 바꾸면 하강 에지에서 LCD 드라이버가 해당 명령을 실행한다. 텍스트 LCD 모듈 제어를 위한 명령어는 [표 3]과 같다.

[표 3] 텍스트 LCD 모듈의 명령어

명령	명령 코드										설명
	RS	R/W	DB7	DB6	DB5	DB4	DB3	DB2	DB1	DB0	
Clear Display	0	0	0	0	0	0	0	0	0	1	공백문자(코드 0x20)로 화면을 지우고, 커서를 홈 위치(주소 0번)로 이동시킨다.
Return Home	0	0	0	0	0	0	0	0	1	–	커서를 홈 위치로 이동시키고, 표시 영역이 이동된 경우엔 초기 위치로 이동시킨다. 화면에 출력된 내용(DDRAM의 값)은 변하지 않는다.
Entry Mode Set	0	0	0	0	0	0	0	1	I/D	S	데이터 읽기 또는 쓰기 후 메모리의 증가(Increment) 또는 감소(Decrement) 방향을 지정한다. DDRAM에서 I/D = 1이면 커서를 오른쪽으로, I/D = 0이면 왼쪽으로 옮긴다. S = 1이면 I/D 값에 따라 디스플레이를 왼쪽 또는 오른쪽으로 옮긴다. 이때 커서는 고정된 위치에 나타난다.
Display on/off Control	0	0	0	0	0	0	1	D	C	B	디스플레이(D), 커서(C), 커서 깜빡임(B)의 ON/OFF를 설정한다.
Cursor or Display Shift	0	0	0	0	0	1	S/C	R/L	–	–	화면에 출력된 내용의 변경 없이 커서와 화면을 이동시킨다. ([표 4])
Function Set	0	0	0	0	1	DL	N	F	–	–	데이터 비트 크기(DL = 1이면 8비트, DL = 0이면 4비트), 디스플레이 행 수(N), 폰트 크기(F)를 설정한다. ([표 5])
Set CGRAM Address	0	0	0	1	AC5	AC4	AC3	AC2	AC1	AC0	주소 카운터에 CGRAM 주소를 설정한다.
Set DDRAM Address	0	0	1	AC6	AC5	AC4	AC3	AC2	AC1	AC0	주소 카운터에 DDRAM 주소를 설정한다.
Read Busy Flag & Address	0	1	BF	AC6	AC5	AC4	AC3	AC2	AC1	AC`	드라이버에서 현재 명령어를 실행 중인지의 여부를 나타내는 동작 중 플래그(Busy Flag) 값과 주소 카운터의 값을 읽어온다.
Write Data to RAM	1	0	D7	D6	D5	D4	D3	D2	D1	D0	RAM(DDRAM 또는 CGRAM)에 데이터를 기록한다.
Read Data from RAM	1	1	D7	D6	D5	D4	D3	D2	D1	D0	RAM(DDRAM 또는 CGRAM)에서 데이터를 읽어온다.

[표 4] 커서와 화면 이동

S/C	R/L	설명
0	0	커서를 왼쪽으로 옮긴다. 메모리 주소는 1 감소한다.
0	1	커서를 오른쪽으로 옮긴다. 메모리 주소는 1 증가한다.
1	0	화면을 왼쪽으로 옮긴다. 커서 역시 왼쪽으로 이동한다.
1	1	화면을 오른쪽으로 옮긴다. 커서 역시 오른쪽으로 이동한다.

[표 5] 행 수와 폰트 크기

N	F	행 수	폰트 크기	비고
0	0	1	5×8	
0	1	1	5×10	
1	–	2	5×8	2행 출력에서는 5×10 크기 폰트를 사용할 수 없다.

명령어 표에서 알 수 있듯이 텍스트 LCD에는 DDRAM(Display Data RAM)과 CGRAM(Character Generator RAM)의 두 종류 메모리가 포함되어 있다. DDRAM은 현재 화면에 표시되고 있는 문자 데이터를 저장하는 RAM으로, 최대 80개 문자를 저장할 수 있다.

하지만 문자를 2행으로 화면에 표시하는 경우, 텍스트 LCD에 표시되는 문자는 최대 32개이므로, 텍스트 LCD 모듈의 메모리에 저장된 데이터 중 일부만 텍스트 LCD에 표시될 수 있다. 2행 16열로 표시할 때, DDRAM의 메모리 번지와 실제 화면에 표시되는 문자의 관계는 [그림 2]와 같다.

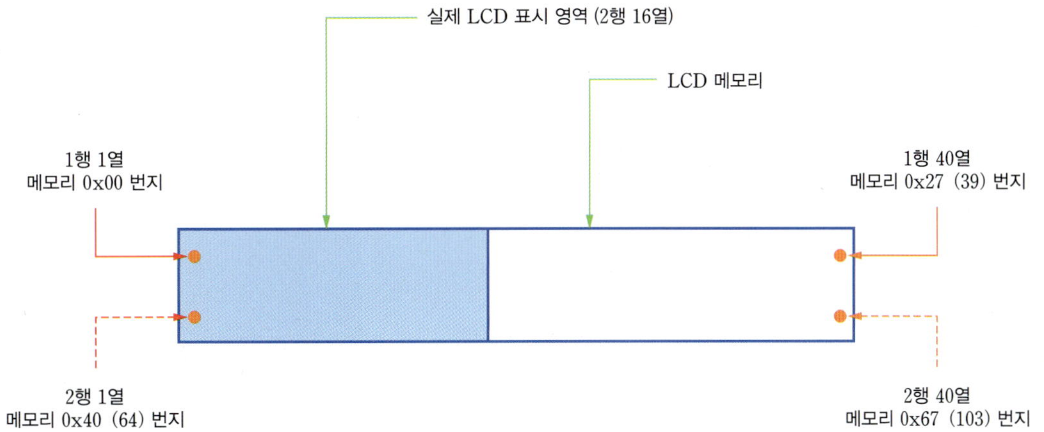

[그림 2] LCD 메모리 및 화면 표시 영역

디폴트로 화면에 표시되는 문자는 0번지에 저장된 내용부터 표시하도록 설정되어 있지만, 이 표시 영역은 화면 이동 명령으로 변경할 수 있다. 32글자만 표시할 수 있는 텍스트 LCD에 80바이트의 메모리가 포함된 것은 4줄 20글자, 총 80글자를 표시할 수 있는 텍스트 LCD와의 호환을 위해서다.

CGRAM은 사용자 정의 문자를 정의하여 저장하는 공간으로 64바이트 크기를 가진다. 하나의 사용자 정의 문자를 정의하기 위해서는 8바이트의 데이터가 필요하므로, 총 8개의 사용자 정의 문자를 정의하여 사용할 수 있다.

LESSON 02

텍스트 LCD 제어

텍스트 LCD는 연결하는 데이터 선의 수에 따라 4비트 모드 또는 8비트 모드로 제어할 수 있다. 8비트 모드에서는 DB0에서 DB7까지 8개 핀이 모두 사용되지만, 4비트 모드에서는 DB4에서 DB7까지 4개 핀만 사용된다. 마이크로컨트롤러와 함께 사용하는 경우에는 필요한 핀의 수를 줄이기 위해 일반적으로 4비트 모드를 사용하며 이 장에서도 4비트 모드를 사용한다. 따라서 텍스트 LCD를 마이크로컨트롤러에 연결하기 위해서는 4개의 데이터 선과 2개(RS와 E)의 제어선, 즉 총 6개의 연결선이 필요하다. 이 장에서는 텍스트 LCD를 쓰기 용도로만 사용하므로 R/W 제어핀은 GND에 연결하여 사용하였다.

텍스트 LCD를 [그림 3]과 같이 연결하자. 아두이노 44번(PL5) 핀에 RS 핀을, 아두이노 45번(PL4) 핀에 E핀을 연결하고, 아두이노 46~49번(PL3~PL0) 핀에 DB4~DB7 핀을 연결한다.

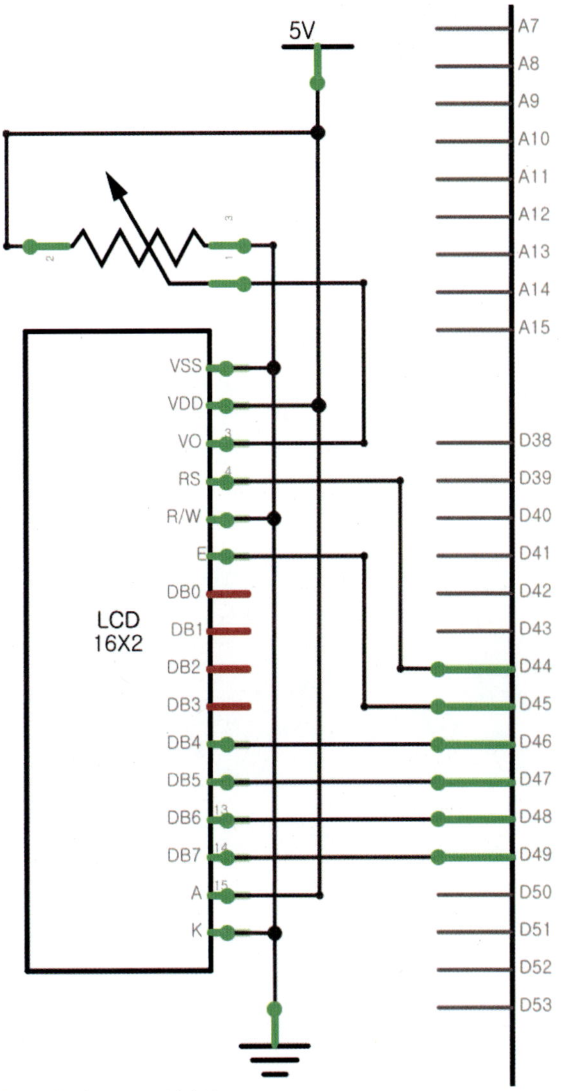

[그림 3] 텍스트 LCD 연결 회로도

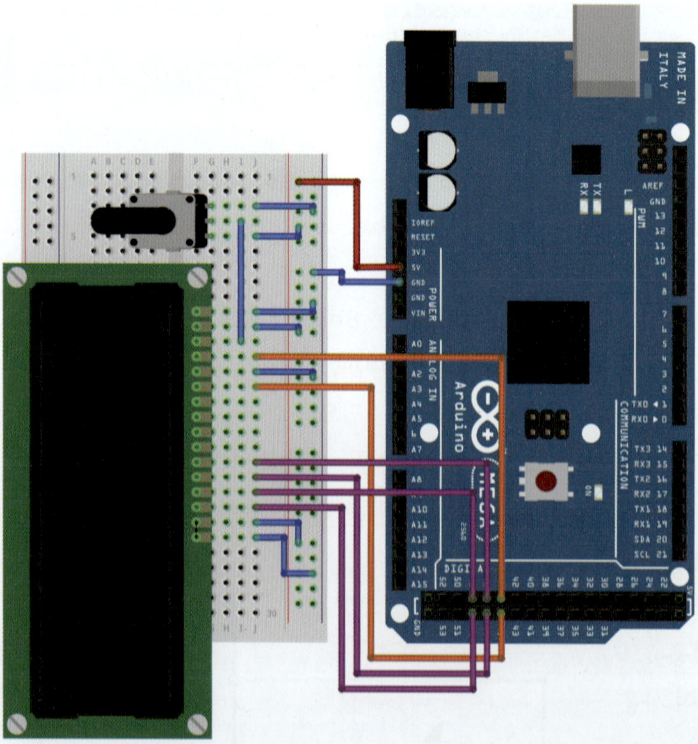

[그림 4] 텍스트 LCD 연결 회로

[그림 5] 학습보드의 텍스트 LCD

텍스트 LCD 제어에 사용될 몇 가지 상수를 정의하자. 4비트 모드에서는 RS 핀과 E 핀의 2개 제어핀이 사용되는데, 먼저 각 핀이 연결된 데이터 핀의 비트 번호를 정의한다. R/W 핀은 사용하지 않으므로 정의하지 않았다.

```
#define RS_PIN        5                        // RS 제어핀 연결 포트의 비트 번호
#define E_PIN         4                        // E 제어핀 연결 포트의 비트 번호
```

[표 3]을 참고하여 화면을 지우는 명령과 4비트 모드로 설정하는 명령을 다음과 같이 정의한다.

```
#define COMMAND_CLEAR_DISPLAY           0x01
#define COMMAND_4_BIT_MODE              0x28    // 4비트, 2라인, 5x8 폰트
```

화면, 커서, 커서 깜빡임 등을 제어하기 위해 각 기능에 해당하는 비트 번호를 정의한다.

```
#define COMMAND_DISPLAY_ON_OFF_BIT     2
#define COMMAND_CURSOR_ON_OFF_BIT      1
#define COMMAND_BLINK_ON_OFF_BIT       0
```

텍스트 LCD를 제어하기 전에 공통으로 사용되는 몇 가지 함수를 정의해 보자. 기본적인 함수로는 문자 출력을 위한 LCD_write_data 함수와 문자 출력 이외의 명령어 실행을 위한 LCD_write_command 함수가 있다. 두 함수의 차이는 RS 출력을 1로 할 것인지 0으로 할 것인지에 있다. 한편 LCD 드라이버가 명령어를 실행하기 위해서는 제어선 E를 HIGH에서 LOW로 바꾸어 하강 에지에서 명령어가 실행되도록 해야 하는데, 이를 위해 LCD_pulse_enable 함수도 정의하였다. 함수 정의에서 사용된 _delay_ms 함수는 LCD 모듈에서 명령어를 처리하기 위한 시간으로, 자세한 지연 시간은 데이터시트를 참고하도록 한다.

코드 1 Text LCD 제어 함수

```
void LCD_pulse_enable(void) {                     // 하강 에지에서 동작
   set_bit(PORTL, E_PIN);                         // E를 HIGH로
   _delay_us(1);
   clear_bit(PORTL, E_PIN);                       // E를 LOW로
   _delay_ms(1);
}

void LCD_write_data(uint8_t data) {
   set_bit(PORTL, RS_PIN);                        // 문자 출력에서 RS는 1

   uint8_t temp = reverse_bit_order(data);

   PORTL = (PORTL & 0xF0) | (temp & 0x0F);
   LCD_pulse_enable();                            // 문자 데이터 상위 4비트 출력

   PORTL = (PORTL & 0xF0) | (temp >> 4);
```

```
    LCD_pulse_enable();                          // 문자 데이터 하위 4비트 출력

    _delay_ms(2);
}

void LCD_write_command(uint8_t command) {
    clear_bit(PORTL, RS_PIN);                    // 명령어 실행에서 RS는 0

    uint8_t temp = reverse_bit_order(command);

    PORTL = (PORTL & 0xF0) | (temp & 0x0F);
    LCD_pulse_enable();                          // 명령어 데이터 상위 4비트 출력

    PORTL = (PORTL & 0xF0) | (temp >> 4);
    LCD_pulse_enable();                          // 명령어 데이터 하위 4비트 출력

    _delay_ms(2);
}

void LCD_clear(void) {
    LCD_write_command(COMMAND_CLEAR_DISPLAY);
    _delay_ms(2);
}
```

문자 출력과 명령어 실행을 위한 데이터 전달에서 reverse_bit_order 함수는 데이터 비트의 순서를 바꾸는 데 사용되었다. 즉, MSB가 LSB에, LSB가 MSB에 오도록 비트 순서를 뒤집었다는 말이다. 이는 텍스트 LCD의 데이터 핀 DB4~DB7이 아두이노 핀을 기준으로 할 때는 46번~49번 핀에 연결되지만, 포트 내에서의 비트 번호는 3~0으로 뒤집혀 있기 때문이다.

코드 2 비트 순서 바꾸기 함수

```
uint8_t reverse_bit_order(uint8_t data) {
    uint8_t result = 0;

    if (data & (1 << 0)) result |= (0x80 >> 0);
    if (data & (1 << 1)) result |= (0x80 >> 1);
    if (data & (1 << 2)) result |= (0x80 >> 2);
    if (data & (1 << 3)) result |= (0x80 >> 3);
    if (data & (1 << 4)) result |= (0x80 >> 4);
    if (data & (1 << 5)) result |= (0x80 >> 5);
    if (data & (1 << 6)) result |= (0x80 >> 6);
```

```
    if (data & (1 << 7)) result |= (0x80 >> 7);

    return result;
}
```

데이터 전달이 4비트 단위로 2번에 걸쳐 전달되는 점도 눈여겨보아야 한다. 먼저 상위 4비트 데이터를 보내고, 그다음으로 하위 4비트를 보낸다. 그러나 비트 순서를 바꾼 후 전달되므로, 하위 4비트가 먼저 보내진 것처럼 보인다.

4비트 모드로 텍스트 LCD를 초기화하는 함수는 다음과 같다.

코드 3 Text LCD 초기화 함수

```
void LCD_init(void) {
    _delay_ms(50);                                      // 초기 구동 시간

    // 연결 핀을 출력으로 설정
    DDRL |= 0x0F;                                       // 데이터 핀
    DDRL |= (1 << RS_PIN) | (1 << E_PIN);              // 제어핀

    LCD_write_command(0x02);                            // 4비트 모드 추가 명령
    LCD_write_command(COMMAND_4_BIT_MODE);              // 4비트 모드

    // display on/off control
    // 화면 on, 커서 off, 커서 깜빡임 off
    uint8_t command = 0x08 | (1 << COMMAND_DISPLAY_ON_OFF_BIT);
    LCD_write_command(command);

    LCD_clear();                                        // 화면 지움

    // Entry Mode Set
    // 출력 후 커서를 오른쪽으로 옮김, 즉, DDRAM의 주소가 증가하며 화면 이동은 없음
    LCD_write_command(0x06);
}
```

텍스트 LCD를 4비트 모드로 설정할 때 주의할 점은 텍스트 LCD가 8비트 모드를 기본으로 하고 있다는 점이다. 따라서 LCD 모듈의 초기화 과정에서 우선 4비트 모드로 설정하는 과정이 필요하다. 4비트 모드로 설정하기 위해서는 4비트 모드 설정 명령어인 COMMAND_4_BIT_MODE를 실행하면 되지만, 이 명령은 8개의 데이터 선이 연결된 경우에만 가능하다. [그림 3]의 회로도에서는 4개의 데이터

선만이 연결되어 있으므로, 상위 니블에만 데이터가 전달되고 하위 니블의 값은 0이 전달된다. 상위 니블만으로 4비트 모드로 설정하기 위해서는 Function Set 명령에서 0x20 명령어를 실행해야 한다.

하지만 미묘한 점이 한 가지 더 있다. LCD_write_command 함수에서 명령어나 데이터는 상위 4비트가 먼저 전송된 후 하위 4비트가 이어서 전송된다. 따라서 COMMAND_4_BIT_MODE 명령어를 전송하기 전에 0x02 값을 전송해주어야 한다. 명령어 0x02는 2개의 명령어 0x00과 0x20로 나눠어 텍스트 LCD로 전달된다. 첫 번째 명령어인 0x00은 아무런 의미가 없는 명령이며, 두 번째 명령어인 0x20은 [표 3]에서 알 수 있듯이 Function Set 명령으로, 4비트 모드로 설정하는 명령이다. 물론 0x20 명령을 전송해도 효과는 같다. COMMAND_4_BIT_MODE 명령어에는 4비트 모드 설정 이외에도 2×16 크기의 표시 영역을 설정하고, 5×8 크기 폰트를 사용하는 내용이 포함되어 있으므로, 0x20이나 0x02 명령어 실행 이후 다시 실행해야 한다.

문자열 출력 및 임의의 위치에 문자를 출력하기 위한 함수도 정의해 보자.

코드 4 Text LCD 위치 설정 및 문자열 출력 함수

```
void LCD_write_string(char *string) {
  uint8_t i;
  for (i = 0; string[i]; i++)                     // 종료 문자를 만날 때까지
  LCD_write_data(string[i]);                      // 문자 단위 출력
}

void LCD_goto_XY(uint8_t row, uint8_t col) {
  col %= 16;                                      // [0 15] 범위로 제한
  row %= 2;                                       // [0 1] 범위로 제한

  // 첫째 라인 시작 주소는 0x00, 둘째 라인 시작 주소는 0x40
  uint8_t address = (0x40 * row) + col;
  uint8_t command = 0x80 + address;

  LCD_write_command(command);                     // 커서 이동
}
```

위에서 설명한 [코드 1]에서 [코드 4]의 함수들을 사용하여 TextLCD 라이브러리를 [코드 5] 및 [코드 6]과 같이 작성하자. 작성한 파일은 '스케치북_디렉터리\libraries' 디렉터리 아래에 'TextLCD' 디렉터리를 생성하고 그 아래에 복사한다.

코드 5 TextLCD 라이브러리 - TextLCD.h

```
#ifndef _TEXT_LCD_
#define _TEXT_LCD_

#include <avr/io.h>
#include <util/delay.h>

#ifndef set_bit
#define set_bit(value, bit) ( _SFR_BYTE(value) |= _BV(bit) )
#endif

#ifndef clear_bit
#define clear_bit(value, bit) ( _SFR_BYTE(value) &= ~_BV(bit) )
#endif

#define RS_PIN    5                         // RS 제어핀 연결 포트의 비트 번호
#define E_PIN     4                         // E 제어핀 연결 포트의 비트 번호

#define COMMAND_CLEAR_DISPLAY    0x01
#define COMMAND_4_BIT_MODE     0x28         // 4비트, 2라인, 5x8 폰트

#define COMMAND_DISPLAY_ON_OFF_BIT    2
#define COMMAND_CURSOR_ON_OFF_BIT     1
#define COMMAND_BLINK_ON_OFF_BIT      0

void LCD_pulse_enable(void);
uint8_t reverse_bit_order(uint8_t data);
void LCD_write_data(uint8_t data);
void LCD_write_command(uint8_t command);
void LCD_clear(void);
void LCD_write_string(char *string);
void LCD_goto_XY(uint8_t row, uint8_t col);
void LCD_init(void);

#endif
```

코드 6 TextLCD 라이브러리 - TextLCD.cpp

```
#include "TextLCD.h"

void LCD_pulse_enable(void) {               // 하강 에지에서 동작
  set_bit(PORTL, E_PIN);                    // E를 HIGH로
```

```
    _delay_us(1);
    clear_bit(PORTL, E_PIN);                // E를 LOW로
    _delay_ms(1);
}

void LCD_write_data(uint8_t data) {
    set_bit(PORTL, RS_PIN);                 // 문자 출력에서 RS는 1

    uint8_t temp = reverse_bit_order(data);

    PORTL = (PORTL & 0xF0) | (temp & 0x0F);
    LCD_pulse_enable();                     // 문자 데이터 상위 4비트 출력

    PORTL = (PORTL & 0xF0) | (temp >> 4);
    LCD_pulse_enable();                     // 문자 데이터 하위 4비트 출력

    _delay_ms(2);
}

void LCD_write_command(uint8_t command) {
    clear_bit(PORTL, RS_PIN);               // 명령어 실행에서 RS는 0

    uint8_t temp = reverse_bit_order(command);

    PORTL = (PORTL & 0xF0) | (temp & 0x0F);
    LCD_pulse_enable();                     // 명령어 데이터 상위 4비트 출력

    PORTL = (PORTL & 0xF0) | (temp >> 4);
    LCD_pulse_enable();                     // 명령어 데이터 하위 4비트 출력

    _delay_ms(2);
}

void LCD_clear(void) {
    LCD_write_command(COMMAND_CLEAR_DISPLAY);
    _delay_ms(2);
}

uint8_t reverse_bit_order(uint8_t data) {
    if (data & (1 << 0)) result |= (0x80 >> 0);
    if (data & (1 << 1)) result |= (0x80 >> 1);
    if (data & (1 << 2)) result |= (0x80 >> 2);
    if (data & (1 << 3)) result |= (0x80 >> 3);
```

```
    if (data & (1 << 4)) result |= (0x80 >> 4);
    if (data & (1 << 5)) result |= (0x80 >> 5);
    if (data & (1 << 6)) result |= (0x80 >> 6);
    if (data & (1 << 7)) result |= (0x80 >> 7);

    return result;
}

void LCD_init(void) {
    _delay_ms(50);                                      // 초기 구동 시간

    // 연결 핀을 출력으로 설정
    DDRL |= 0x0F;                                       // 데이터 핀
    DDRL |= (1 << RS_PIN) | (1 << E_PIN);               // 제어핀

    LCD_write_command(0x02);                            // 4비트 모드 추가 명령
    LCD_write_command(COMMAND_4_BIT_MODE);              // 4비트 모드

    // display on/off control
    // 화면 on, 커서 off, 커서 깜빡임 off
    uint8_t command = 0x08 | (1 << COMMAND_DISPLAY_ON_OFF_BIT);
    LCD_write_command(command);

    LCD_clear();                                        // 화면 지움

    // Entry Mode Set
    // 출력 후 커서를 오른쪽으로 옮김, 즉 DDRAM의 주소가 증가하며 화면 이동은 없음
    LCD_write_command(0x06);
}

void LCD_write_string(char *string) {
    uint8_t i;
    for (i = 0; string[i]; i++)                         // 종료 문자를 만날 때까지
    LCD_write_data(string[i]);                          // 문자 단위 출력
}

void LCD_goto_XY(uint8_t row, uint8_t col) {
    col %= 16;                                          // [0 15]
    row %= 2;                                           // [0 1]

    // 첫째 라인 시작 주소는 0x00, 둘째 라인 시작 주소는 0x40
    uint8_t address = (0x40 * row) + col;
    uint8_t command = 0x80 + address;
```

```
    LCD_write_command(command);                          // 커서 이동
}
```

TextLCD 라이브러리를 사용하여 텍스트 LCD를 초기화하고, 'Hello World!' 문자열을 출력한 후 1초가 지나면 화면을 지우고 커서를 옮기면서 숫자를 출력하는 예가 [코드 7]이다.

코드 7 Hello Text LCD !

```
#define F_CPU 16000000L
#include <avr/io.h>
#include "TextLCD.h"

int main(void) {
    LCD_init();                                         // 텍스트 LCD 초기화

    LCD_write_string("Hello World!");                   // 문자열 출력

    _delay_ms(1000);                                    // 1초 대기

    LCD_clear();                                        // 화면 지움

    // 화면에 보이는 영역은 기본값으로, 0~1행, 0~15열로 설정되어 있다.
    LCD_goto_XY(0, 0);                                  // 0행 0열로 이동
    LCD_write_data('1');                                // 문자 단위 출력
    LCD_goto_XY(0, 5);
    LCD_write_data('2');
    LCD_goto_XY(1, 0);
    LCD_write_data('3');
    LCD_goto_XY(1, 5);
    LCD_write_data('4');

    while (1) {
    }

    return 0;
}
```

(a) 문자열 출력

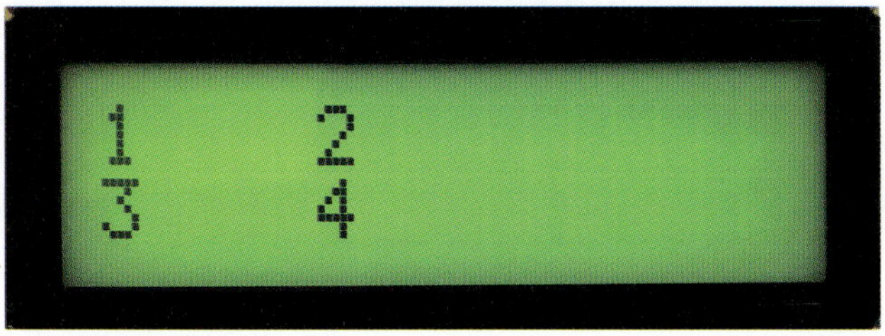

(b) 숫자 출력

[그림 6] [코드 7] 실행 결과

LESSON 03

임의의 문자 표시하기

랜덤 함수를 사용하여 알파벳 대문자 중 임의의 문자를 생성하고, 문자를 표시할 위치도 임의로 생성하여 표시해 보자. 난수를 생성하는 데 사용할 수 있는 함수는 random 함수로, 0에서 RANDOM_MAX 사이의 정수를 반환한다.

long random(void)

- **매개변수** : 없음
- **반환값** : [0, RANDOM_MAX] 범위의 의사 난수값

다만 random 함수는 의사 난수(pseudo random number)를 반환한다는 점을 기억해야 한다. 의사 난수란 계산을 통해 만들어지는 숫자열로, 난수와 비슷해 보이기는 하지만 진짜 난수는 아니다. 의사 난수는 시작점이 다르면 만들어지는 숫자열도 달라지므로 시작점을 임의로 지정할 수 있다면, 의사 난수로도 난수에 가까운 숫자열을 얻을 수 있다. 의사 난수의 시작점을 지정하기 위해 srandom 함수를 사용하면 되지만, 마이크로컨트롤러에서는 임의의 시작점을 지정할 방법이 없다. 임의의 시작점을 지정할 수 있다면 의사 난수가 아닌 난수를 발생시키는 것도 가능할 것이다.

long srandom(unsigned long seed)

- **매개변수**
  - seed : 의사 난수 생성의 시작 위치
- **반환값** : 없음

임의의 시작점을 지정하는 데에는 현재 시각이 흔히 사용되지만, 별도의 외부장치를 추가하지 않은 ATmega2560에서는 현재 시각을 알아낼 방법이 없다. 오픈된 아날로그 입력 핀으로 아날로그 값을 읽는 방법도 흔히 사용된다. 주변 환경에 따라 오픈된 아날로그 입력 핀으로 임의의 값이 입력될 수 있다.

[코드 8]은 임의의 위치에 임의의 알파벳 대문자를 출력하는 코드의 예다. [코드 8]에서는 srandom 함수를 사용하지 않았으므로, 디폴트값인 1로 시작 위치가 지정된다. 따라서 매번 같은 숫자열이 생성되어 동일한 위치에 동일한 알파벳 대문자가 출력된다.

코드 8 난수 생성

```
#define F_CPU 16000000L
#include <avr/io.h>
#include <stdlib.h>
#include <util/delay.h>
#include "TextLCD.h"

int main(void) {
   LCD_init();                                  // 텍스트 LCD 초기화
   LCD_clear();                                 // 화면 지움

   while (1) {
      int alphabet = random() % 28;             // 알파벳 26글자 + 공백 2개
      if (alphabet >= 26) alphabet = ' ';       // 26~27은 공백으로 대체
      else alphabet += 'A';                     // 0~25는 알파벳 대문자로 변환

      int x = random() % 16;
      int y = random() % 2;

      LCD_goto_XY(y, x);                        // 임의의 위치에
      LCD_write_data(alphabet);                 // 임의의 알파벳 대문자 출력

      _delay_ms(200);
   }

   return 0;
}
```

[그림 7] [코드 8] 실행 결과

CHAPTER 15 연습문제

1. 아두이노 A1(PF1) 핀에 LM35 온도 센서를 연결하고, 아두이노 A2(PF2) 핀에 조도 센서를 연결하자. 1초 간격으로 두 센서의 값을 읽어 텍스트 LCD에 출력하는 프로그램을 작성해 보자. 온도 센서로부터 읽은 값은 온도로 변환하여 표시하고, 조도 센서로 읽은 값은 AD 변환기의 출력을 그대로 표시한다.

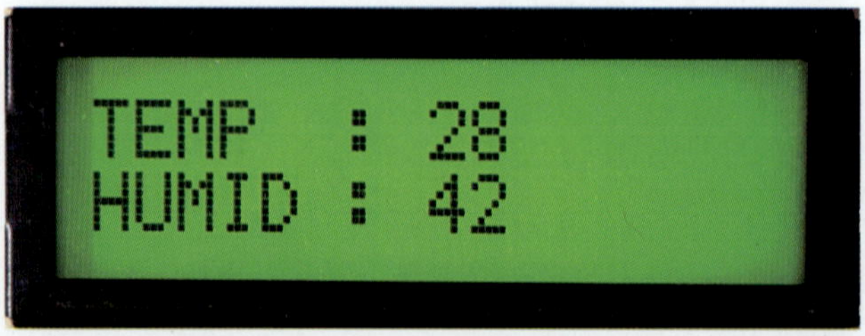

2. 아두이노 A0(PF0) 핀에 가변저항을 연결하고, 가변저항의 값을 (0, 0) 위치에 출력하는 프로그램을 작성해 보자. 이때 출력하는 숫자의 자릿수에 따라 이전에 출력한 숫자와 겹치는 경우가 발생할 수 있음을 주의해야 한다. 이전에 출력된 값을 지우기 위해서는 전체 화면을 지우거나, 출력 위치에 공백을 출력해서 이전 내용을 지우는 방법을 사용할 수 있다.

3. 텍스트 LCD 모듈에는 최대 80글자까지 출력할 수 있지만, 화면에는 32글자만 보인다. 텍스트 LCD 모듈에 출력된 데이터는 DDRAM에 저장되며 화면을 스크롤해서 DDRAM에 저장된 데이터를 확인할 수 있다. [코드 9]는 화면을 좌우로 스크롤하는 코드의 예다. 화면의 움직임을 확인해 보자.

코드 9 화면 스크롤

```
#define F_CPU 16000000
#include <avr/io.h>
#include <util/delay.h>
#include "TextLCD.h"

#define LCD_SCREEN_SHIFT_LEFT     0x18
#define LCD_SCREEN_SHIFT_RIGHT    0x1C

int main(void) {
   LCD_init();

   LCD_goto_XY(0, 4);
   LCD_write_string("OX");
   LCD_goto_XY(1, 4);
   LCD_write_string("XO");

   while (1) {
      for (int i = 0; i < 6; i++) {              // 오른쪽 스크롤
         LCD_write_command(LCD_SCREEN_SHIFT_RIGHT);
         _delay_ms(500);
      }
      for (int i = 0; i < 6; i++) {              // 왼쪽 스크롤
         LCD_write_command(LCD_SCREEN_SHIFT_LEFT);
         _delay_ms(500);
      }
   }

   return 0;
}
```

4. 텍스트 LCD는 간단하게 문자를 표시할 수 있다는 장점이 있지만, 표시할 수 있는 문자의 수가 적고, 고정된 위치에 영문자만을 출력할 수 있는 등의 단점이 있다. 이러한 단점으로 최근에는 한글 출력, 그래픽 출력, 컬러 출력 등이 가능한 LCD도 사용되고 있다. 마이크로컨트롤러와 함께 사용할 수 있는 다양한 종류의 LCD를 찾아보고 텍스트 LCD와의 장단점을 비교해 보자.

CHAPTER

16

다양한 분야에서 사용되고 있는 출력 장치

LED 매트릭스

LED 매트릭스는 LED를 행렬 형태로 배치하여 문자, 기호, 숫자 등을 표시할 수 있도록 만든 출력 장치의 일종이다. LED 매트릭스는 7세그먼트 표시장치와 마찬가지로 잔상 효과를 이용함으로써 16개의 핀으로 64개의 LED를 동시에 제어하는 것과 같은 효과를 얻을 수 있다. 74595와 같은 직렬 입력 병렬 출력 레지스터 칩을 사용하면, 더 적은 수의 핀으로도 LED 매트릭스를 제어하는 게 가능하다. 이 장에서는 LED 매트릭스의 구조와 잔상 효과를 이용하여 이를 제어하는 방법, 그리고 74595 칩을 사용하여 3개의 핀으로 LED 매트릭스를 제어하는 방법에 대해 알아본다.

CONTENTS

LESSON 01 LED 매트릭스

LED 매트릭스는 LED를 행과 열의 매트릭스(matrix, 행렬) 형태로 배치하여 문자나 기호를 표시할 수 있도록 만든 출력 장치로, 다양한 분야에서 사용되고 있다. 특히 8×8 크기의 LED 매트릭스는 알파벳이나 숫자 등 ASCII 코드에 정의된 문자를 표시할 수 있어 흔히 사용되고 있다. 시중에 판매되고 있는 8×8 LED 매트릭스에는 LED만을 포함하고 있는 제품에서부터 LED 매트릭스를 제어하기 위한 회로가 포함된 제품에 이르기까지 다양한 종류가 있다. 또한, 매트릭스의 도트를 구성하는 LED도 단색, 이색, RGB 등 다양한 종류가 사용되고 있다.

이 장에서는 단색 LED를 사용하여 만들어진 8×8 크기의 LED 매트릭스를 제어하는 방법을 살펴본다. 특히 행이나 열에 포함된 8개 LED만을 동시에 제어하고, 잔상 효과를 이용하여 16개 핀으로 전체 매트릭스를 제어하는 방법과 74595 직렬 입력 병렬 출력 레지스터를 이용하여 3개의 핀으로 LED 매트릭스를 제어하는 방법을 알아볼 것이다.

(a) LED 매트릭스　　(b) 시리얼 방식 제어 회로가 포함된 LED 매트릭스

[그림 1] 8×8 LED 매트릭스

8×8 LED 매트릭스는 16개의 핀을 가지고 있으며, 각 핀은 8개 행과 8개 열에 대응한다. LED 매트릭스의 뒷면을 살펴보면 1번 핀에 해당하는 위치에 숫자 '1'이 표시되어 있음을 볼 수 있다. 모듈에 따라서는 뒷면에 표시된 숫자를 확인하기 어려울 수 있으므로 주의해서 살펴보아야 한다. 뒷면의 숫자를 확인하기 어려운 경우에는 제품 번호가 기록된 면의 가장 왼쪽 핀이 1번 핀이며, 반시계방향으로 핀 번호가 증가하는 것으로 핀 번호를 결정할 수 있다.

이 장에서 사용하는 LED 매트릭스 모듈의 내부는, 행에 해당하는 핀을 (+)에, 열에 해당하는 핀을 (−)에 연결하였을 때 해당 위치의 LED가 켜지도록 [그림 3]과 같이 구성되어 있다. 이를 공통 행 양극(common−row anode) 방식 또는 간단히 양극 방식이라고 한다.

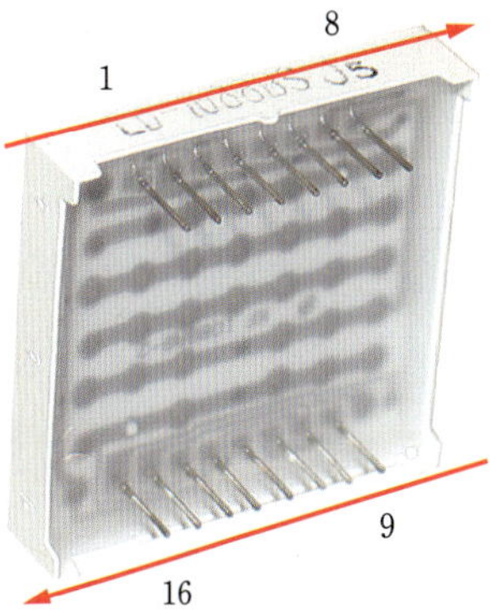

[그림 2] LED 매트릭스의 핀 배치

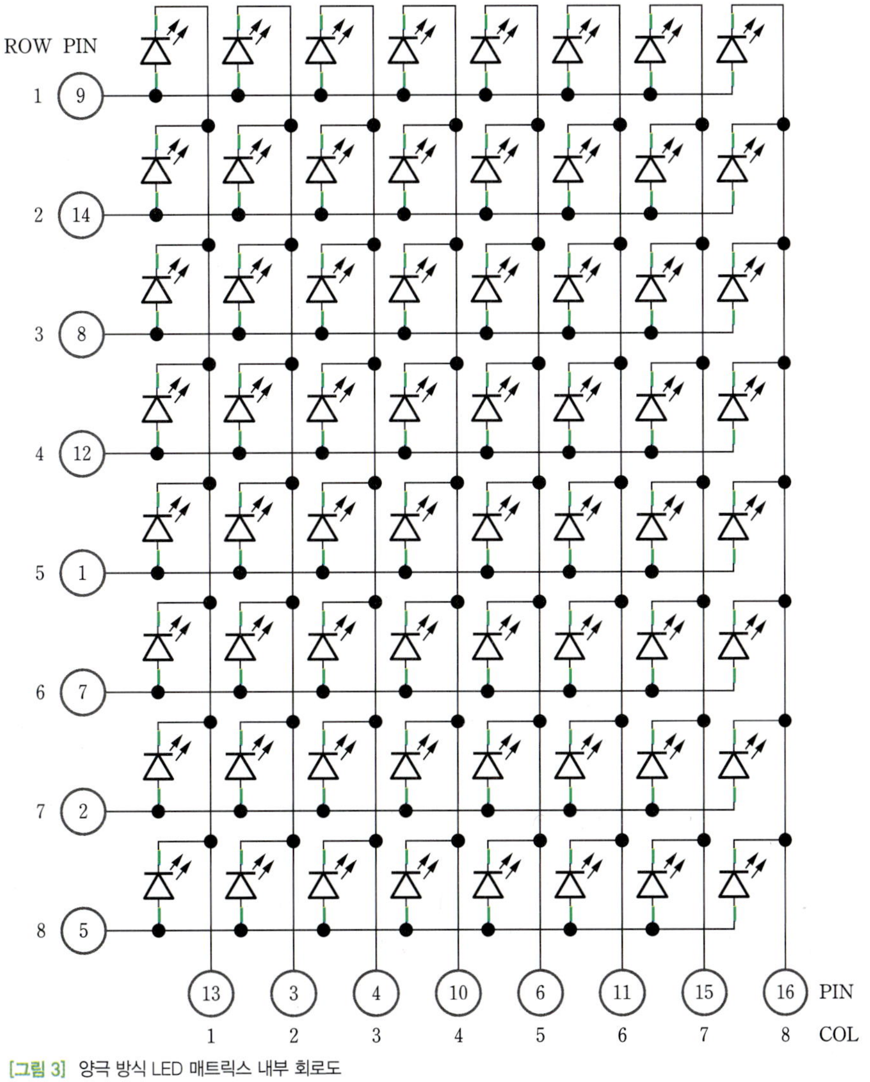

[그림 3] 양극 방식 LED 매트릭스 내부 회로도

양극 방식과 음극 방식 LED 매트릭스의 차이는 특정 위치의 LED를 켜는 방법에 있다. [그림 4]는 4×4 크기의 양극 방식과 음극 방식의 LED 매트릭스를 비교한 것이다. D행 4열 LED를 켜는 경우를 생각해 보자. 양극 방식의 경우엔 행에는 (+)를, 열에는 (−)를 가해주어야 해당 LED가 켜지므로, 행에는 (LOW LOW LOW HIGH)를, 열에는 (HIGH HIGH HIGH LOW)를 가해주어야 한다. 반면 음극 방식의 경우에는 양극 방식과 반대로 행에는 (HIGH HIGH HIGH LOW)를, 열에는 (LOW LOW LOW HIGH)를 가해주어야 한다.

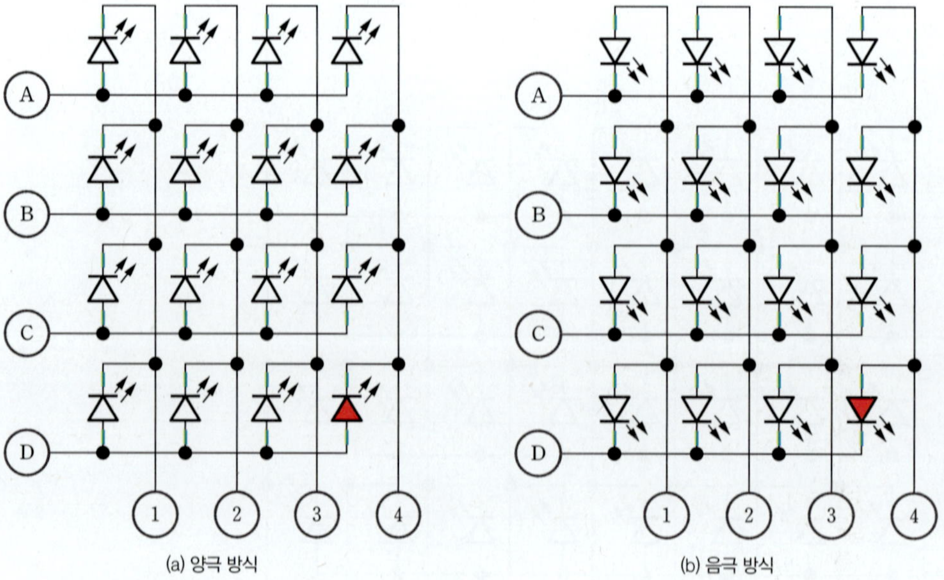

[그림 4] 양극 방식과 음극 방식의 LED 매트릭스

8×8 크기의 LED 매트릭스에 있는 모든 LED를 개별적으로 제어하기 위해서는 64개의 제어핀이 필요하다. 하지만 LED 매트릭스는 16개의 제어핀만을 사용하므로, 동시에 모든 LED를 제어하는 일은 불가능하다. 그래서 잔상 효과를 이용했던 4자리 7세그먼트 표시장치처럼 LED 매트릭스도 잔상 효과를 이용한다. 한 번에 하나의 행 또는 열만을 표시하고 빠른 속도로 행 또는 열을 이동함으로써 잔상 효과를 통해 LED 매트릭스 전체가 동시에 표시되는 듯한 효과를 얻을 수 있다. 즉, 8자리 7세그먼트 표시장치와 LED 매트릭스의 제어 방법은 같다고 볼 수 있다.

LED 매트릭스에서 한 번에 하나의 행에 포함된 8개 LED를 동시에 제어하는 방식을 행 단위 스캔 방식이라 하며, 한 번에 하나의 열에 포함된 8개 LED를 동시에 제어하는 방식을 열 단위 스캔 방식이라 한다.

행 단위 스캔의 예를 살펴보자. 행 단위 스캔에서는 한 번에 하나의 행에 포함된 8개 LED만을 제어할 수 있다. 4번째 행의 2번, 8번 열에 포함된 LED를 켜고 나머지 열에 포함된 LED는 끄기 위해서는 행에는 $0001\ 0000_2$를 열에는 $1011\ 1110_2$를 가한다. 행에서는 하나의 행만 선택해야하므로 '1'의 값이 주어지는 행이 하나이지만, 열의 경우에는 '0'의 값이 주어지는 열이 8개까지 가능하다. 즉, 하나의 행에 포함된 8개 LED를 모두 켤 수 있다.

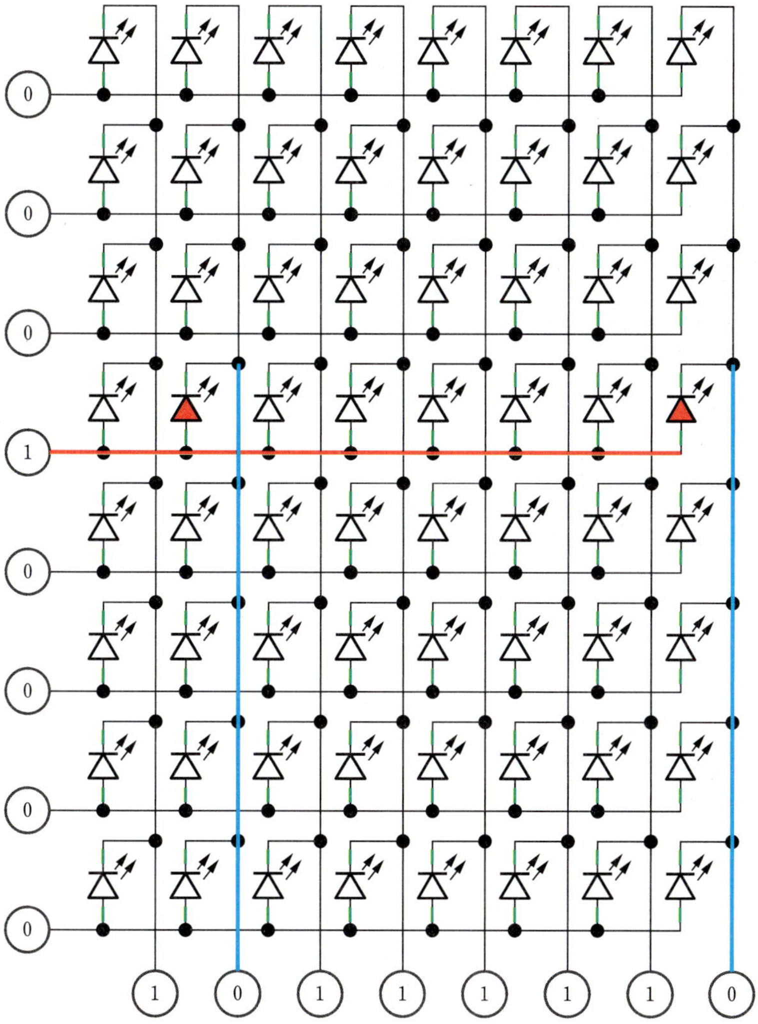

[그림 5] 행 단위 스캔의 예

열 단위 스캔도 행 단위 스캔과 유사하다. 다만 하나의 열만 선택해야 하므로, '0'의 값이 주어지는 열은 하나이지만, '1'의 값이 주어지는 행은 8개까지 가능하다는 점에서 행 단위 스캔과 반대가 된다. [그림 6]은 열 단위 스캔을 통해 4번째 열에서 1, 3, 6, 8번 행의 LED만을 켜고 나머지 행의 LED는 끄는 예로, 행에는 $1010\ 0101_2$를, 열에는 $1110\ 1111_2$를 가하고 있다.

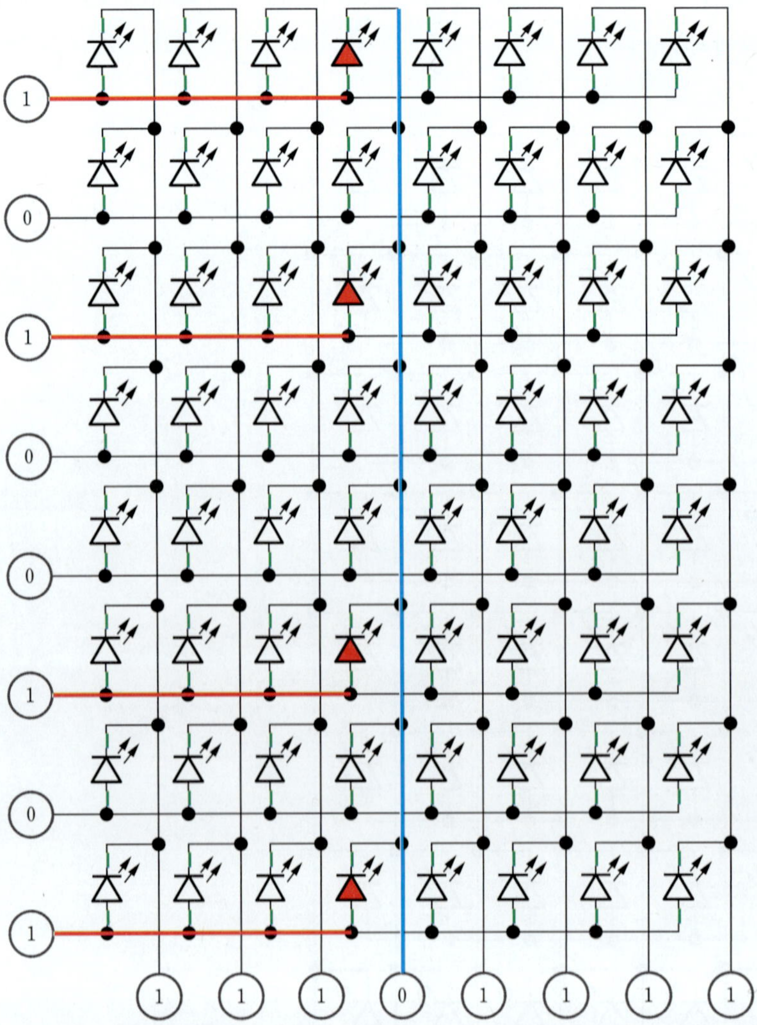

[그림 6] 열 단위 스캔의 예

LED 매트릭스를 사용하기 위해서는 몇 가지 더 고려해야 할 점들이 있다. 그중 하나가 LED 보호를 위한 저항의 연결이다. 저항 연결에서 주의해야 할 점은 하나의 LED만 켜지는 행이나 열에 저항을 연결해야 한다는 점이다. 행 단위 스캔의 경우, 하나의 행에는 2개 이상의 LED가 켜질 수 있지만, 하나의 열에는 하나의 LED만 켜질 수 있다. 따라서 저항은 열에 연결해야 한다. 2개 이상의 LED가 켜질 수 있는 행에 저항을 연결하면, 켜지는 LED의 수에 따라 공급되는 전력이 달라져서 LED가 균일한 밝기를 보여주지 못할 수 있다. 이와 유사하게 열 단위 스캔의 경우에는 하나의 LED만 켜질 수 있는 행에 저항을 연결해야 한다.

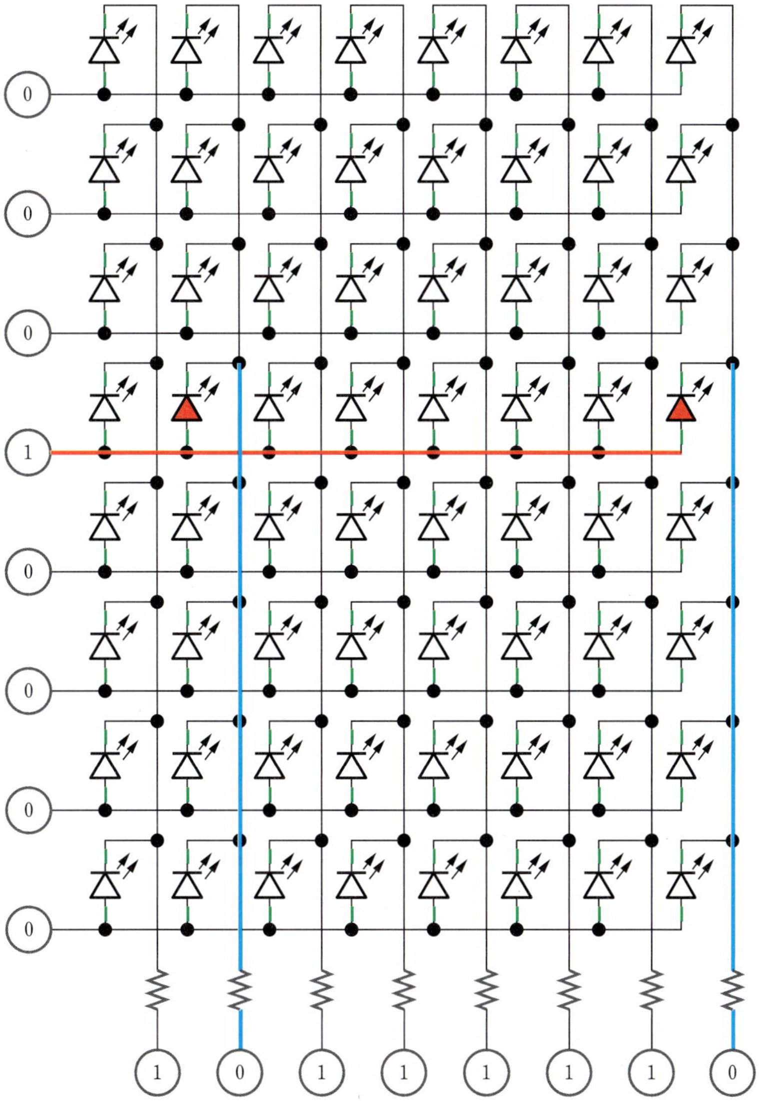

[그림 7] 행 단위 스캔에서의 저항 연결

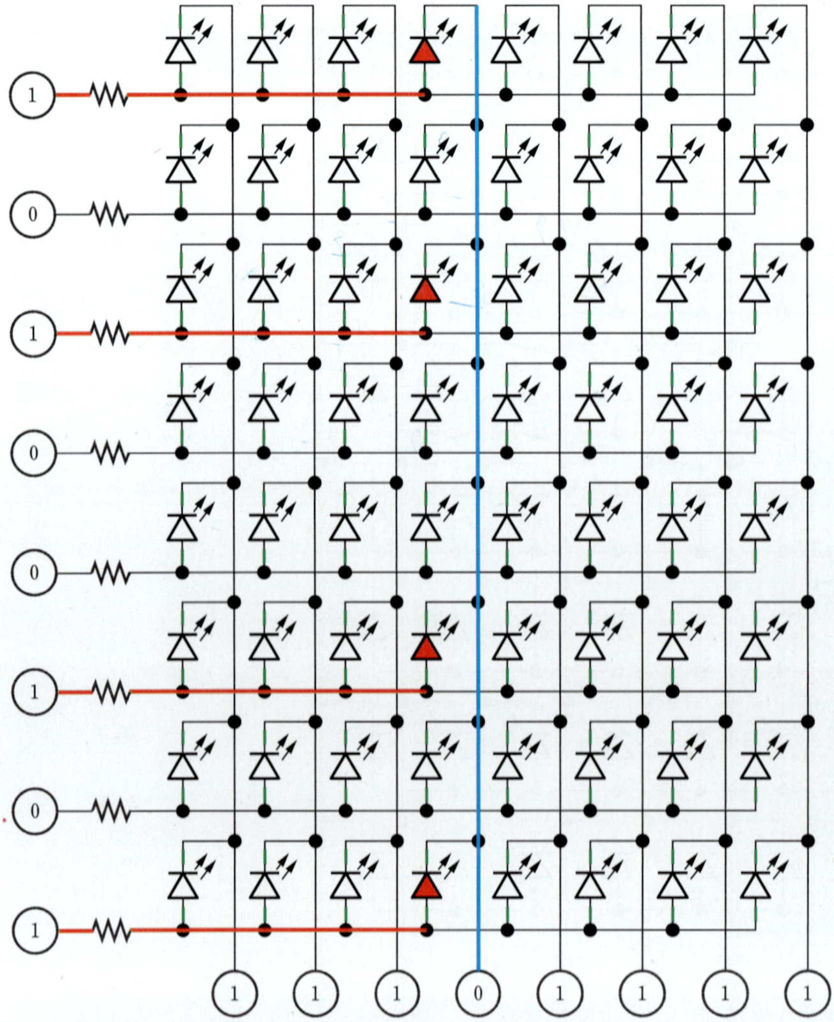

[그림 8] 열 단위 스캔에서의 저항 연결

LESSON 02 74595 직렬 입력 병렬 출력 이동 레지스터

LED 매트릭스를 제어하는 데 64개가 아닌 16개의 핀만을 사용한다 해도, 16개의 핀 역시 그 수가 적은 것은 아니다. 더 적은 수의 핀으로 LED 매트릭스를 제어하기 위해 사용할 수 있는 칩 중 하나가 74595 직렬 입력 병렬 출력 이동 레지스터(Serial In Parallel Out Shift Register)다. 74595 칩의 핀 배치는 [그림 9]와 같다.

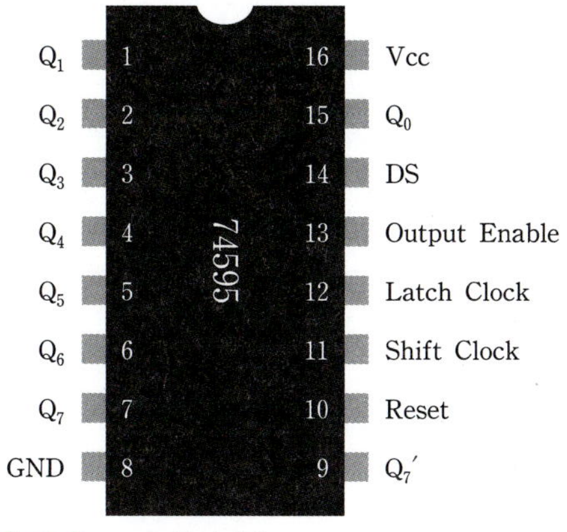

[그림 9] 74595 칩 핀 배열

74595 칩은 1개의 핀을 통해 직렬로 8비트의 데이터를 입력받고, 이를 8개의 핀을 통해 병렬로 출력하는 역할을 한다. [그림 9]에서 14번 핀 DS가 직렬 입력에 해당하며, Q_0에서 Q_7은 데이터를 병렬로 출력하는 핀이다. 74595는 11번과 12번 핀에 두 개의 클록이 필요하다. 11번 핀의 Shift Clock은 74595 칩으로 전달되는 데이터를 동기화하여, 1비트의 데이터가 전송되었을 때 74595 내부에서 데이터를 1비트 이동시키는 데 사용된다.

한편 12번 Latch Clock은 74595 칩에서 병렬로 데이터가 출력되는 시점을 결정하는 데 사용하는 클록이다. Shift Clock이 8번 발생하면, 8비트의 데이터가 전송 완료되어 74595 칩 내의 8비트 래치에 저장된다. 이어서 Latch Clock을 발생시키면 현재 래치에 저장된 데이터가 Q_0에서 Q_7 핀을 통해 출력된다.

Output Enable은 LOW 입력이 주어질 때 출력단의 래치 데이터를 출력하는 역할을 하므로, Output Enable을 GND(LOW 상태)에 연결하고, 출력 시점은 Latch Clock으로 조절함으로써 병렬 데이터 출력이 가능하다. 물론 Latch Clock을 Shift Clock과 같이 주고, 8비트 데이터가 전송된 후에

Output Enable을 HIGH에서 LOW로 설정하여 병렬 데이터 출력이 가능하도록 할 수도 있다. 이 장에서는 첫 번째 방법을 사용한다.

10번 Reset 핀은 비동기 초기화 핀으로, 이를 GND에 연결하면 초기화된다. 9번 Q_7'는 쉬프트 레지스터의 값을 직렬로 출력하는 핀으로, 74595를 여러 개 연결할 수 있도록 해준다. 예를 들어 9비트의 데이터를 직렬로 전달하면, 첫 번째 비트는 Q_7'를 통해 출력되고, 나머지 8비트는 74595 내의 래치에 저장된다.

[표 1]은 '0000 0000'으로 초기화된 래치에 8비트의 데이터(11001101, MSB 우선 전송)가 8번의 Shift Clock을 통해 이동하여 저장되는 과정을 보여준다. 이후 Latch Clock을 통해 8비트 데이터를 병렬로 출력할 수 있다.

[표 1] 74595 칩의 직렬 입력(DS 핀)에 따른 래치 값 변화

클록	Q_0 LSB	Q_1	Q_2	Q_3	Q_4	Q_5	Q_6	Q_7 MSB
0	0	0	0	0	0	0	0	0
1	1	0	0	0	0	0	0	0
2	1	1	0	0	0	0	0	0
3	0	1	1	0	0	0	0	0
4	0	0	1	1	0	0	0	0
5	1	0	0	1	1	0	0	0
6	1	1	0	0	1	1	0	0
7	0	1	1	0	0	1	1	0
8	1	0	1	1	0	0	1	1

8×8 LED 매트릭스를 제어하기 위해서는 16개의 출력 핀이 필요하므로, 2개의 74595 칩을 사용하면 된다. 첫 번째 칩의 Q_7' 핀을 두 번째 칩의 DS 핀으로 연결하고, 1바이트 데이터를 두 번 전송하면, 첫 번째 바이트는 두 번째 74595 칩에, 두 번째 바이트는 첫 번째 74595 칩에 저장된다. 이때 동일한 Latch Clock과 Shift Clock이 두 74595 칩에 가해진다.

2개의 74595 칩을 사용하여 LED 매트릭스를 아두이노 메가2560과 연결해 보자. 2개의 74595 칩 제어를 위해서는 데이터, 이동 클록, 래치 클록의 3개의 핀만 연결하면 된다. 데이터 핀을 아두이노 30번(PC7), 이동 클록 핀을 아두이노 31번(PC6), 래치 클록 핀을 아두이노 32번(PC5) 핀에 연결한다.

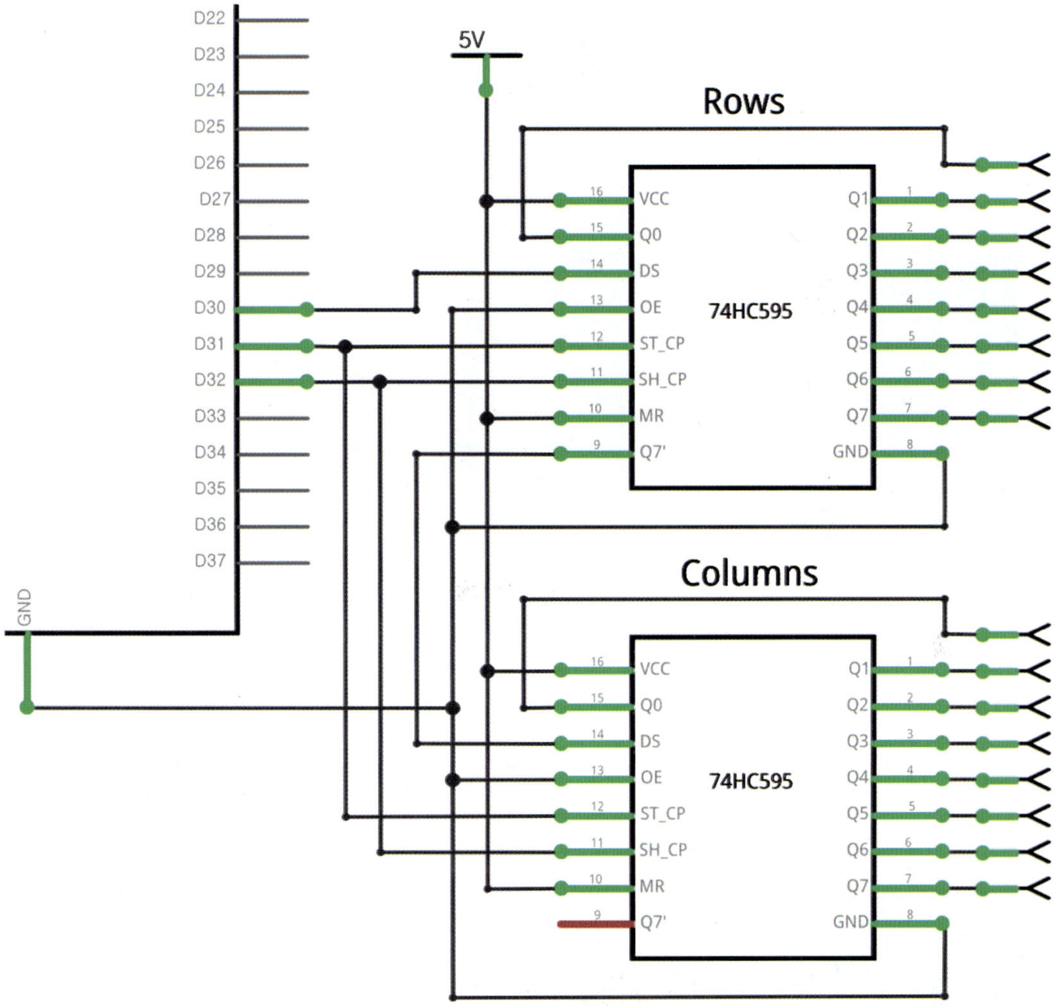

[그림 10] 2개의 74595 칩 연결 회로도

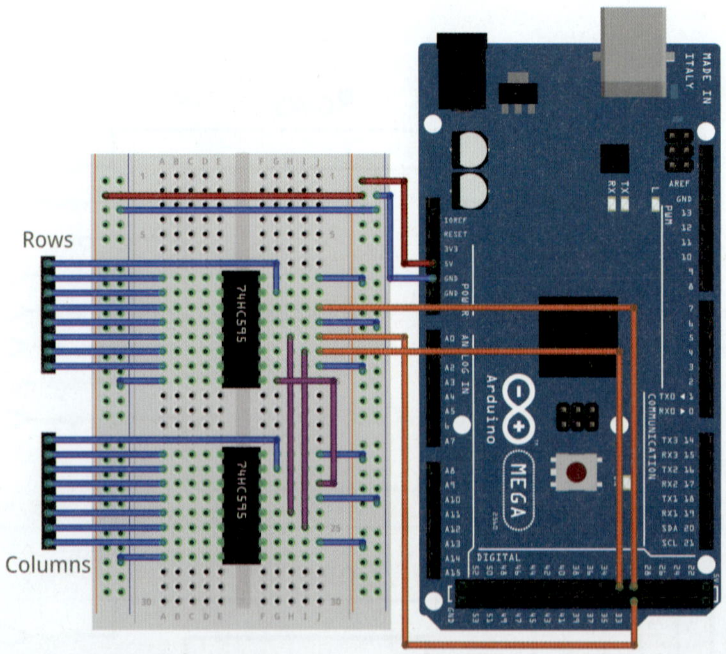

[그림 11] 2개의 74595 칩 연결 회로

LED 매트릭스에서는 [그림 8]을 참고하여 열 단위 스캔을 사용하도록 각 행에 저항을 연결한다.

[그림 12] 학습보드의 LED 매트릭스와 74595 칩

[그림 10]의 회로도에서 두 번째 74595 칩에는 LED 매트릭스의 열을 연결하고, 첫 번째 74595 칩에는 LED 매트릭스의 행을 연결한다. 따라서 74595 칩으로 데이터를 출력할 때에는 열 데이터를 먼저 출력하고, 다음으로 행 데이터를 출력한다. 그러면 열 데이터는 자동으로 두 번째 74595 칩으로 이동한다.

LESSON 03 LED 매트릭스 제어

LED 매트릭스의 연결 방법은 복잡하지만, 그 사용 방법은 간단하다. LED 매트릭스에 스마일 문자를 표시해 보자. 이 장에서는 열 단위 스캔 방식을 사용하므로, 행 제어핀에는 0개 이상의 1이 가해질 수 있고, 열 제어핀에는 오직 하나의 0의 값이 가해진다. 스마일 문자의 정의는 [그림 13]과 같다.

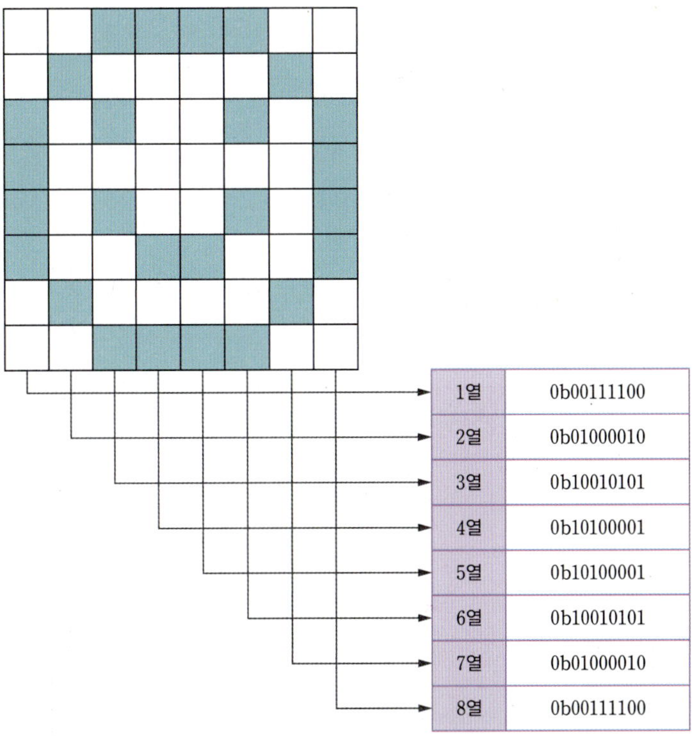

[그림 13] 스마일 문자

[코드 1]은 74595 칩으로 연결된 LED 매트릭스에 스마일 문자를 출력하는 코드의 예다. 열 데이터는 하나의 0만을 가지고 나머지는 모두 1의 값을 가지지만, 직관적으로 이해하기 쉽도록 하나의 1만을 가지고 나머지는 모두 0의 값을 가지도록 정의한 후, 출력 시 반전시켜 사용하였다.

코드 1 스마일 문자 표시

```
#define F_CPU 16000000L
#include <avr/io.h>

#define set_bit(value, bit) ( _SFR_BYTE(value) |= _BV(bit) )
#define clear_bit(value, bit) ( _SFR_BYTE(value) &= ~_BV(bit) )

void shift_clock(void) {
	set_bit(PORTC, 5);                         // 이동 클록을 HIGH로
	clear_bit(PORTC, 5);                       // 이동 클록을 LOW로
}

void latch_clock(void) {
	set_bit(PORTC, 6);                         // 래치 클록을 HIGH로
	clear_bit(PORTC, 6);                       // 래치 클록을 LOW로
}

void byte_data_write(uint8_t data) {           // 1바이트 데이터 출력
	for (uint8_t i = 0; i < 8; i++) {
	  // MSB부터 1비트씩 출력
	  if (data & 0b10000000) set_bit(PORTC, 7);
	  else clear_bit(PORTC, 7);

	  shift_clock();                           // 1비트 출력 후 비트 이동
	  data = data << 1;                        // 다음 출력할 비트를 MSB로 이동
	}
}

int main(void) {
	// 행 데이터로 선택된 LED만 1의 값을 가짐
	byte row_data[] = {
	  0b00111100, 0b01000010, 0b10010101, 0b10100001,
	  0b10100001, 0b10010101, 0b01000010, 0b00111100
};

// 열 데이터로 선택된 열만 1로 표시되어 있고 실제로는 반전하여 출력
byte col_data[8] = {
	0x01, 0x02, 0x04, 0x08, 0x10, 0x20, 0x40, 0x80
};

	// 데이터 PC7, 이동 클록 PC5, 래치 클록 PC6
	DDRC |= 0b11100000;
	PORTC |= 0b11100000;
```

```
    while (1) {
      for (int i = 0; i < 8; i++) {
        // 열 데이터 -> 행 데이터 순으로 출력하며 열 데이터는 반전시켜 출력
        byte_data_write(~col_data[i]);
        byte_data_write(row_data[i]);

        latch_clock();              // 2바이트 전달 후 실제 출력 발생

        _delay_ms(2);               // LED가 완전히 켜지는 시간
      }
    }

    return 0;
}
```

[그림 14] [코드 1] 실행 결과

표시된 스마일 문자를 스크롤하는 코드를 작성해 보자. 문자를 스크롤하는 방법은 여러 가지가 있지만, 문자를 [그림 15]와 같이 정의하고, 이 중 8개의 열만을 시작 위치를 바꾸면서 표시하는 방법이 스크롤 효과를 얻는 한 가지 방법이 될 수 있다.

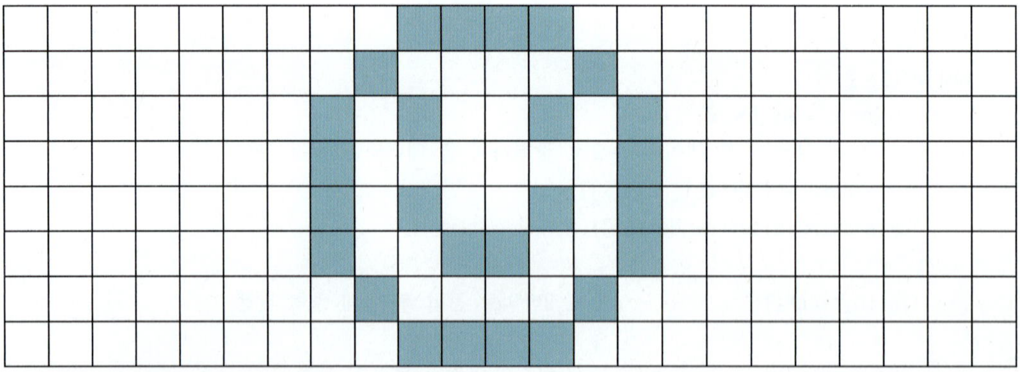

[그림 15] 스크롤을 위한 스마일 문자 정의

[코드 2]는 1초 간격으로 스마일 문자를 스크롤하는 스케치의 예다.

코드 2 스마일 문자 스크롤

```
#define F_CPU 16000000L
#include <avr/io.h>
#include "millis2560.h"

#define set_bit(value, bit) ( _SFR_BYTE(value) |= _BV(bit) )
#define clear_bit(value, bit) ( _SFR_BYTE(value) &= ~_BV(bit) )

void shift_clock(void) {
     set_bit(PORTC, 5);                          // 이동 클록을 HIGH로
     clear_bit(PORTC, 5);                        // 이동 클록을 LOW로
}

void latch_clock(void) {
     set_bit(PORTC, 6);                          // 래치 클록을 HIGH로
     clear_bit(PORTC, 6);                        // 래치 클록을 LOW로
}

void byte_data_write(uint8_t data) {             // 1바이트 데이터 출력
     for (uint8_t i = 0; i < 8; i++) {
        // MSB부터 1비트씩 출력
        if (data & 0b10000000) set_bit(PORTC, 7);
        else clear_bit(PORTC, 7);

        shift_clock();                           // 1비트 출력 후 비트 이동
        data = data << 1;                        // 다음 출력할 비트를 MSB로 이동
     }
}
```

```
int main(void) {
    // 행 데이터로 선택된 LED만 1의 값을 가짐
    byte row_data[] = {
        0x00, 0x00, 0x00, 0x00, 0x00, 0x00, 0x00,          // 스크롤을 위한 추가
        0b00111100, 0b01000010, 0b10010101, 0b10100001,
        0b10100001, 0b10010101, 0b01000010, 0b00111100,
        0x00, 0x00, 0x00, 0x00, 0x00, 0x00, 0x00, 0x00     // 스크롤을 위한 추가
    };

    // 열 데이터로 선택된 열만 1로 표시되어 있고 실제로는 반전하여 출력
    byte col_data[8] = {
        0x01, 0x02, 0x04, 0x08, 0x10, 0x20, 0x40, 0x80
    };

    // 데이터 PC7, 이동 클록 PC5, 래치 클록 PC6
    DDRC |= 0b11100000;
    PORTC |= 0b11100000;

    millis2560_init();

    int start_index = 0;                                   // 표시할 영역의 인덱스
    unsigned long time_p = millis2560(), time_c;

    while (1) {
        time_c = millis2560();
        if (time_c - time_p >= 300) {
            time_p = time_c;
            start_index = (start_index + 1) % 16;
        }
        for (int i = 0; i < 8; i++) {
            // 열 데이터 -> 행 데이터 순으로 출력하며 열 데이터는 반전해서 출력
            byte_data_write(~col_data[i]);
            byte_data_write(row_data[i + start_index]);

            latch_clock();                                 // 2바이트 전달 후 실제 출력

            _delay_ms(2);                                  // LED가 완전히 켜지는 시간
        }
    }

    return 0;
}
```

[코드 2]에서 start_index는 LED 매트릭스에 표시할 열의 시작 위치를 나타내는 변수로, 이후 8개 열이 LED 매트릭스에 표시된다.

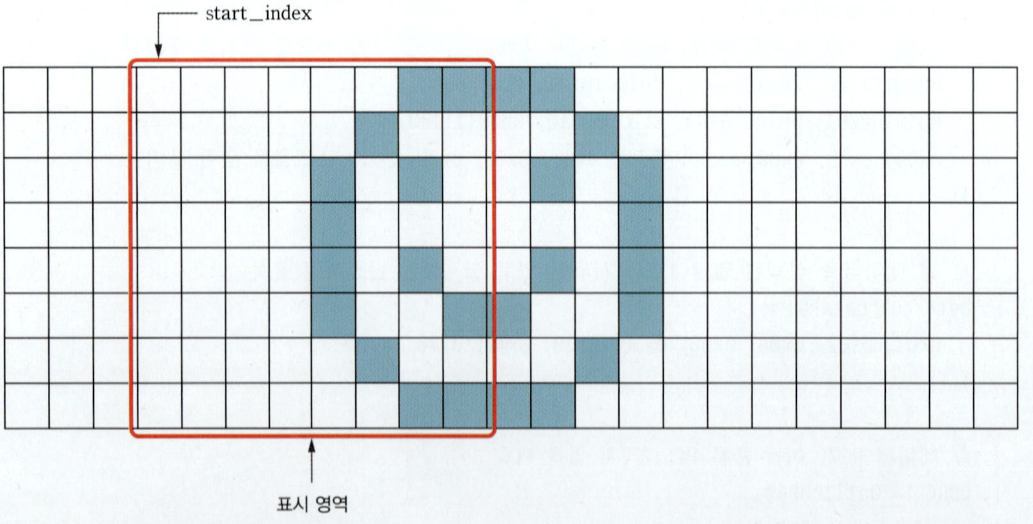

[그림 16] 스마일 문자 스크롤을 위한 표시 영역

CHAPTER

16 연습문제

1. [코드 1]에서는 열 데이터를 배열로 정의하여 사용하고 있다. 하지만 열 데이터는 오직 하나의 1만을 가지므로, 위치에 따라 열 데이터를 계산해서 사용할 수 있다. [코드 1]에서 열 데이터 배열을 삭제하고, 비트 이동 연산자를 사용하여 계산을 통해 열 데이터를 얻을 수 있도록 수정해 보자.

2. 0에서 9까지의 숫자를 표시하기 위한 패턴을 정의하고, 1초 간격으로 0에서 9까지의 숫자가 반복해서 출력되는 프로그램을 작성해 보자.

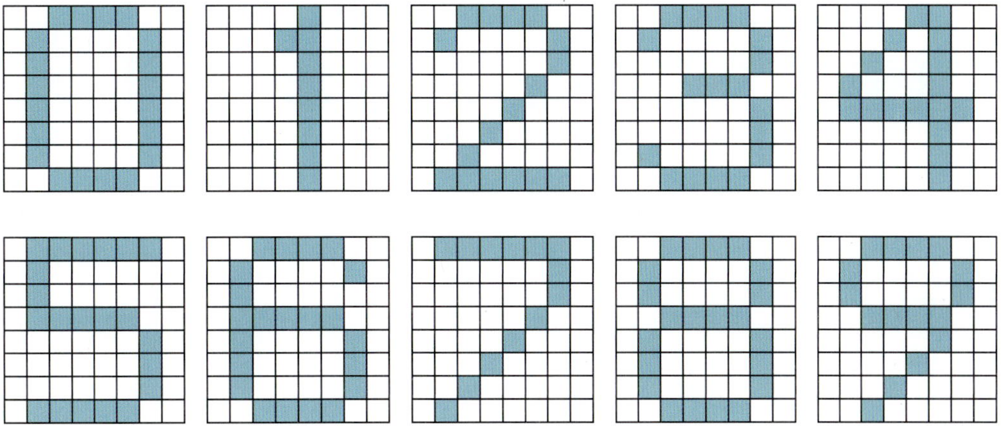

3. [코드 2]는 스마일 문자를 왼쪽으로 스크롤 하는 예다. 이를 수정하여 스마일 문자를 아래로 스크롤 하는 프로그램을 작성해 보자. 아래로 스크롤 하기 위해서는 위아래 공백을 포함하여 행 데이터를 정의하고 그 중 8개 행만을 표시하는 방법을 사용할 수 있다.

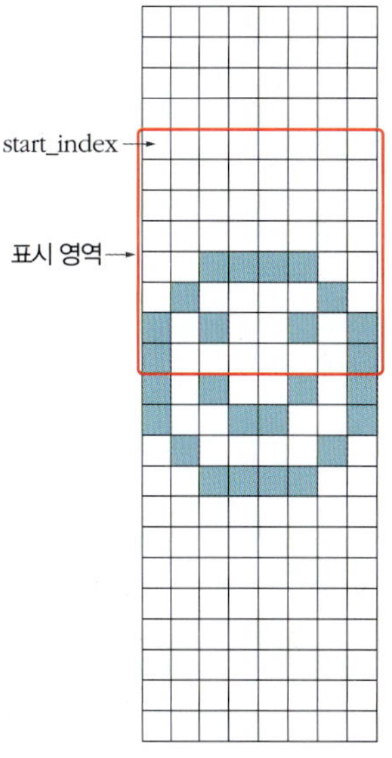

4. 아두이노 A0(PF0) 핀에 가변저항을 연결하자. 가변저항의 값을 읽고 0~1023 사이의 값을 8단계로 나누어서 아래와 같이 서로 다른 모양을 LED 매트릭스에 나타내는 프로그램을 작성해 보자.

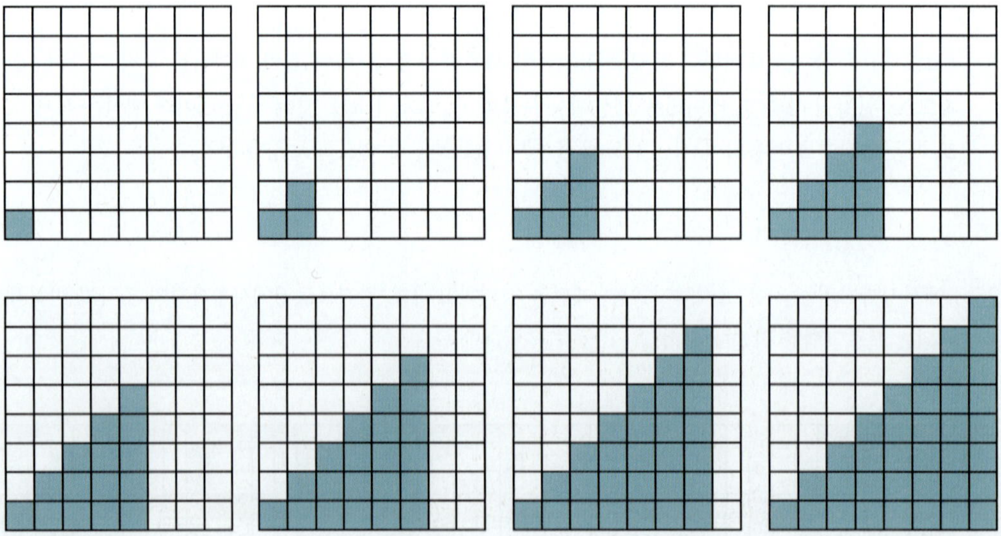

CHAPTER

17

움직이는 장치를 만드는 데 필수적인 부품

모터 제어

모터는 전자기유도 현상을 통해 전기 에너지를 운동 에너지로 변환하는 장치로, 움직이는 장치를 만들 때 필수적인 부품 중 하나다. 모터는 그 제어 방식에 따라 다양한 종류가 있으며, 그 특성이 각기 달라 용도에 맞게 선택하여 사용해야 한다. 이 장에서는 마이크로컨트롤러와 함께 흔히 사용되는 DC 모터와 서보 모터의 동작 원리와 특성을 살펴보고, 각각의 모터를 제어하는 방법을 알아본다.

CONTENTS

LESSON 01

모터

모터는 전기장의 변화에 따라 자기장의 변화를 발생시키고, 자기장의 인력과 척력에 의해 회전 운동을 만들어내는 장치다. 모터는 제어 방식에 따라 다양한 종류가 있는데, 그 중에서 DC 모터, 스테핑 모터, 서보 모터 등이 마이크로컨트롤러와 함께 흔히 사용된다.

각각의 모터들은 그 특징이 조금씩 다르므로, 사용하고자 하는 목적에 맞는 모터를 선택하는 것이 중요하다. 각 모터의 특징은 다음과 같다.

DC(Direct Current) 모터

최초로 만들어진 가장 간단한 형태의 모터로, 축이 연속적으로 회전하며, 전원이 끊어지는 경우에만 정지한다. 정지 시에는 관성으로 인해 정확한 정지 위치를 지정하기 어렵다.

서보(servo) 모터

DC 모터의 한 종류로, DC 모터에 귀환 제어 회로를 추가하여 정확한 위치 제어가 가능하도록 구성된 모터다. 제어 회로로 인해 스테핑 모터에 비해 비싸다는 점은 단점이지만, 정밀 제어가 가능하고, 오동작을 수정할 수 있으며, 속도 면에서도 스테핑 모터에 비해 빠르다는 점은 장점이다.

스테핑(stepping) 모터

전원이 공급되면 축은 일정 각도를 회전하고 멈춘다. 축을 연속적으로 회전시키기 위해서는 모터로 펄스열이 전달되어야 한다. 이때 하나의 펄스에 반응하여 회전하는 양을 분할 각도(step angle)라 한다. 분할 각도가 1도인 모터를 10도 회전시키기 위해서는 10개의 펄스를 모터로 전송해야 한다. 스테핑 모터는 제어하기가 쉽다는 장점은 있지만, 분할 각도 단위로만 회전 각도를 제어할 수 있다는 한계가 있다. 즉 분할 각도가 1도인 모터를 9.5도 회전하는 것은 불가능하다.

LESSON 02

DC 모터

DC 모터는 고정자로 영구자석을, 회전자로 코일을 사용하여 만들어진 모터로, 회전자에 전류가 흐르면 자력이 발생하고, 회전자와 고정자 사이의 인력 및 척력에 의해 회전이 발생한다. DC 모터는 구조 및 제어가 간단하고, 회전 특성이 전류나 전압에 비례하며, 가격도 저렴하기 때문에 널리 사용되고 있다.

[그림 1] DC 모터[1]

DC 모터는 두 개의 전원 연결선만을 가지며, VCC와 GND에 연결하는 순서에 따라 모터가 시계방향 또는 반시계방향으로 회전하므로 별도의 제어선이 필요하지 않다. 따라서 모터의 두 선 중 하나는 GND에 연결하고, 다른 하나는 디지털 출력 핀에 연결하여 HIGH 또는 LOW 값을 출력함으로써 간단히 모터의 ON/OFF를 제어할 수 있다. 한편 2개의 연결선을 모두 디지털 출력 핀에 연결하여 출력값을 변경함으로써 회전 방향을 제어할 수도 있다. 또한, PWM 신호 출력이 가능한 핀에 연결하면, PWM 신호를 통한 속도 제어도 가능하다.

하지만 DC 모터를 제어하기 위해서는 두 가지 점에 유의하여야 한다. 첫 번째 유의해야할 점은 ATmega2560의 디지털 출력 핀에서 공급할 수 있는 최대 전류는 40mA인데, 이는 소형 DC 모터를 구동시키기에도 충분하지 않다는 것이다. 따라서 큰 전류가 필요한 DC 모터의 경우엔 모터 전용의 전원을 사용하고, 디지털 핀의 출력은 전용 전원의 공급 여부를 결정하는 스위치 용도로 사용한다. P2N2222 트랜지스터를 사용하면 ATmega2560의 디지털 출력 핀을 베이스에 연결하여 콜렉터(collector)와 에미터(emitter) 사이에 흐르는 큰 전류를 제어(또는 스위칭)할 수 있다. 즉 디지털 출력 핀을 DC 모터 제어를 위한 스위치로 사용할 수 있다.

1 〈이미지 출처〉 http://www.newtc.co.kr

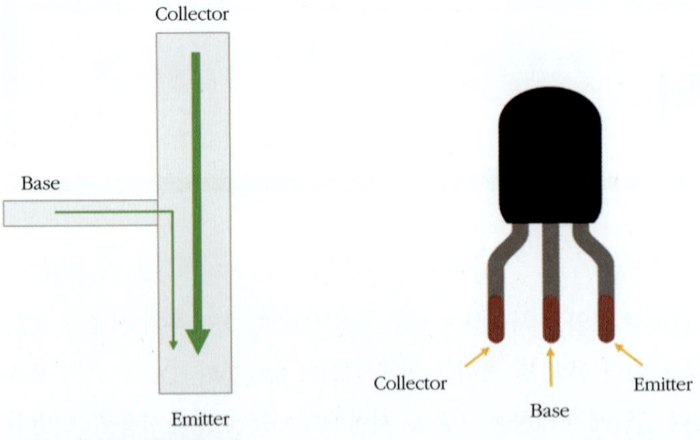

[그림 2] P2N2222 트랜지스터

범용 입출력 핀으로 큰 전류를 제어할 수 없다는 문제점은 트랜지스터를 사용하여 해결할 수 있지만, 여전히 문제는 남아있다. 두 번째 문제점은, 회로에 연결된 모터가 한 방향으로만 회전할 수 있다는 점이다. 2개의 범용 입출력 핀을 사용하면 회전 방향을 제어할 수 있지만, 전류가 부족한 문제는 해결할 수 없다. 따라서 모터의 회전 방향을 제어하기 위해서는 모터 드라이버(motor driver)라 불리는 전용 칩을 사용해야 한다. 모터 드라이버 칩은 모터 회전 방향 제어뿐만이 아니라 높은 전압과 큰 전류를 제어할 수 있는 기능 역시 제공한다. 제어하는 전압 및 전류의 범위에 따라 다양한 모터 드라이버가 존재하므로, 필요에 따라 적절한 모터 드라이버를 선택하여 사용한다.

이 장에서는 DC 모터를 제어하는 데 L293 모터 드라이버 칩을 사용한다. L293 모터 드라이버 칩은 두 개의 H 브리지(bridge) 회로로 구성되어 있다. H 브리지 회로는 모터에 가해지는 전압의 방향을 바꿀 수 있도록 만들어진 회로로, DC 모터의 회전 방향을 시계방향 또는 반시계방향으로 선택할 수 있게 해준다. H 브리지 회로는 [그림 3]과 같이 4개의 스위치로 표현될 수 있다. 스위치 1과 4가 연결되는 경우와 스위치 2와 3이 연결되는 경우에 모터에 가해지는 전압이 서로 반대가 되므로, 시계방향 및 반시계방향 회전이 가능하다.

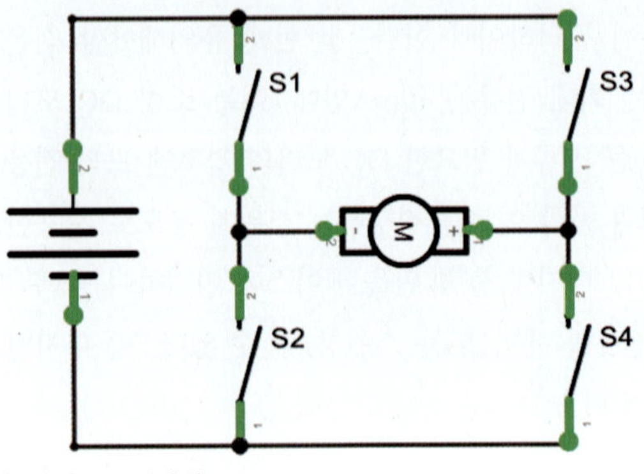

[그림 3] H 브리지 회로

L293 모터 드라이버는 16핀의 칩으로 2개의 H 브리지 회로를 통해 2개의 모터를 제어할 수 있다.

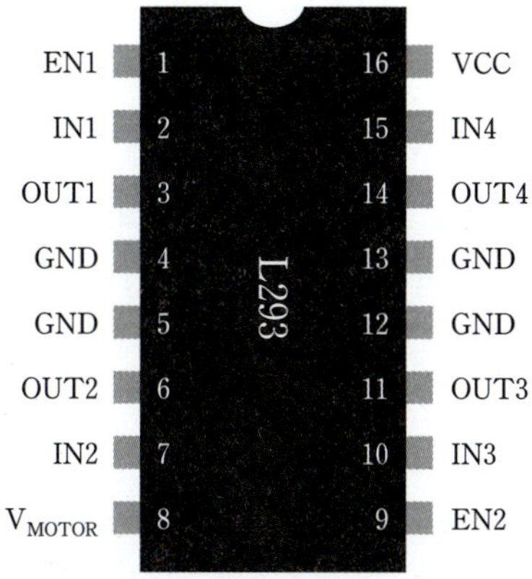

[그림 4] L293 모터 드라이버

[표 1] L293 모터 드라이버 핀

핀 번호	이름	아두이노 연결 핀	설명
1	EN1	38 (PD7)	모터(1) 활성화 (Enable)
2	IN1	9 (PH6)	모터(1) 속도 제어 (PWMS)
3	OUT1		모터(1) 연결
4	GND		Ground
5	GND		
6	OUT2		모터(1) 연결
7	IN2	39 (PG2)	모터(1) 방향 제어 (DIR)
8	V_{MOTOR}		모터 전원
9	EN2	40 (PG1)	모터(2) 활성화 (Enable)
10	IN3	10 (PB4)	모터(2) 속도 제어 (PWMS)
11	OUT3		모터(2) 연결
12	GND		Ground
13	GND		
14	OUT4		모터(2) 연결
15	IN4	41 (PG0)	모터(2) 방향 제어 (DIR)
16	VCC		칩 전원

1개의 모터 제어를 위해서는 Enable, DIR, PWMS 등 3개 제어선 연결이 필요하다. 제어선 중 Enable은 입력이 HIGH인 상태에서만 모터를 제어할 수 있고, LOW인 상태에서는 모터가 정지한다. DIR(Direction)은 모터의 회전 방향을 제어하는 데 사용되는데, HIGH면 정방향, LOW면 역방향으로 회전한다. PWMS(PWM Signal)는 듀티 사이클에 따라 모터의 회전 속도를 조절하기 위해 사

용한다. 한 가지 주의할 점은 DIR이 HIGH일 때는 PWMS 핀으로 0% 듀티 사이클의 PWM 신호를 출력해야 모터의 회전 속도가 최고가 되며, DIR이 LOW일 때는 PWMS 핀으로 100% 듀티 사이클의 PWM 신호를 출력해야 모터의 회전 속도가 최고가 된다는 점이다.

모터 속도 제어를 위해서는 PWM 신호 출력이 가능한 핀이 필요하다. PWM 신호 출력은 타이머/카운터에서 비교 일치가 발생했을 때 파형을 출력하는 핀을 통해 가능하다. [표 2]는 ATmega2560에서 파형 출력이 가능한 핀을 나타낸 것이다. [표 2]에서는 DC 모터 제어에 2번 타이머/카운터의 파형 출력 핀을 사용하고 있다.

[표 2] ATmega2560의 타이머/카운터와 파형 출력 핀

타이머/카운터	파형 출력 핀	ATmega2560 핀 번호	아두이노 핀 번호	모터 제어
0	OC0A	26 (PB7)	13	
	OC0B	1 (PG5)	4	
1	OC1A	24 (PB5)	11	서보 모터
	OC1B	25 (PB6)	12	
	OC1C	26 (PB7)	13	
2	OC2A	23 (PB4)	10	DC 모터
	OC2B	18 (PH6)	9	DC 모터
3	OC3A	5 (PE3)	5	
	OC3B	6 (PE4)	2	
	OC3C	7 (PE5)	3	
4	OC4A	15 (PH3)	6	
	OC4B	16 (PH4)	8	
	OC4C	17 (PH5)	9	
5	OC5A	38 (PL3)	46	
	OC5B	39 (PL4)	45	
	OC5C	40 (PL5)	44	

L293 모터 드라이버 칩을 사용하여 모터 2개를 [그림 5]와 같이 연결하자.

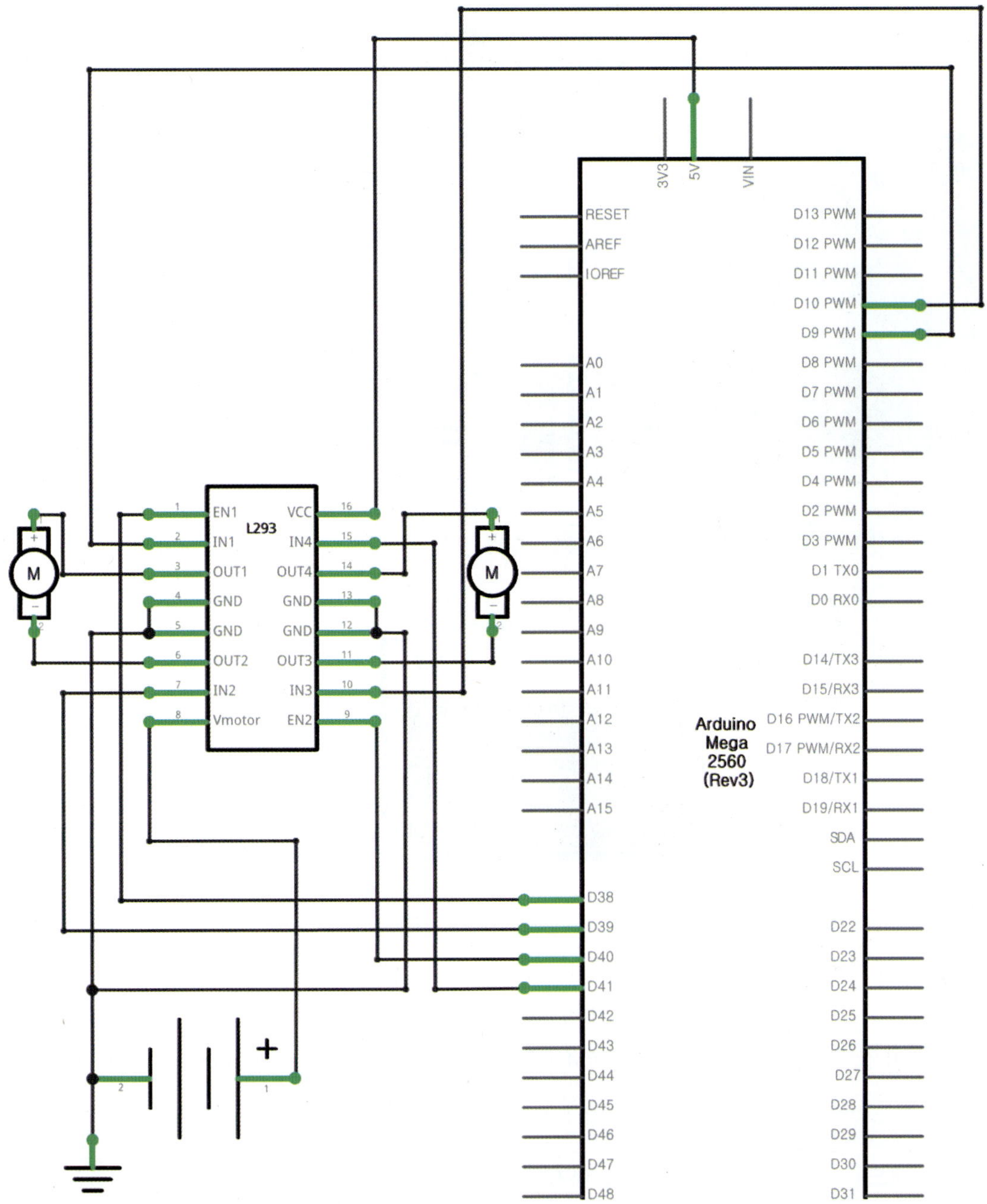

[그림 5] 모터 드라이버와 모터 연결 회로도

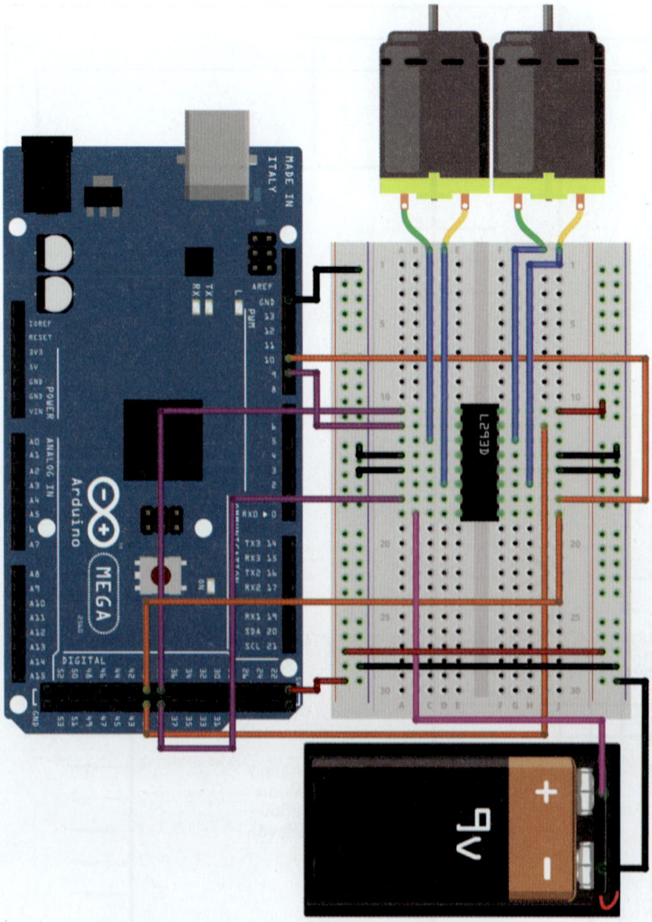

[그림 6] 모터 드라이버와 모터 연결 회로

모터의 속도 조절을 위해서는 PWM 신호를 사용해야 한다. 이를 위해 8비트의 2번 타이머/카운터를 사용한다. 2번 타이머/카운터는 0번 타이머/카운터와 마찬가지로 8개의 파형 생성 모드를 지정할 수 있는데, 이 장에서는 3번 모드인 고속 PWM 모드를 사용한다. 3번 모드에서 TOP 값은 0xFF이며, 비교일치 값은 OCR2x(x = A, B) 레지스터에 설정한다.

비반전 모드를 사용하는 경우 OCR0x 레지스터에 0x00 값을 설정하면 0% 듀티 사이클을 가지는 PWM 신호가, 0xFF 값을 설정하면 100% 듀티 사이클을 가지는 PWM 신호가 생성된다. 다만 DIR(Direction)이 HIGH일 때는 0% 듀티 사이클의 PWM 신호를 출력해야 최고 속도가 되고, DIR이 LOW일 때는 100% 듀티 사이클의 PWM 신호를 출력해야 최고 속도가 된다는 점은 기억해야 한다. 2번 타이머/카운터의 PWM 모드에 대한 보다 자세한 내용은 PWM 장을 참고한다.

[그림 7] 학습보드의 모터 드라이버와 모터 연결 커넥터[2]

[코드 1]은 DC 모터를 시계방향으로 최고 속도로 3초 동안 회전시킨 후 1초 동안 정지시키고, 반시계방향으로 최고 속도로 3초 동안 회전시킨 후 1초 동안 정지시키기를 반복하는 코드의 예다. [코드 1]에서는 모터 1을 제어하고 있다. 모터 1에 PWM 신호를 출력하기 위해서는 비교 일치 인터럽트 B를 사용한다.

코드 1 DC 모터 회전 방향 제어

```
#define F_CPU 16000000UL
#include <avr/io.h>
#include <util/delay.h>
#include <avr/interrupt.h>

#define set_bit(value, bit) ( _SFR_BYTE(value) |= _BV(bit) )
#define clear_bit(value, bit) ( _SFR_BYTE(value) &= ~_BV(bit) )

// 모터 제어 허용/금지
#define motor_enable1() PORTD |= 0x80
```

2 학습보드에는 모터 드라이버와 모터 연결을 위한 커넥터 외에도 모터에 필요한 전원의 종류를 선택할 수 있는 점퍼가 준비되어 있다. '어댑터 전원 선택 점퍼'는 학습보드에 연결하는 어댑터 전원을 모터에 사용할 수 있도록 해준다. 학습보드에 사용하는 전원은 12V 어댑터로, 점퍼를 VIN 쪽으로 연결하면 모터 전원으로 12V 전원이 사용된다. 반면 VCC 쪽으로 점퍼를 연결하면, 레귤레이터를 거친 5V 전원이 모터 전원으로 사용된다. 다른 외부 전원을 사용하고자 한다면, 점퍼 연결 없이 '외부 전원 연결 커넥터'에 모터 전원을 연결하면 된다.

```
#define motor_disable1() PORTD &= ~0x80
// 모터 회전 방향 설정
#define motor_forward1() PORTG |= 0x04
#define motor_backward1() PORTG &= ~0x04
// 모터 속도 설정
#define motor_speed1(s) OCR2B = s

void port_init() {
	set_bit(DDRD, 7);                                  // Enable
	set_bit(DDRG, 2);                                  // Direction
	set_bit(DDRH, 6);                                  // Speed

	motor_disable1();
}

void timer_counter_2_init() {
	// 타이머/카운터 2번을 고속 PWM 모드로 설정
	TCCR2A |= (1 << WGM21) | (1 << WGM20);
	TCCR2A |= (1 << COM2B1);                           // 비반전 모드
	TCCR2B |= (1 << CS20) | (1 << CS21) | (1 << CS20);    // 분주비 1024

	OCR2B = 0;
}

int main(void) {
	port_init();
	timer_counter_2_init();

	while (1) {
	  motor_forward1();
	  motor_enable1();
	  motor_speed1(0);                                 // 최고 속도
	  _delay_ms(3000);

	  motor_disable1();
	  _delay_ms(1000);

	  motor_backward1();
	  motor_enable1();
	  motor_speed1(255);                               // 최고 속도
	  _delay_ms(3000);

	  motor_disable1();
```

```
        _delay_ms(1000);
    }

    return 0;
}
```

[코드 1]이 모터의 회전 방향만을 조절하였다면, [코드 2]는 모터의 회전 속도를 PWM 신호를 사용하여 제어하는 코드의 예이다. 시계방향으로 최저 속도에서 최고 속도로 모터의 회전 속도를 증가시켜 2초 동안 최고 속도로 동작시킨 후, 회전 방향을 바꾸어 같은 동작을 반복한다. [코드 2]는 모터 2를 제어하고 있다. 모터 2에 PWM 신호를 출력하기 위해서는 2번 타이머/카운터의 비교 일치 인터럽트 A를 사용한다.

코드 2 DC 모터 속도 제어

```
#define F_CPU 16000000UL
#include <avr/io.h>
#include <util/delay.h>
#include <avr/interrupt.h>

#define set_bit(value, bit) ( _SFR_BYTE(value) |= _BV(bit) )
#define clear_bit(value, bit) ( _SFR_BYTE(value) &= ~_BV(bit) )

// 모터 제어 허용/금지
#define motor_enable2() PORTG |= 0x02
#define motor_disable2() PORTG &= ~0x02
// 모터 회전 방향 설정
#define motor_forward2() PORTG |= 0x01
#define motor_backward2() PORTG &= ~0x01
// 모터 속도 설정
#define motor_speed2(s) OCR2A = s

void port_init() {
    set_bit(DDRG, 1);                                // Enable
    set_bit(DDRG, 0);                                // Direction
    set_bit(DDRB, 4);                                // Speed

    motor_disable2();
}

void timer_counter_2_init() {
```

```
    // 타이머/카운터 2번을 고속 PWM 모드로 설정
    TCCR2A |= (1 << WGM21) | (1 << WGM20);
    TCCR2A |= (1 << COM2A1);                                // 비반전 모드
    TCCR2B |= (1 << CS20) | (1 << CS21) | (1 << CS20);      // 분주비 1024
}

int main(void) {
    port_init();
    timer_counter_2_init();

    motor_enable2();

    while (1) {
      motor_forward2();
      for (int i = 255; i >= 0; i--) {                      // 255 -> 0으로 속도 증가
        motor_speed2(i);
        _delay_ms(30);
      }
      _delay_ms(2000);

      motor_backward2();
      for (int i = 0; i < 256; i++) {                       // 0 -> 255로 속도 증가
        motor_speed2(i);
        _delay_ms(30);
      }
      _delay_ms(2000);

    }

    return 0;
}
```

LESSON 03 서보 모터

서보 모터는 DC 모터의 한 종류로, PWM 신호를 제어 신호로 사용하여 원하는 만큼 모터를 회전시킨 후, 그 위치를 유지할 수 있는 특징을 가진 모터다. 서보 모터는 크게 표준 서보 모터와 연속 회전 서보 모터의 두 종류로 나눌 수 있다. 표준(standard) 서보 모터는 회전 범위가 제한된 서보 모터로, 0°~180° 범위에서만 회전할 수 있어서 로봇의 관절 또는 회전 범위가 제한된 기기의 움직임을 제어하는 데 사용된다. 이에 비해 연속 회전(continuous rotation) 서보 모터는 DC 모터처럼 360°를 회전할 수 있으며, 회전 속도를 제어할 수 있다. 이 장에서 사용할 서보 모터는 표준 서보 모터다.

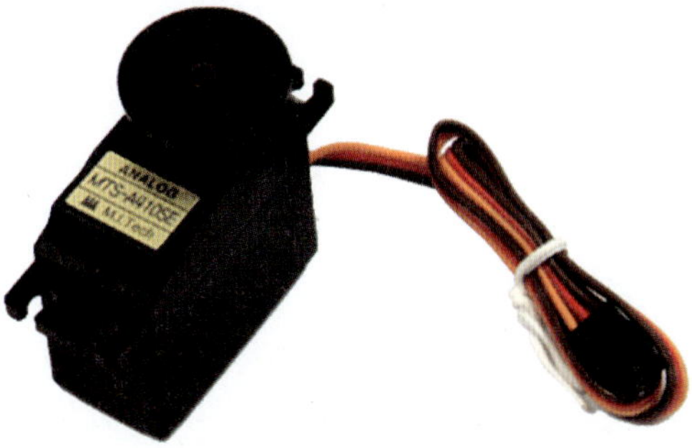

[그림 8] 표준 서보 모터

서보 모터는 3개의 연결선(VCC와 GND, 제어선)을 가지고 있는데, VCC는 붉은색, GND는 검정색 또는 갈색으로 구별된다. 제어선은 노란색이나 주황색, 흰색 중 하나가 사용된다. DC 모터에서는 VCC와 GND의 구별이 없으므로, 반대로 연결하면 반대 방향으로 모터가 회전하지만, 서보 모터는 전원을 반대로 연결하면 모터가 파손될 수 있으므로 주의해야 한다.

서보 모터는 전원을 모터에 연결하고 제어선으로 위치를 조절하는 구조이므로 간단히 위치를 제어할 수 있다. 서보 모터에는 5V 전원도 흔히 사용되므로 ATmega2560에 공급되는 전원을 공통으로 사용할 수 있어 DC 모터처럼 모터 드라이버가 꼭 필요하지는 않다. 하지만 모터는 전기 잡음을 유발할 수 있으므로, 마이크로컨트롤러의 안정적인 동작을 위해서는 모터에 전용 전원을 공급하는 것이 바람직하다. 특히 전원 공급에 어댑터가 아닌 USB 연결을 사용할 경우, USB를 통해 공급할 수 있는 최대 전류가 0.5A로 제한된다는 점에 주의해야 한다. 따라서 USB 전원을 사용하여 ATmega2560과 모터에 전원을 공급하면, 전류 부족으로 마이크로컨트롤러가 정상적으로 동작하지 않을 수 있다.

서보 모터의 위치 제어에 PWM 신호를 사용하므로, 타이머/카운터의 PWM 신호 생성 기능을 이용한다. 서보 모터는 PWM 신호를 받으면 내부적으로 현재 위치와 입력된 신호를 비교하여 입력된 PWM 신호에 맞는 위치로 모터를 회전시킨다. 즉, 듀티 사이클에 따라 서보 모터의 위치가 정해진다.

서보 모터는 50Hz의 PWM 주파수, 즉 주기 $\frac{1}{50Hz} = 20ms$ 의 PWM 신호를 사용한다. 20ms 중 서보 모터의 위치를 결정하는 HIGH 구간은 1~2ms로, 1ms에서는 반시계방향으로 최대로 회전한 상태(0°)에 있고, 2ms에서는 시계방향으로 최대로 회전한 상태(180°)에 있다. 서보 모터의 종류에 따라 회전할 수 있는 각도의 범위와 이에 따른 듀티 사이클에 차이가 있을 수 있으므로, 사용하고자 하는 서보 모터의 데이터시트를 확인해야 한다.

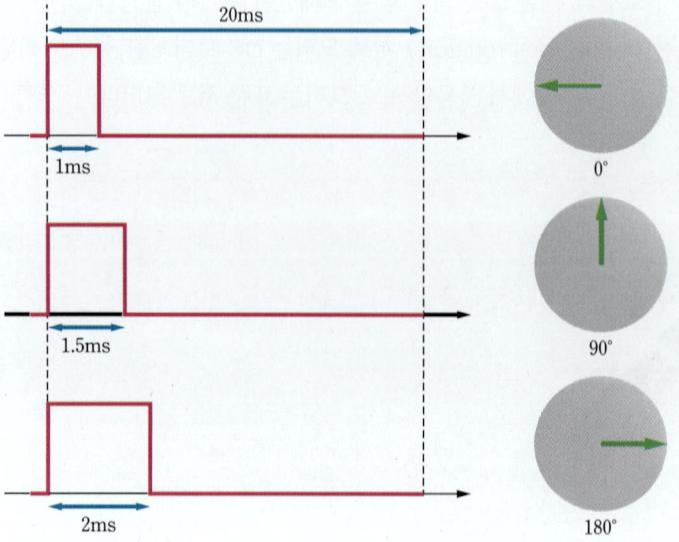

[그림 9] 서보 모터 제어

서보 모터에 20ms 주기의 펄스를 입력하면 20ms 동안만 이동한 위치를 유지하므로, 20ms마다 펄스를 입력해야 한다. 즉, 1초에 50개의 펄스를 계속 가해주어야 현재 위치를 유지할 수 있다.

한 가지 유의해야 할 점은 20ms 주기에서 1ms 펄스는 듀티 사이클로는 5%에 해당하며, 2ms 펄스는 듀티 사이클로 10%에 해당한다는 점이다. 즉, 5%의 듀티 사이클 변화로 180도 회전이 이루어진다. 8비트 타이머를 생각해 보자. 5% 듀티 사이클 변화는 256단계 중 약 12 단계($2^8 \times 0.05 = 256 \times 0.05 = 12.8$)에 해당한다.

타이머/카운터에서 듀티 사이클로 지정할 수 있는 값은 정수뿐이므로, 1단계 변화는 약 14도 회전($180 \div 12.8 \approx 14$)에 해당한다. 즉 한 번에 변경할 수 있는 최소 각도가 14도라는 의미이다. 정밀한 회전각 제어가 필요치 않다면 이 정도로도 충분할 수 있지만, 그 이상의 성능이 요구되는 상황에서는 사용에 제한이 있을 수 있다. 16비트 타이머의 경우에는 한 번에 변경할 수 있는 최소 각도는 약 0.055도($180 \div (2^{16} \times 0.05) \approx 0.0549$)이므로 8비트 타이머보다 훨씬 더 정밀한 제어가 가능하다.

서보 모터는 현재 위치와 입력받은 PWM 신호에 의한 위치 차이가 아주 작은 경우엔 동작하지 않는다. 즉, 모터 자체에서 표현할 수 있는 최소 각도의 차이가 정해져 있다. 이처럼 현재 서보 모터의 위치와 근소한 차이의 PWM 신호가 입력되어 서보 모터가 동작하지 않는 영역을 데드 밴드(dead band)라고 하는데, 이 영역은 수 마이크로초에서 수십 마이크로초에 이르기까지 서보 모터의 종류에 따라 다르다. 데드 밴드가 5마이크로초라고 가정해 보자.

PWM 신호의 펄스 폭은 최대 1ms의 차이를 가지며, 이를 통해 180도 회전을 표현하므로, 5마이크로초에 해당하는 각도는 $\frac{5}{1000} \times 180 = 0.9$도가 된다. 즉, 데드 밴드가 5마이크로초인 서보 모터에서는 0.9도 이하의 회전이 불가능하며, 이 각도는 16비트 타이머/카운터를 이용해야만 충분히 표현할 수 있다. 따라서 이 장에서도 16비트 해상도를 가지는 1번 타이머/카운터를 사용하여 서보 모터를 제어한다. ([표 2] 참조)

먼저 서보 모터를 [그림 10]과 같이 연결하자. 1번 타이머/카운터의 OC1A 출력 핀(PB5 핀)을 통해 출력되는 PWM 신호를 사용하여 서보 모터의 위치를 제어할 것이다.

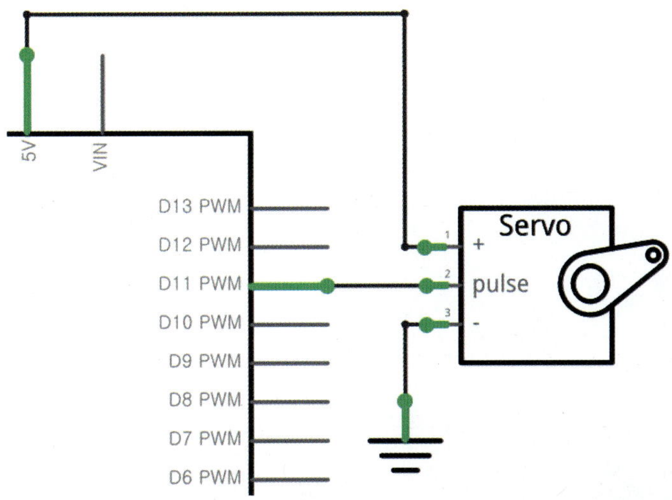

[그림 10] 서보 모터 연결 회로도

[그림 11] 서보 모터 연결 회로

[그림 12] 학습보드의 서보 모터 커넥터

[코드 3]은 서보 모터의 위치를 제어하는 예로, 서보 모터가 0~180도 범위를 반복적으로 회전한다.

코드 3 서보 모터 위치 제어

```
#define F_CPU 16000000L
#include <avr/io.h>
#include <util/delay.h>

#define ROTATION_DELAY    1000                      // 1초 대기
#define PULSE_MIN         1400                      // 최소 펄스 길이
#define PULSE_MID         3000
#define PULSE_MAX         4600                      // 최대 펄스 길이

void timer_counter_1_init(void) {
    // 모드 14, 고속 PWM 모드
    TCCR1A |= (1 << WGM11);
    TCCR1B |= (1 << WGM12) | (1 << WGM13);

    TCCR1A |= (1 << COM1A1);                        // 비반전 모드
    TCCR1B |= (1 << CS11);                          // 분주율 8, 2MHz

    // TOP : ICR1, 비교일치 값 : OCR1A 레지스터
    ICR1 = 39999;                                   // 20ms 주기
}

int main(void) {
    DDRB |= (1 << PB5);                             // 모터 제어핀을 출력으로 설정
    timer_counter_1_init();                         // 1번 타이머/카운터 설정

    while (1) {
      OCR1A = PULSE_MIN;                            // 0도
      _delay_ms(ROTATION_DELAY);

      OCR1A = PULSE_MID;                            // 90도
      _delay_ms(ROTATION_DELAY);

      OCR1A = PULSE_MAX;                            // 180도
      _delay_ms(ROTATION_DELAY);
    }

    return 0;
}
```

[코드 3]에서는 1번 타이머/카운터에서 사용할 수 있는 16개 모드 중 14번 파형 생성 모드를 사용한다. 14번 파형 생성 모드에서는 16비트 레지스터인 ICP1(Input Capture Register) 레지스터를 TOP 값을 지정하는 용도로 사용하며, 비교 일치 값 지정에는 OCR1A 레지스터를 사용한다. 고속 PWM 모드에서 PWM 주파수는 다음과 같이 계산된다.

$$f_{PWM} = \frac{f_{clk}}{N \cdot (TOP + 1)}$$

ATmega2560은 16MHz 클록(f_{clk})을 사용하고, [코드 2]에서는 분주율(N)을 8로 설정하였으므로, 50Hz의 PWM 주파수를 얻기 위한 TOP 값은 다음과 같이 계산할 수 있다.

$$TOP = \frac{f_{clk}}{f_{PWM} \cdot N} - 1 = \frac{16,000,000}{50 \cdot 8} - 1 = 39999$$

TOP 값의 5%에 해당하는 값이 최소 펄스폭에 해당하는 비교일치 값이며, TOP 값의 10%에 해당하는 값이 최대 펄스폭에 해당하는 비교일치 값이다.

$$PULSE\ MIN \approx 40000 \times 0.05 = 2000$$
$$PULSE\ MAX \approx 40000 \times 0.10 = 4000$$

실험에 사용된 서보 모터는 펄스 폭 3.5~11.5% 사이에서 0°~180° 사이를 회전하였다. 서보 모터의 종류에 따라서 듀티 사이클과 그에 따른 회전 각도가 달라질 수 있으므로, 데이터시트를 확인하고, [코드 3]에서 PULSE_MIN 값과 PULSE_MAX 값을 조절해야 정확한 위치로 서보 모터를 회전시킬 수 있다.

CHAPTER 17 연습문제

1. DC 모터를 [그림 5]와 같이 연결하고, 아두이노 A0(PF0) 핀에 가변저항을 연결하자. 0에서 1023 사이의 가변저항 값에 따라 DC 모터의 속도가 변하는 프로그램을 작성해 보자. 가변저항은 10비트 값이고, 모터의 속도 제어를 위한 PWM 값은 8비트 값이므로, 비트 이동 연산자를 사용하여 값의 범위를 조절하여 사용하면 된다.

2. 시리얼 모니터에 0~180 사이의 값을 입력받아 서보 모터의 위치를 제어하는 프로그램을 작성해 보자. 시리얼 모니터에서는 개행문자 '\n'을 추가로 전송하여 입력의 끝을 표시한다. 수신된 문자열을 정수로 변환하기 위해서는 atoi 함수를 사용할 수 있다.

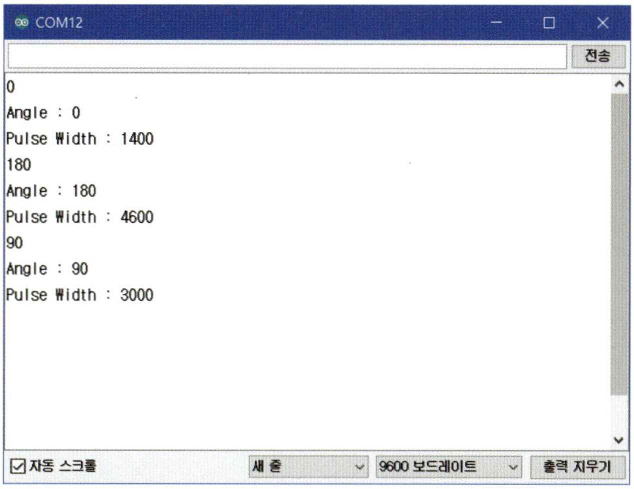

3. 아두이노 A0(PF0) 핀에 가변저항을 연결하고 0에서 1023 사이의 가변저항 값에 따라 서보 모터의 위치를 제어하는 프로그램을 작성해 보자. 가변저항의 값은 선형 사상을 통해 0~180도 사이의 값으로 변환하여 사용하면 된다.

4. DC 모터와 서보 모터 이외에도 회전 각을 지정하여 360도 회전시킬 수 있는 스테핑 모터, 내구성이 뛰어난 브러시리스 DC (Blushless DC, BLDC) 모터 등이 마이크로컨트롤러와 함께 흔히 사용된다. 특히 BLDC 모터는 DC 모터와 비교했을 때 소음과 진동이 적어 빠른 속도로 보급되고 있다. BLDC 모터의 동작 원리를 DC 모터와 비교해보고 두 모터의 장단점을 알아보자.

CHAPTER

18

많은 수의 고속 주변장치 연결이 필요한 경우에
흔히 사용되는 시리얼 통신 방법

SPI

SPI는 마이크로컨트롤러에서 사용할 수 있는 시리얼 통신 방법의 하나로, 마스터–슬레이브 구조를 통해 1:n 연결이 가능하며, 동기식 전송을 사용하여 고속의 데이터 전송이 가능한 점 등 UART 시리얼 통신보다 여러 가지 장점이 있다. 하지만 SPI에서는 1개의 슬레이브를 연결하는 데 4개의 연결선이 필요한 데다가, 연결하는 슬레이브 수에 비례하여 연결선 수가 증가한다는 점이 단점이다. 이 장에서는 SPI 시리얼 통신 방식의 원리와 SPI 통신을 사용하는 EEPROM의 사용 방법을 알아본다.

CONTENTS

LESSON 01

SPI

SPI는 'Serial Peripheral Interface'의 약어로, 주변장치 연결을 위해 마이크로컨트롤러에서 사용하는 시리얼 통신 방법의 하나다. 앞에서 시리얼 통신 방법의 하나인 UART 통신에 대해 알아보았다. UART는 전이중(full-duplex) 방식의 시리얼 통신이지만, 일대일 통신만이 가능하다는 한계가 있었다.

SPI도 전이중 방식의 시리얼 통신이라는 점은 UART와 같다. 하지만 SPI는 마스터-슬레이브의 구조를 가지기 때문에, 마스터 장치 하나에 슬레이브 장치를 여러 개 연결하는 일대다(1:n) 통신이 가능하다. 마스터 장치는 연결을 시작하고 통신을 제어하는 책임을 지는 장치로, 연결이 성립된 이후에는 두 개의 데이터 선을 통해 전이중 방식으로 데이터를 주고받는다. 마스터 장치에 하나의 슬레이브 장치가 연결된 경우를 살펴보자.

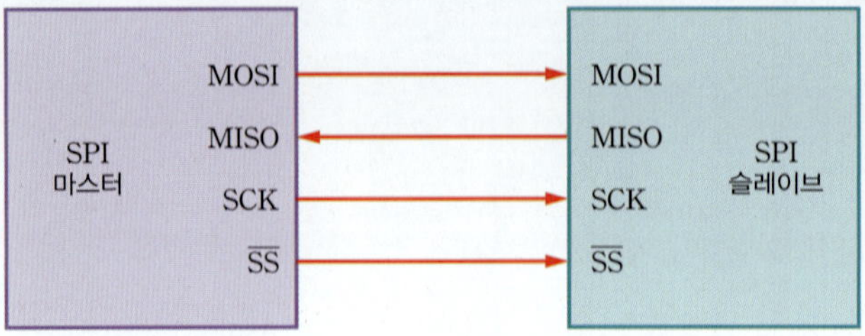

[그림 1] 일대일 SPI 연결

[그림 1]에서 볼 수 있듯이 SPI 연결에는 4개의 연결선이 필요하다. SCK(Serial Clock)는 시리얼 클록으로, 동기 전송 방식을 사용하는 SPI에서 동기화를 위한 클록 전송에 사용된다. MOSI는 'Master Output Slave Input'의 약어로, 마스터 장치에서 슬레이브 장치로 데이터를 전송하는 데 사용된다. MISO는 'Master Input Slave Output'의 약어로, 슬레이브 장치에서 마스터 장치로의 데이터 전송에 사용된다. SS는 'Slave Select'의 약어로, 여러 개의 슬레이브 장치 중 마스터 장치가 데이터를 주고받을 슬레이브 장치를 선택하는 데 사용한다. 선택되지 않은 슬레이브 장치의 SS는 HIGH 상태에 있으며, 선택된 슬레이브 장치의 SS는 LOW 상태에 있다.

두 개의 슬레이브 장치가 연결된 경우를 살펴보자.

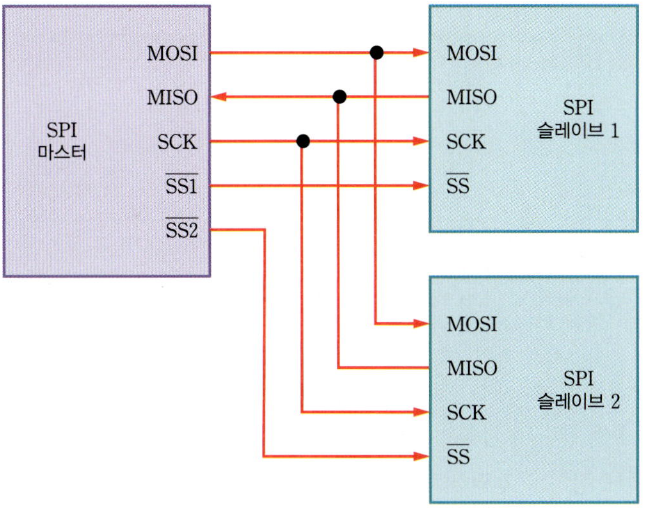

[그림 2] 일대다 SPI 연결

[그림 2]는 하나의 마스터 장치에 2개의 슬레이브 장치가 연결된 예를 나타낸다. 모든 슬레이브 장치는 마스터로부터의 SCK, MOSI, MISO 연결선을 공유한다. 즉, 마스터 장치에서 보낸 데이터가 모든 슬레이브 장치로 전달된다. 그렇다면 누가 데이터를 받을 것인가? 이는 바로 SS 연결선에 의해 결정된다. 마스터 장치로부터 데이터를 받을 슬레이브 장치의 SS만 LOW 상태에 있고, 나머지 슬레이브 장치의 SS는 HIGH 상태에 있다. 이처럼 SPI에서는 일대다 연결이 가능하지만, 특정 순간에는 일대일 통신만이 가능하다. 또한, 슬레이브 장치별로 전용의 SS 연결선을 가지므로, 슬레이브 장치의 수가 늘어나면 SS 연결선의 수 역시 증가한다.

SPI의 데이터 전송에 대해 좀 더 살펴보자. SPI의 데이터 전송의 특징은 송신과 수신이 항상 동시에 일어난다는 것이다. (UART 통신에서도 송신과 수신이 동시에 일어날 수 있지만, 항상 그런 것은 아니다.) SPI는 동기 방식으로 동작하므로 동기화를 위한 클록이 필요하며, 이 클록은 마스터 장치에 의해 공급된다. 슬레이브 장치에서 마스터 장치로 데이터를 보낼 때도 슬레이브 장치는 마스터 장치의 클록을 기준으로 데이터를 전송해야 하지만, 슬레이브 장치에서는 마스터 장치의 클록을 알 수 없다. 따라서 슬레이브는 마스터로 데이터를 전송할 수 없다.

이러한 동기화의 문제를 해결하기 위해 SPI에서는 송신과 수신이 항상 동시에 진행되도록 하고 있다. 어렵게 들릴 수도 있지만, SPI의 마스터와 슬레이브 장치의 데이터 버퍼가 원형 큐를 이루고 있다고 생각하면 이해가 쉽다. 마스터 장치에서 슬레이브 장치로 보낼 데이터 A가 마스터 장치의 버퍼에 저장되어 있고, 슬레이브 장치에서 마스터 장치로 보낼 데이터 B가 슬레이브 장치의 버퍼에 저장되어 있다고 가정해 보자.

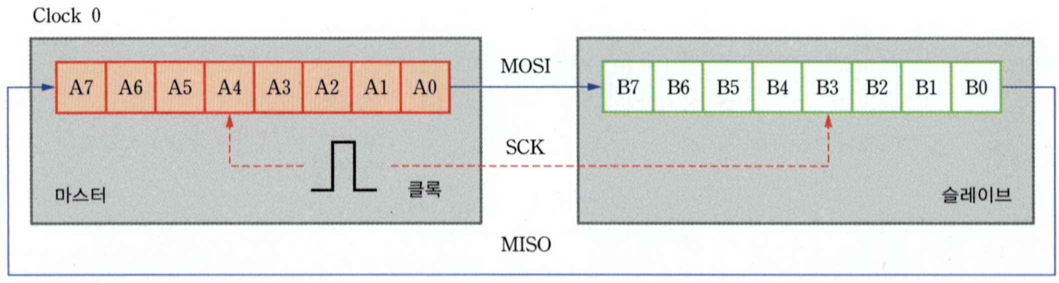

[그림 3] 데이터 전송 준비

데이터 전송은 전적으로 마스터 장치가 책임지므로, 마스터 장치가 제공하는 클록에 의해 데이터 전송이 이루어진다. 데이터가 준비된 상태에서 하나의 클록이 발생했다고 가정해 보자. 마스터 장치의 1비트 데이터 A0은 MOSI를 통해 슬레이브 장치로 전달되고, 동시에 슬레이브 장치의 1비트 데이터 B0은 MISO를 통해 마스터 장치로 전달된다. 이때 마스터 장치와 슬레이브 장치의 데이터는 데이터 A와 B가 저장된 버퍼에서 오른쪽 원형 이동 연산을 수행한 것과 같다. 다만 데이터 A와 B가 저장된 버퍼가 마스터와 슬레이브 장치에 물리적으로 분리되어 멀리 떨어져 있다는 점에서 차이가 있다.

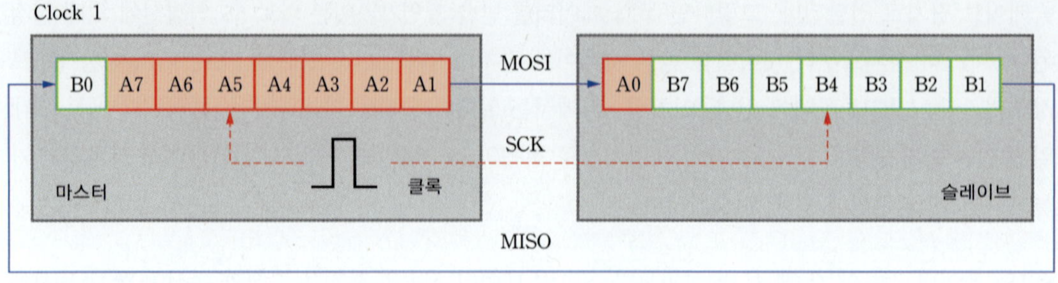

[그림 4] 1비트 데이터 전송

8개 클록이 발생하면, 마스터 장치의 1바이트 데이터가 슬레이브 장치로 전달되고, 슬레이브 장치의 1바이트 데이터는 마스터 장치로 전달된다. 즉 1바이트의 데이터가 마스터와 슬레이브 사이에서 교환되는 결과를 얻을 수 있다.

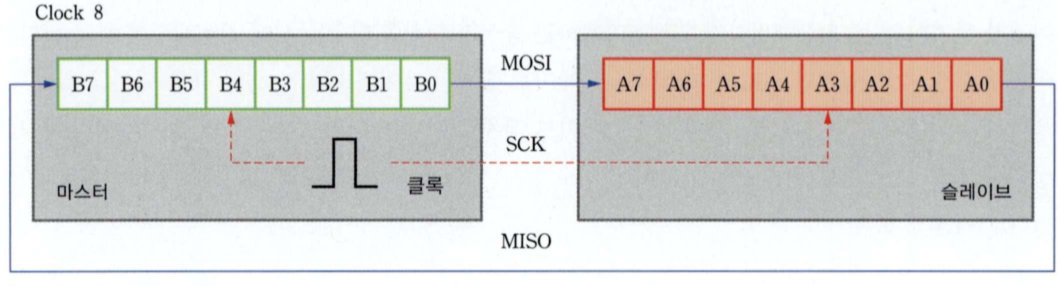

[그림 5] 1바이트 데이터 전송

이처럼 마스터 장치와 슬레이브 장치는 항상 데이터를 동시에 주고받음으로써 동기화 문제를 해결하고 있다. 이러한 상황에서 주의 깊게 살펴봐야 할 부분은 클록의 역할이다. 기본적으로 클록은 데이터가 전달되는 시점을 알려주고, 전달된 데이터가 안정적인 상태를 유지할 때 수신 장치가 수신된 데이터를 검사하도록 알려주기 위해 사용된다. 하지만 클록의 어느 부분에서 데이터 전송이 완료되었는지에 따라 수신 장치가 데이터를 읽는 시점이 달라진다. 이때 클록의 극성(Clock Polarity, CPOL)과 클록 위상(Clock Phase, CPHA)이 사용된다.

- **CPOL** : SPI 버스가 유휴 상태일 때 클록 값을 결정한다. CPOL = 0이면 유휴 상태일 때 SCK는 LOW 값을 가지며, CPOL = 1이면 유휴 상태일 때 SCK는 HIGH 값을 가진다.
- **CPHA** : 데이터를 샘플링하는 시점을 결정한다. CPHA = 0이면 비활성 상태에서 활성 상태로 바뀌는 에지에서 데이터가 샘플링되고, CPHA = 1이면 활성 상태에서 비활성 상태로 바뀌는 에지에서 데이터가 샘플링된다.

[그림 6]은 CPHA = 0일 때 데이터가 전송되는 방법을 보여준다. CPOL = 0이면 상승 에지에서, CPOL = 1이면 하강 에지에서 데이터가 샘플링된다.

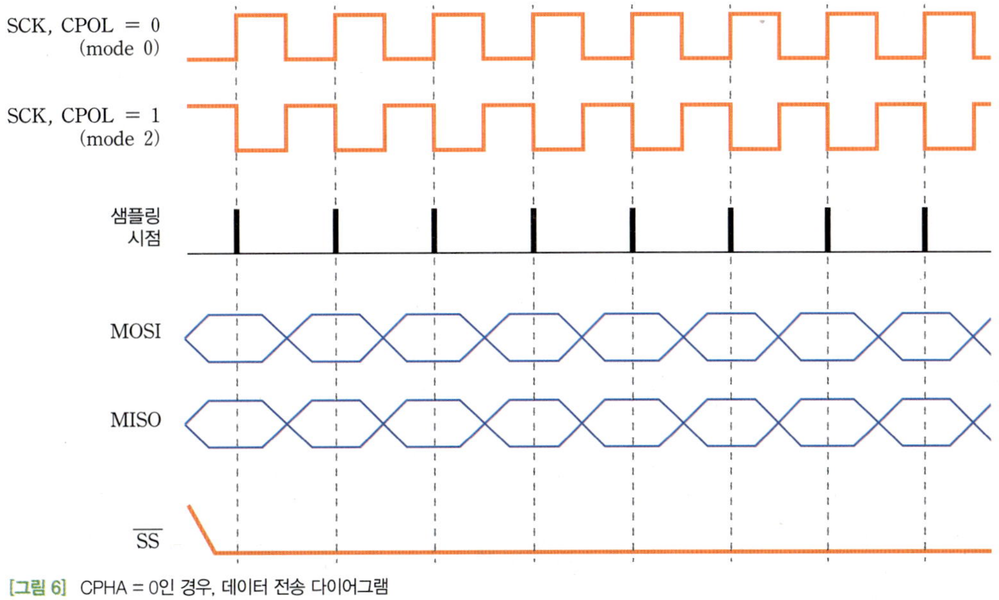

[그림 6] CPHA = 0인 경우, 데이터 전송 다이어그램

[그림 7]은 CPHA = 1일 때 데이터가 전송되는 방법을 보여준다. CPOL = 0이면 하강 에지에서, CPOL = 1이면 상승 에지에서 데이터가 샘플링된다.

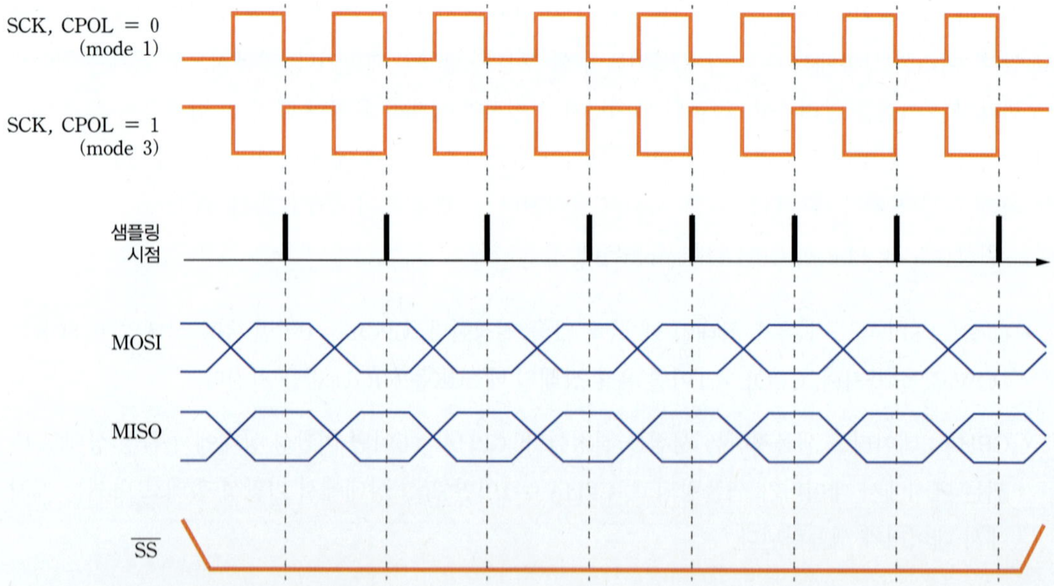

[그림 7] CPHA = 1인 경우, 데이터 전송 다이어그램

[그림 6]과 [그림 7]에서 알 수 있듯이 수신 장치가 데이터를 샘플링하는 시점은 데이터가 안정화된 후 데이터 비트의 중앙에서 이루어진다. UART에서는 비동기적으로 데이터가 전송되므로, 한 비트의 데이터 확인을 위해 여러 번의 샘플링을 통해 실제 전송된 데이터를 파악하지만, SPI는 동기화를 위한 클록이 별도로 존재하므로 간단하게 수신된 데이터의 샘플링이 가능하다. 한 가지 유의할 점은 데이터가 샘플링되는 동안 SS 라인은 LOW 상태를 유지하고 있어야 한다는 점이다.

SPI 통신은 UART 통신과 마찬가지로 ATmega2560에서 하드웨어적으로 지원되는 통신이다. 따라서 ATmega2560에는 SPI 통신을 위한 전용 핀이 지정되어 있다. SPI 통신에는 기본적으로 4개 핀을 사용하는데, 이 중 SCK, MISO, MOSI는 전용 핀을 사용해야 한다. SS 핀으로는 임의의 디지털 출력 핀을 사용할 수 있는데, 주로 PB0 핀이 사용된다. [표 1]은 ATmega2560에서 SPI 통신에 사용되는 핀을 요약한 것이다.

[표 1] SPI 통신을 위한 ATmega2560 핀

SPI 기능	ATmega2560 핀	아두이노 핀 번호	설명
SS	PB0	53	슬레이브 선택
SCK	PB1	52	시리얼 클록
MOSI	PB2	51	마스터 → 슬레이브
MISO	PB3	50	슬레이브 → 마스터

LESSON 02

SPI 방식의 EEPROM

이 절에서는 SPI 통신을 사용하는 EEPROM을 슬레이브로, ATmega2560을 마스터로 연결하여 EEPROM에 데이터를 읽고 쓰는 방법을 알아본다. ATmega2560 내부에도 4Kbyte 크기의 EEPROM이 포함되어 있지만, 4Kbyte는 그리 크지 않으므로 데이터 로깅 등을 위해 별도의 외부 기억 장치를 사용하는 경우를 흔히 볼 수 있다. 외부 기억 장치로 쓸 수 있는 장치 중 하나인 EEPROM은 쓰기 속도가 느리긴 하지만, 비휘발성 메모리이기 때문에 전원이 꺼진 후에도 기록한 내용이 보존되고, 바이트 단위의 데이터 입출력을 간단하게 할 수 있다는 장점이 있어서 널리 사용되고 있다.

SPI 방식의 EEPROM 중에서도 이 장에서는 마이크로칩(Microchip) 사의 25LCn EEPROM을 사용한다. 'n'은 EEPROM의 크기를 나타내는데, 1K bit에서 1M bit까지의 다양한 크기의 EEPROM이 판매되고 있다. 이 장에서 사용한 EEPROM은 25LC640으로, 64Kbit(8Kbyte, 8192 × 8 bit)의 메모리를 가지고 있다. 25LC640 칩의 핀 배치는 [그림 8]과 같다.

[그림 8] 25LC640 핀 배치

[표 2]는 25LC640 칩의 핀 기능을 요약한 것이다. 데이터시트에서는 SPI 통신을 위한 핀의 이름을 MISO와 MOSI가 아니라 SO(Serial data Output)와 SI(Serial data Input)로 표시하고 있으므로, 혼돈하지 않도록 한다. SS 역시 CS(Chip Select)라는 이름을 사용하고 있다.

[표 2] 25LC640A 핀 설명

핀 번호	이름	설명	비고
1	$\overline{CS}$	Chip Select	SS (Slave Select)
2	SO	Serial Data Output	MISO
3	$\overline{WP}$	Write Protect	
4	VSS	Ground	

5	SI	Serial Data Input	MOSI
6	SCK	Serial Clock	
7	$\overline{\text{HOLD}}$	Hold Input	
8	VCC	50	슬레이브 → 마스터

[표 1]과 [표 2]를 참고하여 25LC640을 [그림 9]와 같이 ATmega2560에 연결하자. SCK, MOSI, MISO는 전용 핀을 사용해야 하며, SS는 아두이노 42번(PL7) 핀을 사용하였다. $\overline{\text{WP}}$는 쓰기 금지 기능으로, GND가 가해지면 EEPROM에 내용을 기록할 수 없다. 여기서는 VCC에 연결하여 항상 쓰기가 가능하도록 한다. $\overline{\text{HOLD}}$는 EEPROM과의 통신을 일시 중지시키는 기능을 하는 핀으로, 역시 VCC에 연결하여 항상 통신이 가능하도록 한다. $\overline{\text{WP}}$를 GND에 연결하면 쓰기는 불가능하지만 읽기는 가능하다. 한편 $\overline{\text{HOLD}}$를 GND에 연결하면 읽기와 쓰기 모두 불가능하다.

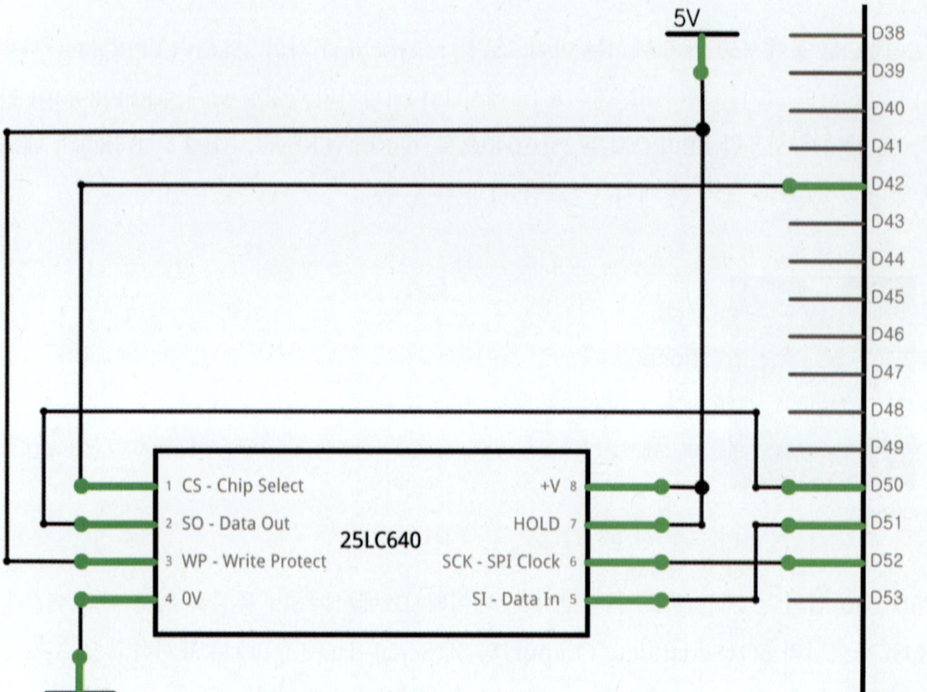

[그림 9] 25LC640 연결 회로도

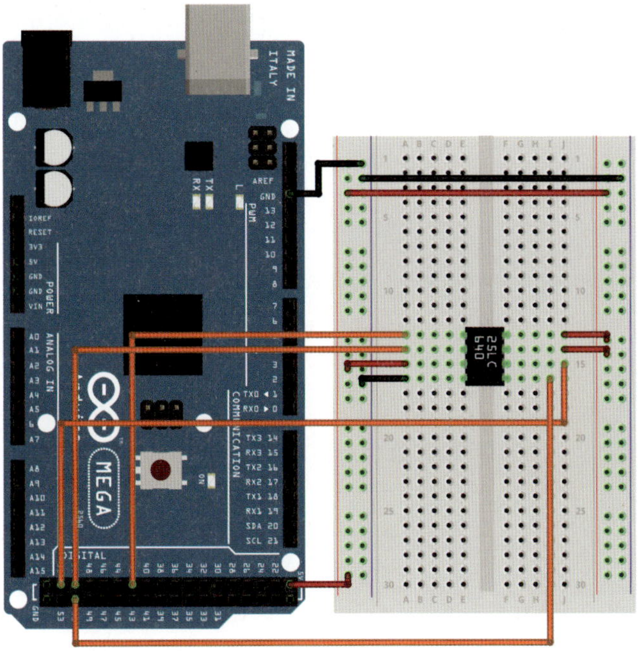

[그림 10] 25LC640 연결 회로

[그림 11] 학습보드의 26LC640 EEPROM

EEPROM의 기본적인 동작은 바이트 단위의 읽기와 쓰기다. 먼저 읽기 과정을 살펴보자. EEPROM에서 1바이트의 데이터를 읽기 위해서는 먼저 EEPROM 칩을 선택해야 하며, 칩을 선택하기 위해서는 $\overline{\text{CS}}$ 핀에 LOW를 가해야 한다. 이후 읽기에 해당하는 8비트 명령어를 전송해야 한다. 읽기에 해당하는 8비트 명령어 값은 0b00000011 = 0x03이다.[1] 명령어 전송 이후에는 데이터를 읽을 EEPROM의 주소를 전송한다. 25LC640은 8Kbyte 메모리를 가지므로 13비트의 주소가 필요하다. 따라서 주소는 바이트 단위로 상위 바이트부터 2번에 나누어 전송한다. 주소까지 전송되면 EEPROM에서는 해당 메모리 번지의 바이트 값을 마이크로컨트롤러로 전송할 준비가 완료된다. 준비가 완료되고 실제로 EEPROM에서 1바이트의 데이터를 읽기 위해서는 임의의 1바이트 값을 슬레이브로 전송해야 한다. 이는 SPI 통신에서 송신과 수신이 항상 동시에 일어나기 때문이다. 전송이 끝나면 $\overline{\text{CS}}$ 핀에 HIGH를 가함으로써 읽기 동작을 끝낸다.

[코드 1]은 슬레이브로부터 1바이트 데이터를 읽어 반환하는 함수의 예다.

코드 1 바이트 데이터 읽기 함수

```
#define EEPROM_READ 0b00000011                          // 읽기

#define SPI_SS       PL7
#define SPI_SCK      PB1
#define SPI_MOSI     PB2
#define SPI_MISO     PB3

#define EEPROM_select() PORTL &= ~(1 << SPI_SS)         // LOW
#define EEPROM_unselect() PORTL |= (1 << SPI_SS)        // HIGH

uint8_t EEPROM_read_byte(uint16_t address) {
     EEPROM_select();                                   // EEPROM 선택

     EEPROM_change_byte(EEPROM_READ);                   // 읽기 명령 전송
     EEPROM_send_address(address);                      // 메모리 주소 전송
     // 마스터에서 바이트 값을 전송해야 슬레이브로부터 바이트 값을 받을 수 있으므로
     // 의미 없는 0을 전송
     EEPROM_change_byte(0);

     EEPROM_unselect();                                 // EEPROM 선택 해제

     return SPDR;
}
```

[코드 1]에서는 먼저 SPI 통신에 사용할 4개의 핀을 [표 1]에 따라 정의하고 있다. 다만 SS 핀으로 디폴트로 사용하는 아두이노 53번(PB0) 핀이 아닌 아두이노 42번(PL7) 핀을 사용하였음을 주의한다. EEPROM_select 함수는 SS 핀에 LOW를 가하는 매크로 함수로, EEPROM_unselect 함수는 SS 핀에 HIGH를 가하는 매크로 함수로 정의하였다.

1 명령어에 해당하는 값은 데이터시트를 참고하도록 한다.

EEPROM_change_byte 함수는 마스터와 슬레이브 사이에 1바이트 데이터를 교환하는 함수이다. EEPROM_send_address 함수는 마스터와 슬레이브 사이에서 2바이트 데이터를 교환하는 함수로, EEPROM_change_byte 함수를 2번 사용하여 구현한다. EEPROM_change_byte 함수와 EEPROM_send_address 함수의 정의는 [코드 2]와 같다.

코드 2 데이터 교환 함수

```
void EEPROM_change_byte(uint8_t data) {
    SPDR = data;                                  // 데이터 전송 시작
    loop_until_bit_is_set(SPSR, SPIF);            // 전송 완료 대기
}

void EEPROM_send_address(uint16_t address) {
    // 상위 바이트를 먼저 전송하고 하위 바이트를 전송
    EEPROM_change_byte((uint8_t)(address >> 8));
    EEPROM_change_byte((uint8_t)address);
}
```

SPI와 관련된 레지스터에는 전송 과정 제어를 위한 SPCR(SPI Control Register) 레지스터, 전송 상태 검사를 위한 SPSR(SPI Status Register) 레지스터, 전송되는 데이터를 위한 SPDR(SPI Data Register) 레지스터 등 3개가 있다. 이 중 SPDR 레지스터는 슬레이브로 보내거나 슬레이브로부터 받은 데이터가 저장되는 레지스터다. SPDR 레지스터의 구조는 [그림 12]와 같다. SPDR 레지스터에 데이터를 저장하면 데이터 전송이 자동으로 시작된다.

비트	7	6	5	4	3	2	1	0
비트 이름	SPDR							
읽기/쓰기	R/W	R/W	R/W	R/W	R/W	R/W	R/W	R/W
초깃값	x	x	x	x	x	x	x	x

[그림 12] SPDR 레지스터 구조

SPSR 레지스터는 데이터의 송수신 상태를 반영하는 레지스터로, SPSR 레지스터의 구조는 [그림 13]과 같다.

비트	7	6	5	4	3	2	1	0
비트 이름	SPIF	WCOL	–	–	–	–	–	SPI2X
읽기/쓰기	R	R	R	R	R	R	R	R/W
초깃값	0	0	0	0	0	0	0	0

[그림 13] SPSR 레지스터 구조

SPSR 레지스터에서는 3개의 비트만이 사용되고 있다. 0번 비트인 SPI2X 비트를 제외하면 모두 읽기 전용 비트로, SPI 통신의 결과를 나타내는 데 사용된다. 각 비트의 의미는 [표 3]과 같다.

[표 3] SPSR 레지스터 비트

비트	이름	설명
7	SPIF	SPI Interrupt Flag : 데이터 전송이 완료되면 세트된다. 전역 인터럽트 허용 비트가 세트되어 있고, SPCR 레지스터의 인터럽트 허용 비트인 SPIE 비트가 세트되어 있을 때, SPIF 비트가 1이 되면 SPI 인터럽트가 발생한다.
6	WCOL	Write Collision Flag : 데이터 전송 중에 SPDR 레지스터에 데이터를 쓰는 경우에 세트된다. 즉, SPDR 레지스터가 동시에 두 곳에서 사용될 때, 충돌을 알려주기 위해 사용된다.
0	SPI2X	Double SPI Speed Bit : SPI2X 비트가 세트되어 있는 경우, 전송 속도는 2배가 된다. SPCR 레지스터의 SPRn 비트와 함께 사용되어 전송 속도, 즉 SCK의 주파수를 결정한다. 슬레이브 모드로 설정된 경우에는 시스템 클록의 1/4 이하에서만 동작을 보장할 수 있다.

[코드 2]의 EEPROM_change_byte 함수에서는 SPDR 레지스터에 전송할 값을 대입함으로써 전송을 시작한다. 데이터 전송 후에는 SPSR 레지스터의 SPIF 비트가 세트되기를, 즉 데이터 전송이 완료되기를 기다린 후 전송이 완료되면 반환한다. loop_until_bit_is_set은 지정한 번호의 비트가 세트될 때까지 대기하는 매크로 함수다.

```
#define loop_until_bit_is_set(sfr, bit) do { } while (bit_is_clear(sfr, bit))
#define bit_is_clear(sfr, bit) ( !(_SFR_BYTE(sfr) & _BV(bit)) )
```

쓰기 과정을 살펴보자. 데이터를 쓰기 위해서는 먼저 EEPROM으로 WREN(Write Enable) 명령을 전송하여 쓰기가 가능하도록 설정해야 한다. WREN 명령을 전송할 때는 반드시 전송 전에 $\overline{CS}$ 핀에 LOW를 가하고, WREN 명령 전송 후에는 $\overline{CS}$ 핀에 HIGH를 가해주어야 쓰기 상태로 설정된다. 이후 데이터를 쓰기 위한 과정은 읽기 과정과 유사하다. 먼저 $\overline{CS}$ 핀에 LOW를 가하여 EEPROM 칩을 선택하고, 쓰기에 해당하는 8비트 명령어 값인 0b00000010 = 0x02를 전송한다. 데이터를 기록할 주소와 기록할 데이터 값을 전송한 후, $\overline{CS}$ 핀에 HIGH를 가하면 쓰기 동작은 끝난다.

[코드 3]은 EEPROM에 1바이트 데이터를 기록하는 함수의 예다.

코드 3 바이트 데이터 쓰기 함수

```
#define EEPROM_WRITE 0b00000010              // 쓰기
#define EEPROM_WREN 0b00000110               // 쓰기 허용

#define EEPROM_WRITE_IN_PROGRESS 0           // 쓰기 진행 중 비트 번호

void EEPROM_write_enable(void) {
```

```
    EEPROM_select();                          // Slave Select를 LOW로
    EEPROM_change_byte(EEPROM_WREN);          // 쓰기 가능하도록 설정
    EEPROM_unselect();                        // Slave Select를 HIGH로
}

void EEPROM_write_byte(uint16_t address, uint8_t data) {
    EEPROM_write_enable();                    // 쓰기 가능 모드로 설정

    EEPROM_select();                          // EEPROM 선택
    EEPROM_change_byte(EEPROM_WRITE);         // 쓰기 명령 전송
    EEPROM_send_address(address);             // 주소 전송
    EEPROM_change_byte(data);                 // 데이터 전송

    EEPROM_unselect();                        // EEPROM 선택 해제

    // 쓰기가 완료될 때까지 대기
    while (EEPROM_read_status() & _BV(EEPROM_WRITE_IN_PROGRESS));
}
```

[코드 3]의 마지막 문장은 EEPROM에서 실제 쓰기 동작이 완료될 때까지 대기하는 문장이다. EEPROM의 상태를 알아내기 위해서는 해당 명령어인 RDSR(Read Status Register) 명령을 전송한다. 반환되는 값은 EEPROM의 상태 레지스터 값으로, 그 구조는 [그림 14]와 같다. [그림 14]의 레지스터는 ATmega2560의 레지스터가 아니라 EEPROM의 레지스터라는 점을 기억하자. 반환된 값 중 EEPROM_WRITE_IN_PROGRESS(WIP, 0번 비트) 값이 1이라면 쓰기가 진행 중이라는 의미이므로, 해당 비트가 0이 될 때까지 기다린다.

비트	7	6	5	4	3	2	1	0
비트 이름	–	–	–	–	BP1	BP0	WEL	WIP
읽기/쓰기	–	–	–	–	R/W	R/W	R	R

[그림 14] EEPROM의 상태 레지스터 구조

[코드 4]는 EEPROM의 상태 레지스터 값을 읽어오는 함수의 예다.

코드 4 상태 레지스터 읽기 함수

```
#define EEPROM_RDSR 0b00000101               // 상태 레지스터 읽기

uint8_t EEPROM_read_status(void) {
    EEPROM_select();                         // EEPROM 선택
```

```
    EEPROM_change_byte(EEPROM_RDSR);        // 상태 레지스터 읽기 명령 전송
    EEPROM_change_byte(0);                  // 상태 레지스터 값 읽기
    EEPROM_unselect();                      // EEPROM 선택 해제

    return SPDR;
}
```

마지막으로 SPI 통신을 초기화하는 방법을 살펴보자. SPI 통신 설정은 SPCR 레지스터를 통해 이루어진다. SPCR 레지스터의 구조는 [그림 15]와 같다.

비트	7	6	5	4	3	2	1	0
비트 이름	SPIE	SPE	DORD	MSTR	CPOL	CPHA	SPR1	SPR0
읽기/쓰기	R/W	R/W	R/W	R/W	R/W	R/W	R/W	R/W
초깃값	0	0	0	0	0	0	0	0

[그림 15] SPCR 레지스터 구조

SPCR 레지스터의 각 비트 의미를 요약하면 [표 4]와 같다.

[표 4] SPCR 레지스터 비트

비트	이름	설명
7	SPIE	SPI Interrupt Enable : SPI 인터럽트 발생을 허용한다. SPI 인터럽트가 발생하기 위해서는 전역 인터럽트 허용 비트가 세트되어 있고, SPIE 비트가 세트되어 있을 때 SPSR 레지스터의 SPIF 비트가 세트되어야 한다.
6	SPE	SPI Enable : 1로 세트된 경우, SPI 통신이 가능하도록 한다.
5	DORD	Data Order : 1인 경우엔 데이터의 LSB가 먼저 전송되고, 0인 경우엔 데이터의 MSB가 먼저 전송된다.
4	MSTR	Master/Slave Select : 1인 경우엔 마스터 모드로 설정되고, 0인 경우엔 슬레이브 모드로 설정된다.
3	CPOL	클록 극성 (Clock Polarity)
2	CPHA	클록 위상 (Clock Phase)
1	SPR1	SPI Clock Rate Select : 마스터로 설정된 경우에 클록을 설정하기 위해 사용된다. SPSR 레지스터의 SPI2X 비트와 함께 사용된다.
0	SPR0	

SPRn(n = 0, 1) 비트는 SPSR 레지스터의 SPI2X 비트와 함께 SPI 통신의 클록 설정에 사용된다. SPI 통신에서 클록은 마스터가 생성하므로, 슬레이브 모드로 설정된 경우에는 클록 설정에 영향을 받지 않는다. 한 가지 주의할 점은, ATmega2560이 슬레이브로 동작할 때는 시스템 클록의 1/4 이하에서만 정상적인 동작을 보장할 수 있다는 점이다. 따라서 ATmega2560을 슬레이브로 사용하는 경우에는 마스터의 SPI 클록을 4MHz 이하로 설정해야 한다. SPRn 비트와 SPI2X 비트 설정에 따른 SPI 클록은 [표 5]와 같다.

[표 5] SPI 클록 설정

SPSR	SPCR		설명
SPI2X	SPR1	SPR0	
0	0	0	$f_{osc}/4$
0	0	1	$f_{osc}/16$
0	1	0	$f_{osc}/64$
0	1	1	$f_{osc}/128$
1	0	0	$f_{osc}/2$
1	0	1	$f_{osc}/8$
1	1	0	$f_{osc}/32$
1	1	1	$f_{osc}/64$

[코드 5]는 마스터 모드로 SPI 통신이 가능하도록 설정하는 함수의 예다.

코드 5 SPI 초기 설정 함수

```
void SPI_init(void) {
    DDRL |= (1 << SPI_SS);                          // SS 핀을 출력으로 설정
    // SS핀은 HIGH로 설정하여 EEPROM이 선택되지 않은 상태로 시작
    PORTL |= (1 << SPI_SS);

    DDRB |= (1 << SPI_MOSI);                        // MOSI 핀을 출력으로 설정
    DDRB &= ~(1 << SPI_MISO);                       // MISO 핀을 입력으로 설정
    DDRB |= (1 << SPI_SCK);                         // SCK 핀을 출력으로 설정

    SPCR |= (1 << MSTR);                            // 마스터 모드
    SPCR |= (1 << SPE);                             // SPI 활성화
}
```

25LC640은 최대 10MHz로 동작할 수 있으며, [코드 5]에서 분주율은 디폴트값인 클록의 1/4, 즉 4MHz를 사용하였다. 25LC640는 CPOL = 0, CPHA = 0인 모드 0에서 동작하므로, 클록의 극성과 위상 역시 디폴트값을 사용하였다.

지금까지 설명한 함수들로 EEPROM_25LC640 라이브러리를 작성해 보자. '스케치북_디렉터리\libraries' 디렉터리 아래에 'EEPROM_25LC640' 디렉터리를 생성하고, 그 아래에 25LC640 EEPROM을 사용하기 위한 라이브러리 파일인 [코드 6]과 [코드 7]을 복사해 넣는다.

코드 6 EEPROM_25LC640 라이브러리 – EEPROM_25LC640.h

```
#ifndef _EEPROM_25LC640_
#define _EEPROM_25LC640_

#include <avr/io.h>

#define EEPROM_READ 0b00000011                          // 읽기
#define EEPROM_WRITE 0b00000010                         // 쓰기
#define EEPROM_WREN 0b00000110                          // 쓰기 허용
#define EEPROM_RDSR 0b00000101                          // 상태 레지스터 읽기

#define EEPROM_WRITE_IN_PROGRESS 0                      // 쓰기 진행 중 비트 번호

#define SPI_SS PL7
#define SPI_SCK PB1
#define SPI_MOSI PB2
#define SPI_MISO PB3

#define EEPROM_select() PORTL &= ~(1 << SPI_SS)         // LOW
#define EEPROM_unselect() PORTL |= (1 << SPI_SS)        // HIGH

uint8_t EEPROM_read_byte(uint16_t address);
void EEPROM_change_byte(uint8_t data);
void EEPROM_send_address(uint16_t address);
void EEPROM_write_enable(void);
void EEPROM_write_byte(uint16_t address, uint8_t data);
uint8_t EEPROM_read_status(void);
void SPI_init(void);

#endif
```

코드 7 EEPROM_25LC640 라이브러리 - EEPROM_25LC640.cpp

```
#include "EEPROM_25LC640.h"

uint8_t EEPROM_read_byte(uint16_t address) {
    EEPROM_select();                                    // EEPROM 선택

    EEPROM_change_byte(EEPROM_READ);                    // 읽기 명령 전송
    EEPROM_send_address(address);                       // 메모리 주소 전송
    // 마스터에서 바이트 값을 전송해야 슬레이브로부터 바이트 값을 받을 수 있으므로
    // 의미 없는 0을 전송
```

```
    EEPROM_change_byte(0);

    EEPROM_unselect();                              // EEPROM 선택 해제

    return SPDR;
}

void EEPROM_change_byte(uint8_t data) {
    SPDR = data;                                    // 데이터 전송 시작
    loop_until_bit_is_set(SPSR, SPIF);              // 전송 완료 대기
}

void EEPROM_send_address(uint16_t address) {
    // 상위 바이트를 먼저 전송하고 하위 바이트를 전송
    EEPROM_change_byte((uint8_t)(address >> 8));
    EEPROM_change_byte((uint8_t)address);
}

void EEPROM_write_enable(void) {
    EEPROM_select();                                // Slave Select를 LOW로
    EEPROM_change_byte(EEPROM_WREN);                // 쓰기 가능하도록 설정
    EEPROM_unselect();                              // Slave Select를 HIGH로
}

void EEPROM_write_byte(uint16_t address, uint8_t data) {
    EEPROM_write_enable();                          // 쓰기 가능 모드로 설정

    EEPROM_select();                                // EEPROM 선택
    EEPROM_change_byte(EEPROM_WRITE);               // 쓰기 명령 전송
    EEPROM_send_address(address);                   // 주소 전송
    EEPROM_change_byte(data);                       // 데이터 전송

    EEPROM_unselect();                              // EEPROM 선택 해제

    // 쓰기가 완료될 때까지 대기
    while (EEPROM_read_status() & _BV(EEPROM_WRITE_IN_PROGRESS));
}

uint8_t EEPROM_read_status(void) {
    EEPROM_select();                                // EEPROM 선택
    EEPROM_change_byte(EEPROM_RDSR);                // 상태 레지스터 읽기 명령 전송
    EEPROM_change_byte(0);                          // 상태 레지스터 값 읽기
    EEPROM_unselect();                              // EEPROM 선택 해제
```

```
    return SPDR;
}

void SPI_init(void) {
    DDRL |= (1 << SPI_SS);                 // SS 핀을 출력으로 설정
    // SS핀은 HIGH로 설정하여 EEPROM이 선택되지 않은 상태로 시작
    PORTL |= (1 << SPI_SS);

    DDRB |= (1 << SPI_MOSI);               // MOSI 핀을 출력으로 설정
    DDRB &= ~(1 << SPI_MISO);              // MISO 핀을 입력으로 설정
    DDRB |= (1 << SPI_SCK);                // SCK 핀을 출력으로 설정

    SPCR |= (1 << MSTR);                   // 마스터 모드
    SPCR |= (1 << SPE);                    // SPI 활성화
}
```

[코드 8]은 EEPROM_25LC640 라이브러리를 사용하여 EEPROM의 0번지부터 127번지까지 번지와 동일한 정숫값을 쓰고, 이를 다시 읽어서 시리얼 모니터로 출력하는 코드의 예다.

코드 8 EEPROM에 데이터 읽고 쓰기

```
#define F_CPU 16000000L
#include <avr/io.h>
#include "UART0.h"
#include "EEPROM_25LC640.h"

int main(void) {
    SPI_init();
    UART0_init();

    // 학습보드의 경우, 또 다른 SPI 장치의 SS가 아두이노 53번(PB0) 핀에 연결되어
    // 있으므로, EEPROM을 선택하기 위해서는 HIGH를 가해주어야 함
    DDRB |= 0x01;
    PORTB |= 0x01;

    for (int i = 0; i < 128; i++) {                    // EEPROM에 쓰기
      EEPROM_write_byte(i, i);
    }

    for (int i = 0; i < 128; i++) {                    // EEPROM에서 읽기
      UART0_print("Address ");
      UART0_print(i);
```

```
        UART0_print("\t: ");
        UART0_print(EEPROM_read_byte(i));
        UART0_write('\n');
    }

    while (1) {
    }

    return 0;
}
```

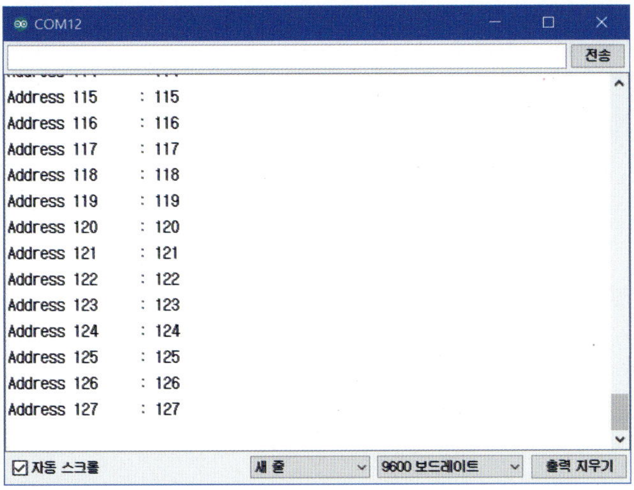

[그림 16] [코드 8] 실행 결과

CHAPTER

18 연습문제

1. ATmega2560에서 int 형은 2바이트의 크기를 가진다. 따라서 EEPROM에 정수형 값을 저장하기 위해서는 2번에 나누어 기록해야 한다. EEPROM에 정수형 값을 읽고 쓰는 함수를 비트 연산자를 사용하여 작성해 보자. 함수의 원형은 다음과 같다.

```
int EEPROM_read_int(int address);
void EEPROM_write_int(int address, int value);
```

구현한 함수를 이용한 프로그램의 예와 출력 결과는 다음과 같다.

코드 9 EEPROM에 정수형 데이터 읽고 쓰기

```
#define F_CPU 16000000L
#include <avr/io.h>
#include "UART0.h"
#include "EEPROM_25LC640.h"

int main(void) {
    SPI_init();
    UART0_init();

    DDRB |= 0x01;
    PORTB |= 0x01;

    EEPROM_write_int(11, 20000);            // int 형 값 쓰기
    UART0_print(EEPROM_read_int(11));       // int 형 값 읽기

    while (1) {
    }

    return 0;
```

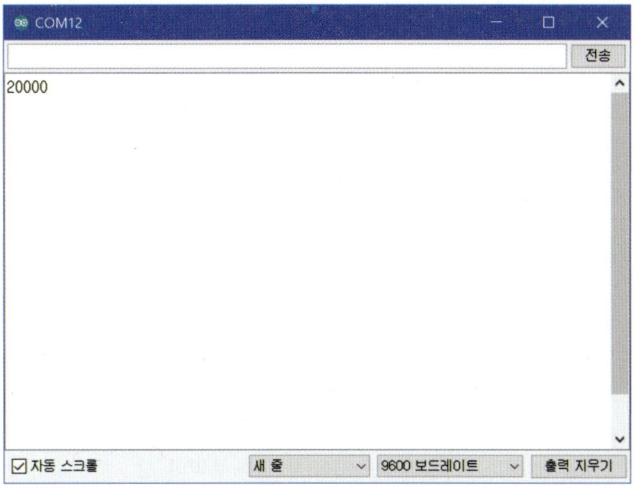

2. 2바이트 크기의 int 형 값을 2개의 1바이트 크기 데이터로 변환하는 방법의 하나는 공용체를 사용하는 것이다. 공용체는 같은 메모리를 서로 다른 이름으로 접근할 수 있도록 해준다. 아래 공용체의 정의를 사용하여 외부 EEPROM에 정수형 값을 읽고 쓰는 함수를 작성해 보자. 함수의 원형, 테스트 프로그램 및 실행 결과는 [문제 1]과 같다.

```
typedef union{
    int value;                  // 2바이트 크기 1개 변수
    uint8_t bytes[2];           // 1바이트 크기 2개 변수
} EEPROMint;
```

3. EEPROM에 데이터를 기록하기 위해서는 주소를 먼저 전송하고 이어서 데이터를 전송해야 한다. 하지만 이웃한 번지에 데이터를 연속적으로 쓰기 위해서는 매번 주소를 지정할 필요 없이 시작 주소와 기록할 데이터를 연속적으로 전송하면 된다. 25LC640 EEPROM은 32바이트 크기의 페이지를 형성하고 있다는 점에 주의해야 한다.

페이지는 13비트의 EEPROM 주소 중 상위 8비트가 동일한 영역을 말한다. 따라서 한 번의 주소 지정으로 기록할 수 있는 최대 데이터는 32바이트다. 32바이트보다 많은 데이터를 전송하여 페이지의 끝에 도달하면 주소는 자동으로 페이지의 시작으로 되돌아간다. 아래 코드는 128바이트의 데이터를 연속해서 기록하는 예를 보인 것이다. 페이지 경계에서의 쓰기 동작을 확인해 보자.

코드 10 EEPROM 블록에 데이터 쓰기

```
#define F_CPU 16000000L
#include <avr/io.h>
#include "UART0.h"
#include "EEPROM_25LC640.h"

int main(void) {
    SPI_init();
    UART0_init();

    // 학습보드의 경우, 또 다른 SPI 장치의 SS가 아두이노 53번(PB0) 핀에
    // 연결되어 있으므로, EEPROM을 선택하기 위해서는 HIGH를 가해주어야 함
    DDRB |= 0x01;
    PORTB |= 0x01;

    for (int i = 0; i < 128; i++) {                    // EEPROM 지우기
      EEPROM_write_byte(i, 0);
    }

    //
    // 페이지 데이터 쓰기 시작
    //
    EEPROM_write_enable();                             // 쓰기 가능 모드로 설정
    EEPROM_select();                                   // EEPROM 선택
    EEPROM_change_byte(EEPROM_WRITE);                  // 쓰기 명령 전송
    EEPROM_send_address(0);                            // 주소 전송

    for (int i = 0; i < 128; i++) {
      EEPROM_change_byte(i);                           // 데이터 전송
    }

    EEPROM_unselect();                                 // EEPROM 선택 해제

    // 쓰기가 완료될 때까지 대기
    while (EEPROM_read_status() & _BV(EEPROM_WRITE_IN_PROGRESS));
    //
    // 페이지 데이터 쓰기 끝
    //

    for (int i = 0; i < 128; i ++) {                   // EEPROM에서 읽기
      UART0_print("Address ");
      UART0_print(i);
      UART0_print("\t: ");
```

```
      UART0_print(EEPROM_read_byte(i));
      UART0_write('\n');
    }

    while (1) {
    }

    return 0;
}
```

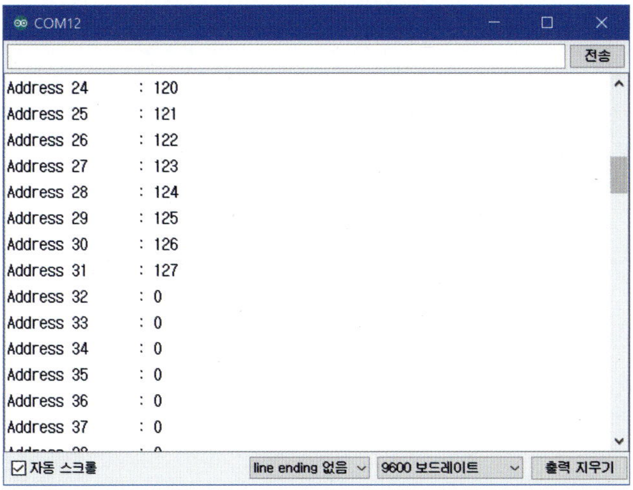

CHAPTER

19

한정된 메모리를 효율적으로 사용하는 방법

EEPROM과 플래시 메모리

ATmega2560에는 세 종류의 메모리가 포함되어 있다. 이 중 EEPROM은 전원이 꺼져도 내용이 보존되는 비휘발성 메모리로, 작은 크기의 데이터 저장에 사용된다. 플래시 메모리는 프로그램 저장에 사용되지만, 읽기만 가능한 데이터의 저장에도 사용할 수 있다. 이 장에서는 ATmega2560에 포함된 4Kbyte 크기의 EEPROM과 256Kbyte 크기의 플래시 메모리를 사용하는 방법에 대해 알아본다.

CONTENTS

LESSON 01

ATmega2560의 메모리

ATmega2560에는 세 종류의 메모리가 포함되어 있다. 이들 특징을 요약하면 [표 1]과 같다.

[표 1] ATmega2560의 메모리

구분	플래시 메모리	SRAM	EEPROM
크기 (Kbyte)	256	8	4
용도	프로그램 저장	데이터 저장	데이터 저장
프로그램 실행 중 변경 가능	불가능	가능	가능
속도	중간	가장 빠름	가장 느림
수명	10,000회 쓰기	반영구적	100,000회 쓰기
주소 할당 단위	2 byte	1 byte	1 byte

EEPROM에서 사용자가 내용을 바이트 단위로 읽거나 쓸 수 있는 점은 SRAM과 비슷하다. 그러나 EEPROM의 읽기 동작이 SRAM보다 조금 느린 데다가, 쓰기 동작에서는 1바이트 데이터를 기록할 때마다 수 밀리초가 걸려 100나노초 전후가 걸리는 SRAM보다 훨씬 느리므로, EEPROM은 많은 데이터를 실시간으로 저장하기 위한 용도로는 적합하지 않다. 따라서 EEPROM은 작은 크기의 데이터를 기록하고, 기록된 데이터를 자주 참조하는 경우에 사용할 수 있다. SPI 장에서 이미 SPI 통신을 사용하는 외부 EEPROM의 사용법을 알아보았다. ATmega2560에 포함된 EEPROM 역시 기본적으로 외부 EEPROM과 같지만, EEPROM 제어를 위한 회로가 ATmega2560에 포함되어 있으므로, 외부 EEPROM보다 더 간편하게 사용할 수 있다.

플래시 메모리는 EEPROM의 변형으로, 데이터를 바이트 단위로 읽을 수 있다는 점에서는 EEPROM과 같지만, 플래시 메모리에서의 쓰기는 블록 단위로만 가능하다. 플래시 메모리는 EEPROM보다 그 구조가 간단하고, 블록 단위의 쓰기 시간이 EEPROM에 바이트 단위의 데이터를 쓰는 시간과 비슷하여, 큰 용량의 데이터를 기록할 때에는 속도 면에서 플래시 메모리가 EEPROM보다 더 낫다. 따라서 플래시 메모리는 프로그램 저장을 위한 프로그램 메모리로 사용되고 있다. 플래시 메모리는 프로그램 저장 외에 읽기만 가능한 데이터를 저장하는 용도로도 사용할 수 있다. ATmega2560에 포함된 SRAM은 8Kbyte이므로 이보다 큰 배열은 정의할 수 없다. 하지만 ATmega2560에는 256Kbyte의 플래시 메모리가 포함되어 있으며, 프로그램 저장에 사용되지 않는 공간은 읽기만 가능한 데이터, 즉 상수 변수 정의에 사용될 수 있다. 다만 이 플래시 메모리에서 정의된 변수의 값은 바꿀 수 없으므로, 이 메모리는 폰트 데이터나 참조 테이블 등의 데이터 저장에 흔히 사용된다.

LESSON 02

EEPROM

EEPROM을 사용하는 데 필요한 레지스터는 EEAR(EEPROM Address Register) 레지스터, EEDR(EEPROM Data Register) 레지스터, EECR(EEPROM Control Register) 레지스터 등이다. 이들 레지스터를 사용하여 EEPROM에 데이터를 기록하거나 기록된 데이터를 읽을 수도 있지만, 아두이노 프로그램에서 사용하는 AVR-GCC의 표준 C 라이브러리에 포함된 EEPROM 라이브러리를 사용하면 더욱더 쉽게 EEPROM을 제어할 수 있다. 라이브러리 사용을 위해서는 먼저 'eeprom.h' 파일을 포함해야 한다.

```
#include <avr/eeprom.h>
```

EEPROM 라이브러리에는 EEPROM의 데이터 읽기와 쓰기를 위한 함수들이 선언되어 있다. 함수들은 크게 읽기(read), 쓰기(write), 갱신(update)의 3가지 그룹으로 나눌 수 있다.

각 그룹에는 데이터 유형에 따라, 즉 EEPROM에 기록할 데이터의 바이트 수에 따라 5가지 함수가 정의되어 있다.

```
uint8_t eeprom_read_byte (const uint8_t *__p);
uint16_t eeprom_read_word (const uint16_t *__p);
uint32_t eeprom_read_dword (const uint32_t *__p);
float eeprom_read_float (const float *__p);
void eeprom_read_block (void *__flash, const void *__eeprom, size_t __n);

void eeprom_write_byte (uint8_t *__p, uint8_t __value);
void eeprom_write_word (uint16_t *__p, uint16_t __value);
void eeprom_write_dword (uint32_t *__p, uint32_t __value);
void eeprom_write_float (float *__p, float __value);
void eeprom_write_block (const void *__flash, void *__eeprom, size_t __n);

void eeprom_update_byte (uint8_t *__p, uint8_t __value);
void eeprom_update_word (uint16_t *__p, uint16_t __value);
void eeprom_update_dword (uint32_t *__p, uint32_t __value);
void eeprom_update_float (float *__p, float __value);
void eeprom_update_block (const void *__flash, void *__eeprom, size_t __n);
```

쓰기(write)와 갱신(update)의 차이는 데이터를 기록하기 전에 기존에 저장된 값을 확인하는지의 차이에 있다. EEPROM은 비휘발성 메모리로, 읽기는 제한이 없지만 쓰기는 최대 100,000번만 가능하므로, 가능한 한 쓰기 횟수를 줄이는 것이 좋다.

갱신 함수는 현재 기록된 값과 쓰고자 하는 값이 같은 경우 데이터를 다시 쓰지 않는다. 데이터를 읽는 속도는 쓰는 속도에 비해 아주 빠르므로, 쓰기와 갱신의 속도 차이는 거의 나지 않는다. 쓰기 함수는 이전 버전과의 호환성을 위해 남겨져 있는 함수이기 때문에 사용하지 않는 것이 바람직하다. 대신 갱신 함수 사용이 추천되고 있다.

EEPROM에서 값을 읽어오거나 쓸 때 주의할 점은 주소를 포인터 형식으로 전달해야 한다는 점이다. EEPROM의 주소는 일반적으로 정수형으로 주어지므로, 이를 매개변수 형식에 맞게 캐스팅하여 사용한다. 블록 단위의 데이터 읽기와 쓰기는 void 형 포인터를 사용한다는 점도 눈여겨보아야 한다. void 형 포인터는 바이트 단위의 데이터를 읽고 쓰는 데 사용되며, 특히 데이터의 의미보다는 데이터의 크기가 중요한 경우에 사용된다.

[코드 1]은 EEPROM에 데이터를 쓰고 이를 다시 읽어 시리얼 모니터로 출력하는 코드의 예다.

코드 1 EEPROM 읽기와 쓰기

```
#define F_CPU 16000000L
#include <avr/io.h>
#include <avr/eeprom.h>
#include "UART0.h"

int main(void) {
	// EEPROM에 쓸 데이터
	uint8_t dataByte = 127, restoreByte = 0;
	int dataWord = 32767, restoreWord = 0;
	char dataString[] = "ABCDE", restoreString[6] = "";

	// EEPROM의 주소
	int addressByte = 0, addressWord = 10, addressString = 20;

	UART0_init();

	// 데이터 쓰기
	eeprom_update_byte ( (uint8_t *)addressByte, dataByte);
	eeprom_update_word ( (uint16_t *)addressWord, dataWord);
	eeprom_update_block ( (void *)dataString, (void *)addressString, 5);
```

```
    // 데이터 읽기
    restoreByte = eeprom_read_byte ( (uint8_t *)addressByte );
    restoreWord = eeprom_read_word ( (uint16_t *)addressWord );
    eeprom_read_block ( (void *)restoreString, (void *)addressString, 5);

    UART0_print(restoreByte);
    UART0_write('\n');
    UART0_print(restoreWord);
    UART0_write('\n');
    UART0_print(restoreString);
    UART0_write('\n');

    while (1) {
    }

    return 0;
}
```

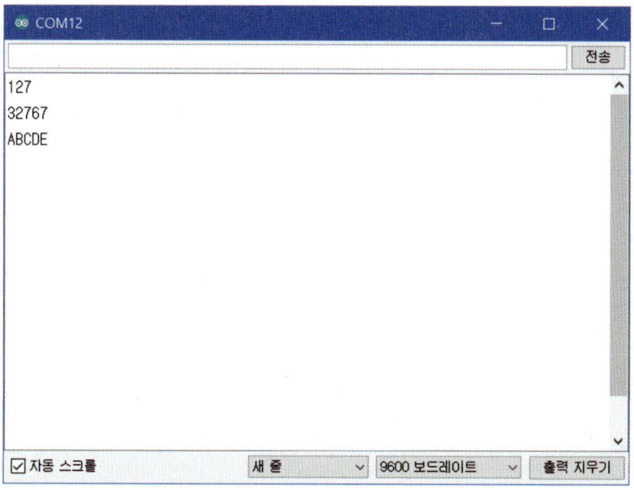

[그림 1] [코드 1] 실행 결과

LESSON 03

플래시 메모리

ATmega2560에 포함된 플래시 메모리는 256Kbyte 크기로 프로그램 저장에 사용되므로 프로그램 메모리라고도 불린다. 256Kbyte가 크지는 않지만, 마이크로컨트롤러에서 실행되는 프로그램을 저장하기에는 부족함이 없다. 하지만 SRAM은 다르다. SRAM은 프로그램이 실행 중인 동안 변수나 함수에서 귀환하기 위한 정보 등이 저장되는 메모리로, 8Kbyte 크기를 가지므로 큰 크기의 배열을 선언하기도 부족하다.

그렇다면 상대적으로 큰 플래시 메모리를 변수 선언에 사용할 수 있는 방법은 없을까? 먼저 일반적으로 문자 배열을 사용하는 경우를 생각해 보자. [코드 2]는 문자 배열을 시리얼 모니터로 출력하는 코드의 예로, 'pgmspace.h' 파일은 플래시 메모리를 변수 저장 공간으로 사용하는 데 필요한 헤더 파일이다.

코드 2 SRAM에 저장되는 문자 배열

```
#define F_CPU 16000000L
#include <avr/io.h>
#include <avr/pgmspace.h>
#include "UART0.h"

int main(void) {
	UART0_init();

	UART0_print("This is a test string.\n");

	while (1) {
	}

	return 0;
}
```

[코드 2]에서 시리얼 모니터로 출력되는 문자열은 "This is a test string."이라는 상수 문자열이다. 상수 문자열은 프로그램 실행 중에 그 내용이 바뀌지 않으므로, 컴파일 과정에서 명령어와 함께 실행 파일로 만들어진 후, 플래시 메모리에 저장된다. 하지만 출력 과정은 이보다 더 복잡하다. 프로그

램이 시작될 때 플래시 메모리에 저장된 내용은 먼저 SRAM으로 옮겨지는데, 이때 상수 문자열 역시 SRAM으로 옮겨진다. 프로그램이 시작될 때 상수 데이터가 SRAM으로 옮겨지지 않도록 하는 방법의 하나가 PSTR 매크로를 사용하는 것이다.

코드 3 플래시 메모리에 저장되는 문자 배열 - PSTR 매크로

```
#define F_CPU 16000000L
#include <avr/io.h>
#include <avr/pgmspace.h>
#include "UART0.h"

void UART0_print_flash(const char *str) {
	int count = 0;
	while (pgm_read_byte(str + count))
		UART0_write(pgm_read_byte(str + count++));
}

int main(void) {
	UART0_init();

	UART0_print_flash(PSTR("This is a test string.\n"));

	while (1) {
	}

	return 0;
}
```

[코드 3]에서 사용된 PSTR 매크로는 플래시 메모리의 내용을 SRAM으로 옮긴 후 참조하는 것이 아니라 플래시 메모리의 내용을 직접 참조하도록 해주므로, SRAM의 사용을 줄일 수 있다. [코드 3]에서 pgm_read_byte 매크로 함수는 매개변수로 주어지는 포인터가 플래시 메모리에 대한 포인터임을 알려주어, 플래시 메모리에 저장된 변숫값을 읽어오기 위해 사용되었다. PSTR 매크로를 사용함으로써 SRAM의 사용량이 얼마나 줄어드는지는 [코드 2]와 [코드 3]의 컴파일 결과 출력되는 플래시 메모리 및 SRAM의 사용량에서 확인할 수 있다.

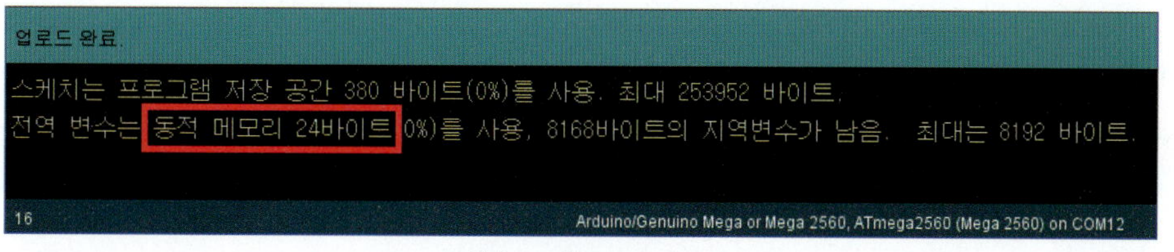

(a) [코드 2] - SRAM 사용

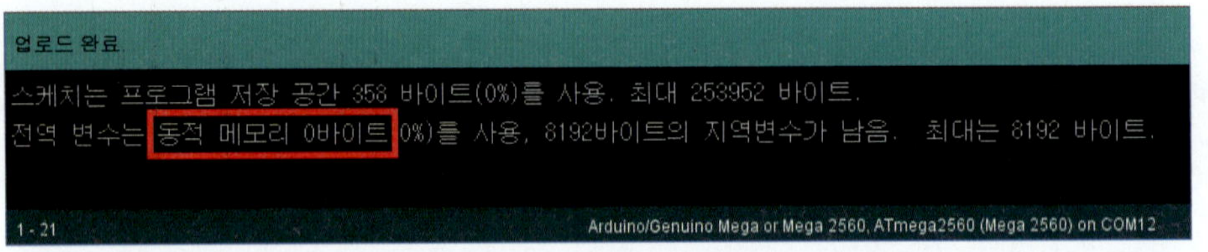

(b) [코드 3] - 플래시 메모리 사용

[그림 2] [코드 2]와 [코드 3] 컴파일 결과

PSTR 매크로를 사용하면 플래시 메모리의 내용을 직접 참조할 수 있지만, PSTR 매크로는 상수에 해당하므로, 같은 내용을 여러 번 사용하는 경우엔 플래시 메모리를 중복으로 사용하게 되는 문제가 있다. 따라서 같은 문자열을 여러 번 사용하는 경우라면 PSTR 매크로가 아니라 PROGMEM 키워드가 사용된 상수 변수를 사용함으로써 플래시 메모리의 사용량을 줄일 수 있다. [코드 4]와 [코드 5]의 컴파일 결과에서 그 차이를 확인할 수 있다.

코드 4 플래시 메모리에 저장되는 중복 문자 배열 - PSTR 매크로

```
#define F_CPU 16000000L
#include <avr/io.h>
#include <avr/pgmspace.h>
#include "UART0.h"

void UART0_print_flash(const char *str) {
	int count = 0;
	while (pgm_read_byte(str + count))
	UART0_write(pgm_read_byte(str + count++));
}

int main(void) {
	UART0_init();

	UART0_print_flash(PSTR("This is a test string.\n"));
	UART0_print_flash(PSTR("This is a test string.\n"));
	UART0_print_flash(PSTR("This is a test string.\n"));
	UART0_print_flash(PSTR("This is a test string.\n"));

	while (1) {
	}

	return 0;
}
```

코드 5 | 플래시 메모리에 저장되는 문자 배열 - PROGMEM

```
#define F_CPU 16000000L
#include <avr/io.h>
#include <avr/pgmspace.h>
#include "UART0.h"

const char str[] PROGMEM = "This is a test string.\n";

void UART0_print_flash(const char *str) {
	int count = 0;
	while (pgm_read_byte(str + count))
	  UART0_write(pgm_read_byte(str + count++));
}

int main(void) {
	UART0_init();

	UART0_print_flash(str);
	UART0_print_flash(str);
	UART0_print_flash(str);
	UART0_print_flash(str);

	while (1) {
	}

	return 0;
}
```

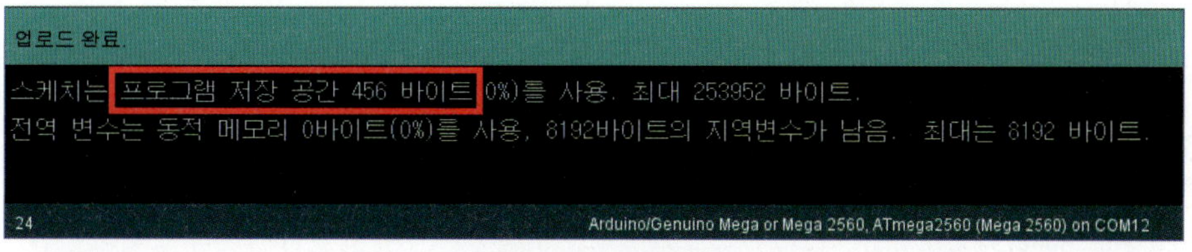

(a) [코드 4] - PSTR 사용

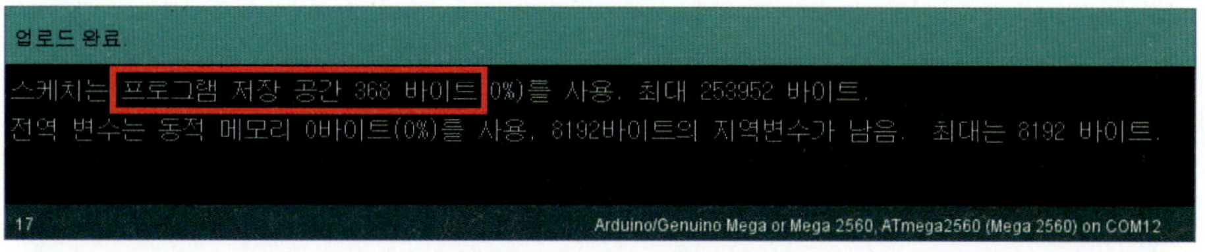

(b) [코드 5] - PROGMEM 사용

[그림 3] [코드 4]와 [코드 5]의 컴파일 결과

프로그램 메모리는 읽기만 가능한 큰 크기의 데이터를 저장하는 데 흔히 사용된다. 텍스트 LCD는 ASCII 코드에 정의된 문자들만을 출력할 수 있지만, 사용자 정의 문자는 8개까지 정의하여 사용할 수 있다. [그림 4]와 같이 4개의 사용자 정의 문자를 8바이트 크기의 배열로 정의하자.

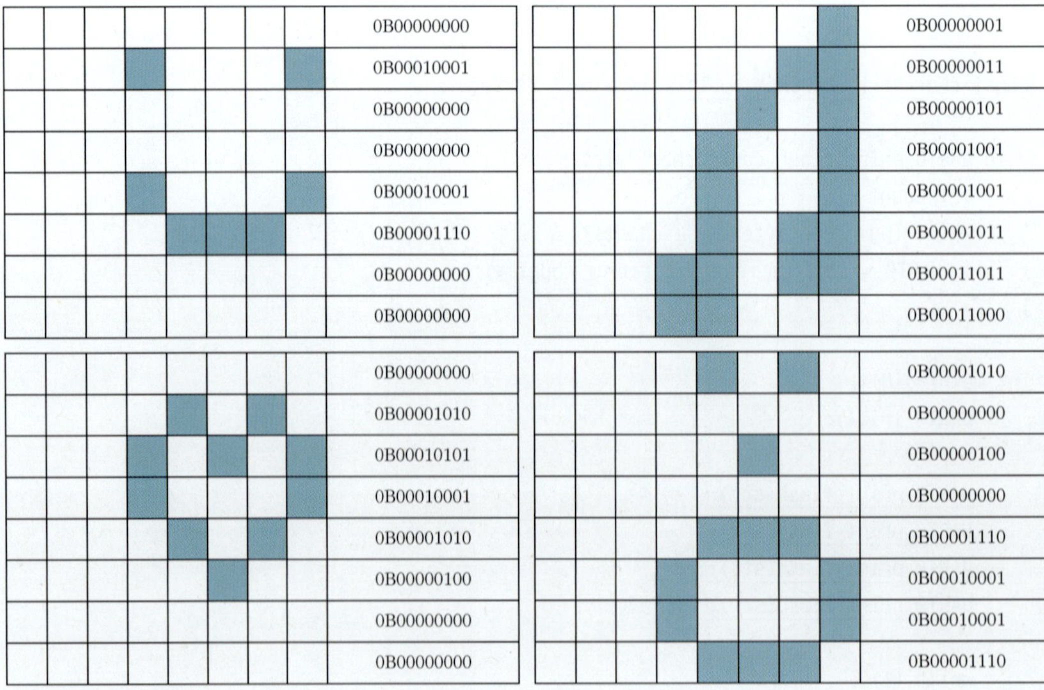

[그림 4] 사용자 정의 문자

사용자 정의 문자 데이터를 텍스트 LCD 모듈에 저장하기 위해서는 먼저 Set CGRAM Address 명령(0x40)을 전달하고, 이어서 문자 데이터를 전달해야 한다. 사용자 정의 문자 출력을 위해서는 0~7까지의 번호를 사용하면 된다. [코드 6]은 사용자 정의 문자 데이터를 플래시 메모리에 저장하여 사용하는 코드의 예다.

코드 6 | 텍스트 LCD에 사용자 정의 문자 표시

```
#define F_CPU 16000000L
#include <avr/io.h>
#include <avr/pgmspace.h>
#include "TextLCD.h"

#define LCD_SETCGRAMADDR    0x40                    // 사용자 정의 문자 설정 명령

const uint8_t user_defined[] PROGMEM = {            // 사용자 정의 문자 데이터
    0B00000, 0B10001, 0B00000, 0B00000, 0B10001, 0B01110, 0B00000, 0B00000,
    0B00001, 0B00011, 0B00101, 0B01001, 0B01001, 0B01011, 0B11011, 0B11000,
```

```
    0B00000, 0B01010, 0B10101, 0B10001, 0B01010, 0B00100, 0B00000, 0B00000,
    0B01010, 0B00000, 0B00100, 0B00000, 0B01110, 0B10001, 0B10001, 0B01110
};

int main(void) {
    LCD_init();                                          // 텍스트 LCD 초기화


    // 사용자 정의 문자 데이터 전송
    LCD_write_command(LCD_SETCGRAMADDR);
    for (int i = 0; i < 32; i++) {
        LCD_write_data(pgm_read_byte(user_defined + i));
    }

    LCD_init();
    for (int i = 0; i < 4; i++) {                        // 사용자 정의 문자 출력
        LCD_write_data(i);
        LCD_write_data(' ');
    }

    while (1) {
    }

    return 0;
}
```

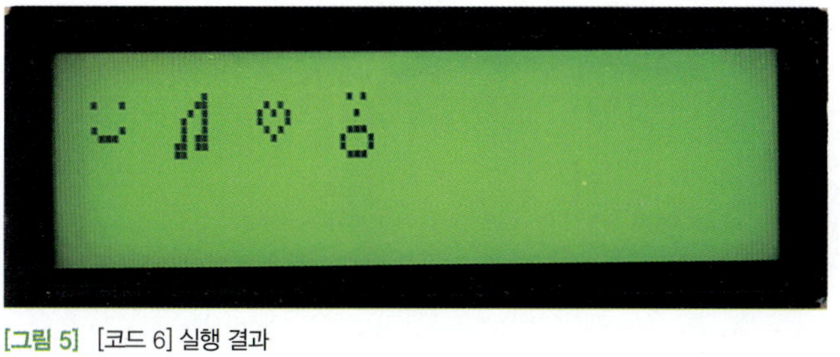

[그림 5] [코드 6] 실행 결과

CHAPTER

19 연습문제

1. EEPROM의 경우, 읽기는 다른 메모리와 비슷한 시간이 걸리지만, 쓰기 시간은 오래 걸린다. 0부터 99번지까지 50의 값을 쓰는 데 필요한 시간과 0부터 99번지까지의 값을 읽는 데 필요한 시간을 비교하는 프로그램을 작성해 보자.

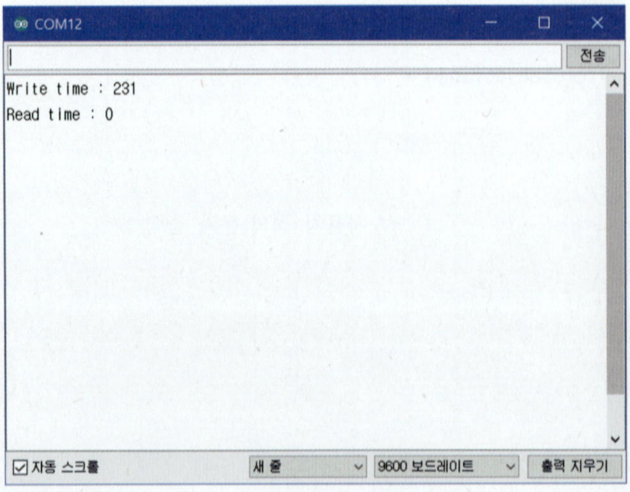

2. float 형은 4바이트 크기를 가진다. 1바이트 단위로 읽고 쓸 수 있는 EEPROM에 4바이트 크기의 데이터를 읽거나 쓰는 작업은 4번으로 나누어 진행해야 한다. 하지만 float 형 4바이트 데이터는 4바이트의 블록 단위 데이터로도 생각할 수 있다. 블록 단위의 데이터를 읽고 쓰는 eeprom_read_block, eeprom_update_block 함수를 사용하여 float 형 데이터를 읽고 쓰는 프로그램을 작성해 보자.

3. [코드 7]은 플래시 메모리 내에 정의한 32바이트 크기 배열을 무작위로 10^8회 읽는 시간을 측정하는 프로그램이다. 같은 읽기를 데이터 메모리인 SRAM에서 수행하는 프로그램을 작성하고 플래시 메모리 읽기와의 시간을 비교해 보자.

코드 7 플래시 메모리 내 배열의 읽기 시간

```
#define F_CPU 16000000L
#include <avr/io.h>
#include <avr/pgmspace.h>
#include "UART0.h"
#include "millis2560.h"

const uint8_t user_data[] PROGMEM = {
	0B00000, 0B10001, 0B00000, 0B00000,
	0B10001, 0B01110, 0B00000, 0B00000,
	0B00001, 0B00011, 0B00101, 0B01001,
	0B01001, 0B01011, 0B11011, 0B11000,
	0B00000, 0B01010, 0B10101, 0B10001,
	0B01010, 0B00100, 0B00000, 0B00000,
	0B01010, 0B00000, 0B00100, 0B00000,
	0B01110, 0B10001, 0B10001, 0B01110
};

int main(void) {
	unsigned long time_p, time_c;

	millis2560_init();

	UART0_init();

	time_p = millis2560();							// 읽기 시작
	for (int i = 0; i < 10000; i++) {				// 10^8회 읽기
		for (int j = 0; i < 10000; i++) {
			int index = random() % 32;				// 무작위 선택
			uint8_t data = pgm_read_byte(user_data + index);
		}
	}
	time_c = millis2560();							// 읽기 끝

	UART0_print("Read from FLASH : ");
	UART0_print((int)(time_c - time_p));
	UART0_print("\n");
```

```
    while (1) {
    }

    return 0;
}
```

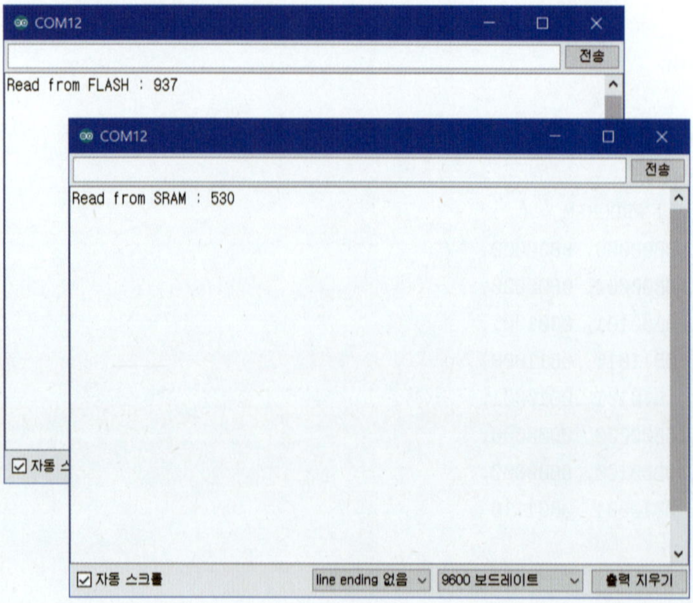

CHAPTER

20

적은 양의 데이터를 전송할 때
주로 사용하는 통신 방법

I2C

I2C는 저속의 시리얼 통신 방법으로, UART, SPI와 더불어 마이크로컨트롤러에서 사용되는 대표적인 시리얼 통신 방법의 하나다. I2C는 마스터-슬레이브 구조를 통해 1:n 연결을 지원하는 점에서 SPI와 같지만, 슬레이브의 개수에 상관없이 2개의 연결선만을 사용하므로 연결과 확장이 간편하다는 장점이 있다. 이 장에서는 I2C를 통한 시리얼 통신 방식을 알아보고, I2C 통신을 사용하는 RTC(Real Time Clock)의 사용 방법을 알아본다.

CONTENTS

LESSON 01

I2C

지금까지 살펴본 시리얼 통신 방법으로는 UART(Universal Asynchronous Receiver Transmitter)와 SPI(Serial Peripheral Interface)가 있었다. 이 장에서는 UART, SPI와 더불어 ATmega2560에서 하드웨어로 지원하는 시리얼 통신 방법의 하나인 I2C(Inter-Integrated Circuit)를 살펴본다.

UART는 1960년대에 구현된 통신 표준으로, 통신 방식이 간단할 뿐만이 아니라 역사가 길어 아직도 많은 장치가 이 방식을 지원하고 있다. 하지만 UART 통신은 1:1 통신만 가능하므로 여러 개의 장치를 연결하기가 불편하다. 1:1 연결만이 가능하다는 단점을 보완할 수 있는, 1:n 통신이 가능한 통신 방법의 하나가 SPI 통신이다. SPI 통신에서는 3개의 연결선을 모든 장치가 공유하고 n개의 장치 중 하나의 장치를 선택하기 위한 SS(Slave Select) 연결을 장치별로 추가하여 사용한다. SPI 통신은 고속의 데이터 전송이 가능하지만, 여러 개의 장치를 연결하는 경우엔 SS 연결을 위한 연결선이 증가한다는 단점이 있다.

I2C 통신 역시 1:n 통신이 가능한 시리얼 통신 방법이지만, SPI 통신과는 다른 목적에서 만들어졌다. I2C 통신이 SPI 통신과 다른 점 중 하나는 n개의 장치 중 하나를 선택하기 위한 SS 연결이 필요하지 않다는 점이다. 그렇다면 어떻게 n개의 장치 중 하나를 선택할 수 있을까? I2C 통신에서는 소프트웨어적인 주소로 특정 장치를 선택한다. 이는 인터넷과 비슷하다. 서로 연결된 수많은 컴퓨터로 구성되는 인터넷에서는 내 컴퓨터를 구별하기 위해 IP(Internet Protocol) 주소를 사용한다. SPI 통신에서처럼 전용의 SS 연결로 n개 장치 중 하나를 선택하는 방식을 하드웨어 주소라고 한다면, I2C 통신에서처럼 각 장치에 고유의 ID를 지정하는 방식은 소프트웨어 주소라고 할 수 있다. I2C 통신에서는 SS 연결이 필요하지 않으므로, 연결된 장치의 수가 늘어나더라도 필요한 연결선의 수는 증가하지 않는다.

SPI 통신에서 SS 연결을 제외하면 모든 장치가 공유하는 3개의 연결선이 남는다. 3개의 연결선 중 MOSI(Master Output Slave Input)와 MISO(Master Input Slave Output)는 데이터 송수신에 사용되고, SCK(Serial Clock)는 동기화 클록 전송에 사용된다. I2C 통신에서는 여기서 하나의 연결선을 더 줄일 수 있다. 연결선을 줄일 수 있는 비밀은 I2C 통신이 다른 시리얼 통신 방법과 달리 반이중(half-duplex) 방식이라는 점에 있다.

UART 통신과 SPI 통신은 전이중(full-duplex) 방식의 통신이다. 전이중 방식이란 송신과 수신이 동시에 진행될 수 있는 방식으로, 이를 위해 2개의 연결선이 사용된다. 이에 비해 반이중 방식은 1개의 연결선만을 사용하므로 송신과 수신은 동시에 진행될 수 없다. 따라서 I2C 통신에서는 데이터 송수신을 위해 1개, 동기화 클록을 위해 1개의 총 2개의 연결선만이 필요하다.

이처럼 I2C 통신은 SPI 통신과 달리 최소한의 연결선만을 사용하여 여러 개의 장치를 연결하면서 저속으로 데이터를 전송하기 위해 필립스에서 만든 규격으로, IIC, I2C 등으로도 불린다. I2C 통신에서는 데이터 전송을 위한 연결선을 SDA(Serial Data), 클록 전송을 위한 연결선을 SCL(Serial Clock)이라고 부른다.

I2C 통신에 필요한 2개의 연결선 중 클록 전송을 위한 SCL을 제거하면, 1개의 연결선만을 사용하는 반이중, 비동기 방식의 통신이 가능하다. 이를 1-와이어 통신이라고 한다. 1-와이어 통신은 I2C 통신에 비해서도 더 적은 양의 데이터를 전송하는 경우나, 주기적으로 적은 데이터 전송만이 필요한 센서 연결에 흔히 사용된다.

[표 1]은 마이크로컨트롤러에서 흔히 사용되는 시리얼 통신 방식을 비교한 것이다. [표 1]의 통신 방식 중에서 UART 통신을 제외하면 모두 1:n 연결을 지원한다. 1:n 연결에서 통신 과정을 책임지는 장치(1에 해당하는 장치)를 마스터라고 하며, 마스터의 요청에 따라 데이터를 송수신하는 장치(n에 해당하는 장치)를 슬레이브라고 한다. 1:n 연결에서도 여러 개의 슬레이브가 동시에 데이터를 전송할 수는 없으며, 특정 순간에는 마스터와 특정 슬레이브 사이의 통신만이 가능하다. 또한, 슬레이브 사이의 통신은 불가능하다.

[표 1] 시리얼 통신 방식 비교

<table>
<tr><th colspan="3">구분</th><th>UART</th><th>SPI</th><th>I2C</th><th>1-Wire</th></tr>
<tr><td colspan="3">동기/비동기</td><td>비동기</td><td>동기</td><td>동기</td><td>비동기</td></tr>
<tr><td colspan="3">전이중/반이중</td><td>전이중</td><td>전이중</td><td>반이중</td><td>반이중</td></tr>
<tr><td rowspan="5">필요한 연결선 개수</td><td rowspan="4">1개 슬레이브 연결</td><td>데이터</td><td>2(전이중)</td><td>2(전이중)</td><td>1(반이중)</td><td>1(반이중)</td></tr>
<tr><td>클록</td><td>0(비동기)</td><td>1(동기)</td><td>1(동기)</td><td>0(비동기)</td></tr>
<tr><td>제어</td><td>0</td><td>1</td><td>0</td><td>0</td></tr>
<tr><td>합계</td><td>2</td><td>4</td><td>2</td><td>1</td></tr>
<tr><td colspan="2">n개 슬레이브 연결</td><td>2n</td><td>3+n</td><td>2</td><td>1</td></tr>
<tr><td colspan="3">연결 방식</td><td>1:1</td><td>1:n
(마스터-슬레이브)</td><td>1:n
(마스터-슬레이브)</td><td>1:n
(마스터-슬레이브)</td></tr>
<tr><td colspan="3">슬레이브 선택</td><td>-</td><td>하드웨어
(SS 연결선)</td><td>소프트웨어
(주소 지정)</td><td>소프트웨어
(주소 지정)</td></tr>
</table>

I2C는 연결된 슬레이브 장치의 개수와 무관하게 데이터 전송을 위한 SDA(Serial Data), 클록 전송을 위한 SCL(Serial Clock) 두 개의 선만을 필요로 한다. SDA는 데이터가 전송되는 통로로, 다른 통신 방식과 달리 송수신에 사용된다. SCL은 클록 전송을 위한 통로이다. I2C 통신에서는 SPI 통신과 마찬

가지로 마스터가 클록을 생성하고 데이터 전송을 책임진다.

I2C도 SPI와 마찬가지로 동기 방식이지만, SPI와는 달리 위상(phase)과 극성(polarity)에 따른 여러 가지 전송 모드는 존재하지 않는다. 수신된 데이터는 SCL이 HIGH인 경우에만 샘플링이 가능하다. 따라서 SCL이 HIGH인 경우(보다 일반적으로는 LOW가 아닌 경우)에 SDA의 데이터는 안정된 상태에 있어야만 한다. 데이터 전이는 SCL이 LOW인 상태에서만 가능하다.

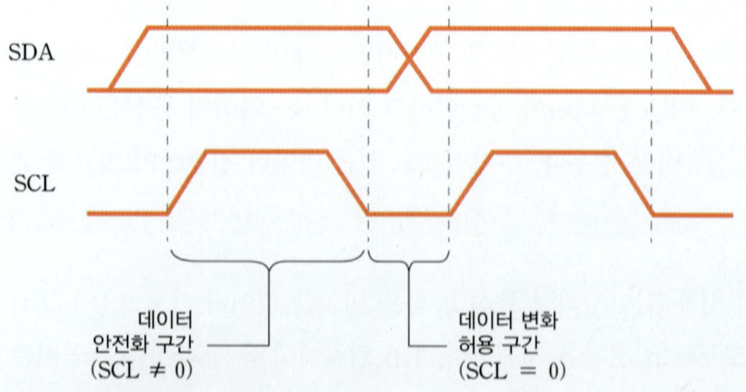

[그림 1] 데이터 샘플링 및 전이

하지만 SCL이 HIGH인 경우에도 데이터 전이가 발생하는 두 가지 예외 상황이 있는데, 이는 바로 데이터 전송 시작과 종료를 나타내는 경우다. SCL이 HIGH인 상황에서 SDA가 HIGH에서 LOW로 바뀌는 경우는 데이터가 전송되기 시작함을 나타내는 시작 조건에 해당하고, LOW에서 HIGH로 바뀌는 경우는 데이터 전송이 끝났음을 나타내는 정지 조건에 해당한다.

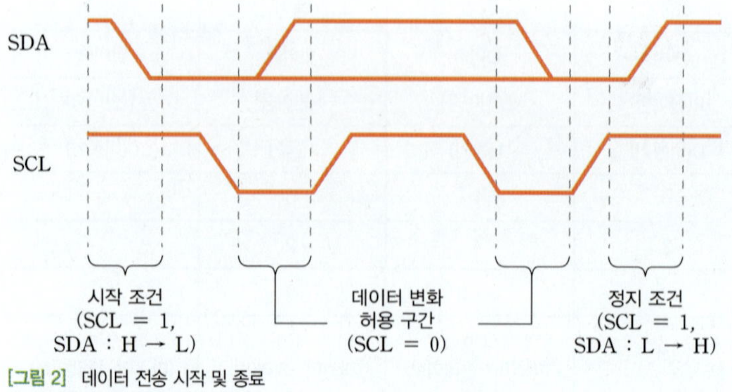

[그림 2] 데이터 전송 시작 및 종료

I2C는 SPI와 마찬가지로 1:n 통신을 지원한다. SPI에서는 각각의 슬레이브가 전용의 SS(Slave Select) 또는 CS(Chip Select) 라인을 가지며, 마스터는 하드웨어적으로 데이터를 송수신할 슬레이브를 선택한다. 반면 I2C에서는 슬레이브가 고유의 주소를 가지며, 마스터는 주소 전송을 통해 소프트웨어적으로 데이터를 송수신할 슬레이브를 선택한다.

I2C는 7비트 주소를 사용한다. 1바이트가 8비트임을 생각하면 7비트가 어색하게 느껴질지 모르겠지만 8비트 중 나머지 1비트는 읽기/쓰기를 선택하는 데 사용된다. 읽기/쓰기 비트가 HIGH인 것은, 마스터는 지정된 슬레이브로부터 전송되는 데이터를 SDA 라인에서 읽어 들일 것(Read)임을 의미하고, 읽기/쓰기 비트가 LOW인 것은, 마스터는 지정한 슬레이브로 SDA 라인을 통해 데이터를 전송할 것(Write)임을 의미한다. 7비트의 주소 중 '0000 000'은 마스터가 모든 슬레이브에 동시에 메시지를 보내는 용도(general call)로 사용하기 위해 예약한 주소이므로 사용할 수 없다. '1111 xxx' 주소 역시 이후 사용을 위해 남겨진 주소이다.

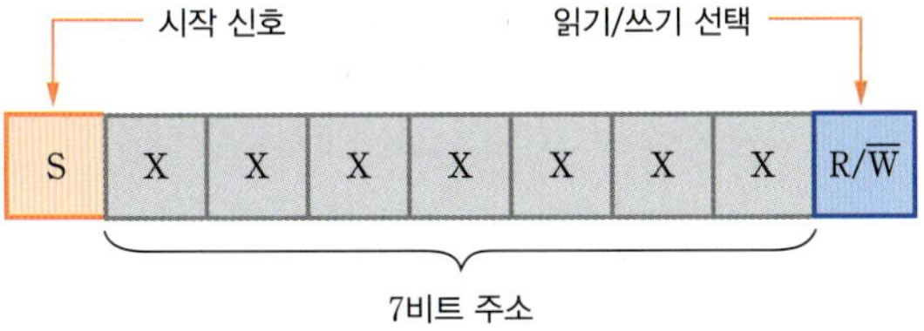

[그림 3] 어드레스 지정

마스터가 시작 신호(S)와 7비트의 주소를 보내고 LOW 값($\overline{W}$)을 보내면, 지정된 주소를 가진 슬레이브는 마스터가 1바이트의 데이터를 전송할 것임을 인식하고, 데이터 수신을 기다린다. 주소 전송 이후 HIGH 값(R)을 보냈다면, 지정된 주소의 슬레이브는 마스터로 1바이트의 데이터를 전송한다.

마지막으로 한 가지 더 기억해야 할 점은 데이터를 수신한 장치는 자신이 데이터를 수신했음을 데이터를 송신한 쪽에 알려야 한다는 점이다. I2C는 바이트 단위로 데이터를 전송하며, 8비트의 데이터가 전송된 후 SDA 라인은 HIGH 상태에 있다. 바이트 단위 데이터가 전송된 후 수신 장치는 정상적인 수신을 알리기 위해 9번째 비트를 송신 장치로 전송한다. LOW 값은 'ACK(acknowledge) 비트'로 수신 장치가 송신 장치로부터 정상적으로 데이터를 수신했음을 알려준다. HIGH 값은 'NACK(not acknowledge) 비트'로 정상적인 데이터 수신이 아닌 상황이 발생했음을 알려주기 위해 사용된다. 데이터를 수신한 장치가 정상적으로 데이터를 수신하지 못하면, 수신 장치는 수신 확인인 ACK 비트를 전송하지 않는다. 데이터 전송이 완료된 후, SDA는 HIGH 상태를 유지하고 있을 것이므로 별도로 NACK 비트를 전송하지 않아도 효과는 같다.

마스터에서 슬레이브로 n바이트의 데이터를 송신하는 경우를 살펴보자. 먼저 데이터 전송 시작 비트(Start)와 7비트 주소, 그리고 데이터 송신 신호를 보낸다. 지정된 주소의 슬레이브는 데이터를 수신할 준비를 시작하면서 9번째 비트인 수신 확인 신호를 보낸다. 이후 마스터는 n 바이트의 데이터를 송신한다. 슬레이브에서 매 바이트가 수신될 때마다 수신 확인 비트를 마스터로 전송한다. 데이터 전송이 끝나면, 데이터 송신 종료 비트(P)를 전송함으로써 통신을 끝낸다.

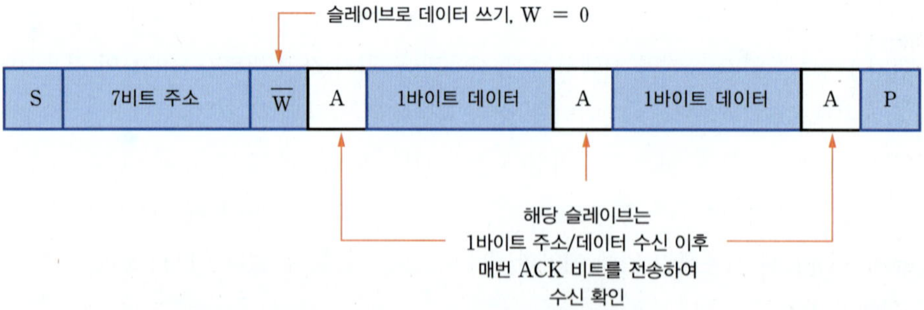

[그림 4] 마스터의 n바이트 데이터 쓰기 (■ : 마스터 전송, □ : 슬레이브 전송)

마스터가 슬레이브로부터 n바이트의 데이터를 수신할 때도 위와 비슷하다. 먼저 데이터 전송 시작 비트와 7비트 주소, 그리고 데이터 수신 신호를 보낸다. 지정된 주소의 슬레이브는 데이터를 송신할 준비를 시작하면서 9번째 비트인 수신 확인 신호를 보낸다. 이후 슬레이브는 n바이트의 데이터를 송신하며, 매 바이트가 수신될 때마다 마스터는 수신 확인 비트를 슬레이브로 전송한다.

다만 마지막 n번째 바이트가 수신된 후, 마스터는 NACK를 슬레이브로 전송하여 수신이 완료되었음을 알린다. 데이터 전송이 끝나면 데이터 송신 종료 비트를 전송함으로써 통신을 끝낸다. 데이터 송신과 마찬가지로 데이터 전송이 끝났음을 나타내는 종료 비트(P)는 마스터가 보낸다는 점을 주의해야 한다.

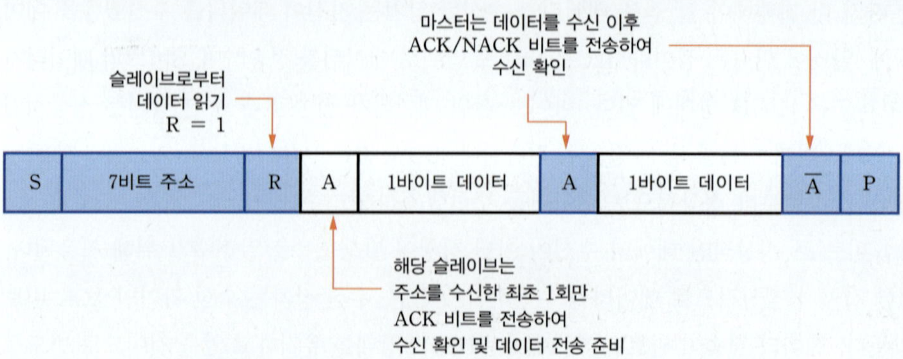

[그림 5] 마스터의 n바이트 데이터 읽기 (■ : 마스터 전송, □ : 슬레이브 전송)

[그림 6]은 2개의 슬레이브 장치가 I2C를 통해 연결된 예를 나타내는 것으로, SDA와 SCL에 풀업 저항을 연결한다. 또한, ATmega2560은 SDA를 위해서는 아두이노 20번(PD1) 핀을, SCL을 위해서는 아두이노 21번(PD0) 핀을 사용하도록 지정되어 있다는 점도 기억해야 한다.

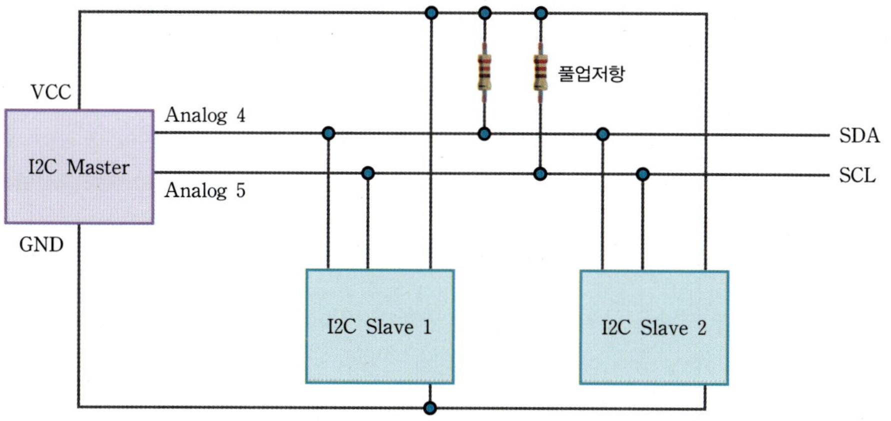

풀업저항
VCC
Analog 4
I2C Master
Analog 5
GND
SDA
SCL
I2C Slave 1
I2C Slave 2

[그림 6] I2C 연결 예

LESSON 02

DS1307, RTC 칩

RTC(Real Time Clock)란 현재 시각을 유지하는 장치를 말한다. 일반적으로 RTC는 컴퓨터나 임베디드 시스템에 존재하는 시계를 이야기하지만, 이외에도 현재 시각이 필요한 다양한 시스템에서 사용되고 있다. RTC는 일반적으로 별도의 전원과 클록을 가지고 있어 시스템의 전원이 공급되지 않아도 현재 시각을 유지할 수 있다.

마이크로컨트롤러에서 RTC는 소프트웨어를 사용하거나 별도의 하드웨어를 사용하여 구현할 수 있다. 소프트웨어로 구현하는 경우에는 마이크로컨트롤러의 클록을 기준으로 시간을 계산한다. 소프트웨어 RTC는 간편하고 별도의 하드웨어가 필요하지 않다는 점이 장점이지만, 마이크로컨트롤러에 전원이 공급되지 않으면 시간을 유지할 수 없다는 단점이 있다.

이 장에서는 RTC를 위한 전용의 하드웨어를 사용한다. RTC에 사용할 수 있는 칩은 여러 가지가 있는데, 그중에서 DS1307 칩이 흔히 사용된다. DS1307 칩은 I2C 통신을 사용하며 외부에 수정 발진기와 전용 전원을 통해 현재 시각을 유지한다. DS1307 칩의 I2C 주소는 0x68로 고정되어 있어서 변경할 수 없다. DS1307 칩의 핀 배치는 [그림 7]과 같다.

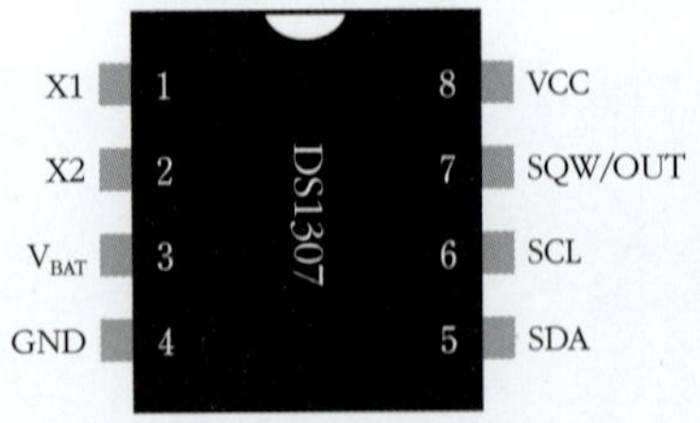

[그림 7] DS1307 핀 배치

DS1307 칩의 각 핀의 기능은 [표 2]와 같이 요약할 수 있다.

[표 2] DS1307 핀 설명

핀 번호	이름	설명	비고
1	X1	RTC용 발진기	32.768kHz
2	X2		
3	V_{BAT}	RTC용 전원	3.0V
4	GND		
5	SDA	I2C 데이터	
6	SCL	I2C 클록	
7	SQW/OUT	구형파 출력	1, 4, 8, 32kHz 출력
8	VCC		4.5 ~ 5.5V

DS1307에는 두 개의 전원이 연결되는데, VCC는 5V를, VBAT는 3.0V를 사용한다. SQW/OUT(Square Wave Output)은 1, 4, 8, 32kHz 중 하나의 주파수를 갖는 구형파를 출력하도록 설정할 수 있다. DS1307을 [그림 8]과 같이 연결해 보자.

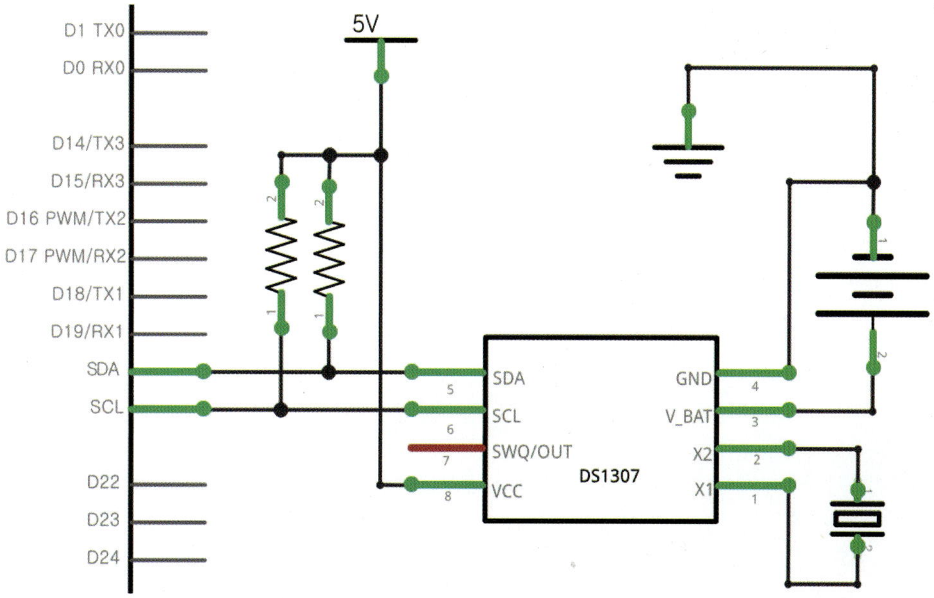

[그림 8] DS1307 연결 회로도

[그림 9] DS1307 연결 회로

[그림 10] 학습보드의 DS1307과 RTC 전원

DS1307 칩에는 64바이트의 메모리가 포함되어 있다. 64바이트 메모리 중에서 시간 및 날짜와 관련하여 사용하는 메모리는 0번부터 6번까지의 메모리다. 메모리 7번은 구형파 출력과 관계된 메모리로 이 장에서는 사용하지 않는다. 남은 56바이트의 메모리는 범용으로 사용할 수 있다. [표 3]은 DS1307 칩의 메모리 구조를 나타낸다.

[표 3] DS1307 메모리 구조

주소	비트								내용	값 범위
	7	6	5	4	3	2	1	0		
0x00	CH	초(10의 자리)			초(1의 자리)				초	00-59
0x01	0	분(10의 자리)			분(1의 자리)				분	00-59
0x02	0	0	시(10의 자리)		시(1의 자리)				시	00-23
		1								1-12
0x03	0	0	0	0	0	요일			요일	01-07
0x04	0	0	일(10의 자리)		일(1의 자리)				일	01-31
0x05	0	0	0	월(10의 자리)	월(1의 자리)				월	01-12
0x06	연(10의 자리)				연(1의 자리)				연	00-99
0x07	OUT	0	0	SQWE	0	0	RS1	RS0	제어	-
0x08~0x3F	범용 메모리								RAM	0x00~0xFF

날짜와 시간은 0번에서 6번까지의 메모리에 저장된다. 이때 0번 메모리의 7번 비트인 CH(Clock Holt) 비트가 1로 설정되면 발진기가 동작하지 않으므로, 이를 반드시 0으로 설정해야 한다. 또 한 가지 주의할 점은 날짜와 시간이 일반적인 이진수 형식이 아니라 BCD(Binary Coded Decimal) 형식으로 저장된다는 점이다. 예를 들어 '12'라는 숫자를 이진수 형식으로 저장하면, $0000\ 1100_2$가 된다. 이와 달리 BCD 형식에서는 4비트로 10진수 한 자리를 나타내므로, '12'를 저장하기 위해서는 상위 4비트가 10의 자리를, 하위 4비트가 1의 자리를 나타내어 $0001_2\ 0010_2$로 저장된다.

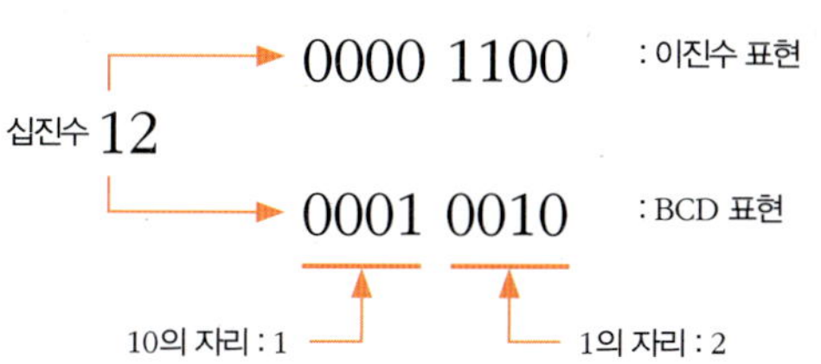

[그림 11] 이진수 표현과 BCD 표현

DS1307에 현재 날짜와 시간을 설정하고 읽어오기 위해서는 [그림 4] 및 [그림 5]의 데이터 송수신 순서를 따라야 한다. 먼저 I2C를 초기화하는 방법을 살펴보자.

코드 1 TWI 초기화

```
#define I2C_SCL PD0
#define I2C_SDA PD1

void I2C_init(void) {
   DDRD |= (1 << I2C_SCL);               // SCL 핀을 출력으로 설정
   DDRD |= (1 << I2C_SDA);               // SDA 핀을 출력으로 설정

   TWBR = 32;                            // I2C 클록 주파수 설정 200kHz
}
```

ATmega2560에는 SCL과 SDA를 위한 전용 핀이 정해져 있으므로, 먼저 이 핀들을 출력으로 설정한다. 다음으로는 I2C 클록 주파수를 설정하여야 한다. I2C의 클록은 마스터가 책임지므로 슬레이브 모드로 설정된 장치는 클록 설정에 영향을 받지 않는다. 시스템 클록은 최소한 I2C 클록의 16배 이상이어야 한다. SPI 통신에서 시스템 클록이 SPI 클록의 4배 이상이어야 했음을 상기해보면, SPI 통신보다 I2C 통신이 저속 통신임을 알 수 있다.

I2C 클록 주파수는 비트율을 결정하는 TWBR(TWI Bit Rate Register) 레지스터와, TWSR(TWI State Register) 레지스터의 TWPS(TWI Prescaler Bit) 비트에 의해 다음과 같이 결정된다.

$$SCL\ 주파수 = \frac{CPU\ 클록\ 주파스}{16 + 2 \cdot TWBR \cdot 4^{TWPS}}$$

TWBR(TWI Bit Rate Register) 레지스터의 구조는 [그림 12]와 같다.

비트	7	6	5	4	3	2	1	0
비트 이름	TWBR[7:0]							
읽기/쓰기	R/W	R/W	R/W	R/W	R/W	R/W	R/W	R/W
초깃값	0	0	0	0	0	0	0	0

[그림 12] TWBR 레지스터 구조

분주율을 결정하는 TWPS 비트는 TWI 상태 레지스터인 TWSR 레지스터에 포함되어 있다. TWSR 레지스터의 구조는 [그림 13]과 같다.

비트	7	6	5	4	3	2	1	0
비트 이름	TWS7	TWS6	TWS5	TWS4	TWS3	–	TWPS1	TWPS0
읽기/쓰기	R	R	R	R	R	R	R/W	R/W
초깃값	1	1	1	1	1	0	0	0

[그림 13] TWSR 레지스터 구조

7번 비트에서 3번 비트까지의 5개 비트는 TWI의 상태를 나타내는 TWS 비트(TWI Status Bit)로, TWI의 전송 상태나 오류 등을 나타내는 데 사용된다. 분주비는 TWPSn (n = 0, 1) (TWI Prescaler Bit) 비트에 의해 설정되며, 설정값에 따른 분주비는 [표 4]와 같이 4의 거듭제곱으로 계산된다.

[표 4] SCL 주파수의 분주비 설정

TWPS1	TWPS0	분주비
0	0	1
0	1	4
1	0	16
1	1	64

[코드 1]에서는 TWBR을 32로 설정하고, TWPSn은 디폴트값을 사용하였으므로, I2C의 주파수는 200kHz가 된다.

$$SCL\ frequency = \frac{16MHz}{16 + 2 \cdot 32 \cdot 4^0} = 200KHz$$

이처럼 초기화 과정은 데이터 핀을 출력으로 설정하고, SCL의 클록을 설정하는 것으로 끝난다. TWI의 전체적인 통신 과정은 TWI 제어 레지스터인 TWCR(TWI Control Register) 레지스터에 의해 제어된다. TWCR 레지스터의 구조는 [그림 14]와 같다.

비트	7	6	5	4	3	2	1	0
비트 이름	TWINT	TWEA	TWSTA	TWSTO	TWWC	TWEN	–	TWIE
읽기/쓰기	R/W	R/W	R/W	R/W	R	R/W	R	R/W
초깃값	0	0	0	0	0	0	0	0

[그림 14] TWCR 레지스터 구조

TWCR 레지스터의 각 비트의 의미는 [표 5]와 같다.

[표 5] TWCR 레지스터 비트

비트	이름	설명
7	TWINT	TWI Interrupt Flag : TWI의 현재 작업이 완료되었을 때 하드웨어에 의해 세트된다. SREG 레지스터의 I 비트가 세트되어 전역적으로 인터럽트가 허용되고, TWCR 레지스터의 TWIE 비트가 세트되어 있을 때, 현재 작업이 완료되어 TWINT 비트가 세트되면, 인터럽트 서비스 루틴이 실행된다.
6	TWEA	TWI Enable Acknowledge Bit : ACK 펄스의 생성을 제어한다. TWEA 비트가 세트되어 있을 때, 다음과 같은 상황에서 ACK 펄스가 생성된다. 1. 슬레이브 모드에서 자신의 주소를 수신한 경우 2. 슬레이브 모드에서 TWAR 레지스터의 TWGCE 비트가 세트되어 있고, 모든 슬레이브로 전달되는 일반 호출(general call)을 수신한 경우 3. 마스터나 슬레이브 모드에서 한 바이트의 데이터를 수신한 경우
5	TWSTA	TWI Start Condition Bit : 마스터 모드에서 전송을 시작하기 위해 TWSTA 비트를 세트한다.
4	TWSTO	TWI Stop Condition Bit : 마스터 모드에서 전송을 끝내기 위해 TWSTO 비트를 세트한다.
3	TWWC	TWI Write Collision Flag : TWINT 비트가 0인 경우, 즉 데이터 전송 작업이 완료되지 않았을 때, TWI 데이터 레지스터인 TWDR 레지스터에 데이터를 기록하려고 하면 세트된다. TWINT 비트가 1인 경우, TWDR 레지스터에 데이터를 기록하면 클리어된다.
2	TWEN	TWI Enable Bit : TWI를 활성화시킨다.
1	–	–
0	TWIE	TWI Interrupt Enable : TWI 데이터 전송이 완료된 경우에 인터럽트 발생을 허용한다. SREG 레지스터의 I 비트가 세트되고, TWIE 비트가 세트된 경우에 전송이 완료되면 인터럽트가 발생한다.

[코드 2]는 I2C 전송을 시작하기 위해 시작 비트를 전송하고 시작 완료를 기다리는 함수다.

코드 2 TWI 시작 함수

```
void I2C_start(void) {
  TWCR = _BV(TWINT) | _BV(TWSTA) | _BV(TWEN);

  while( !(TWCR & (1 << TWINT)) );            // 시작 완료 대기
}
```

I2C_start 함수에서는 I2C 통신을 활성화하는 TWEN 비트와 I2C 통신을 시작하기 위한 TWSTA 비트를 세트한다. 인터럽트 플래그 비트인 TWINT 비트 역시 세트하지만, 실제로 TWINT 비트가 세트되는 시점은 시작 조건이 전송되고 난 이후로 하드웨어에서 결정된다. 따라서 TWINT 비트 설정 명령을 실행한 이후 TWINT 비트가 세트되기까지는 시간 차이가 있으므로, while문을 사용하여 플래그 비트가 세트되기를 기다려야 한다. TWINT 비트가 세트된 이후에야 실제 데이터나 주소 전송 작업을 실행할 수 있다.

시작 조건이 전송된 후 데이터를 슬레이브로 전송하는 경우를 생각해 보자. 먼저 I2C 주소를 전송하고, 그다음으로 데이터를 전송한다. 의미상으로는 주소 전송과 데이터 전송이 다르지만, 전송되는 방

식은 같다. 즉, 1바이트 데이터를 전송하고, ACK 비트를 수신할 때까지 대기하는 것이다. [코드 3]은 TWI를 통해 1바이트의 데이터를 전송하고, ACK 비트를 수신하였는지 확인하는 함수다.

코드 3 TWI 바이트 송신 함수

```
void I2C_transmit(uint8_t data) {
    TWDR = data;
    TWCR = _BV(TWINT) | _BV(TWEN) | _BV(TWEA);

    while( !(TWCR & (1 << TWINT)) );            // 전송 완료 대기
}
```

바이트 전송 함수는 시작 함수인 I2C_start와 마찬가지로 TWINT 비트를 세트하고 실제 전송이 완료된 후 ACK 비트를 수신할 때까지, 즉 TWINT 비트가 세트될 때까지 대기한다. 이때 TWDR(TWI Data Register) 레지스터는 송수신되는 데이터가 저장되는 레지스터이다. TWDR 레지스터의 구조는 [그림 15]와 같다.

비트	7	6	5	4	3	2	1	0
비트 이름	TWD[7:0]							
읽기/쓰기	R/W	R/W	R/W	R/W	R/W	R/W	R/W	R/W
초깃값	1	1	1	1	1	1	1	1

[그림 15] TWDR 레지스터 구조

데이터 전송이 완료된 후에는 정지 비트를 전송해야 한다. [코드 4]는 정지 조건을 전송하여 TWI 통신을 종료하는 함수다. I2C_start 함수와 달리 I2C_stop 함수에서는 TWINT 비트가 세트될 때까지 대기하지 않아도 된다.

코드 4 TWI 정지 함수

```
void I2C_stop(void) {
    TWCR = _BV(TWINT) | _BV(TWSTO) | _BV(TWEN);
}
```

데이터 수신도 송신과 비슷하다. 다만 슬레이브의 I2C 주소를 지정할 때, LSB를 1로 설정하여 읽기 명령임을 표시해야 한다는 점에서 차이가 있다. [코드 5]는 1바이트의 데이터를 수신하는 2종류의 함수를 나타낸다. 데이터 송신에는 데이터를 전송하고 ACK를 확인하는 하나의 함수만으로 충분하지만, 데이터 수신에는 데이터를 수신한 후 ACK를 보내는 경우와 NACK를 보내는 경우의 2가지가 가

능하다. [그림 5]에서도 알 수 있듯이 여러 바이트의 데이터를 수신하는 경우엔 마지막 바이트를 제외하고는 ACK를 보내지만, 마지막 바이트를 수신한 후에는 NACK를 보내야 한다.

[코드 5]는 기본적으로 [코드 3]의 설정과 같다. 다만 [코드 3]에서는 데이터 송신을 위해 TWDR 레지스터에 값을 대입한다면, [코드 5]에서는 데이터 수신을 위해 TWDR 레지스터의 값을 읽는다는 차이가 있다.

코드 5 TWI 바이트 수신 함수

```
uint8_t I2C_receive_ACK(void) {
    TWCR = _BV(TWINT) | _BV(TWEN) | _BV(TWEA);

    while( !(TWCR & (1 << TWINT)) );            // 수신 완료 대기

    return TWDR;
}

uint8_t I2C_receive_NACK(void) {
    TWCR = _BV(TWINT) | _BV(TWEN);

    while( !(TWCR & (1 << TWINT)) );            // 수신 완료 대기

    return TWDR;
}
```

I2C 사용에 필요한 기본적인 함수는 여기까지이다. I2C를 적용하는 장치에 따라 위의 함수들을 이용하여 데이터를 송수신하는 방법에 차이가 있을 수 있으므로 데이터시트를 참고해야 한다.[1] 한 가지 추가할 수 있는 함수는 DS1307에서 사용하는 BCD 형식 데이터와 이진 데이터 사이의 변환 함수다.

코드 6 BCD와 이진 형식 변환 함수

```
uint8_t bcd_to_decimal(uint8_t bcd) {                   // BCD 형식 -> 이진수 형식
    return (bcd >> 4) * 10 + (bcd & 0x0F);
}

uint8_t decimal_to_bcd(uint8_t decimal) {               // 이진수 형식 -> BCD 형식
```

1 한 가지 더 언급하고 싶은 점은, 위의 프로그램에서는 코드를 간단히 하기 위해 오류 검사를 수행하지 않았다는 점이다. 오류의 발생 빈도가 높지는 않지만, 안정적인 프로그램을 작성하기 위해서는 오류 검사를 수행해야 한다. 오류 검사에 대해서는 데이터시트의 예를 참고하도록 한다.

```
    return ( ((decimal / 10) << 4) | (decimal % 10) );
}
```

위의 코드들로 I2C 통신을 위한 라이브러리를 다음과 같이 작성할 수 있다. '스케치북_디렉터리\libraries' 디렉터리 아래에 'I2C_RTC' 디렉터리를 생성하고, 그 아래에 [코드 7]의 I2C_RTC.h 파일과 [코드 8]의 I2C_RTC.cpp 파일을 작성하자.

코드 7 I2C_RTC 라이브러리 - I2C_RTC.h

```
#ifndef _I2C_RTC_
#define _I2C_RTC_

#include <avr/io.h>

#define I2C_SCLPD0
#define I2C_SDAPD1

void I2C_init(void);                        // I2C 초기화
void I2C_start(void);                       // I2C 시작
void I2C_transmit(uint8_t data);            // 1바이트 전송
uint8_t I2C_receive_NACK(void);             // 1바이트 수신 & NACK
uint8_t I2C_receive_ACK(void);              // 1바이트 수신 & ACK
void I2C_stop(void);                        // I2C 정지

uint8_t bcd_to_decimal(uint8_t bcd);
uint8_t decimal_to_bcd(uint8_t decimal);

#endif
```

코드 8 I2C_RTC 라이브러리 - I2C_RTC.cpp

```
#include "I2C_RTC.h"

#define I2C_SCLPD0
#define I2C_SDAPD1

void I2C_init(void) {
    DDRD |= (1 << I2C_SCL);                 // SCL 핀을 출력으로 설정
    DDRD |= (1 << I2C_SDA);                 // SDA 핀을 출력으로 설정
```

```
    TWBR = 32;                              // I2C 클록 주파수 설정 200kHz
}

void I2C_start(void) {
    TWCR = _BV(TWINT) | _BV(TWSTA) | _BV(TWEN);

    while( !(TWCR & (1 << TWINT)) );        // 시작 완료 대기
}

void I2C_transmit(uint8_t data) {
    TWDR = data;
    TWCR = _BV(TWINT) | _BV(TWEN) | _BV(TWEA);

    while( !(TWCR & (1 << TWINT)) );        // 전송 완료 대기
}

void I2C_stop(void) {
    TWCR = _BV(TWINT) | _BV(TWSTO) | _BV(TWEN);
}

uint8_t I2C_receive_ACK(void) {
    TWCR = _BV(TWINT) | _BV(TWEN) | _BV(TWEA);

    while( !(TWCR & (1 << TWINT)) );        // 수신 완료 대기

    return TWDR;
}

uint8_t I2C_receive_NACK(void) {
    TWCR = _BV(TWINT) | _BV(TWEN);

    while( !(TWCR & (1 << TWINT)) );        // 수신 완료 대기

    return TWDR;
}

uint8_t bcd_to_decimal(uint8_t bcd) {       // BCD 형식 -> 이진수 형식
    return (bcd >> 4) * 10 + (bcd & 0x0F);
}

uint8_t decimal_to_bcd(uint8_t decimal) {   // 이진수 형식 -> BCD 형식
    return ( ((decimal / 10) << 4) | (decimal % 10) );
}
```

I2C_RTC 라이브러리를 사용하여 RTC 모듈의 시간을 설정하고, 2초 후에 현재 시각을 읽어 출력하는 코드의 예가 [코드 9]다.

코드 9 RTC 모듈의 시간 설정 및 읽기

```
#define F_CPU 16000000UL

#include <avr/io.h>
#include <util/delay.h>

#include "UART0.h"
#include "I2C_RTC.h"

int main(void) {
    I2C_init();                                     // I2C 초기화
    UART0_init();                                   // UART 초기화

    uint8_t address = 0x68;                         // RTC 모듈의 I2C 주소

    // 초, 분, 시, 요일, 일, 월, 년 (2018년 5월 1일 화요일 12시 00분 00초)
    uint8_t data[] = {00, 00, 12, 3, 1, 5, 18};

    // RTC 모듈에 시간 설정
    I2C_start();                                    // I2C 시작
    I2C_transmit(address << 1);                     // I2C 주소 전송. 쓰기 모드
    // RTC에 데이터를 기록할 메모리 시작 주소 전송
    I2C_transmit(0);

    UART0_print("* Setting RTC module...\n");
    for (int i = 0; i < 7; i++) {
        I2C_transmit(decimal_to_bcd(data[i]));      // 시간 설정
        UART0_print(i + 1);
        UART0_print("th byte written...\n");
    }

    I2C_stop();                                     // I2C 정지

    _delay_ms(2000);                                // 2초 대기

    I2C_start();                                    // I2C 시작
    I2C_transmit(address << 1);                     // I2C 주소 전송. 쓰기 모드
    // RTC에서 데이터를 읽어올 메모리 시작 주소 전송
    I2C_transmit(0);
```

```
    I2C_stop();                                             // I2C 정지

    I2C_start();                                            // I2C 읽기 모드로 다시 시작
    I2C_transmit( (address << 1) + 1 );                     // I2C 주소 전송. 읽기 모드

    UART0_print("* Time/Date Retrieval...\n");
    UART0_print(" Second : ");                              // 초
    UART0_print(bcd_to_decimal(I2C_receive_ACK()));
    UART0_write('\n');
    UART0_print(" Minute : ");                              // 분
    UART0_print(bcd_to_decimal(I2C_receive_ACK()));
    UART0_write('\n');
    UART0_print(" Hour : ");                                // 시
    UART0_print(bcd_to_decimal(I2C_receive_ACK()));
    UART0_write('\n');
    UART0_print(" Day of Week : ");                         // 요일
    UART0_print(bcd_to_decimal(I2C_receive_ACK()));
    UART0_write('\n');
    UART0_print(" Day : ");                                 // 일
    UART0_print(bcd_to_decimal(I2C_receive_ACK()));
    UART0_write('\n');
    UART0_print(" Month : ");                               // 월
    UART0_print(bcd_to_decimal(I2C_receive_ACK()));
    UART0_write('\n');
    UART0_print(" Year : ");                                // 년
    UART0_print(bcd_to_decimal(I2C_receive_NACK()));
    UART0_write('\n');

    I2C_stop();                                             // I2C 정지

    while (1) {
    }

    return 0;
}
```

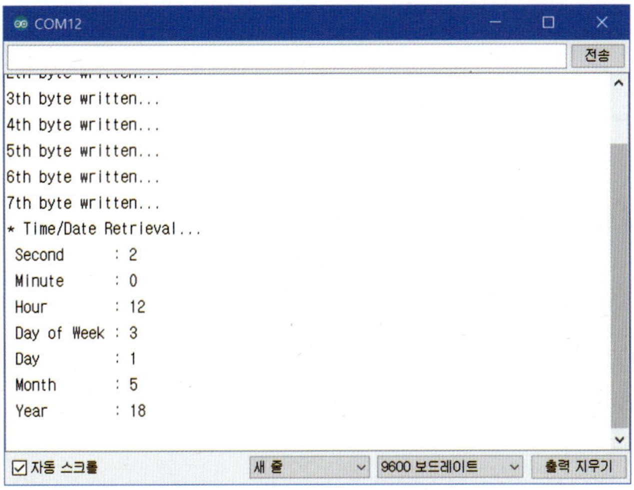

[그림 16] [코드 9] 실행 결과

CHAPTER

20 연습문제

1. 현재 시각을 RTC에서 읽어 분과 초를 4자리 7세그먼트 표시장치에 표시하는 프로그램을 작성해 보자. 4자리 7세그먼트 표시장치는 7세그먼트 표시장치 장을 참고하여 연결한다.

2. 현재 날짜와 시간을 RTC에서 읽어 텍스트 LCD에 표시하는 프로그램을 작성해 보자. 텍스트 LCD는 텍스트 LCD 장을 참고하여 연결한다.

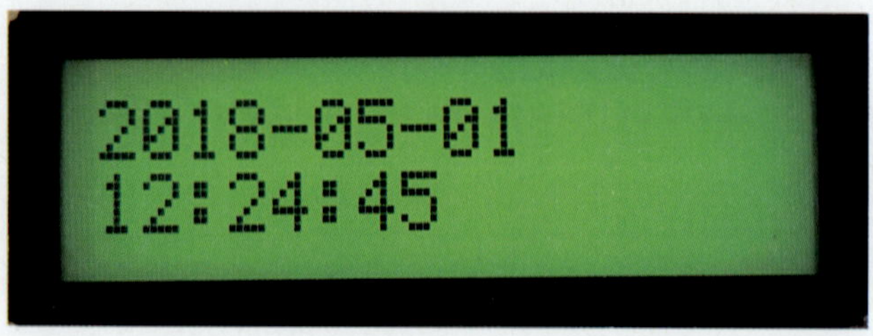

3. 아두이노 2번(PE4) 핀과 3번(PE5) 핀에 LED를 연결하자. RTC로부터 시간을 읽어 초가 바뀌는 경우 아두이노 2번 핀에 연결된 LED 상태가, 분이 바뀌는 경우 아두이노 3번 핀에 연결된 LED 상태가 반전되도록 프로그램을 작성해 보자.

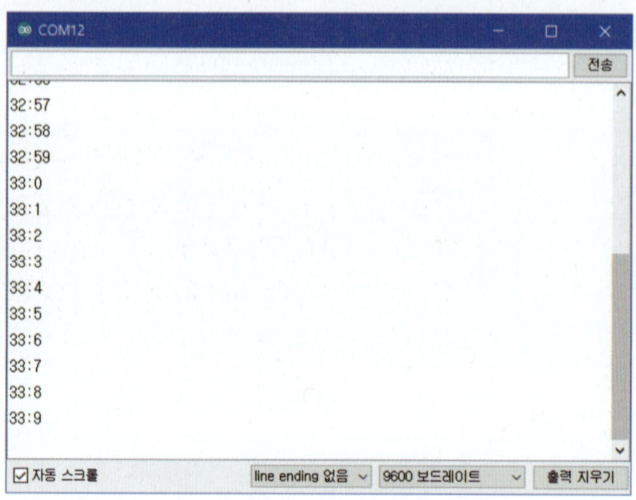

4. ATmega2560에서 지원하는 시리얼 통신 방식에는 UART, SPI, I2C 등이 있다. 이들 통신 방식은 그 특성이 다르고 사용하는 용도 또한 다르다. 마이크로컨트롤러와 함께 사용되는 주변장치 중에서 각 통신 방식을 사용하는 예를 찾아 비교해 보자.

CHAPTER

21

근거리 저전력 무선 통신의 일종

블루투스

블루투스는 유선 통신인 RS-232C를 대체하기 위한 저전력의 무선 통신 표준 중 하나로 에릭슨에 의해 제안되었으며, 컴퓨터와 스마트폰 등 여러 전자 제품에 포함되어 널리 사용되고 있다. 마이크로컨트롤러에서 블루투스 통신을 사용하려면, UART 유선 통신을 블루투스 무선 통신으로 바꾸어주는 모듈을 사용하면 된다. 그러면 UART 통신과 거의 같은 방법으로 무선 통신을 사용할 수 있다. 이 장에서는 블루투스 모듈을 이용하여 스마트폰과 통신하는 방법에 대해 알아본다.

CONTENTS

LESSON 01

블루투스 모듈 설정

블루투스(Bluetooth)는 1994년에 에릭슨(Ericsson)이 개발한 개인 근거리 무선 통신(Personal Area Network, PAN)을 위한 표준으로, RS-232C를 대체하는 저가격, 저전력 무선 기술로 개발되었다. 블루투스는 기본적으로 10m 이내에서의 통신을 목표로 하는데, 이 범위는 100m까지 확장할 수 있다.

블루투스는 2.4GHz 대역인 ISM(Industrial, Scientific, Medical) 대역을 사용한다. 하지만 ISM 대역 중 상위 및 하위 영역은 다른 시스템과의 간섭을 막기 위해 사용하지 않으므로, 2,402MHz에서 2,480MHz까지 총 79개의 채널을 사용한다. ISM 대역은 산업, 과학 및 의료 목적으로 할당된 대역으로, 전파 사용에 대한 허가를 받을 필요가 없어 저전력의 전파를 발산하는 개인용 무선기기에 많이 사용되고 있다. 무선랜(WiFi)과 지그비 역시 ISM 대역을 사용한다.

마이크로컨트롤러와 함께 사용되는 블루투스는 대부분 2.0이다. 최근에는 블루투스 4.0을 지원하는 제품도 소개되고 있다. 블루투스 4.0에는 최근 많은 관심을 받는 저전력 블루투스 통신 방법인 BLE(Bluetooth Low Energy)가 포함되어 있다. BLE는 블루투스 2.0에서 지원하는 통신 방법과는 전혀 다른 새로운 방법으로, 블루투스 4.0은 블루투스 2.0과 BLE의 합으로 생각할 수 있다.

블루투스는 마스터와 슬레이브의 구성을 가지는데, 하나의 마스터에 최대 7개까지의 슬레이브를 연결할 수 있다. 블루투스에서는 마스터와 슬레이브 사이의 통신만이 가능하며, 슬레이브 사이의 통신은 불가능하다. 블루투스는 스마트폰을 비롯하여 마우스, 키보드, 이어폰, 프린터, 카메라, 자동차, 게임기, TV 등 수많은 기기에서 채택되어 주변에서 흔히 볼 수 있는 무선 연결 방식으로 자리 잡고 있다.

이 장에서는 블루투스 2.0을 지원하는 모듈 중 하나인 HC-06 슬레이브 모듈을 사용한다.[1] HC-06 모듈은 VCC 및 GND의 전원 핀과 시리얼 통신을 위한 RX 및 TX의 총 네 개의 핀을 연결하여 사용한다. 블루투스는 무선 연결로 이루어지기 때문에 시리얼 통신과는 그 방식이 다르지만, 블루투스의 통신 규약에 정의된 방법의 하나인 SPP(Serial Port Profile)는 시리얼 통신과 같은 방법으로 데이터를 송수신하는 방법을 제공하고 있다. 이 장에서는 ATmega2560을 스마트폰과 블루투스를 통해 무선으

1 HC-06 블루투스 모듈은 마스터와 슬레이브 모듈이 별도로 만들어져 있다. 이 장에서는 스마트폰과 연결하기 위해 슬레이브 모듈을 사용한다.

로 연결하여 데이터를 송수신하는 과정을 살펴볼 것이다. 이때 ATmega2560은 슬레이브로, 스마트폰은 마스터로 동작한다.

[그림 1] HC-06 블루투스 슬레이브 모듈

먼저 블루투스 모듈을 초기화하는 방법을 살펴보자. HC-06 블루투스 모듈은 UART 시리얼 통신을 통해 초기화가 가능한데, 이를 위해 USB/UART 변환장치가 필요하다. 블루투스 모듈과 USB/UART 변환장치를 연결할 때, 블루투스의 TX 및 RX를 USB/UART 변환장치의 RX 및 TX와 교차하여 연결해야 한다는 점은 일반적인 시리얼 연결과 같다. 일부 HC-06 모듈은 4개 이상의 핀을 가지고 있지만, VCC, GND, RX, TX의 4개 핀만 사용한다.

[그림 2] HC-06 슬레이브 모듈과 USB/UART 변환장치 연결

USB/UART 변환장치를 컴퓨터에 연결하면, USB/UART 변환장치에 가상의 COM 포트가 할당된다. 아두이노 프로그램의 '툴 → 포트' 메뉴 항목에서 USB/UART 변환장치에 할당된 포트 번호를 선택한 후 시리얼 모니터를 실행한다. 시리얼 모니터의 추가 문자 선택 콤보 박스에서 'line ending 없음'을 선택한다.

모든 준비는 끝났다. 시리얼 모니터에서 'AT'를 입력하고 '전송' 버튼 또는 엔터키를 눌렀을 때 시리얼 모니터에 'OK'가 출력된다면, 블루투스 모듈이 정상적으로 동작한다고 볼 수 있다. 'OK'가 출력되지 않는 경우, 흔한 원인 중 하나는 통신 속도를 잘못 설정한 경우다. HC-06 블루투스 모듈은 디폴트로 9,600보율을 사용하므로, 시리얼 모니터도 9,600보율로 설정되어 있어야 한다. 또 다른 흔한 오류는 RX과 TX를 교차해서 연결하지 않은 경우이다. 'OK'가 출력되지 않는다면 연결선을 확인해 보자.

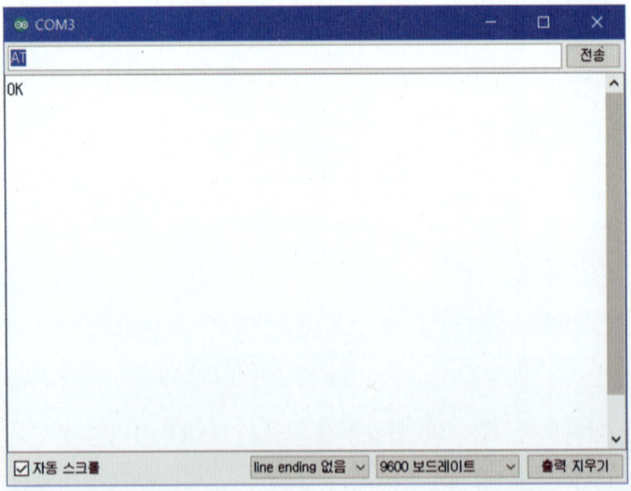

[그림 3] 블루투스 모듈 테스트

'AT'로 시작되는 텍스트 기반의 명령어를 블루투스 모듈로 전송하여 블루투스 모듈의 동작을 지시할 수 있다. 이를 'AT 명령어'라고 한다. 시리얼 모니터에서 [표 1]의 명령을 순서대로 전달하여 블루투스 모듈을 설정하자.

[표 1] 블루투스 설정 명령어

명령어	사용 방법	반환값	비고
AT	AT	OK	
AT+NAME	AT+NAME**ATmega2560Blue**	OKsetname	이름 설정
AT+PIN	AT+PIN**1234**	OKsetPIN	PIN 설정
AT+BAUD	AT+BAUD**4**	OK9600	통신 속도 설정

'AT+NAMEATmega2560Blue' 명령을 전송하면, 블루투스 모듈의 이름이 'ATmega2560Blue'로 바뀌며, 스마트폰에서도 바뀐 이름으로 검색된다. 'AT+PIN1234' 명령은 비밀번호를 '1234'로 변경하는 명령이며, 전송 속도인 보율(Baud Rate)은 'AT+BAUD4' 명령으로 변경할 수 있다. 보율 변경에 사용되는 숫자에 따른 전송 속도는 [표 2]와 같다.

[표 2] 전송 속도 설정

숫자	전송 속도(Baud)	숫자	전송 속도(Baud)
1	1200	5	19200
2	2400	6	38400
3	4800	7	57600
4	9600	8	115200

[그림 4]는 블루투스 모듈의 이름, 비밀번호, 통신 속도를 설정한 결과를 보여주고 있다.

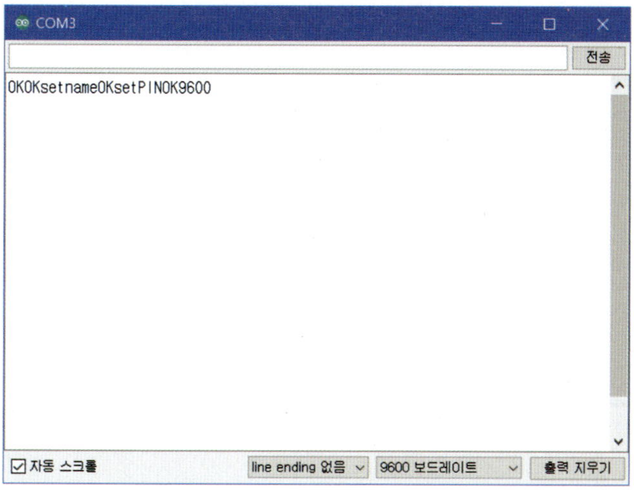

[그림 4] 블루투스 모듈 설정

LESSON 02

스마트폰 설정

블루투스 모듈의 설정이 끝났으므로, 이제 블루투스 통신을 수행할 수 있도록 스마트폰을 설정해 보자. 블루투스 모듈에 전원이 공급되어야 하므로, 블루투스 모듈을 ATmega2560의 UART1 포트(아두이노 19번(RXD1, PD2), 아두이노 18번(TXD1, PD3))에 연결한다.

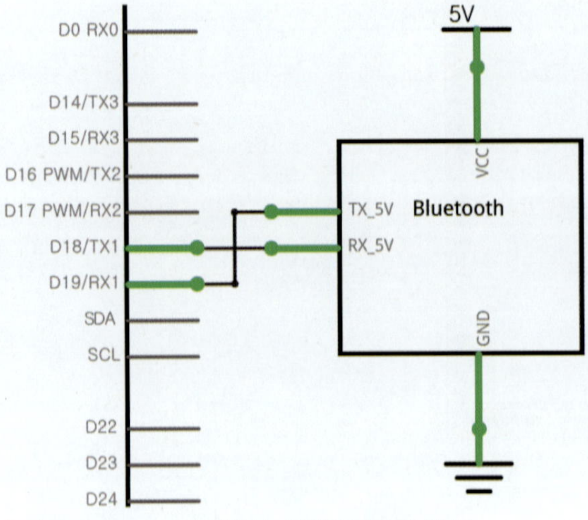

[그림 5] ATmega2560과 블루투스 슬레이브 모듈 연결 회로도

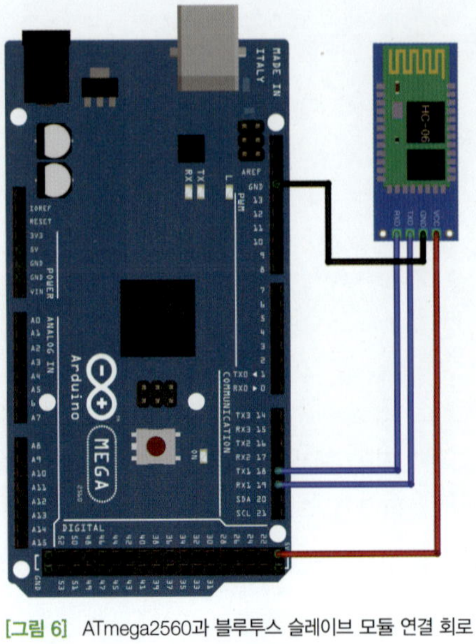

[그림 6] ATmega2560과 블루투스 슬레이브 모듈 연결 회로

[그림 7] 학습보드의 블루투스 슬레이브 연결 핀

스마트폰의 블루투스 기능을 활성화하고 주변의 블루투스 기기들을 검색해보자. 검색 목록에서 블루투스 모듈의 이름으로 지정한 'ATmega2560Blue'를 확인할 수 있을 것이다.

[그림 8] 블루투스 기기 검색

블루투스 연결은 두 단계로 이루어진다. 먼저 연결 대상이 되는 기기들 사이의 인증 과정이 필요하며 이를 페어링(pairing)이라고 한다. 페어링 과정에서는 보안을 위해 비밀번호를 입력하도록 하고 있으며, 한 번 페어링이 된 기기는 스마트폰에서 관리되므로 페어링을 해제하기 전까지는 비밀번호를 다시 입력할 필요가 없다. 페어링이 이루어진 이후에 실제로 데이터를 주고받기 위한 연결이 진행될 수 있다. [그림 8]에서 'ATmega2560Blue'를 선택하면, [그림 9]와 같이 비밀번호를 입력하는 창이 나타난다. 비밀번호는 PIN, Passcode, Pairing Code, Passkey 등으로도 불린다.

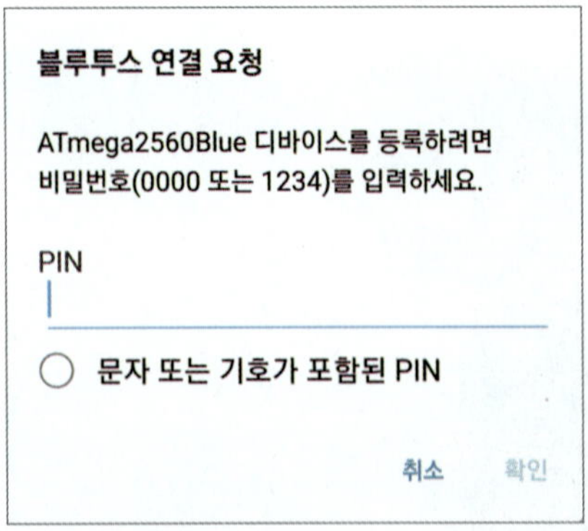

[그림 9] 비밀번호 입력 창

[그림 9]의 창에 위에서 설정한 '1234'를 입력하면 페어링이 완료된다. [그림 8]에서 '연결 가능한 디바이스'에 있던 'ATmega2560Blue'가 [그림 10]에서 '등록된 디바이스'로 이동한 것으로 페어링이 완료되었음을 확인할 수 있다.

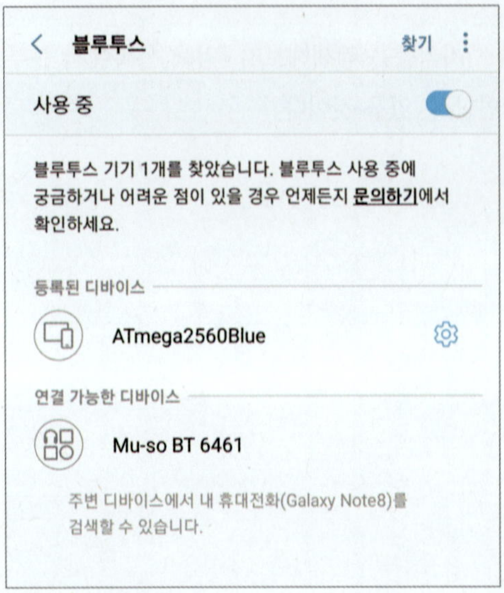

[그림 10] 페어링 완료

ATmega2560과 블루투스 통신을 위해서는 SPP 방식의 데이터 송수신을 지원하는 어플리케이션을 스마트폰에 설치해야 한다. 다양한 어플리케이션이 존재하지만, 이 장에서는 'Serial Bluetooth Terminal'을 사용한다. 어플리케이션을 설치하고 실행해 보자.

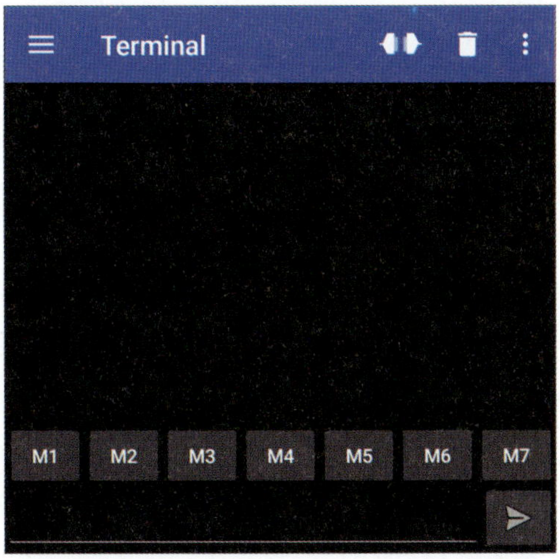

[그림 11] 어플리케이션 초기 화면

메뉴를 열고 'Devices' 항목을 선택하면 페어링된 기기 목록이 나타난다.

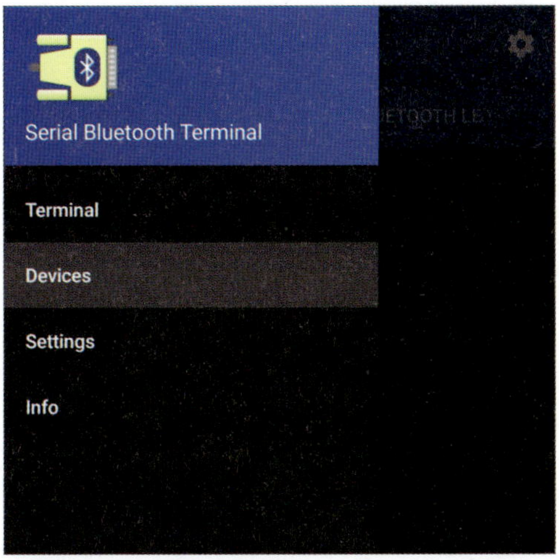

[그림 12] 어플리케이션 메뉴 항목

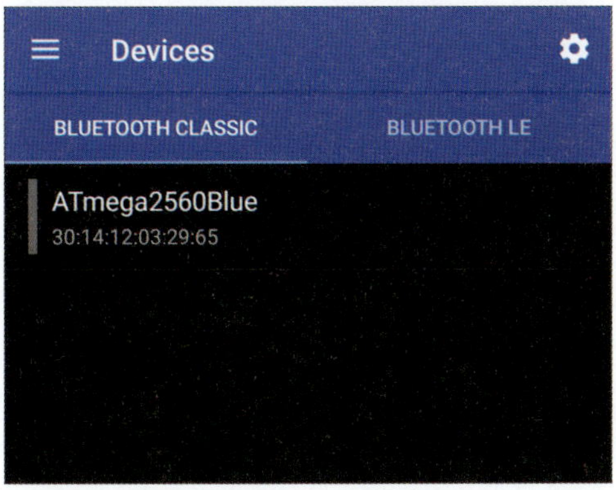

[그림 13] 페어링된 기기 목록

기기 목록 중 'ATmega2560Blue'를 선택하고 메뉴에서 'Terminal' 항목을 선택하면 초기 화면으로 돌아간다. 초기 화면의 위쪽에 있는 연결 아이콘을 누르면, 선택한 블루투스 기기로 연결을 시도한다. 연결 과정은 출력되는 메시지로 확인할 수 있다. 모듈에 전원이 공급되고, 마스터 장치와 연결이 되어있지 않은 상태에서 HC-06 모듈의 LED는 깜빡거린다. 마스터 장치와 연결되면, HC-06 모듈의 LED는 켜져 있는 상태로 바뀐다.

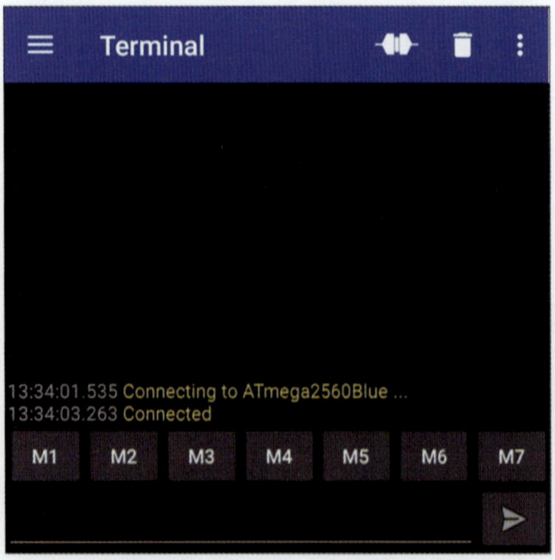

[그림 14] 블루투스 연결

모든 준비는 끝났다. 이제 ATmega2560과 스마트폰 사이에 블루투스 통신을 해보자.

LESSON 03

블루투스 통신

[그림 5]에서 알 수 있듯이 블루투스 모듈은 UART 시리얼 포트에 연결되어 있고, HC-06 블루투스 모듈은 직렬 통신 프로파일인 SPP(Serial Port Profile)를 사용한다. 즉, 설정과 연결이 완료된 이후에는 UART 통신과 같은 방법으로 데이터를 주고받을 수 있다. [코드 1]은 스마트폰에서 전송된 문자열을 ATmega2560에서 수신하고, 수신된 내용을 시리얼 모니터로 출력함과 동시에 다시 스마트폰으로 전송하는 코드이다.

[코드 1]에서는 2개의 UART 시리얼 포트를 사용하고 있다. 하나는 스마트폰과의 블루투스 통신을 위한 UART1 포트이며, 다른 하나는 컴퓨터와 통신을 위한 UART0 포트다. 각각의 포트를 통해 UART 시리얼 통신을 수행하기 위해 UART1과 UART0 라이브러리가 사용되었다. UART1 라이브러리는, UART0 라이브러리의 해당 레지스터와 비트 이름에서 '0'을 '1'로 수정한 것과 같다.

코드 1 블루투스 통신 테스트

```
#define F_CPU 16000000UL
#include <avr/io.h>
#include <util/delay.h>
#include "UART0.h"                          // 컴퓨터 연결
#include "UART1.h"                          // 블루투스 모듈 연결

int main(void) {
  UART0_init();                             // 스마트폰과 블루투스 연결
  UART1_init();                             // 컴퓨터와 유선 연결

  while (1) {
    uint8_t ch = UART1_read();              // 데이터 수신

    UART0_write(ch);                        // 시리얼 모니터로 출력
    UART1_write(ch);                        // 블루투스 모듈로 출력
  }

  return 0;
}
```

[그림 15]는 [코드 1]의 실행 결과로, 스마트폰의 어플리케이션에서 문자열을 전송하면, 전송한 문자열이 다시 ATmega2560에서 스마트폰으로 전송되어 스마트폰 화면에 나타나는 것을 확인할 수 있다.

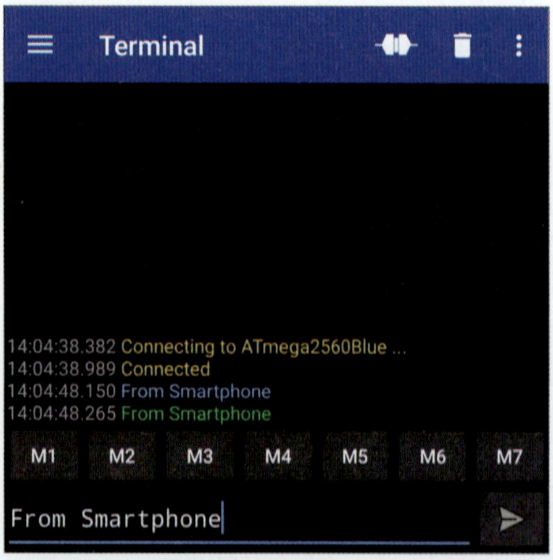

[그림 15] [코드 1] 실행 결과 – 스마트폰

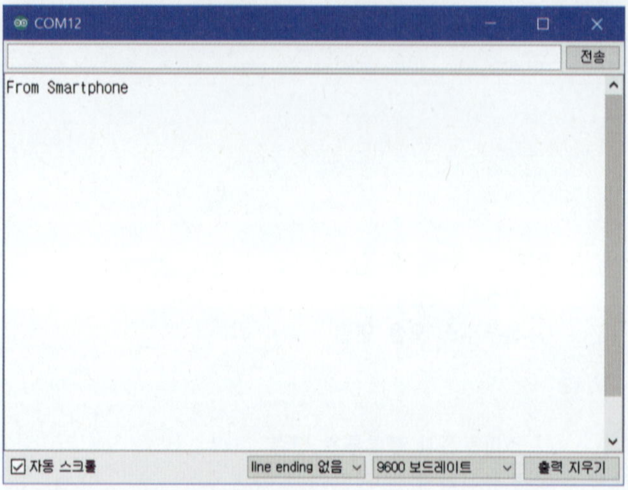

[그림 16] [코드 1] 실행 결과 – 시리얼 모니터

언뜻 보기엔 [코드 1]이 아무런 문제가 없어 보이지만, 실은 한 가지 문제가 있다. UART1_read 함수 정의는 다음과 같다.

```
uint8_t UART1_read() {
    while( !(UCSR1A & (1<<RXC1)) );            // 데이터 수신 대기
    return UDR1;
}
```

UART1_read 함수는 UCSR1A 레지스터의 RXC1 비트가 세트될 때까지, 즉 데이터가 수신될 때까지 기다린다. 따라서 UART1_read 함수가 호출되면 데이터가 수신될 때까지 아무런 작업도 진행할 수 없다. 이러한 문제는 인터럽트를 사용하여 해결할 수 있다.

UART 통신에서는 3가지 인터럽트를 지원하는데, 그 중 하나가 데이터 수신이 완료되면 발생하는 수신 완료 인터럽트다. 수신 완료 인터럽트를 사용하기 위해서는 먼저 UCSRnB(USART Control and Status Register B) (n = 0, 1, 2, 3) 레지스터의 RXCIEn(RX Complete Interrupt Enable) 비트를 세트하고, USARTn_RX_vect에 대한 인터럽트 서비스 루틴(ISR, Interrupt Service Routine)을 작성한다. ISR 내에서 수신된 데이터는 UDRn(USART Data Register) 레지스터에서 확인할 수 있다.

[코드 2]는 [코드 1]을 인터럽트를 사용하여 수정한 예다. 실행 결과는 [그림 15] 및 [그림 16]과 같지만 메인 루프 내에 아무런 코드도 존재하지 않는다는 점이 [코드 1]과 가장 큰 차이점이라 할 수 있다.

코드 2 블루투스 통신 테스트 - 인터럽트 사용

```
#define F_CPU 16000000UL
#include <avr/io.h>
#include <util/delay.h>
#include "UART0.h"                          // 컴퓨터 연결
#include "UART1.h"                          // 블루투스 모듈 연결

ISR(USART1_RX_vect) {
  UART0_write(UDR1);                        // 시리얼 모니터로 출력
  UART1_write(UDR1);                        // 블루투스 모듈로 출력
}

int main(void) {
  UART0_init();
  UART1_init();

  UCSR1B |= (1 << RXCIE1);                  // UART1 수신 완료 인터럽트 활성화
  sei();                                    // 전역적으로 인터럽트 허용

  while (1) {
  }

  return 0;
}
```

CHAPTER

21 연습문제

1. [코드 1]에서는 UART1 포트 사용을 위해 UART1 라이브러리를 사용하였다. UART1 라이브러리는 UART 통신 장에서 작성한 UART0 라이브러리와 기본적으로 같다. 다만 사용하는 포트가 바뀜에 따라 사용하는 레지스터의 이름과 레지스터 내의 비트 이름만 바뀌었을 뿐이다. 즉 레지스터와 비트의 이름에서는 UART0 포트에 대한 '0'을 UART1 포트에 대한 '1'로 바꾼 것이다. UART0 라이브러리를 참고하여 UART1 라이브러리를 작성해 보자.

2. 아두이노 2번(PE4), 3번(PE5), 4번(PG5), 5번(PE3) 핀에 LED를 연결하자. 블루투스 통신을 통해 0~4 사이의 숫자를 전송하면, 전송된 숫자와 일치하는 개수의 LED가 켜지는 프로그램을 작성해 보자. Serial Bluetooth Terminal 어플리케이션을 사용한다면, 디폴트로 데이터 끝에 개행문자가 추가되며, 추가되는 개행 문자를 제거하기 위해서는 메뉴의 'Settings' 항목을 수정해야 한다.

3. 아두이노 A1(PF1) 핀에 온도 센서를 연결하자. 온도 센서로 현재 온도를 측정하고 이를 블루투스를 통해 스마트폰으로 전송하는 프로그램을 작성해 보자.

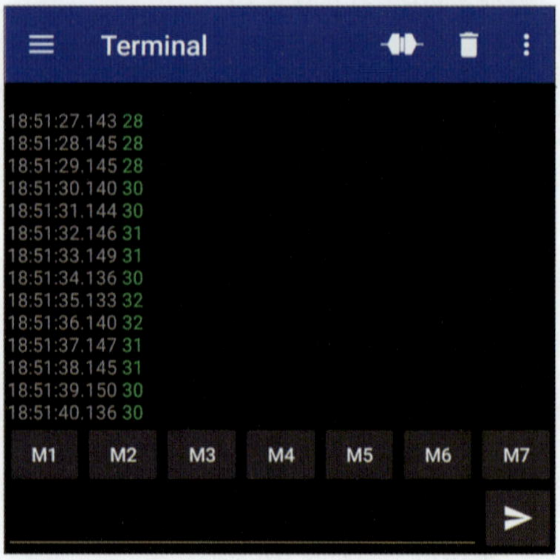

4. BLE(Bluetooth Low Energy)는 블루투스 4.x 버전에서 도입된 저전력 통신 방식으로 사물인터넷에 대한 관심의 증가와 더불어 주목을 받고 있다. 클래식 블루투스라 불리는 기존 블루투스 통신에서는 통신 이전에 페어링이 필요했다면, BLE에서는 페어링 없이도 데이터를 전송할 수 있는 등의 차이점이 있다. 기존 2.x 버전의 클래식 블루투스와 BLE의 통신 방식을 비교해보고 주변에서 BLE를 사용한 예를 찾아보자.

CHAPTER

22

마이크로컨트롤러를 깊고 넓게 이해하는 출발점

아두이노 라이브러리 활용

아두이노 보드의 매력은 다양하지만, 가장 큰 장점은 공개된 많은 라이브러리를 사용하여 쉽고 간단하게 원하는 기능을 구현할 수 있다는 점이 아닐까 싶다. 아두이노 메가2560 보드는 ATmega2560 마이크로컨트롤러를 사용하여 만들어진 보드이므로, 아두이노 메가2560을 위한 스케치에서 사용할 수 있는 아두이노 라이브러리를 AVR 스타일 프로그램에서 사용할 수 있는 것은 당연하다. 이 장에서는 AVR 스타일 프로그램에서 아두이노 라이브러리를 사용하는 방법에 대해 알아본다.

CONTENTS

LESSON 01

ATmega2560과 아두이노 메가2560

이 책에서는 ATmega2560 마이크로컨트롤러를 위한 프로그램을 작성하는 방법을 설명해왔다. 작성된 프로그램은 아두이노 메가2560 보드에서 실행한다. 'ATmega2560'과 '아두이노 메가2560'은 각각 '마이크로컨트롤러'와 '마이크로컨트롤러 보드'로, 둘은 서로 다르다. 마이크로컨트롤러 보드는 '마이크로컨트롤러 + α'로, 여기에는 마이크로컨트롤러 이외에 개발 과정에서 필요한 전원 공급 장치, 프로그램 업로드 장치, 주변장치 연결을 위한 커넥터 등 다양한 부품이 포함되어 있다.

아두이노 메가2560 보드의 경우, USB 연결선으로 컴퓨터와 연결하는 것만으로 ATmega2560 마이크로컨트롤러를 위한 프로그램을 작성하고 테스트해 볼 수 있다. 아두이노 메가2560 보드가 아니어도 ATmega2560을 기반으로 만들어진 마이크로컨트롤러 보드를 사용하면 이 책에서 설명한 내용을 테스트할 수 있다. 그러나 아두이노 메가2560을 제외하면 ATmega2560을 기반으로 만들어진 마이크로컨트롤러 보드를 쉽게 찾아볼 수 없다는 사실이 아두이노 메가2560 보드를 사용하는 이유이기도 하다. 또 다른 이유는, 아두이노 메가2560 보드가 아두이노의 표준화된 하드웨어를 바탕으로 하고 있어서 다양한 주변장치와의 호환성이 높다는 것이다.

아두이노 메가2560 보드에서도 AVR 스타일의 코드를 사용할 수 있다.

"아두이노 메가2560에서는 아두이노 스타일의 스케치만 사용할 수 있다."고 생각하는 것이 아두이노 메가2560의 사용자들이 갖는 흔한 오해다. [그림 1]에서 볼 수 있듯이 아두이노 메가2560은 ATmega2560을 사용하여 만들어진 보드 그 이상도 이하도 아니다. 시리얼 방식으로 프로그램을 업로드하기 위한 장치가 아두이노 메가2560에 포함되어 있다는 점은 다른 마이크로컨트롤러 보드에서 흔히 볼 수 없는 점이긴 하다.

하지만 엄밀히 말해 시리얼 방식 프로그램 업로드에서는 부트로더라는 소프트웨어가 더 큰 역할을 한다. 일부 ATmega2560 기반 마이크로컨트롤러 보드에는 UART 시리얼 통신을 위한 USB/UART 변환장치가 포함되어 있다. 아두이노의 시리얼 방식 업로드는 UART 시리얼 통신을 사용하므로, USB/UART 변환장치가 포함되어 있다는 사실은 시리얼 방식 업로드를 사용할 수 있음을 의미한다. 하지만 아두이노 메가2560 이외의 ATmega2560 보드에서 USB/UART 변환장치는 프로그램 업로드가 아닌 컴퓨터와의 시리얼 통신에 사용되는 경우가 대부분이다. 즉, 같은 하드웨어이지만 다른 목적으로 사용되고 있다.

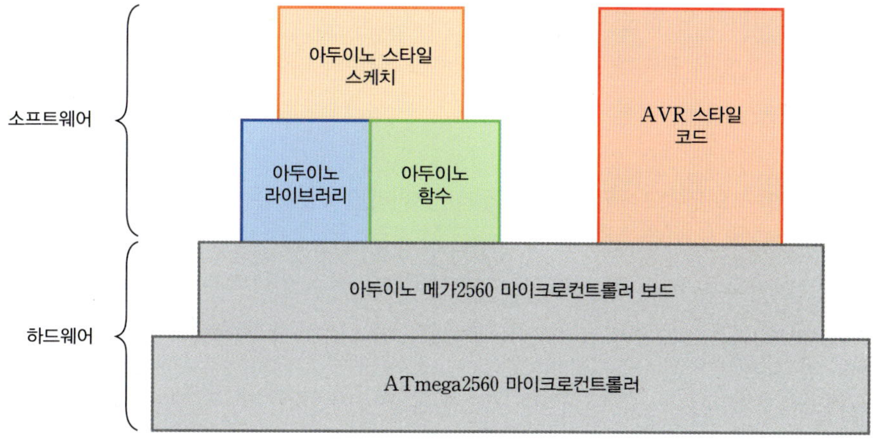

[그림 1] ATmega2560 마이크로컨트롤러 프로그램 개발을 위한 환경

아두이노 메가2560 보드에 마법은 없다. 마법은 아두이노 함수와 라이브러리라는 소프트웨어에서 찾아야 한다. 이 책에서는 ATmega2560의 레지스터를 사용하여 하드웨어를 제어하는 방식으로 프로그램을 작성해왔다. 그러나 아두이노는 다르다. 아두이노 방식의 스케치에서는 레지스터를 직접 제어하는 일이 흔하지 않다.

아두이노 스타일의 스케치 역시 레지스터를 조작하는 코드를 포함하고 있다.

하지만 여기서 또 다른 오해가 생긴다. "아두이노의 스케치는 레지스터를 조작하지 않는다."는 오해가 바로 그것이다. 레지스터를 조작하지 않고 마이크로컨트롤러를 위한 프로그램을 작성할 방법은 없다. 아두이노의 스케치는 레지스터를 조작하지 않는 것처럼 보일 뿐, 누군가(또는 무엇인가)는 마이크로컨트롤러를 제어하기 위해 레지스터를 조작하고 있다. 아두이노 스타일의 스케치에서는 아두이노 함수와 라이브러리가, AVR 스타일 프로그램에서는 프로그래머가 작성한 코드가 레지스터를 조작한다.

지금까지의 다양한 예제들을 통해 레지스터를 조작하는 작업이 귀찮고 번거롭다는 걸 눈치챘을 것이다. 하지만 레지스터 조작은 선택이 아닌 필수다. 다만 아두이노에서는 레지스터 조작을 최소화하기 위해 라이브러리를 제공하고 있다. 이는 이 책에서 만들어보았던 라이브러리 역시 마찬가지다. UART0 포트를 통해 시리얼 통신을 수행하기 위해서는 UCSR0A, UCSR0B, UCSR0C, UBRR0, UDR0 등의 레지스터를 조작해야 한다. 하지만 이러한 레지스터 조작을 함수로 정의해 놓으면 UART0_init, UART0_read, UART0_print 등의 추상화된 함수를 사용하여 UART 시리얼 통신을 수행할 수 있다. 레지스터를 조작하지 않는 것이 아니라 레지스터 조작 과정이 숨겨져 있는 것이다.

아두이노의 함수 및 라이브러리나 이 책에서 작성한 라이브러리가 하는 역할은 기본적으로 같다. 다만 아두이노 함수와 라이브러리가 더 많은 레지스터 조작 과정을 숨겨두고 있으므로 더 많은 기능을 레지스터 조작 없이 사용할 수 있을 뿐이다. 그렇다면 아두이노 함수와 라이브러리를 AVR 스타일 프로그램에서도 사용할 수 있지 않을까? 물론 가능하다.

AVR 스타일 코드에서도 아두이노 함수와 라이브러리를 사용할 수 있다.

"아두이노 함수와 라이브러리를 AVR 스타일 프로그램에서는 사용할 수 없다."는 생각 역시 오해다. 단, 아두이노 함수와 라이브러리를 AVR 스타일 코드에서 사용할 때는 몇 가지 주의해야 할 점이 있다.

첫 번째는 이 책의 목적이 아두이노 함수와 라이브러리가 어떻게 만들어졌는지를 이해하기 위한 것임을 기억하는 것이다. 아두이노는 비전공자를 위한 쉽고 빠른 마이크로컨트롤러 개발 도구로 만들어졌기 때문에, 많은 것들, 특히 귀찮고 번거로운 레지스터 조작을 숨기고 있다. 하지만 아두이노는 너무 많은 것을 숨겨 버렸다. 레지스터 조작이 귀찮고 번거롭긴 하지만, 이는 마이크로컨트롤러를 이해하기 위해서는 반드시 알아야 할 내용이기도 하다. 또한, 아두이노 함수와 라이브러리가 모든 레지스터 조작을 숨겨주지는 않으므로, 아두이노가 대신해 주지 않는 레지스터 조작은 프로그래머가 직접 할 수밖에 없다. 따라서 이 책을 통해 아두이노 라이브러리가 어떻게 만들어졌는지 이해하는 것은 마이크로컨트롤러를 더욱 잘 이해하기 위해 반드시 거쳐 가야 할 반환점이 될 것을 기억해야 한다.

두 번째 주의해야 할 점은 아두이노 라이브러리가 C++의 클래스를 사용하여 만들어진 경우가 대부분이라는 점이다. 이 책에서 작성한 프로그램은 C 스타일의 함수를 기반으로 하고 있다. 아두이노 프로그램이 C와 C++ 모두를 지원하므로 사용에 문제 될 것은 없지만, C와 C++를 정확하게 구별하지 못하면 작성한 코드를 이해하기가 쉽지 않을 수 있다. C++의 객체 기반 프로그래밍에 익숙하지 않아서 아두이노의 라이브러리를 사용하기도 어렵고, 레지스터 조작 과정부터 직접 프로그램을 작성하는 것 역시 어렵다면, 공개된 C 스타일의 라이브러리를 사용하는 것도 하나의 해결책이 될 수 있다. AVR을 위한 C 스타일의 라이브러리는 검색을 통해 어렵지 않게 찾아볼 수 있다. 이 책에서 작성한 라이브러리 역시 C 스타일의 라이브러리에 속한다.

마지막으로 고려해야 할 점은 아두이노 함수와 라이브러리를 사용하는 데 필요한 init 함수다. 아두이노의 Serial 클래스를 사용하기 위해 Serial.begin 함수 이외에 init 함수를 호출했던 일을 기억할 것이다. init 함수는 아두이노 환경이 작동할 수 있도록 타이머/카운터 설정, 인터럽트 설정, UART 시리얼 통신 설정 등의 작업을 수행한다. 따라서 프로그램이 시작되기 전에 init 함수를 호출하지 않으면 아두이노 함수와 라이브러리가 정상적으로 동작하지 않을 수 있다. init 함수를 호출하면 모든 문제가 해결될 것처럼 보이겠지만, init 함수에서 원하지 않은 설정이 이루어질 수 있다는 점은 주의해야 한다. 즉, 아두이노 환경이 동작하도록 하는 설정과 프로그래머가 필요로 하는 설정이 충돌할 수 있다.

지금까지의 내용을 읽으면서 의문이 생길 수 있다. 대체 아두이노 함수와 라이브러리를 사용하라는 것일까 사용하지 말라는 것일까? 이 책의 목적은 아두이노 함수와 라이브러리에서 제공하는 기능들을 직접 구현하는 것이다. 따라서 기본적으로 아두이노 함수와 라이브러리 사용은 추천하지 않는다. 하지만 매번 모든 것을 레지스터 조작부터 시작하는 것은 라이브러리를 만들어 사용한다고 하더라도 쉽지 않다. 따라서 먼저 아두이노 함수와 라이브러리의 내부가 어떻게 동작하는지를 이해한 후, 아두이노 함수와 라이브러리를 사용하는 방법을 알아두길 추천한다. 아두이노 함수와 라이브러리의 소스 코드는 공개되어 있으므로, 이는 AVR 스타일 코드 작성을 위한 좋은 참고자료가 될 수 있다.

AVR 스타일 코드에서 아두이노 함수와 라이브러리를 사용함으로써 아두이노의 장점을 활용할 수 있다.

"AVR 스타일 프로그램에서 아두이노 함수와 라이브러리를 사용해서는 안 된다."는 말이 이 장에서 짚고 싶은 마지막 오해다. 선택은 독자의 몫이지만 수많은 함수와 라이브러리가 이미 존재하고 사용할 수 있는데 굳이 처음부터 다시 만들 이유는 없다. 물론 모든 것을 아두이노 함수와 라이브러리에 기댄다면, 이는 아두이노 스케치를 작성하는 일과 같아진다. 이는 이 책의 목적과는 다르다는 점을 기억해야 한다.

LESSON 02

텍스트 LCD

텍스트 LCD 제어를 위해 텍스트 LCD 장에서 TextLCD 라이브러리를 작성하여 사용하였다. 텍스트 LCD는 간단한 정보 표시를 위해 흔히 사용되는 장치로, 아두이노에서도 텍스트 LCD 제어를 위해 LiquidCrystal 라이브러리를 제공하고 있다. 먼저 텍스트 LCD를 [그림 2]와 같이 연결하자.

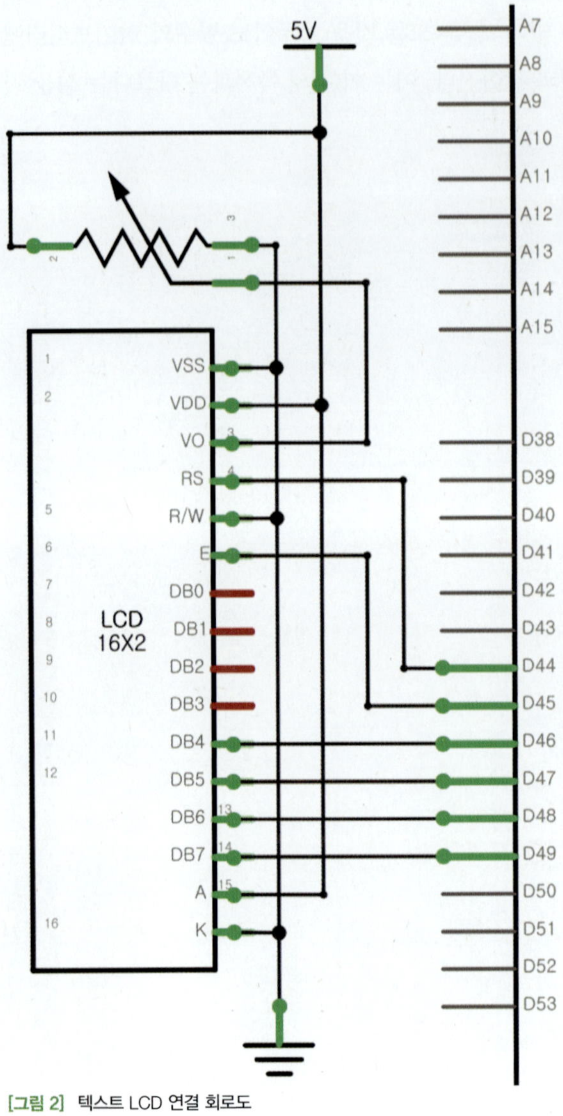

[그림 2] 텍스트 LCD 연결 회로도

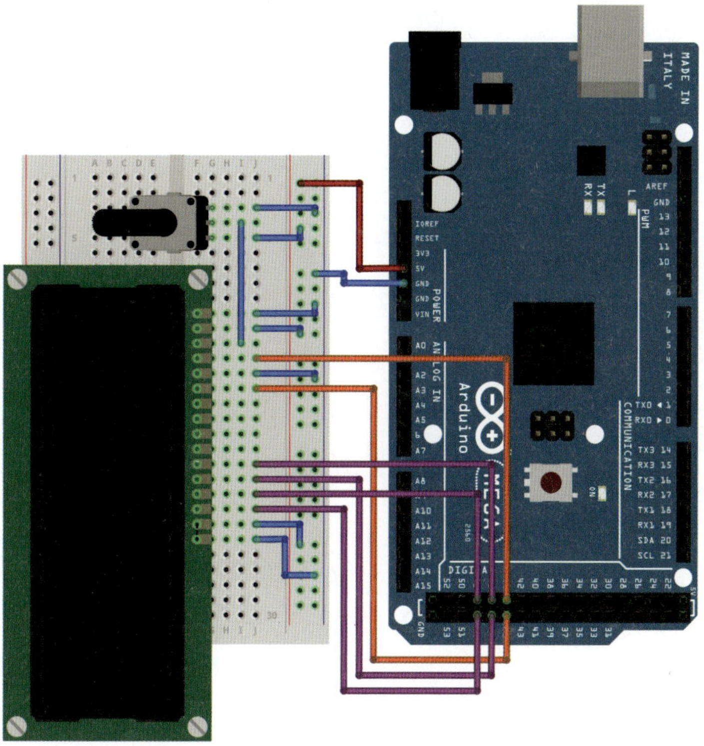

[그림 3] 텍스트 LCD 연결 회로

[코드 1]은 이 책에서 작성한 TextLCD 라이브러리를 사용하여 텍스트 LCD에 문자를 표시하는 코드다.

코드 1 텍스트 LCD 제어 – TextLCD 라이브러리 사용

```
#define F_CPU 16000000L
#include <avr/io.h>
#include "TextLCD.h"

int main(void) {
	LCD_init();								// 텍스트 LCD 초기화

	LCD_write_string("Hello World!");		// 문자열 출력

	while (1) {
	}

	return 0;
}
```

[코드 2]는 아두이노의 LiquidCrystal 라이브러리를 사용하여 [코드 1]과 같은 동작을 하는 코드의 예다.

코드 2 텍스트 LCD 제어 – 아두이노 LiquidCrystal 라이브러리 사용

```
#define F_CPU 16000000L
#include <avr/io.h>
#include <LiquidCrystal.h>

int main(void) {
	init();								// 아두이노 환경 초기화
	// LCD 연결 (RS, E, DB4, DB5, DB6, DB7)
	LiquidCrystal lcd(44, 45, 46, 47, 48, 49);		// 아두이노 핀 번호

	lcd.begin(16, 2);						// LCD 초기화 (16칸, 2줄)
	lcd.print("Hello World!");				// 문자열 출력

	while (1) {
	}

	return 0;
}
```

[코드 1]이 [그림 2]와 같이 연결된 텍스트 LCD를 제어하기 위한 코드라면, [코드 2]는 임의의 핀에 연결된 텍스트 LCD를 제어할 수 있도록 객체 생성 과정에서 사용 핀을 지정하고 있다. 이때 핀 지정은 아두이노의 핀 번호를 기준으로 한다. 한편 아두이노 환경 초기화를 위한 init 함수와 텍스트 LCD 자체를 초기화하기 위한 begin 함수가 추가되었다. 또한 LiquidCrystal 라이브러리가 LiquidCrystal 클래스로 구현되어 있으므로, 멤버 함수 호출을 위해 도트 연산자를 사용한다는 점 등은 TextLCD 라이브러리와 다른 점이다. 이러한 몇 가지를 제외하면 [코드 1]과 [코드 2]는 큰 차이가 없다.

아두이노에서 제공하는 라이브러리와 이 책에서 작성한 라이브러리가, 레지스터 조작을 통해 텍스트 LCD를 제어할 수 있도록 해준다는 점에서 동일하다는 점을 명심해야 한다. 텍스트 LCD에 대한 자세한 내용은 텍스트 LCD 장을 참고하고, LiquidCrystal 라이브러리의 멤버 함수에 대해서는 아두이노의 라이브러리 설명 페이지[1]를 참고한다.

1 https://www.arduino.cc/en/Reference/LiquidCrystal

LESSON 03

그래픽 LCD

텍스트 LCD(Liquid Crystal Display)가 고정된 위치에 문자 단위로만 출력이 가능한 표시 장치라면, 그래픽 LCD(Graphic LCD, GLCD)는 픽셀 단위로 제어가 가능한 표시 장치다. 그래픽 LCD는 문자는 물론 도형이나 이미지 등도 출력할 수 있어 사용자 인터페이스 구현이나 정보 표시 장치로 많이 사용되고 있다. 그래픽 LCD 모듈은 그 크기와 해상도가 다양할 뿐만 아니라 핀 배열이 표준화되어 있지 않아 제품에 따라 연결 방법이 다르므로, 반드시 데이터시트를 참고하여 핀 배치를 확인해야 한다.

이 장에서 사용한 그래픽 LCD는 128×64 해상도에, KS0108 LCD 드라이버 칩을 사용하는 그래픽 LCD로, 20개의 핀을 가지고 있다.

[그림 4] 그래픽 LCD 모듈

그래픽 LCD 모듈의 각 핀의 기능은 [표 1]과 같다.

[표 1] 그래픽 LCD의 핀 설명

핀 번호	이름	설명
1	VSS	그라운드 (GND)
2	VDD	5V 동작 전원 (VCC)
3	VO	콘트라스트(Contrast) 입력
4	D/I	데이터/명령어 (Data/Instruction) 레지스터 선택
5	R/W	읽기 쓰기 (Read/Write)
6	Enable	활성화 (Enable)
7	DB0	데이터 신호 핀
8	DB1	
9	DB2	
10	DB3	
11	DB4	
12	DB5	
13	DB6	
14	DB7	
15	CS1	열(column) 선택
16	CS2	
17	RST	리셋 (Reset)
18	Vout	콘트라스트 출력
19	A(LED+)	백라이트 전원
20	K(LED−)	

20개의 핀 중 6개는 제어 신호 연결에 사용되는 핀이며, 8개는 데이터 신호 연결을 위한 핀이다. 나머지 6개는 전원 관련 핀이다. 전원 관련 핀 중 콘트라스트 출력과 GND은 가변저항의 (+)와 (−)에 연결하고, 출력은 콘트라스트 입력으로 연결한다. 제어를 위해 사용되는 6개의 핀은 [표 2]와 같다.

[표 2] 그래픽 LCD의 제어핀

제어핀	설명
D/I (Data/Instruction)	그래픽 LCD를 제어하기 위해서는 제어 레지스터와 데이터 레지스터의 두 개의 레지스터가 사용된다. D/I 신호는 명령을 담고 있는 레지스터(D/I = LOW)와 데이터를 담고 있는 레지스터(D/I = HIGH) 중 하나를 선택하기 위해 사용한다.
R/W (Read/Write)	읽기(R/W = HIGH) 및 쓰기(R/W = LOW) 모드 선택에 사용한다. 일반적으로 LCD는 데이터를 쓰는 용도로만 사용하므로, R/W 신호는 GND에 연결하여 사용할 수 있다.
Enable	하강 에지(falling edge)에서 LCD 드라이버가 레지스터의 내용을 바탕으로 처리를 시작하도록 지시하기 위한 신호로 사용된다.
CS1 (Column Select)	그래픽 LCD는 열을 기준으로 1~64열(CS1)과 65~128열(CS2)의 두 부분으로 나뉘어서 제어된다. CS 핀은 각 영역을 선택하는 데 사용된다.
CS2	
RST (Reset)	리셋

그래픽 LCD에는 8개의 데이터 핀과 최소 5개의 제어핀 연결이 필요하다. 그래픽 LCD에 명령을 전달하기 위해서는 D/I, R/W, CS1, CS2의 값을 설정하고, 데이터 레지스터에 데이터를 기록한 후, Enable을 HIGH 상태에서 LOW 상태로 바꾸면, 하강 에지에서 LCD 드라이버가 해당 명령을 실행한다. 이는 텍스트 LCD를 제어하는 방법과 기본적으로 같다.

텍스트 LCD는 문자 단위의 출력만 하므로 제어 방법이 단순하여 라이브러리 구현이 쉽다. 반면 그래픽 LCD는 문자, 도형, 이미지 등의 출력이 가능하므로 제어 명령이 복잡하다. 그에 따라 그래픽 LCD 제어를 위한 프로그램을 작성하기도 쉽지 않다. 따라서 이 장에서는 그래픽 LCD 라이브러리를 사용하여 그래픽 LCD를 제어하는 방법을 살펴볼 것이다. 먼저 그래픽 LCD를 [그림 5]와 같이 연결하자. 아두이노 메가2560과 그래픽 LCD 연결 핀을 요약하면 [표 3]과 같다.

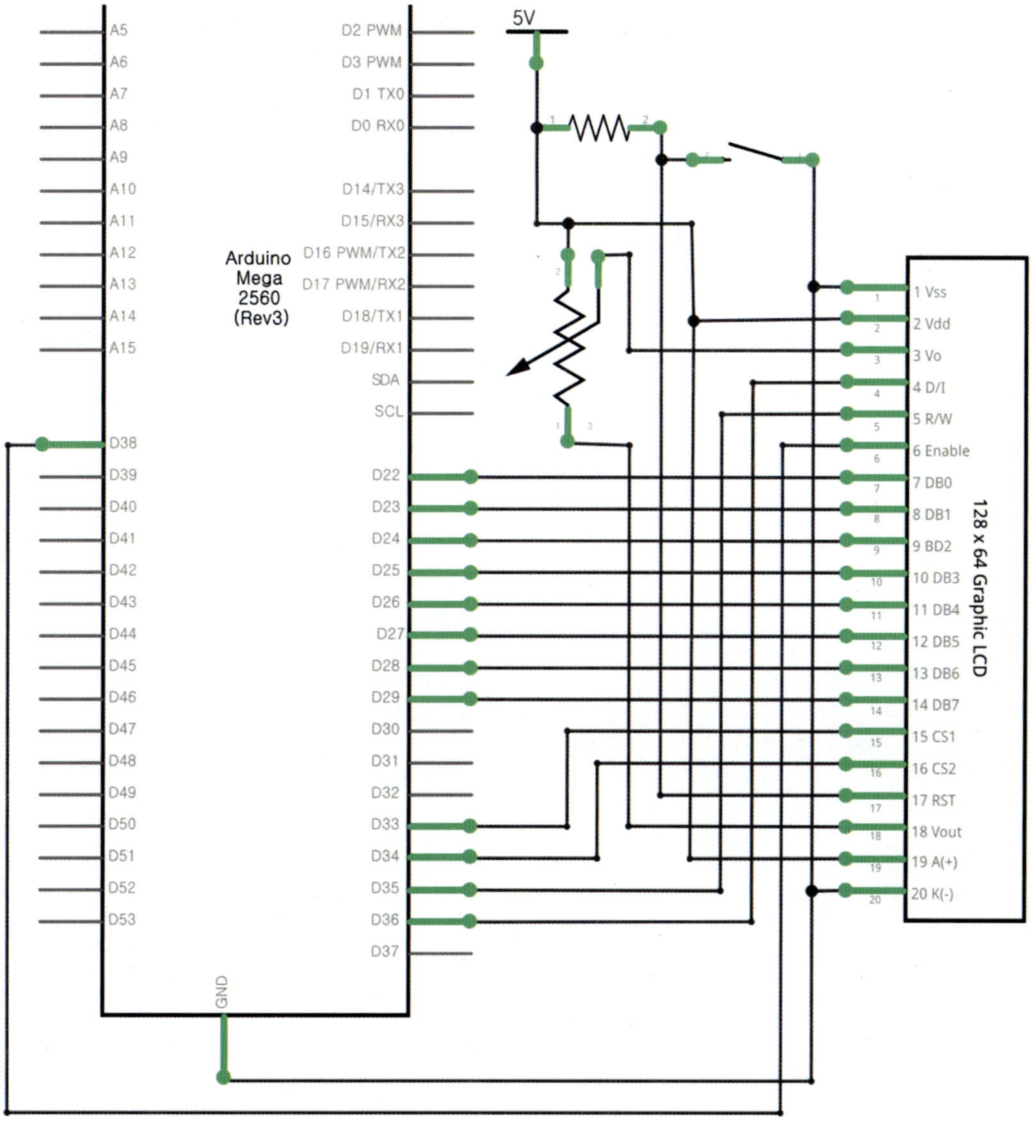

[그림 5] 그래픽 LCD 연결 회로도

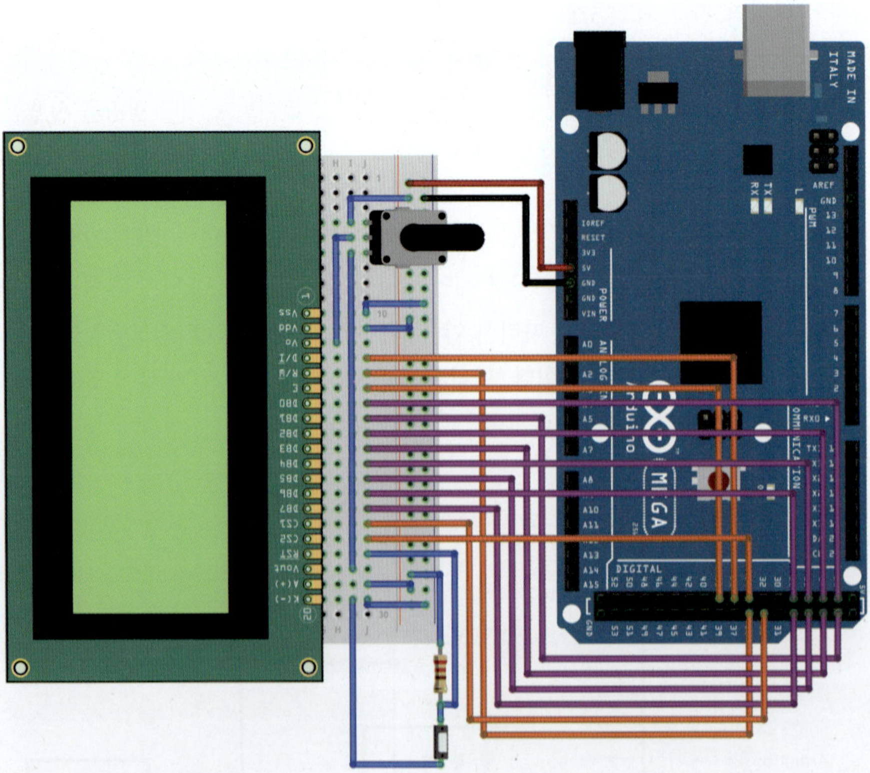

[그림 6] 그래픽 LCD 연결 회로

[그림 7] 학습보드의 그래픽 LCD와 콘트라스트 조절 가변저항

[표 3] 그래픽 LCD와 아두이노 메가2560 연결 핀

그래픽 LCD		아두이노 메가2560		그래픽 LCD		아두이노 메가2560	
핀 번호	이름	포트 핀	아두이노 핀	핀 번호	이름	포트 핀	아두이노 핀
1	VSS	GND	GND	11	DB4	PA4	26
2	VDD	VCC	VCC	12	DB5	PA5	27
3	VO	–	–	13	DB6	PA6	28
4	D/I	PC1	36	14	DB7	PA7	29
5	R/W	PC2	35	15	CS1	PC4	33
6	Enable	PD7	38	16	CS2	PC3	34
7	DB0	PA0	22	17	RST	–	–
8	DB1	PA1	23	18	Vout	–	–
9	DB2	PA2	24	19	A(LED+)	VCC	VCC
10	DB3	PA3	25	20	K(LED–)	GND	GND

텍스트 LCD와 달리 그래픽 LCD 제어를 위한 라이브러리는 아두이노의 기본 라이브러리로 포함되어 있지 않다. 따라서 그래픽 LCD 제어를 위해서는 그래픽 LCD 라이브러리를 설치해야 한다. 이 장에서 그래픽 LCD 제어에 사용한 라이브러리는 U8g2 라이브러리[2]다. 라이브러리 설치를 위해 '스케치 → 라이브러리 포함하기 → 라이브러리 관리...' 메뉴 항목을 선택하여 라이브러리 매니저를 실행시키고 U8g2 라이브러리를 검색한다.

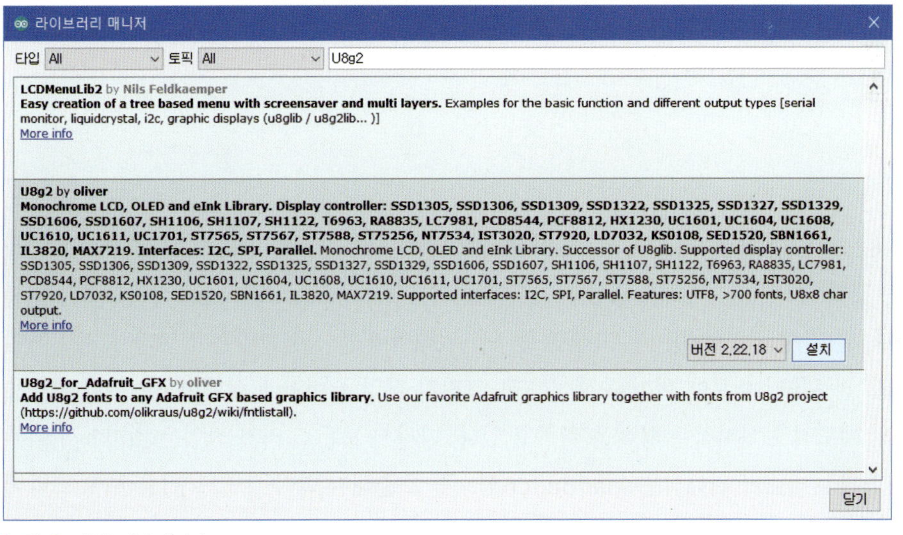

[그림 8] 라이브러리 매니저

2 https://github.com/olikraus/u8g2

'U8g2' 라이브러리를 선택하고 설치하면 준비는 끝난다. 라이브러리 매니저를 통해 설치되는 라이브러리는 스케치북 폴더 아래 libraries 디렉터리에 설치된다. 설치가 완료된 후에 아두이노 프로그램을 다시 시작할 필요가 없다.

먼저 아두이노 스타일의 스케치를 작성해 보자. [코드 3]은 U8g2 라이브러리를 사용하여 그래픽 LCD에 문자열을 출력하는 코드다.

코드 3 그래픽 LCD 테스트 - 아두이노 스타일

```
#include <U8g2lib.h>

// 그래픽 LCD 객체 생성
// (rotation, DB0, DB1, DB2, DB3, DB4, DB5, DB6, DB7,
// Enable, D/I, CS1, CS2, RW [, reset])
U8G2_KS0108_128X64_F u8g2(U8G2_R0, 22, 23, 24, 25, 26, 27, 28, 29,
    37, 36, 33, 34, 35);

void setup(void) {
    u8g2.begin();                                   // 그래픽 LCD 초기화

    u8g2.clearBuffer();                             // 내부 메모리 지우기
    u8g2.setFont(u8g2_font_ncenB08_tr);             // 폰트 선택
    u8g2.drawStr(0, 10, "Hello World!");            // 내부 메모리에 그리기
    u8g2.sendBuffer();                              // 화면에 내부 메모리 내용 복사
}

void loop(void) {
}
```

U8g2 라이브러리는 다양한 그래픽 LCD를 지원하고 있으므로, 사용하고자 하는 LCD의 종류에 맞게 객체를 생성하는 것이 중요하다. 객체가 생성된 이후에는 기본적으로 LiquidCrystal 라이브러리를 사용하는 것과 같다. 한 가지 중요한 차이는 그래픽 출력을 위해 버퍼를 사용한다는 점이다. U8g2 라이브러리는 마이크로컨트롤러 내부에 버퍼를 생성하고, 그리기 작업을 버퍼에 실행한 후, 버퍼의 내용을 그래픽 LCD의 메모리로 복사하는 방식을 취하고 있다. 따라서 모든 그리기 작업은 버퍼에서 이루어지며, 실제 화면에 나타내기 위해서는 sendBuffer 함수를 호출해야 한다. [코드 3]을 AVR 스타일 코드로 작성한 것이 [코드 4]다.

코드 4 그래픽 LCD 테스트 - AVR 스타일

```
#define F_CPU 16000000L
#include <avr/io.h>
#include <U8g2lib.h>

// 그래픽 LCD 객체 생성
// (rotation, DB0, DB1, DB2, DB3, DB4, DB5, DB6, DB7,
// Enable, D/I, CS1, CS2, RW [, reset])
U8G2_KS0108_128X64_F u8g2(U8G2_R0, 22, 23, 24, 25, 26, 27, 28, 29,
	37, 36, 33, 34, 35);

int main(void) {
	init();                                         // 아두이노 환경 초기화
	u8g2.begin();                                   // 그래픽 LCD 초기화

	u8g2.clearBuffer();                             // 내부 메모리 지우기
	u8g2.setFont(u8g2_font_ncenB08_tr);             // 폰트 선택
	u8g2.drawStr(0, 10, "Hello World!");            // 내부 메모리에 그리기
	u8g2.sendBuffer();                              // 화면에 내부 메모리 내용 복사

	while (1) {
	}

	return 0;
}
```

[그림 9] [코드 3] 및 [코드 4] 실행 결과

이외에도 U8g2 라이브러리에는 다양한 그리기 함수가 준비되어 있다. [코드 2]는 직선과 원을 그리는 코드의 예다.

코드 5 그래픽 LCD 그래픽 출력

```
#define F_CPU 16000000L
#include <avr/io.h>
#include <U8g2lib.h>

// 그래픽 LCD 객체 생성
// (rotation, DB0, DB1, DB2, DB3, DB4, DB5, DB6, DB7,
// Enable, D/I, CS1, CS2, RW [, reset])
U8G2_KS0108_128X64_F u8g2(U8G2_R0, 22, 23, 24, 25, 26, 27, 28, 29,
    37, 36, 33, 34, 35);

int main(void) {
    init();                                   // 아두이노 환경 초기화
    u8g2.begin();                             // 그래픽 LCD 초기화

    u8g2.clearBuffer();                       // 내부 메모리 지우기

    u8g2.drawLine(0, 0, 127, 63);             // 직선 그리기
    u8g2.drawLine(127, 0, 0, 63);

    for (int r = 5; r <= 30; r += 5) {        // 원 그리기
      u8g2.drawCircle(64, 32, r);             // (x, y, radius)
    }

    u8g2.sendBuffer();                        // 화면에 내부 메모리 내용 복사

    while (1) {
    }

    return 0;
}
```

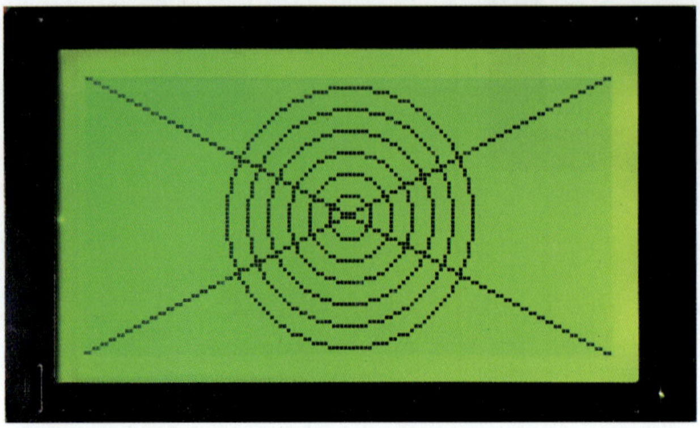

[그림 10] [코드 5] 실행 결과

CHAPTER 22 연습문제

1. [코드 2]는 아두이노의 LiquidCrystal 라이브러리를 사용하여 작성한 AVR 스타일 코드의 예다. [코드 2]를 참고하고 LiquidCrystal 라이브러리를 사용하여 텍스트 LCD에 문자를 표시하는 아두이노 스타일의 스케치를 작성해 보자.

2. 그래픽 LCD에는 프로그래머가 정의한 비트맵을 표시할 수 있도록 drawBitmap 함수를 제공하고 있다. 이 장에서 사용하는 그래픽 LCD는 흑백 표현만 가능하므로 0과 1로 비트맵을 정의한다. [코드 6]은 비트맵을 정의하고 이를 화면에 나타내는 코드이다. 그래픽 LCD에 정의한 비트맵이 잘 출력되는지 확인해 보자.

코드 6 흑백 비트맵 표시

```
#define F_CPU 16000000L
#include <avr/io.h>
#include <U8g2lib.h>

const uint8_t face_bitmap[] = {                   // 8x8 비트맵
    0x3C, 0x42, 0xA5, 0x81,
    0xBD, 0x81, 0x66, 0x18
};

const uint8_t face_bitmap_large[] = {             // 16x16 비트맵
    0x0F, 0xF0, 0x10, 0x08, 0x20, 0x04, 0x40, 0x02,
    0x80, 0x01, 0x9E, 0x79, 0xA1, 0x85, 0x80, 0x01,
    0x80, 0x01, 0x80, 0x01, 0x80, 0x01, 0x90, 0x09,
    0x48, 0x12, 0x27, 0xE4, 0x10, 0x08, 0x0F, 0xF0
};

U8G2_KS0108_128X64_F u8g2(U8G2_R0, 22, 23, 24, 25, 26, 27, 28, 29,
    37, 36, 33, 34, 35);

int main(void) {
    init();                                       // 아두이노 환경 초기화
    u8g2.begin();                                 // 그래픽 LCD 초기화

    u8g2.clearBuffer();                           // 내부 메모리 지우기
    // (x, y, 1줄당 바이트 수, 높이, 비트맵 데이터)
```

```
    u8g2.drawBitmap(10, 10, 1, 8, face_bitmap);
    u8g2.drawBitmap(20, 20, 2, 16, face_bitmap_large);
    u8g2.sendBuffer();                          // 화면에 내부 메모리 내용 복사

    while (1) {
    }

    return 0;
}
```

3. 아두이노의 기본 라이브러리 중 하나에 내장 EEPROM에 데이터를 읽고 쓸 수 있게 해주는 EEPROM 라이브러리가 있다. EEPROM 라이브러리는 바이트 단위의 읽기와 쓰기를 위한 멤버 함수를 제공하고 있다. [코드 7]은 아두이노의 EEPROM 라이브러리를 사용하여 EEPROM을 읽고 쓰는 코드의 예다. [코드 7]을 19장에서의 코드와 비교해 보자.

코드 7 내장 EEPROM 읽기와 쓰기

```
#define F_
#include <avr/io.h>
#include <EEPROM.h>

int main(void) {
    init();                                     // 아두이노 환경 초기화
    Serial.begin(9600);                         // UART 시리얼 통신 초기화

    for (int i = 0; i < 128; i++) {             // EEPROM에 값 쓰기
      EEPROM.write(i, i);                       // write(주소, 값)
      delay(10);
    }

    for (int i = 0; i < 128; i++) {             // EEPROM에서 값 읽기
      int value = EEPROM.read(i);               // read(주소)
      Serial.println("Address : " + String(i) + "\t Value : " + value);
    }

    while (1) {
    }

    return 0;
}
```

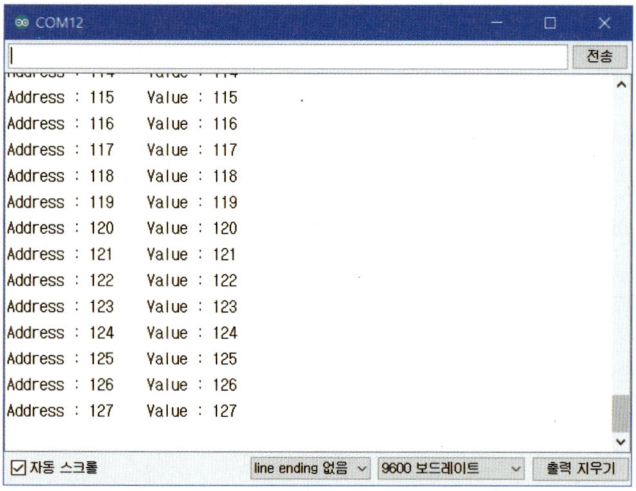

4. 아두이노에서는 UART, SPI, I2C 등의 시리얼 통신을 위한 라이브러리를 기본 라이브러리로 제공하고 있다. 시리얼 통신을 위한 라이브러리를 사용하면 주변장치와의 통신을 쉽게 구현할 수 있지만, 연결된 장치의 하드웨어 특성에 맞는 제어 과정을 구현하는 것은 여전히 복잡하고 어려운 일이다.

다행스럽게도 아두이노에서는 기본 라이브러리를 바탕으로 만들어진 확장 라이브러리를 통해 다양한 주변장치를 쉽게 제어할 수 있도록 해준다. I2C 통신을 사용하는 DS1307 RTC 칩을 위한 라이브러리 역시 존재한다. 먼저 라이브러리를 내려받아(https://github.com/adafruit/RTClib) 설치하자.

[코드 8]은 아두이노 라이브러리를 사용하여 DS1307 RTC로부터 현재 시간을 읽어 출력하는 코드의 예다. I2C 장에서의 코드와 비교해 보자.

코드 8 DS1307 RTC 사용하기

```
#define F_CPU 16000000L
#include <avr/io.h>
#include <Wire.h>                         // I2C 통신을 위한 아두이노 기본 라이브러리
// I2C 통신을 사용하는 DS1307 RTC를 위한 확장 라이브러리
#include "RTClib.h"

RTC_DS1307 rtc;

int main(void) {
    init();                               // 아두이노 환경 초기화
    Serial.begin(9600);                   // UART 시리얼 통신 초기화

    if (! rtc.begin()) {                  // RTC 시작
```

```
      Serial.println("* RTC Error...");
      while (1);
    }

    while (1) {
      DateTime now = rtc.now();    // 현재 날짜와 시간 얻기

      Serial.print(now.year(), DEC);
      Serial.print('/');
      Serial.print(now.month(), DEC);
      Serial.print('/');
      Serial.print(now.day(), DEC);
      Serial.print(", ");

      Serial.print(now.hour(), DEC);
      Serial.print(':');
      Serial.print(now.minute(), DEC);
      Serial.print(':');
      Serial.print(now.second(), DEC);
      Serial.println();

      _delay_ms(1000);
    }
}
```

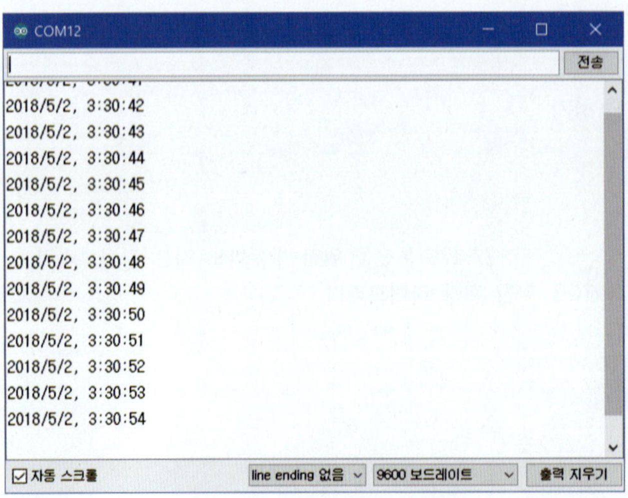

ATmega2560 레지스터

주소	이름	Bit 7	Bit 6	Bit 5	Bit 4	Bit 3	Bit 2	Bit 1	Bit 0
(0x1FF)	Reserved	–	–	–	–	–	–	–	–
...	...	–	–	–	–	–	–	–	–
(0x13F)	Reserved	–	–	–	–	–	–	–	–
(0x13E)	Reserved	–	–	–	–	–	–	–	–
(0x13D)	Reserved	–	–	–	–	–	–	–	–
(0x13C)	Reserved	–	–	–	–	–	–	–	–
(0x13B)	Reserved	–	–	–	–	–	–	–	–
(0x13A)	Reserved	–	–	–	–	–	–	–	–
(0x139)	Reserved	–	–	–	–	–	–	–	–
(0x138)	Reserved	–	–	–	–	–	–	–	–
(0x137)	Reserved	–	–	–	–	–	–	–	–
(0x136)	UDR3	USART3							
(0x135)	UBRR3H	–	–	–	–	USART3 Baud Rate Register High Byte			
(0x134)	UBRR3L	USART3 Baud Rate Register Low Byte							
(0x133)	Reserved	–	–	–	–	–	–	–	–
(0x132)	UCSR3C	UMSEL31	UMSEL30	UPM31	UPM30	USBS3	UCSZ31	UCSZ30	UCPOL3
(0x131)	UCSR3B	RXCIE3	TXCIE3	UDRIE3	RXEN3	TXEN3	UCSZ32	RXB83	TXB83
(0x130)	UCSR3A	RXC3	TXC3	UDRE3	FE3	DOR3	UPE3	U2X3	MPCM3
(0x12F)	Reserved	–	–	–	–	–	–	–	–
(0x12E)	Reserved	–	–	–	–	–	–	–	–
(0x12D)	OCR5CH	Timer/Counter5 – Output Compare Resigter C High Byte							
(0x12C)	OCR5CL	Timer/Counter5 – Output Compare Resigter C Low Byte							
(0x12B)	OCR5BH	Timer/Counter5 – Output Compare Resigter B High Byte							
(0x12A)	OCR5BL	Timer/Counter5 – Output Compare Resigter B Low Byte							
(0x129)	OCR5AH	Timer/Counter5 – Output Compare Resigter A High Byte							
(0x128)	OCR5AL	Timer/Counter5 – Output Compare Resigter A Low Byte							
(0x127)	ICR5H	Timer/Counter5 – Input Capture Register High Byte							
(0x126)	ICR5L	Timer/Counter5 – Input Capture Register Low Byte							
(0x125)	TCNT5H	Timer/Counter5 – Counter Register High Byte							
(0x124)	TCNT5L	Timer/Counter5 – Counter Register Low Byte							
(0x123)	Reserved	–	–	–	–	–	–	–	–
(0x122)	TCCR5C	FOC5A	FOC5B	FOC5C	–	–	–	–	–
(0x121)	TCCR5B	ICNC5	ICES5	–	WGM53	WGM52	CS52	CS51	CS50
(0x120)	TCCR5A	COM5A1	COM5A0	COM5B1	COM5B0	COM5C1	COM5C0	WGM51	WGM50
(0x11F)	Reserved	–	–	–	–	–	–	–	–
(0x11E)	Reserved	–	–	–	–	–	–	–	–
(0x11D)	Reserved	–	–	–	–	–	–	–	–

주소	이름	Bit 7	Bit 6	Bit 5	Bit 4	Bit 3	Bit 2	Bit 1	Bit 0
(0x11C)	Reserved	–	–	–	–	–	–	–	–
(0x11B)	Reserved	–	–	–	–	–	–	–	–
(0x11A)	Reserved	–	–	–	–	–	–	–	–
(0x119)	Reserved	–	–	–	–	–	–	–	–
(0x118)	Reserved	–	–	–	–	–	–	–	–
(0x117)	Reserved	–	–	–	–	–	–	–	–
(0x116)	Reserved	–	–	–	–	–	–	–	–
(0x115)	Reserved	–	–	–	–	–	–	–	–
(0x114)	Reserved	–	–	–	–	–	–	–	–
(0x113)	Reserved	–	–	–	–	–	–	–	–
(0x112)	Reserved	–	–	–	–	–	–	–	–
(0x111)	Reserved	–	–	–	–	–	–	–	–
(0x110)	Reserved	–	–	–	–	–	–	–	–
(0x10F)	Reserved	–	–	–	–	–	–	–	–
(0x10E)	Reserved	–	–	–	–	–	–	–	–
(0x10D)	Reserved	–	–	–	–	–	–	–	–
(0x10C)	Reserved	–	–	–	–	–	–	–	–
(0x10B)	PORTL	PORTL7	PORTL6	PORTL5	PORTL4	PORTL3	PORTL2	PORTL1	PORTL0
(0x10A)	DDRL	DDL7	DDL6	DDL5	DDL4	DDL3	DDL2	DDL1	DDL0
(0x109)	PINL	PINL7	PINL6	PINL5	PINL4	PINL3	PINL2	PINL1	PINL0
(0x108)	PORTK	PORTK7	PORTK6	PORTK5	PORTK1	PORTK3	PORTK2	PORTK1	PORTK0
(0x107)	DDRK	DDK7	DDK6	DDK5	DDK4	DDK3	DDK2	DDK1	DDK0
(0x106)	PINK	PINK7	PINK6	PINK5	PINK4	PINK3	PINK2	PINK1	PINK0
(0x105)	PORTJ	PORTJ7	PORTJ6	PORTJ5	PORTJ4	PORTJ3	PORTJ2	PORTJ1	PORTJ0
(0x104)	DDRJ	DDJ7	DDJ6	DDJ5	DDJ4	DDJ3	DDJ2	DDJ1	DDJ0
(0x103)	PINJ	PINJ7	PINJ6	PINJ5	PINJ4	PINJ3	PINJ2	PINJ1	PINJ0
(0x102)	PORTH	PORTH7	PORTH6	PORTH5	PORTH4	PORTH3	PORTH2	PORTH1	PORTH0
(0x101)	DDRH	DDH7	DDH6	DDH5	DDH4	DDH3	DDH2	DDH1	DDH0
(0x100)	PINH	PINH7	PINH6	PINH5	PINH4	PINH3	PINH2	PINH1	PINH0
(0xFF)	Reserved	–	–	–	–	–	–	–	–
(0xFE)	Reserved	–	–	–	–	–	–	–	–
(0xFD)	Reserved	–	–	–	–	–	–	–	–
(0xFC)	Reserved	–	–	–	–	–	–	–	–
(0xFB)	Reserved	–	–	–	–	–	–	–	–
(0xFA)	Reserved	–	–	–	–	–	–	–	–
(0xF9)	Reserved	–	–	–	–	–	–	–	–
(0xF8)	Reserved	–	–	–	–	–	–	–	–
(0xF7)	Reserved	–	–	–	–	–	–	–	–
(0xF6)	Reserved	–	–	–	–	–	–	–	–

주소	이름	Bit 7	Bit 6	Bit 5	Bit 4	Bit 3	Bit 2	Bit 1	Bit 0
(0xF5)	Reserved	–	–	–	–	–	–	–	–
(0xF4)	Reserved	–	–	–	–	–	–	–	–
(0xF3)	Reserved	–	–	–	–	–	–	–	–
(0xF2)	Reserved	–	–	–	–	–	–	–	–
(0xF1)	Reserved	–	–	–	–	–	–	–	–
(0xF0)	Reserved	–	–	–	–	–	–	–	–
(0xEF)	Reserved	–	–	–	–	–	–	–	–
(0xEE)	Reserved	–	–	–	–	–	–	–	–
(0xED)	Reserved	–	–	–	–	–	–	–	–
(0xEC)	Reserved	–	–	–	–	–	–	–	–
(0xEB)	Reserved	–	–	–	–	–	–	–	–
(0xEA)	Reserved	–	–	–	–	–	–	–	–
(0xE9)	Reserved	–	–	–	–	–	–	–	–
(0xE8)	Reserved	–	–	–	–	–	–	–	–
(0xE7)	Reserved	–	–	–	–	–	–	–	–
(0xE6)	Reserved	–	–	–	–	–	–	–	–
(0xE5)	Reserved	–	–	–	–	–	–	–	–
(0xE4)	Reserved	–	–	–	–	–	–	–	–
(0xE3)	Reserved	–	–	–	–	–	–	–	–
(0xE2)	Reserved	–	–	–	–	–	–	–	–
(0xE1)	Reserved	–	–	–	–	–	–	–	–
(0xE0)	Reserved	–	–	–	–	–	–	–	–
(0xDF)	Reserved	–	–	–	–	–	–	–	–
(0xDE)	Reserved	–	–	–	–	–	–	–	–
(0xDD)	Reserved	–	–	–	–	–	–	–	–
(0xDC)	Reserved	–	–	–	–	–	–	–	–
(0xDB)	Reserved	–	–	–	–	–	–	–	–
(0xDA)	Reserved	–	–	–	–	–	–	–	–
(0xD9)	Reserved	–	–	–	–	–	–	–	–
(0xD8)	Reserved	–	–	–	–	–	–	–	–
(0xD7)	Reserved	–	–	–	–	–	–	–	–
(0xD6)	UDR2	USART2 I/O Data Register							
(0xD5)	UBRR2H	–	–	–	–	USART2 Baud Rate Register High Byte			
(0xD4)	UBRR2L	USART2 Baud Rate Register Low Byte							
(0xD3)	Reserved	–	–	–	–	–	–	–	–
(0xD2)	UCSR2C	UMSEL21	UMSEL20	UPM21	UPM20	USBS2	UCSZ21	UCSZ20	UCPOL2
(0xD1)	UCSR2B	RXCIE2	TXCIE2	UDRIE2	RXEN2	TXEN2	UCSZ22	RXB82	TXB82
(0xD0)	UCSR2A	RXC2	TXC2	UDRE2	FE2	DOR2	UPE2	U2X2	MPCM2
(0xCF)	Reserved	–	–	–	–	–	–	–	–

주소	이름	Bit 7	Bit 6	Bit 5	Bit 4	Bit 3	Bit 2	Bit 1	Bit 0
(0xCE)	UDR1	USART1 I/O Data Register							
(0xCD)	UBRR1H	–	–	–	–	USART1 Baud Rate Register High Byte			
(0xCC)	UBRR1L	USART1 Baud Rate Register Low Byte							
(0xCB)	Reserved	–	–	–	–	–	–	–	–
(0xCA)	UCSR1C	UMSEL11	UMSEL10	UPM11	UPM10	USBS1	UCSZ11	UCSZ10	UCPOL1
(0xC9)	UCSR1B	RXCIE1	TXCIE1	UDRIE1	RXEN1	TXEN1	UCSZ12	RXB81	TXB81
(0xC8)	UCSR1A	RXC1	TXC1	UDRE1	FE1	DOR1	UPE1	U2X1	MPCM1
(0xC7)	Reserved	–	–	–	–	–	–	–	–
(0xC6)	UDR0	USART0 I/O Data Register							
(0xC5)	UBRR0H	–	–	–	–	USART0 Baud Rate Register High Byte			
(0xC4)	UBRR0L	USART0 Baud Rate Register Low Byte							
(0xC3)	Reserved	–	–	–	–	–	–	–	–
(0xC2)	UCSR0C	UMSEL01	UMSEL00	UPM01	UPM00	USBS0	UCSZ01	UCSZ00	UCPOL0
(0xC1)	UCSR0B	RXCIE0	TXCIE0	UDRIE0	RXEN0	TXEN0	UCSZ02	RXB80	TXB80
(0xC0)	UCSR0A	RXC0	TXC0	UDRE0	FE0	DOR0	UPE0	U2X0	MPCM0
(0xBF)	Reserved	–	–	–	–	–	–	–	–
(0xBE)	Reserved	–	–	–	–	–	–	–	–
(0xBD)	TWAMR	TWAM6	TWAM5	TWAM4	TWAM3	TWAM2	TWAM1	TWAM0	–
(0xBC)	TWCR	TWINT	TWEA	TWSTA	TWSTO	TWWC	TWEN	–	TWIE
(0xBB)	TWDR	2–Wire Serial Interface Data Register							
(0xBA)	TWAR	TWA6	TWA5	TWA4	TWA3	TWA2	TWA1	TWA0	TWGCE
(0xB9)	TWSR	TWS7	TWS6	TWS5	TWS4	TWS3	–	TWPS1	TWPS0
(0xB8)	TWBR	2–Wire Serial Interface Bit Rate Register							
(0xB7)	Reserved	–	–	–	–	–	–	–	–
(0xB6)	ASSR	–	EXCLK	AS2	TCN2UB	OCR2AUB	OCR2BUB	TCR2AUB	TCR2BUB
(0xB5)	Reserved	–	–	–	–	–	–	–	–
(0xB4)	OCR2B	Timer/Counter2 Output Comapare Register B							
(0xB3)	OCR2A	Timer/Counter2 Output Comapare Register A							
(0xB2)	TCNT2	Timer/Counter2 (8 Bit)							
(0xB1)	TCCR2B	FOC2A	FOC2B	–	–	WGM22	CS22	CS21	CS20
(0xB0)	TCCR2A	COM2A1	COM2A0	COM2B1	COM2B0	–	–	WGM21	WGM20
(0xAF)	Reserved	–	–	–	–	–	–	–	–
(0xAE)	Reserved	–	–	–	–	–	–	–	–
(0xAD)	OCR4CH	Timer/Counter4 – Output Compare Resigter C High Byte							
(0xAC)	OCR4CL	Timer/Counter4 – Output Compare Resigter C Low Byte							
(0xAB)	OCR4BH	Timer/Counter4 – Output Compare Resigter B High Byte							
(0xAA)	OCR4BL	Timer/Counter4 – Output Compare Resigter B Low Byte							
(0xA9)	OCR4AH	Timer/Counter4 – Output Compare Resigter A High Byte							
(0xA8)	OCR4AL	Timer/Counter4 – Output Compare Resigter A Low Byte							

주소	이름	Bit 7	Bit 6	Bit 5	Bit 4	Bit 3	Bit 2	Bit 1	Bit 0
(0xA7)	ICR4H	Timer/Counter4 – Input Capture Register High Byte							
(0xA6)	ICR4L	Timer/Counter4 – Input Capture Register Low Byte							
(0xA5)	TCNT4H	Timer/Counter4 – Counter Register High Byte							
(0xA4)	TCNT4L	Timer/Counter4 – Counter Register Low Byte							
(0xA3)	Reserved	–	–	–	–	–	–	–	–
(0xA2)	TCCR4C	FOC4A	FOC4B	FOC4C	–	–	–	–	–
(0xA1)	TCCR4B	ICNC4	ICES4	–	WGM43	WGM42	CS42	CS41	CS40
(0xA0)	TCCR4A	COM4A1	COM4A0	COM4B1	COM4B0	COM4C1	COM4C0	WGM41	WGM40
(0x9F)	Reserved	–	–	–	–	–	–	–	–
(0x9E)	Reserved	–	–	–	–	–	–	–	–
(0x9D)	OCR3CH	Timer/Counter3 – Output Compare Resigter C High Byte							
(0x9C)	OCR3CL	Timer/Counter3 – Output Compare Resigter C Low Byte							
(0x9B)	OCR3BH	Timer/Counter3 – Output Compare Resigter B High Byte							
(0x9A)	OCR3BL	Timer/Counter3 – Output Compare Resigter B Low Byte							
(0x99)	OCR3AH	Timer/Counter3 – Output Compare Resigter A High Byte							
(0x98)	OCR3AL	Timer/Counter3 – Output Compare Resigter A Low Byte							
(0x97)	ICR3H	Timer/Counter3 – Input Capture Register High Byte							
(0x96)	ICR3L	Timer/Counter3 – Input Capture Register Low Byte							
(0x95)	TCNT3H	Timer/Counter3 – Counter Register High Byte							
(0x94)	TCNT3L	Timer/Counter3 – Counter Register Low Byte							
(0x93)	Reserved	–	–	–	–	–	–	–	–
(0x92)	TCCR3C	FOC3A	FOC3B	FOC3C	–	–	–	–	–
(0x91)	TCCR3B	ICNC3	ICES3	–	WGM33	WGM32	CS32	CS31	CS30
(0x90)	TCCR3A	COM3A1	COM3A0	COM3B1	COM3B0	COM3C1	COM3C0	WGM31	WGM30
(0x8F)	Reserved	–	–	–	–	–	–	–	–
(0x8E)	Reserved	–	–	–	–	–	–	–	–
(0x8D)	OCR1CH	Timer/Counter1 – Output Compare Resigter C High Byte							
(0x8C)	OCR1CL	Timer/Counter1 – Output Compare Resigter C Low Byte							
(0x8B)	OCR1BH	Timer/Counter1 – Output Compare Resigter B High Byte							
(0x8A)	OCR1BL	Timer/Counter1 – Output Compare Resigter B Low Byte							
(0x89)	OCR1AH	Timer/Counter1 – Output Compare Resigter A High Byte							
(0x88)	OCR1AL	Timer/Counter1 – Output Compare Resigter A Low Byte							
(0x87)	ICR1H	Timer/Counter1 – Input Capture Register High Byte							
(0x86)	ICR1L	Timer/Counter1 – Input Capture Register Low Byte							
(0x85)	TCNT1H	Timer/Counter1 – Counter Register High Byte							
(0x84)	TCNT1L	Timer/Counter1 – Counter Register Low Byte							
(0x83)	Reserved	–	–	–	–	–	–	–	–
(0x82)	TCCR1C	FOC1A	FOC1B	FOC1C	–	–	–	–	–
(0x81)	TCCR1B	ICNC1	ICES1	–	WGM13	WGM12	CS12	CS11	CS10

주소	이름	Bit 7	Bit 6	Bit 5	Bit 4	Bit 3	Bit 2	Bit 1	Bit 0
(0x80)	TCCR1A	COM1A1	COM1A0	COM1B1	COM1B0	COM1C1	COM1C0	WGM11	WGM10
(0x7F)	DIDR1	–	–	–	–	–	–	AIN1D	AIN0D
(0x7E)	DIDR0	ADC7D	ADC6D	ADC5D	ADC4D	ADC3D	ADC2D	ADC1D	ADC0D
(0x7D)	DIDR2	ADC15D	ADC14D	ADC13D	ADC12D	ADC11D	ADC10D	ADC9D	ADC8D
(0x7C)	ADMUX	REFS1	REFS0	ADLAR	MUX4	MUX3	MUX2	MUX1	MUX0
(0x7B)	ADCSRB	–	ACME	–	–	MUX5	ADTS2	ADTS1	ADTS0
(0x7A)	ADCSRA	ADEN	ADSC	ADATE	ADIF	ADIE	ADPS2	ADPS1	ADPS0
(0x79)	ADCH	ADC Data Register High Byte							
(0x78)	ADCL	ADC Data Register Low Byte							
(0x77)	Reserved	–	–	–	–	–	–	–	–
(0x76)	Reserved	–	–	–	–	–	–	–	–
(0x75)	XMCRB	XMBK	–	–	–	–	XMM2	XMM1	XMM0
(0x74)	XMCRA	SRE	SRL2	SRL1	SRL0	SRW11	SRW10	SRW01	SRW00
(0x73)	TIMSK5	–	–	ICIE5	–	OCIE5C	OCIE5B	OCIE5A	TOIE5
(0x72)	TIMSK4	–	–	ICIE4	–	OCIE4C	OCIE4B	OCIE4A	TOIE4
(0x71)	TIMSK3	–	–	ICIE3	–	OCIE3C	OCIE3B	OCIE3A	TOIE3
(0x70)	TIMSK2	–	–	–	–	–	OCIE2B	OCIE2A	TOIE2
(0x6F)	TIMSK1	–	–	ICIE1	–	OCIE1C	OCIE1B	OCIE1A	TOIE1
(0x6E)	TIMSK0	–	–	–	–	–	OCIE0B	OCIE0A	TOIE0
(0x6D)	PCMSK2	PCINT23	PCINT22	PCINT21	PCINT20	PCINT19	PCINT18	PCINT17	PCINT16
(0x6C)	PCMSK1	PCINT15	PCINT14	PCINT13	PCINT12	PCINT11	PCINT10	PCINT9	PCINT8
(0x6B)	PCMSK0	PCINT7	PCINT6	PCINT6	PCINT4	PCINT3	PCINT2	PCINT1	PCINT0
(0x6A)	EICRB	ISC71	ISC70	ISC61	ISC60	ISC51	ISC50	ISC41	ISC40
(0x69)	EICRA	ISC31	ISC30	ISC21	ISC20	ISC11	ISC10	ISC01	ISC00
(0x68)	PCICR	–	–	–	–	–	PCIE2	PCIE1	PCIE0
(0x67)	Reserved	–	–	–	–	–	–	–	–
(0x66)	OSCCAL	Oscillator Calibration Register							
(0x65)	PRR1	–	–	PRTIM5	PRTIM4	PRTIM3	PRUSART3	PRUSART2	PRUSART1
(0x64)	PRR0	PRTWI	PRTIM2	PRTIM0	–	PRTIM1	PRSPI	PRUSART0	PRADC
(0x63)	Reserved	–	–	–	–	–	–	–	–
(0x62)	Reserved	–	–	–	–	–	–	–	–
(0x61)	CLKPR	CLKPCE	–	–	–	CLKPS3	CLKPS2	CLKPS1	CLKPS0
(0x60)	WDTCSR	WDIF	WDIE	WDP3	WDCE	WDE	WDP2	WDP1	WDP0
0x3F (0x5F)	SREG	I	T	H	S	V	N	Z	C
0x3E (0x5E)	SPH	SP15	SP14	SP13	SP12	SP11	SP10	SP9	SP8
0x3D (0x5D)	SPL	SP7	SP6	SP5	SP4	SP3	SP2	SP1	SP0
0x3C (0x5C)	EIND	–	–	–	–	–	–	–	EIND0
0x3B (0x5B)	RAMPZ	–	–	–	–	–	–	RAMPZ1	RAMPZ0
0x3A (0x5A)	Reserved	–	–	–	–	–	–	–	–

주소	이름	Bit 7	Bit 6	Bit 5	Bit 4	Bit 3	Bit 2	Bit 1	Bit 0
0x39 (0x59)	Reserved	–	–	–	–	–	–	–	–
0x38 (0x58)	Reserved	–	–	–	–	–	–	–	–
0x37 (0x57)	SPMCSR	SPMIE	RWWSB	SIGRD	RWWSRE	BLBSET	PGWRT	PGERS	SPMEN
0x36 (0x56)	Reserved	–	–	–	–	–	–	–	–
0x35 (0x55)	MCUCR	JTD	–	–	PUD	–	–	IVSEL	IVCE
0x34 (0x54)	MCUSR	–	–	–	JTRF	WDRF	BORF	EXTRF	PORF
0x33 (0x53)	SMCR	–	–	–	–	SM2	SM1	SM0	SE
0x32 (0x52)	Reserved	–	–	–	–	–	–	–	–
0x31 (0x51)	OCDR	OCDR7	OCDR6	OCDR5	OCDR4	OCDR3	OCDR2	OCDR1	OCDR0
0x30 (0x50)	ACSR	ACD	ACBG	ACO	ACI	ACIE	ACIC	ACIS1	ACIS0
0x2F (0x4F)	Reserved	–	–	–	–	–	–	–	–
0x2E (0x4E)	SPDR	SPI Data Register							
0x2D (0x4D)	SPSR	SPIF	WCOL	–	–	–	–	–	SPI2X
0x2C (0x4C)	SPCR	SPIE	SPE	DORD	MSTR	CPOL	CPHA	SPR1	SPR0
0x2B (0x4B)	GPIOR2	General Purpose I/O Register 2							
0x2A (0x4A)	GPIOR1	General Purpose I/O Register 1							
0x29 (0x49)	Reserved	–	–	–	–	–	–	–	–
0x28 (0x48)	OCR0B	Timer/Counter0 Output Comapare Register B							
0x27 (0x47)	OCR0A	Timer/Counter0 Output Comapare Register A							
0x26 (0x46)	TCNT0	Timer/Counter0 (8 Bit)							
0x25 (0x45)	TCCR0B	FOC0A	FOC0B	–	–	WGM02	CS02	CS01	CS00
0x24 (0x44)	TCCR0A	COM0A1	COM0A0	COM0B1	COM0B0	–	–	WGM01	WGM00
0x23 (0x43)	GTCCR	TSM	–	–	–	–	–	PSRASY	PSRSYNC
0x22 (0x42)	EEARH	–	–	–	–	EEPROM Address Register High Byte			
0x21 (0x41)	EEARL	EEPROM Address Register Low Byte							
0x20 (0x40)	EEDR	EEPROM Data Register							
0x1F (0x3F)	EECR	–	–	EEPM1	EEPM0	EERIE	EEMPE	EEPE	EERE
0x1E (0x3E)	GPIOR0	General Purpose I/O Register 0							
0x1D (0x3D)	EIMSK	INT7	INT6	INT5	INT4	INT3	INT2	INT1	INT0
0x1C (0x3C)	EIFR	INTF7	INTF6	INTF5	INTF4	INTF3	INTF2	INTF1	INTF0
0x1B (0x3B)	PCIFR	–	–	–	–	–	PCIF2	PCIF1	PCIF0
0x1A (0x3A)	TIFR5	–	–	ICF5	–	OCF5C	OCF5B	OCF5A	TOV5
0x19 (0x39)	TIFR4	–	–	ICF4	–	OCF4C	OCF4B	OCF4A	TOV4
0x18 (0x38)	TIFR3	–	–	ICF3	–	OCF3C	OCF3B	OCF3B	TOV3
0x17 (0x37)	TIFR2	–	–	–	–	–	OCF2B	OCF2A	TOV2
0x16 (0x36)	TIFR1	–	–	ICF1	–	OCF1C	OCF1B	OCF1A	TOV1
0x15 (0x35)	TIFR0	–	–	–	–	–	OCF0B	OCF0A	TOV0
0x14 (0x34)	PORTG	–	–	PORTG5	PORTG4	PORTG3	PORTG2	PORTG1	PORTG0
0x13 (0x33)	DDRG	–	–	DDG5	DDG4	DDG3	DDG2	DDG1	DDG0

주소	이름	Bit 7	Bit 6	Bit 5	Bit 4	Bit 3	Bit 2	Bit 1	Bit 0
0x12 (0x32)	PING	–	–	PING5	PING4	PING3	PING2	PING1	PING0
0x11 (0x31)	PORTF	PORTF7	PORTF6	PORTF5	PORTF4	PORTF3	PORTF2	PORTF1	PORTF0
0x10 (0x30)	DDRF	DDF7	DDF6	DDF5	DDF4	DDF3	DDF2	DDF1	DDF0
0x0F (0x2F)	PINF	PINF7	PINF6	PINF5	PINF4	PINF3	PINF2	PINF1	PINF0
0x0E (0x2E)	PORTE	PORTE7	PORTE6	PORTE5	PORTE4	PORTE3	PORTE2	PORTE1	PORTE0
0x0D (0x2D)	DDRE	DDE7	DDE6	DDE5	DDE4	DDE3	DDE2	DDE1	DDE0
0x0C (0x2C)	PINE	PINE7	PINE6	PINE5	PINE4	PINE1	PINE2	PINE1	PINE0
0x0B (0x2B)	PORTD	PORTD7	PORTD6	PORTD5	PORTD4	PORTD3	PORTD2	PORTD1	PORTD0
0x0A (0x2A)	DDRD	DDD7	DDD6	DDD5	DDD4	DDD3	DDD2	DDD1	DDD0
0x09 (0x29)	PIND	PIND7	PIND6	PIND5	PIND4	PIND3	PIND2	PIND1	PIND0
0x08 (0x28)	PORTC	PORTC7	PORTC6	PORTC5	PORTC4	PORTC3	PORTC2	PORTC1	PORTC0
0x07 (0x27)	DDRC	DDC7	DDC6	DDC5	DDC4	DDC3	DDC2	DDC1	DDC0
0x06 (0x26)	PINC	PINC7	PINC6	PINC5	PINC4	PINC3	PINC2	PINC1	PINC0
0x05 (0x25)	PORTB	PORTB7	PORTB6	PORTB5	PORTB4	PORTB3	PORTB2	PORTB1	PORTB0
0x04 (0x24)	DDRB	DDB7	DDB6	DDB5	DDB4	DDB3	DDB2	DDB1	DDB0
0x03 (0x23)	PINB	PINB7	PINB6	PINB5	PINB4	PINB3	PINB2	PINB1	PINB0
0x02 (0x22)	PORTA	PORTA7	PORTA6	PORTA5	PORTA4	PORTA3	PORTA2	PORTA1	PORTA0
0x01 (0x21)	DDRA	DDA7	DDA6	DDA5	DDA4	DDA3	DDA2	DDA1	DDA0
0x00 (0x20)	PINA	PINA7	PINA6	PINA5	PINA4	PINA3	PINA2	PINA1	PINA0
(0x1F)	R31	General Purpose Register 31							
(0x1E)	R30	General Purpose Register 30							
(0x1D)	R29	General Purpose Register 29							
(0x1C)	R28	General Purpose Register 28							
(0x1B)	R27	General Purpose Register 27							
(0x1A)	R26	General Purpose Register 26							
(0x19)	R25	General Purpose Register 25							
(0x18)	R24	General Purpose Register 24							
(0x17)	R23	General Purpose Register 23							
(0x16)	R22	General Purpose Register 22							
(0x15)	R21	General Purpose Register 21							
(0x14)	R20	General Purpose Register 20							
(0x13)	R19	General Purpose Register 19							
(0x12)	R18	General Purpose Register 18							
(0x11)	R17	General Purpose Register 17							
(0x10)	R16	General Purpose Register 16							
(0x0F)	R15	General Purpose Register 15							
(0x0E)	R14	General Purpose Register 14							
(0x0D)	R13	General Purpose Register 13							
(0x0C)	R12	General Purpose Register 12							

주소	이름	Bit 7	Bit 6	Bit 5	Bit 4	Bit 3	Bit 2	Bit 1	Bit 0
(0x0B)	R11	General Purpose Register 11							
(0x0A)	R10	General Purpose Register 10							
(0x09)	R9	General Purpose Register 9							
(0x08)	R8	General Purpose Register 8							
(0x07)	R7	General Purpose Register 7							
(0x06)	R6	General Purpose Register 6							
(0x05)	R5	General Purpose Register 5							
(0x04)	R4	General Purpose Register 4							
(0x03)	R3	General Purpose Register 3							
(0x02)	R2	General Purpose Register 2							
(0x01)	R1	General Purpose Register 1							
(0x00)	R0	General Purpose Register 0							

주소	이름	Bit 7	Bit 6	Bit 5	Bit 4	Bit 3	Bit 2	Bit 1	Bit 0
(0x0B)	R11	General Purpose Register 11							
(0x0A)	R10	General Purpose Register 10							
(0x09)	R9	General Purpose Register 9							
(0x08)	R8	General Purpose Register 8							
(0x07)	R7	General Purpose Register 7							
(0x06)	R6	General Purpose Register 6							
(0x05)	R5	General Purpose Register 5							
(0x04)	R4	General Purpose Register 4							
(0x03)	R3	General Purpose Register 3							
(0x02)	R2	General Purpose Register 2							
(0x01)	R1	General Purpose Register 1							
(0x00)	R0	General Purpose Register 0							